History of
Western Philosophy

and its connestion with political and social circumstances
from the earliest times to the present day

Bertrand Russell

西方哲学史

及其与古往今来政治社会状况的关联

［英］伯特兰·罗素 著

陶 然 译

生活·讀書·新知 三联书店

Copyright © 2023 by SDX Joint Publishing Company.
All Rights Reserved.

本作品中文版权由生活・读书・新知三联书店所有。
未经许可，不得翻印。

图书在版编目（CIP）数据

西方哲学史：及其与古往今来政治社会状况的关联 /（英）伯特兰・罗素著；陶然译．— 北京：生活・读书・新知三联书店，2023.10
ISBN 978-7-108-07599-4

Ⅰ.①西… Ⅱ.①伯…②陶… Ⅲ.①西方哲学－哲学史 Ⅳ.① B5

中国国家版本馆 CIP 数据核字 (2023) 第 016010 号

特邀编辑	刘	莉
责任编辑	王	竞
装帧设计	薛	宇
责任校对	曹秋月	
责任印制	卢	岳
出版发行	生活・讀書・新知 三联书店	
	（北京市东城区美术馆东街 22 号 100010）	
网 址	www.sdxjpc.com	
经 销	新华书店	
制 作	北京金舵手世纪图文设计有限公司	
印 刷	天津图文方嘉印刷有限公司	
版 次	2023 年 10 月北京第 1 版	
	2023 年 10 月北京第 1 次印刷	
开 本	720 毫米 × 965 毫米 1/16 印张 41.25	
字 数	711 千字 图 81 幅	
印 数	0,001 – 5,000 册	
定 价	125.00 元	

（印装查询：01064002715；邮购查询：01084010542）

目 录

序　言_____1

绪　论_____1

卷一　古代哲学

第一篇　苏格拉底之前的哲学_____11

12　第一章　希腊文明的崛起

30　第二章　米利都学派

34　第三章　毕达哥拉斯

40　第四章　赫拉克利特

49　第五章　巴门尼德

53　第六章　恩培多克勒

58　第七章　雅典与文化

60　第八章　阿那克萨戈拉

62　第九章　原子论者

68　第十章　普罗泰戈拉

第二篇　苏格拉底、柏拉图和亚里士多德_____75

76　第十一章　苏格拉底

85 第十二章 斯巴达的影响
92 第十三章 柏拉图观点的来源
95 第十四章 柏拉图的乌托邦
102 第十五章 柏拉图的理念论
111 第十六章 柏拉图的灵魂不死论
119 第十七章 柏拉图的宇宙论
123 第十八章 柏拉图的知识与知觉论
130 第十九章 亚里士多德的形而上学
139 第二十章 亚里士多德的伦理学
148 第二十一章 亚里士多德的政治学
155 第二十二章 亚里士多德的逻辑学
161 第二十三章 亚里士多德的物理学
165 第二十四章 古希腊数学和天文学

第三篇 亚里士多德之后的古代哲学 173

174 第二十五章 希腊化世界
182 第二十六章 犬儒派与怀疑派
191 第二十七章 伊壁鸠鲁派
199 第二十八章 斯多葛派
213 第二十九章 罗马帝国与文化
224 第三十章 普洛丁

卷二 天主教哲学

绪 论 237

第一篇 教父 241

242 第一章 犹太教的发展

- *254* 第二章 基督教最初四百年
- *261* 第三章 教会三圣师
- *273* 第四章 圣奥古斯丁的哲学和神学
- *283* 第五章 公元5世纪和6世纪
- *292* 第六章 圣本笃和大贵格利

第二篇 经院哲学家 _____ 303

- *304* 第七章 黑暗时代的教宗制
- *313* 第八章 约翰·司各特
- *318* 第九章 11世纪的教会改革
- *325* 第十章 伊斯兰文化和哲学
- *333* 第十一章 12世纪
- *342* 第十二章 13世纪
- *349* 第十三章 圣托马斯·阿奎那
- *357* 第十四章 方济各会经院哲学家
- *366* 第十五章 教廷的衰落

卷三 近现代哲学

第一篇 从文艺复兴到休谟 _____ 377

- *378* 第一章 概论
- *380* 第二章 意大利文艺复兴
- *386* 第三章 马基雅弗利
- *392* 第四章 伊拉斯慕和莫尔
- *400* 第五章 宗教改革与反宗教改革
- *402* 第六章 科学的兴起
- *413* 第七章 弗朗西斯·培根
- *416* 第八章 霍布斯的《利维坦》

- 424　第九章　笛卡尔
- 431　第十章　斯宾诺莎
- 440　第十一章　莱布尼茨
- 451　第十二章　哲学自由主义
- 456　第十三章　洛克的认识论
- 465　第十四章　洛克的政治哲学
- 481　第十五章　洛克的影响
- 485　第十六章　贝克莱
- 493　第十七章　休谟

第二篇　从卢梭到现在　505

- 506　第十八章　浪漫主义运动
- 514　第十九章　卢梭
- 525　第二十章　康德
- 537　第二十一章　19世纪思潮
- 546　第二十二章　黑格尔
- 557　第二十三章　拜伦
- 563　第二十四章　叔本华
- 567　第二十五章　尼采
- 577　第二十六章　功利主义
- 584　第二十七章　卡尔·马克思
- 590　第二十八章　柏格森
- 596　第二十九章　威廉·詹姆斯
- 602　第三十章　约翰·杜威
- 608　第三十一章　逻辑分析哲学

译名对照表　614

序　言

哲学史已有多部，我不是要再凑个数，而是要揭示哲学乃社会和政治生活的必要组成部分，并非名家闭门造车的臆想，而是盛行各种体制、呈现不同特征的社会的产物和成因。为此，对历史的综述，要比哲学史家通常所做的详尽。我发现，这对普通读者未必很熟悉的几段时期尤为必要。经院哲学大时代是11世纪改革的产物，而改革则是对之前腐朽思想的反应。对罗马帝国衰亡后、中古教权兴起前那几百年的历史没一定了解，就很难体悟12、13世纪知识界的氛围。写到这样的时期，我对历史的综述照常是必不可少的，只为让读者设身处地理解时代所造就、也协助造就时代的哲学家。

这样做的后果之一是对哲学家的强调往往对不上其哲学成就。比如说，我认为斯宾诺莎是比洛克更伟大的哲学家，但他的影响小得多，因此我对他的描述远比洛克简要。有些人，比如卢梭和拜伦，虽然根本不是学术意义上的哲学家，却对他们所处时代的哲学思潮有深刻影响，要理解哲学史就不得不提。甚至某些纯行动家在这方面也极其重要：鲜有哲学家对哲学的影响能比得上亚历山大、查理曼或拿破仑；吕库古如果确有其人，就是更典型的范例。

要涵盖这么长的历史时期，必须采取大刀阔斧的选材原则。我读常规哲学史得出一个结论，那就是一笔带过的简述对读者毫无意义；因此，除了少数例外，那些在我看来没必要细讲的人，就干脆略过不提。提到的人，我选的是他们人生和社会环境中与哲学相关的因素，有时甚至叙述一些本身并不重要，但在我看来能展现个人风范或时代特征的细节。

最后，本书涉及的题材极为庞杂，我得对相关专家内行道个歉，解释一番。我显然不可能对所有哲学家的了解都像研究范围不甚宽泛的人那么全面；毫无疑问，除了莱布尼茨，我提到的每位哲学家，都有很多人比我知之更深。然而，假如因此就应闭口不谈，岂不意味着谁都别谈历史，除非只钻研某个狭窄的历史片段。斯巴达对卢梭的影响，柏拉图对13世纪之前基督教哲学的影响，聂斯托利派[1]对阿拉伯人进而对阿奎那的影响，圣安布罗斯对伦巴底城邦崛起后直至今日的自由政治哲学的影响等，都是唯历史综述才能处理的题材。因此，我得请某些读者原谅，他们会觉得我对某些题材的了解没那么透彻，假如不用惦记"时光的飞车"，就该更完备一些。

此书问世应归功于阿尔伯特·C.巴恩斯博士，原稿为宾夕法尼亚大学的巴恩斯基金会讲座而写，部分已讲授过。

感谢我妻子帕翠莎·罗素在研究和许多其他方面的协助，十三年来我的大部分工作莫不如是。

伯特兰·罗素

---

[1] 基督教教派，唐代传入中国，即景教，主张基督是神和人二性一体。——译注

绪　论

我们谓之"哲学"的人生观和世界观是两种因素的产物：其一，传统的宗教和伦理观；其二，最广义的"科学"研究。不同哲学家这两方面的知识比重区别很大，但或多或少两者都有，则是哲学的特征。

"哲学"是个用法很多的词，某些较宽泛，某些较狭窄。我说的是最广义的哲学，这里先解释一番。

我认为哲学是介于神学和科学之间的领域。像神学，哲学思索的是迄今无法用确切知识论断的事；然而又像科学，哲学诉诸人的理性而非权威，无论传统权威还是天启神意。在我看来，所有确切知识都属于科学，所有超乎确切知识之外的信条都属于神学。但神学和科学之间有一片无人区，遭受着双方的夹击，那就是哲学。几乎所有哲思问题都是科学无法回答的，而神学的武断答案已不像在旧时那样令人信服。世界是否分为精神和物质？若是，什么是精神，什么是物质？精神附属于物质，还是具备独立力量？宇宙是统一体吗，有某种目的吗？它在朝着某种目的演进吗？自然规律果真存在，还是仅仅由于人类天性热衷秩序而信其存在？人类是天文学家眼中那样，无非徒然爬行在无足轻重的小星球上的一丁点污浊的碳水化合物，还是哈姆雷特眼中了不起的杰作？抑或两者皆是？生活有高尚卑贱之分吗，抑或所有生活皆虚妄？若真有高尚的生活，那它究竟是什么，如何实现？善必须永恒才有价值吗，还是哪怕宇宙无情走向湮灭也值得追求？真有智慧这东西吗，抑或那貌似智慧的只是高度提纯的愚蠢？这些问题都无法在实验室找到答案。神学声称有答案，言之凿凿的答案，但正是这种过分的确凿让现代人起疑。对这些问题的研究——且不说解答——就是哲学的任务。

那么，你可能要问，何必在这些无解的问题上浪费时间？对此，我可以做史家式回答，也可以作为一名面临无际孤独恐慌的个人来回答。

我能给出的史家式回答，会在书中逐步展现。人类会自由思索以来，在无数大事上的行为都取决于他们的世界观、人生观和善恶观。过去如此，今日亦然。要理解一个时代或一个国家，就得理解其哲学；要理解其哲学，我们自身就要在某种程度上成为哲学家。人的生活境遇决定他的哲学观，而他的哲学观又反过来决定他的境遇，两者互为因果。千百年来这种相互作用的过程就是此书的主题。

然而，还有一种更个人化的回答。科学告诉我们什么可知，但可知的很少，如果安于现状不思索那浩渺的未知，我们就会对许多至关紧要的事麻木不仁。神学则劝我们武断地把未知当已知，使我们对宇宙狂妄无礼。迫切的希望和强烈的恐惧中，不确定性让人痛苦，但要想不靠童话的慰藉活下去，就必须忍受这种不确定。回避哲学问题不好，自欺欺人不懂装懂也不好。教人在不确定中生存而不被疑虑吓倒，也许是当代哲学依然能为哲学研究者做的主要事情。

明显区别于神学的哲学出现于公元前6世纪的希腊。古哲学发展了一段时期后，随着基督教的崛起和罗马帝国的陨落，再次被神学窒息。哲学的第二段辉煌期是11世纪到14世纪，由天主教会主宰，只有神圣罗马帝国皇帝腓特烈二世（1195—1250）[1]等几位伟大叛逆者。混乱愈演愈烈，宗教改革爆发，终结了这段时期。第三段辉煌期是17世纪至今，哲学空前地受科学主导，传统宗教信仰依然重要，但让人感觉需要理由支撑，并随着科学的进步不断修正。这段时期的哲学家很少是天主教眼中的正统，往往把世俗国家看得比教会更重。

在哲学的整个发展过程中，社会统一与个人自由，就像宗教与科学，总处在冲突或勉强妥协中。在希腊，社会统一的保障是对城邦的忠诚，连亚里士多德都觉得其他任何政体一无是处，虽然当时亚历山大大帝正在逐渐废除城邦制。为效忠城邦而牺牲个人自由的程度大相径庭：在斯巴达，人的自由少得像近代德国或俄国；在雅典，虽然迫害偶尔发生，但公民在最开明的时期享受了极大自由，很少受城邦束缚。直到亚里士多德时代，希腊思想的主要内容是宗教信念和爱国热诚，伦理主要用来规范公民生活，有很大政治成分。接下来，希腊先后臣服于马其顿人和罗马人，独立时期的观念不再适用。结果一方面由于与传统决裂而丧失活力，另一方面又产生了更个人化而非社会化的伦理观。斯多葛派认为有德人生是灵魂与神的沟通，而不是公民对城邦的忠诚。这就为基督教铺平了道路，基督

---

[1] 腓特烈二世生卒年为1194年12月26日—1250年12月13日。此处疑为作者误。——译注

教像斯多葛派那样，原本与政治无关，因为基督教诞生的前三百年，其信徒对政府毫无影响。从亚历山大到君士坦丁的六个半世纪，社会统一的保障既不是哲学，也不是古老的忠诚，而是武力，最初是军队的武力，后来是政府管控。罗马部队、罗马道路、罗马法律、罗马官吏组建并维护了一个强大的中央集权制国家。没有罗马哲学的功劳，因为罗马哲学根本不存在。

在这段漫长的时期，古希腊传下来的自由思想逐渐发生了演化。某些古老思想，尤其是我们认为最富宗教色彩的思想，变得越来越重要；其他较理性的思想则由于不再符合时代需要而被抛弃。后来教外人[1]就这样修剪了希腊传统，以便基督教吸收。

基督教将蕴含在斯多葛派学说中、古代大众却较为陌生的一个重要观念发扬光大，那就是人对上帝的责任重于对国家的责任。像苏格拉底和耶稣众门徒说的"我们应顺从神而非世人"这种观念，在君士坦丁皈依基督教之后仍流传下来，因为早期的基督教皇帝要么属于亚流派，要么倾向于亚流主义[2]。后来正统基督徒登上皇位，这个观念就被扔到一旁。在拜占庭帝国和后来的俄罗斯帝国它依然潜存，俄罗斯帝国的基督教就是君士坦丁堡传来的[3]。但在西方，除了高卢部分地区外，信奉天主教的皇帝几乎立即被蛮人异教徒征服者取代，所以宗教忠诚重于政治忠诚的观念流传下来，在某种程度上迄今犹存。

西欧文明被蛮人入侵打断六个世纪之久，但在爱尔兰得以残存，直到9世纪被丹麦人摧毁；灭亡前那里出现了一位大人物，司各特·埃基纳。在东罗马帝国，凋谢的希腊文明像博物馆标本般保存下来。然而，直到1453年君士坦丁堡陷落，除了一种美术风格和查士丁尼的《罗马法典》，世上没有什么重要东西是来自君士坦丁堡的。

在5世纪末至11世纪中叶的黑暗时期，西罗马地区发生了一些有趣的变化。基督教忠于国家但更要忠于上帝的观念演化成教会与王室的冲突。教宗的权势扩张到意大利、法兰西、西班牙、英格兰、爱尔兰、德意志、斯堪的纳维亚和波兰。原先除了在意大利和法兰西南部，教宗对主教和修道院院长的掌控非常微弱，然

---

[1] 指古希腊思想的非正统传承者。
[2] Arianism，又译阿里乌教派，该教派认为耶稣并非和上帝一体，而是上帝之子，最高造物。——译注
[3] 这正是近代俄国人不认为服从辩证唯物主义重于服从斯大林的原因。

而从教宗贵格利七世（11世纪晚期）开始，这种掌控变得实际有效。从此，全西欧的神职人员形成了一个听命于罗马的组织，与世俗统治者争斗，处心积虑坚忍执拗地追求权力，并屡屡获胜，直到1300年。教会与政府的冲突不仅是教士与俗界的矛盾，也是地中海世界与北欧蛮族冲突的延续。教会统一是罗马帝国统一的回响，教堂礼拜用拉丁文，掌权者大多是意大利人、西班牙人或南法兰西人。教育复兴后，他们接受的教育是古典式的；他们的法律观和政府观恐怕更受马可·奥勒留而非时任君主的认同。教会既代表着传统的延续，又代表着当时文明的前沿。

相反，世俗权力掌握在条顿血统的王侯手中，他们竭力维持自己从日耳曼丛林带来的习俗。这帮强健奔放的征服者不懂绝对权力，也抵触那些在他们看来沉闷迂腐的法律制度。国王必须和封建贵族分享权力，但他们都指望时不时来一场战争、杀伐、劫掠或强暴过把瘾。国王也许会忏悔，因为他们衷心虔诚，再者说，忏悔本身就是快事一桩。但教会永远没法像现代雇主要求雇员并往往能得偿所愿那样，让国王们老实安分守规矩。假如不能随心所欲大吃大喝，想杀谁杀谁，想爱谁爱谁，那征服世界还有什么意思？手下有雄赳赳气昂昂的骑士部队，凭什么要听命于一帮发誓禁欲还手无寸铁的书呆子？尽管教会反对，他们照样决斗、比武，还玩出了马上比武和典雅恋爱[1]等新花样。偶尔暴怒之下，他们甚至敢杀教会的要人。

军权完全掌握在国王手里，胜利者却是教会。之所以如此，部分是因为教会几乎垄断了教育，部分是因为国王们总是彼此争战，但除了极少数例外，最主要的原因在于统治者和民众都深信教会掌握着天堂的钥匙。教会能决定国王上天堂永生还是下地狱永劫；教会可解除臣民的效忠义务，从而鼓动叛乱。此外，教会代表着秩序而非动乱，因而赢得了新兴商人阶层的支持。尤其在意大利，最后这条是决定性的。

条顿人不仅在政治上，还在艺术、爱情、骑士道和战争方面竭力维持对教会起码一定程度的独立性，只是很少在知识方面争取，因为教育几乎完全由神职人员把持。中世纪的显性哲学并非真实的时代镜像，只是单方势力的思想记载。其实，在教士尤其是圣方济各会修士中，不少人由于各种原因与教宗不和。此外，意大利比阿尔卑斯山北部地区领先几百年把文化普及给大众。试图创建新宗教的腓特烈二世是反教会文化的极端代表；托马斯·阿奎那生于腓特烈二世威势盛极的

---

[1] 骑士宣称自己效忠于某贵妇人，无望地热恋她，即典雅恋爱（courtly love）。——译注

那不勒斯王国，却始终是教廷哲学的典型拥护者。约五十年后但丁的综述才是对中世纪思想界唯一的全面阐释。

但丁之后，由于政治和学术上的种种原因，中世纪哲学体系崩塌了。盛行期它曾经整齐有序又精巧完备，不管论述什么，总能与小框架里的其他相关内容精准妥帖地安放在一起。但教会大分裂、宗教大会运动和教廷文艺复兴使宗教改革势在必行，摧毁了基督教世界的统一和经院学者以教宗为中心的政府理论。文艺复兴时期，无论是关于古代还是关于地球表面的知识都让人厌倦旧理论体系，感觉那是思维牢笼。哥白尼天文学对地球和人类在宇宙中的定位，比托勒密理论的定位卑微得多。知识分子对新知识的兴致取代了推理、分析和体系化之乐。文艺复兴时期的艺术虽然仍崇尚秩序，思想界却渴望一场硕果累累的大混乱。在这方面，蒙田是时代精神的典型倡导者。

像所有非艺术领域一样，政治理论也崩溃了。中世纪虽社会动荡，但思想界却热爱法治，由严谨的政权理论支配着。上帝是所有权力的终极来源，他把圣事的管理权赋予教宗，把俗事的管理权赋予皇帝。但教宗和皇帝在15世纪都失势了。教宗沦为意大利诸侯的区区一员，玩弄极其复杂龌龊的意大利强权政治勾当。在法兰西、西班牙和英格兰，新的君主政体在各自领土上享有无论教宗还是皇帝都无法干涉的权力。这些民族政权很大程度上由于枪炮火器而对人的思想感情造成了空前震撼，进一步摧毁了罗马帝国遗留的文明大统一信念。

马基雅弗利的《君主论》正是这种混乱的写照。失去指导原则，政治沦为赤裸裸的权力斗争；《君主论》出了不少精明主意，教人如何玩赢这游戏。希腊伟大时代的往事在文艺复兴的意大利重演：传统道德的约束消失了，因为这种约束涉嫌迷信；摆脱了羁绊，人人精神抖擞创意非凡，天才之作纷纷涌现，这很难得；道德衰颓却让人背信弃义无法无天，使意大利民众集体无能，结果像希腊人那样倒在文明没他们先进但社会比他们团结的异族统治者脚下。

不过结局没希腊人那么糟，因为事实证明那些新兴强国也能取得像意大利人那样的伟大成就，西班牙除外。

从16世纪起，宗教改革主导了欧洲思想史。宗教改革是一场复杂多面的运动，成功原因也很多。首要原因在于北欧诸国对罗马教廷余威的反抗。当年征服北欧的宗教力量已经衰颓，教廷却岿然屹立在意大利，从德国和英国征收巨额贡赋，而这些虔诚的民族对借口从地狱挽救人类灵魂而大肆敛财，穷奢极欲道德败坏的波吉亚、美第奇等意大利教宗家族没什么敬意。民族原因、经济原因和道德原因相结合，激化了对罗马的反抗。此外，国王们迅速意识到，假如自己领土上的教会不归罗马教廷而是完全归本国管，就容易控制，他们就能从教宗手中夺回更多权力。种种原因使路德神学改革在北欧大部分地区受到国王和民众的一致推崇。

天主教有三股源头：圣教历史[1]是犹太的，神学是希腊的，法律和教规至少间接源于罗马。宗教改革剔除了罗马法规，弱化了希腊神学，大大加强了犹太圣教，从而与民族主义运动形成合力，瓦解了先后由罗马帝国和罗马教廷促成的社会大统一。天主教认为，神启不仅由圣书记载，而且还继续通过教会一代代传播，因此个人有责任服从教会。相反，新教徒反对把教会当作神启媒介，他们认为真理只能从《圣经》中寻，人人都可亲自解读《圣经》。假如大家的理解有分歧，也没有神指定的权威来裁断对错。现实中，国家以篡权方式夺取之前属于教会的权力。新教理论认为，灵魂与上帝之间不应有俗世的中间人。

这个转变影响深远。真理不再由权威认定，而是靠内心思索。不久政治上就趋向无政府主义，宗教趋向神秘主义，而神秘主义向来很难融入天主教正统。这时出现的不是一个而是一群教派；不是对抗经院哲学的一种哲学，而是有多少个哲学家就有多少哲学流派；不是13世纪那样一个皇帝反教宗，而是一大群异端国王反教宗。结果无论思想界还是文艺界都涌起不断加深的主观主义，本来是挣脱精神奴役的全面解放运动，却执拗迈向不利于社会安康的个人孤立主义。

近代哲学始于笛卡尔，他确信存在的只有他自己和他的思想，外部世界都来自内心推演。这只是开端，后来由贝克莱[2]、康德、费希特等人体系化，费希特甚至认为世间万物都是自我的流溢。这是发疯，从此哲学不断试图从这个极端逃入生活常识层面。

与哲学主观主义携手并进的是政治无政府主义。早在路德在世时，就有些不受欢迎、不被认可的弟子创立了再洗礼派，一度统治了德国明斯特城。再洗礼派拒斥所有法律，主张好人时时刻刻有圣灵指引，而圣灵是不能由条条框框约束的。打着这个旗号，他们走到共产和乱交的地步，因此在一场惨烈的抗争后被彻底消

---

[1] 指《圣经》中所述历史。——译注
[2] 哲学家Berkeley通常译为"贝克莱"，以他命名的北加州大学（University of California, Berkeley）通常译为加州大学伯克利分校。若体现历史关联和贴近英文发音，宜将Berkeley译为伯克利；但鉴于原译名已深入人心，仍从旧译。——译注

灭。但他们的信条柔化后又传播到荷兰、英国和美国，成为贵格会的历史起源。19世纪出现了一种更激进、不再牵涉宗教的无政府主义，风扫俄罗斯和西班牙，在意大利也颇具声势，至今仍是美国移民局的一桩头疼事。这个近代形式的无政府主义虽然是反宗教的，却颇有早期新教精神，主要区别是把路德针对教宗的那种敌意转过来针对世俗政府。

主观主义一旦脱缰就很难收敛，非狂奔到底不可。新教在道德上强调的个人良心，本质上是无政府主义，只是习俗力量强大，所以除了明斯特城那种偶发的极端，信奉个人道德的人保持了符合传统美德的行为方式。但这是一种不稳定的平衡，在18世纪的"感性"崇拜狂潮冲击下开始坍塌：行为受赞美，不是因为结果好，也不是因为合道德，而是取决于激发它的感情。这种态度催生了卡莱尔和尼采的那种英雄崇拜，以及拜伦式的狂热激情崇拜，管它是什么激情。

艺术、文学和政治领域的浪漫主义运动与主观主义评人方式紧密相关：评价一个人，不是看他作为群体成员的表现，而是看他是否令人愉悦有美感。老虎比绵羊好看，但我们还是宁愿把老虎关起来。典型的浪漫派却要打开笼子欣赏猛虎扑杀绵羊的雄姿，还劝众人把自身想象成猛虎。真照这样做，结局恐怕美好不到哪儿去。

在近代，针对更疯狂的个人主义，曾出现各种不同反应。首先是一种折中妥协式哲学，叫做自由主义，主张分别划定政府和个人的界限。该学说的近代形态始于洛克，他对"狂热主义"也就是再洗礼派个人主义的抵制，和对绝对权威传统盲从的抵制一样坚决。还有一种更彻底的反抗叫做国家崇拜，将国家推崇到教会在天主教的位置上，有时甚至是上帝的位置上。霍布斯、卢梭和黑格尔是该理论不同阶段的代表，他们的学说被克伦威尔、拿破仑还有近代德国实践了一番。共产主义理论上和这些哲学理念相去甚远，但实践中导致的社会形态与国家崇拜的后果非常像。

从公元前600年至今这段漫长岁月里，哲学家总是分成两派，一派希望加强社会约束，另一派希望放松社会约束。与此相关的还有许多其他方面的区别。纪律主义者倡导某些或旧或新的宗教信条，因而不得不对科学抱或轻或重的敌视，因为他们的信条无法用实践经验证明。他们几乎总是宣扬幸福非善，"崇高"或"英雄主义"更佳。他们赞赏人性中的非理性因素，因为他们觉得理性有损社会团结。而自由主义者除少数极端无政府主义分子外，总是倾向于科学、实用、理性而反对太强烈的感性激情、太狂热的宗教信仰。在希腊，这两派的冲突早在真正的哲学兴起前就已经出现，在早期希腊思想中已相当明显，不断改头换面绵延至今，无疑还将继续绵延很多年。

很显然，这种争议的双方阵营都有对有错——历时漫长而无法休止的争议都是这样。社会统一是必要的，但人类迄今都不曾有单凭说理加强团结的情形。每个社会都面临两种相对立的风险：太多规矩太敬传统导致思想僵化故步自封，而过分倡导个人主义个体独立使合作成为不可能，以致社会解体或被外来势力征服。整体上看，重要文明一开始都严厉遵从某种带迷信色彩的制度，随着社会的发展逐渐放松，一段时期后进入辉煌的天才绽放阶段，旧传统的好处犹在而使之解体的内在缺陷还没有展开。但随着缺陷恶化，无政府主义抬头，不可避免地沦为新暴政，滋生一套新教条来保障新制度。自由主义试图挣脱这无穷的僵化循环，其精髓在于不靠非理性教条来保障社会秩序，而且除了保全社会所必需的管制以外，不为维护稳定施加任何多余的束缚。这种努力能否成功，到未来方可断定。

Ancient Philosophy

卷 一

古代哲学

米利都的泰勒斯是希腊七贤之一,七贤各有一句名言,据传泰勒斯的名言是"水最好"。

阿那克西曼德是米利都学派第二个哲学家,比泰勒斯有趣得多,据说他是第一个绘制地图的人。米利都学派的伟大不在于取得的成就,而在于探索精神。

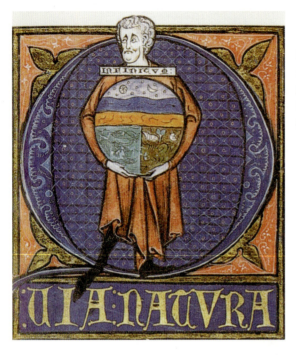

恩培多克勒最早提出,世界是由土、水、气、火四大基本元素构成的。这幅绘于中世纪的作品,表明两千多年后这一思想依然盛行。

毕达哥拉斯说:"万物皆数。"几何学对哲学与科学方法的影响非常深远。数学与神学的结合始于毕达哥拉斯,是古希腊、中世纪欧洲和近代(到康德为止)宗教哲学的鲜明特征。

罗马时期马赛克镶嵌画中的俄耳甫斯。

《俄耳甫斯与欧律狄刻》(爱德华·波因特,1862)。
俄耳甫斯派是个苦行派,酒对他们而言只是一种象征,他们追求的是精神"狂喜",是一般方式得不到的神秘知识。这种神秘元素随毕达哥拉斯进入希腊哲学,渗进后世或多或少有宗教性的哲学。

《雅典学派》(1508—1511),拉斐尔,梵蒂冈博物馆。这幅巨型壁画,描绘了古希腊最负盛名的哲学家们。柏拉图和亚里士多德位于最中央,他们左边,是正在与人辩论的苏格拉底。

柏拉图学园马赛克图像。

古希腊是最先允许学生独立思考、进行自由争论的时期,知识也由此得到了迅速的传播。柏拉图学园开办得很久,在罗马帝国皈依基督教后作为异教孤岛还延续了两个世纪。

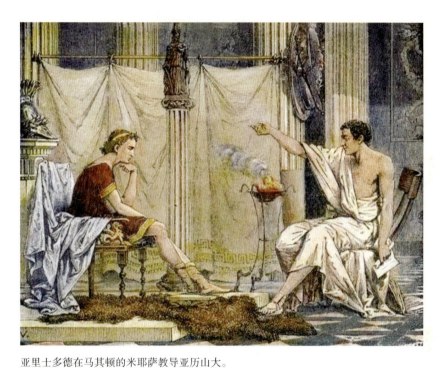

亚里士多德在马其顿的米耶萨教导亚历山大。

公元前343年,亚里士多德成为十三岁的亚历山大的私人教师,直至亚历山大十六岁。"我认为亚历山大的事业至关重要功德无量,因为要不是他,整个希腊文明传统可能就湮灭了。至于亚里士多德对他的影响,大家见仁见智任意猜想,我个人认为影响为零。"

《马可·奥勒留骑马像》(约175),青铜,高4.2米。
身为皇帝的奥勒留完全忠于斯多葛派美德。他极需刚毅,因为在位时地震、瘟疫、长期苦战、军事叛变等国难层出不穷。《沉思录》是他写给自己的,显然无意公之于众;文中透露他觉得公职不堪重负,身心疲惫之至。

第一篇

苏格拉底之前的哲学

第一章　希腊文明的崛起

史上最出人意料、令人费解的事，莫过于希腊文明的忽然崛起。人类文明的基本形态在埃及和美索不达米亚平原发展了几千年，并蔓延到某些邻国，但总是欠缺某些要素，直到希腊人将之补全。希腊人的文学艺术成就广为人知，而他们在纯抽象知识领域的成就更加卓越。他们创立了数学[1]、科学和哲学，他们最先写出了不只是编年表的真正史书，他们挣脱传统教条的束缚，自由思索着世界的性质和人生的终极意义。所发生的一切如此惊人，以至于直到最近的时代人们对希腊先贤还是景仰赞叹一番、玄虚议论一番就满足了。然而，从科学角度理解希腊文明的发展已成为可能，也极有价值。

哲学始于泰勒斯，他预言过一次日蚀，天文学家称这次日蚀发生于公元前585年，我们所幸能据此推断他生活的年代。哲学和科学本来是不分的，所以说两者共同诞生于公元前6世纪初期。在此之前，希腊及其邻国经历了什么事情？任何解答都难免带揣测成分，但考古学在本世纪带来的知识已经远比我们祖辈所掌握的丰富了。

文字是埃及人在公元前4000年左右发明的，没过多久也出现在巴比伦。两国的文字最初都用图形指代物件，这些图形迅速成为约定俗成的标记，各种表意符号组成了词语，就像至今仍在中国通行的那样。经过几千年的演化，这种繁复的体系变成了字母文字。

埃及和美索不达米亚的早期文明是尼罗河、底格里斯河和幼发拉底河孕育的，这几大流域的农耕便利又高产。此时的文明，在许多方面都有些像西班牙人在墨西哥、秘鲁等地发现的文明，有神圣的专制国王，在埃及国王还拥有全部国土。他们信奉多神论宗教，其中至尊之神与国王的关系特别亲密。国王下面有军事贵

---

[1] 埃及和巴比伦人已经有算术和几何，但主要是经验式知识。由一般到特殊的演绎推理是希腊人首创的。

族和祭司贵族。假如国君懦弱或战事不利，祭司贵族往往会侵凌王权。土地由农奴耕种，农奴属于国王、贵族或祭司。

埃及神学和巴比伦神学颇为不同。埃及人对死亡有一种执念，认为人死后灵魂坠入冥界，由冥神奥西里斯根据他们在人世的行为进行审判；而灵魂最终要回到躯体，于是尸体被制成木乃伊，豪华陵墓拔地而起。金字塔群是历代国王在公元前4千禧末、3千禧初兴建的。这段时期过后，埃及文明变得越来越僵化，宗教保守主义阻断了进步的可能。大约在公元前1800年，埃及被闪米特人的希克索分支征服，他们统治埃及两世纪左右，没有给埃及留下持久印迹，但肯定有助于埃及文明在叙利亚和巴勒斯坦的传播。

巴比伦文明史更具尚武色彩。初始统治者不是闪米特人，而是来历不明的"苏美尔人"。楔形文字就是他们创造的，后来被闪米特征服者传承。有一段时期，许多独立城邦连年混战，最后巴比伦胜出，建立了帝国。其他城邦的神祇沦为附庸，巴比伦之神马杜克获得如同后世的宙斯在希腊神祇中那样的至尊地位。埃及也出现过类似情形，但时间早得多。

像其他古代宗教一样，埃及和巴比伦的宗教最初是生殖崇拜。大地为雌，太阳为雄。公牛通常是男性生殖能力的化身，牛神非常普遍。在巴比伦，大地女神伊师塔是众女神的首领。在西亚，这位"伟大母亲"以各种不同的名称广受崇拜。希腊殖民者在小亚细亚为她建造神殿，把她称作阿特米斯，并吸收了原有宗教仪式，这就是"以弗所的狄阿娜"[1]的起源。基督教把她塑造成童贞女玛利亚的形象，"圣母"则是以弗所宗教大会正式赋予她的头衔。

宗教与政府结合后，政治动机就会深刻改变宗教的原貌。神或者女神与国家关联起来，不仅要保佑庄稼丰收，还得庇佑战争胜利。富有的祭司阶级精心编造一套神学教义，将帝国不同区域的神祇安排到同一个万神殿里。

通过与政府的结合，神祇和道德也扯上了关系。立法者声称法律是神赐谕旨，因此违法就是渎神。迄今为止最古老的法典是《汉谟拉比法典》，汉谟拉比是公元前2100年左右的巴比伦国王，他宣称这部法典是马杜克赐给他的神谕。在整个古代，宗教和道德的关系变得越来越紧密。

---

[1] "狄阿娜"即"阿特米斯"的拉丁语同义词。希腊语《圣经》中提到的阿特米斯，英译本称为"Diana"（狄阿娜）。

埃及人主要关怀的是死亡,而巴比伦人更关心的是现世繁荣而非来世福祉。上图为埃及奈巴蒙陵墓中的壁画(局部,底比斯,约前1400年),下图为苏美尔人记录啤酒分配的泥板(伊拉克南部,约前3100年)

与埃及宗教不同,巴比伦宗教更关注现世繁荣而非来世福祉。巫术、占卜和占星术虽然并非巴比伦独有,但在巴比伦最为发达,并主要在巴比伦确立了对后世的影响地位。巴比伦也流传下来一些科学规则,譬如一天分为24小时,圆周分为360度,此外还发现了日月蚀周期,从而使月蚀的预测相当准确,日蚀的预测也较为可靠。巴比伦人的这些知识泰勒斯全都掌握了,下文会再谈及。

埃及和美索不达米亚文明是农耕文明,周边国家的早期文明则是游牧文明。随着商业的发展萌生了商业文明,而商业活动最初几乎全部在海上进行。直到公元前1000年左右,武器还是用青铜制造的,一个国家假如本土不出产这种必需的金属,就不得不靠贸易交换或海盗掠夺。掠夺是权宜之计,在社会和政治形势比较稳定的地区,经商更划算。克里特岛似乎曾经是商业先驱。大约有十一个世纪之久,也就是说,大约从公元前2500年到公元前1400年,克里特岛曾有一种艺术高度发达的文明,叫米诺斯文明。克里特岛的艺术遗产给人一种欢愉甚至几近堕落的奢靡感,与埃及神庙的阴森恐怖迥然不同。

对这个重要文明,在亚瑟·伊凡斯爵士等人做出那些考古发现之前,人们几乎一无所知。这是一种航海文明,与埃及有密切接触(希克索人统治期除外)。从埃及壁画看,埃及和克里特频繁的贸易活动显然是克里特航海家开展的,在公元前1500年左右活跃到巅峰。克里特的宗教好像与叙利亚、小亚细亚宗教有许多相似之处,但在艺术方面与埃及更接近,虽然克里特艺术本身极具原创性,充满惊人的生命力。克里特文明的中心是所谓的克诺索斯"米诺斯宫",古希腊神话流传着对它的绵绵追忆。克里特宫殿极其壮丽,但大约在公元前14世纪末遭毁,可能是希腊侵略者所为。克里特历史的纪年,是根据在克里特发掘的埃及器物、在埃及发掘的克里特器物推断出来的;我们的知识都靠考古学证据支撑。

克里特人崇拜一位也许是几位女神。其中最毋庸置疑的是"动物女主宰",她是女猎手,或许就是阿特米斯的原型[1]。她还是位母亲,除了"动物男主宰"之外,唯一的男神就是她年轻的儿子。有证据表明,克里特人相信来世,他们像埃及人那样,认为今生的所作所为将在来世得到报偿或报应。但总体来说,克里特人的艺术显示他们是个快乐的民族,没怎么遭受黑暗迷信的沉重压抑。他们喜欢

---

[1] 她有一个孪生弟兄或配偶,即"动物男主宰",但他的地位没那么重要。把阿特米斯和小亚细亚的"圣母"当成同一个人,是后来的事。

总体来说,克里特人的艺术显示他们是个快乐的民族,没怎么遭受黑暗迷信的沉重压抑。图为米诺斯宫遗址,以及克诺索斯王宫中的海豚湿壁画(约前1500—前1450年)、迈锡尼皇陵中发掘的丧葬面具(约前1500年)

斗牛,男女斗牛士都可上场,表演惊人的斗牛绝技。斗牛是宗教仪式,亚瑟·伊凡斯爵士认为斗牛者是最高贵的人。流传至今的绘画非常生动逼真。

克里特人有一种线形文字,但至今无人能识。岛上国泰民安,城邦没有城墙,无疑有海军保障国防。

湮灭前,米诺斯文明于公元前1600年左右传播到希腊大陆,人称迈锡尼文明,它经历了一步步逐渐退化的过程,延续到公元前900年左右。迈锡尼文明是从一座座王陵和山顶堡垒的遗址中发掘出来的,这些堡垒表明希腊人远比克里特人害怕战争。陵墓和堡垒激发了古希腊神话的想象。宫殿里较古老的艺术品如果不是出自克里特匠人之手,也与克里特工艺非常相仿。透过传说的迷雾呈现的迈锡尼文明,正是荷马史诗描绘的情景。

迈锡尼人留给我们很多谜团。他们的文明是拜克里特人征服所赐吗?他们说希腊语吗,抑或是更早的本地土著?这些问题不可能有确切答案,但总体看他们很可能是说希腊语的征服者,至少贵族是来自北方的金发入侵者,这些人带来了希腊语[1]。古希腊相继有三次入侵浪潮,最初涌入的是爱奥尼亚人,接着是阿该亚人,最后是多利安人。爱奥尼亚人虽然是征服者,却似乎相当彻底地接纳了克里特文明,像后世的罗马人接纳希腊文明那样。但爱奥尼亚人受后继者阿该亚人侵扰,几乎被劫掠一空。博阿兹柯伊城出土的希泰语泥板书简显示,阿该亚人曾在公元前14世纪建立了有组织的庞大帝国。迈锡尼文明被爱奥尼亚人和阿该亚人的战争削弱,被最后入侵者多利安人摧毁殆尽。先前的入侵者基本接纳了米诺宗教,多利安人则保留了自己祖先的原始印欧宗教。然而迈锡尼文明期的宗教还是绵延下来,在社会下层尤为流行,希腊古典宗教则是迈锡尼宗教和印欧宗教的混合。

上述情形很可能属实,但不要忘了我们并不知道迈锡尼人到底是不是希腊人。可以肯定的是迈锡尼文明衰亡了,湮灭时黑铁取代了青铜,有段时期海上霸权落入腓尼基人手中。

迈锡尼文明晚期直到衰亡后,有些入侵者在希腊定居下来,成为农人;还有些入侵者继续推进,来到希腊群岛和小亚细亚,再抵达西西里和南意大利,在这些地方建立城邦,靠海上贸易为生。希腊人最初就是在这些沿海城邦为人类文明做出了质的新贡献。雅典称霸是后来的事,同样与海权密不可分。

---

[1] 马丁·P.尼尔森:《米诺-迈锡尼宗教及其在希腊宗教中的延续》,第11页起。

希腊大陆多山，山多贫瘠，但也有许多肥沃的山谷，山谷通海便利，只是彼此被群山阻隔，陆路交通不便。分散的小社群在这些山谷里发展起来，靠农耕过活，通常绕着一座海边城镇。在这种情况下，一旦人口膨胀到资源不足的地步，那些在陆上活不下去的人自然要去海上谋生。希腊大陆城邦往往在比本土更容易维持生计的地方建立一个个殖民地。因此在历史最初期，小亚细亚、西西里、意大利的希腊人比大陆上的希腊人富得多。

希腊不同地区的社会制度也大相径庭。在斯巴达，小规模贵族靠压榨异族农奴的劳动生活；在较穷的农业区，大部分人口是在自家土地上进行家庭劳作的农人。但在工商业发达的地区，自由民靠驱使奴隶致富——矿业用男奴，纺织业用女奴。在爱奥尼亚，这些奴隶来自周边的蛮族，最初是打仗俘获的。随着财富的积累，有身份的女性逐渐囿于闺中，后来她们在希腊文明史上几乎没扮演任何角色，只有斯巴达除外。

一般发展过程是先从君主制过渡到贵族制，再过渡到僭主制与民主制交替。国王们不像埃及和巴比伦王那样拥有绝对权力，而是由元老院辅佐，违背习俗不能免责。"僭主制"未必意味着坏政府，只是说最高统治者的权力并非来自世袭。"民主制"指全体公民参政，奴隶和女性除外。早期的僭主像美第奇家族那样，是由于跻身最富有的财阀而掌权的。他们的财富往往来自自有的金矿银矿，并且因爱奥尼亚的邻国吕底亚传来新的铸币制度而获利愈丰[1]。铸币似乎是将近公元前700年时发明的。

贸易最初几乎是海盗掠夺的代名词，对希腊人最重要的影响之一是让他们学会了书写。虽然书面文字在埃及和巴比伦已存在几千年，米诺斯文明期的克里特人也有一种文字（至今尚未破译），但没有确切证据表明希腊人在约公元前10世纪之前会写字。希腊人跟腓尼基人学会了书写，腓尼基人像其他叙利亚居民那样，受埃及和巴比伦的双重影响，而且在爱奥尼亚、意大利和西西里的希腊城邦兴起前一直掌握着海上贸易霸权。公元前14世纪，叙利亚人给埃及异教徒国王伊可纳顿写信用的还是巴比伦楔形文字，而泰尔的海若姆[2]（公元前969—前936年在位）用的是腓尼基字母，起源很可能是埃及文。埃及文最初是纯粹的图形，图形逐渐

---

[1] P. N. 乌瑞：《专制的起源》。
[2] 据希伯来《圣经》记载，海若姆是泰尔的腓尼基王。——译注

约定俗成，用来代表音节（图中事物名称的首音节），最终依"A就是射青蛙的Acher（弓箭手）"[1]这样的原则代表一个个字母。彻底完成最后一步的不是埃及人而是腓尼基人，后者把字母的优势发挥到极致。希腊人借用腓尼基字母，按希腊语特点加以改造，并做出重大革新：添加元音，而不是只用辅音。这种便捷的书写方式无疑大大加快了希腊文明的崛起。

希腊文明的第一颗硕果是荷马。关于荷马的一切都是揣测，但最合理的观点认为他不是一个人，而是一系列诗人的化身。有人认为《伊利亚特》和《奥德赛》的创作很可能有两百年的时间跨度，大约在公元前750—前550年[2]，还有人认为"荷马"人物形象在公元前8世纪末已经基本形成[3]。现存的荷马作品是庇西特拉图在雅典主持整理的，他在公元前560至前527年断断续续地统治雅典，从此雅典年轻人把荷马诗歌当成最重要的学习内容咏记在心。但在希腊某些地区，特别是斯巴达，荷马到较晚时期才有这么高的声望。

荷马诗歌像后来的中世纪浪漫传奇那样，代表文明贵族阶级的立场，把民众中依然盛行的各种迷信当鄙俗题材避而不谈。很久以后，这些迷信纷纷重见天日。根据对荷马作品集的研究，现代作家认为荷马虽远古，却是个删定者，像18世纪的古神话诠释家那样，怀着上层阶级的典雅启蒙理想。荷马诗歌中象征宗教的奥林匹亚神祇，无论当时还是后世都并非希腊人唯一的崇拜对象。民众中的流行宗教里还有其他更黑暗更野蛮的元素，虽被希腊知识分子竭力排斥，却暗里潜伏，待人们衰弱或恐惧时猛烈反扑。因此每逢衰颓乱世，被荷马摒弃的那些迷信就冒出头来，可见它们在古典期也依然顽强生存着，只是半隐半现罢了。这就解释了许多看似矛盾怪异的事了。

无论哪里的远古宗教都是部族而非个人的。人们举行特定仪式感召神魔赐福给部落，尤其是庇佑庄稼丰收、人畜兴旺。冬至祈求太阳别再衰减光热，春天和收获季节也要举行合适的祭礼。这些仪式往往群情激昂，人丧失个体意识，心神迷离恍惚地与整个部族融为一体。世界各地的宗教演化到特定阶段，都会举行祭礼把动物和人当祭品宰杀吃掉。不同地区进入该阶段的时间颇为不同。单纯的人

---

[1] 比如希伯来字母表的第三个字母"Gimel"意思是骆驼（camel），标识就是一头象形的骆驼。
[2] 贝洛赫：《希腊史》，第12章。
[3] 罗斯特夫泽夫：《古代世界史》卷一，第399页。

祭通常比吃掉牺牲品的人祭延续得更久，希腊历史刚开始时还没有废止。无残忍之举的丰收仪式在全希腊也很常见，尤其是厄琉息斯神秘仪式，本质上都是农耕的象征。

不得不承认，荷马诗歌中的宗教没什么宗教味。神祇不会死并拥有超能力，除此之外与凡人无异。他们没什么值得称羡的美德，也没什么好畏惧的，某些诗句甚至对他们颇有伏尔泰式的不敬。诗中也有些真正的宗教情感，但崇拜对象不是奥林匹亚神祇，而是连宙斯也要服从的"命运""必然"和"定数"等更玄虚的存在。命运对整个希腊思想有巨大影响，也许正是科学界信奉自然规律的缘由之一。

荷马诗里的神是贵族征服者的神，不是农夫实用的丰收神。正如吉尔伯·莫瑞所说[1]：

> 多数国家的神都自称创造了世界，奥林匹亚神祇则不然，他们至多去征服世界……征服那些王国，然后干什么？执掌政府吗？发展农业吗？经营商贸吗？才不。何必干实事呢？收税过日子多惬意，谁敢不交就一道闪电劈了他。他们是帝王酋长，皇家海盗；他们打打杀杀，吃喝玩乐，声色犬马；他们开怀痛饮，放声嘲笑那伺候他们的跛脚工匠。他们谁都不怕，除了自己的王。他们从不撒谎，除非恋爱或打仗。

荷马诗里的凡人英雄同样不怎么高尚。为首的佩勒普斯家族并未树立幸福家庭的好榜样。

> 王朝的建立者，亚洲人坦特洛斯[2]直接挑衅神，传说他骗神吃人肉，吃他儿子佩勒普斯的肉。佩勒普斯靠奇迹复活，也大肆渎神。他和比萨国王欧诺茂斯那场著名的战车赛，是靠勾结国王的车夫马提罗赢的；他许诺事后犒赏同伙，结果却把同伙丢进海里干掉了。诅咒落到他儿子阿特瑞斯和塞艾提

---

[1]《希腊宗教的五个阶段》，第67页。
[2] 坦特洛斯是宙斯爱子、腓尼基国王，惹怒神祇后被打入地狱，站在齐下巴的水里，头顶悬着结满佳果的树枝，口渴欲饮则水退，肚饿欲食则果升，于是他的名字意味着受诱惑无法企及的煎熬，也是"志忑"一词的来源。——译注

兹的头上，两人有一种希腊人所谓的"ate"，一种并非完全无法抗拒却又极其强烈的犯罪欲望。塞艾提兹跟嫂子私通，借此窃取了家族的"福气"，那头有名的金毛公羊。阿特瑞斯以牙还牙设法放逐了弟弟，再假意和好将他召回，设宴请他吃他自己孩子们的肉。诅咒又落到阿特瑞斯的儿子阿伽门农头上，阿伽门农由于杀了圣鹿而冒犯狩猎女神阿特米斯，只好牺牲自己的女儿伊菲吉娜来平息女神的盛怒，使自己的舰队安全抵达特洛伊，最终却被不贞的妻子克莱坦美和她的情夫阿基索斯联手杀掉，阿基索斯正是塞艾提兹幸存的儿子。阿伽门农的儿子奥瑞提斯为父报仇，杀了母亲和阿基索斯。[1]

荷马史诗定稿是爱奥尼亚人的功劳，爱奥尼亚位于希腊小亚细亚，附近有一些岛屿。最迟在公元前6世纪左右，荷马诗歌定型为如今的面貌。希腊科学、哲学和数学也正诞生于这个世纪。同时还有其他大事在世界各地发生。孔子、佛陀和琐罗亚斯德[2]如果是真实历史人物，很可能也属于这个世纪。该世纪中叶，波斯帝国由居鲁士建立；该世纪末期，被波斯人授予有限自治权的希腊爱奥尼亚地区有几个城邦发动了一场失败的叛乱，被大流士镇压下去，城里最杰出的人四散奔逃。这段时期有几位哲学家就是逃亡者，在希腊未遭奴役的地区从一个城邦流浪到另一个城邦，传播了之前主要局限于爱奥尼亚的文明。他们周游时受到殷勤款待。公元前6世纪晚期盛名远扬的色诺芬尼也是个流亡者，他说："冬季围着暖炉，倚在柔软的长榻上，用完美餐，喝着甜葡萄酒，嚼着鹰嘴豆，我们应该这样谈谈：'您是哪国人，多大年纪了，亲爱的先生？米底人来的时候您多大啊？'"希腊其他地区在萨拉米之战、普拉提亚之战打赢后保住了独立，后来爱奥尼亚也获得了一段时期的自由[3]。

古希腊分为许多小城邦，每个城邦有一座城，城外农田环绕。不同地区的文明程度差别很大，只有少数城邦为希腊文明做出了贡献。我后面要细讲的斯巴达，军事上很重要，但文化很弱。哥林多是个富饶繁华的巨型商贸中心，但并不盛产

---

[1] 鲁斯：《希腊远古文化》，1925年版，第193页。
[2] 传说中的波斯先知，拜火教创始人。他的阿维斯坦语原名是查拉图斯特拉，亦即尼采《查拉图斯特拉》中的称呼，希腊语译名为琐罗亚斯德。——译注
[3] 雅典人被斯巴达打败，导致波斯人重新占领了整个小亚细亚沿岸，他们的权力由《安塔西达和约》（前387—前386）确认，约五十年后被亚历山大帝国吞并。

伟人。

还有些纯粹的农乡,譬如传说中的阿卡迪亚,城里人把它想象成田园牧歌,其实充满远古的野蛮恐怖。

这里的居民崇拜牧神"潘",有各种丰收祭礼,往往立一根方柱充当神像。山羊是丰收的象征,因为农民们穷得连牛都养不起。食物不够吃的话,潘的神像就得挨打(中国某些偏远山村仍有类似情形)。传说有个狼人族,可能跟人祭和食人风俗有关,据说谁吃过祭品人肉就会变成狼人。有一个洞供奉宙斯·莱考斯(狼宙斯),在洞里人是没有影子的,进洞的人一年之内必死。诸如此类的迷信在古典时期依然盛行。[1]

潘原名"潘恩"(Paon),指饲养人或牧人,公元前5世纪波斯战争过后,雅典人也跟着崇拜他,于是演变成这个更为人熟知的称呼"Pan",意思是全神[2]。

然而,古希腊也有不少现代意义上的宗教精神,无关奥林匹亚,而是狄俄尼索斯或曰巴克斯,这名字总让人自然联想到醉醺醺有些堕落的酒神。酒神崇拜激起一种深沉的神秘感,对许多哲学家有巨大影响,甚至在一定程度上造就了基督教神学,这一点非同寻常,任何研究希腊思想史的人都应当理解清楚。

狄俄尼索斯又名巴克斯,最初是色雷斯的神。色雷斯远不及希腊文明,是希腊人眼中的蛮族。像所有原始农耕者一样,他们也有各种丰收祭礼和一位丰收神,神的名字叫巴克斯。巴克斯究竟是人形还是牛形,始终不很清楚。他们发现了啤酒的酿法,觉得醉酒的眩晕感很神圣,就赞美巴克斯。后来他们又学会种葡萄,摸索着酿出葡萄酒,就更崇拜巴克斯了。保佑丰收简直成了巴克斯的副职,赐葡萄和葡萄酒那种神圣癫狂感才是要事。

酒神崇拜什么时候从色雷斯传到希腊,我们并不清楚,但似乎是在历史快要开始时。巴克斯崇拜遭到正统派的敌视,但还是确立下来。其中有许多野蛮元素,比如把野兽撕碎,一股脑儿生吃下去。它还有一种奇异的女权主义,有身份的夫人小姐成群结队在荒山野岭整夜游荡,在刺激的狂喜中热舞,那酣醉状态也许部分归功于酒精,但主要因为某种神秘力量。丈夫们嫌这种事烦人,但不敢反对宗教。这种既美丽又野蛮的崇拜仪式在欧里庇得斯的剧作《酒神女信徒》里有

---

[1] 鲁斯:《远古希腊》,第65页起。
[2] 哈瑞森:《希腊宗教研究导论》,第651页。

狄俄尼索斯（巴克斯）最初是色雷斯的神，会种葡萄，酿葡萄酒。酒神在希腊的盛行并不奇怪

详尽描述。

酒神在希腊的盛行并不奇怪。正像所有迅速开化的社会，希腊人或至少一部分希腊人对原始事物产生一种渴慕，盼望一种摆脱道德束缚因而更本能、更激情的生活。对于被迫在行为上比感情上更文明的男女，理性是令人生厌的，美德是一种负担和奴役。这会在思想、感情和行为上引发一系列反应。思想反应是我们探讨的重点，但感情和行为反应必须先谈一下。

文明人与野蛮人的主要区别是远见，或者稍微宽泛地说，目光长远。他愿意为将来的快乐忍受眼前的痛苦，哪怕快乐很遥远。这个习性随着农业的兴起变得越来越重要，动物和野人不会为冬天吃粮而在春天劳作；某些纯本能的举动是另一回事，比如蜜蜂酿蜜或松鼠藏坚果，这些事并非出于远见，而是一种直接的行为冲动，在人类看来，它们显然是后来才发现这么做有好处。真正的远见，必须是在没有冲动刺激的情况下，凭理性知道将来会因此受益而行事。捕猎无须远见，因为那是乐趣；而耕地是劳作，不可能靠本能冲动。

文明不仅用远见抑制冲动（自愿主动抑制），还用法律、习俗和宗教抑制冲动，后一种抑制也是原始流传下来的，但超越了本能，较为系统化。某些行为被贴上犯罪标签，会受惩罚；还有些行为虽然不会被法律制裁，却贴上了邪恶标签，会被社会谴责。私有财产制使女性处于从属地位，通常还造就奴隶阶级。社会将目的强加于个人，而个人习惯把人生视为一个整体，为了将来甘心牺牲自己的现在。

很显然，这容易做得太过，比如守财奴的情形。但即使没这么极端，为了谨慎也很容易丧失人生某些最美好的东西。酒神崇拜者反抗谨慎，在身体和精神的迷醉中寻回被谨慎摧毁的激情，感觉世界充满了欢愉和美，想象力忽然冲破日常思虑的牢笼。酒神崇拜仪式带来所谓的"enthusiasm"(狂喜),从词源可以看出,意思是崇拜者被神附体,与神完美相融。人类的伟大成就往往有某种迷醉成分[1],让激情冲破拘谨。没有酒神体验,人生无趣;享受酒神之乐,恐生隐患。谨慎与激情的矛盾贯穿古今,我们不可完全站到任何一边。

在思想领域,清醒的文明乃科学的近义词。但纤尘不染的科学无法让人满足,人还需要艺术、宗教和激情。科学能划定知识的边界,但不该对想象设限。古希腊哲学家和后世的哲学家一样,有些人偏重科学,有些人偏重宗教。偏重宗教者,很大程度上直接或间接汲取了酒神精神。柏拉图就是典型,后世受他影响最终融入基督教的理论亦然。

酒神崇拜的原始形式很野蛮,在许多方面令人反感。影响哲学家的不是这种原始形式,而是俄耳甫斯式精神化、以精神沉醉取代肉体沉醉的禁欲主义酒神。

俄耳甫斯是个朦胧而有趣的形象。有人说他是真实人物,还有人说他是个神或想象英雄。传说他和巴克斯一样来自色雷斯,但他或借他之名的运动更可能来自克里特。可以断定,俄耳甫斯教义含有许多似乎源自埃及的东西,而埃及主要是通过克里特影响古希腊的。据说俄耳甫斯是个改革者,被酒神正统派鼓动癫狂的女信徒撕成了碎片。他对音乐的嗜好在旧传说中不像在后世那么令人瞩目。他原是一位祭司兼哲学家。

无论俄耳甫斯本人说过什么(如果确有其人),俄耳甫斯教义是人所熟知的。该教派相信灵魂轮回,说人死后灵魂可获得永恒的喜乐或遭受永恒或暂时的折磨,这取决于人生在世的活法。他们的目标是变"纯",部分靠仪式净化,部分靠避免玷污。最正统者不沾荤腥,除非在崇拜仪式上作为圣餐来吃。在他们看来,人部分属地,部分属天;过纯洁生活,属天的部分就增多而属地的减少。人最终能与巴克斯融为一体,叫做"一位巴克斯"。他们有一套精深的教义,说巴克斯诞生了两次,一次由母亲塞梅乐所生,一次从父亲宙斯的大腿出生。

巴克斯神话有许多版本。一说巴克斯是宙斯和珀瑟芬的儿子,小时候被巨人们撕成碎片吃掉,只剩一颗心脏。有人说宙斯把这颗心给了塞梅乐,还有人说宙斯自己吞了它,无论哪种说法,下文都是巴克斯第二次出生。巴克斯的女信徒撕碎野兽生啖其肉,应该是重演巨人撕碎并吞噬巴克斯的情节。野兽在某种意义上

---

[1] 我是说精神沉醉,不是醉酒。

是神的化身，巨人族是凡人，但吃了神肉，也得到一点神性。因此人部分属于凡间，部分属于神，酒神仪式就是为了让他更接近神。

欧里庇得斯笔下的俄耳甫斯祭司有一段独白，很耐人寻味[1]：

> 神啊，欧罗巴泰尔族裔
> 宙斯之子，脚下
> 踩着克里特千百座城池
> 我在这昏暗的神殿向你祈祷
> 欧花楸雕梁的殿堂
> 供奉卡里贝[2]钢剑与野牛血
> 严丝合缝的柏木榫卯
> 安稳牢靠。我的岁月
> 消逝如清流。我甘作伊迪安·乔[3]的仆人
> 扎古斯[4]午夜漫游，我步步追随
> 早听惯他雷鸣般的嘶吼
> 享毕他赤血流淌的盛宴
> 举起伟大母亲山巅烈焰
> 得"披甲祭司巴克斯"之名，我终获自由
> 身披白袍，我已洗净
> 俗世生的血污和死的棺尘
> 我的唇再不沾染
> 曾蕴载生命的腥荤

有墓葬出土了俄耳甫斯祭辞，指引死者的灵魂如何托生来世，说什么话来证明自己值得拯救。这些辞简残缺不全，其中最完整的叫佩特利书简，写道：

---

[1] 本章的诗歌是吉尔伯·莫瑞教授译成英文的。
[2] 卡里贝是小亚细亚一个以炼钢闻名的民族。——译注
[3] 似乎是巴克斯的神秘别名。
[4] 巴克斯诸多别名之一。

你将于冥府左侧见一泓泉，泉畔立一株白柏。切勿近此泉。你将于记忆湖畔见另一泓泉，寒水涌流，守卫俨然。你须说："诸位心知，我乃大地与星空之子，我族只属天。呜呼，我焦渴欲亡。快给我饮那记忆寒泉。"他将让你饮圣泉，饮毕你也成神……

另一片书简写着：

哎，你这遭罪的人……你将由凡人变神。

还有一片是：

喜乐福人，你将成神，再无一死。

灵魂不可以喝的泉是离希，是令人遗忘一切的忘川；另一泉是麦默沁，是记忆之水。若想得救，灵魂不能遗忘旧事，必须有一种超自然记忆。

俄耳甫斯派是个苦行派，酒对他们只是一种象征，正如后世基督教的圣餐。他们追求的迷醉是精神"狂喜"，是与神相融。他们相信这样能获得一般方式得不到的神秘知识。这神秘元素随毕达哥拉斯进入希腊哲学，毕达哥拉斯是俄耳甫斯派的改革者，正如俄耳甫斯是酒神教的改革者。俄耳甫斯教义由毕达哥拉斯带入柏拉图哲学，又通过柏拉图渗进后世或多或少有宗教性的哲学。

俄耳甫斯派影响之处，必有某些确凿无疑的酒神精神。其一是女权主义，毕达哥拉斯很支持女权，说"女性天生更虔诚"，柏拉图更是要求政治权利上男女完全平等。另一种酒神精神是崇尚激烈的感情。希腊悲剧源于酒神祭仪。欧里庇得斯尤其敬重俄耳甫斯派的两个主神，酒神巴克斯和爱神伊洛思。他鄙视那冷冰冰自以为是举止板正的人，总在写剧本时让这种人发疯，或使之亵渎神明惹神憎恶而下场惨痛。

人们总把古希腊人想象得安详可敬，以为他们能置身局外静观激情，感受激情的美妙，自己却平静得犹如奥林匹亚神明。这种看法实属片面。没错，也许荷马、索福克勒斯和亚里士多德是这样的，但那些直接或间接沾染酒神或俄耳甫斯精神的希腊人绝非如此。厄琉息斯神秘仪式是雅典国教最神圣的部分，有一首颂歌唱道：

高高挥舞你的葡萄酒杯，
疯狂快慰
来厄琉息斯繁花似锦的山谷
你们来啊，巴克斯，潘恩，万岁！

在欧里庇得斯的剧本《酒神女信徒》里，女信徒的副歌合唱是诗意与野蛮的结合，完全是安详的反面。她们把野兽活活撕裂，当场生吃，欢唱道：

哦欢乐，欢乐在高山
舞到精疲力竭神魂颠
圣鹿只剩皮毛
血肉席卷一空
鲜红的泉水欢欣喷涌
撕碎的山羊鲜血激溅
吞噬野兽光荣
山顶曙日初升
弗里几亚、吕底亚的群峰
布罗缪带我们攀登

布罗缪是酒神诸多别名之一。酒神女信徒的山野舞蹈极尽疯狂，也是一种逃避，甩开文明的重担冲进非人间的美丽世界，与清风星月共自由。不太疯癫时她们吟唱道：

还可以再重来，再重来吗？
那漫长，漫长的歌舞
从深夜直到星光微澜？
我的嗓子可否再品尝那清露，我的发丝可否再沐浴那流淌的风？
我白嫩的双足可否再映衬那无边暗夜的微明？
幼鹿蹄脚向绿林奔逃
青青草地闪过可爱孤影；

  纵身一跃，猎物不再惊恐
  已冲出恐怖的陷阱牢笼
  但远方仍有声音在呼喊
  嘶吼，吆喝，唆使猎犬
  拼命搜寻啊，疯狂逃命
  沿河向前
  是快乐还是恐惧，你轻蹄迅疾如风？
  冲向那未曾被人沾染的亲爱荒野
  那里没有尘嚣，绿荫深处
  林中小生命悄然萌生

  还人云亦云说希腊人"安详"吗，你先想象一下费城那些太太们照这样疯狂的画面吧，哪怕在尤金·奥尼尔的剧本里。

  俄耳甫斯派也不比原版酒神安详多少。他们认为今世的生活是痛苦无聊的，人被束缚在无尽循环的生死之轮上；真正的生命属于星空，却被牢牢拴在大地。唯有靠克己苦行的净化，我们才能逃脱轮回，最终达到与神合一的极乐境界。这种想法肯定不属于活得轻松愉快的人，而更像黑人灵歌：

  待我归家
  向上帝倾吐所有烦忧

  虽非全体，但大部分希腊人激情澎湃、忧郁、自我挣扎，一边是理智的引导，一边是激情的诱惑；既幻想天堂，又自造地狱。他们口头喊"适可而止"，其实什么都不节制——无论是纯粹思维还是诗歌、宗教或罪恶。他们的伟大，是激情与理智结合的伟大；单凭一面，根本不可能那么深刻地改造未来世界。他们神话的雏形不是奥林匹亚的宙斯，而是普罗米修斯，后者从天堂给人间带来火种，所得回报却是永恒的折磨。

  然而，如果审视希腊民族的整体性格，那么上文的描述就和希腊人"安详"论一样片面。其实希腊人有两种倾向，一种是激情、宗教、神秘、超脱，另一种是欢愉、实证、理性，对各种各样的事实知识充满兴致。希罗多德代表后一种倾向，最早期的爱奥尼亚哲学家们亦然，亚里士多德在一定程度上也是这样。贝洛赫（《希腊史》卷一，第一章，第434页）阐述了俄耳甫斯教义，然后说：

> 但希腊民族太青春洋溢，无法普遍接受否定今生、把真实生活寄托到来世的观念。因此，俄耳甫斯教义依然局限在较小的信徒圈内，对国教没有一丝影响，甚至在雅典这样把神秘崇拜归入国教加以法律保护的社会也没有一点影响力。这些观念在希腊世界赢得胜利，须披上颇为不同的神学外衣，还要再等待整整一个千禧年。

这似乎说得有点过，尤其对渗透了俄耳甫斯教义的厄琉息斯神秘仪式而言。总体来看，宗教情结者拥护俄耳甫斯教，理性主义者却对它嗤之以鼻。俄耳甫斯教的状况，和18世纪末19世纪初期卫理公会在英国的地位相似。

有教养的希腊人从父亲那里学了什么，我们多少有些了解；但他儿时从母亲那里学了什么，我们所知甚少，女性很大程度上被隔绝在男性所享受的文明之外。即使在最开明的时期，有教养的雅典人无论显意识的精神何其理性，似乎也保留着来自传统和童年的原始思维和感情，着急起来这些东西往往就占上风。因此，对希腊人观念的任何简单化分析恐怕都失之片面。

直到近代，人们才充分认识到宗教尤其是非奥林匹亚宗教对希腊思想的影响。简·哈瑞森的《希腊宗教研究导论》极具新意，着重强调了普通希腊人宗教中的原始因素和酒神因素；F. M. 康福德的《从宗教到哲学》一书致力让研究希腊哲学的学者注意宗教对哲学家的影响，但他的许多诠释，更确切地说是其中的人类学诠释我们不能尽信。我认为最公允的阐述出自约翰·博奈的《早期希腊哲学》一书，尤其是第二章《科学与宗教》。他说，科学与宗教的冲突始于"公元前6世纪横扫希腊的宗教复兴"，历史舞台也从爱奥尼亚转移到西方。他写道：

> 希腊大陆的宗教与爱奥尼亚宗教的发展方式大相径庭。特别是来自色雷斯的酒神崇拜，荷马史诗鲜有提及，其实蕴含着一个看待人与世界关系的全新方式的萌芽。当然那些崇高观点不能归功于色雷斯人本身，但毫无疑问，对希腊人而言，狂喜境界表明灵魂不只是自我的虚弱副本，唯有"脱离肉体"才能展现其真性……

希腊宗教眼看要进入东方宗教的状态，假如没有科学的兴起，这个趋势恐怕无法避免。一般认为希腊是由于没有祭司制度而免于重蹈东方式宗教的覆辙，但这是倒果为因。祭司并不创造信条，虽然他们会维护既有信条；在文明最初期，东方人也没有这种祭司阶级。挽救希腊的，不是祭司的缺位，而是科学派的存在。

从一种意义上看很新、从另一意义上看与人类一样古老的新宗教，随着俄耳甫斯派的创立达到了巅峰。据我们所知，新宗教发端于阿提卡，但传播极快，尤其在南意大利和西西里。他们本质上是酒神崇拜组织，却具备希腊从未有过的两种特征。他们把神启当作宗教权威的根源，还组建了社团。那些蕴含神学思想的诗歌据说是色雷斯的俄耳甫斯写的，他本人曾踏入冥界，所以是脱离躯壳的灵魂在另一世界种种艰险里的安全向导。

博奈进一步指出，俄耳甫斯教义和大约同期的印度宗教有惊人的相似，虽然他认为两者不可能有任何接触。然后他提到"淫宴"（orgy）一词的本意，俄耳甫斯派用它指代净化信徒灵魂，使之逃脱生死轮回的"圣餐"。与奥林匹亚派不同，俄耳甫斯派建立了我们所谓的教会，即任何种族或性别的人都可参加的宗教组织，在教会的影响下兴起一种作为生活方式的哲学观。

第二章 米利都学派

哲学史教科书往往开篇就讲哲学始于泰勒斯，泰勒斯说万物由水构成。这不禁让初学者泄气——好不容易才由于课程安排而对哲学挤出些敬意。然而我们有足够理由推崇泰勒斯，虽然也许应把他当科学家而非近代意义上的哲学家来推崇。

泰勒斯是小亚细亚米利都人，米利都是个繁荣的商业城邦，有大量奴隶人口，自由民之间有尖锐的贫富阶级斗争。"在米利都，一开始平民获胜，杀了贵族的妻儿；后来贵族占了上风，把对方活活烧死，用活人火炬将城里各个广场照得通明。"〔1〕泰勒斯时代，小亚细亚绝大多数希腊城邦遍布这种情景。

像爱奥尼亚地区其他商业城邦那样，米利都在公元前7世纪到公元前6世纪经历了重大的政治经济变革。最初掌权者是地主贵族，但逐渐被商人财阀取代，而商人又被往往是民主派推上台的僭主取代。吕底亚王国毗邻希腊东海岸，与沿岸诸城保持着友好关系，直到公元前612年尼尼微陷落。此后吕底亚转而关注西方，但米利都依然和吕底亚尤其是公元前546年被居鲁士征服的吕底亚末代国王克瑞索斯保持着友好关系。此外，埃及也是米利都的重要友邻，靠希腊雇佣兵支持的埃及王开放了几座城与希腊通商。希腊人在埃及最早的殖民地是米利都守备部队占领的一座要塞，而公元前610至前560年间最重要的殖民地是达夫尼，希伯来先知耶利米和许多其他犹太流亡者就在这里躲避巴比伦王尼布甲尼撒（《耶利米书》，第43章第5节起），但尽管埃及无疑影响了希腊，犹太人却没有，估计耶利米对那些怀疑宗教的爱奥尼亚人唯有惧怕。

至于泰勒斯的生平，目前最有力的证据是他那次著名的日蚀预测，据天文学家推算，该日蚀肯定发生于公元前585年。其他现有证据也把他的生活指向那个时期。算准一次日蚀并不意味着他有什么卓越天才。米利都和吕底亚结盟，吕底亚和巴比伦有文化交流，而巴比伦天文学家已经发现日蚀大约每十九年发生一次。他们能相当精准地预测月蚀，但日蚀不太好算，因为一个地方看得见的日蚀也许另一地方看不见。因此他们只知道某月某日值得留心观察日蚀，泰勒斯懂的很可能也仅限于此。为什么有这样的周期循环，无论泰勒斯还是巴比伦人都不明白。

据说泰勒斯曾游历埃及，给希腊带回了几何学。埃及人的几何知识主要是经验式的，没理由认为泰勒斯达到了后世希腊人那种演绎推理高度。他似乎发现了根据陆上两点的观测推算海船离岸距离的方法，以及根据金字塔影子长度估算其高度的方法。还有许多其他几何定理归在他名下，但恐怕是误传。

泰勒斯是希腊七贤之一，七贤各有一句名言，据传泰勒斯的名言是"水最好"。

据亚里士多德记载，泰勒斯认为水是原初物质，万物由水构成，而且大地是浮在水上的。亚里士多德还提到泰勒斯说磁石能吸铁所以有灵魂，还说万物皆有神〔2〕。

万物由水构成的说法，算是一种科学假设，绝不愚蠢。二十年前，人们还普

---

〔1〕 罗斯特夫泽夫：《古代世界史》卷一，第204页。
〔2〕 博奈在《早期希腊哲学》第51页对最后一说法提出了质疑。

遍认为万物由氢构成，而氢占水的三分之二。希腊人做假设很轻率，但至少米利都学派有意用经验来验证假设。我们对泰勒斯所知太少，无法令人满意地重现他的学说；但他的米利都后继者我们很了解，可以合理推测米利都学派某些观点是来自泰勒斯的。泰勒斯的科学和哲学知识都很粗浅，但能激发思考和观察。

关于泰勒斯有许多传说，但除了上述点滴事实，我们确切知道的恐怕不多。某些逸闻很有趣，比如亚里士多德在《政治学》(1259a)里讲的："人们羞辱他穷，说看来哲学没用。他精通天象，冬天算准来年橄榄要大丰收，于是用手头那点钱当定金租下了丘斯和米利都所有的橄榄榨油器，租金很便宜，因为没人跟他争。到了收获季节，对榨油器的需求一下子蹿升，他就往外租，开价想多高就多高，大赚一笔。他就这样向世人证明了哲学家想发财就能发财，只是志不在此。"

阿那克西曼德是米利都学派第二个哲学家，比泰勒斯有趣得多。他的年代不可考，但据说在公元前546年已经六十四岁，有理由认为这基本属实。他认为万物有本原，本原并非泰勒斯说的水或者我们知道的其他东西，而是无定、无尽、无生无灭的，构成了"所有的世界"——他认为世界不止我们这一个。本原能转化为我们熟知的各种东西，这些东西也能相互转化。就此，他有句著名的重大论断：

> 万物从何者来复归何者去，皆有注定，因彼此依次互偿亏欠，终至公正。

无论是宇宙还是人世的公正观，都在希腊宗教和哲学中占据着现代人无法轻易理解的地位，其实我们所谓的"公正"一词很难表达其原意，却又很难找出一个更恰切的词。阿那克西曼德想表达的大意是：世上的火、土、水应当呈特定比例，但各元素（像各位神祇）永远都企图扩充自己的疆土。然而有一种必然性或曰自然法则永远在校正这个平衡，譬如火灭有灰烬，灰烬就是土。这个公正观，即不逾越永恒固定的界限，曾是希腊人最深切的信念。神祇像凡人一样必须服从公正，但这至高无上的力量本身并未人格化，并非至尊之神。

阿那克西曼德曾论证本原不可能是水或任何其他已知元素：如果其一是终极根源，那么它将征服其余。据亚里士多德记载，阿那克西曼德曾经说这些已知元素彼此对立，气是冷的，水是湿的，火是热的，"因此，假如其一是无限的，其余的早就不复存在"。因此，本原在这场宇宙之争中必然是中立的。

各个世界都诞生在一场永恒的运动过程中,世界并非犹太或基督教神学认为的那样由神创造,而是演化来的。动物界的进化亦然。湿物质被太阳蒸发变成潮气,活物从而诞生。人类像其他动物一样,是鱼类演化来的;人肯定是另一种动物变的,因为人类婴儿期很长,假如原始形态如此,就根本无法生存下来。

阿那克西曼德充满科学的好奇心,据说他是第一个绘制地图的人,他说大地像个圆柱形,还说太阳要么和大地一样大,要么是大地的二十七八倍。

他的创见全都是科学、理性的。

阿那克西米尼是米利都三杰的最后一位,他不像阿那克西曼德那么有趣,但帮助米利都学派取得了一些重要进展。他的生平尤为模糊,可以肯定的是他生于阿那克西曼德之后,活跃于公元前494年之前,因为这一年波斯人镇压爱奥尼亚诸城邦的叛乱,把米利都一道给灭了。

阿那克西米尼说万物本原是气。灵魂是气,火是稀薄的气,气凝聚后先变为水,再凝聚为土,最后为石。这套理论的优点是将不同物质的区别转为量的区别,完全取决于凝聚程度。

他认为大地是圆桌形的,空气包裹万物:"正如我们的灵魂是气,将我们凝聚成人,气息和空气也包裹着整个世界。"仿佛世界会呼吸。

阿那克西米尼在古代比阿那克西曼德更受尊崇,虽然现代人几乎都会做出相反评价。他对毕达哥拉斯和许多后世思想有重大影响。毕达哥拉斯派发现世界是球体,但原子论者坚持阿那克西米尼的观点,认为它像个圆盘。

米利都学派的伟大不在于取得的成就,而在于探索精神。它是希腊思想与巴比伦、埃及相接触的结果。米利都是个富庶的商业城邦,原始偏见和迷信由于频繁的对外接触而淡化。米利都所在的爱奥尼亚地区是希腊的文化重地,直到公元前5世纪被大流士征服。米利都宗教是奥林匹亚的,几乎未受酒神和俄耳甫斯教的沾染,而且向来不是人们关心的重点。泰勒斯、阿那克西曼德和阿那克西米尼的思索属于科学假想,极少掺杂人格化欲望和道德观念的杂质。他们提出的问题很有水平,他们的热情鼓舞了后世研究者。

希腊哲学下一阶段的主要舞台在意大利南部的几座希腊城邦,更富宗教尤其是俄耳甫斯色彩,在某些方面更有趣,成就令人赞叹,但没有米利都学派那么浓厚的科学精神。

第三章　毕达哥拉斯

本章主要探讨毕达哥拉斯对古代和近现代的影响。无论智慧还是愚痴，他都是思想界有史以来的顶尖要人。数学，尤其是演绎推理证明由他而始，他的数学思想还弥漫着一股奇特的神秘主义气息。从他的时代起，而且部分也由于他的缘故，数学对哲学的影响一直深刻而不幸。

我们先从他为数不多的生平逸事谈起。他是萨摩斯岛人，活跃于公元前532年左右。有人说他出生于殷实的公民之家，父亲叫孟萨卓，有人说他是太阳神阿波罗之子，相信哪种说法请读者自行选择。在他那个时代，萨摩斯由僭主泼力克瑞兹统治，此人是发横财的老恶棍，手下有庞大的海军。

萨摩斯是米利都的商业对手，商旅足迹远达以矿产闻名的西班牙塔特苏。泼力克瑞兹大约在公元前535年当上萨摩斯僭主，直至公元前515年倒台。他没什么道德顾忌，除掉了两个曾是政治帮手的亲兄弟，手下的海军主要干海盗勾当。米利都不久前被波斯人征服，他从中渔利。为阻止波斯人继续向西扩张，他和埃及王阿玛希结为同盟。但波斯王康比斯全力以赴征服埃及，泼力克瑞兹见势头不对就倒戈，派一支由自己政敌组成的舰队进攻埃及，不料水兵哗变，返回萨摩斯岛攻打他。他还是战胜了叛军，却因自己的贪婪而中计告终：波斯萨德省总督谎称欲叛变波斯大王，愿花一大笔钱请他协助，他跑到希腊内陆会晤总督，被捉了钉在十字架上。

泼力克瑞兹热衷艺术，用壮观的公共工程美化了萨摩斯。阿涅克利翁是他的宫廷诗人，而毕达哥拉斯反感他的统治，离开了萨摩斯。据说毕达哥拉斯曾游历埃及，大部分智慧是从埃及获得的，这并非不可能，但不管怎样，可以肯定他最终落脚于南意大利的克罗顿。

意大利南部各希腊城邦像萨摩斯和米利都那样富庶繁华，还不受波斯人的威胁[1]。锡巴里斯和克罗顿是最大的两个城邦。锡巴里斯的奢华到处流传，狄奥铎说它鼎盛时人口有30万，虽然这无疑是夸张。克罗顿和锡巴里斯一样大，两个城邦都靠进口爱奥尼亚货物到意大利为生，部分在意大利内销，部分再经西海岸出口

---

[1] 西西里的希腊城邦受迦太基人的威胁，但意大利人感觉不到威胁的迫切。

到高卢和西班牙。意大利各希腊城邦彼此恶战，毕达哥拉斯抵达克罗顿时，克罗顿刚刚被洛可瑞打败。但不久之后，也就是公元前510年，克罗顿大胜锡巴里斯，将其彻底摧毁。锡巴里斯曾与米利都保持重要的贸易关系，克罗顿则以医学闻名，"克罗顿的德漠西德"曾先后当过泼力克瑞兹和大流士的御医。

毕达哥拉斯携弟子在克罗顿创立了一个宗教团体，有段时间在城里颇有影响，但最后遭到公民们的反对，于是他搬到同在意大利南部的梅塔蓬，终老于此。不久他就成为神话式人物，被赋予种种奇迹和神力，可他也是一个数学学派的创立者[1]。因此他的事迹是两种相反传说的纠缠，真相模糊难辨。

毕达哥拉斯是史上最有趣又最令人费解的人物之一。不仅有关他的传说几乎是一团真理与荒诞难解难分的乱麻，甚至最单纯最无可争议的事实也呈现一番非常奇特的心理面貌。简言之，他可谓爱因斯坦与艾迪夫人[2]的混合体。他创立的宗教派别，主要教义是灵魂转世[3]和吃豆有罪。他的宗教组织遍布各地，掌握了政权并建立起一套圣人统治。但那些冥顽不化的人渴望吃豆，迟早造反。毕达哥拉斯派的某些教规如下：

  1．不准吃豆。
  2．不准捡掉了的东西。
  3．不准碰白公鸡。
  4．不准掰面包。
  5．不准跨门梁。
  6．不准用铁棍拨火。
  7．不准吃整块面包。

---

〔1〕亚里士多德说他"最初从事数学和算术，后来一度屈尊于弗莱希兹那套巫术"。
〔2〕指玛丽·贝克·艾迪，美国基督教科学派创始人，主张不用药物而用宗教信念治疗病痛，并有意神化自己。——译注
〔3〕小丑：毕达哥拉斯对野鸟怎么看？
  马弗里：他说我们奶奶的灵魂也许会一不小心住到鸟儿身体里。
  小丑：这说法你怎么看？
  马弗里：灵魂是高贵的，我绝不赞成他。
  小丑：再见吧，你就在黑暗里待下去吧，等你赞成毕达哥拉斯的说法了，我才认你有头脑。
  （莎士比亚《第十二夜》）

8．不准掐花环。

9．不准坐在夸脱斗[1]上。

10．不准吃心。

11．不准在大路上走。

12．不准燕子在屋檐筑巢。

13．锅从火上端走，不准在灰上留锅底印，要把灰搅到一起。

14．不准就着火光照镜子。

15．起床后，把铺盖卷起来，展平身体的印迹。[2]

这些规矩都属于原始禁忌。

康福德在《从宗教到哲学》里说，他认为"毕达哥拉斯派代表着我们认为与科学倾向相对立的神秘传统的主流"。他说巴门尼德是"逻辑发现者"，也是"毕达哥拉斯派的旁支，柏拉图则从哲学汲取到灵感的主要源泉"。他说毕达哥拉斯派是俄耳甫斯派的改良，而俄耳甫斯派是酒神崇拜的改良。理性与神秘的对立是纵贯历史的主题，最初在希腊文化中体现为奥林匹亚神祇与那些不太开化的神之间的对立，后者更贴近人类学家研究的原始信仰。在这个分野，毕达哥拉斯站在神秘主义那边，虽然他的神秘主义透着奇特的理性。他自称是个半神，似乎说过这话："有人，有神，也有毕达哥拉斯这样的存在。"康福德说，毕达哥拉斯引领的理论"都有出世气息，将所有价值归于神不可见的统一性，将可见世界斥为虚幻的浑浊介质，怪它用迷雾和黑暗蒙蔽了天国的神光"。

迪卡乔司说，毕达哥拉斯教导曰："首先，灵魂不死，会变成另一种活物；再者，存在的事物，都在轮回里往复重生，没什么是绝对新鲜的；一切有生命之物都是我们的亲人。"[3]据说毕达哥拉斯曾像圣方济各那样向动物布道。

他建立的社团，男女平等参加，财产公有，过同一种生活。就连科学和数学发现也是公有的，这都由毕达哥拉斯神秘促成，甚至他死后还在继续。梅塔蓬的希帕索斯触犯了教规，乘船出事而死，有人说是不虔诚惹神震怒的后果。

---

[1] 容量为一夸脱（约1.14升）的粮食斗。——译注

[2] 引自博奈：《早期希腊哲学》。

[3] 康福德，前引书第201页。

但这一切又和数学有什么关系？两者是通过推崇沉思式的道德生活观联系起来的。博奈把这种道德观总结如下：

> 我们在这世上都是异乡人，身体是灵魂的坟墓，但决不可自杀逃避，因为我们是神的羊群，他是我们的牧人，没有他的命令我们无权逃避。现世生活中有三种人，正如来奥林匹克运动会的也有三种人。最低级的是那些做买卖的，高一级的是那些来竞赛的，而最高级的则是纯粹来观看的。因此，最伟大的净化物就是客观公正的科学，献身科学的人，也就是真正的哲学家，才能最有效地摆脱"生之轮"。[1]

文字含义的变迁往往很有启发意义。我前面提到"淫宴"一词，现在谈谈"理论"（theory）。它最初是俄耳甫斯派术语，康福德解释为"感同身受的激情沉思"。他说，在这种状态下，"观察者与受难的神合而为一，在他的死亡中死去，在他的复活中重生"。毕达哥拉斯这"感同身受的激情沉思"是理智性的，得出的是数学知识。"理论"一词就这样通过毕达哥拉斯教义逐渐获得了现代意义，但对于毕达哥拉斯的追随者来说，它依然含着狂喜的神启意味。对那些在学校不情不愿学了点儿数学的人来说这可能很奇怪，但对那些时不时体验到数学带来的醍醐灌顶般狂喜的人、那些热爱数学的人来说，毕达哥拉斯的观念纵使虚幻也完全自然而然。仿佛经验式哲学家只是材料的奴隶，而纯数学家像音乐家那样，是他那秩序井然的美丽世界的自由创造者。

很有趣的是，博奈阐述的毕达哥拉斯伦理学，有一些与近代价值相悖的观念。譬如足球赛，有近代头脑的人一般会觉得球员比纯粹看球的伟大。国家也类似，人们更崇敬参与竞逐的政治家而非旁观者。价值观的改变与社会制度的改变有关，战士、绅士、财阀和暴君各有各的真善标准。绅士曾长期把持哲学理论，因为他们有点像希腊先哲，沉思的美德有神学崇尚，客观真理的概念彰显了理论生活的高贵。绅士是靠奴隶劳动供养的自由民，起码是靠地位无疑比他卑贱的人养活。应当注意的是，这个定义包括圣人与先贤，因为圣贤的生活主要是沉思而非劳作。

近代真理观，比如那些实用主义和工具主义真理观，是实用而非思辨的，是

---

[1]《早期希腊哲学》，第108页。

由工业文明而非贵族政权激起的。

　　且不评价这容许奴隶制的社会，纯粹数学正归功于这种意义上的绅士。思辨意识促成了纯粹数学的诞生，它是有用活动的根源，因此也备受尊崇，从而在神学、伦理学和哲学中获得了否则不会享有的成功。

　　对毕达哥拉斯宗教先知和纯粹数学家双重身份的解释到此为止。他在这两方面都有难以估量的影响，两者也不像现代人以为的那样泾渭分明。

　　多数科学在萌芽期都曾经与某些错误信仰相牵连，从而蕴含一种虚幻的价值。天文学曾经牵涉占星学、化学和炼丹术。数学曾与一种更精深的错误相关。数学知识似乎是确切、精准而适用于现实世界的，还可以通过纯想象获取，不需要观察。因此，人们觉得数学能提供一种日常经验知识无法抵达的理想。基于数学，人们认为思想高于感受，直觉高于观察。与数学不符的感官体验，更是错上加错。人们想方设法接近数学理想，种种推测便成为许多形而上学和认识论错误的根源。

　　我们都知道，毕达哥拉斯说"万物皆数"。翻译成现代文，这话毫无逻辑，但他的本意并非妄谈。他发现了数对音乐的重要性，数学名词"调和中项"和"调和级数"保存着他在音乐和算术间建立的关联。他把数想象成形体，就像骰子或纸牌上的那些样子。我们至今仍说数的平方、立方，这些表述都归功于他。他还提到长方形的数、三角形的数、金字塔形的数等等。这就是构成上述形状所需的数字小块（或者我们可以更自然地说成数字小球）。他可能把世界想象成原子的，把物体想象成原子按各种形式排列组成分子进而构成的。他希望以这种方式使算学成为物理学和美学的基本研究对象。

　　毕达哥拉斯或其直系弟子最伟大的发现就是勾股定理，即直角三角形两条直角边的平方和等于剩下那条边即斜边的平方。埃及人知道边长分别为3、4、5的三角形有一个直角，但显然是希腊人最先发现$3^2+4^2=5^2$，并给出了一般命题的证明。

　　让毕达哥拉斯感觉不妙的是，这个定理立即导致了不可公约数的发现，他的哲学差点被全盘推翻。在等腰直角三角形里，斜边平方等于任一直角边平方的两倍。假设直角边长都是1英寸，那么斜边有多长？假设其长m/n英寸。那么$m^2/n^2=2$。假如m和n有一个公约数，消去，那么m和n必有一个是奇数。既然$m^2=2n^2$，那么m^2是偶数，因此m是偶数，n是奇数。设$m=2p$，那么$4p^2=2n^2$，则$n^2=2p^2$，因此n是偶数，与假设相反。因此不存在能约尽斜边的分数m/n。这大体是欧几里得《几何原本》卷十的证明[1]。

那么，无论采用什么长度单位，总有些长度没有这个单位的确切数值，也就是说，不可能有两个整数m、n，使m倍的长度等于n倍的单位。这让希腊数学家坚信必须建立独立于算学的几何学。柏拉图对话录中有几段表明几何学当时正在独立化。最终使几何学完备的是欧几里得，他在《几何原本》卷二用几何方法证明了许多我们往往会用代数证明的东西，比如$(a+b)^2=a^2+2ab+b^2$。他之所以这么做，是由于不可公约数难题的存在。他在卷五、卷六论证比例，也是这般情形。整套体系逻辑优美，为19世纪数学家的严谨做了铺垫。在无理数的完备算学理论出现前，欧几里得的证明法就是最佳的几何方法。笛卡尔引入坐标几何学从而把算学再次推上王座时，曾认为不可公约数的难题有望解决，虽然当时还没出现解法。

几何学对哲学与科学方法的影响非常深远。希腊人建立的几何学从不证自明的公理开始，通过一番演绎推理，得出远非不证自明的定理。公理和定理被认定为实际空间的现实，而实际空间从经验得来。因此，先提炼不证自明的东西，再运用演绎法，似乎能在现实世界发现新事物。这种观念影响了柏拉图、康德及两人之间大部分的哲学家。《独立宣言》里"我们认为这些真理不言自明"的说法，就脱胎于欧几里得。18世纪的天赋人权说，是政治上对欧几里得式公理的追寻[2]。牛顿《数学原理》一书，尽管材料是经验式的，但形式完全是欧几里得式。严格意义上的经院主义神学，体裁也源自欧几里得。个人宗教源自神启的狂喜，神学源自数学，两者在毕达哥拉斯身上都有体现。

我认为，数学是人类信仰永恒、确切真理的主要根源，也是信仰超感知理念世界的主要根源。几何研究精准的圆，但没有任何可感知物体是精准的圆；无论我们多小心地使用圆规，画的圆总有些不完美不规则之处。这意味着所有精准推理只适用于理想而非现实物体，在此自然可更进一步，主张思想比感觉崇高，意念中的物体比感官可触的物体更真实。纯粹数学还巩固了有关时间与永恒的神秘主义信条，因为比如数这样的数学体，如果真实，则是永恒不灭的。这永恒体可

---

[1] 但这并非欧几里得本人发现的。见希斯（Heath）：《希腊数学》(*Greek Mathematics*)。柏拉图可能知道这个证明。

[2] 富兰克林用"不言自明"（self-evident）替代了杰斐逊的措辞"神圣不可否认"（scared and undeniable）。

能是神的思想。因此，柏拉图说神是几何学家，詹姆斯·金斯爵士[1]认为上帝痴迷算学。与神启宗教对立的理性主义宗教，从毕达哥拉斯尤其从柏拉图以来，一直完全被数学和数学方法主宰。

数学与神学的结合始于毕达哥拉斯，是古希腊、中世纪欧洲和近代（到康德为止）宗教哲学的鲜明特征。毕达哥拉斯之前的俄耳甫斯教义与东方神秘宗教无异。而柏拉图、圣奥古斯丁、托马斯·阿奎那、笛卡尔、斯宾诺莎和康德的哲学将宗教与推理、道德理想与毕达哥拉斯的永恒逻辑追寻紧密交融，将欧洲理智化神学与亚洲粗略直接的神秘主义区分开来。直到最近人们才能明确指出毕达哥拉斯错在哪里。除他之外，我不知还有谁对人类思想有如此深刻的影响。之所以这么说，是因为所谓柏拉图思想，一分析就能发现本质上还是毕达哥拉斯教义。理智能想象而感官无法触及的永恒世界，完全来源于毕达哥拉斯。若没有他，基督教不会认为耶稣就是世界；若没有他，神学家不会追寻上帝和永恒的逻辑证明。但这一切在他身上含而未发，究竟是如何显现出来的，见下文详述。

第四章 赫拉克利特

当今对古希腊有两种截然不同的态度。一种从文艺复兴延续到最近，人们几乎全体一致怀着迷信般的崇拜看待希腊人，把他们视为一切最美好事物的创造者、现代人无法企及的超级圣贤。另一种态度缘于科学的胜利以及对未来进步的乐观，将古人权威视为梦魇般的精神负担，认为大部分古希腊思想贡献如今忘了最好。这两种极端态度我本人都不赞同，依我看，两者各有对错。探讨细节前，我先谈谈大家依然能从希腊思想研究中汲取哪些智慧。

关于世界的性质和构造，有各种不同假说。形而上学的进步，是所有假说逐步精细化的过程，它们的含义逐渐展开，为应对相反阵营的质疑而努力更新。借助不同理论体系来理解宇宙，是想象之乐，是教条主义的解毒剂。此外，即使哪

---

[1] 英国数学家、天文学家。——译注

种假说都无法完全证实，探究这些假说如何在自身体系内、在已知事实前自圆其说，也可见真知。支配现代哲学的假说几乎全是希腊人最先想到的，他们对抽象事物极富想象力的创见如何称赞都不为过。我对希腊人的论述主要从这个基调出发，我认为他们创造了有独立生命、能成长的繁杂理论，这些理论虽然最初有些幼稚，但事实证明它们已经生存发展了两千多年。

其实，希腊人为抽象思维贡献了更具永恒价值的其他东西：数学和演绎推理。尤其几何学是希腊人创始的，没有几何就根本不会有近代科学。但也就是在数学方面，希腊天才的偏执显现出来：他们根据不证自明的前提进行演绎推理，而不根据观察所得进行归纳推理。运用演绎推理获取的惊人成就不仅误导了古代世界，也把大部分近代世界引入了歧途。观察具体事实进而归纳原则的科学方法，取代根据哲学家脑中灵光一闪的公理进行演绎推理的希腊信念，经历了极其缓慢的过程。且不说其他，仅此一点就表明迷信般崇敬希腊人是错误的。虽然少数希腊人最先对科学方法略知一二，但古希腊人的整体性情与科学格格不入，贬低最近四个世纪的知识进步来抬高古人的做法，是对近代思想的钳制。

况且任何尊崇都不应无度，无论对希腊人还是对其他任何人。研究哲学家的正确态度是既不崇拜也不蔑视，先感同身受地理解，体察他理论中的可取之处，然后尽可能抱着抛弃自己的旧观点那样的心态，唤醒批评意识。蔑视会妨碍这个过程的前半段，崇拜则会妨碍后半段。要记住两点：见解和理论值得研究的人，应当有一些智慧，但任何人都不可能在任何学科寻到完整的终极真理。聪明人说出我们一听就知非常荒谬的观点，我们不应试图证明这观点多少有些对，而应努力思索它何以像对的一样。这种历史和心理想象力训练能立即开阔我们的思维视野，让我们醒悟自己珍视的许多偏见在思维习气不同的另一年代看来是何等愚蠢。

在毕达哥拉斯和本章将探讨的赫拉克利特之间，有另一个地位稍低的哲学家，名叫色诺芬尼。他生平不详，主要靠他提到过毕达哥拉斯而赫拉克利特提到过他这些事实来推断。他出生于爱奥尼亚，但一生主要在南意大利度过。他认为万物由水和土组成。关于神祇，他是个坚定的自由思考者。"荷马和赫西俄德把人类一切无耻和丑行都加到神祇身上，偷盗、通奸、尔虞我诈……世人以为神祇跟他们自己一样也是娘胎生的，穿他们那样的衣服，有他们那样的嗓音和外表……其实，假如牛马或狮子有手，能像人类那样涂涂画画搞艺术创作，那么马会把神弄成马形，牛会把神弄成牛形，各照自己的模样捏造神的身体……埃塞俄比亚人的神是塌鼻子黑人，色雷斯人说他们的神是蓝眼红发。"他认为只有一位神，外形和思想都与人类不同，而且"能够用意念力量轻而易举地控制万物"。色诺芬尼嘲笑毕达哥拉斯派的灵魂转世论："据说有一次毕达哥拉斯走在路上，看见有条狗在挨揍，就喊：'住手，别打了！我朋友的魂在它身上！从叫声听得出来。'"他认为神学问题无法验证真伪。"这些神灵什么的，我敢肯定不管现在还是以后，都没有任何人知道究竟是怎么回事。呐，即使有人碰巧说准了什么，其实他自己都没意识到——也统统是猜测。"[1]

色诺芬尼在反毕达哥拉斯派神秘倾向的理性主义阵营中有一定地位，但他并非一流的独立思想家。

我们知道，毕达哥拉斯的学说很难与他弟子的学说分开，虽然他本人年代久远，但他学派的影响大体上迟于其他各派哲学家。最先创立至今有影响力的学说的哲学家是赫拉克利特，活跃于公元前500年左右，他的生平我们所知甚少，只知道他是以弗所的贵族公民。他扬名古代主要靠那套万物流变教义，但我们将会明白，这只是他形而上学的一个方面。

赫拉克利特虽然是爱奥尼亚人，却并未沿袭米利都学派的科学传统[2]。他是个神秘主义者，不过非常奇特。他认为火是基本物质，万物像火，是由于其他东西死亡而诞生的。"死者不死，不死者死，一物生则他物死，他物生则一物死。"世界是统一的，却是多种对立面相结合形成的统一。"一生万物，万物成一"，但万物没有"一"真实，一就是神。

从流传下来的言论看，他不像个和蔼可亲的人，反而鄙薄成癖，可谓民主主义的反面。他这样说自己的公民同胞："以弗所的成年人不如统统上吊算了，把城邦让给没长胡子的小童；他们居然把人杰赫默多斯给放逐了，说'我们不要最优秀的人，这号人让他到别处跟别人待着去'。"他说所有显赫前辈的坏话，只对一个人口下留情。"应该把荷马从竞技场赶出去拿鞭子抽""长篇大论我听多了，发现那些人没一个明白智慧还远着呢""博学未必明理，否则赫西俄德、毕达哥拉斯、色诺芬尼和海科泰之流早就成了明白人""毕达哥拉斯……拿一堆东拼西凑的

---

[1] 艾德温·比凡:《斯多葛派和怀疑论者》，牛津出版社1913年版，第121页。
[2] 康福德前引书（第184页）特别强调这一点，我认为有理。赫拉克利特往往被人和其他爱奥尼亚学者混淆而受误解。

毕达哥拉斯：万物皆数

普罗泰戈拉：人是万物的尺度

巴门尼德：万物不变

赫拉克利特：万物流变

知识和顽皮胡闹的本领当智慧"。唯一没遭他鄙视的人叫条塔姆斯，被他誉为"比旁人像话得多"。为什么赞许条塔姆斯？原来此人曾说"多数人都是坏蛋"。

他对人类蔑视到认为只有武力才能逼他们干点分内正事的地步。他说"畜生都是靠鞭子赶到牧场的"，还说"驴子宁要草料不要黄金"。

毫不意外，赫拉克利特信奉战争，他说"战争是万事之父、万事之王，它造就了神也造就了人，给某些人戴上枷锁，让某些人获得自由"，还说"荷马'愿神祇和凡人都再无争斗'这话不对，他没意识到这是在祈祷宇宙毁灭，因为如果依他的愿，一切都要完蛋"。他还说："我们须知战争乃常事，冲突即正义，一切都是靠冲突产生和消灭的。"

他的伦理观是一种高傲的苦行主义，与尼采很像。他认为灵魂是火与水的混合物，火高贵而水低贱。他说火多的灵魂"干燥"，"干燥的灵魂最聪慧最优秀"。还说"灵魂变湿会感到愉悦""醉汉被没长胡子的小童牵着，步履蹒跚东倒西歪，他的灵魂就湿了""灵魂变水就死了""人很难抵抗内心的渴望，想要的，他以灵魂为代价也要买""事事如愿以偿，未必好"。可以说赫拉克利特崇尚自控的力量，鄙视乱人心神妨碍抱负的情欲。

赫拉克利特对当时的宗教基本是敌视的，起码对酒神教如此，但不是科学理性的敌视。他有自己的宗教信仰，有时曲解神学迎合自己的信仰，有时干脆把神学贬得一文不值。康福德称他为酒神派，普莱德赫称他为神秘主义的阐释者，我觉得相关断章残篇不支持此类观点。比如说，赫拉克利特曾表示"人们行的神秘教是不神圣的神秘教"，这意味着他心目中也许有并非"不神圣"的神秘教，只是与当时盛行的大不相同。他要是没有过于藐视流俗而肯做宣传，也许本来会成为宗教改革家。

以下是赫拉克利特对当时神学表态的所有现存说法。

  在德尔斐发神谕的神既没有直说也没有掩饰自己的意思，他只用征兆表达。

  还有那西比尔，语无伦次的嘴巴兀自吐着不愉快、有恶臭的话，她的声音千年不散，这都是她体内的神性干的好事。

  灵魂在地狱腐臭。

  死得越壮烈赢得更多。（死者成神。）

  夜游者、魔法师、酒神祭司还有酒桶女祭司，神秘主义贩子。

人们行的神秘教是不神圣的神秘教。

他们向这些画像祈祷，好似跟房子说话，并不知道什么是神或英雄。

要不是借酒神之名，她们游行、唱下流的阳物颂歌就是最无耻的行径。而地狱跟酒神一样，她们还借地狱之名发癫，抱着酒桶狂喝个没完。

那些人徒劳地往身上涂抹污血净化自己，就好似踩进泥坑的人在泥水里洗脚。任谁见他这样，都会把他当疯子。

赫拉克利特认为火是元物质，火生万物。读者应该记得，泰勒斯认为万物由水构成，阿那克西米尼认为气是本原，赫拉克利特更喜欢火。最后恩培多克勒提出一种政治家式的折中，说土、气、火和水都是本原。古代化学就僵死在这里，不再进步，直到后来的穆斯林炼丹家着手探求哲人石、长生不老水以及贱金属变黄金的方法。

赫拉克利特的形而上学热烈激扬，足以让最浮躁的近代人满意：

这世界对万物都一样，不是任何神或人创造的，在过去、现在和未来都是永远燃烧的活火，生生息息变幻无常。

火的转化，首先成海；半海成土，半海成风。

这样的世界当然充满永恒的变化，永恒的变化就是赫拉克利特的信仰。

然而，除了永恒流变，他还有一套自己更看重的学说，那就是对立面混一说。"人们不知道，"他说，"相反者如何相成。相反的力也能产生和谐，犹如弓箭和琴弦。"他对斗争的信奉与该理论相关，因为对立双方通过斗争达到和谐态势。世界是统一的，而统一源于分歧：

结合物是完整而又不完整、聚合而又分离、和谐而又刺耳的。万物生一，一生万物。

有时他隐隐表示统一比分歧更根本：

善恶一体。

> 万物在神眼中完全公正、良好、正确，但在人类眼中有对有错。
> 上升之路和下降之路是同一条。
> 神乃日与夜、冬与夏、战与和、饱与饿；但他变幻无形，犹如火，撒上不同香料，便根据各种口味得到各种名称。

然而，没有对立面的结合就没有统一：

> 有益的是对立面。

这蕴含着黑格尔哲学的萌芽，黑格尔学说就是对立面综合而成的。

赫拉克利特的形而上学和阿那克西曼德一样，受宇宙公正观的支配，不准斗争的任一方完全战胜另一方。

> 万物变火、火变万物，犹如货物换黄金、黄金换货物。
> 气亡生火，火亡生气；土亡生水，水亡生土。
> 太阳不逾界，逾界就会被公正之神的使女厄瑞妮丝追回来。
> 我们须知战争乃常事，冲突即正义。

赫拉克利特反复提到"神"（God）而不说"神祇"（the gods）。"人的行为无智慧，但神的行为有……神眼中的人是幼稚的，犹如大人眼中的孩童……与神相比，最智慧的人也像猿猴，犹如最美的猿猴和人比也丑陋。"

无疑，这个神就是宇宙正义的化身。

万物流变说是赫拉克利特最著名的观念，也最受弟子们强调，有柏拉图《泰阿泰德篇》的描述为证。

> 你无法两次踏入同一条河，因为新的水不断从你身边流过。[1]
> 太阳每天都是新的。

---

[1] 对比"我们踏进却又不能踏进同一条河，我们既存在又不存在"。

一般认为赫拉克利特对普遍变化的信仰体现在"万物流变"这句话里,但这像华盛顿那句"父亲,我说不了谎"和威灵顿那句"近卫军起来冲啊"一样,都可能是杜撰。他的作品正如柏拉图之前所有哲学家的那样,仅仅通过引文为人所知,大部分还是柏拉图或亚里士多德为批判他才予以引证的。只要设想一下,任何现代哲学家假如仅通过与敌手的论辩为我们所知,会被扭曲成什么样子,我们就能明白苏格拉底之前的哲学家多让人赞叹,因为即使透过敌人散播的恶意烟幕,他们依然显得十分伟大。无论如何,柏拉图和亚里士多德都承认赫拉克利特曾教导说"没有存在,只有正在生成"(柏拉图)和"没有稳固的存在"(亚里士多德)。

　　这种学说等讲到柏拉图时再回头谈,柏拉图热衷于反驳它。现在先不谈哲学界对它的立场,先谈谈它带给诗人的感受和科学家对它的态度。

　　追寻某种永恒是促使人研究哲学的最根深蒂固的本能之一。毫无疑问,这种本能来自对故乡的热爱和躲避危险的渴望,因此,我们发现生命面临灾难的人哲学追求最强烈。宗教追寻两种永恒,神与永生。神不会反复无常,没有转变的阴影;死后的生活也恒定不变。19世纪的欢乐氛围让人反对这种静态观念,近代自由神学认为天堂也在进步,神性也在演变。但即便这种观念也有某种永恒感,那就是演变本身及其内在目的。小剂量的危机,就可能让人把希望重新寄托到往昔的超自然形态:若今生绝望,就只能去天堂求安宁。

　　诗人曾哀叹时光有带走他们一切挚爱的能力。

> 时光凝滞了青春的神采
> 摧残了美人的娇额
> 享用着自然真理的珍馐
> 万物俯首待它那镰刀收割

他们通常又补充说,自己的诗是不会毁灭的。

> 时光之手残忍,唯望
> 我为你作的颂诗永存

但这只是寻常的文艺自负。

有哲学倾向的神秘主义者无法否认时光中一切都是暂时的，就创造了一个永恒概念，不在无垠时光里存续，而是完全跳出时间范畴。永恒生活，按某些神学家比如印吉教长[1]的说法，并非将来每分每秒都存在，而是完全独立于时间，没有先前也没有以后，逻辑上没有变化的可能。沃恩曾非常诗意地表达这种观念。

  那夜我得见永恒
  似纯洁无垠的巨型光环
  辉煌而寂静
  环下时间分为小时和天、年
  天体纷纷追赶
  流动如巨影，世界
  和她的一切纷扰尽投环中

有几套最著名的哲学理论曾用肃穆的散文体叙述这个观念，各种理由娓娓道来，试图让我们信服。

赫拉克利特本人虽信奉变化，但也承认某些东西是持久的。赫拉克利特没有巴门尼德提出的那种永恒观（并非永久持续），但在他的哲学中，中心火永不熄灭，世界"过去、现在和未来都是永恒燃烧的活火"。而火是持续变化的东西，其永恒是一种过程而非静态实体——虽然赫拉克利特本人没这么明说。

科学像哲学一样，也试图在变幻无常的现象中寻找某些永恒基质，以逃脱永恒的流变。化学似乎能满足这种渴望，它发现貌似焚毁物质的火其实只是在转化，元素重新组合，燃烧前存在的每个原子燃烧后还在。人们因此设想原子是无法摧毁的，物质世界的所有变化只是永恒元素的重组。这种观念一直流行到人们发现放射现象并意识到原子也会裂变。

无所畏惧的物理学家发明了更小的新单位，叫做电子和质子，说是原子的组成部分；若干年内，人们认为这些小单位具有以前归原子的那种不可毁灭性。不幸的是，质子和电子会碰撞爆炸，产生的不是新物质，而是以光速向宇宙扩散的

---

[1] 威廉·拉尔夫·印吉（1860—1954），英国高级教士、剑桥大学神学教授、圣保罗大教堂教长，俗称印吉教长，又因机智而悲观被称作"忧伤教长"。——译注

能量波。于是能量必须取代物体作为永恒的东西。但能量不像物体，不是日常观念中"实物"的精粹，只是物理过程的特性。可以把能量想象成赫拉克利特所谓的火，但它是燃烧过程，不是燃烧物。"燃烧物"已经从近代物理学消失。

从微观到宏观，天文学也不再允许我们把天体当永存物。行星生于太阳，太阳生于星云，已经存续了一定时期，还要存续更久，但迟早——也许万亿年后，迟早要爆炸，摧毁一切行星，复归一种广泛弥漫的气体。至少天文学家是这么说的，也许那致命日子逼近时，他们会找出什么计算误差。

赫拉克利特的永恒流变说令人痛苦，但现有科学无力反驳。哲学家的主要雄心之一就是唤起人们被科学扼杀的希望。因此，他们极其执着地追寻某种不受时间"帝国"管辖的东西。这种追寻始于巴门尼德。

第五章　巴门尼德

希腊人不管理论还是行动都不喜欢折中。赫拉克利特说万物流变，巴门尼德就驳斥说万物不变。

巴门尼德是南意大利爱利亚人，活跃于公元前5世纪上半叶。据柏拉图记载，苏格拉底年轻时（约公元前450年）曾拜会已经是老人的巴门尼德，受益匪浅。不管这次会面是否为实，我们至少能从其他明显证据推断，柏拉图本人受到过巴门尼德学说的影响。与整体上倾向科学、怀疑的爱奥尼亚哲学家相比，南意大利和西西里的哲学家更倾向于神秘主义和宗教。但毕达哥拉斯影响下的数学在大希腊地区要比爱奥尼亚兴盛得多，只是彼时数学与神秘主义夹缠不清。巴门尼德受毕达哥拉斯的影响，但影响程度我们只能揣测。巴门尼德的重要历史地位主要在于他创造了一种形而上的论辩方式，后世直到黑格尔（包括黑格尔本人）的形而上学都有其影子。人们常说他创造了逻辑学，但他真正创造的是基于逻辑的形而上学。

巴门尼德的学说体现在《论自然》一诗里。他认为感觉有欺骗性，大量感官体验不过是幻觉而已。仅有的真实存在就是"一"（the One），这个"一"无限、不可分,不是赫拉克利特所谓的对立面统一体,因为根本不存在对立面。比如,他显然认为"冷"只意味着"不热","黑暗"只意味着"不明"。巴门尼德的"一"并非我们想的上帝,他似乎将它想象成占据空间的物质,说它是球形的,但不能分割,因为其整体无处不在。

巴门尼德将自己的学说分成两部分,分别叫"真理之道"和"意见之道"。后者我们不管,而他所谓的真理之道,流传至今的主要有:

你无法知道什么不存在——那不可能,也说不清,因为能用来思考的和能存在的是同一回事。

那么,现在存在的将来如何存在?或者说它是如何形成的?如果是形成的,则此时不能存在;如果将来会形成,此时也不能存在。因此"形成"破灭了,也没有什么"消亡"。

能用来思考的事物和思考引发的事物是同一的,因为你找不到没有表述对象的思想。[1]

这套论辩的精髓是:你思考时,是在思考某事物;你使用某名称时,该名称指的是某事物。因此思想和语言必须有它们自身之外的对象。因为你能在不同时间思考或说起某事物,所以思考或话语的对象必须一直存在。因此不可能有变化,因为变化意味着事物变来变去。

这是哲学上从思维和语言推论整个世界的首例。我们不能想当然地认同它,但其中的真理元素值得探究。

换一种方式说,如果语言并非无意义的呓语,那么词必须指某事物,通常不能单单指代其他词,而是必须指代无论我们是否谈起都一直存在的事物。比方说,你谈起乔治·华盛顿,那么除非有个历史人物叫这个名字,否则该名字就毫无意义,包含该名字的句子就是胡说八道。按巴门尼德的意思,乔治·华盛顿不仅过去存在,某种意义上依然存在,因为我们能有所指地使用他的名字。这似乎显然说不通,但我们如何破解?

我们以虚构人物为例,比如哈姆雷特。"哈姆雷特是丹麦王子"这句话,在某

---

[1] 博奈注:"我想,这话的意思是……思想所对应的名称不可能不是真实事物的名称。"

种意义上为真，但不是纯历史意义。准确说法是"莎士比亚说哈姆雷特是丹麦王子"，或更确切地说，"莎士比亚说曾有个丹麦王子叫'哈姆雷特'"，这样说就没有任何虚构成分了。莎士比亚、丹麦还有"哈姆雷特"这三个音都是真实的，但"哈姆雷特"这个音不是真正的名字，因为没有人真的叫"哈姆雷特"。如果你说"哈姆雷特"是一个虚构人物的名字，也不完全正确，你应该说"有人曾想象'哈姆雷特'是个真实人物的名字"。

哈姆雷特是虚构的人，独角兽是虚构的物种。某些含有"独角兽"一词的句子是真的，某些是假的，但都不是直接的真假。我们看"独角兽有一只角"和"牛有两只角"这两句，为证明后者，你得去看牛，光说"某些书宣称牛有两只角"是不够的。但独角兽有一只角的证据仅存于书上，准确说法是"某些书宣称有一种独角的动物名叫'独角兽'"。关于独角兽的所有陈述，其实都是在讲"独角兽"这个词，正如关于哈姆雷特的所有陈述，其实都是在讲"哈姆雷特"这个词。

但很显然，多数情况下我们讲的不是词本身，而是词的内涵。这就回到巴门尼德的论辩，他说如果一个词我们能有所指地运用，它就必须指代某事物，不能什么都不指，所以词的内涵必须在某种意义上存在。

那么，关于乔治·华盛顿我们能怎么说？似乎只有两个选择：要么说他依然存在，要么说当我们用"乔治·华盛顿"这个词时，我们不是真的指叫此名字的那个人。两者似乎都是悖论，但后者似乎没那么矛盾，我要探究它在哪种意义上是真的。

巴门尼德假定词有固定含义，这是他真正的论据，他以为是无可辩驳的。然而，虽然字典或百科全书里有所谓官方的、社会公认的含义，但任何两个人在使用同一个词时，他们脑中不可能有完全相同的理解。

乔治·华盛顿本人也可以用自己的名字或代词"我"。他能察觉自己的思想和身体运动，因此他对这个词的使用比任何人都含义丰富。他的朋友们在他身边时能感知他身体的运动，领悟他的思想，所以"乔治·华盛顿"一词也指向他们自身经验中的某些确凿现实；他去世后，朋友们只能用记忆代替感知，再使用这个名字时思想过程就有所变化。对于我们这些与他素无交集的人来说，心理过程又是另一种不同。我们会想起他的画像，心想"哦，那个人"。我们可能想到"美国第一任总统"。对于极端无知的人，他可能只意味着"那个叫乔治·华盛顿的人"。不管对我们意味着什么，这个名字绝不等于彼人本身，而只是一些感受、记忆或想法，因为我们从未接触他。这就是巴门尼德论证中的谬误。

词语含义的永恒变动往往对含有该词的命题的真伪没有任何影响，所以变动不易察觉。你认定含"乔治·华盛顿"这个名字的命题为真，那么假如把名字替换为"美国第一任总统"，命题往往依然为真。当然有例外情形，华盛顿当选前，有人可能会说"我希望乔治·华盛顿成为美国第一任总统"，但他不会说"我希望美国第一任总统成为美国第一任总统"，除非他对同一律有异乎寻常的执念。但这些例外很容易归纳，其余的你尽可以用任何仅适用于他一人的描述语替代"乔治·华盛顿"。我们对他的了解，全靠这些描述语。

巴门尼德辩称，我们现在无法了解通常所谓的过去，所以那不是真正的过去，相反，它肯定在某种意义上存在于此刻。他从而推断说没有变化这回事。乔治·华盛顿的例子正好切合：我们在某种意义上可谓对过去一无所知；当你回忆，回忆发生在此刻，与被回忆的事件不完全相同。但回忆是对过往事件的重读，实践中绝大多数情况下没必要将描述行为和描述内容区别开来。

整个论证过程表明，从语言得出形而上学结论何其容易，避免这种论辩谬误的唯一方法是将语言的逻辑和心理研究推进到比多数形而上学者更深入的地步。

但我又想，假如巴门尼德起死回生读了我的话，肯定会认为非常肤浅。"你怎么知道，"他会问，"你对乔治·华盛顿的叙述指向过去？对你自己而言，直接参照材料都是此刻存在的，比如说，你的回忆就发生在此刻，不是发生在你认为所回忆的时刻。假如记忆可当作知识来源，过去就必须在此刻呈现于意识中，所以必须在某种意义上依然存在。"

我不打算回应这种论辩，这需要讨论回忆，回忆是个艰深论题。我提出来只是为提醒读者，重要哲学理论通常在遭遇驳斥后脱胎重生为加强版。种种驳斥鲜成定论，多数情况下只是进一步提高的前奏。

直至近代的后世哲学家从巴门尼德那里传承的，不是太过矛盾的"变化无可能"，而是实体的不可毁灭性。"实体"（substance）一词并未出现在紧随其后的哲学界，但相应概念已蕴含在他们的思考中。实体应当是种种论断的持久对象，此时已经是，此后两千多年依然是哲学、心理学、物理学和神学的基本概念。这一点后面我还要详谈。现在提这个概念，只是为了在不抹杀明显事实的前提下公允对待巴门尼德的论证。

第六章　恩培多克勒

　　哲学家、先知、科学家、神棍的综合在毕达哥拉斯身上初现端倪，在恩培多克勒身上表现得淋漓尽致。恩培多克勒活跃于公元前440年左右，是巴门尼德年轻的同代人，尽管他的学说在某些方面更接近赫拉克利特。他是西西里南岸城邦阿卡加的公民，民主派政治家，同时自称为神。多数希腊城邦尤其是西西里的希腊城邦，民主与独裁冲突不断，斗败的政党领袖就会被处决或流放。流亡者很少不肯和东边的波斯、西边的迦太基等敌国勾结。轮到恩培多克勒被驱逐时，他似乎更爱当圣人而非流亡阴谋家。他年轻时很可能多少是个俄耳甫斯派，被驱逐前把政治与科学相结合，后来在流亡生涯中才变为预言家。

　　恩培多克勒的传说很多。说他创过神迹什么的，有时靠魔力，有时靠科学知识。说他能控制风，曾让似乎死了三十多天的女人复活，还有人说他跳进埃特纳火山口证明自己是神，就死掉了。用诗人的话讲：

　　　　了不起的恩培多克勒，炽烈的灵魂
　　　　跳进火山口，烤熟整个人

　　马修·阿诺为此事写了这首诗，虽然是他最差的作品，但上面两句却是例外。
　　像巴门尼德那样，恩培多克勒也用诗写作。受他影响的卢克莱修对他的诗歌造诣甚是推崇，但这一点有意见分歧。他的作品只流传下来一些片段，他诗才究竟如何只能存疑了。
　　有必要把他的科学和宗教观分开讲，因为两者互不相容。我先谈他的科学，再谈他的哲学，最后谈他的宗教。
　　他最重要的科学贡献在于发现空气是独立物质。这是他观察桶或相似容器底朝天放入水中而水流不进去的现象得出的结论。他说：

　　　　少女把玩锃亮的黄铜水钟，纤纤玉指压住孔洞，把水钟浸入微漾的银色柔水，水流不进去，因为里面的气体被密封的孔洞紧紧堵住了，抵着水不让进来；直到她手指一松，空气逸出，等体积的水就喷涌而入。

这段话是他解释呼吸作用时说的。

他至少发现过一个离心力的例证：把一杯水拴在绳子一头抡圆了甩，水不会流出来。

他知道植物有性别，创立了一套演化和适者生存论（不得不承认多少是他想象的）。最初，"无数活物群落四下散开，形态万千，景象奇异"。没脖子的脑袋，没肩膀的胳膊，没额头的眼睛，孤零零的肢体摸索着结合。这些东西随机连接，造就长着无数手足的蹒跚活物、脸和胸朝着不同方向的活物、牛身人脸的活物、牛脸人身的活物。有男女特征俱备但不会繁殖的雌雄同体物。最后只有某些形态活了下来。

天文学上，他知道月光是反射光，以为日光亦然；他说光线需要时间来传播，但花的时间极短，人眼无法察觉；他知道日蚀是因为月亮挡在中间，这一点似乎是从阿那克萨戈拉那里学来的。

他创立了意大利医学学派，学派壮大后影响了柏拉图和亚里士多德，博奈说（第234页）它影响了科学和哲学思想的整体倾向。

这一切体现了他那个年代的科学活力，后世的希腊很难望其项背。

现在谈他的宇宙论。前面已经提到，是他确立了土、气、火、水四元素，虽然他没有使用"元素"（element）这个字眼。各元素都是永存的，但能按不同比例混合，造就了变幻多端的大千世界。将元素结合的是爱，将元素分开的是恨。在恩培多克勒看来，爱和恨是与土气火水相并列的原初物质。曾有一个黄金年代，爱取得了完全的胜利，那时人们只崇拜塞浦路斯爱神艾芙黛。世上的变化茫无目的，只受"偶然"和"必然"支配。爱将元素彻底混合，恨逐渐将它们分开，分开后爱又逐渐把它们结合起来，就这样循环往复。因此每种复合物都是暂时的，只有四元素以及爱和恨才是永恒的。

这有点像赫拉克利特的观念，但有所柔化，因为导致变动的不只是恨，还有爱。柏拉图在《智者篇》（242节）中把赫拉克利特和恩培多克勒相提并论：

爱奥尼亚和后世的西西里有一些诗人总结说，"一"和"多"两原则的结合更可靠，存在就是一和多；它们由冲突和友好牵连在一起，不停地分，不停地合，这是较冷峻的诗人的看法；较温和的诗人不强调永恒的斗争与和平，而是承认它们有缓和与交替，有时和平与统一在爱神支配下占上风，有时分离和冲突在斗争原则支配下占上风。

恩培多克勒认为物质世界是个球体，黄金时代恨在球外而爱在球内，变化逐渐发生，恨进入球体而爱被挤出，最坏的情形是恨完全占据球内，爱完全被排除在外。然后不知什么原因，相反运动开始，直到黄金时代再度来临，只是不会恒久。整个过程一再循环。有人认为这两个极端中可能有一个能达到稳定，但恩培多克勒不这么看。他想在考虑巴门尼德万物不变说的同时解释运动，却不想得出宇宙不变的结论。

恩培多克勒的宗教观大体是毕达哥拉斯派。在一份很可能是谈毕达哥拉斯的残篇里，他这样说道："他们当中有一位罕见的学问家，精通各种聪明技艺，赢得了最雄厚的智慧财富；他竭力思考，就能轻易洞察一切事物在十代、二十代人期间的一切情形。"在人们只崇拜艾芙黛的黄金时代，"祭坛并未弥漫纯公牛血的腥臭，把牛活活扯死吃那肥硕的残肢，是人们最憎恶的行径"。

有一次他兴高采烈地自称为神：

> 住在俯瞰阿卡加黄色岩石、背临堡垒的大城里，日日忙于正事，外邦人眼中的荣耀化身，不擅卑劣之举的朋友们，向你们致意！我非凡人，而是行走在你们中间的不死神明，头束丝带花冠，谁见了都尊崇。我穿戴齐整，率众进入繁华市镇，男男女女都立刻向我致敬，无数人成群结队追随我，询问如何得福，有些人渴求我的谕示，也有些人在漫长疲惫的日子里惨遭各种病痛折磨，向我求疗愈的良方……但我何必喋喋不休说这些呢，超越必死、必朽的人对我来说有什么了不起？

还有一次他觉得自己是个大罪人，正在为渎神之举赎罪：

> 必然之神有一道谕示，一条古老的神诫，神的明誓让它效力永恒，说无论哪个魔鬼在漫长的岁月里罪恶地用血玷污自己的双手，或者加入争斗背弃誓言，就必然远离福祉之家在外游荡三万年，托生为种种必死之物，从一条

劳苦的生活之路换到另一条。让烈风把他吹进海里，海浪再把他喷上大地，大地把他抛向灼热的烈日，烈日再把他扔回风暴的漩涡。他被轮番接住，又被一再抛弃。我现在就是这样的人，一个被神抛弃的流亡者，因为我曾经信奉冷酷的斗争。

他有什么罪，我们不知道，也许并不是什么严重的事，因为他说过：

啊，我惨了，生不如死的无情岁月为何不在我犯下张嘴大嚼的恶罪前把我毁灭！……
彻底戒绝月桂叶……
可怜虫，十足的可怜虫，你的手放开那豆子！

所以，他干的坏事也许无非是嚼月桂叶或狂吃豆子。

柏拉图最著名的篇章把今世比作一个洞穴，我们只能借上方明亮的光看到现实的虚影，这是恩培多克勒暗示过的，本源是酒神教义。

有些人，应该是那些托生过多次不再犯罪的人，终于能与神祇同在而获得永恒祝福：

但最后，他们[1]成为凡人中的预言家、歌者、医师或王子，再荣升为神祇，与其他神祇同享圣殿，共坐一桌，不再尝人间悲苦，不再受命运捉弄，不再受任何伤害。

这一切，似乎很少是酒神教义或毕达哥拉斯教义没包括的东西。

恩培多克勒的原创，除了科学认识，就是四元素说以及用爱恨原则解释变化。

他抛弃了一神论，认为自然过程被偶然和必然支配，并没有目的。在这方面他的哲学思想比巴门尼德、柏拉图和亚里士多德更科学。在其他方面，他的确沾染了当时的迷信，但就此而言也并不比许多近现代科学家糟多少。

---

[1] 不清楚"他们"究竟是谁，但估计应该是那些保持纯洁的人。

帕特农神庙（前447—前436，雅典）和伯里克利（前461—前429）。伯里克利时代雅典的成就也许是史上最不可思议的事。在那以前，雅典落后于许多希腊城邦，无论文学还是艺术领域都不曾出现大人物，只有一位主要从事立法的梭伦。忽然间，战争胜利、财富在手加上战后重建之需，在各种因素的刺激下，建筑师、雕刻家、戏剧家创作了睥睨后世的巨作。哲学方面，雅典贡献了两个伟大名字，苏格拉底和柏拉图

第七章　雅典与文化

雅典从两次波斯战争开始（公元前490年与公元前480—前479年）步入伟大。在此之前，伟大人物多出自爱奥尼亚和大希腊区（南意大利和西西里的希腊城邦）。雅典于公元前490年在马拉松战胜波斯王大流士，于公元前480年率希腊联合舰队战胜大流士之子兼继承人薛西斯，赢得极大威望。小亚细亚大陆和群岛上的爱奥尼亚城邦曾反抗波斯帝国无果，雅典把波斯人逐出希腊大陆，成就了爱奥尼亚的解放。在这场斗争中，斯巴达只关心自己的领土，并未插手。于是雅典成为反波斯联盟的领军者。根据联盟公约，各成员国有义务提供一定数量的战舰或缴纳等值的代役金，多数成员国选择给钱，雅典因而掌握了凌驾于其他盟国的海上霸权，逐渐将联盟转化成雅典帝国。富庶的雅典在伯里克利的英明领导下愈加强盛，伯里克利由雅典公民推选上台，执政约三十年，直到公元前430年才失势。

伯里克利时代是雅典史上最幸福最荣耀的时代。参加过波斯战争的埃斯库罗斯开创了希腊悲剧，剧作《波斯人》摆脱荷马题材的俗套，描述了大流士的溃败。紧接着是索福克勒斯，索福克勒斯之后是欧里庇得斯，而欧里庇得斯一直活到伯里克利失势和死亡后伯罗奔尼撒战争的黑暗时代，其剧作体现了后期的怀疑主义。他的同代人，喜剧诗人阿里斯托芬从有限的活泼常识出发嘲弄各种主义，尤其是责怪苏格拉底，笑骂他胆敢否认宙斯的存在而胡扯什么亵渎神明的伪科学神秘主义。

雅典曾被薛西斯占领，卫城神殿惨遭焚毁。伯里克利致力于重建工作，遗迹至今让我们叹为观止的帕特农神庙等庙宇，就是他修建的。雕刻家菲迪斯受命雕琢巨型男女神像。这段时期快结束时，雅典成为希腊世界最美丽壮观的城邦。

史学之父希罗多德是小亚细亚哈力克那苏斯人，但住在雅典，在雅典当局的鼓励下撰写了雅典视角的波斯战争史。

伯里克利时代雅典的成就也许是史上最不可思议的事。在那以前，雅典落后于许多希腊城邦，无论文学还是艺术领域都不曾出现大人物，只有一位主要从事立法的梭伦。忽然间，战争胜利、财富在手加上战后重建之需，在各种因素的刺激下建筑师、雕刻家、戏剧家创作了睥睨后世至今无法超越的巨作。念及雅典人口数量之少，这一切愈发令人称奇。约公元前430年雅典人口达到巅峰，但连奴隶在内也仅有23万人左右，城周围的阿提卡乡村地区更是人烟稀少。无论在此之前还是从此以后，都没有哪个地区凭这么少的人口产出如此顶尖的佳作。

哲学方面，雅典仅贡献了两个伟大名字，苏格拉底和柏拉图。柏拉图属于较晚时期，苏格拉底则在伯里克利治下度过了少年和成年初期。雅典人对哲学有浓厚兴趣，渴望听取其他城邦教师的教导。想学辩论术的青年就纷纷追随智者，在《普罗泰戈拉篇》中，柏拉图笔下的苏格拉底对热心学徒倾听外来名家讲话场面的描述让人忍俊不禁。后面会讲到，阿那克萨戈拉被伯里克利请到雅典，苏格拉底自称就是从他那里得知心智在创作中的首要地位。

柏拉图把大部分对话录设定在伯里克利时代，那是一幅优裕的富人生活图景。柏拉图出身雅典贵族家庭，在战争和民主尚未摧毁上层社会财富和安全感的时代传统中长大。那时贵族青年无须工作，有大把时间钻研科学、数学和哲学取乐，荷马史诗几乎烂熟于心，对职业诵诗者的造诣颇具鉴赏力。演绎推理法刚刚创始，在整个知识领域掀起了良莠不齐的新理论热潮。在这个时代，人们能过得既明智又幸福，能凭才智获得幸福——这样的时代为数不多。

但造就黄金时代的力量平衡是不稳定的，内外都面临威胁：内部威胁是民主派，外部威胁是斯巴达。要理解伯里克利去世后的情形，我们必须简单捋一下阿提卡的早期历史。

阿提卡在历史之初是个自给自足的小型农业城邦，都城雅典面积不大，但工匠和熟练手艺人的人口比重越来越大，他们渴望把产品销往国外。人们逐渐发现种葡萄和橄榄比种粮食更有利可图，粮食可以主要从黑海沿岸进口。这种耕作模式比种粮食需要更多资金，小农逐渐负债。阿提卡像其他希腊城邦一样，在荷马时代实行君主制，但国王只是没有实权的宗教官吏。权柄落到贵族手中，他们既压迫乡里的农民，又压迫城市手工业者。公元前6世纪初期，梭伦朝民主方向实行一种妥协，他的许多成就一直保留到庇西特拉图父子的僭主统治期。这段时期过后，僭主政治的贵族对头已经很支持民主政治。像19世纪英国那样，贵族在民主化过程中逐渐掌权，直至伯里克利倒台。伯里克利去世前，雅典民主政治的领袖们就开始要求分享更多政治权力，而此时伯里克利的帝国主义政策虽然仍是雅典经济繁荣的依靠，却导致雅典与斯巴达的摩擦不断升级，最终引发了伯罗奔尼撒战争（公元前431—前404年），雅典完全战败。

雅典虽然在政治上瓦解，但威望犹存，哲学中心继续在此停留了将近一千年。亚历山大城在数学和科学方面让雅典黯然失色，但亚里士多德和柏拉图使雅典成为哲学的万仞之巅。柏拉图讲学的学园开办得最久，在罗马帝国皈依基督教后作为异教孤岛还延续了两个世纪，最后在公元529年被宗教顽固派查士丁尼大帝关闭，黑暗降临欧洲。

第八章 阿那克萨戈拉

哲学家阿那克萨戈拉虽然不能与毕达哥拉斯、赫拉克利特或巴门尼德齐名，但也颇有历史重要性。他是爱奥尼亚人，沿袭爱奥尼亚的科学理性传统。他最先把哲学介绍给雅典人，最先提出心智是身体变化的首要原因。

他于公元前500年左右出生在爱奥尼亚的克莱佐梅尼，但一生有三十来年生活在雅典，大约为公元前462至前432年。他可能是伯里克利招来的，伯里克利当时正在致力于开化雅典人。将他引荐给伯里克利的，可能是米利都的阿斯巴萨。柏拉图在《斐多篇》中说：

> 伯里克利"似乎和科学家阿那克萨戈拉意气相投，把天上事物的理论饱学一番，获得了明辨智愚的真知——这正是阿那克萨戈拉谈论的主题，从这个源泉汲取了一切能提高演说艺术的东西"。

据说阿那克萨戈拉还影响了欧里庇得斯，但真伪更值得怀疑。

雅典公民像其他时代其他地方的市民一样，对企图向自己引介更高层次文化的人有一定敌意。伯里克利年纪渐长，政敌们开始通过攻击他的朋友来反对他。那些人指控菲迪斯侵吞雕塑用的黄金，他们还颁布法律允许告发那些不奉行宗教而宣传"天上事物"理论的人。借助这条法律，他们把宣扬太阳是块红热的石头而月亮是土的阿那克萨戈拉送上受审席（后来苏格拉底的控诉者照搬这种做法，苏格拉底笑他们老套）。究竟发生了什么我们不清楚，只知道阿那克萨戈拉被迫离开雅典。似乎很可能是伯里克利将他救出监狱，设法帮他脱身。他回爱奥尼亚办了一所学校，用遗嘱把自己的忌日定为学生们的假日。

阿那克萨戈拉主张万物能无限分割，哪怕最小的一点物质也包含各种元素。哪种元素最多，就表现为哪种东西。譬如说，万物含火，但唯有火元素占主宰地位时才叫火。他像恩培多克勒那样反对虚空说，说滴漏实验或鼓起的皮囊都能证明看似一无所有的地方其实装着空气。

与前辈不同，他认为心智（mind、nous）是组成活物的元素，将活物与死物区别开来。他说，任何东西都是样样元素齐全，只有心智例外，某些东西有心智。心智控制一切有生命之物，它无限、能自控而且不与任何事物混杂。除了心智，其他万物无论多小，都包含所有对立面的一部分，比如热与冷、白与黑。他说雪（部分）是黑的。

心智是一切运动的根源。它激起漩涡运动，漩涡逐渐波及全世界，最轻的东西浮到表面，最沉的东西落到中心。心智都一样，动物的心智和人类一样好。人类似乎更优越，因为有双手；表面上是智力不同，其实是身体结构不同。

亚里士多德和柏拉图笔下的苏格拉底都抱怨阿那克萨戈拉只是介绍心智而鲜有运用它。亚里士多德指出他仅仅介绍了心智这一种原因，因为他不知道其他原因。阿那克萨戈拉尽可能做机械解释，反对把必然和偶然当作万物起源，尽管他的宇宙论并未提及"天意"。他似乎不考虑伦理或宗教，也许正如那些控告他的人所说，他是个无神论者。他受所有前辈的影响，唯独不服毕达哥拉斯。巴门尼德对他的影响和对恩培多克勒的影响一样深。

阿那克萨戈拉的科学功绩很大。第一个解释月亮反射光的人就是他，虽然巴门尼德有些晦涩的言论暗示他也懂这一点。阿那克萨戈拉正确解释了月蚀原理，他知道月亮位于太阳下面。他说太阳和星星是燃烧的石，我们感受不到星星的热度是因为它们太遥远。他还认为太阳比伯罗奔尼撒还大，月亮上有山，有居民。

据说阿那克萨戈拉出身阿那克西米尼学派，毫无疑问，他继承了爱奥尼亚人的理性科学传统。从毕达哥拉斯派传到苏格拉底、从苏格拉底传到柏拉图，给希腊哲学造成蒙昧主义偏见的伦理和宗教倾向，在阿那克萨戈拉身上没有出现。他不算顶尖人物，但他是第一个将哲学带到雅典的人，也是塑造苏格拉底的影响力之一，所以相当重要。

第八章　阿那克萨戈拉

第九章　原子论者

　　留基伯和德谟克利特是原子论先驱，两人很难分开，因为他们往往被相提并论，很显然留基伯的某些著作被后世误以为是德谟克利特的。

　　留基伯似乎活跃于公元前440年左右[1]，他来自米利都，继承了这座城邦的科学理性哲学，且深受巴门尼德和芝诺的影响。人们对他了解太少，以致有人主张德谟克利特的追随者伊壁鸠鲁断然否认他的存在，有些近代学者也曾重提此论。但亚里士多德的著作多次提到他，某些还是原文摘引；如果他只是个传说，这一切就似乎太匪夷所思了。

　　德谟克利特是个确切得多的人物。他是色雷斯地区的阿布德拉人，至于生平，他曾说自己年轻时阿那克萨戈拉已经老了，那时大约为公元前432年，所以估计他活跃于公元前420年左右。他在南部和东部诸岛游历甚广，追求知识，很可能在埃及待过相当长时间，还肯定去过波斯。然后他回到阿布德拉，终老于此。泽勒说他"知识之丰富超越所有前辈和同代哲学家，思维之敏锐和逻辑之正确超越绝大多数哲学家"。

　　德谟克利特是苏格拉底和智者派的同代人，若纯粹按时间顺序编排，这本史书应当把他稍稍往后放，但困难在于很难将他和留基伯分开。所以我把他放在苏格拉底和智者派之前，尽管他的某些哲学理论是为了答复自己的同乡、最显赫的智者普罗泰戈拉的。普罗泰戈拉访问雅典时受到热烈欢迎，德谟克利特则说"我去到雅典，没一个人认识我"。德谟克利特的哲学在雅典久遭冷遇，博奈说："不清楚柏拉图对德谟克利特有没有任何了解……而亚里士多德很了解他，因为亚里士多德也是北方来的爱奥尼亚人。"[2] 柏拉图的对话录只字未提他，但根据第欧根尼·拉尔修所说，柏拉图对他厌恶之至，恨不得把他的作品烧光。希斯将他作为数学家极力推崇[3]。

　　留基伯和德谟克利特两人共同哲学的基本理念出自留基伯，但理论形成很难

---

[1]　希瑞尔·贝利在《希腊原子论者和伊壁鸠鲁》一书中估计他活跃于公元前430年或稍早。
[2]　《从泰勒斯到柏拉图》，第193页。
[3]　《希腊数学》卷一，第176页。

说是谁的功劳，我们也没必要追根究底。如果不是德谟克利特，那就是留基伯为调和分别由巴门尼德和恩培多克勒代表的一元论和多元论而走向原子论。他们的观点很接近近代科学，还避免了希腊思维常犯的大部分错误。他们认为万物由原子构成，原子在物理而非几何上不可分，彼此之间是虚空；原子不可毁灭，过去、将来都在无休止的运动中；原子数量无限，甚至种类也无限，区别在于形状和大小。亚里士多德断言[1]，原子论者认为原子热度也不同，构成火的球状原子最热；另外重量也不同，他引用德谟克利特的话："越难分割的原子，就越重。"但原子本身究竟有没有重量，一直是原子论的争议话题。

原子一直在运动中，但注疏者对原初运动的特征各持己见。某些人，尤其是泽勒，主张原子论者认为原子永远在降落，较重的原子落得更快，砸在较轻的原子上，发生撞击，于是像台球那样发生偏转。这肯定是伊壁鸠鲁的观点，他的理论在许多方面以德谟克利特学说为根基，同时又颇不明智地顾忌亚里士多德的批评。但我们有足够的理由认为留基伯和德谟克利特并未把重量当作原子的初始属性。他们更可能认为原子最初在随机运动，就像近代气体分子运动理论。德谟克利特说在无限虚空中没有上下之分，并将原子在虚空中的运动比作无风天太阳光束中微尘的飞舞。这比伊壁鸠鲁的观点高明得多，我认为很可能是留基伯和德谟克利特的看法。[2]

撞击使原子群形成一个个漩涡。其余过程大致如阿那克萨戈拉所说，但是把漩涡归因于机械运动而非意念力量是一种进步。

古人通常谴责原子论者把万物归结为巧合。恰恰相反，原子论者是严格的决定论者，他们坚信一切都是按自然规律发生的。德谟克利特明确否认任何随机事件的发生[3]。有没有留基伯这个人尚无定论，但据说他曾表示："没有无缘无故之事，万事皆有理由，皆出必然。"他的确没有解释为何世界最初是那个样子，也许应归结为偶然。但世界一旦存在，接下来的演变就毫无例外地遵循机械原则。亚里士多德等人指责留基伯和德谟克利特没有解释原子的初始运动，但原子论者在这一点其实比那些批评者更科学。因果链条必有开始，无论从哪儿开始，初始运

---

[1]《论生成与消亡》，第316节a。
[2] 博奈采纳这种解释，贝利（前引书第83页）起码对留基伯也采纳这种解释。
[3] 见贝利（前引书第121页）对德谟克利特宿命论的叙述。

动的原因是无法得知的。世界也许能归于造物主,但造物主本人是如何来的,无法解释。原子论者的学说其实比古代任何其他理论都更接近现代科学。

与苏格拉底、柏拉图和亚里士多德不同,原子论者不借助"目的"或"终极起因"来解释世界。一件事的"终极起因"是未来另一件事情发生的缘由。这个概念适用于人事。面包师为什么烤面包?因为人会饿。为什么修铁路?因为人要旅行。这些例子是用事情服务的目的来解释事情本身。问一件事"为什么",也许有两种意味:可能指"这件事服务于什么目的",也可能指"先前什么情况造成了这件事"。前者的答案属于目的论,或曰终极起因;后者的答案属于机械论。科学应该问的是哪一个?还是两个都该问?但经验表明机械论问题能引出科学知识,目的论问题却不能。原子论者问了机械论问题,并给了机械论答案。可惜原子论者的后辈直到文艺复兴都更热衷于探讨目的论,把科学领进了死胡同。

无论在大众思维还是在哲学中,上述两个问题都有一个往往被忽略的界限:怎么问都不能针对整体现实,只能针对部分现实。目的论解释往往很快就归结到一位造物主,或起码是一位设计者,通过自然过程实现他的目的。然而,如果钻牛角尖,就会接着追问造物主服务于什么目的,这疑问显然是大不敬。再者,这样问毫无意义,因为照这样探究,就必须设想造物主由某位超级造物主创造,服务于超级造物主的目的。因此,目的这个概念只适用于现实内部,不适用于整体现实。

机械论解释也大致如此。一件事导致另一件,接着导致第三件,依次类推。但假如我们追问整体原因,就也不得不归结到自身无须原因的造物主。因此,所有因果式解释都不得不接受一个武断的开始。这就是原子论者对原子初始运动的原因不予解释,其理论却并无不妥的理由。

当然不能误以为原子论者的理论基础完全是经验式的。近代人重提原子理论来解释化学现象,但这些化学现象希腊人并不知道。在古代,经验观察和逻辑论证并没有明晰界限。没错,巴门尼德对观察所得嗤之以鼻,但恩培多克勒和阿那克萨戈拉却把抽象形而上学和对滴漏、抢起来的水桶的观察相结合。直至智者派时代,似乎没有一个哲学家曾怀疑大量推理和某些观察相结合能构造完整的形而上学和宇宙论。原子论者幸运地创造了两千多年后浮出支撑证据的假说,但他们的信念在当时并没有任何坚实依据[1]。

---

[1] 关于原子论者学说的逻辑和数学依据,见加斯东·米约:《希腊几何哲学家》,第4章。

像同代其他哲学家那样，留基伯也很想设法调和巴门尼德的万物不变论与明明可见的运动变化事实。如亚里士多德所说[1]：

> （巴门尼德的）这些说法听起来似乎很符合辩证逻辑，但信的人几乎跟疯子无异，事实明明摆在眼前。哪个神经病会失心疯到认为火与冰是"一体"，只有在似是而非的领域才会有人习惯性地蠢到看不出区别。

然而，留基伯认为自己的"感官知觉调和论"既不必否认形成或消亡，也不必否认运动和事物的多样性。他向知觉事实做这些妥协，也向一元论让步，承认没有虚空就没有运动，结果形成这样一套理论："虚空乃非存在，存在的任何部分都不是非存在，因为严格意义上的存在是绝对充盈。但这种充盈并非'一'，相反，它是无数小得看不见的'多'，'多'在虚空中运动（因为有虚空），彼此聚合就是'形成'，彼此分离就是'消亡'。此外，它们杂乱无章地相互触碰（因为它们不是'一'），冲撞或被冲撞，通过聚合或纠缠来繁殖。而真正的一绝对不会生多，真正的多也绝对不会生一，那是不可能的。"

有一点似乎大家总是同意，那就是充盈中不会有运动。但大家都错了。充盈状态如果一直存在，那么里面会有循环运动。这种观念认为物体只能进入空位，而充盈中没有空位。可以主张运动绝对不会在充盈中开始，但不能主张运动根本不会发生。然而对希腊人来说，似乎你必须要么接受巴门尼德的世界不变论，要么承认虚空。

巴门尼德对"非存在"的否认，似乎能在逻辑上无可辩驳地反对虚空；看似一无所有之处发现了空气，使他的论证显得更有说服力。（这是常见的逻辑与观测令人迷惑地混淆的一例。）我们还可以把巴门尼德式立场表述为："你说有虚空，因此虚空并非无物，所以它并非虚空。"不能说原子论者回答了这条论辩，他们只是主张对它置之不理，理由是运动乃经验事实，所以必须有虚空，无论虚空多难想象[2]。

---

[1]《论生成与消亡》，第325节a。
[2] 相反，贝利（前引书第75页）认为留基伯给出了"极其精妙"的答复，大意是承认某些东西（即虚空）存在，但这东西没有形体。博奈也说："真是奇事一桩，通常被视为古代最伟大唯物主义者的原子论者，事实上最早直白地宣称一个实在的事物可以不具备形体。"

我们考察一下该问题的后续演变史。避免逻辑困难最明显的首选方法是区别物质与空间。据此，空间并非无物，而是具备容器性质，任何部分都可能装满了物质，也可能没有装。亚里士多德说（《物理学》，第208节 b）："虚空存在论包含位置的存在，因为可以把虚空定义为一个抽掉形体后的位置。"这个观点牛顿表达得明晰之至，他断言绝对空间的存在，从而将绝对运动和相对运动区别开来。在哥白尼学说论战中，双方都（无论多无意识地）同意这个观点，因为他们认为，说"天空从东向西转"和说"地球从西向东转"是有区别的。假如所有运动都是相对的，这两句话只是同一件事的不同表述罢了，就像"约翰是詹姆斯的父亲"和"詹姆斯是约翰的儿子"一样。但假如所有运动是相对的，而空间不是实质的，巴门尼德式反虚空论题就又回到我们面前。

笛卡尔的论证与古希腊哲学家相似，物质的特性是延展，所以物质无所不在。他所谓的延展是形容词而非名词，对应名词是物质，没有名词就不能存在。笛卡尔认为，绝对虚空就像没有情绪感受者的幸福感一样荒谬。莱布尼茨也相信充盈，但依据稍有不同，他主张空间只是一系列关系。他和克拉克代表的牛顿为此展开了一场著名论战。争议久久悬而未决，直到爱因斯坦的理论使莱布尼茨获得决定性胜利。

近代物理学家依然相信物质在某种意义上是原子的，但并不相信虚空。没有物质的地方依然有某些东西，特别是光波。物质不再具备巴门尼德论辩赋予的那种至高无上的哲学地位。物质并非不变的实体，只是事件的一种聚合方式。某些事件属于我们认为的实体集；另外一些事件，比如光波，就不属于。事件才是世界的基本质料，每个事件都很短暂。在这方面，近代物理学是站在赫拉克利特一边而反对巴门尼德，但过去它曾站在巴门尼德那一边，直到爱因斯坦的量子论问世。

至于空间，近代人认为它既不是牛顿所说（留基伯和德谟克利特也会这么说）的实体，也不是笛卡尔眼中的形容词，而是莱布尼茨主张的关系体系。这种观点能否与虚空存在论相容，现在还压根儿说不清。也许从抽象逻辑看，两者是能调和的。我们也许可以说，任何两物之间都有或大或小的距离，但距离并不意味着有中间物。但这种观点不可能适用于近代物理学。自爱因斯坦以来，距离存在于事件之间，而非事物之间，且包括时间和空间两维。它本质上是一种因果概念，在近代物理学上，作用是不会隔着距离的。然而，这一切都是基于经验而非逻辑理由。

再者，近代观点不用微分方程就无法表述，所以是古代哲学家们无法理解的。

因此，原子论观点的逻辑演变结果就是牛顿的绝对空间论，能化解非存在的实体属性难题。该理论在逻辑上无从辩驳，主要质疑在于绝对空间绝对无法认识，因此在经验科学中不是必要假设。更实际的反对理由是物理学没它照样前进。但原子论者的世界在逻辑上依然是可能的，比其他任何古代哲学家的理论都更接近实际世界。

德谟克利特提出一套相当详尽的理论，某些内容挺有趣的。他说每个原子都不可穿透、不可分割，因为内部没有虚空。用刀切苹果，刀必须找到能扎进去的空隙，假如苹果里没有虚空，就会无比坚硬，所以在物理上无法分割。原子内部不变，其实就是巴门尼德所谓的"一"。原子只会运动并互相冲撞，形状恰好相扣时就会结合。原子形状各异，火由小球状原子构成，灵魂也是。原子彼此冲撞形成漩涡，漩涡产生物体，物体构成世界[1]。世界有多个，某些在成长，某些在衰亡；某些没有太阳或月亮，某些有几个太阳月亮。每个世界都有始有终。一个世界可能会撞上更大的世界而毁灭。这个宇宙用雪莱的诗总括如下：

> 一个个世界不断翻扰
> 从诞生到衰亡
> 像河面的水泡
> 闪烁着，爆裂着，终至弥消

生命从原始泥浆中萌生。活物体内到处都有火，但大脑或胸中的火最多，在这一点上权威们看法不同。思维是一种运动，因此能引发别处的运动。知觉和思维都是生理过程。知觉有两种，一种是感性的，一种是理性的。理性知觉只依赖知觉对象，感性知觉同时还依赖我们的感官，所以很容易带欺骗性。像洛克一样，德谟克利特认为温度、味道和颜色并非客体的真实属性，而是我们的感官印象；重量、密度、硬度等则是客体的真实属性。

德谟克利特是个彻底的唯物论者，如前所述，他认为连灵魂都是原子构成的，思维是物理过程。宇宙没有目的，只有遵循机械运动的原子。他不信世俗宗教，

---

[1] 见贝利（前引书第138页）对这个过程的想象描述。

且反对阿那克萨戈拉的心智论。伦理上他认为生命的目的是愉悦，节制和修养是获得愉悦的最佳途径。他厌恶一切热烈激情，抵触性爱，理由是意识会被快感淹没。他珍视友情，但把女性看得很坏，也不喜欢孩童，因为孩童教育会扰乱哲学思考。他这一切都很像杰若米·边沁，对希腊人所谓的民主也有同等热爱[1]。

德谟克利特，至少在我看来是最后一个未沾染后来古代和中世纪思想都有的那些弊病的希腊哲学家。我们讨论的所有哲学家都想不偏不倚地认识世界，他们把事情想象得容易了点，然而没这种乐观他们根本没勇气开始探索。他们大体秉承了科学态度，偶尔沾染时代偏见。不过让冒险之旅充满乐趣的不只是科学态度，还有想象力和激情。流星和日蚀月蚀、鱼和旋风、宗教和道德，他们什么都感兴趣，那极富穿透力的智慧带着孩子般的热诚。

从那以后，尽管昔日成就空前，却还是冒出了衰颓苗头，然后就是逐渐的衰颓。德谟克利特后哪怕最伟大的哲学家也有些不对劲儿，那就是与关注宇宙相比，对人类的强调太过。首先随智者派出现了怀疑主义，研究我们如何认知，而不去努力发掘新知。然后随苏格拉底出现了对伦理的强调，随柏拉图出现了对感官世界的排斥和对自造的纯思辨世界的倚重，随亚里士多德出现了把目的当根本理念的科学信仰。柏拉图和亚里士多德天才出众，他们的思维恶习却在现实里贻害无穷。他们的时代过后，哲学活力衰微，流俗迷信逐渐重新抬头。天主教正统的胜利带来部分新景象，但直到文艺复兴，哲学才恢复前苏格拉底时代特有的那种独立和热情。

第十章　普罗泰戈拉

前苏格拉底时代的各种伟大学说在公元前5世纪下半叶遭遇了一场怀疑主义运动，领军人物是智者派首脑普罗泰戈拉。"智者"（Sophist）一词本来不含贬义，比较接近我们所说的"教授"。智者是靠教导年轻人为生的人，教的是今后在实际生活中对青年有用的知识。当时没有公共教育设施，智者只教那些本人或父母出

---

[1] 他说："民主下的贫困，好过专制下所谓的繁荣，犹如自由好过奴役。"

得起学费的人，于是往往形成特定的阶级偏见，当时的政治形势又加深了这种偏见。在雅典和许多其他城邦，民主政治获得了胜利，但还没有发生任何劫掠贵族世家财富的事件。呈现在我们心目中的希腊文化大体是富人生活图景：有教养，有闲暇，丰富的游历弱化了他们的传统偏见，长期辩论磨炼了他们的才智。所谓民主并未触及让富人不必压迫自由公民就能享有财富的奴隶制。

但在许多城邦，尤其在雅典，较穷的公民对富人抱着双重敌意，一是嫉妒，一是传统心理。富人给人不虔诚、不道德的印象——这往往并非误解，他们腐蚀古老信仰，也许还想破坏民主。政治民主与文化保守相关，而那些文化创新者倾向于政治保守派。近代美国也有很类似的情形，作为天主教组织的坦慕尼协会拼命抵抗启蒙运动的冲击，维护传统神学和伦理教条。但美国启蒙派在政治上比雅典启蒙派软弱得多，因为没能与财阀结成统一战线。但是，美国有一个重要的高知阶层在竭力维护财阀政治，那就是企业法律顾问。在某种意义上，他们的职能与雅典智者派相仿。

雅典民主虽然有排除奴隶和女性的缺陷，但在某些方面比任何近代制度都民主。法官和大多数行政官是抽签选出的，任期很短，都是普通公民，就像我们的陪审员，有普通公民的偏见，没什么职业特征。通常每个案件都由许多法官审理。原告与被告，抑或控诉方与被控诉方，都亲自而不通过职业律师出庭。胜诉败诉自然在很大程度上取决于打动群众偏见的演说技巧。虽然当事人必须亲自发言，但他可以请专家帮忙打稿，或者像很多人更喜欢的那样，花钱学习在法庭上获胜的辩术。智者就是教这种辩术的。

雅典史上的伯里克利时代，与英国史上的维多利亚时代颇为相似。当时雅典富裕强大，没什么战争纷扰，有一套贵族执掌的民主体制。讲阿那克萨戈拉时已经说过，伯里克利的民主派政敌逐渐积蓄了力量，对他的朋友们一个个动手。伯罗奔尼撒战争于公元前431年爆发[1]，雅典和许多其他地方瘟疫肆虐，曾高达23万左右的人口大幅锐减，再也没恢复到以前的水平（贝里《希腊史》卷一，第444页）。伯里克利在公元前430年被免去首席将军职务并以侵吞公款罪被判处罚款，但不久就恢复原职。他的两个儿子死于瘟疫，他本人也于次年（公元前429年）去世。菲迪斯和阿那克萨戈拉都被判刑，阿斯巴萨被控渎神和治家无方，但洗脱了指控。

---

[1] 这场战争于公元前404年结束，雅典一败涂地。

在这样的社会里，那些容易惹民主派政治家仇视的人自然想掌握法庭辩术。尽管雅典人控告成瘾，但有一点不像近代美国人那么不开明，那就是被控渎神和腐化青年的人可出庭为自己辩护。

这就是智者派受一个阶级欢迎却被另一阶级厌恨的原因。但他们内心更注重一些非个人目的，很多人显然是真正钻研哲学的。柏拉图对他们极尽诋毁谩骂之能事，我们绝不能根据柏拉图的说辞来评判那些智者。有时他轻松谐谑，比如《诡辩篇》中的段落，说两个智者狄索多和欧绪德谟成心戏弄一个名叫克莱普的老实人。狄索多挑起话头：

> 你说你有条狗啊？
> 是啊，好一条恶狗，克莱普答道。
> 这狗有小崽？
> 有啊，长得跟它很像。
> 这狗是狗崽们的父亲？
> 是啊，我亲眼见它和狗崽母亲在一起。
> 它不是你的吗？
> 当然是我的。
> 它是个父亲，它又是你的；所以它就是你父亲，狗崽们是你兄弟。

有时他恶狠狠的，比如《诡辩篇》里有段话，是对定义的逻辑探讨，拿智者当例子。其逻辑暂且不论，我只想提醒大家注意这段话的最后结论：

> 那么，他把智者的艺术血统描述为：那帮故意或佯装不小心玩弄自相矛盾伎俩的人，表里不一，是空想派中极恶劣的一支，无中生有，耍花招玩字眼，一帮不神圣的捏造者——谁承认真正的智者是这派货色这种德性，谁就是坚实真相的宣讲人。

普罗泰戈拉有则逸事，无疑是杜撰的，却展示了民众心目中智者与法庭的关系。说普罗泰戈拉收一个年轻人为徒，条件是如果年轻人打赢自己的第一场官司，就向他交学费，打不赢就不用交；而年轻人这第一场官司就是普罗泰戈拉告他，要他交学费。

不过闲话少叙，我们下面谈谈有关普罗泰戈拉的真正史实。

普罗泰戈拉于公元前500年出生于阿布德拉城邦，和德谟克利特是同乡。他去过雅典两次，第二次不迟于公元前432年。他在公元前444至前443年为图利城制定了一部法典。有人说他被控渎神，但不大可能属实，虽然他写过一本名叫《论神》的书，开篇说："关于神祇，我说不准他们存在还是不存在，也不清楚他们什么模样；许多原因妨害了我们的确切认知，譬如问题晦涩、人生短暂。"

柏拉图在《普罗泰戈拉篇》略带调侃地描绘了他的第二次雅典之行，在《泰阿泰德篇》认真探讨了他的学说。他主要成名于"人是万物的尺度，是存在者存在的尺度，是不存在者不存在的尺度"这一学说。意思是每个人都是万物的尺度，发生分歧时，谁对谁错没有客观真理。该学说本质上是怀疑主义，根基可能是感觉的"欺骗性"。

实用主义三位创始人之一的席勒喜欢自称普罗泰戈拉之徒。我想这是因为柏拉图在《泰阿泰德篇》解释普罗泰戈拉学说时表示，一种观点可能比另一种好，虽然不能比另一种真。比如说，患黄疸的人看什么都是黄的。不能说事实上东西不是黄的，只能说健康人看起来不是黄的；但我们可以说，因为健康比生病好，所以健康人的观点比黄疸患者的观点好。这观点显然很像实用主义。

不信客观真理，那么为了实用起见，最好让多数人裁断什么可信。这促使普罗泰戈拉维护法律、习俗和传统道德。前面提到，他并不清楚神祇是否存在，却坚信应当崇拜神。对理论上的怀疑主义既彻底又有逻辑的人来说，这观点显然很正确。

普罗泰戈拉成年后过着周游希腊各邦不断讲学的生活，他收费教"任何渴求实际效率和更高精神修养的人"（泽勒书，第1299页）。柏拉图对智者派收钱教学的行为嗤之以鼻，在现代人看来这不免自命清高。柏拉图自己私财颇丰，显然体会不到运气没他好的人的需要。奇怪的是，如今教授们不觉得拿薪水有什么不妥，却一再学柏拉图讥笑旁人。

然而智者派还有一点跟大多数同代哲学家不一样。除智者派之外，做老师的通常会创办一所学校，学校多少有点像兄弟会，多少有一定的共同生活，有类似于修道院的校规，往往还有一套不公开宣讲的神秘学说。对传承酒神派的哲学来说，这一切自然而然。但智者派根本不理这一套。在他们心目中，自己所教的东西与宗教或道德不相干。他们教辩术和有助于增进辩术的一切知识。大致来说，他们像现代律师那样，随时准备教人支持或反对任何观点，没心思拥护什么固定结论。那些过哲学式生活的人往往有宗教情结，自然大为震惊，觉得智者派轻佻又邪恶。

智者派不仅惹民众憎恶，而且惹柏拉图和后世哲学家憎恶，在某种程度（说不清究竟多大程度）上是由于他们智力超群。全心全意地追求真理，必须抛开道德方面的顾虑，我们无法预料真理在特定社会是否会被认为有启迪意义。智者派总打算追随论证方向，而论证往往把他们引向怀疑主义。有个名叫高尔吉亚的智者宣称什么都不存在，即使有任何东西存在，也不可知；即使有东西存在而且能被某人所知，他也无法向旁人传达。我们不知道他究竟在论述什么，但我完全能想象他话中的逻辑力量会迫使论敌逃进教化论。柏拉图总是热心宣扬他觉得能让民众有德的观念，在思想上几乎从不诚实，因为他允许自己根据社会影响来评判学说。就连这一点他也不诚实，为推出有德的结论而强词夺理，却假装严格论证，假装完全按理论标准判评。这恶习被他带进哲学，从此根深蒂固。他的对话录有这种特征，很可能是出于对智者派的敌意。柏拉图的后世哲学家都有一个缺点，那就是他们的伦理学论证都是从自己想要的结论出发的。

公元前5世纪末期的雅典，似乎有人在宣扬当时看起来不道德，甚至在现代民主国家看来也不道德的政治理论。在柏拉图《理想国》卷一，斯拉叙马霍说公正无非是强者的利益，法律是政府为自身利益制定的，权力斗争没有客观标准可循。据柏拉图《高尔吉亚篇》记载，凯里克勒也有相似主张，说自然法则乃强者法则，人类为了方便才确立种种制度和道德规范来约束强者。这些观点如今已得到比在古代广泛得多的认同。不管对错，这并非智者派的典型主张。

公元前5世纪，不知智者派在其中扮演了什么角色，雅典严厉的苦行主义质朴观转变为机智且相当残忍的犬儒主义，同时保守派却笨拙而同样残忍地维护着崩溃中的正统教义。该世纪初期，雅典人带领爱奥尼亚城邦反抗波斯人，公元前490年在马拉松得胜，而到了末期，确切说是公元前404年，雅典败给斯巴达，公元前399年苏格拉底被处死。从此雅典在政治上不再重要，但文化上无疑有至高无上的地位，一直保持到基督教胜利。

公元前5世纪的雅典史有某些东西对理解柏拉图和后世全部希腊思想至关重要。第一次波斯战争，由于马拉松之役的决定性胜利，荣耀主要归雅典。十年后第二次波斯战争，雅典依然是希腊海军的最强主力，但陆上取胜主要靠斯巴达，斯巴达已然是希腊世界的公认领袖。但斯巴达人目光短浅观念狭隘，把波斯人逐出希腊的欧洲部分后，就不再抵抗。保护希腊的亚洲部分、解放被波斯人征服的岛屿，雅典担负起这些重任并取得了伟大胜利，成为海军领袖，对爱奥尼亚诸岛取得了帝国般的强大控制权。在既是温和民主派又是温和帝国主义者的伯里克利的领导下，雅典繁荣绽放。那些伟大神庙——其遗迹依然是雅典的荣光，就是伯里克利为修复被薛西斯毁坏的神庙而主持修建的。雅典城迅速积累了财富，文化繁荣昌盛，在这样的时代，尤其在依赖对外贸易生财的情况下，传统道德和信仰不可避免地陷入衰颓。

这是雅典天才辈出的年代。三大戏剧家埃斯库罗斯、索福克勒斯和欧里庇得斯都属于公元前5世纪，埃斯库罗斯曾在马拉松作战，并目睹了萨拉米之役。索福克勒斯是宗教正统，但欧里庇得斯受普罗泰戈拉和时代自由思考精神的影响，对神话的处理是怀疑主义和颠覆性的。喜剧诗人阿里斯托芬嘲弄苏格拉底、智者派和哲学家，但跟他们同属一个圈子，柏拉图《会饮篇》显示他和苏格拉底私交甚好。前面说过，雕塑家菲迪斯也属于伯里克利的圈子。

雅典这段时期的繁荣是艺术而非知识上的。除了苏格拉底，公元前5世纪的伟大数学家和哲学家没一个雅典人；苏格拉底不是著述家，他自我局限于口头探讨。

公元前431年伯罗奔尼撒战争爆发，公元前429年伯里克利去世，雅典步入黑暗期。雅典人在海上占优势，但斯巴达在陆上强悍无敌，在夏季一再侵扰阿提卡地区，只差攻入雅典城。结果雅典拥挤不堪，惨遭瘟疫蹂躏。公元前414年，雅典派大队人马远征西西里，试图占领与斯巴达结盟的叙拉古，但遭到挫败。战争使雅典人凶残暴虐，公元前416年他们征服梅洛斯岛，将所有兵役年纪的男子杀光，将其余居民房为奴隶。欧里庇得斯的剧作《特洛伊妇人》就是对这种暴行的抗议。意识形态上也有冲突，因为斯巴达是寡头政治的代表，而雅典是民主政治的代表。雅典人不无理由地怀疑己方贵族有叛国行为，一般认为贵族叛国与公元前405年阿格斯波塔米之战中雅典海军的惨败有关。

战争的结局是斯巴达在雅典建立了史称三十僭主的寡头政府。这三十僭主里有些人，包括为首的克瑞提亚都曾是苏格拉底的学生。他们当然不得人心，不到一年就被推翻。在斯巴达的准许下，雅典恢复了民主制，但那是恨意汹涌的民主，碍于大赦无法对内部敌人展开痛快的清算，便乐于寻找任何非政治借口来指控他们。公元前399年，苏格拉底就是在这种时代氛围下受审并被处死的。

第二篇

苏格拉底、柏拉图和亚里士多德

第十一章　苏格拉底

　　苏格拉底是史家眼中的大难题。我们对许多人肯定是了解极少，对部分人肯定是了解很多，但苏格拉底，我们不清楚对他的了解究竟是极少还是很多。他无疑是个并不阔绰的雅典公民，一生都在辩论，教青年人哲学，但不像智者派那样是为了钱。他肯定在公元前399年受审，被判处并执行死刑，年约七十岁。他无疑在雅典很出名，阿里斯托芬曾在剧本《云》里拿他开玩笑。但除此之外就众说纷纭了。他的两个弟子色诺芬和柏拉图曾长篇累牍地记述他，但说辞大相径庭。即使有一致之处，博奈表示那也是色诺芬在抄袭柏拉图；两人说法不一时，有些人信色诺芬，有些人信柏拉图，有些人两者都不信。这是场危险的辩争，我不贸然站队，但要把各方观点简述一番。

　　先谈色诺芬。他是个军人，不是很有头脑，观点没什么新意。他为苏格拉底被控渎神和败坏青年而心痛，于是辩称，恰恰相反，苏格拉底是无比虔诚的，对人的影响完全是健康有益的。可以看出，他的想法相当俗套无聊，谈不上反驳力。况且这样辩解太过了，丝毫没化解人们对苏格拉底的敌意。如博奈所说（《从泰勒斯到柏拉图》，第149页）："色诺芬太会帮苏格拉底辩护了。苏格拉底要真像他说的那样，压根儿就不会被判死刑。"

　　曾有人总觉得色诺芬说什么都是真实可信的，因为他没有胡编乱造的头脑。这推理太不可靠。笨人永远没法把聪明人的话复述准确，因为他会无意间把听到的转化成自己能懂的。我宁愿让哲学家死对头来复述我的话，也不愿让不懂哲学的朋友复述。因此，色诺芬的话一旦涉及哲学难点，或是在辩解苏格拉底受刑的不公，我们就不要轻信。

　　尽管如此，色诺芬的某些回忆还是很令人信服的。他叙述了（柏拉图也叙述了）苏格拉底整天琢磨如何让称职者当权的情形。苏格拉底会这样问："如果我的鞋该修了，那我该去找谁？"率真的青年听了就会答道："找鞋匠啊，苏格拉底。"于是他接着举木匠、铜匠等例子，最后引导出这样的问题："谁来修城邦这艘船呢？"后来苏格拉底与三十僭主发生冲突,三十僭主的头领克瑞提亚曾拜他为师,熟知他的方法,就禁止他继续教育青年,对他说:"最好收起你那套鞋匠、木匠和铜匠什么的。他们早就被你讲烂,想想你都讲过多少遍了。"(色诺芬《回忆录》卷一,第二章)此事发生在伯罗奔尼撒战争结束后斯巴达建立的短命寡头政府期间,但雅典多数时候实行民主,民主到连将军也要选举或抽签的地步。苏格拉底遇到一个想当将军的青年,劝他先学点战争艺术。于是青年去上了短期战略课。他回来后,苏格拉底用夸赞的口吻损了他几句,让他回去继续学(前引书,卷三,第一章)。他还这样打发另一个青年去学理财之道。他将这套办法用在很多人身上,包括作战部长,但人们最终断定用毒芹汁使他闭嘴比治理他指责的种种弊病更省事。

与色诺芬的情形不同,柏拉图对苏格拉底的叙述另有一种迥异的难点,那就是很难判断柏拉图究竟多想描述历史上的苏格拉底,又多想在对话中把那个名叫"苏格拉底"的人物当作表达自己观点的传声筒。柏拉图不但是哲学家,还是想象丰富、极具天分而文笔绝妙的著述家。没有人认为,连他本人也没有成心假装对话录的内容是真实记录。尽管如此,在早期的对话中,各种言谈完全自然,各个人物形象非常逼真。是柏拉图编故事的天分让人们对作为史家的柏拉图心存怀疑。他笔下的苏格拉底是个前后一致又极其有趣的人物,是绝大多数人根本捏造不出来的,但我认为柏拉图有能力捏造。至于他究竟有没有捏造苏格拉底,当然是另一回事。

通常认为最具历史真实性的对话是《申辩篇》。据称是苏格拉底受审时的自我辩护词——当然不是速记档案,而是若干年后留在柏拉图脑中的记忆,由他汇集并经过文艺加工。柏拉图当时在审判现场,写的显然是他记忆中苏格拉底说过的那类话,他大体上也想贴合史实。虽有种种局限,这篇对话却足以颇为真实地刻画出了苏格拉底的性格。

苏格拉底受审的主要事实毋庸置疑,罪状是"苏格拉底是个作恶的怪人,钻研地底下天顶上的事,把坏的说成好的,还拿这一套教别人"。苏格拉底遭仇视的真正原因,几乎肯定在于人们以为他跟贵族有勾结,因为他的弟子大部分是贵族,某些弟子当权时还危害很大。但这种理由不能明说,因为当时正在大赦。法庭以多数票判他有罪,那么根据雅典法律,他作为被告有权提出比死刑轻的刑罚建议。如果查明被告有罪,法官们就必须在控方要求的刑罚和辩方建议的刑罚之间做选择。因此对苏格拉底最有利的做法是提出一种相当重、让法庭觉得够严厉好接受的刑罚建议。然而，苏格拉底提出的仅是三十米纳的罚金，还说几个朋友（包括柏拉图）愿意为这笔罚金作保。这建议轻如儿戏，恼怒的法庭以更高的绝对多数票判了他死刑。这个结果无疑在他预料之中。很显然，他不想通过认罪般的妥协来逃脱死刑。

控诉者有安图斯，一个民主派政治家；美勒托，一个悲剧诗人，"无名小年轻，头发细长，胡子稀疏，鹰钩鼻"；还有莱肯，一个没名气的修辞教师（博奈：《从泰勒斯到柏拉图》，第180页）。这些人指控苏格拉底不敬城邦所奉的神反而宣扬其他新神，还教青年人这么做，败坏青年。

我们且不要在柏拉图笔下的苏格拉底和现实苏格拉底的关系上自寻烦恼，先看看柏拉图是如何让他回应这些指控的。

苏格拉底先指责控诉者卖弄口才，并反驳别人针对他卖弄口才的指控。他说，他唯一的口才就是真理。他是照平时的方式说话，不是用"字雕句琢的演说辞"说话，别人不该对他动怒[1]。他都七十岁了，至今没上过法庭，所以他们一定要原谅他没法庭味儿的说话方式。

他接着说，除了正式控诉者，他还有一大群非正式控诉者，那帮人从各位法官小时候起就到处说"有个苏格拉底，一个聪明人，琢磨天顶上地底下的事，把坏的说成好的"。他说，人们觉得这样的人不会相信神的存在。公众舆论这老一套指责比正式指控还危险，因为他不知道这些话出自何人，只有阿里斯托芬除外[2]。回应这些老套的仇视依据时，他说自己不是钻研科学的——"我跟物理学思考不沾边"，还说自己不是智者，不借教学挣钱。他接着揶揄那些智者，说他们其实不具备所自诩的知识。那么，"我为何被称作聪明人还背负此般恶名呢？"

原来有人曾去德菲神庙求谕，问有没有比苏格拉底更有智慧的人，祭司回答说没有。据说苏格拉底完全蒙了，因为他一无所知，而神又不会说谎。于是他到处访问有智慧之名的人，看神到底有没有弄错。他先找了个政治家，一个"许多人觉得有智慧，自我感觉更有智慧"的人，但很快就发现此人没智慧，并温和而坚定地向他指出这一点，"结果他恨我"。苏格拉底接着去找那些诗人，让他们讲

---

[1] 柏拉图的引文，我用的是乔伊特的翻译。
[2] 阿里斯托芬在剧作《云》里刻画的苏格拉底否认宙斯的存在。

解自己的作品，但他们讲不出来。"于是我明白诗人作诗靠的不是智慧，而是某种天才和灵感。"然后他去请教工匠，发现他们同样令人失望。他说自己在这个过程中结了许多死敌，最后总结道："唯神有智慧，神的回答意在表明人的智慧没什么价值或毫无价值；神不是在说苏格拉底，只是以我的名字为例，像是说：人啊！像苏格拉底这样明白自己的智慧不值一提的人，就算最有智慧的人。"这项揭露假智慧的工作耗尽了他的时间，使他一贫如洗，但他觉得为神见证是自己的责任。

他说，富裕阶级的青年没什么事做，喜欢听他揭穿人，并纷纷效仿，导致人们迁怒于他。"因为他们不喜欢假装有知识的事被揭穿。"

这就是第一类控诉者的情形。

苏格拉底接着质问控诉者美勒托，"那个自称好人、真正爱国者的人"，问他谁是改善青年的人。美勒托先说是法官们，然后在步步逼问下，说除了苏格拉底每个雅典人都是改善青年的人，苏格拉底听了就恭喜雅典城的好名声，接着指出，生活在好人中强过生活在坏人中，所以他不会蠢到故意败坏同胞；但假如他是无意的，美勒托就应该教导而非指控他。

控诉状说苏格拉底不但不敬城邦所奉的神，还宣扬其他新神；美勒托却说苏格拉底是个彻底的无神论者，还补了一句"他说太阳是石月亮是土"。苏格拉底回应说，美勒托大概以为自己在控诉阿那克萨戈拉，阿那克萨戈拉的观点花一枚德拉克马的小钱就能在戏院听来（指欧里庇得斯的戏剧）。苏格拉底当然还指出彻底无神论者这条新罪名与控诉状抵触，接着便谈到更普遍的观点。

《申辩篇》其余内容主要是宗教调子。他曾是战士，依然在遵照命令坚持职守。如今"神让我履行哲学家使命探究自身和他人"，此刻放弃就像战斗中擅离职守一样可耻。怕死不是智慧，因为没人知道死是不是更好。如果让他停下探索的脚步换一条活命，他会这样回答："雅典人民，我尊敬你们，热爱你们，但我要遵从神旨而不服从你们[1]，只要一息尚存我就不会停止哲学实践和教学，并劝勉遇到的每个人……因为这是神的命令，我侍奉神明是这个城邦能得到的最大祝福。"他接着说：

---

[1] 对比《使徒行传》第5章，第29节。

我还有话说，你们听了可能要吼；但听了有益，所以求你们别吼。我要告诉你们，杀我这样的人，对你们自己的害处比对我的害处还大。什么都伤害不了我，不管美勒托还是安图斯都伤害不了我，因为坏人害不了比他好的人。我不否认安图斯能杀我、流放我或者剥夺我的公民权；他和别人都认为他能害惨我，但我不这么看。因为他这样做的罪恶——不正义地夺取旁人性命的罪恶，深重得多。

他说，他申辩是为众法官好而不是为他本人。他是个牛虻，神赐给城邦的牛虻，很难再找到像他这样的人。"我敢说你们很恼火，就像睡梦中猛被叫醒的人，你们以为能像安图斯提议的那样轻而易举打死我，然后安宁地度过余生，除非神照顾你们，又赐你们一只牛虻。"

为什么他只肯私下议论，而不对公共事务提忠告呢？"你们在许多地方，听我说过许多次，有一道神谕或启示降临我，正是美勒托在控诉状里嘲笑的那个神。那是个声音，第一次降临时我还是孩子，他总是禁止而从不命令我做任何事。正是神让我不当政治家。"他接着说政治中没一个正直的人能长命。他举出自己无法避免地卷入公共事务的两个例子：一次是反抗民主，一次是反抗三十僭主，这两次当权者的行动都是非法的。

他指出在场许多人是他从前的弟子和弟子的父兄，而这些人当中没一个站出来指证他败坏青年（这几乎是《申辩篇》中唯一能被现代律师认可的论据）。他拒用把哭哭啼啼的儿女抱上法庭让法官心软的常见伎俩，说这种场面会让被告和整个城邦同样地荒谬可笑。他要做的是说服法官，而不是求他们开恩。

宣判结果当然否决了三十米纳的提议（苏格拉底指定在场的柏拉图为这笔罚金作保），苏格拉底做最后陈述。

现在，你们这些给我定罪的人啊，我愿为你们预言；因为我要死了，人临死时有预言能力。我向你们预示，杀我的凶手们啊，我离去后，立即有比你们对我的惩罚重得多的下场等着你们……如果你以为杀人就能防止旁人谴责你的罪恶，你就错了，那是一条既不可行又不光荣的逃避之路；最轻松、最崇高的途径不是废掉别人，而是改善自己。

《苏格拉底之死》，[法] 雅克·大卫，油画，1787年。画中，苏格拉底饮鸩赴死之前，手指向更高的天国

然后他转向那些投票开释他的法官，对他们说，这天他做的一切，都没被神反对，而其他时候往往讲着讲着就被神制止了。"这意味着发生在我身上的是好事，以为死是坏事的人错了。"因为死要么是无梦的酣眠——这当然好，要么是灵魂转入另一世界。那么，"若能与俄耳甫斯、与缪萨斯、与赫西俄德、与荷马对话，那还有什么不能舍弃的呢？没有。如果真是这样，就让我一死再死吧！"在另一个世界，他将和其他冤死者对话，最重要的是，他将继续追求知识。"在另一个世界他们不会由于人提问就把他处死，绝对不会。他们不但比我们幸福，而且能永生，如果那些说法是真的……"

"时辰到了，我们各走各的——我去死，你们去活。谁的路更好，唯有神知道。"

《申辩篇》鲜明展现了这样一个人：信念坚定，情操高尚，漠视世俗成功，相信自己有神指引，认为明晰的思想是正确生活的首要条件。除最后一点外，他很像基督教的殉道者或清教徒。最后一段谈死后之事的话，让人不禁觉得他坚信灵魂不死，只是没有把话说绝。他不像基督徒那样害怕永劫，他毫不怀疑自己下一世的生活会幸福。在《斐多篇》中，柏拉图笔下的苏格拉底解释了坚信灵魂不死的理由，那究竟是不是历史上的苏格拉底认同的理由，就无从得知了。

历史上的苏格拉底声称自己有神谕或守护神指引，这一点似乎没什么疑问。那究竟是基督教所谓的良心之音，还是他用耳朵听到一个真正的声音，我们说不准。圣女贞德受许多声音的鼓舞，那通常是精神失常的表现。苏格拉底起码可能患有癫痫，这可能是某些事情的自然解释，譬如他参军时有过这样的经历：

> 有天早晨他琢磨一件事，想不通，又放不下，从清早琢磨到中午——就那样纹丝不动地站着沉思。中午人们纷纷注意到他，苏格拉底从天蒙蒙亮就一直站在那儿想事情的流言在惊诧的人群中传开。最后，晚饭时间过了，几个好奇的爱奥尼亚人抱着铺盖睡在室外（可见此事发生在夏季而非冬季），看苏格拉底会不会真的站一整夜。结果他一直站到次日早上，天亮时他对太阳祈祷了一句，才走了。（《会饮篇》，第220节）

这是苏格拉底常有的事，平时没那么严重。《会饮篇》开头就提到苏格拉底和阿瑞斯托德一同赴宴，苏格拉底一走神就落在后面。阿瑞斯托德到了，宴会主人阿伽松问："你把苏格拉底怎么了？"阿瑞斯托德大惊，原来苏格拉底没跟过来。于是派奴隶去找，发现苏格拉底站在邻家走廊下。奴隶回来说："他愣在那里，我喊他，他却一动不动。"有些熟知苏格拉底的人就解释说："他有这习惯，走着走着就停下来莫名其妙地发愣。"于是大家不再管苏格拉底，宴会过了一半他才进来。

人们都说苏格拉底奇丑无比，塌鼻子大肚腩，说他"比所有滑稽剧里的猥琐丑角都丑"（色诺芬在《会饮篇》中的话）。他总是衣衫褴褛，光脚到处走。他不顾寒暑，不顾饥渴，使人惊异。《会饮篇》里的阿西比德这样描述苏格拉底服兵役时的情形：

> 他的耐性令人瞠目结舌。我们被切断供给，只好饿着肚子——战争时期往往如此，他比我，比任何人都厉害，没人能跟他比……他忍耐严寒的毅力同样惊人。有一场霜冻，那一带的冬天实在冷得可怕，旁人都要么躲在营内，

要么出门就裹得严严实实，穿好鞋子，脚上裹着羊毛毡。在这样的天气，苏格拉底穿着平时的衣服赤足踩着冰行军，竟然走得比穿鞋的战士还好。大家恼火地看着他，因为他似乎在嘲弄他们。

他对肉体欲望的全面掌控往往令人称奇。他很少喝葡萄酒，但要喝就能喝过所有人，没人见他醉过。爱情上，哪怕面对最强烈的诱惑，他也始终是"柏拉图式的"，如果柏拉图所言属实。他是完美的俄耳甫斯式圣人，属天的灵魂和属地的肉体的纠结中，他做到了灵魂对肉体的完全驾驭。临终时漠视死亡是这种驾驭的最后证明。但他并非正统的俄耳甫斯派，他接受的只是基本教义，不是那些迷信教条和净化仪式。

柏拉图笔下的苏格拉底身上有未来斯多葛派和犬儒派的影子。斯多葛派主张至善是德行，外因剥夺不了人的美德，苏格拉底声称法官无法伤害他的辩词中隐含着这种观念。犬儒派对俗世财物嗤之以鼻，故意不要文明创造的舒适条件，苏格拉底就是秉承这种态度光着脚衣衫褴褛地生活。

可以相当肯定地说，苏格拉底主要思考的是伦理而非科学问题。如前所述，他在《申辩篇》中说过"我跟物理学思考不沾边"。通常认为柏拉图最早的对话录大多是苏格拉底的言论，主要探讨的就是某些伦理概念。《沙米德篇》谈的是节制或曰适可而止，《莱西斯篇》谈的是友谊，《拉什篇》谈的是勇气。这些篇章并未得出结论，但苏格拉底明确指出紧要的是对这些问题的思索。柏拉图笔下的苏格拉底一贯坚称自己一无所知，而且只有一点比旁人明智，那就是他知道自己一无所知。但他不认为知识无法获取，相反，他认为求知重于一切。他认为没有人是故意为恶的，所以让所有人德行完美所必需的仅是知识。

美德与知识的紧密关联是苏格拉底和柏拉图的特色主张。在某种程度上这也存在于一切希腊思想中，与基督教思想相对立。基督教伦理认为，纯洁的心是人的本质，无知者和博学者都可能心地纯洁。希腊伦理与基督教伦理的这一区别，一直延续至今。

辩证法，也就是用问答探寻知识的方法，并非苏格拉底首创。最先系统地使用问答法的似乎是巴门尼德的门徒芝诺；在柏拉图对话录《巴门尼德篇》里，芝诺用在苏格拉底身上的方法，正是柏拉图笔下的苏格拉底用在旁人身上的方法。但我们完全有理由认为苏格拉底使用并改进了这套方法。如前所述，苏格拉底被判死刑时，他愉快地想象自己在另一世界可永远地提问，不可能再被处死，因为那时他是永生的。当然，假如他对辩证法的运用正如《申辩篇》描述的那样，人们对他的敌意就很好解释了：全雅典的骗子都会联手对付他。

辩证法适用于某些问题，另一些问题则不适用。也许这有助于判断柏拉图研究的特点，他的研究内容大部分是可以用辩证法处理的。通过柏拉图的影响，后世哲学家大都遵循这种方法的适用界限。

某些内容显然不适合这种处理方式，比如经验科学。伽利略的确用对话体宣扬自己的理论，但这样做只是为了克服偏见；他那些科学发现的正面理由要装进对话体，非极尽矫揉造作不可。柏拉图著作中的苏格拉底总假装自己只不过在引出被问者已经具备的知识，所以把自己比作助产士。在《斐多篇》和《美诺篇》中，他把这种方法用在几何问题上时，就不得不提出一大堆任何法官都不会准许的引导性问题。辩证法和回忆说很协调，回忆说认为所谓学习只是忆起前生已经知道的东西。与此相反，想一想靠显微镜做出的任何发现，比如细菌传播疾病，这种知识很难用问答法从一个本来对此一无所知的人那里引出来。

苏格拉底的方法适用于我们本来已有足够知识做正确结论，却由于思维混乱或缺乏分析而未能最有逻辑地运用现有知识的情形。比如"何为公正"的问题，就显然很适合用柏拉图式的对话来探讨。我们都能自如运用"公正"和"不公正"等词，通过反思自己的用词方式，我们能归纳出最符合用词习惯的定义。我们知道相关词语如何使用就够了。不过问答结束后，我们得到的无非是语言学发现，而不是伦理新知。

然而，我们还是能颇有成效地把这种方式用在许多情形中。只要争议焦点是逻辑而非事实性的，讨论就是引出真理的好办法。比方说，假如有人主张民主好，但不能让持某些观点的人投票，我们就能指出他前后矛盾，证明他两条说法至少有一条多少是错误的。我认为，逻辑错误的实际重要性超乎很多人的想象，犯逻辑错误的人往往怎么说都觉得自己占理。合乎逻辑的学说必定有令人痛苦的部分，与流行成见相抵触。问答法，或更宽泛地说，无拘无束的探讨习惯，有助于提升逻辑连贯性，就此而言是有用的。然而，如果以发现新知为目的，这种方法就没什么用了。也许"哲学"可定义为能用柏拉图方法探讨的问题的总和。这个定义如果站得住脚，则是柏拉图影响后世哲学家的功劳。

第十二章　斯巴达的影响

要理解柏拉图还有许多后世哲学家，必须对斯巴达有所了解。斯巴达对希腊思想有双重影响：一方面通过现实，一方面通过神话，两者都很重要。现实斯巴达战胜了雅典；神话斯巴达影响了柏拉图和无数后世作家的政治学说。普鲁塔克的《吕库古传》将斯巴达神话丰满展开，书中所崇尚的理念是卢梭、尼采思想和国家社会主义学说的重要渊源[1]。历史上神话比现实更重要，但我们还是先讲现实，因为现实是神话的根源。

以斯巴达为首都的拉科尼亚又名拉希德蒙，位于伯罗奔尼撒东南部。斯巴达人是统治种族，祖上是从北方入侵并征服这片地区的多利安人，他们把这里的原住民驱为农奴，谓之"黑劳士"。历史上所有土地都属于斯巴达人，但法律和习俗禁止他们亲自耕种，理由是这种劳作很低贱，而且他们要随时准备参战。黑劳士不能买卖，必须附属于土地，土地分为份，每个斯巴达成年男子有一份或几份。这些份地像黑劳士一样，也不能买卖，只能根据法律子承父业或者遗赠。主人本人每年从耕种份地的黑劳士那里收70梅迪尼（约105蒲式耳）的粮食，主人妻子收12梅迪尼，还收一些葡萄酒和果品[2]。其余物产归黑劳士所有。黑劳士是与斯巴达人同族的希腊人，痛恨奴役生活，能反叛就反叛。斯巴达人设有秘密警察机构来应对这种危险，此外还有一项预防措施：每年向黑劳士宣战，年轻男子可肆意杀戮看起来不驯服的人，不算杀人罪。黑劳士可以由城邦解放，但不能由主人解放，而且只能在作战特别勇敢的罕见情况下获得解放。

公元前8世纪，斯巴达征服邻邦梅萨尼，使这里的多数居民沦为农奴。斯巴达曾缺乏生存空间，新领土暂时消解了这种不满情绪的根源。

份地是普通斯巴达人都有的，是城邦分派的公共土地，贵族另有自己的领地。拉科尼亚其他地区的自由居民叫做佩瑞希，不享有政治权力。

斯巴达公民只有一件事可干，那就是打仗，他们一出生就开始战争训练。新

---

[1] 托马斯·阿诺和英国公学就更不用说了。
[2] 贝里：《希腊史》卷一，第138页。斯巴达男人吃的似乎是妻子的将近六倍。

生儿由部族首领检查，病弱的抛弃，苗壮的才抚养。二十岁之前，全体男孩集中在一所很大的学校受训，目的是让他们勇敢强悍，漠视痛苦，遵守纪律。没有文化或科学教育的闲工夫，唯一目的是培养忠于城邦的好战士。

到二十岁，真正的兵役就开始了。男子过了二十都可以结婚，但三十岁之前必须住在"男子之家"，婚姻须像违法的秘事般进行。三十岁过后，他成为羽翼丰满的公民。每个公民从属于一个军事食堂，与其他成员共同用餐，必须缴纳一份自己份地的实物物产。斯巴达城邦理论是不能让任何公民受穷，也不能让任何公民富裕。每个人都靠自己份地的物产过活，份地只能无偿赠予而不能转让。任何人都不准拥有金银，钱是铁铸的。斯巴达式的简朴众所周知。

斯巴达女性的地位很奇特。她们不像希腊其他地方有身份的女子那样幽闭深闺，女孩接受和男孩一样的体育训练，更奇的是，男孩女孩一起进行体操训练，而且统统裸体。他们要求（摘自普鲁塔克《吕库古传》）：

> 少女通过赛跑、摔跤、掷铁饼、投标枪来强身健体，以便将来怀的孩子能在她们健壮结实的体内得以滋养，从而能拼杀、更苗壮；她们通过锻炼增强体魄，以便承受分娩的疼痛……尽管少女们公开地赤身裸体，却没有也不会惹什么邪念，所有运动都充满嬉戏的乐趣，不带任何春情或淫意。

不肯结婚的男子是"犯法的"，哪怕在最冷的天气也必须赤身裸体在年轻人锻炼和跳舞的场地外边徘徊。

女性不准流露任何对城邦没用的感情。她可以鄙视懦夫，如果所鄙视的懦夫正是自己的儿子，她还会受表扬；但她不准因自己的新生儿体弱被处死或者儿子战死沙场而悲痛。她们在其他希腊人眼中是极其贞洁的，但是假如城邦让没有生育的已婚妇女去试试别的男人是否比她丈夫更能够生育公民，她是不会反抗的。法律鼓励生儿育女。据亚里士多德记载，三个儿子的父亲可免除兵役，四个儿子的父亲可免除对城邦的一切义务。

斯巴达律法非常复杂。有两个来自不同家族的王，王位实行世袭制。其中一个在战时指挥军队，和平时期没什么权力。在公共宴会上他们每人得双份食物，去世则举国哀悼。他们是长老会成员，长老会由30人组成，除了两个王，其余28人必须在六十岁以上，由全体公民选举出来终身任职，必须出自贵族家庭。长老会审判罪案,并为公民大会准备议程。公民大会由全体公民参加,不能提出任何动议,但可以投票支持或否决长老会的提议,未经公民大会批准,任何法律不得生效;但公民大会的批准是必要而非充分条件,决议必须由各位长老和行政官宣布才能生效。

除两王、长老会、公民大会之外,还有第四个政府机构,即斯巴达独有的五监察官。这五人从全体公民中选出,选举方法在亚里士多德看来"太幼稚",贝里说那其实就是抽签。监察官是律法中的"民主"因素[1],显然是为了制衡王权。两王每月都宣誓拥护律法,五监察官则宣誓只要王遵守誓言,他们就拥护王。任何一个王出征,都有两个监察官随行,监视其行动。五监察官是最高民事法庭,但是对两王有刑事审判权。

古代末期,人们将斯巴达律法归功于一个名叫吕库古的立法者,据说他在公元前885年颁布此法。其实斯巴达的体制是缓慢形成的,吕库古是个神话人物,原本是个神,他名字的意思是"驱狼者",源于阿卡迪亚。

让我们颇为惊异的是,斯巴达人竟让其他希腊人大为敬慕。原先,斯巴达与其他希腊城邦的差别没后来那么明显,早期斯巴达也出现了和别处一样优秀的诗人和艺术家。但公元前7世纪左右,也许更晚些,斯巴达律法凝固为我们所说到的状态,其他一切都为战争而牺牲,斯巴达全面退出了希腊为人类文明做贡献的进程。对我们而言,斯巴达城邦似乎是纳粹假如获胜则会建立的那种国家的微缩模型。如贝里所说:

> 公元前5世纪,来自雅典或米利都的异乡人到了蔓延在没有城墙、不假雕饰的城市周围的村庄,必有一种置身远古的感觉,彼时人更勇敢、更善良、更淳朴,尚未被财富败坏,尚未遭观念困扰。对柏拉图这样研究政治科学的哲学家而言,斯巴达城邦似乎是最接近理想的存在。在普通希腊人眼里,斯巴达则是一座肃穆纯朴的美之殿堂,像多利安神殿般庄严的多利安城邦,远比自己的居所高贵,只是住起来没那么舒服而已。[2]

---

[1] 说起斯巴达律法的"民主"因素,必须谨记全体公民是一个对农奴实施严厉专政的统治阶级,而且不准其他自由居民享有任何权利。
[2]《希腊史》卷一,第141页。

两支斯巴达重装步兵在厮杀。斯巴达人一出生就开始战争训练。新生儿由部族首领检查,病弱的抛弃,茁壮的才抚养。公元前480年的温泉关之战也许是斯巴达人勇猛的最佳例证

斯巴达受其他希腊人敬仰的原因之一是稳固。所有其他希腊城邦都爆发过革命,但斯巴达律法几百年没变,只有监察官的权力逐渐增强,那是通过法律程序,未动用暴力。

不可否认,斯巴达人在很长时期内达到了打造无敌战士种族的主要目的。公元前480年的温泉关之战理论上虽然失败了,但也许是斯巴达人勇猛的最佳例证。温泉关是个狭窄的山间小径,希腊人指望在这里抵挡波斯大军。300名斯巴达战士携随从抵挡住了所有正面进攻。但波斯人最后发现山里有条后路,于是对希腊人展开两头包抄。每个斯巴达人都战死在自己的岗位上。只有两个人害了几乎是暂时失明的眼病而请假。其中一个坚持让黑劳士领着上战场,阵亡了;另一个名叫阿瑞斯托德,感觉自己病得实在没法作战,就没上阵,回到斯巴达后无人理睬,人称"懦夫阿瑞斯托德"。一年后他洗刷了耻辱,英勇战死在斯巴达获胜的普拉提亚之战。

战争过后,斯巴达人在温泉关战场立了一块纪念碑,碑文简短:"过客,请告诉拉希德蒙人,我们遵照他们的命令在此长眠。"

很久以来,斯巴达人用事实表明他们在陆上战无不胜。他们维持着霸权,直到公元前371年在流克卓之战被底比斯人打败。斯巴达的军事卓越就此告终。

除战争方面外,斯巴达其实向来与理论认为的大不相同。生活在斯巴达辉煌时代的希罗多德令人惊异地宣称,没有不受贿的斯巴达人,尽管斯巴达教育竭力灌输鄙视财富热爱简朴的理念。据说斯巴达妇女非常贞洁,但好几次有王位继承人被罢黜,正是由于他们并非自己母亲的丈夫的儿子。据说斯巴达人是坚定不移的爱国者,然而在普拉提亚之战率军取得胜利的国王保萨尼亚最终却被薛西斯大王收买变成叛国贼。除了这些臭名昭著的事件,斯巴达的国策也往往卑劣狭隘。

雅典从波斯人手里解放小亚细亚和附近岛上的希腊人时,斯巴达冷眼旁观;只要觉得伯罗奔尼撒半岛安全无忧,其他希腊人的命运就无关紧要了。每次缔结希腊同盟的企图,都被斯巴达的狭隘地方主义挫败。

生活在斯巴达衰落后的亚里士多德,把斯巴达律法狠狠数落了一番[1]。他的说法与旁人差别之大,让人简直难以相信说的是同一个地方,比如:"立法者想让全国强健节制,却只让男人这么做,忽略了女人,任她们骄奢淫逸花样百出。结果在这样的城邦里,财富太受看重,公民像所有好战种族那样被妻子管住时尤甚……连勇气这种平时派不上用场、战时才需要的东西,也受到拉希德蒙妇女极其恶劣的影响……拉希德蒙妇女这幅做派古已有之,没什么改变的指望。因为……据说吕库古想用法律管束妇女时,她们反抗,他就干脆作罢。"

他接着谴责斯巴达人贪得无厌,把这归咎于财富分配不均。他说,份地虽然不能买卖,却能继承或遗赠,五分之二的土地落到妇女手中。结果公民人数剧减:据说斯巴达曾有一万公民,败给底比斯时连一千都不到了。

亚里士多德将斯巴达宪政批评得一无是处。他说监察官通常很穷,所以很容易贿赂,权力却大得连国王都不得不讨好他们,因此斯巴达政体已转化为民主制。他说监察官为所欲为,生活方式与律法精神背道而驰,普通公民则不堪忍受严厉的管制,沉溺于非法的秘密肉欲逃避现实。

亚里士多德批评斯巴达的堕落,但又不时表明他提到的那些罪恶由来已久。他的说法冷峻得让人难以起疑,也完全符合近代由于法律过分严苛而得到的教训。但留在人们想象中的并非亚里士多德笔下的斯巴达,而是普鲁塔克笔下神话般的斯巴达和柏拉图《理想国》里哲学理想化的斯巴达。千百年来,青年人阅读这些著作,胸中燃起成为吕库古或哲人王的热望。理想主义和权力狂热一旦结合,就会把人一再引上歧途,如今依然如此。

让中世纪和近代读者沉醉的斯巴达传说主要是普鲁塔克定稿的。他下笔时,斯巴达已成为浪漫往昔,斯巴达盛世距普鲁塔克时代,就像哥伦布距现在一样遥远。他的话,制度史学家必须万般谨慎对待,神话史学家却可以奉为珍宝。希腊对世界的影响,向来是通过对人类想象、理念和愿望的影响实现的,不直接依靠政治权力。罗马筑了多条至今犹存的大道,制定的法律也成为近代许多法典的渊

---

[1]《政治学》卷二,9(1269b—70a)。

源,但这一切是靠罗马军队的武力推行的。希腊人虽是骁勇的战士,但没有对外征服,因为他们的军事火力主要消耗于内斗。把希腊文化传播到近东,让希腊语成为埃及、叙利亚和小亚细亚内陆的文学语言,这些事要待半野蛮人亚历山大来完成;希腊人永远做不到,不是由于武力不足,而是由于政治不团结。希腊文化的政治传播者向来不是希腊人,但正是希腊天才激励了异国他族,使他们心甘情愿地传播被征服者的文化。

对全球史家来说,重要的不是古希腊城邦之间的琐碎纷争,也不是党派权力的肮脏抢夺,而是短暂史篇结束后给人的记忆——像阿尔卑斯山的壮丽日出印在脑海,伴登山者在漫天风雪中艰难跋涉。记忆逐渐褪色,在人心中留下一派晨光熹微里格外闪耀的峰峦景象,让人谨记乌云背后有辉煌,随时会绽放光芒。就此而言,基督教早期人们对希腊的主要印象是柏拉图,中世纪是亚里士多德,而文艺复兴后人们开始珍视政治自由,就把关注的目光转向普鲁塔克。普鲁塔克深刻影响了18世纪英法自由主义者和美国的缔造者,影响了德国浪漫主义运动,至今仍主要以间接方式影响着德国思想。他的影响某些是好的,某些是坏的,有关吕库古和斯巴达的影响就是坏的。他对吕库古的论述很重要,哪怕有些重复我也要再简述一下。

吕库古——普鲁塔克笔下的吕库古,决心为斯巴达立法,于是周游各地研究不同制度。他喜欢克里特"非常明确而严厉"的法律,不喜欢爱奥尼亚"累赘浮夸"的法律。在埃及他领略到把士兵与民众分开的好处,游历归来就"把这种做法带到斯巴达效仿,将商人、匠人、劳作者分别集中在不同区域,从而建立了一个崇高的城邦"。他把土地均分给斯巴达全体公民,以便"把破产、嫉妒、贪念、感官享受和贫富之别统统驱逐出境"。他禁用金银钱币,只许使用贱得"一整窖才值十米纳"的铁币。他用这些手段扫除了"一切虚浮无用的学问",因为谁都没那么多钱来钻研这些东西;他还用这部法律禁绝了所有对外贸易。修辞家、皮条客、珠宝商都不喜欢铁钱,纷纷避开斯巴达。他接着规定全体公民必须一起吃饭,吃一样的饭。

与其他改革家一样,吕库古认为儿童教育"是法律改革者应解决的头等大事";与所有最看重军事力量的人一样,他迫切希望提高人口生育率。"少女们赤身裸体在青年男子面前嬉戏、舞蹈和运动,都是要刺激并引诱他们结婚;他们并非像柏拉图说的那样被几何推理说服,而是由于喜爱和渴慕才结婚的。"习惯上,婚后头几年要像偷情一样，以便"让双方保持着燃烧的激情，让彼此的渴慕与日俱增"——起码普鲁塔克是这么认为的。他接着解释说，老夫少妻的组合，丈夫让妻子跟年轻男人生孩子的话，是不会招人非议的。"正直的男人也可以合法爱上别人的妻子……请求她丈夫允许他与她同床，让他也开垦这块丰腴的土地，广撒良种。"这不会造成愚蠢的妒忌，因为"吕库古不愿让孩子当任何人的私产，而是希望他们成为城邦共有的；为此他希望未来的公民不是随便哪个男人都可以生的，而是只让最正直的人生育"。他还解释道，这正是农夫对家畜采用的原则。

孩子出生后，由父亲带到族长面前检查，健康就还给父亲抚养，不健康就扔进深渊。孩子一开始就要投入严酷的锻炼，某些方面是好的，比如不裹褓褥。男孩七岁要离家住寄宿学校，在学校分成若干组，每组挑一个懂事勇敢的孩子来管理。"学习方面，他们只学派得上用场的东西，其余时间学习如何服从，如何忍受疼痛，如何吃苦耐劳，如何在搏斗中克敌制胜。"他们多数时间光着身子玩，十二岁以后就不再穿外衣，总是"肮脏邋遢"，除特定日子外一年到头都不洗澡。他们睡稻草床，冬天草里掺些绒花。他们学习偷窃，被捉要挨罚——不是因为偷，而是因为笨。

不管男性还是女性的同性恋在斯巴达都是公认习俗，青春期男孩也都要接受这方面的教育。男孩的情人要为这男孩的行为承担功过，普鲁塔克讲过一件事，说有个男孩搏斗时受伤喊叫起来，他的情人就因他的懦弱被罚了款。

斯巴达人在人生任何阶段都没什么自由可言。

他们完全成年后照样要遵守纪律和生活秩序。法律不允许任何人过自己想要的生活，他们居住的城邦犹如军营，每个人都明白自己能得到什么、为完成使命必须做什么。概言之，他们思想统一，生来就不是为了自己，而是为了城邦……吕库古给城邦带来的最好、最幸福的东西之一，就是让公民享受大量的休息和玩乐，不做邪恶或卑劣的事就行；他们不必操心发财致富，商品在这里既不能赚钱也不受重视。因为有战俘作为黑劳士为他们耕田，每年向他们缴一定的租赋。

普鲁塔克接着讲了个故事，说有个雅典人因游手好闲而受罚，一个斯巴达人听了这件事就喊道："让我看看这个由于活得像高贵绅士而受罚的人吧！"

普鲁塔克接着说，吕库古"把公民训练得既不想也不能独自生活，而是扎堆在一起，总是置身集体，就像工蜂围绕着蜂王"。

斯巴达人不准外出旅行，外邦人没正事也不准进入斯巴达，以免外面的风俗败坏拉希德蒙式美德。

普鲁塔克提到法律允许斯巴达人任意屠杀黑劳士,但他不信这么可恶的事能怪到吕库古头上。"我实在不信吕库古会制定或施行如此万恶的法律,因为他明明做什么都展现着宽宏和公正,我想他的性格是仁慈温和的。"除了这一点,普鲁塔克对斯巴达律法只有颂扬别无微词。

斯巴达对柏拉图的影响,在下一章柏拉图对乌托邦的描述中清晰可见。接下来我们详谈柏拉图。

第十三章 柏拉图观点的来源

柏拉图和亚里士多德是古代、中世纪和近代所有哲学家中的翘楚,柏拉图对后世的影响尤其深远,原因有二:第一,亚里士多德本身是柏拉图影响的结果;第二,基督教神学和哲学,起码到13世纪都是柏拉图式而非亚里士多德式的。因此,在哲学思想史上有必要对柏拉图和亚里士多德做比他们所有前辈后辈都详尽的探讨,尤其对柏拉图。

柏拉图哲学最重要的内容有:一、柏拉图式乌托邦,一系列乌托邦的源头;二、理念论,解决各种普遍性问题的开拓性尝试;三、灵魂不死论;四、宇宙论;五、知识乃回忆而非知觉的认识论。探讨这些主题之前,有必要先谈谈他的生活环境以及政治哲学观念的影响因素。

柏拉图出生于公元前428或前427年,伯罗奔尼撒战争刚刚爆发时。他是个生活优裕的贵族,与三十僭主统治层的许多人物有关联。雅典战败时他是个青年,把战败归咎于民主制,那是他的社会地位和家庭关系很可能让他鄙视的制度。他是苏格拉底的门徒,对苏格拉底怀着深深的敬慕,而苏格拉底就是被民主派处死的。因此,他转向斯巴达寻求理想国的影子,就毫不意外了。柏拉图有一套粉饰狭隘观念足以欺骗后世的本领——后人敬仰柏拉图的理想国却从未察觉他的本意。夸赞柏拉图不会出错,理解他就不妙了。这是伟大人物的共同命运。我的目标恰恰相反,我要理解他,尽量不尊崇他,就当他是个拥护极权主义的现代英国或美国人。

柏拉图所受的纯哲学影响，也注定使他偏爱斯巴达。这些影响大致就是毕达哥拉斯、巴门尼德、赫拉克利特和苏格拉底。

他从毕达哥拉斯（无论是否通过苏格拉底）那里得来哲学的俄耳甫斯元素，即宗教倾向、灵魂不死的信仰、出世气息、祭司语调以及洞穴隐喻包含的一切，还有对数学的尊重、理智与神秘主义的交融。

他从巴门尼德那里得来现实永恒、不受时间管辖，还有基于逻辑理由的万变皆虚幻的观念。

他从赫拉克利特那里得来感觉世界没有任何永恒的否定性信条，与巴门尼德学说相结合，得出了知识不能通过感官而只能通过理智获取的结论。这反过来又与毕达哥拉斯主义密切吻合。

他从苏格拉底那里也许学到了对伦理问题的倾心关注，以及为世界寻找目的论而非机械论解释的倾向。与苏格拉底前的哲学家相比，柏拉图思想受"善"的支配更甚，这个事实很难不归结为苏格拉底的影响。

而这一切怎么和政治威权主义相关？

首先，既然"善"和"现实"都超越时间的管辖，最好的城邦要尽可能接近天国，要有最少的变动和最大的静态完美，统治者应当是那些最懂永恒之善的人。

第二，像所有神秘主义者那样，柏拉图有一个本质上无以言喻、只能通过生活方式彰显的确定核心信仰。毕达哥拉斯派曾力图树立门派规矩，这也是柏拉图内心的渴望。一个人要当好政治家，就必须懂"善"，这一点唯有知识和道德训练相结合才能达成。未通过这些训练的人倘若进入政府，将不可避免地腐败。

第三，柏拉图的原则认为大量教育才能造就好的统治者。在我们看来，也许坚持教叙拉古小僭主丢尼修几何以期他成为好国王并不明智，但在柏拉图看来完全必要。他对毕达哥拉斯的尊崇，足以使他认为不懂数学就得不到真智慧。这含有寡头政治意味。

第四，像多数古希腊哲学家那样，柏拉图认为闲暇乃智慧之本，所以智慧不可能来自那些必须劳作谋生的人，只能来自那些有独立财富，或生计之忧由城邦解决的人。这本质上是贵族观。

用现代观念解读柏拉图，会出现两个普遍性问题：第一，有"智慧"这东西

在一幅罗马尼亚修道院的壁画中，柏拉图与毕达哥拉斯、梭伦处在一起

吗？第二，假如有，能不能设计某种政体让"智慧"掌握政治权力？

这里说的"智慧"并非专门技能，譬如鞋匠、医师或军师所掌握的技能。智慧必须更具普遍性，智慧拥有者应该能高明地治国。我认为柏拉图会说智慧是"善"的知识，并以苏格拉底的学说为补充，即没有人会故意为恶，懂得什么是善的人就会正确行事。在我们看来，这观念似乎太不现实了。我们会更自然地说，世间有各种利益分歧，因而政治家应力求可行的最佳妥协。一个阶级或国家的成员有共同利益，但常常与其他阶级或国家的利益相冲突。全人类无疑有共同利益，但不足以决定政治行动；也许有朝一日会如此，但只要有许多主权国家，就肯定无法实现。即使到了那时候，追求共同利益的最难之处也是在相互敌对的特殊利益间达成妥协。

但即便有"智慧"这东西，有没有哪种宪政能把政府交到智慧者手里？很显然，全体会议之类的多数人也会犯错，事实上也犯过错。贵族未必有智慧，君主往往是蠢货，教宗们尽管"永无过失"，也铸成过许多大错。谁会赞成把政府交给大学毕业生，甚至是神学博士？或交给出身贫寒的暴发户？实际操作中，显然没有任何法定的公民遴选方式会比全体民众的选择更明智。

或许有人会说，政治智慧可以通过适当的训练来获取。那么问题来了，什么是适当的训练？这又是党派之争。

因此，如何找出"有智慧"的人并将政府交给他们，是个无解的难题。这就是民主的终极理由。

第十四章　柏拉图的乌托邦

柏拉图最重要的对话录《理想国》大致分三部分，第一部分（从开头到卷五快结束处）写理想国的组织，那是最早的乌托邦。

结论之一是统治者须为哲学家。卷六和卷七为"哲学家"一词下定义，构成第二部分。

第三部分探讨各种现实的政体，分析其利弊。

《理想国》名义上的目的是界定"公正"。但开篇不久他就想到，既然万物是大的比小的容易看清，那么与其探讨何为公正之人，不如探讨何为公正之邦。公正必定是最理想的城邦的特征，所以先描述最理想的城邦，然后再判断它有哪些完美之处叫"公正"。

我们先描述柏拉图乌托邦的大致轮廓，然后思考遇到的问题。

柏拉图首先认为公民应分为三个阶级：平民、战士和卫国者。政治权力只能由第三阶级卫国者享有，他们的人数要远远少于前两者，最初似乎是由立法者选定的，接下来通常要世袭，但也可以从较低阶级提拔极有天分的孩子，卫国者的孩子或青年若令人不满则予以降级。

柏拉图意识到，关键问题在于如何确保卫国者执行立法者的意图。为此他提出了教育、经济、生育和宗教等各方面的政策建议。这些政策在多大程度上适用于另外两个阶级，并不是很明确；显然某些政策适用于战士，但柏拉图考虑的主要是卫国者，他们是特殊阶级，好比旧巴拉圭的耶稣会教士、1870年之前罗马教廷的教士以及如今的苏联共产党。

首先是教育，教育分两方面，音乐和体操，含义都比现在广泛："音乐"指文艺女神管辖的一切，几乎与我们说的"文化"同样宽泛；而"体操"指身体锻炼和与健康相关的一切，比我们说的"体育"还宽泛些。

文化力图培养绅士，即英国人（主要由于柏拉图）熟悉的那种意义上的绅士。柏拉图时代的雅典，有一点很像19世纪的英国：都存在一个享有财富和社会地位却并未垄断政治权力的贵族阶层，摆着庄重高贵的姿态尽量争取权力。然而在柏拉图设想的乌托邦里，贵族的统治是不受约束的。

威严、礼节和勇气似乎是教育培养的主要品质。青年人接触的文学、听的音乐很早就要受严格审查。母亲和保姆只能给孩子讲官方批准的故事。荷马和赫西俄德不能讲，原因很多。第一，他们有时把神写得很坏，没有教育意义；必须让年轻人认为神不会作恶，因为神不是一切事物而只是美好事物的创造者。第二，荷马和赫西俄德作品中某些情节故意让读者怕死，但一切教育内容都应让年轻人愿意战死沙场。必须教男孩奴役不如死亡，因此不能让他们听好人哭哭啼啼的故事，哪怕是因为死了朋友。第三，礼仪禁止放声大笑，荷马却提到"享福的众神乐不可支地哄堂大笑"。要是男孩把这话搬出来，老师还怎么呵斥他们的嬉笑？第四，荷马有些段落赞美丰饶的盛宴，有些描述神的肉欲，这都不利于节制。印吉教长是个真正的柏拉图主义者，就很反对一首著名赞美诗里描述的天堂欢乐景象："他们那凯旋者的吼叫，他们那盛宴者的欢唱。"坏人高兴或好人伤心的故事也不能讲，怕对幼小的心灵造成严重的道德创伤。基于种种理由，必须贬损诗人。

柏拉图接着对戏剧发了一番怪论。他说，好人应该不愿模仿坏人，而多数戏剧里都有坏蛋，所以戏剧家和扮演坏蛋的演员必须模仿有各种罪行的坏人。不只是坏蛋，妇女、奴隶和各种下等人都不应让上等人模仿（像伊丽莎白时代的英国，古希腊的妇女角色是男人扮的）。因此，戏剧如果要上演，就只能有出身高贵完美无瑕的男性角色。这显然是不可能的，柏拉图干脆将所有戏剧家逐出他的理想城邦：

> 哪个聪明得什么都能模仿的演员先生来我们这里，要表演他的技艺和诗歌，我们就五体投地拿他当可爱、神圣、奇妙的人物来膜拜；但我们必须告诉他，我们城邦不许有他这种人，法律容不得他。我们给他身上涂香膏，头上戴花环，请他光临别的城邦。

接着看他如何审查近代意义上的音乐。吕底亚和爱奥尼亚的乐曲不能听，前者是由于愁苦哀伤，后者是由于轻松悠闲。只能听多利安和弗瑞加的乐曲，因为前者表达的是勇气，后者表达的是节制。只允许简单的节奏，而且只能表达勇敢和谐的生活。

身体训练必须非常严苛。鱼和肉只能烤着吃，不能配佐料或甜品。柏拉图说，按他的规矩养大的人用不着看医生。

青年人不到一定年龄不准看见丑陋或邪恶。但到了合适时候，就必须让他们见识"魅惑"，让他们看到可怕形象而不吓倒，看到堕落乐趣而不动摇。经得起这些考验，才能让他们当卫国者。

男孩长大成人前要见识战争，虽然不必亲自作战。

经济上，柏拉图让卫国者实行彻底的共产主义，战士似乎也如此，但不是很明确。卫国者要住小房，吃粗茶淡饭。他们要像在军营生活那样，一起吃饭；除了绝对必需品，不得有任何私人财物。金银是禁品。虽然不富裕，但他们没理由不幸福；城邦的目标是为全体民众好，不是为了一个阶级的幸福。财富和贫穷都有害，在柏拉图的城邦都不存在。关于战争有一套怪论，说这个城邦不想分享什么战利品，所以很容易收买盟友。

柏拉图笔下的苏格拉底佯装不情不愿地对家庭实施共产主义。他说，朋友们要一切共有，连妇孺在内。他承认这有困难，但并非无法克服。首先，女孩要接受与男孩一样的教育，与男孩一起学习音乐、体操和战争艺术。女子在一切方面与男子完全平等。"把男子造就成好卫国者的教育，也能把女子造就成好卫国者，因为男女本质相同。"男女当然有别，但那与政治无关。某些女子有哲学头脑，适合当卫国者；某些女子善战，会成为好战士。

立法者选定一些男女当卫国者，就命令他们吃住都在一起。我们观念中的婚姻将彻底改变[1]。在特定节日，维持人口稳定所需的新郎新娘们相结合，要让他们以为是抽签配对的，事实上城邦统治者要按照优生原则操控抽签过程，让最好的父亲生最多子女。孩子一出生就从父母身边带走，而且要万般谨慎，不能让父母知道哪个是自己孩子，孩子也不能知道谁是自己父母。畸形儿和低劣父母的孩子"要送到人所不知的神秘之处，那是他们应有的归宿"。未经城邦批准的结合，生

---

[1] "这些女子将无一例外地成为这些男子的公共妻子，谁都不准有自己的妻子。"

的孩子是非法的。母亲年龄必须在二十到四十岁之间，父亲年龄必须在二十五到五十五岁之间，这个年龄段之外也可以性交，但有了孩子就必须流产或杀婴。在城邦安排的"婚姻"里，相关人没有话语权，他们要把婚姻当成对城邦的义务，而不是基于那些流放诗人歌咏的平庸感情。

既然不知父母是谁，他就管所有父亲年龄段的人叫"父亲"，"母亲""兄弟""姐妹"也是类似叫法（某些蛮族真有这种事，让传教士大惑不解）。"父亲"和"女儿"、"母亲"和"儿子"之间不能结婚，"兄弟"和"姐妹"之间一般也不能结婚，但并不绝对。（我想，假如柏拉图考虑更仔细点，他应该意识到这样会禁止所有婚姻，除了极端例外的"兄弟姐妹"结婚的情形。）

"父亲""母亲""儿子""女儿"等词在今日的感情色彩，估计在柏拉图的新设想中也存在，譬如说，年轻人不会打老人，因为可能打的就是他父亲。

柏拉图追求的好处当然是尽可能减少私人情感，扫除公共精神统治的障碍，促使大家同意取消私人财产。教士之所以禁欲，大体上也出于类似动机[1]。

最后讲乌托邦的神学理论。我说的不是那些希腊神祇，而是政府反复灌输的某些神话。柏拉图明确指出，撒谎是政府的特权，犹如开药方是医师的特权。前面提过，政府假装抽签配婚以欺骗民众，但那不是宗教事务。

柏拉图编了一套"神圣谎言"，他希望连统治者都信，起码要让城邦其余人相信。这"谎言"编得非常精细，核心意思是神创造了三种人，最好的那种是用金做的，用银做的次之，普通群众是用铜和铁做的。金做的适合当卫国者，银做的应成为战士，其余的应当干体力活。通常情况下（但并不绝对），孩子的级别与父母一样；假如不一样，就必须相应地升级或降级。他认为很难让目前这代人相信这套神话，但接下来的世世代代，却可以教育得深信不疑。

柏拉图想得没错，这种神话两代人就能造好。日本人被教导说，天皇是太阳女神的后裔，日本是全世界诞生最早的国家。任何大学教授哪怕在学术作品里对这些教条有所质疑，就会以反日活动罪遭到开除。柏拉图似乎没意识到，逼人接受这种神话的做法与哲学精神不符，那种教育方式会妨害人类理智。

为"公正"下定义是整套乌托邦理论的名义目的，卷四得出了结论。柏拉图说，公正意味着人人做自己的本职工作而不随意僭越：商人、副手、卫国者各司

---

[1] 亨利·C. 利亚:《教士独身史》。

其职,不打扰其他阶级的工作,整个城邦就是公正的。

人人各司其职无疑是一条值得称道的准则,但很难说它就是现代人自然指称的"公正"。这个词翻译成希腊语恰好与希腊思想中的一个重要概念切合,但在英语中没有严格等同的词。阿那克西曼德的话值得回味:

> 万物从何者来复归何者去,皆有注定,因彼此依次互偿亏欠,终至公正。

哲学诞生前,希腊人有一种宇宙理念或感觉,也许可称为宗教或伦理:每个人、每件物品都有其本来的位置和职能。这不取决于宙斯的意志,因为宙斯本身也要服从这统御万物的律令。该理论涉及命运或必然观,特别适用于天体,但只要涉及人类,就会有逾越正当界限的倾向,冲突由此而生。某种非人格的超奥林匹亚律法会惩罚恣肆之举,恢复挑衅者试图破坏的永恒秩序。这种观念最初也许主要是无意识地渗入了哲学;宇宙论的斗争说,比如赫拉克利特和恩培多克勒的宇宙论,以及巴门尼德等一元论学说,都有它的影子。

法律上依然使用的"公正"一词,与政治思想上所谓的公正相比,更接近柏拉图的公正观。在民主理论的影响下,我们往往把公正和平等联系在一起,但柏拉图没有这种意思。几乎是"法律"同义语的"公正"(譬如我们称法庭为"公正之庭")[1],主要涉及财产权,与平等毫无关联。《理想国》开篇第一次提及"公正"定义时,指的是偿还债务。这个定义很快由于不恰当而被放弃,但其中某些意味贯穿至终。

柏拉图的定义有几点值得注意。首先,按照他的定义,权力和特权的不平等也未必导致不公正。所有权力都归卫国者享有,因为他们是城邦中最有智慧的人;在柏拉图的定义下,仅有一种情形属于不公正,那就是其他阶级有人比某些卫国者还有智慧。这就是柏拉图设置公民升级或降级规则的原因,虽然他认为出身和教育的双重优势在多数情况下能确保卫国者的子女优于其他阶级的子女。假如当时有一套更精确、更让人信服的政治学,柏拉图的理论就更有支撑了。谁都不会觉得把最优秀的球员编入球队是不公正的,虽然他们会因此获得许多优越条件。假如用雅典政府的那套民主制来管球队,那么让哪些学生进入本校代表队,就得

---

[1] 法庭的英文"court of justice",字面意思即公正之庭。

靠抽签决定了。但政治事务上很难确定谁最有才能,更难确保政治家用他的才能服务公共利益而非他自身或他所属阶级、党派或宗派的利益。

其次,柏拉图对"公正"的定义预先假设了一个遵照传统或他本人的方式组建、整体上追求某种伦理理想的城邦。他说,公正就是人人各司其职。但人的本职工作到底是什么?在古埃及或印加王国那样世代代没有变化的国度,子承父业理所当然,没什么疑问。但在柏拉图设想的城邦,谁都没有法律上的父亲,人的工作要么按自己的兴趣确定,要么按城邦对其才能的判断而定。柏拉图期望的显然是后者。但某些工作虽然有高度技术性,却可能有危害;柏拉图认为诗歌有危害,我则认为拿破仑做的事有危害。因此,政府的意图对人做什么工作有决定影响。虽然所有统治者都得是哲学家,但不得创新:他们都要理解并同意柏拉图的观点。

如果我们问,柏拉图的理想国能取得什么成就?答案就颇为扫兴了。与人口大致相等的敌方作战,它能取胜,此外还能确保少数人的生计。几乎肯定不会有艺术或科学成就,因为体制僵硬,它在科学艺术以及许多其他方面都很像斯巴达。一大套动听的理论,成就无非是善于打仗和食物够吃。柏拉图挨过饥馑,经历过雅典被斯巴达打败的历史,也许下意识地认为避免这些灾难就是政治家能取得的最高成就。

较起真来,乌托邦显然必须体现其创造者的理想。我们先考虑一下,所谓"理想"意味着什么。首先,理想是信奉者渴求的东西,但又和渴求食物、住处等私人享受不同。"理想"和普通渴望之间的区别在于理想是非个人的,至少表面上与怀有这种渴望的个人没有特殊关联,因此理论上可能是人人都渴望的。因此我们可以把"理想"定义为某种非自我中心的渴望,渴望者是希望别人也渴望它。我希望人人都有足够的食物、人人都待人友善,诸如此类,我渴望这些东西,还想让别人也怀着同样的渴望。这样我就能构造一套貌似非个人的伦理,虽然它事实上仍以我个人意愿为基础——这愿望依然是我的,哪怕根本不提及我本人。比如说,这个人希望人人懂科学,那个人希望人人爱艺术,是两人的个体差异导致了渴望的不同。

然而一旦发生争论,个人因素就显而易见。假设有人说:"你不应该希望人人幸福,你应当希望德国人幸福而其余人不幸福。"这"应当"就意味着说话者想让我也怀那个希望。我会反驳道,我不是德国人,心理上根本无法希望一切非德国人不幸福。但这个回答似乎没什么力量。

另外,纯粹的非个人理想之间也会冲突。尼采的英雄与基督教圣人不同,但两者都广受崇拜，前者是尼采的信徒，后者是基督徒。我们如何在两者间取舍，除非按我们自己的渴望？然而，假如没有其他依据，伦理分歧就只能靠感情好恶或武力解决，终极手段就是战争。事实问题，我们能诉诸科学和科学观测；但终极道德问题似乎没有类似解决方案。如果的确如此，伦理争论就会演化为力量之争，包括宣传力量在内。

这个观点，在《理想国》卷一已经被斯拉叙马霍粗略地提了出来。斯拉叙马霍像柏拉图对话录中几乎所有角色那样，是真实人物，一位来自考西顿的智者，著名修辞教师，公元前427年曾出现在阿里斯托芬的首部喜剧中。苏格拉底很和气地跟一个名叫西法勒的老人还有柏拉图的两位哥哥格劳孔和阿戴芒兹探讨公正的定义，斯拉叙马霍听得越来越不耐烦，忍不住激烈抗议这幼稚的胡扯。他强调说"公正无非是强者的利益"。

苏格拉底用双关语反驳了一下，但始终没有正面回应。斯拉叙马霍引出了伦理学和政治学的根本问题，即所谓"好"和"坏"，除了说话者的主观愿望还有其他标准吗？如果没有，斯拉叙马霍的许多结论似乎就无法避免了。而我们又怎能说有其他标准呢？

对此，宗教看似有个简单答案：神决定什么是好什么是坏，遵循神的意旨就是好人。但这个答案不很正统。神学认为神就是善，而这答案却意味着有独立于神意的善。因此我们不得不面对这个问题：像"快乐是好的"这样的表述，有没有"雪是白的"那样客观的真伪可言？

回答这个问题，必须做很长篇幅的探讨。有些人也许会想，我们在实践中能避开根本问题，就说："我不知道什么是'客观真实'，但是，假如所有或几乎所有研究过某陈述的人都一致支持它，我就认为该陈述是真的。"在这种意义上，雪是白的、凯撒遇刺、水由氢和氧组成等陈述，都是"真"的。于是我们面临一个实际问题：有没有像这样意见一致的伦理陈述？如果有，就可以作为个人行为和政治理论的根本依据。如果没有，一旦势力集团之间出现不可调和的伦理分歧，实践中就不得不罔顾哲学真实，靠武力强制、宣传攻势或两者双管齐下进行较量了。

对柏拉图而言，这个问题其实并不存在。他虽然戏剧般明明白白地摆出了斯拉叙马霍的观点，但并未意识到该观点的力量，放任自己对其进行了粗暴不公的反驳。柏拉图坚信有"善"，且认为其本质确凿无疑，不同意的人，起码是犯了认知错误，好似违背了某个科学事实。

柏拉图和斯拉叙马霍的分歧至关重要，但哲学史家注意这个分歧就行，不必解决它。柏拉图觉得自己能证明理想国是好的，认同伦理客观性的民主派觉得自己能证明理想国是坏的；赞同斯拉叙马霍的人却说："没什么证明不证明的，唯一的问题在于你是否喜欢柏拉图渴望的那种城邦。你喜欢它就是好的，你不喜欢它就是坏的。假如很多人喜欢也有很多人不喜欢，那就没法说理，只能靠明摆或隐蔽的武力决断了。"这是迄今仍在争议的哲学问题之一，双方立场上都有一些可敬的人物。但在很长一段时期内柏拉图的观念几乎是无可争议的。

另外还要注意，用一致意见代替客观标准，会造成某些让人难以接受的后果。像伽利略这样的科学革新家，他的观点当初鲜有人同意，最后却几乎赢得举世赞同，这种事我们怎么看？他们以理服人，而不是靠鼓动情绪、国家宣传或武力强制。这意味着除了大众意见还有其他标准。在伦理方面，伟大的宗教导师也有某些类似情形。耶稣教导说，在安息日掐麦穗没有错，但恨你的敌人就错了。这样的伦理创见显然意味着在大众意见外还存在其他标准，但无论这标准是什么，它绝不像科学问题里的客观事实。这个问题很难，我不妄谈解决，目前我们注意它就行了。

与许多近代乌托邦不同，柏拉图的理想国也许本来是要付诸实施的。其实它不像我们自然以为的那样奇幻或匪夷所思。许多规定，包括我们认为相当不可行的某些规定，其实已经在斯巴达实现。毕达哥拉斯曾试行哲学家的统治；在柏拉图时代，柏拉图游访西西里和南意大利时，毕达哥拉斯派的阿奇塔在塔拉（今塔兰多）有强大的政治势力。请贤哲来拟制法律，是当时城邦的普遍做法；梭伦曾为雅典立法，普罗泰戈拉曾为图利立法。彼时殖民地根本不受母邦控制，柏拉图信徒大可以在西班牙或高卢沿海建立理想国。不幸的是，柏拉图碰巧来到叙拉古，而这座伟大的商业城邦正跟迦太基打得死去活来，这种氛围下没哪个哲学家能有所作为。到了下一代，马其顿的崛起压制了所有希腊小城邦，一切微型政治试验都没了指望。

第十五章　柏拉图的理念论

《理想国》中间部分，即卷五尾部到卷七结束，主要探讨与政治学相对的纯哲学问题。柏拉图话锋一转，忽然提出这些问题：

> 除非哲人当王，或世上的君王具有哲学精神与力量，政治权势与哲学智慧合而为一，并将那独求一面不顾另一面的庸人驱到一旁，否则城邦在这些罪恶的困扰下永无安宁——我相信全人类都无法安宁；唯有那时，我们城邦才有获得生命沐浴天光的可能。

如果真是这样，我们就必须判断哲学家是什么，所谓"哲学"是什么。接下来是《理想国》最著名，也许也是最具影响力的论述，某些部分文字绝美，读者可能会像我这样不认同其观点，却不禁为之动容。

实在与表象的区别乃柏拉图哲学的基石，最初是巴门尼德提出的，我们接下来的讨论也会充满巴门尼德式用语和论调。但柏拉图笔下的实在还有宗教意味，是毕达哥拉斯而非巴门尼德的风格，许多数学和音乐内容可直接追溯到毕达哥拉斯的门徒。巴门尼德的逻辑与毕达哥拉斯和俄耳甫斯的非人间气息相结合，形成了使人类理智需求和宗教情感需求双双满足的教义，这强有力的综合学说以各种形态影响了直至黑格尔的多数伟大哲学家，包括黑格尔本人在内。受柏拉图影响的不只是哲学家。清教徒为何反对天主教会的音乐、绘画和隆重仪式？你将在《理想国》卷十找到答案。学校为什么要强迫孩子们学算术？卷七给了理由。

下面用几段话概括柏拉图的理念论。

我们的疑问是：何为哲学家？首先是词源学答案：哲学家是爱智慧的人。但这与好奇的人爱知识不同，庸俗的好奇心不能使人成为哲学家。因此这个定义要修正为：哲学家是爱"对真理的洞见"的人。但这个洞见是什么？

设想一个热爱美好事物的人，他尽量去看每场新悲剧，欣赏每幅新画作，听每首新曲。这样的人不算哲学家，因为他只爱美的事物，而哲学家爱的是美本身。只爱具体美好事物的人是在做梦，懂得绝对之美的人是真正清醒。前者只是有观点，后者有知识。

"知识"和"观点"的区别是什么？有知识者懂得某些东西，也就是说，某些存在之物，因为不存在的就什么都不是（巴门尼德论调）。因此知识不会错，从逻辑上出不了错。但观点可能会错。为什么呢？观点不能是关于不存在之物的，因为那不可能；也不能是关于存在之物的，因为那成了知识。因此观点必须是关于既存在又不存在之物的。

但这怎么可能？答案是，具体事物总蕴含对立属性：美的东西，某些方面是丑的；公正的事，某些方面是不公正的；等等。柏拉图认为，一切可感知的具体物，都有这种矛盾特征，所以都介于存在和不存在之间，是观点的合适对象，但不是知识的对象。"但那些目睹绝对、永恒、不变的人可以说有知识，而不仅有观点。"

于是我们得出结论，观点属于感官触及的世界，而知识属于超感官的永恒世界；譬如说，观点涉及具体的美好事物，但知识涉及美本身。

这里的唯一论据在于，说某物既美又不美或既公正又不公正，是自相矛盾的，具体事物却似乎综合了这些矛盾特征，所以具体事物并不真实。赫拉克利特说过"我们踏进却又不能踏进同一条河，我们既存在又不存在"，柏拉图的结论就是该观点与巴门尼德学说的融合。

但柏拉图学说中有一些不能溯及前辈的重要内容，那就是"理念"或"形式"论。该理论部分是逻辑性的，部分是形而上学。逻辑性部分涉及泛称词的意义。有许多动物个体可正确表述为"这是猫"。"猫"这个词是什么意思？显然和每只具体的猫不太一样。一只动物是猫，似乎是由于它具备所有猫的自然共性。没有"猫"这样的泛称，语言就无法运作，这些泛称显然并非毫无意义。但是，假如"猫"这个词的确有意义，那么它指的既不是这只猫也不是那只猫，而是某种普遍猫性。猫性不随着某只猫的诞生而诞生，也不随着某只猫的死亡而死亡。其实，它不占任何时间和空间位置，是"永恒"的。这就是理念论的逻辑部分。这套逻辑的论据（不管最终能否站得住脚）是很有力的，而且与理念论的形而上部分没什么关联。

根据理念论的形而上部分，"猫"这个词指某个理想的猫，指神创造的原型"本猫"，是独一无二的。具体的猫拥有"本猫"的属性，但多少是不完美的；就是因为这种不完美，才会有许多猫。"本猫"是实在的，具体的猫仅是表象。

在《理想国》最后一卷，柏拉图为了引出对画家的谴责，明确阐述了理念论或曰形式论。

他解释说，一群个体有共同的名称，就有共同的"理念"或"形式"。譬如说，具体的床有许多张，但床的"理念"或"形式"只有一个。床在镜中的影子并不"实在"，只是表象；类似地，各种各样具体的床也不实在，只是"理念"的副本，只有理念之床才是实在的，是神创造的。知识涉及这个神造的理念之床，观点只能涉及木匠们做的许多床。就此而言，哲学家感兴趣的只是那唯一的理念之床，而不是感官世界中具体的床。他对日常俗物漠不关心："心灵崇高、纵观一切时代一切存在的人，怎会顾念俗世？"有望成为哲学家的青年，在同伴中会显得格外正直文雅，热衷学习，有良好的记忆力和天生的和谐心灵。这种人应被教育成哲学家、卫国者。

听到这里阿戴芒兹忍不住插嘴反驳。他说，跟苏格拉底辩论时，他总觉得自己被一步步引入歧途，直到原先的观念被统统颠覆。但不管苏格拉底怎么说，事实仍摆在那里，谁都看得出来：死钻哲学的人不变成十足的无赖，也会变成怪物；再优秀的人，也会被哲学弄得百无一用。

苏格拉底承认现实世界的确如此，但又说这只能归咎于民众而非哲学家。在明智的社会，哲学家不会显得蠢；只有在蠢人当中，智慧者才会被视为毫无智慧的人。

如何对待这个困境？开创理想国有两种方式：让哲人当统治者，或者让统治者成为哲人。第一种方式似乎无法启动，因为在尚未哲学化的城邦，哲学家是不受欢迎的。但天生的君王有可能成为哲学家，"一个就够了；一个人能让城邦臣服于他的意志，就可能让目前看来不可思议的理想政体成为现实"。柏拉图希望把叙拉古僭主小丢尼修培养成这样的君王，但结果这个青年令人大失所望。

在《理想国》卷六和卷七，柏拉图探讨了两个问题：什么是哲学？如何把有潜质的青年男女培养成哲学家？

柏拉图认为，哲学是一种洞见，"对真理的洞见"。它不纯粹是理智的，也不仅是智慧，而是对智慧的热爱。和斯宾诺莎"对上帝的理智之爱"大致相同，都是思想和感情的亲密交融。凡是做过创造性工作的人，多少都有过这样的状态：辛劳了很久之后，真理或美在一片突如其来的荣光中显现或隐约显现——也许只关乎某些小节，也许关乎全宇宙。刹那间这种感受极其鲜明强烈，过后也许会怀疑，但此刻完全真确。我认为，艺术、科学、文学和哲学上最美好的创作都是这种时刻的成果。别人的体验是否与我一样，我说不准。就我而言，我发现自己想写本有关某题材的书时，必须先沉浸于细节，直到吃透所有分散的相关材料；于是在某天，如果有幸体察到整体景象，所有部分就产生了恰切关联。然后我只需把所见景象描述下来就行了。这好似先在雾里走遍一座山，直到每条小径、每个山头和山谷都摸清楚，然后在明亮的日光下遥遥看清整座山的全貌。

我认为这种经验对优秀的创作很必要，但仅有它是不够的，那种主观确信其实可能是致命误导。威廉·詹姆斯描述某人吸笑气的经验。笑气一上头,洞晓全宇宙的秘密,一醒就忘光;最后他竭尽全力,趁幻象没消失就把秘密写下来。彻底清醒后,他赶紧看自己写的东西,结果就一句:"到处是汽油味"。貌似突如其来的灵感,很可能是误解,必须在美妙的迷醉消退后做清醒的检验。

柏拉图写《理想国》时完全信奉的那种洞见,最终须借助一个洞穴隐喻向读者传达。他为此做了各种铺垫,以便让读者明白理念世界的重要性。

首先,他将理智世界和感官世界划分开来,理智和感官知觉又各自划分为两种。两种感知我们暂且不论,两种理智分别叫做"理性"和"理解",其中理性更高级,运用辩证法,只涉及纯粹的理念;理解是数学运用的那种理智,之所以低于理性,是因为它运用自身无法验证的假设。比如在几何学,我们说"假设ABC是直线三角形",质问ABC究竟是不是直线三角形是违背规则的,尽管我们画的三角形肯定不是直线三角形,因为我们画不出绝对的直线。因此,数学永远无法告诉我们实际是什么,只能告诉我们假如怎样怎样,则会是什么。感官世界不存在直线,因此,如果数学要追求假说以外的东西,就必须在超感世界找出超感直线存在的证据。靠理解做不到这一点,但柏拉图认为靠理性能做到,理性表明天国有直线三角形,其相关几何命题可以绝对确定,不必假设。

柏拉图似乎没注意到这里有个难点,虽然它在近代唯心主义哲学家眼中显而易见。既然神仅创造一张床,自然可设想他仅创造一条直线。但假如有天国三角形,那么他至少要创造三条直线。几何对象虽然是理想型的,但必须有多个范例,我们需要假设两个圆相交,等等。这意味着几何学在柏拉图理论中不是终极真理,而应当贬为表象研究的一部分。但这一点我们不予深究。

柏拉图试图用视觉打比方,解释清晰的理智和模糊的感知之间的区别。他说,视觉与其他知觉不同,因为不仅需要眼睛和物体,还需要光。日光照耀下的物体我们能看清,暮色中我们看得很模糊,漆黑中就什么都看不见了。理念世界就是日光照耀下的景象,万物变动的表象世界则是一片暮色朦胧。眼睛好比灵魂,作为光源的太阳好比真理或善。

> 灵魂像眼睛,当它注视真理和存在照耀的东西时,能够看清、理解,并闪烁着理智的光芒;当它面对生生息息的暮色世界时,就只能得到观点,茫然眨动着,一会儿这么看一会儿又那么看,仿佛全无理智……向人类透漏真

理、赋予认知能力的，就是我所说的善，就是科学的来源。

由此引出著名的洞穴隐喻，说没有哲思的人就像洞穴里的囚徒，由于身体受缚而只能朝一个方向看，背后燃着火堆，面前对着穴壁。在他们和穴壁之间空无一物，他们只能看见自己的影子和背后东西的影子，都是由火光投射到壁上的。他们不可避免地将这些影子视为现实，对形成影子的物体毫无概念。最后有人成功逃出洞穴，来到日光下，第一次看见真实的东西，才明白之前一直被影子蒙蔽了。如果他是那种适合当卫国者的哲学家，他就会觉得自己有义务回洞穴找以前的囚徒同伙，向他们宣讲真理，为他们指明逃出去的路。但他会很难说服那些同伙，因为从日光下回来，他看影子还没同伙看得清，在同伙眼中似乎比逃脱前变蠢了。

那么，让我用比喻说明我们的天性能明白或糊涂到什么程度——看哪！人类住在地下的洞穴中，有个洞口一直通到洞底，透进一些光线。他们从小就在这里，双脚和脖颈都被锁着，无法扭头。他们背后远远地有火把在高处熊熊燃烧，火把和囚徒之间横着一条隆起的埂，如果你仔细看，会发现埂上有一堵矮墙，像要木偶戏的人在面前扯起幕布，要在幕上演木偶。

我明白。

你们想想，有人沿墙来回走动，拿着各种器具，用木头石头等各种材料做的动物雕像什么的，那么洞穴壁上会出现什么？

有些人交谈起来，有些人沉默不语。

你描述的景象很奇异，那些囚徒也很怪。

我说啊，我们就像他们，只能看见自己或旁人的影子，是火光投射到洞穴对面的壁上的。

善在柏拉图哲学中的地位很独特。他说，科学和真理都模仿善，但善的地位更高。"善并非实质，却远比实质崇高有力。"辩证法感知绝对的善，那是理智世界的目的。辩证法借助善摆脱了对数学假设的依赖。潜在意思是，与表象对立的实在乃绝对、完美的善，因此，感知善就是感知实在。柏拉图哲学始终弥漫着毕达哥拉斯式理智与神秘主义相结合的气息，但在结论的终点神秘主义显然占上风。

柏拉图的理念论有许多明显谬误，却依然标志着哲学上的重大进步，因为它是首次强调共性问题的哲学理论，该问题以各种形式一直流传至今。一切开端往往是粗略的，但不能因此无视其创意。柏拉图理论虽有许多应改正的地方，却仍有可取之处；哪怕在最敌视柏拉图的人看来也起码应保留的是：我们用来表达思想的语言不能完全由特称构成，也要有"人""狗""猫"等泛称；如果没有泛称，就得有"类似""之前"等关联词。这些词并非毫无意义的噪音，假如世界完全由特称指代的具体事物构成，就很难理解这些词的意义。这论证并不严密，但多少在表面上为共性提供了支撑，我暂且承认它在某种程度上有效。但这一条推不出柏拉图的其余论点。

首先，柏拉图根本不懂哲学语法。我可以说"苏格拉底是人类""柏拉图是人类"，诸如此类的话。可以认定"人类"这个词在所有这些陈述中具有完全等同的意义。但这个意义无论是什么，肯定与苏格拉底、柏拉图等构成人类的个体不同。"人类"在这里是形容词，说"人是人类"就毫无意义了。柏拉图错在类似于说"人是人类"，他还说美是美丽的，说"人类"这个泛称指神创造的人类范本，相比之下实际的人并不完美，是不太实在的摹本。他根本没意识到泛称与特称之间有何其巨大的鸿沟，他的"理念"其实只是别的具体事物，在伦理和审美上优于其余普通同类而已。后来他自己也意识到这个困难，正如《巴门尼德篇》显示的那样——这篇对话含有史上最引人瞩目的哲学家自我批评事例之一。

《巴门尼德篇》据说是柏拉图同母异父的兄弟安提丰叙述的，记得那次谈话的只有他一人，但他这时只想侍弄马匹。只见他手里拿着马笼头，好不容易才答应转述巴门尼德、芝诺和苏格拉底的那场著名论辩。据说论辩时巴门尼德已经年老（约六十五岁），芝诺是中年（约四十岁），苏格拉底还很年轻。苏格拉底阐述了理念论，他确信有相似性、公正、美、善等理念，但不能肯定是否有人这一理念；他气呼呼地反对毛发、泥土、污垢等理念的存在可能，有时他却认为没有不带理念的事物。后来他不敢再谈这个话题，怕掉进胡言乱语的无底深渊。

> 巴门尼德说，哎，苏格拉底，那是因为你还年轻；如果我想得没错，等哲学更牢牢地攫住你的时候，你就不会再厌恶哪怕最卑微的东西。

苏格拉底承认，他认为"某些理念是所有其他事物的共性，是它们名称的由来。比如说，相似者之所以相似，是因为它们带有相似性；伟大的事物之所以伟大，是因为它们带有伟大性；公正和美的事物之所以公正且美，是因为它们带有公正和美"。

巴门尼德继续质疑。（1）个体带有完整理念，还是仅带有理念的一部分？针对这两种情况，都有反驳理由。若是前者，则一物就同时出现在许多地方；若是后者，则理念可分割，带有部分"小"的事物比"绝对的小"更小，这很荒诞。（2）个体带有某理念时，个体与理念相似，因此会有另一个理念，将该个体与原理念包含在内，如此类推以至无穷。因此每个理念并非单一，而是一个无穷的理念系列（这和亚里士多德的"第三人"论相同）。（3）苏格拉底说也许理念仅是思想，但巴门尼德指出思想必须是关于某事物的。（4）由于上述第二条原因，理念不能与带有该理念的具体事物相似。（5）如果有任何理念，也必定是我们不知的，因为我们的知识不是绝对的。（6）如果神的知识是绝对的，他就不会知道我们，因而不能统治我们。

尽管如此，理念论没有被全盘抛弃。苏格拉底说，没有理念，思想就无以依托，理性就毁了。巴门尼德回答说，你的疑难源于以前缺乏训练。但最终没有定论。

我认为柏拉图对具体可感知事物实在性的逻辑反驳经不起检验。比如，他说凡是美的在某些方面也是丑的，凡是双倍的也是一半，诸如此类。但是，我们说一件艺术品在某些方面美在其他方面丑时，我们的意思分析起来（起码理论上）是指"这部分或这方面是美的，而那部分或那方面是丑的"。至于"双倍"和"一半"，这都是相对用语，2是1的双倍，与2是4的一半并不矛盾。柏拉图由于不懂相对用语而屡屡陷入麻烦。他认为如果A大于B而小于C，那么A就同时又大又小，在他看来就是矛盾。这种麻烦属于哲学幼稚病。

实在与表象的区别，并没有巴门尼德、柏拉图和黑格尔说的那种后果。如果表象的确出现了，它就不是无物，因此也是实在的一部分，这才是正确的巴门尼德式论证。如果表象没有的确出现，我们何必为它伤脑筋呢？但也许有人要说："表象没有的确出现，但它表面上出现了。"这没什么用，因为我们可以再问："它的确表面上出现了，还是似乎表面上出现了？"哪怕表象是表面上出现的，我们也迟早会溯及某种的确出现的东西，所以它仍是实在的一部分。柏拉图不可能异想天开到连"似乎有许多床"都否认的地步，虽然他认为只有一张实在的床，即神造的床。柏拉图似乎没有正视"有许多表象"的事实意味着什么，其实这"多"就是实在的一部分。将世界分为不同部分，将一部分认定得比另一部分更"实在"

的企图，注定会失败。

与此相关的是柏拉图的另一套怪论，即知识和观点必须涉及不同对象。我们会说：我觉得要下雪了，这是观点；后来我看见下雪，这是知识，两者涉及的对象是同一回事。但柏拉图认为某事物一旦成为观点的对象，就绝不会成为知识的对象。知识是确切而不会出错的，观点不仅可能出错，而且必然出错，因为它把仅是表象的东西当实在。这都是在重复巴门尼德说过的东西。

柏拉图的形而上学有一点显然与巴门尼德不同。巴门尼德认为实在是唯一的，而柏拉图认为理念有很多。不仅有美、真、善，而且如上所述，还有神造的天国床、天国人、天国狗、天国猫什么的，能装一诺亚方舟。然而，《理想国》对这一切似乎都考虑不周。柏拉图的理念或形式不是思想，虽然能成为思想的对象。很难想通神是如何造这些理念的，因为既然理念没有时间性，那么除非神脑中已经有了那张据说是由他造出来的柏拉图式的床，否则他不会决定造床。不受时间管辖的东西必然不是被造出来的。于是我们遇到一个让许多有哲学头脑的神学家头疼的难题。唯有时空中的偶然世界能被创造，它就是向来被斥为虚幻、堕落的日常世界。因此造物主似乎只造了幻觉和邪恶。某些灵智派信徒实诚得连这个观点都接受了，但在柏拉图这里，这个困难仍未浮出水面，他在《理想国》中似乎压根儿没意识到它的存在。

按柏拉图的说法，哲学家要成为卫国者，就必须回到洞穴，和那些从未见过真理阳光的人一起生活。看来神自己如果想改造他的创造物，就也要这么做；身为基督徒的柏拉图主义者也许会这样解释基督肉身降世，但神为何不满足于理念世界，依然根本无法解释。哲学家发现洞穴存在，在仁慈心的驱使下回到洞穴；而人们会想，如果万物都是造物主的作品，他何不干脆别造洞穴呢。

也许只有基督教创世说会遇到这个困难，柏拉图既然主张神不是所有事物而只是美好事物的创造者，这个问题对他而言就不存在了。根据他的理论，感官世界的多样性，应该还有神以外的其他来源。那些理念也许不是神创造的，只是神的本质组成部分，理念的多元性问题就无甚大碍了。只有神或者善是终极存在，而理念都是形容神的。无论如何，这是柏拉图理论的一种可能解释。

柏拉图接着对将成为卫国者的青年应接受的教育发了一通趣论。我们知道，获此殊荣的青年必须有一系列理智和道德品质：正直文雅，热衷学习，有良好的记忆与和谐的心灵。入选的青年从二十岁到三十岁要研究毕达哥拉斯派的四种学问：算学、几何（平面几何与立体几何）、天文学和乐理。钻研这些学问不是奔着什么实用目的,而是为了训练他的心灵去洞察永恒。比如天文学,他不用在实际天体上费太多心思,而应当关注理想天体的运动的数学。这在现代人看来可能很荒谬,但说来奇怪,事实证明却对实验天文学颇有成效。奇妙的情由发人深省。

在深入研究前,行星的运动似乎是复杂无序的,根本不像毕达哥拉斯式造物主会选择的模样。每个希腊人都觉得天体应体现数学之美,为此行星必须沿圆形轨迹运行。柏拉图尤其觉得这理所当然,因为他很强调善。问题是,有没有哪种假说能把看似杂乱无章的行星运动化为秩序、美和简洁呢?如果有,我们可根据善的理念维护这假说。萨摩斯的阿瑞斯塔克提出这样的假说:包括地球在内的所有行星,都绕着太阳做圆周运动。这假说被否认了两千年,部分是由于亚里士多德的权威,亚里士多德曾把一种颇为类似的假说归为"毕达哥拉斯式的"(《论天》293a);后来这假说被哥白尼复活,它的成功似乎表明柏拉图在天文学上的审美偏好并无不当。可惜不妙的是,开普勒发现行星沿椭圆而非正圆轨迹运动,太阳位于焦点而非圆心;牛顿又发现行星轨迹甚至不是标准的椭圆。于是柏拉图追求、萨摩斯的阿瑞斯塔克似乎发现的那种几何简洁,结果只是虚幻一场。

这段科学史印证了一条普遍准则:无论多荒谬的假说,如果能让探索者以新方式理解事物,就可能有科学用途;然而,有幸实现这一目的之后,它很容易变成继续前进的障碍。善的信念作为科学理解世界的钥匙,在一定阶段对天文学研究有用,但过后就一直有害了。柏拉图的伦理和美学偏好是扼杀希腊科学的重要因素,亚里士多德更甚。

值得注意的是,近代的柏拉图主义者几乎统统不懂数学,虽然柏拉图极力强调算学和几何学的重要性,而且这些学科对他的哲学有巨大影响。这个例子揭示了专门化的害处:一个人要论述柏拉图,就必须将大把青春时光耗在希腊文上,以致没空理会柏拉图看重的东西。

第十六章 柏拉图的灵魂不死论

以"斐多"命名的那篇对话意趣丰富。它旨在描述苏格拉底人生的最后时刻:

将饮毒芹汁时的话，以及饮毕至失去意识时的话。这是柏拉图心目中拥有最高智慧、至善而毫不畏死的理想人物。柏拉图笔下苏格拉底临死的表现从古至今都有重大伦理意义。《斐多篇》对非宗教信徒或曰自由思索的哲学家的描述，相当于福音书对基督受难被钉上十字架的描述[1]。但苏格拉底临终时的泰然自若与他信仰灵魂不死有关，《斐多篇》的重要性不仅在于讲述一个殉道者的死，还在于阐述许多后来被基督教吸收的教义。圣保罗和教父们的神学理论大部分都直接或间接来源于此，忽略柏拉图就几乎无法理解。

前面的对话《克里托篇》讲苏格拉底的朋友和门徒设法让他逃往塞色利。也许雅典当局正巴不得他逃掉，那套逃亡计划大有成功希望。苏格拉底却坚决拒绝了。他表明自己既然是经合法程序被定罪的，用任何非法手段逃避惩罚就错了。他先是主张一条原则，后世的登山宝训与此相关："我们不能对任何人以恶还恶，不管他对我们作了什么恶。"然后他想象自己与雅典法律展开了一场对话，法律指出，苏格拉底对法律应当比儿子对父亲、奴隶对主人还要尊敬；再者，任何雅典公民如果对雅典城邦不满可以自由迁出。雅典法律用下面的话结束了长篇大论：

> 那么，苏格拉底，你要听从我们这些把你养大的人。不要先考虑自己的生命和孩子再考虑公正，要把公正考虑在前，你才能被阴间的王赦免。因为假如你听从克里托的哄劝，那么无论你还是你的亲眷在此生、来世都永远无法再幸福、圣洁或正直。清清白白地死去，你就是受难者而非作恶者，是世人而非法律的牺牲品。但如果你一意孤行，以眼还眼以牙还牙，违背你与我们立的约，伤害你最不该伤害的，也就是说，伤害你自己、你的朋友、你的国家还有我们的法律，那么你在世的每一天都会遭我们憎恨，我们的兄弟亦即阴间法律也会视你为仇敌，因为他们将知晓你竭力破坏我们的事。

苏格拉底说，那个声音"似乎在我耳边嗡嗡响，犹如神秘家耳中的笛声"。于是他断定自己有义务留下来受死。

据《斐多篇》记载，时辰到了，他的枷锁被卸去，他获准跟朋友们自由交谈。

---

[1] 甚至许多基督徒也认为此事仅次于基督之死。"古今任何悲剧、任何诗歌或历史（除了一个例外）中，苏格拉底的临死时刻概莫能比。"本杰明·乔伊特牧师如是说。

他把哭哭啼啼的妻子打发走,以免她的悲痛搅扰他们的讨论。

苏格拉底先是说,虽然任何有哲学精神的人都不怕死,相反还欢迎死亡,但他不会主动了结自己的生命,因为那是不合法的。朋友们问他为什么自杀不合法,他那俄耳甫斯式的回答几乎完全是基督徒口吻:"暗地里有一条教义悄然流传,说人是无权开门逃走的囚犯。这个伟大秘密我自己都不太懂。"他将人与神的关系比作牛羊与牧人:要是你的牛自作主张结束了自己的生命,你肯定会生气,所以"有理由说人应该等待,且不可自我了断,要等待神的召唤。此时他正在召唤我"。他不为死伤悲,因为他坚信"首先我是要去伴随更有智慧、更善的神祇,这一点我照常深信不疑;再者,尽管这一点我不是很有把握,但我应该是去追随那些已故的人,他们比留在我身后的人更好。我希望有某些东西在等待死者,等待善人的东西比等待恶人的东西好得多"。

苏格拉底说,死亡是灵魂与肉体分离。这里是柏拉图的二元论:实在与表象、理念与感觉、理性与知觉、灵魂与肉体,这些对立范畴有关联,前者都比后者真,比后者善。苦行道德观是这种二元论的自然结果。基督教部分采取了该学说,但从未全盘吸收,因为有两个障碍。首先,如果柏拉图是正确的,创造这有形世界必然是一桩邪恶之举,所以造物主并不善。第二,正统基督教虽然认为禁欲更高贵,但从未发展到谴责婚姻的地步。摩尼教在这两方面的立场一致得多。

精神与物质的区别在哲学、科学和大众观念上都已是老生常谈,其实也有宗教渊源,最初就是灵魂与肉体的分别。我们知道,俄耳甫斯声称他是大地与星空之子,肉体来自大地而灵魂来自天堂。柏拉图试图用哲学语言表达的就是这个理论。

《斐多篇》里的苏格拉底紧接着阐释自己学说中的苦行主义,但他的苦行主义适度且带着绅士气息。他不是要哲学家彻底禁绝日常快乐,而是说不能被快乐奴役。哲学家不应在乎吃喝,当然也要吃必需的量,不提倡禁食。接着又说苏格拉底虽然不嗜酒,但有时候比旁人喝得都多却从没醉过。他谴责的不是饮酒而是嗜酒。类似地,哲学家不应沉溺爱欲,不应稀罕华贵的衣服、鞋子或其他个人饰物。他必须倾心关注灵魂而非肉体:"他要尽可能摆脱肉体转向灵魂"。

该学说通俗化后显然成为禁欲主义,但其本意确切来说并非让人禁欲。哲学家不是用意志力戒除感官快乐,而是另有所想。我知道许多哲学家饭都忘了吃,最后就是在吃的时候还手不离书。这才是柏拉图赞赏的举动:不是靠道德力量忍住不大吃大喝,而是另有更感兴趣的事。哲学家显然应当同样漫不经心地结婚、生育儿女，但自从妇女解放后这一点愈加困难了。难怪赞提婆[1]是个悍妇。

苏格拉底接着说，哲学家努力将灵魂与肉体分开，旁人却认为"不懂享乐、不享受肉体快乐"的人生不值得一过。柏拉图这话似乎无意间支持了某类道德家的观点，即唯有肉体之乐才是真快乐。这种道德家认为，不追求感官快乐的人生没有任何快乐，是纯粹高尚的生活。这是个贻害无穷的谬论。既然精神和肉体有别，那么最坏的快乐和最好的快乐一样，都是精神上的，譬如嫉妒、各种残忍和权力热望。弥尔顿的撒旦采用的手段远高明于身体折磨，他一心搞破坏而从中获取纯粹的精神快乐。许多显赫的教士放弃了感官快乐却没有警惕其他快乐，结果被权力欲支配，打着宗教旗号做出种种骇人听闻的暴行。在我们的时代，希特勒就是这种人，他很少在乎什么感官享受。摆脱肉体的专制能让人伟大，但造就的大恶与大善一样多。

但这都是题外话，我们还是回来谈苏格拉底吧。

柏拉图把许多宗教思想（正确或错误地）归入苏格拉底名下，我们现在谈谈这些思想中的理智因素。据说身体是求知的障碍，眼和耳都是不可靠的见证者：真正的存在如果能向灵魂展示，也是展示给思维而非感官的。我们且考虑一下这种说法意味着什么。它彻底否认了经验知识，包括所有历史和地理知识。我们无法知道有雅典这个地方，有苏格拉底这个人；他的死，他勇于赴死的壮烈，都属于表象世界。我们对他的全部了解都必须借助视觉和听觉，而真正的哲学家要忽略视觉和听觉。那么，他还剩下什么？首先是逻辑和数学，但逻辑和数学都是假设的，不能支撑关于现实世界的任何明确论断。下一步是决定性的，以善的理念为根基。推出这个观念后，哲学家应当知道善乃实在，接着推出理念世界乃真实世界的结论。后世哲学家竭力证明真与善的同一性，但柏拉图似乎直接假定这是不证自明的。要想理解他，我们必须假定这个说法已成立。

苏格拉底说，当心灵沉浸于自我不受声色苦乐搅扰，当它摆脱肉体渴求真实的存在时，思想才是最好的，"哲学家为此鄙弃肉体"。从这一点出发，苏格拉底谈到理念、形式或实质论。有绝对的公正、绝对的美、绝对的善，但都是眼睛看不见的。"我说的不仅是这些，还有绝对的伟大、健康、力量，还有万物的实质或曰真实本性。"这些理念都只能由理智认识，所以我们困于肉体时，灵魂被肉体之恶沾染，我们对真理的渴望无法得到满足。

---

[1] 赞提婆是苏格拉底之妻。——译注

该观点排除了科学观察和实验等求知法。实验者的心灵没有"沉浸于自我",也不打算回避视听。用柏拉图提出的方法能开展两种精神活动,即数学和神秘顿悟,难怪两者在柏拉图和毕达哥拉斯的学说中都密切交融。

肉体对经验主义者来说是我们与外界现实接触的媒介,对柏拉图来说却有双重罪恶:既是歪曲事实的媒介,让我们似乎透过昏黑的镜片看东西;又是各种欲望的根源,导致我们无法专心追求知识、认识真理。有以下引文为证:

> 肉体需要食物,仅此一点已是我们无尽烦恼的来源;另外还会生病,妨碍我们探索真知;肉体充斥着渴慕、欲求、恐惧和各种各样的幻想,无穷无尽的愚蠢,实际上,就像人们说的,肉体完全夺取了我们的思考能力。战争、厮杀和党争从何而来?还不是肉体的欲望!战争是爱钱引起的,钱就是为了伺候肉体。这些障碍使我们根本没工夫当哲学家,而且最糟的是,即使我们闲下来思索,肉体也要来频频打扰,造成混乱和困惑,让我们在惊惶中看不到真理。经验证明,要想获得对任何事物的真知,我们就必须摆脱肉体——必须让灵魂亲自看见事物本身,我们才能得到渴求的智慧,才能自称爱智慧者。这一切活着做不到,只能待死后,因为灵魂与肉体在一起就没法得到纯粹知识,知识如果真能获取,也必须在死后获取。

> 摆脱肉体的愚蠢,我们才纯粹,才能与纯粹者交流,才能看见无处不在的澄澈光明,这不是别的,正是真理之光。因为不纯粹者无法靠近纯粹者……净化岂不就是灵魂与肉体的分离?……灵魂从肉体分离和解脱叫做死亡……唯有真正的哲学家才永远追求灵魂的解脱。

> 只有一种真正的钱值得不惜一切去交换,那就是智慧。

神秘教始祖曾说很久以前有一种人,未圣化、未入门就去冥界的,会陷入泥沼;入门净化后去冥界的,就能与神同在。这话似乎真有所指,不是毫无意义的空谈。因为许多人就像神话说的,举着纵欲狂欢的酒神杖;很少人是神秘家,我对这个词的理解就是真正的哲学家。

这些语言都很神秘,源于神秘教。"净化"是俄耳甫斯派观念,主要指一种仪式,但柏拉图指的是摆脱肉体需求的奴役获得自由。他说战争是爱钱引起的,钱就是为了伺候肉体,这很有意思。前半句和马克思的见解一样,但后半句是一种截然不同的观念。柏拉图认为人如果把需求压缩到最低限度，很少钱就能过活，这无疑是真的。但他也认为哲学家应当免于劳作，因此必须靠旁人创造的财富过活。很穷的城邦恐怕不会出现哲学家。在伯里克利时代的雅典帝国，雅典人才有可能钻研哲学。大致来说，精神产品和物质产品同样费钱，同样难脱离经济条件。科学需要图书馆、实验室、望远镜、显微镜等等，科学研究者必须靠旁人劳作来供养。但对于神秘家来说这一切都是蠢的。印度或中国西藏的圣人不需要器具，缠一条腰布，吃一点米饭，靠极其微薄的布施就能过活，因为他是人们眼中的智慧者。这是柏拉图观点的逻辑推演。

再回到《斐多篇》，西比斯对死后灵魂的存续表示怀疑，要苏格拉底提供证明。于是苏格拉底做了论证，但不得不说他论证得非常拙劣。

他首先说凡有对立面的东西都是从对立面产生的，这话让人想起阿那克西曼德的宇宙公正观。既然生与死是对立面，所以生死必然互相转化。那么死者的灵魂肯定存在于某处，迟早会回到世间。圣保罗说的"种子不死不萌生"，似乎也是这意思。

第二个论据是知识乃回忆，因此灵魂必然在出生前就存在。"知识乃回忆"这个理论，主要靠我们有无法从经验中获取的某些理念（譬如绝对相等）这一事实支撑。我们通过经验知道什么是大致相等，而绝对相等永远无法从可感知的对象得出，尽管如此，我们却知道绝对相等的意思。这个知识既然不是靠经验得来的，就必然是前生带来。苏格拉底说，其他所有理念都适用类似论证。因此，本质的存在以及我们对本质的理解能力就证明预先存在有知识的灵魂。

知识乃回忆这个观点在《美诺篇》有更详尽的论证。苏格拉底在这篇对话中说"没有教学，唯有回忆"。为了证明这个观点，他让美诺唤来一个小奴，问他几何学问题。苏格拉底认为这个小奴的回答表明他真懂几何学，虽然他从来不知道自己有这知识。《美诺篇》得出了和《斐多篇》一样的结论，即知识是灵魂由前世带来的。

可以看出，首先该论据完全不适用于经验知识。小奴不可能在引导下"想起"金字塔何时建造，或特洛伊战争是否真的发生，除非他恰好亲身在这些事件的现场。只有所谓的先验知识，尤其是逻辑和数学，有可能不依赖经验而人人皆有。其实，除了神秘顿悟，只有逻辑和数学被柏拉图承认为真正的知识。我们先考察他数学上的论证。

比如相等概念，我们必须承认自己在感官世界没有"完全相等"的经验，我们只见过大致相等。那么，我们是如何获取"绝对相等"观念的？或者说，我们到底有没有这个观念？

举个具体例子。米的定义是巴黎某根棍子在特定温度下的长度。如果我们说另一根棍子长度恰好是一米，这话什么意义？我觉得可能没任何意义。我们可以说，迄今科学上最精准的衡量方法也不能表明这根棍子比巴黎那根标准一米棍长些还是短些。足够大胆的话，我们还可以断言，今后测量技术的任何进步也无法改变这结果。但这仍是经验陈述，因为经验证据能随时将其证伪。我不认为人类真的有柏拉图设想我们有的那个"绝对相等"理念。

但即使我们真有，显然也没哪个小孩在长到一定岁数前就有，该理念是经验引导来的，虽然不是直接从经验中得出的。此外，除非我们出生前不是感官知觉型的存在，否则会像今生一样无法得出这个理念；假如前世部分是超感的，何不对此生做同样的假设？基于这些理由，苏格拉底的论证不成立。

既然认为回忆说成立，西比斯就说："关于理智，大约一半得到了证明，即灵魂在我们出生前已经存在；而另一半，即我们死后灵魂会继续存在，还没有证明。"苏格拉底回说，前面讲过万物都是从对立面产生的，同理，死必造成生，恰如生必造成死。但他又拿哲学史上更早的一条观点做补充：只有复杂的东西会消解，而灵魂像理念，是单一的，并非不同部分合成的。单一的东西没有开始或结束，也不会变化。本质是不变的，比如绝对的美永远一样，而美的事物持续变化。因此肉眼可见的东西是暂时的，看不见的是永恒的。肉体可见，灵魂不可见；因此灵魂应归入永恒类。

永恒的灵魂思考永恒事物（即本质）时，泰然自若；当它以知觉方式认识千变万化的世界时，迷乱困惑。

> 灵魂以身体为感知工具，也就是说，运用视觉、听觉或其他知觉时（因为通过身体感知就是通过感官感知）……就被身体拖进变动领域，迷惘而困惑；世界在她四周旋转，瞬息万变的景象使她像醉汉……然而一旦回归自身她就反省，就进入另一个世界，一个纯粹、永恒、永生、不变的领域，这些不变的理念才是她的同类，是她未曾迷失未受妨碍时的同伴；于是她逃离歧途，与不变者同在，自身亦不变。这种状态下的灵魂叫做智慧。

真正的哲学家，在世时灵魂已摆脱肉欲的奴役，死后将进入看不见的世界，与神共享福祉。但不纯的灵魂贪恋肉体，将变成荒冢间的游魂，或依其秉性进入驴、狼或鹰等动物的身体。有美德却并非哲学家的人，死后灵魂会变成蜜蜂、黄蜂、蚂蚁或其他有社会性的群居动物。

真正的哲学家死后才能上天堂。"除了爱知识的人，任何不钻研哲学、离世时不完全纯粹的人，都不得与神同在。"这就是真正笃信哲学的人戒绝肉欲的原因：不是怕贫穷或耻辱，而是因为他们"明白灵魂不过是捆绑或黏着在身体上，哲学接纳她之前，她只能透过牢狱的栅栏看真实的存在，不能自在自若地看……因欲念之故，她成为禁闭自己的主要同谋"。哲学家则会节制，因为"每种快乐和痛苦都像钉子，将灵魂牢牢钉在肉体上，直到她爱上肉体；肉体认为真实的，她也信以为真"。

这时，西米阿斯提出毕达哥拉斯派的灵魂乃乐曲说，质问道：琴要是碎了，曲子还在吗？苏格拉底说灵魂不是乐曲，因为乐曲是复杂的，而灵魂是单一的；再者，灵魂乃乐曲这个观点，与回忆说已证实的灵魂先在论相冲突，因为曲子不可能先于琴存在。

苏格拉底接着讲自己的哲学思想，非常有意思，但与论题关系不大。然后他阐述理念论，结论是"存在多种理念，其他事物具备理念的属性，因理念得名"。最后他描述了灵魂死后的命运：好的上天堂，坏的下地狱，不好不坏的入炼狱。

这篇对话描述了苏格拉底的临终决别。他的最后遗言是："克里托，我欠阿斯科莱普[1]一只公鸡，你记得帮我还债好吗？"人病愈就还阿斯科莱普一只公鸡，苏格拉底就这样从人生这场阵发性热病中痊愈。

斐多叹曰："在他那时代的所有人中，他是最有智慧、最正直、最善的人。"

柏拉图笔下的苏格拉底成为许多后世哲学家的楷模。单说柏拉图笔下的苏格拉底，我们怎么看待他的德行？他美德卓著，漠视世俗成败，不惧死亡，临终时仍保持着平静、优雅和幽默，关心他信仰的真理甚于其他一切。但他也有重大缺点，在辩论中诡诈不诚实，暗里运用智力来证明自己喜欢的结论，而不是不偏不倚地求知。他有些油滑造作、自鸣得意，让人联想到反派宗教领袖。假如他临死时不是坚信自己将与神同在而永享福祉，那赴死的勇气就更了不起。与他的某些前辈不同，他的思维并不科学，而是固执己见，硬要证明全宇宙都符合他自己的

---

[1] 阿斯科莱普是古希腊传说中的医神，时人有病愈后向他献一只公鸡的习俗。——译注

伦理观。这是对真理的背叛，是最深重的哲学罪恶。作为一个人他有资格进圣人之列，但作为哲学家他需要在科学炼狱里好好住一阵子。

第十七章　柏拉图的宇宙论

柏拉图的宇宙论是《蒂迈欧篇》[1]提出来的，这篇对话由西塞罗译成拉丁文，成为中世纪西方唯一为人所知的柏拉图对话。无论在中世纪还是在新柏拉图主义早期，其影响都大于柏拉图其他任何作品；奇怪的是，这一篇所含的蠢话比柏拉图任何其他作品都多。它在哲学上并不重要，但历史影响巨大，所以要稍微详细地探究一番。

在《蒂迈欧篇》，对话主角已不是早期频频登场的苏格拉底，而是一个毕达哥拉斯主义者，包括"数是万物本原"在内的毕达哥拉斯派教义大致也被柏拉图采纳。这篇对话一开头是《理想国》前五卷的总结，接着是大西岛（亚特兰蒂斯）的传说，据说这座海岛位于海格力斯之柱[2]的外面，利比亚和小亚细亚的面积加起来还没它大。然后毕达哥拉斯派天文学家蒂迈欧讲述世界历史，一直讲到人类的创始。他的话概述如下。

对不变事物的认识是理智和理性，对变动事物的认识是观点。世界能够被感官感知，因此不会是永恒的，必定是神造的。神即是善，他仿照永恒的模型创造世界；他不知嫉妒为何物，希望万物尽可能像他自己。"神希望万物尽可能为善，尽可能无恶。"他看见整个世界并不静止，而是无规则无秩序地运动，于是从无序中创造了秩序（看来柏拉图的神似乎不像犹太教和基督教的上帝，并非从虚空中造出世界，而是归整了预先存在的质料）。他将理智赋予灵魂，将灵魂赋予肉体。他将整个世界变成一个有灵魂和理智的活物。世界只有一个，并非苏格拉底之前各家说的许多个；世界不可能多于一个，因为它是神尽可能照永恒原型造的摹本。

---

[1] 此篇对话有许多含糊之处，在注释界引起争论。我总体上最赞同康福德的佳作《柏拉图宇宙论》。
[2] 直布罗陀海峡两岸的峭壁，即海格力斯之柱。——译注

世界整体上是个可见的动物，里面包罗着各种其他动物。它是球体，因为相似比不相似好，只有球体是各处都相似的。它会旋转，因为圆形运动是最完美的；既然它只旋转，就不用长手脚。

火、气、水、土四元素各由一个数目代表，构成连比例，也就是说，火比气等于气比水和水比土。神用所有元素来创造世界，因此世界是完美的，不会衰老或生病。它比例和谐，所以有友谊精神，除了神谁都无法使之解体。

神先造灵魂，后造肉体。灵魂是不可分不可变物与可分可变物的混合，是中间型的第三类本质。

接着是对行星的毕达哥拉斯式解说，进而阐释了时间的起源。

天父造物主见他按永恒神祇的形象造的东西活着运动，心生欢喜，在喜悦中决定让这摹本更像原型；原型是永恒的，于是他尽量让宇宙也永恒。理想的生命本质是不朽的，但把这个属性完美无缺地赋予活物是不可能的。于是他决心创造活动的永恒影像，当他安排好天上的秩序后，便造了这个按数目运动的永恒影像，永恒本身完整不变，这个变动的影像叫做时间。[1]

在此之前，没有昼夜之分。我们不能说永恒本质曾经怎样或将会怎样，只能说它是怎样的。这就意味着可以说"活动的永恒影像"曾经怎样或将会怎样。

时间和天体在同一瞬间出现。神造了太阳，以便动物学习算术——估计是因为没有昼夜交替我们就想不到数目。日与夜、月与年的景象形成数的知识，给我们时间概念，从而有了哲学。这是视觉给我们的最大恩惠。

除了整体世界，还有四种动物：神祇、鸟、鱼和陆生动物。神祇主要是火，恒星是神圣的永恒动物。造物主告诉神祇，他能够毁灭他们，但不会这么做。他亲自为所有其他动物造好不朽神圣的部分，就让神祇去创造会死的部分（这一点和柏拉图著作中有关神祇的其他段落一样，也许不必很当真。一开始蒂迈欧就说他只是在追寻或然的东西，并无十足把握。许多细节显然是想象的，不能按字面意思解读）。

蒂迈欧说，造物主为每颗星星造了一个灵魂。灵魂有感觉，会爱恋、恐惧和愤怒。克服这些情绪，他们过的就是正直的生活；不能克服，就不是。一个人活得正直，死后就能在自己的星上永远幸福地生活下去；要是他活得恶劣，来生就

---

[1] 沃恩写那首以"那夜我得见永恒"开头的诗时，肯定读过这段话。

会变成女人。假如他或她继续作恶，就会变成畜牲，不停地轮回直到最后让理性占上风。神在地球、月亮和其他行星、星座上都放了些灵魂，让神祇去塑造他们的身体。

有两种因，一种是理智的，另一种在他因的推动下被迫推动别的事物。前者有心智，创造美和善的东西，而后者茫然无序地产生偶然作用。两者都应当研究，因为创造是两者兼有的过程，是必然与心智的共同作用。（应注意，必然并不取决于神的意志。）蒂迈欧接着论述必然所起的作用。

土、气、火和水不是原初质料、字母或元素，它们甚至不是音节或原初合成物。譬如火，不应称"这"而应称"这样"；换言之，它不是元素，而是元素的一种状态。这里的问题是：可见的本质都仅仅是名称吗？蒂迈欧说，答案就看心智与真实观点是否同一。如果不同，知识就必须是关于本质的，本质就不仅是名称。心智与真实观点当然不同，因为前者是教导培植起来的，后者是劝服而来的；前者有真正的理性，后者没有；观点人人都有，心智却是神和很少人的属性。

这引出一种颇为怪异的空间论，说空间是介于本质世界与流变的感官事物之间的中间类型。

有一种存在永远是同样的，不被创造也不可摧毁，从不接纳外界任何事物到自身，自身也从不去外界，是不可见、不能由任何感官察觉的，只能由理智认识。另一种存在与前者同名且属性相似，能够由感官察觉，是创造出来的，永远在运动，忽来忽去，由观点和知觉来认识。还有第三种性质，那就是空间，是永恒的，无法摧毁，是所有创造物的家，无须感官帮助仅凭一种似是而非的理性就能理解，很难说是实在的，像我们的梦中所见；任何事物都必然在某处、占据一定空间，既不在天上也不在地上的东西，就不存在。

这段话极其艰涩，我压根儿不佯装全懂。想必这套理论产生于几何学思考，似乎是算术那样的纯粹理性，但又牵涉空间，是感官世界的一个方面。一般来说，拿后世哲学家类比难免太玄虚，但我忍不住觉得康德准喜欢这个空间论，因为论调跟他很像。

蒂迈欧说，物质世界的真正元素并非土、气、火、水，而是两种直角三角形，一种是正方形之半，另一种是等边三角形之半。最初万物混沌，"各种元素散乱分布，直至归整成宇宙"。当时神按形和数塑造它们，"把不善不美的事物造得尽善尽美"。他还说，这两种三角形是最美的形状，因此神用它们构造物质；用这两种三角形可造出五种正多面体中的四种，四元素的每个原子都是正多面体。土原子是立方体，火原子是四面体，气原子是八面体，水原子是十二面体（我很快就要谈到十二面体）。

正多面体理论是欧几里得卷十三提出来的，在柏拉图时代还是新鲜发现。泰阿泰德完善了这套理论，在那篇以他命名的对话中，他似乎还很年轻。传统观点认为，泰阿泰德最先证明了正多面体只有五种，并发现了八面体和二十面体[1]。正四面体、八面体和二十面体的面都是等边三角形，而十二面体的面是正五边形，因此不能用柏拉图那两种三角形来构造。所以他没有将十二面体和四元素联系起来。

至于十二面体，柏拉图只是说"神用来创造宇宙的还有第五种方式"。这话很让人费解，似乎暗示宇宙是个十二面体，但他在别处又说宇宙是球体。五角星形在巫术上的重要地位，显然源于毕达哥拉斯学派，他们将五角星形称为"健康"，还用作辨识自己团体成员的符号[2]。五角星形的属性，似乎源于正十二面体的面是五边形这一事实，它在某种意义上就是宇宙的符号。这个话题很有意思，但很难分清哪些是靠得住的。

讨论了感觉，蒂迈欧进而解释人的两种灵魂，一种不朽，是神创造的；另一种会死，是神祇创造的。会死的灵魂"有不可抗拒的可怕情感，首先是快乐，最能激起邪恶；然后是痛苦，妨害人追求善；还有鲁莽和恐惧这两个蠢谋士，还有难以平息的愤怒、容易动摇的愿望，他们（即神祇）按必然法则将这些缺陷和非理性的感觉、肆无忌惮的情爱混在一起，造就了人"。

不朽的灵魂在脑中，会死的灵魂在胸中。

还有几段古怪的生理学，譬如肠子储存食物以免暴饮暴食。此外还有另一套灵魂转世论，说懦弱或不义的人来世会变成女人，天真轻率以为观察星星就能懂天文学的人会变成鸟类，不懂哲学的人会变成陆上的兽类，最蠢的人会变成鱼。

这篇对话末段总结道：

> 有关宇宙性质的讨论到此为止。世界容纳各种动物，有的永生有的会死，

---

[1] 希斯：《希腊数学》，卷一，第159、162、294—296页。
[2] 同上书，第161页。

有了这些动物世界就完整了，本身成为一个容纳可见物的可见动物，成为可感知的神，最伟大、最善、最公正、最完美的理智形象，唯一的神造天国。

很难说清《蒂迈欧篇》的内容哪些应认真对待，哪些只是幻想游戏。我认为，创造就是从混沌中造出秩序的说法，四元素的比例以及它们与正多面体、组成正多面体的三角形的关系，都应当十分认真地对待。对时间和空间的论述明显是柏拉图本人的看法，神造的世界乃永恒原型的摹本这个观点亦然。世界混合着必然与目的，这观点早在哲学兴起前就几乎是全体希腊人的共同信仰，柏拉图接纳它，从而避开了困扰基督教神学的罪恶问题。我认为他说世界是动物也是认真的，但关于轮回的细节、神祇创造的属性和其他一些非关键内容，我认为只是说来碰运气罢了。

如前所述，这篇对话整体上值得研究，因为它对古代和中世纪思想有巨大影响，有影响力的也不仅是其中最不奇幻的部分。

第十八章　柏拉图的知识与知觉论

多数现代人理所当然地认为经验知识基于或源于知觉。但柏拉图和某些其他学派的哲学家有截然不同的学说，认为没有任何称得上"知识"的东西是感官得来的，唯一真正的知识必定与概念相关。照这么看，"2加2等于4"是真知，但是像"雪是白的"这样的陈述充斥着含混疑虑，根本无法在哲学家的真理体系中占一席之地。

这种观点也许能追溯到巴门尼德，但哲学上把它讲明的是柏拉图。我打算在本章只探讨柏拉图对知识知觉同一论的批评，这种批评占了《泰阿泰德篇》的前半部。

这篇对话旨在探寻"知识"的定义，但结果只得到一个否定性结论；几个定义提出来又被否定掉，始终没出现任何令人满意的定义。

这里只分析他们提出的第一个定义，用泰阿泰德的话说是：

> 我认为感知了事物,就拥有关于此事物的知识,目前在我看来,知识无非就是知觉。

苏格拉底指出该观点与普罗泰戈拉的"人是万物的尺度"说有关,即任何东西"对我而言就是我看到的样子,对你而言就是你看到的样子"。苏格拉底补充道:"那么,知觉总是说事物是怎样的,作为知识它是不会出错的。"

接下来用很大篇幅探讨知觉的特征,然后很快就得出结论认为知觉这东西不可能成为知识。

苏格拉底在普罗泰戈拉学说的基础上添加了赫拉克利特学说,说万物总在变化,"我们喜欢说事物'是'怎样的,其实它们都处在'变成'过程中"。柏拉图认为感官对象是这样的,但真知的对象并非这样。然而通篇对话下来,柏拉图的正面学说始终隐在幕后。

赫拉克利特的学说,哪怕仅适用于感官对象,与"知识乃知觉"这个定义相结合,可推出一个观点:知识是关于事物变成怎样而非是怎样的。

这里出现了一些颇为幼稚的困惑。他们说,6既大于4又小于12,所以6又大又小,矛盾了。还有,苏格拉底现在比泰阿泰德高(泰阿泰德当时是个还没发育完全的小伙儿),但过几年苏格拉底就比泰阿泰德矮了,因此苏格拉底又高又矮。相对关系似乎难住了柏拉图,正如难住直至黑格尔在内的大多数伟大哲学家那样。但这种困惑与主题不太相关,不妨忽略过去。

回到知觉问题上,据说知觉是物体与感觉器官间的相互作用引起的;按照赫拉克利特的学说,对象和感觉器官都在不停变化,两者的变化进而改变着知觉。苏格拉底说,他健康时觉得葡萄酒是甜的,生病时觉得是酸的。这就是知觉者的变化导致了知觉的变化。

大家对普罗泰戈拉的学说提出几条反对意见,某几条后来又收回了。有人说普罗泰戈拉何不把猪和狒狒当万物尺度,因为它们也有知觉。有人质问做梦和发疯时的知觉是否算数。还有人提出,假如普罗泰戈拉是正确的,那么一个人懂的不会比另一个人多:普罗泰戈拉像神祇一样有智慧,但更关键的是,他也不比傻瓜强多少。再者,假如一个人的判断与另一人的一样正确,那么断定普罗泰戈拉错了的人,也应当与普罗泰戈拉一样正确。

于是苏格拉底把自己设想为普罗泰戈拉,回应这些辩驳。关于做梦,梦中的知觉也是真实的。猪和狒狒的说法是粗俗的浑话，不值一驳。至于人人是万物尺度则人人同有智慧的说法，苏格拉底代表普罗泰戈拉给出一条很有意思的答案，说一个判断假如有更好的结果，那么虽然它不能比另一个判断更真，却能比它更好。这意味着实用主义。[1]

这个答案虽然是苏格拉底想出来的，却不能使他满意。比如，他说医师预知我的病情会如何，他对我今后的情况知道得比我多。虽然人们对城邦颁布什么法令才明智看法不同，但争议表明某些人比旁人更通晓未来。于是我们难免认为，聪明人是比傻瓜更好的万物尺度。

这些反驳针对的都是"人人都是万物的尺度"论，只是间接反对了"知识乃知觉"论，因为后者能推导出前者。然而也有一条直接论点，主张必须像考虑知觉那样把记忆考虑进去。如果同意这一点，原先提出的定义就要做出相应修正。

接着评判赫拉克利特的万物流变说。据说他某些聪明的以弗所青年门徒将这个学说发挥到极致。事物有两种变化方式，一种是运动，一种是质变，万物流变说主张一切事物在这两方面都永远发生着变化[2]。万物不仅是永远在发生某些质变，一切事物全部的性质也都在永远变化——据说以弗所那些聪明人是这么看的。这种观点的后果很尴尬。我们不能说"这是白色的"，因为即使我们开口时它是白的，话音未落它就已经不白了。说我们正在看见某物是不正确的，因为看见永远在变为没看见[3]。假如万物时时刻刻发生着一切变化，与其说看见，不如说没看见；与其说知觉，不如说没有知觉。与其说"知觉乃知识"，还不如说"知觉乃非知识"。

因此，不管其他什么东西在永恒流变，词语的含义必须固定，至少在特定时间内固定，因为假如不固定，就不会有任何确定论断，任何论断都不是真的而是假的了。必须有某些东西多少保持不变，否则就无法展开论述，也没有知识可言。

---

[1] 让席勒开始仰慕普罗泰戈拉的，也许就是这段话。
[2] 无论柏拉图还是以弗所那些活泼青年都没注意到移动在赫拉克利特极端学说上是不可能的。运动要求一个东西一会儿在这儿一会儿在那儿，在运动过程中它必须是同一个东西。在柏拉图探讨的学说中，有性质变化也有位置变化，但没有本质变化。在这方面，现代量子物理学比柏拉图时代最极端的赫拉克利特门徒走得还远。想必柏拉图认为这是科学的致命伤，但事实证明不是的。
[3] 比较壳牌石油的广告："That's Shell, that was"（那是壳牌，刚闪过去）。

这一点我认为应当承认。即使承认，许多流变现象也说得通。

谈到这里，柏拉图不肯探讨巴门尼德了，理由是巴门尼德太伟大、太崇高。他是个"值得敬畏的人物"，"他有一种非常高贵的深度"。柏拉图这些话表明他热爱静态宇宙而厌恶赫拉克利特的流变说，他只是为了辩论而权且承认后者的。但表达敬仰后，他刻意不拿巴门尼德的理论取代赫拉克利特学说。

接下来谈柏拉图对"知识乃知觉"论的最终反驳。他首先指出我们是通过眼睛耳朵而非使用眼睛耳朵感知的，接着指出某些知识根本与感官无关。比如，我们知道声音和颜色不一样，尽管没有任何两者都能感知的感官。没有特殊感官能感受"存在与非存在、相似与不相似、相同与不同、一与多"等等。荣誉与不荣誉、好与坏也同理。"心智通过自身思考某些事物，而其余事物需要通过身体官能。"我们通过触觉感知硬和软，而断定它们存在且互相对立的，是心智。只有心智能触及存在，不触及存在就无法认识真理。这意味着我们不可仅凭各种感官认识事物，因为仅凭感官无法触及存在。因此，知识在于思索而非印象，知觉不是知识，因为它"不能理解存在，也不能理解真理"。

柏拉图对知识知觉同一论的反驳，我们很难理清哪些是可以接受的而哪些必须拒绝。柏拉图讨论了三条相互联系的论题：

1. 知识乃知觉

2. 人是万物的尺度

3. 万物流变

1. 第一个论题是柏拉图唯一的主要探讨对象，但除了上面刚刚提到的最终反驳，几乎没怎么正面讨论。他主张，对比、有关存在的知识、对数的理解都是至关重要的认知，但不能归入知觉，因为它们不是通过任何感觉器官完成的。这几项要谈的内容不同，我们先谈相似与不相似。

假设我一眼看见两种颜色，无论两者相似还是不相似，都是我接受的，不是真正的"知觉"，而是"对知觉的判断"。应当说，知觉不是知识，只是发生的事件，属于心理世界也同样属于物理世界。我们像柏拉图一样，自然把知觉想象成知觉者与对象的关系：我们说"我看见一张桌子"，而这里的"我"和"桌子"都是逻辑构造。未经加工的事件核心仅仅是几块颜色，与触觉印象有关，可能会形成词语，也可能成为记忆。作为触觉印象的感知是"客观的"，属于物理活动；化为词语和回忆的感知则是"知觉"，属主观范畴，是心理活动。感知只是事件，没有对错之分；用词语描述感知就形成判断，可能对也可能错。我将这种判断称为"对知觉的判断"。"知识乃知觉"这个命题应理解为"知识乃人对知觉的判断"。唯有这样才符合语法。

回到相似与不相似的问题上，当我同时感知两种颜色时，两者相似或不相似的事实都可能成为材料，等待知觉的判断。柏拉图说我们没有感受相似和不相似的感觉器官，其实是忽略了大脑皮层，他以为所有感觉器官都应在身体表面。

现在阐述把相似和不相似归入知觉材料的理由。假设我们看见两块颜色A和B，并判断说"A像B"。我们再像柏拉图那样，进一步假设这样的判断一般是正确的，具体到我们正考察的事上也是正确的。那么，A和B之间存在相似关系，不仅是我们判断认为两者相似。如果只有我们的判断，则肯定是任意的判断，不存在真假之分。但这里显然有真假之分，A和B之间可能有相似性，不仅仅是某种"心理"感觉。"A像B"这个判断为真（假如它是真的），是因为它属于"事实"，犹如"A是红的"或"A是圆的"之类的判断。对相似性的感知，并不比对颜色的感知有更多的心智介入。

接下来谈柏拉图极其注重的存在。他说，关于声音和颜色我们有一种想法能同时涵盖两者，即它们都存在。存在是一切事物的属性，心智才能理解；不触及存在，就无法得到真理。

这一点上我们对柏拉图的反驳，与相似和不相似问题上对他的反驳截然不同。我认为柏拉图关于存在的话都违背语法，确切说是违背句法。这一点很重要，不仅关乎柏拉图，还关乎其他事，比如对上帝存在的本体论证明。

假设你对小孩子说"狮子存在，独角兽不存在"，你可以把他带到动物园跟他说"瞧，那是狮子"来证明你关于狮子的论点。除非你是哲学家，否则你肯定不会加一句"现在你明白，它存在"；如果你是哲学家还真的加了这句话，你就是在毫无意义地空谈。说"狮子存在"就是指"有狮子"，亦即"对一个合适的x来说，'x是狮子'是真的"。但我们不能说合适的x"存在"，我们只能把这个动词用在描述语里，不管它是否完整。"狮子"是不完整的，因为它适用于许多对象；"这座公园最大的狮子"是完整的，因为它只适用于一个对象。

再假设我在看一个鲜艳的红块。我可以说"这是我现在的知觉"，也可以说"我现在的知觉存在"，但我不能说"这存在"，因为"存在"一词只有在适用于描述而不是名称时，才有意义[1]。因此存在是心智察觉到的客体事物之一。

对数的理解，则要考虑两个截然不同的层面：一个是算学命题，比如"2+2=4"；另一个是经验式计数命题，比如"我有十根手指"。

柏拉图认为算学和纯粹数学并非来自知觉，这点我认同。纯粹数学包含"人是人"这样的同语反复，但通常更复杂。判断一个数学命题是否正确，我不需要研究世界，研究符号的意义即可；这些符号省略定义后（只是为了简化），就是"或者""不是""全部""某些"之类的词，不像"苏格拉底"，它们不指代现实世界的任何东西。数学等式断定两组符号有相同意义，只要我们不走出纯数学领域，这个意义就必然是无须任何知觉知识就能理解的。因此，数学真理正如柏拉图所说，是独立于知觉的，但它是一种非常奇特的真理，只涉及符号。

像"我有十根手指"这样的计数命题完全是另一回事，很显然，起码部分要依赖知觉。"指头"的概念显然是知觉抽象而来，而"十"的概念呢？这里我们似乎得出一个真正的共性理念或曰柏拉图式理念。我们不能说"十"是知觉抽象来的，因为十个某种东西的知觉，同样能用其他数目取代。比如我用"掌"指代一只手上的所有指头，那么我就可以说"我有两掌手指"，这句话描述的事实，和前面用数字"十"描述的事实一模一样。所以，与"这是红的"之类的陈述相比，在"我有十根手指"之类的陈述中，知觉的用处更小，概念的用处更大。但这只是程度之别。

关于含有"十"字的命题，我们的完整答案是，正确分析这些命题，可发现其中没有任何与"十"字相对应的成分。以十这么大的数目为例来解释这一点太复杂，我们不妨用"我有两只手"替代。其意思是：

"设有一个a、一个b，a和b不同一，无论x是什么，当且仅当x是a或x是b时，'x是我的一只手'为真。"

这里没出现"两"字。的确有字母a和字母b，但我们不用知道它们是两个，就像不用知道它们是黑色、白色还是其他任何颜色那样。

因此，数在某种确切意义上是形式的。断言各种集合各有两个成员的不同命题，其共同点不是一种成分而是一种形式。在这一点上，它们与有关自由女神像、月亮或乔治·华盛顿的命题不同，那些命题指向具体的时空，有关自由女神像的

---

[1] 关于这个论题，请参阅本书最后一章。

一切陈述都具备这个共同特征。但在"有两个某某"这类命题之间,除了共同的形式,就没有其他任何共同之处了。"两"这个符号与含有它的命题的关系,比"红色"这个符号与含有它的命题的关系复杂得多。可以说,在某种意义上"两"这个符号不指任何东西,因为当它出现在真语句里时,该语句的意义里没有任何东西与它相对应。愿意的话,我们还可以说数是永恒、不变的等等,但我们必须承认它们都是逻辑虚构。

另外还有一点。有关声音和颜色,柏拉图说"两者一起为二,各自为一"。我们探讨了二,现在探讨一。这里也有个谬误,与关于存在的谬误很相似。"一"这个谓语不适用于事物,只适用于单位类别。我们可以说"地球有一颗卫星",但是说"月亮是一"就犯了语法错误。这种论断能有什么意义?还不如说"月亮是多",因为它有很多部分。说"地球有一颗卫星",是在向"地球的卫星"这个概念赋予属性,即下述属性:

"设有一个c,当且仅当x是c时,'x是地球的卫星'为真。"

这是天文学事实,但如果你把"地球的卫星"换成"月亮"或其他任何具体名称,结果就要么毫无意义,要么是纯粹的同语反复。因此,"一"是特定概念的属性,正如"十"是"我的手指"这个概念的属性。但是,说"地球有一颗卫星,即月亮,因此月亮是一"就好比说"使徒为十二,彼得是使徒,所以彼得是十二"一样错,后者如果把"十二"换成"白人"就有效了。

上述分析表明,虽然逻辑和数学这些形式知识不是知觉得来的,但柏拉图对所有其他知识的论证是谬误的。当然这不意味着他的结论全错了,只是表明他没有提出有效理由来支持自己的结论。

2. 现在谈普罗泰戈拉的"人是万物的尺度"论,其解释是:每个人都是万物的尺度。这里关键要确定我们在哪个层面上探讨。很显然,我们首先要区别知觉和推断。就知觉而言,每个人都不可避免地局限于自身的知觉,他对别人知觉的了解,是从听和读等知觉信息中推断来的。正在做梦的人和疯子的知觉,与旁人的知觉一样好,唯一缺点在于它们是在异常背景下产生的,容易造成错误推断。

至于推断,同样是个人、私人的吗?我们必须承认推断在某种意义上是这样的。我信的东西,必定有某种缘由让我信服。没错,这种缘由可能是旁人的主张,但这完全可能是充分理由,比如我作为法官要听取证词。无论多么信奉普罗泰戈拉的观念，我也有理由接受会计师对我某些数据的分析意见，因为我会反复发现，即使我一开始不同意他的话，稍微细察就发现他是正确的。在这个意义上我会承认旁人比我有智慧。正确解读普罗泰戈拉的立场，就不会主张自己从不犯错，只是说自己犯错的证据必须呈现在眼前，完全可以像评判旁人那样评判过去的自我。但这一切有个预设前提：与知觉相对的推断必须有某些非个人化的对错标准。假如我的任何推断都与旁人的一样好，那么柏拉图从普罗泰戈拉那里推演出来的理智无政府主义的确可以成立。因此，在这个重要问题上，柏拉图似乎是对的。但经验主义者会说，知觉是经验材料正确与否的检测标准。

3. 万物流变说被柏拉图夸张到极致，很难想象谁会真的信奉到那种程度。比如说，假设我们看到的颜色在不断变化，"红"这个词适用于许多色调，如果我们说"我看见红色"，没理由认为话音未落事实肯定已变。柏拉图把察觉与不察觉、知与不知等对立逻辑范畴运用到持续变化过程上，得出这个结论；然而，此类对立范畴不适于描述这种过程。比方说，大雾天你看着某人沿大路从你身边走远：他的身影越来越模糊，终于在某个瞬间你确定他已经不见了，但中间会有一段犹疑期。逻辑对立是为了思维方便而设，但持续变化需要一种测量工具，柏拉图忽略了这种可能。因此，他在这方面的言论大多是离题的。

同时必须承认，除非文字在某种限度内保持固定含义，否则不会有语篇。但这一点也很容易太绝对。词语的含义的确会变，比如"理念"这个词，只有接受相当程度的教育后，我们才能领悟柏拉图赋予它的那种意义。词语含义的变化，必须比词语所描述对象的变化慢，但这并不意味着词语含义不能有任何变化。也许这不适用于逻辑和数学等抽象词语，但我们知道，这些词只适用于命题的形式，不适用于命题的内容。逻辑和数学在这一点上也是奇特的。在毕达哥拉斯派的影响下，柏拉图把其他知识过分数学化。许多伟大哲学家也犯了这种错误，但柏拉图毕竟错了。

第十九章　亚里士多德的形而上学

阅读任何哲学大家的作品，尤其是亚里士多德的作品，有必要从两个角度审视他：参照其前辈，参照其后辈。与前辈比，亚里士多德优点巨大；与后辈比，他的缺点同样巨大。但这缺点不能全怪他本人，后世的责任更大。他生于希腊思想创造期的末端，死后两千多年世上才出现大致与他匹敌的哲学家。在这段漫长的时期，他的权威大得几乎像基督教会那样不容置疑，不仅在哲学而且在科学领域都成为进步的严重障碍。17世纪初期以来，几乎任何严肃的知识进步都要从驳斥亚里士多德的某些学说开始，逻辑领域至今还是这样。但是，假如他的前辈（也许德谟克利特除外）树起同样的权威，后果起码同样是灾难性的。为了公平看待他，我们必须先忘掉他过于显赫的身后盛名，也忘掉这盛名惹来的同样过度的非难。

亚里士多德在公元前384年左右出生于色雷斯的斯泰加。父亲继承了马其顿王御医的职位，亚里士多德约十八岁到雅典做柏拉图的弟子，在学园待了将近二十年，直至公元前348—前347年柏拉图去世。此后他游历了一段时期，娶了一个僭主赫米亚斯的妹妹或侄女（传闻她是赫米亚斯的女儿或情妇，但两种说法都不可能，因为赫是阉人）。公元前343年，他成为十三岁的亚历山大的私人教师，直至亚历山大十六岁，那一年亚历山大被父亲宣布成人，受命在父亲缺位时摄政。亚里士多德和亚历山大的关系扑朔迷离，不久就众说纷纭，真相愈加难辨。两人的书信已被公认为伪作。两人的共同崇拜者认为老师影响了学生。黑格尔认为亚历山大的帝王伟业印证了哲学的实际用途。对此，贝恩认为："假如哲学女神没有比亚历山大大帝的性格更好的自我证明，那就太不幸了……狂妄、酗酒、残忍、报复心强、粗鄙迷信，深山酋长的邪恶和东方暴君的癫狂被他占全。"[1]

我个人同意贝恩对亚历山大性格的看法，但是我认为亚历山大的事业至关重要功德无量，因为要不是他，整个希腊文明传统可能就湮灭了。至于亚里士多德对他的影响，大家见仁见智任意猜想，我个人认为影响为零。亚历山大是个雄心勃勃激情奔放的少年，与父亲关系恶劣，有可能厌学。亚里士多德认为任何城邦不应超过10万公民的规模[2]，还宣扬黄金分割最佳平衡。在学生眼里，亚里士多德恐怕只是父亲派来看管他、防他胡闹的无聊老学究，此外我想象不出别的。亚历山大的确对雅典文明怀有一种势利的敬意，但这是他们整个马其顿王朝的共同特

---

[1]《希腊哲学家》卷一，第285页。
[2]《伦理学》，1170B。

征,他们急欲证明自己不是蛮人,就好比19世纪俄国贵族对巴黎的感受。因此,这一点不能归功于亚里士多德的影响。在亚历山大身上,我看不出还有哪一点可能源于亚里士多德的影响。

亚历山大对亚里士多德的影响更是微弱得令人诧异。亚里士多德的政治学思考硬是忽略了城邦时代已让位于帝国时代的事实。恐怕亚里士多德最后觉得这学生只是个"懒散的倔小子,永远也懂不了一点哲学"。整体上看,这两个伟大人物的接触似乎毫无结果,仿佛两人根本就生活在两个不同世界。

从公元前335至前323年(亚历山大去世的年份),亚里士多德生活在雅典。就是在这十二年间他创立了自己的学派,写出了自己绝大部分著作。亚历山大一死,雅典人就反了,开始攻击他的朋友,其中就包括亚里士多德。亚里士多德被控渎神,但是与苏格拉底不同,他选择了流亡逃难。次年(前322年)他就死了。

作为哲学家,亚里士多德在很多方面与所有前辈不同。他第一个像教授那样著书立说,他的论著体系化,他的讨论分门别类,他是个职业教师而非通灵先知。他的作品有批判性,细致而四平八稳,没有一丝酒神狂热的痕迹。柏拉图的俄耳甫斯成分在亚里士多德这里冲淡了,又注入大剂量的常识;在他有柏拉图气息的地方,人们会觉得他的秉性被他遵从的教义盖过了。他既不热烈,也没有任何深切的宗教信仰。他前辈的错,是少年企求不可能之事的荣光;他的错,是老人摆脱不掉世俗偏见的陈腐。他擅长细化和批评,却没有宏观建树,因为缺乏基本的明晰和火热的激情。

很难决定亚里士多德的形而上学从哪儿讲起,也许最好的切入点是他对理念论的批评以及他自己的共性说。针对理念论他提出许多很好的反对理由,大部分都是柏拉图《巴门尼德篇》谈过的。最有力的论据是"第三人"说:假如一个人之所以是人,是因为他像理想的人,那么就必须有个更理想的人,普通人和原理想人都像他。再者,苏格拉底既是人也是动物,那么问题来了,理想人是不是理想动物?如果是,那么肯定有许多理想动物,与现实中的动物种类一样多。这个问题不必再深究,亚里士多德明确表示,一群个体共用一个谓语时,不可能是由于他们和自己同类事物的关联,而是由于和更理想的事物的关联。这一点已成定论,但亚里士多德本人远远没说清楚。正由于他没说清,中世纪的唯名论、实在论之争才成为可能。

亚里士多德的形而上学大致就是被常识稀释的柏拉图,很难理解,因为柏拉图和常识很难融合。研究亚里士多德，你有时会觉得他在表述哲学门外汉的家常见解，有时又会觉得他在用新词汇阐释柏拉图主义。不要过分拘泥任何一段话，因为后面的段落有可能将之纠正或修订。整体来说，要理解他的共性论、质料与形式论，最简易的办法是从他常识那半入手，再考虑他对此做出的柏拉图式修正。

在一定限度内，共性说相当简单。语言里有特称名词，也有形容词。特称适用于物或人，与每个特称对应的只有一个物或一个人。太阳、月亮、法国、拿破仑等，都是独一无二的，其名称对应的事物不能是复数。另一方面，像"猫""狗""人"这样的词可泛指许多不同个体。共性问题涉及的就是这种泛称词以及"白""硬""圆"等形容词的含义。亚里士多德说："我说的'共性'，指本质上能够指向许多对象的，而'个体'指本质上不能指向许多对象的。"[1]

特称指代的是"实体"，形容词或"人类""人"等类名指代的是"共性"。实体是"这个"，但共性是"这种"——它意味着事物的种类而非现实的具体事物。共性不是实体，不能称"这个"。（柏拉图的天国之床，对于能领会它的人而言，应当是"这个"，这是亚里士多德不同意柏拉图的地方。）亚里士多德说："任何共性术语似乎都不可能成为实体的名称，因为……每个实体都是独特的，不属于任何其他实体；但共性是普遍的，既然叫做共性，就属于一个以上的事物。"这旨在表明共性不能独立存在，只能寓于多个具体事物中。

亚里士多德的学说表面上很浅显。假设我说"有足球赛这回事"，多数人会认为这当然属实。但假如我表示足球赛可以没有球员而存在，就应当被视为胡言。类似地，有父母身份，只因有许多父母；有甜，只因有许多甜味的东西；有红，只因有许多红色的东西。这种依存关系不是相互的：当球员的人，即使从未踢球也依然存在；通常是甜味的东西可以变酸；我的脸平时是红的，却也会变苍白而仍是我的脸。据此可得出结论，形容词的意思取决于它所形容的名词，但不是反之亦然。我觉得这就是亚里士多德的意思。这个说法正如他的许多其他观点，是用学究语言表述的常识偏见。

但这个理论很难精准。足球赛不能没有球员而存在，却可以缺了这位或那位球员而存在。一个人不踢球也可以存在，却不能什么都不做而存在。红色不能没

---

[1]《解释篇》，17A。

有实物而存在，但可以没有这个或那个主体而存在；类似地，主体不可能没有任何属性而存在，但可以没有这种或那种属性而存在。因此，事物与属性之间的区分依据似乎是虚幻的。

其实，真正的区分依据是语言学上的，来自语法。有特称名词、形容词、关系词，我们可以说"约翰聪明，吉姆愚蠢，约翰比吉姆更高"。这里"约翰"和"吉姆"是特称名词，"聪明"和"愚蠢"是形容词，"更高"是关系词。从亚里士多德以来，形而上学家一直在形而上地解释这些语法区别：约翰和吉姆是实体，聪明和愚蠢是共性，关系词则被忽略或误解。足够细心的话，也许会发现形而上的区别和这些语法区别有某些关联，但是要做到这点，必然要大费一番周折，为此还要人为地创造一套哲学用语，其中不会有"约翰"或"吉姆"这样的名字，也不会有"聪明"或"愚蠢"这样的形容词；普通语言的词语都要经过分析，由含义没那么复杂的词替代。除非这样折腾，否则特性与共性问题就没法探讨透彻。当我们到达起码能探讨的境界时，会发现原来这个问题与我们起初设想的大为不同。

所以我坚决认为，假如我没把亚里士多德的共性理论讲清楚，那是因为它本身就不清楚。但它肯定是理念论的进步，无疑涉及一个极其重要的真正问题。

还有个术语在亚里士多德及其经院派追随者那里非常重要，即"本质"（essence）。这个词绝不是"共性"（universal）的同义语。你的"本质"是"你自身的本性"，或曰你一旦丧失就不再是你自己的那些属性。不仅个体事物有本质，一类事物也有本质。类别的定义就应当包含其本质。后面我还要讲"本质"这一概念与亚里士多德逻辑的关系。但现在只是说，它在我看来似乎是笔糊涂账，无法精确描述。

亚里士多德的另一形而上学观点是"形式"和"质料"的区别。应当注意，与"形式"相对的"质料"，并不是与"意识"相对的"物质"。

亚里士多德这条理论也有常识基础，但与共性问题相比，这里对常识做了更大的柏拉图式改造。我们可以从大理石雕像说起，大理石是质料，雕刻家塑造的外形就是形式。或者就用亚里士多德举的例子，如果某人做了个黄铜球，黄铜是质料，球状就是形式；再比如平静的大海，水是质料，平滑就是形式。到此为止，一切还挺简单。

他接着说，正是有了形式，质料才成为一个确定的东西，这才是事物的实质。

亚里士多德的意思似乎是明白的常识：一个"东西"必有界限，界限构成形式。比如说一定体积的水，任何部分都可以用封闭容器装起来与其余的水分开，这部分就成为一件"东西"；但只要没有和其余同质的水体分开，它就不是一个"东西"。雕像是一个"东西"，构成雕像的大理石在某种意义上没有改变，依然是某块石头的组成部分，或是采石场的一部分。我们不会自然而然地说形式造就了实质，但这是因为原子论已经在我们的想象中根深蒂固。然而，每颗原子假如由于和其他原子划清界限而算是一个"东西"，那么就拥有某种意义上的"形式"。

接下来谈一条乍看起来似乎很难的新说法。他说，灵魂是身体的形式。这个"形式"显然不是指"形状"。我后面会再谈灵魂在何种意义上是身体的形式，这里只是说，在亚里士多德的理论体系内，是灵魂让身体成为一个物体，一个有统一目的、具备"有机体"种种属性的物体。眼睛的目的是看，但离了身体就看不见了。其实那是灵魂在看。

那么，似乎是形式让一部分质料具备了统一性，这种统一性往往是（且不说一概是）目的论的。但形式其实比这复杂得多，难懂得多。

他说，事物的形式就是它的本质和原初实质。各种形式都有实质，虽然共性没有实质。某人做黄铜球，质料和形式都是预先存在的，他只是将两者结合起来；此人没有创造形式，正如他没有造黄铜一样。并非一切东西都有质料，许多永恒的事物，除非能在空间里移动，否则就没有质料。事物具备形式就增添了现实性，没有形式的质料只是潜能。

形式乃实质，独立存在于展现形式的质料之外，这个观点似乎让亚里士多德撞到了自己对柏拉图理念论的批评上。他本来想让形式与共性截然不同，但两者却有许多共同特征。他说形式比质料更真，不禁让人联想到理念的唯一实在性。亚里士多德对柏拉图形而上学的改造，似乎比他自己认为的少。泽勒就是这么看的，他谈到质料和形式问题时说：

> 然而，亚里士多德在这个问题上欠缺明晰，最后只能用他只是从柏拉图的理念人格化倾向里自我解放了一半这个事实来解释。他所谓的"形式"，正如柏拉图所谓的"理念"，都是形而上的独立存在，规范着一切个体事物。他虽然热切地从经验中探究理念的成长，但不可否认，这些理念，尤其在最远离经验和知觉时，最终还是从人类思想的逻辑产物变为一种超感世界的直接

显示物，以及这种意义上理智知觉的对象。[1]

这批评，我想不出亚里士多德如何回应。

我能想象出来的唯一答法是，他干脆主张两个事物不能有同一形式。如果某人做了两个黄铜球（必须这么编了），每颗球就都有自身的特殊球性，该特殊球性是本质上的、个别的，是一般"球性"的例子，但又与之不同。我觉得这个解释恐怕没那么容易被前述引文的主张接受，而且还会招致这般反驳：具体的球性按亚里士多德理论应当是不可知的，然而他的形而上学其实主张随着形式的增多和质料的减少，事物将逐渐变得更可知。唯有让形式能体现在许多具体事物上，才能前后一致自圆其说。如果他说有多少球体就有多少形式，那么他的哲学必须做根本修正。譬如说，他的形式乃本质论就与这条辩解途径不相容。

亚里士多德的质料与形式说，涉及潜能与现实的区别。质料有产生形式的潜能，所有变化都是我们说的"演进"，因为事物变化后会具有更多形式，而更多形式就意味着更"现实"。神是纯粹的形式、纯粹的现实，因此不会变化。可以看出，这套学说是乐观主义目的论：宇宙和其中的万物都在朝好的方向持续演进。

潜能的概念，如果用来把话语翻译成不含此概念的形式，则非常好用。"大理石是潜在的雕像"就是说"一块大理石经过适当加工，可产生一座雕像"。然而，如果把潜能用作不可简化的基本概念，往往会掩饰思维的混乱。亚里士多德的用法就是他的理论缺陷之一。

亚里士多德的神学很有意思，与他形而上学的其余部分有紧密关联——事实上，"神学"是他用来称呼我们所谓"形而上学"的名字之一。（那本我们叫做《形而上学》的书，亚里士多德本人不是这么叫的。）

他说有三种事物：有知觉会消亡的、有知觉但不会消亡的、既没有知觉也不会消亡的。第一种包括动物植物，第二种包括天体（亚里士多德认为天体除了运动没有其他变化），第三种包括人的理性灵魂，还有神。

神的主要论据是初因论：必定有某种事物激发了初始运动，该事物自身必定是不动的、永恒的，是实质和现实。亚里士多德说，欲望和思维的对象能以这种方式造成运动而自身不动。因此神由于被爱造就了运动，而任何其他动因都是在

---

[1]《亚里士多德》卷一，第204页。

自身运动的状态下起作用的,好比一颗台球。神是纯粹的思想,因为思想是最好的。"生命也属于神,因为思想的现实就是生命,神就是这种现实;神自我依存的现实就是最好的永恒生命。因此我们说神是永恒的、最善的生命体,生命的永恒延续属于神,因为这就是神。"(1072^b)

"综上所述,显然有一种实质是永恒、不动而且与有知觉的事物分开的,这种实质不能有任何重量大小,既不含许多部分,又不可分割……但如前所述,它也是无知觉、无法改变的,因为其他一切变化都必须先有位置的变化。"(1073^a)

神不具备基督教上帝的特征,因为除了把他想成完美(即他本身)外再想别的,都有损他的完美。"他那神圣的思想,思考的必定是他自己,因为他就是最完美的,那是对思考的思考。"(1074^b)我们必须推论:神不知道我们这个尘世的存在。亚里士多德像斯宾诺莎那样,也认为人类必须爱神,但神不可能爱他们。

不能把神定义为"不动的推动者",相反,天文学上得出结论认为有47或55个不动的推动者(1074^a)。不清楚它们与神的关系,但自然解释是有47或55个神祇。因为在前述关于神的段落后面,亚里士多德接着说:"我们应把这样的实质设想为一个还是多于一个,是个不容忽略的问题。"然后他立即展开47或55个不动的推动者的论证。

"不动的推动者"是个艰深的概念。在现代人看来,似乎变化的原因肯定是此前的变化,如果整个宇宙曾经完全静止,那么它应当永远保持静止。要理解亚里士多德的意思,我们必须考虑他对原因的说法。他认为有四种原因,分别叫做质料因、形式因、动力因和目的因。再以雕像为例。雕像的质料因是大理石,形式因是要塑造的这座像的本质,动力因是凿子与大理石的接触,目的因是雕刻家内心的目的。近代意义上的"原因"只是动力因。不动的推动者也许是目的因:它为变化提供了目的,本质上就是朝着与神相似的方向演进。

我前面说亚里士多德没有深切的宗教信仰,但这话仅部分属实。也许可以将他这方面的宗教观稍随意地解读如下:

神作为纯粹思想、幸福、完全的自我实现永恒存在者,没有任何未实现的目的。相反,感官世界不完美,却有生命、欲望、不完美的思想和热望。一切活物都多少察觉到神,出于对神的敬慕和热爱而行动。因此神是所有活动的目的因。变化就是把形式赋予质料,然而有知觉的事物总保留着一些基础质料。只有神是无质料的纯粹形式。世界不断朝着形式越来越多的方向演进,因而越来越像神。

但这个过程无法完结，因为质料无法完全消除。这是有关发展和演进的宗教，因为神的静态完美仅通过生也有涯者对他的热爱来推动世界。柏拉图是数学式的，亚里士多德是生物式的，这解释了两人宗教观的不同。

但这是对亚里士多德宗教的片面看法，其实他对静态完美怀有希腊式热爱，也像希腊人那样偏爱沉思而非行动。他的灵魂说展示了他哲学思想的这一面。

亚里士多德究竟有没有以任何方式教导过灵魂不死论，是个让注疏者伤脑筋的问题。主张他未曾如此教导的阿威罗伊，在基督教国家有许多追随者，其中最极端者被称为伊壁鸠鲁派，但丁认为他们在地狱里。其实亚里士多德的学说非常复杂，本身就很容易引人误解。在《论灵魂》一书中，他主张灵魂和身体紧密关联，还嘲笑毕达哥拉斯派的灵魂转世说（407^b）。灵魂似乎会随身体消灭，"毫无疑问灵魂与身体是不可分的"（413^a），但他立即又补充道："起码部分灵魂如此。"身体和灵魂好比质料和形式，"灵魂必定是本质，犹如肉体的形式蕴含着生命潜能。但本质是现实，因此灵魂是上述身体的现实"（412^a）。灵魂"是本质，相当于事物本性的定义准则。这意味着它是上述身体'本质的东西'"（即拥有生命）（412^b）。"灵魂是具有生命潜能的自然身体的顶级现实。这样的身体才是有机组织"（412^a）。询问灵魂和身体是否同一，就像询问蜡和蜡封印章的形状是否同一，是毫无意义的（412^b）。自我滋养是植物拥有的唯一精神能力（412^a）。灵魂是身体的目的因（414^a）。

他在这本书里区别了"灵魂"与"心灵"，认为心灵高于灵魂，受身体束缚较少。谈了灵魂与肉体的关系后，他说："心灵是另一回事，似乎是植于灵魂的独立实质，而且不可摧毁。"（408^b）又说："我们尚无心灵或思考能力的证据，它似乎是一种迥异的灵魂，犹如永恒与速朽之物的区别；只有它能孤立存在于所有其他一切精神能力之外。如前所述，灵魂其他一切部分显然不能单独存在，尽管有些相反见解。"（413^b）心灵是我们理解数学和物理学的部分，其对象没有时间性，所以其本身也没有时间性（413^b）；但心灵有比思考更高的功能，这种功能与身体或感觉无关。因此心灵是不灭的，虽然其余的灵魂不能如此。

要理解亚里士多德的灵魂说，我们必须谨记灵魂是身体的"形式"，空间形状只是"形式"的一种。两者的共同点是向特定质料赋予统一性。后来成为雕像的那部分大理石，没有和其余大理石分开时还不是一件"东西"，还没有统一性。被雕刻家塑造完毕后，雕像就从外形得到了统一性。既然本质属性是灵魂，灵魂就是身体的"形式"，使身体成为有机整体，具备统一体的目的。单独器官的目的是独立于自身之外的，比如眼睛，孤立于身体就不能看了。因此，可以说动植物作为整体如何如何，但它们的任何部分就不能这么说了。组织或形式就是在这种意义上赋予事物实体性。向动植物赋予实体性的，就是亚里士多德所谓的"灵魂"。但"心灵"有所不同，与身体的关联没那么紧密，或许是灵魂的一部分，但只有极少数生命体拥有心灵（415^a）。思索的心灵不能成为运动的原因，因为它从不思考实用问题，从不说要回避什么或追求什么（432^b）。

《尼各马可伦理学》提出一套类似学说，虽然用语稍有变化。灵魂有一种理性元素，有一种非理性元素。非理性部分有两重：植物性的，任何生命体包括植物都有；欲望性的，一切动物都有（1102^b）。理性灵魂的生活在于沉思，这是人的完满幸福，虽然很难完全实现。"这种生活恐怕是人类不可及的，因为不是作为人就能这样生活，他必须有某种神性才行；它的作用优于日常美德，正如它本身优于我们的复杂本性。若理性是神圣的，那么理性的生活比常人的普通生活神圣。但我们千万不能听从某些人的劝告，说什么既然是人就想人的事情，既然会死就不要思考不朽。我们必须竭尽全力使自己不朽，倾尽生命每一丝勇气活出最好的自己。因为渺小的躯体也有超越一切的力量和价值。"

从这几段话看，让一个人区别于另一个人的个性，似乎是身体和非理性灵魂方面的，而理想灵魂或曰心灵是神圣的、非个人的。你喜欢生蚝，他喜欢菠萝，这是你们之间的区别。但你们想乘法表时，假如都想得对，你们之间就没有区别。非理性将我们分开，理性将我们联合。因此心灵或理性的不朽并非将人们分开的个人化不朽，而是柏拉图和后世基督教宣扬的共同不朽。他认为只有理性的人具备不朽的神性。人类可增进自己本性中的神圣成分，这样做是最高美德。如果完全做到，他就不再是孤立个体。这也许不是亚里士多德话语的唯一解释，但我觉得是最自然的解释。

第二十章　亚里士多德的伦理学

亚里士多德作品集里，有三本伦理学著作，其中两本如今已是公认的门徒作品，第三本《尼各马可伦理学》绝大部分是真作，但人们认为其中也有小部分（卷五、卷六和卷七）是从他门徒的作品里收录进来的。但我要把这些争议放在一旁，权当整本书都是亚里士多德的作品。

亚里士多德的伦理观大体代表了当时有教养、有阅历者的主流看法，既不像柏拉图伦理学那样渗透了宗教神秘，也不宣扬像《理想国》那样关于财产和家庭的非正统论调。那些既不低于也不高于正派规矩水准的公民，会在这本伦理学书里找到对自己行为规范的原则性系统化论述。那些要求更高的人恐怕要失望。此书迎合体面中年人的口味，尤其从17世纪以来总被他们拿来压制青年人的狂热激情；但对于有一定情感深度的人而言，它纯粹令人反感。

亚里士多德说，善即幸福，是灵魂的活动。他赞成柏拉图把灵魂分成理性和非理性两部分的立场，并在此基础上把非理性灵魂分成植物性（连植物都有）和欲望性（所有动物都有）两种。欲望性灵魂在某种程度上可能是理性的，如果它渴求的是理智赞许的善。这对德行至关重要，因为在亚里士多德看来，理性是纯思辨的，不借助欲望就不会引发任何实际活动。

与灵魂的两部分相对应，美德也有两种，理智的和道德的。理智美德来自教化，道德美德来自习惯。立法者有责任培养善良习惯使公民为善。我们通过做正派事成为正派人，其他美德亦然。亚里士多德认为，我们迫使自己形成好习惯，就迟早能从善行中获得乐趣。这不禁让人联想到哈姆雷特劝母亲的话：

您虽失节
也做个贞妇模样
习惯是吞噬理智的魔障
却也能扮演天使
借正直举动
给您披上良善伪装
久之就习以为常

接下来谈他著名的黄金分割说。任何美德都是两种邪恶极端的折中，这一点可通过分析各种美德来证明。勇敢是懦弱与鲁莽的折中，慷慨是挥霍与吝啬的折中，自尊是傲慢与自卑的折中，机智是油滑与迟钝的折中，端庄是羞怯与放肆的折中。某些美德似乎不合这种规则，比如诚实。亚里士多德说它是虚夸与故作谦逊的折中，但这只适用于对自我的诚实。有个市长奉行亚里士多德学说，任期结束时发表演讲，表示自己曾小心翼翼在谋私与不谋私之间寻求微妙折中。把诚实当折中，似乎不比这荒谬得轻。

亚里士多德在道德问题上的立场似乎总顺应他那时代的习俗。这些习俗主要在牵涉贵族制的地方与如今的习俗不同。我们认为所有人起码在伦理理论上都有平等权利，公正意味着平等；亚里士多德认为公正意味的不是平等，而是比例得当，这仅仅偶尔需要平等（1131^b）。

奴隶主或父亲的公正与公民的公正不是一回事，因为奴隶或儿子是财产，人对自己的财产没什么不公正可言（1134^b）。不过谈到奴隶，在人是否可能与奴隶交朋友这个问题上，这个规则稍有调整："两者没有任何共同之处，奴隶是活工具……所以他作为奴隶时，不能与他交朋友。但是，当他作为一个人时，可以与他交朋友，因为任何人与人之间都可能在法律、协约等方面共享公正，因此只要把他当一个人就可以和他产生友情。"（1161^b）

父亲可以跟坏儿子断绝来往，但儿子不能跟父亲断绝来往，因为他对父亲负有无法清偿的债，尤其是他的生命（1163^b）。在不平等关系中，这是正当的，因为每个人都应获得与自己身价相当的爱，卑者对尊者的爱应超过尊者对卑者的爱：妻子、儿女、臣民对丈夫、父母和君主的爱，应当超过后者对前者的爱。一桩好的婚姻里，"男人按自己的身价管男人应管的事，但适合女人管的事就交给她管"（1160^b）。他不应管女人分内的事，女人更不应管男人分内的事，有祖产继承的女人有时会这么做。

亚里士多德心目中最好的人，与基督教的圣人大不相同：他应当有尊严，不低估自己的优点；他应当鄙视可鄙的人（1124^b）。亚里士多德对骄傲或宽宏者[1]的描述很有意思，展示了非宗教伦理与基督教伦理的区别，也正是尼采把基督教视为奴隶道德的理由。

---

[1] 希腊语原词指"灵魂伟大的"，通常译为"magnanimous"（宽宏的），但牛津译本采用"proud"一词。两种译法在现代意义上都很难恰切传达亚里士多德的原意，但我个人喜欢"magnanimous"，所以把牛津译本引文中的"proud"换成了这个词。

宽宏者最有价值，必是最高程度的善；因为越好的人越有价值，最好的人最有价值。真正的宽宏者必然为善。各种美德显著，似乎就是宽宏者的特征。逃离危难、袖手旁观或伤害他人，对宽宏者而言是最不得体的行为，因为像他这样无比伟大的人何必做这种不光彩的事呢？那么，器量宽宏似乎是美德之冠，是必不可少的，能让各种德行更伟大。因此真正的宽宏很难做到，没有高贵良善的性格是不可能的。宽宏者最在意的是荣辱；若好人赋予他巨大荣誉，他会适度高兴，觉得自己的价值得以实现或部分实现；尽管没有比完美德行更高的荣誉，但他还是会接受，因为别人没有更伟大的东西可以给他。但普通人因琐事给的荣誉是他完全鄙弃的，因为这种荣誉配不上他；耻辱更不可接受，因为肯定是对他不公的……为了荣誉他可以渴望权势和财富，但因他是连荣誉都不太在乎的人，别的东西就更别提了。因此宽宏者在人们看来是倨傲的……宽宏者不会冒无谓的风险……但他会直面重大危险，在危险中奋不顾身，认为在某些情形中值得付出生命代价。他是那种施惠于人的人，却耻于受人之惠，因为施与是尊者的标志，接受是卑者的标志。他往往用更大的恩惠作为报答，使原本的施惠者不但得到报偿，反过来还欠他……宽宏者的标志是随时帮助旁人而无所求或几乎无所求，在位高者面前不失尊严，对中等阶级也不专横傲慢；因为比前者更优越是很难的事，也显得自以为是，比后者优越却轻而易举；对前者倨傲不是坏教养的标志，但若是对卑微的人这样，就低俗得好比向弱者炫耀武力……他还必须敢爱敢恨，因为掩饰自己的感情，也就是说，在乎他人想法甚于在乎事实，是懦夫之举……他不屑长篇大论，但他说的话都属实，除非对鄙俗的人进行反讽……他不羡慕什么，因为没什么让他仰望的……他不蜚短流长，因为他既不谈自己也不谈旁人，既不想谋求赞许也不想指责旁人……他宁愿要美丽无用的东西而非有利可图的实用东西……此外，悠缓的步伐与宽宏者很相称，还有低沉的嗓音、平稳的语调……宽宏者就是这样，不及于此人未免卑微过度，有过于此的人未免自大浮夸（1123^b—5^a）。

自大浮夸者会是什么样子，想想都让人不寒而栗。

不管怎么看待宽宏者，有一点很明白：一个社会里这种人不会很多。我不是说美德难寻所以通常意义上的有德者不会很多，而是说宽宏者的美德很大程度上基于他非凡的社会地位。亚里士多德将伦理学视为政治学分支，难怪他赞美了骄傲，接着就表示君主制乃最佳政体，贵族制次之。君主和贵族才会是"宽宏者"，而普通市民照这幅做派生活，就滑稽可笑了。

这引出一个半伦理半政治问题。社会按基本体制把最好的东西给少数人，要求大众满足于次等的东西，那它在道德上令人满意吗？柏拉图和亚里士多德的回答是肯定的，尼采对他们表示赞同。斯多葛派、基督教和民主主义者的回答都是否定的，但他们否定的方式大有不同。斯多葛派和早期基督教认为最大的善是德行，外界境遇不妨碍人的美德，因此没必要追求公正的社会体制，因为社会不公影响的只是小事。相反，民主主义者通常认为，起码在政治上最重要的善是权力与财产，因此他不会接受这些方面不公正的社会体制。

斯多葛派和基督教的伦理观对美德的定义与亚里士多德截然不同，因为他们主张奴隶像奴隶主一样也会有美德。基督教伦理谴责骄傲而赞赏谦卑，但亚里士多德认为骄傲是美德而谦卑是恶习。知性的美德在柏拉图和亚里士多德眼中高于一切，却被基督教彻底勾销，以便贫穷卑微的人能像旁人一样高尚。教宗大贵格利曾严厉谴责一位主教，不让他教人文法。

最高美德仅属少数人，亚里士多德这个观点在逻辑上涉及伦理对政治的臣服。假如目标是好的社会而非好的个体，那么好的社会可能要容许隶属关系。交响乐团里，首席小提琴比双簧管重要，虽然两者对整体的卓越都是不可或缺的。每个人都得到作为孤立个体的最佳安排，这样是组不成交响乐团的。同样道理适用于近代的大国政府，不管它多民主。与古代民主不同，近代民主把大权交给总统、首相等选出来的特定个人，指望他们具备普通公民没有的种种特殊优点。如果不从宗教或政治争议的角度考虑，人们会觉得好总统比好瓦匠更光荣。在民主国家，人们并不指望总统像亚里士多德描述的宽宏者，但还是会指望他与普通公民大不相同，具备某些与其职务相称的优点。这些特殊优点也许不是"伦理性的"，但这是因为我们说的这个形容词，含义比亚里士多德说的狭隘。

基督教教义使道德与其他美德的区别比古希腊时代明显得多。一个人成为伟大的诗人、作曲家或画家，这是优点，但不是道德优点；我们并不因为他具备这些才能而觉得他更高尚、更可能进天堂。道德优点仅涉及意志行为，即在可选的行为方案中做出正确选择[1]。人们不会由于我写不出歌剧而责怪我，因为我根本不

---

[1]亚里士多德的确也提到这一点（1105ᵃ），但依照他的原意，其后果远不及基督教主张的重要。

会写。正统观点是,若有两种行动方案,要按良心选正确的那种,选另一种就是罪恶。美德的重点是避免罪恶,而不是任何积极要求。没理由指望受过教育的人比没受教育的人,或聪明人比蠢人更有道德。就此而言,几项有重大社会意义的美德就被排除在伦理领域之外了。近代意义上的"不道德",比"不好"的含义狭窄得多。弱智是不好的,却不是不道德的。

但许多近代哲学家并不接受这个伦理观。他们认为应当先界定什么是善,再讨论我们应当如何实现善。这个观点和亚里士多德的更像,亚里士多德主张幸福是善。他的确认为只有哲学家才能获得最大的幸福,但这一点不影响他的理论立场。

美德是目的还是手段,根据这一点可把伦理学说分为两种。亚里士多德大致认为美德是实现目的的手段,这个目的是幸福。"目的是我们希冀的对象,手段是我们斟酌选取的方法,实际采取的手段都是有意选择的。美德的实践与手段相关。"(1113^b)但行为目的还包含另一种意义上的美德:"人类的善是灵魂一生都遵照美德活动。"(1198^a)我觉得他想说知性美德是目的,而行动上的美德只是手段。基督教道德家认为,有德之举的结果往往是好的,但不比有德之举本身好,这些举动本身的价值应受重视,不能根据其结果来衡量。另一方面,将快乐视为善的人,会认为美德只是手段。除非将善定义为美德,否则其他任何定义都会造成该结果。如前所述,在这个问题上亚里士多德大体(虽不是完全)同意那些人的观点,即伦理学首先要给善下定义,美德就是容易产生善果的行为。

伦理与政治的关系引起另一个颇为重要的关键问题。假设正当行为是为了全社会的好,或最终是为了全人类的好,这个社会的好是所有个人享有的好的总和,还是本质上属于社会整体而非部分?我们可以用人体来打比方。快乐大都牵涉不同的身体部位,但我们认为快乐是属于整个人的;我们享受芳香气味,仅凭鼻子是无法享受的。有些人主张,组织严密的社会有属于整体而非任何部分的优异之处。如果是形而上学家,他们可能会像黑格尔那样,认为任何好品质都是宇宙的整体属性,但他们往往还补充到,把善归于国家而非个人,就更保准了。这个观点的逻辑是,我们能把无法赋予单独个体的种种特征赋予国家,比如人口众多、疆域辽阔、国力强大等;前述观点把道德特征归入这一类,说它们靠推演才能归于个人。一个人会属于某个人口众多的好国家,但此人未必就更好,正如他不会"人口众多"一样。这是许多德国哲学家的观点,不是亚里士多德的,但亚里士多德的公正观可能在某种程度上与此一致。

《伦理学》用很大篇幅专门讨论友谊，包括涉及感情的所有关系。完美友谊只能在好人之间产生，人不可能跟许多人交朋友。人不应和地位比自己高的人交友，除非自己也有更高美德，配得上这份尊荣。前面讲过，在夫与妻、父与子等不平等关系里，尊者应当得到更多的爱。人不可能和上帝交友，因为他不会爱我们。亚里士多德还探讨了人能否与自己成为朋友的问题，结论是只有好人能，坏人往往痛恨自己。好人应当爱自己，但要庄严地爱（1169^a）。不幸的时候，朋友是安慰，但不能像女人和女里女气的男人那样，向朋友索取同情以致他们不快乐（1171^b）。不仅不幸时需要朋友，幸福时也需要朋友来分享。"没有人愿意选择只有他自己的世界，因为人是政治动物，天生要和别人一起生活。"（1169^b）他论友谊的话合情合理，但没有一个字超越常识之见。

　　亚里士多德对快乐的讨论也显得通情达理，而柏拉图多少是以苦行眼光看待快乐的。亚里士多德所谓的快乐与幸福不同，虽然没有不快乐的幸福。他说，对快乐的看法有三种：（1）快乐从来不好；（2）有些快乐好，但大多数快乐都是坏的；（3）快乐好，但并非最好。他反对第一种看法，理由是痛苦肯定坏，因此快乐肯定好。他颇为中肯地表示，说一个人受酷刑时幸福是胡扯：某种程度的外在好运对幸福是必不可少的。他也反对一切快乐都是肉体快乐的观点，说万物都有些神圣的成分，因此都能体会到更高级的快乐。除非遭遇不幸，否则好人是快乐的，神永远享受着一种单纯的快乐（1152—1154）。

　　这本书后面又谈到了快乐，与上述观点不完全一致。他说有坏的快乐，但这种快乐对好人而言根本不算快乐（1173^b）；快乐有不同类别（同前），快乐的好坏取决于相关行为的好坏（1175^b）。某些事物比快乐更有价值，没有人甘愿以小孩的智商过一辈子，即使这样很快乐。每种动物各有其乐，人类的正当快乐关乎理智。

　　这就引出了该书唯一超越常识之见的观点。幸福在于高尚行为，完美的幸福在于最佳行为，那就是沉思。沉思比战争、政治或其他任何实践活动都可贵，因为它给人闲暇，闲暇乃幸福之本。实践美德只能带来次等幸福，至高幸福在于理智的运用，因为理智才是人的本性。人不能仅仅沉思，但只要在沉思中他就分享了神圣生活。"那最有福的神，其活动必是沉思性的。"所有人中，哲学家的行为最像神，因此是最幸福、最好的。

　　　　运用并培养理性的人似乎既有最佳心理状态，又最亲近神。因为如果神就像我们想的那样，对人间的事有所关怀，那么他们肯定喜欢最好、最像他们自己的东西（即理性）；那些最热爱最尊崇理性、关心神所爱的事物，正派又高贵地行事的人，自然会得到神的奖赏。很显然，这些特征哲学家身上最多，所以他们最亲近神。那么哲学家想必也是最幸福的人，在这方面比任何人都幸福（1179^a）。

这段话其实是《伦理学》一书的结论，随后的几段逐渐向政治学过渡。

现在我们看看《伦理学》这本书的优缺点。与古希腊哲学家探讨的许多其他题材不同，伦理学领域至今没什么确凿发现或确切进展，没有任何科学意义上的已知。因此没理由推定古代伦理学作品在任何方面逊于近代的作品。亚里士多德的天文学观点，我们可以肯定地说他错了；但他谈伦理学时，我们无法在这个意义上说他错了或对了。我们大致可以对亚里士多德的伦理学，或其他任何哲学家的伦理学提出三点疑问：（1）它内在连贯一致吗？（2）它与作者的其余观点是否一致？（3）它对伦理问题的回答符合我们的伦理感受吗？前两个问题的答案哪怕只有一个为否，这位哲学家的理论就存在某种认知错误。但如果第三个问题的答案为否，我们就无权说他错了，只能说我们不喜欢他。

我们依次考察《尼各马可伦理学》伦理理论的这三个问题。

（1）除了一些不太重要的方面，全书整体上前后一致。善即幸福、幸福在于做事成功的学说讲得很透彻。各种美德都是两极端的折中，该学说虽然论述得很精巧，但不太成功，因为不能适用于理智沉思，而理智沉思是他所谓的最佳行为。不过，可以主张黄金分割本来就是仅适用于实践美德而非理智美德。也许还有一点，立法者的地位似乎有些含混。他要让孩童和青年养成做好事的习惯，这种习惯最终会让他们享受到美德的乐趣，无须法律强制就依德行事。很显然，立法者同样也能让青年养成坏习惯，要避免这一点，他必须具备柏拉图式卫国者的全部智慧；不能避免的话，有德生活令人愉快的说法就无法成立。但这个问题也许更属于政治学而非伦理学。

（2）亚里士多德的伦理学各方面都符合他的形而上学。其实他的形而上学本身就是伦理乐观主义的表现。他相信目的因的科学重要性，这意味着他认为宇宙是由一定目的统御着演进的。他认为变化主要在于组织或"形式"的增多，有德的行为实质上就是有这种倾向的行为。他的实践伦理学大部分的确没什么特殊哲学意味，只是观察世态人生的结果，但这部分学说虽独立于他的形而上学，却不与之冲突。

（3）拿亚里士多德的伦理口味与我们自己的相比，我们首先就发现他接受一种多数现代人无比反感的不平等。他不但不反对奴隶制或夫对妻、父对子的优越性，反而还主张最好的东西本来就是给极少数人准备的，即那些宽宏者和哲学家。照这么说，众人只是产生少数统治者和圣人的手段。康德坚持认为每个人自身都是目的，也许这是基督教观点的一种体现。但康德的观点有个逻辑困难，他没有解释两人出现利益冲突时该如何决断。既然每个人本身都是目的，怎么能得出由谁让步的原则？该原则必然涉及社会而非个人，必然是最广义上的"公正"原则。边沁和功利主义者将"公正"解释为"平等"：两个人利益冲突时，正确做法是追求幸福总和最大化，不管幸福由两人中的哪个享受，在他们之间如何分配，如果给好人的幸福多过给坏人的，那是因为长远来看总体幸福能通过赏善罚恶而增长，而不是因为好人比坏人更有价值的终极伦理观。按这种观点，"公正"就在于只考虑幸福总量，不必偏向某一个人或阶级而针对另一个人或阶级。包括柏拉图和亚里士多德在内的希腊哲学家则秉持迥然不同的正义观，至今还有许多人信奉。他们的观念最初基于宗教信仰，认为每件事物、每个人都有自身的正当范围，逾越就是"不公正"。有些人因性格和能力而具备比旁人更广阔的范围，他们享受更多幸福就没什么不公正的。亚里士多德认为这是理所当然的，这种观念的原始宗教基础在早期哲学家那里十分鲜明，在亚里士多德著作里已经不明显了。

亚里士多德几乎丝毫没有我们所说的仁慈或慈善。人类的苦难，他察觉到了也不为所动；他理智上认为苦难是坏的，但没有证据表明他为此感到难受，除非遭难者碰巧是他的朋友。

更笼统地说，《伦理学》有一种早期哲学家不曾出现的情感匮乏。他对人事的思考有某种过分的轻松自得，让人们彼此热情关切的事似乎被他忘得精光，连他对友情的说辞都温吞寡淡。他似乎从未体验过任何非理性感受，道德生活更深切的层面似乎统统与他无缘。或许可以说，他把人类经验中带宗教气息的东西统统忽略了。他的话对生活安逸却了无激情的人管用；但对于入神或着魔的人，对于被不幸遭遇逼至绝望的人，却毫无意义。由于这些原因，我认为亚里士多德的《伦理学》尽管久负盛名，却没什么内在重要性。

第二十一章　亚里士多德的政治学

亚里士多德的《政治学》既有趣又重要。有趣在于它体现了当时有教养的希腊人的普遍偏见，重要在于它是许多直到中世纪末都极具影响力的政治原则的来源。我认为其中没什么东西对现在的政治家有实际用途，却有许多内容有助于我们理解古希腊各地的党派纷争。亚里士多德对非希腊城邦的政府手段没什么兴趣，他的确提到埃及、巴比伦、波斯和迦太基，但除了迦太基，其余都是泛泛而谈。他只字未提亚历山大，甚至丝毫没察觉亚历山大正在给世界造成的彻底变革。所有讨论都围绕着城邦，浑然不知城邦制已走到尽头。希腊由于分裂为许多独立城邦而成为政治实验室，但此类实验从亚里士多德时代起就绝迹了，直到中世纪意大利城市的兴起。亚里士多德感兴趣的许多经验更适用于近代世界而非此书完成后1500年间的任何世界。

他提到许多逸闻趣事，我们可以在探讨政治理论前讲一下。他说，欧里庇得斯在马其顿王阿奇劳斯的宫里曾被一个名叫迪凯尼库的人羞辱，说他有口臭；为了让欧里庇得斯息怒，国王允许他拿鞭子抽迪凯尼库，他照做了。迪凯尼库等了好多年才参与一场阴谋把国王杀死，可这时欧里庇得斯已经死了。亚里士多德说，孩子应当在冬天吹北风时怀上，又说要小心规避猥亵言语，因为"下流话导致下流勾当"；神殿外不可污言秽语，在神殿里骂脏话是合法的。人们不能太年轻就结婚，因为这样生下的孩子体弱而且是女的，妻子会变淫荡，丈夫会发育不良。适婚年龄是男人三十七岁，女人十八岁。

这本书告诉我们泰勒斯被嘲笑贫穷，于是分期付款租下所有橄榄榨油器，从而垄断了榨油器的租价。他这么做是为了表明哲学家会赚钱，如果一直受穷，是因为他们有比求财更重要的事。不过这些都是题外话，现在回到正题。

此书开篇就指出城邦的重要性，城邦是最高级的社会，追求的是至善。从时间顺序看，家庭最先出现，建立在夫妻和主奴这两种自然形成的根本关系上。几户人家组成村落，几座村落组成城邦，规模大得差不多能自给自足就行。城邦虽然出现得比家庭晚，本质上却比家庭和个人都重要，因为"充分发展的事物才是本质状态"，充分发展的人类社会就是城邦，整体优于部分。这里涉及的是有机体概念，他说，身体毁灭了，手就不再是手。这意味着手取决于它的目的，即抓握，长在活的躯体上才能实现这个目的。类似地，个人若不是城邦的组成部分，就无法实现自身目的。亚里士多德说，城邦的创建者是最伟大的善人，因为没有法律，人就是最坏的动物，法律的存在有赖城邦。城邦不仅是交易和预防犯罪用的："城邦的目的是好生活……城邦是家庭与乡村相结合的完美自足生活，即幸福荣光的生活。"（1280^b）"政治社会的存在图的是高贵行为，不是单纯聚居。"（1281^a）

城邦由家庭构成，每个家庭有一户人，所以政治探讨应当从家庭开始。这部分讨论的主要是奴隶制，因为古代奴隶往往是家庭的组成部分。奴隶制便利又正当，奴隶的地位低于主人是天经地义的。某些人生来就注定要服从，某些人生来就注定要统治；生来就不属于自己而属于他人的，就是奴隶。奴隶不应是希腊人，而是其他精神低劣的下等种族（1255^{a}和1330^a）。温顺的动物有人管会更好，那些生就低劣的人让高等人统治也一样。可能有人会问，把战俘驱使为奴是否合理；在战争中使人获胜的那种威力，似乎意味着更高的品德，但事实并非一概如此。无论如何，战争若是对那些天生应受统治却不肯服从的人发起的，就必然是正义的（1256^b）；这就意味着把战俘驱使为奴是正当的。照这么说，似乎古往今来任何征服者都是有理的，因为没哪个国家会承认自己天生就该受统治，上天的旨意就只能靠战争结果来证明了。因此，每场战争的胜利者都是对的，失败者都是错的。何其完美！

接着是对交易的讨论，这段论述深刻影响了经院学者的是非观。事物有两种用途，一种正当，一种不正当；比如鞋子可以用来穿，这是正当用途；也可以用来买卖，这是不正当用途。因此鞋匠就有些低贱，他必须卖鞋为生。亚里士多德说，买卖不是天然的财富增长方式（1257^a）。获取财富的自然方式是熟练地治家、耕种。这样获取的财富很有限，买卖却能赚无数的钱。交易要和钱打交道，但财富不等于钱币。交易赚来的财富应受鄙弃，因为它不是自然的。"最受人憎恶，也是最活该被憎恶的，是高利贷，那纯粹是靠钱生钱，不是靠钱的自然对象。因为钱本来是用来交易而不是生利息的……获取财富的种种方式里，高利贷是最不自然的。"（1258）

这番训诫的效果，你读读托尼的《宗教与资本主义的兴起》便知。他讲的历史可信，但他的评论却偏袒前资本主义。

"高利贷"（Usury）本来指一切有息贷款，不像现在专指离谱的高利盘剥。从古希腊至今，人类，起码是经济较发达地区的人，总有一部分扮演债务人而另一部分扮演债权人角色。债务人向来反对利息，债权人向来支持利息。经营土地的大多是债务人，经商的大多是债权人。哲学家的观点往往符合他们所属阶级的金钱利益，鲜有例外。古希腊哲学家属于土地所有者阶级，或者被这个阶级雇用，因此不赞成利息。中世纪哲学家是教会的人，而教会的财产主要是土地，所以他们没理由修改亚里士多德的观点。他们对高利贷的抵制被犹太主义加强，因为绝大部分流动资产都掌握在犹太人手里。教会与贵族是有争执的，有时还争得很凶，但他们会联合起来对付用贷款帮他们挨过坏年成的邪恶犹太人，这些犹太人还说这是自己节俭应得的报偿。

随着宗教改革，情况发生了变化。绝大多数虔诚的新教教徒是商人，放贷收利对他们至关重要。因此先是加尔文教，接着是其他新教牧师纷纷支持利息。最后天主教会只好步其后尘，因为旧禁令已不适应新世界。如今哲学家的收入来自大学的投资收益，他们不再是神职人员，不再牵涉土地权属，于是总支持利息。每个历史阶段都有一大堆理论来支持经济上对自身有利的观点。

亚里士多德对柏拉图的乌托邦提出种种批评。首先是一条有趣的评价，说乌托邦太统一了，城邦简直像个活人。接着是反对废除家庭，每个读者都会自然感觉乌托邦有废除家庭的意思。柏拉图认为给所有年龄适当的人加上"儿子"头衔，他们就成为所有人的潜在儿子，人们就会把全体孩童当自己的亲儿子爱，"父亲"这个头衔亦然。相反，亚里士多德说越是多人共有的东西越没人关心，如果许多"儿子"是许多"父亲"共有的，那么他们会遭受共同的漠视，当个现实的侄子也比当柏拉图意义上的"儿子"强，柏拉图的设想会让血亲之情寡淡成水。接着是一个奇论：既然不通奸是美德，那么废除这种美德及其相关罪恶的社会制度是令人遗憾的（1263^b）。接下来他问道：如果女人是共有的，谁来管家？我写过一篇名为《建筑与社会制度》的文章，指出既想实行共产主义又想废除家庭的人，必定会倡导人数众多，有共用厨房、餐厅和育婴室的公社家庭，这简直就是修道院，只是不用禁欲而已。这一点对实现柏拉图的设想至关重要，但无疑并不比他的许多其他建议更异想天开。

亚里士多德厌烦柏拉图的共产观念。他说，那会让大家生懒人的气，造成旅伴间常有的那种争吵。人人各管各的事会更好。财产应当私有，但要训导民众怀着仁慈之心允许多人共用。仁慈和慷慨是美德,但没有私产就没有这些美德可言。亚里士多德最后说,如果柏拉图的设想是好的,那么旁人早就想到了[1]。我不赞同柏拉图,但亚里士多德再这么反驳下去,我恐怕要改变主意了。

前面讲奴隶制时提到,亚里士多德不信奉平等。然而,就算奴隶和女人都处于从属地位,依然存在是否全体公民都应当在政治上平等的问题。他说,有些人觉得全体平等好,理由是所有变革都为了财产分配。他反对这种看法,认为最大的罪恶来自过度而非匮乏,没有人是为了避免冻馁才变成暴君的。

为全社会好的政府是好政府,只关心自身的是坏政府。好政府有三种:君主制、贵族制和立宪制(或曰共和制);坏政府有三种:僭主制、寡头制和民主制。还有许多混合型中间形式。要注意,政府好坏是按掌权者的道德品质定义的,而不是体制。但这仅仅部分属实。贵族制是有德之人的统治,寡头制是有财之人的统治,亚里士多德不认为德和财完全是一回事。按照他的黄金分割说,适度的资财最容易与美德结合:"人类不是靠外在财富获取或维持美德,而是靠美德获取外在财富;幸福无论是快乐、美德还是两者皆有,都往往属于那些精神境界高性格修养好而只有适量外在财富的人,不属于那些外在财富多得泛滥而缺乏更高修养的人。"(1323^{a}和1323^b)因此最好的人统治(贵族制)与最富的人统治(寡头制)是不同的,因为最好的人往往只有适量财产。民主制与共和制也不同,除了政府伦理差别外,亚里士多德所谓的"共和制"保留着某些寡头制因素(1293^b)。但君主制与僭主制的唯一区别就在于伦理。

他强调以执政党的经济地位区分寡头制和民主制:富人统治而不顾穷人就是寡头制,穷人掌权不顾富人利益则是民主制。

君主制比贵族制好,贵族制比共和制好。但最好的一旦腐化就是最坏,因此僭主制比寡头制坏,寡头制比民主制坏,亚里士多德以这种方式为民主制做了有力辩护。多数现实政府是坏的,那么现实中民主制往往是最好的。

古希腊的民主观在许多方面比我们极端,比如,亚里士多德说选举行政官是寡头制,而抽签任命行政官就是民主制。在极端民主制里,公民大会高于法律,独立决断每一个问题。雅典法庭由大量抽签选的公民组成,没有任何法学家辅助,

---

[1] 对照一下希尼·史密斯笔下"傻瓜的雄辩":"如果这是好建议,撒克逊人怎么没采纳?丹麦人怎么会置之不理?智慧的诺曼人岂会想不到?"(我记得大致是这么说的)

当然很容易被雄辩之辞或党派热情左右。批评民主的时候，必须谨记针对的是这种民主。

亚里士多德花很大篇幅探讨革命起因。古希腊的革命频繁得像昔日的拉丁美洲，因此他有丰富的经验材料。革命的主要原因是寡头制与民主制的冲突。亚里士多德说，民主制源于同等自由的人应在一切方面都平等的理想，而寡头制源于某些方面占优势的人索求太多的现实。两者都有一定正当性，但都不是最好的。"因此两党在政府的地位一旦不符自身预期，就掀起革命。"（1301^a）民主政府没寡头政府那么容易造成革命，因为寡头们会彼此纷争。那些寡头似乎是精力旺盛的家伙，据说某些城邦的寡头宣誓道："我要与人民为敌，我要竭尽全力对他们造成一切伤害。"如今反动者可没这么直白。

预防革命要做三件事：政府宣传教育；尊重法律（哪怕是细枝末节的事）；法律和行政上的公正，即"按比例实行平等，使每人享受自己的所有"（1307^a、1307^b、1310^a）。亚里士多德似乎从未意识到"按比例实行平等"的困难。若是真正的公正，就必须按美德的比例。但美德很难衡量，是党派争议的焦点。因此在政治实践中，美德往往按收入衡量；亚里士多德试图在贵族制和寡头制之间做的那种区分，只有在世袭贵族根深蒂固的地方才有可能。即便这样，一旦出现庞大的非贵族富人阶级，就必须让他们分享政权，以免他们闹革命。除非土地几乎是唯一的财富来源，否则世袭贵族很难长期维持权势。所有社会的不平等，长远看都是收入的不平等。拥护民主制的部分理由是，基于任何非财富的美德实施"按比例的公正"的企图都必然破灭。寡头制的拥护者假装收入与美德成比例，先知说他从没见过正直的人讨饭，亚里士多德认为好人能获得他分内的收入，既不太多也不太少。但这些观点都很荒谬。除非实行绝对平等，其他任何"公正"在实践中都会使非美德的其他品性获得报偿，因此都应当受谴责。

有一段关于僭主制的趣论。僭主渴望财富，君主则渴望荣誉。僭主的卫兵是雇佣兵，君主的卫兵则是公民。僭主绝大多数是煽惑者，他们承诺保护民众不受贵族欺压，从而掌权。亚里士多德用马基雅弗利式的调侃口吻解释了僭主维护权力要做的事。他必须防止任何有特殊才干的人脱颖而出，必要时动用死刑和暗杀。他必须禁止公共会餐、结社和任何可能产生敌对情绪的教育。绝对禁止文艺集会和讨论。千万不能让民众相互知根知底，要强迫他们在他眼皮底下过公共生活。他应当雇用像叙拉古女侦探那样的密探。他必须散播纷争，让臣民贫穷。他要让民众有干不完的大工程，就像埃及王建金字塔那样。他要给妇女和奴隶权力，撺掇他们告密。他要发动战争，让臣民有事可做并永远渴望有个领袖（1313^{a}和1313^b）。

可悲的是，全书就这段话最切合今日的现实。亚里士多德总结道，僭主的邪恶是无下限的。但他又说，僭主维护大权还有另一种方式：有所节制且佯装虔诚。他没有指明哪种方式更有效。

他花了很长篇幅证明对外扩张不是城邦的目的，揭示了许多人的帝国主义观念。但也有例外，征讨"天生的奴隶"就是正当正义的。在亚里士多德看来，对野蛮人开战是正当的，但对希腊人开战就不正当，因为希腊人不是"天生的奴隶"。总之，战争只是手段，不是目的；不可征服的孤立城邦或许是幸福的；孤立的城邦未必消极无为，神和宇宙就是积极活动的，虽然他们不可能展开对外征服。因此，尽管战争有时是必要手段，但城邦应追求的幸福不是战争，而是和平。

这就引出一个问题：城邦应当有多大？他说，大城邦向来不好治理，因为人太多就不好维持秩序。城邦应大得能够基本自足，但不能大得无法实施宪政；还应当小得足以让公民了解彼此的性情，否则无法公平地选举和诉讼。领土应小得登上山顶就能一览无余。他既说城邦要自给自足（1326^b），又说城邦要有进出口贸易（1327^a），这一点似乎自相矛盾了。

劳作谋生的人不能当公民。"公民不能过匠人或商人的生活，因为这种生活是不光彩、有损德行的。"公民也不能是农夫，因为要有闲暇。公民应当有财产，而农夫应当是来自其他种族的奴隶（1330^a）。他说，北方种族活跃勇猛，南方种族头脑聪明，因此奴隶应当是南方人，因为活跃勇猛的话就不好治理了。唯有希腊人既活跃勇猛又头脑聪明，他们治理得比蛮人好，如果团结起来能统治全世界（1327^b）。读到这里人们不禁感觉要提起亚历山大了，结果他只字未提。

关于城邦大小，亚里士多德犯了和许多近代自由主义者相同的错，只是程度有别。城邦必须能在战争中自我防御，为了自由文化的延续，城邦甚至要能较为轻松地自我防御。为此城邦要有多大，取决于战争和工业技术。在亚里士多德时代，希腊城邦已经由于抵抗不了马其顿的攻击而过时。在我们今天，包括马其顿在内的整个希腊世界都在这个意义上过时了，正如最近证明的那样[1]。如今让希腊

---

〔1〕 这段话写于1941年5月。

或任何其他小国完全独立,就像让一个登上高处就能纵览全境的城市完全独立那样徒劳无益。除非国家或国家联盟强大得足能靠自身力量粉碎任何外敌的征服企图,否则没有真正的独立。没有美国和大英帝国加起来那么强大,就达不到这个要求,也许甚至英美联合都太小了。

如今展现在我们面前的亚里士多德《政治学》似乎是未完成作品,末尾讨论的是教育。教育对象当然是将来要成为公民的孩子,奴隶也许要学些烹饪之类的实用技术,但这不属于教育内容。造就适合政府体制的公民,教育就要根据城邦是寡头制还是民主制而有所不同。但亚里士多德在这段论述中假定全体公民共享政治权力。孩子要学有用的东西,但不能庸俗化;譬如说,不能教他们任何有损身体的技艺,或者让他们赚钱的技艺。他们要有适度的体育锻炼,但不应达到专业水准;受训参加奥林匹克竞赛的男孩健康是受损的,幼时获胜者成年后很少获胜的事实就是证明。孩子要学习绘画,以欣赏人体美;要教他们欣赏那些表达道德观念的绘画和雕塑作品。他们可以学唱歌和乐器演奏,能品评音乐就行,不要成为熟练演奏者,因为自由人除非喝醉否则不会弹弹唱唱的。他们当然要学习读写,尽管这些技艺是有用的。但教育的目的是"美德",不是实用。亚里士多德指的是他在《伦理学》中讲的"美德",这个概念频频被政治学引用。

亚里士多德在《政治学》一书里的许多基本假设,与任何近代作家都大相径庭。他认为城邦的目的是造就有教养的绅士,也就是既有贵族精神又热爱学习和艺术的人。这种综合素养的最高形态存在于雅典的伯里克利时代,不在大众而在那些生活优裕的人中,而且从伯里克利当政的后期就开始消解。没文化的民众纷纷攻击伯里克利的朋友们,而他们也就只好以阴谋、暗杀、非法暴政等不太绅士的手段来维护富人特权。苏格拉底死后,雅典民主的顽固性减退了,雅典依然是古代文化中心,但政治权力已转向别处。古代末期,权力和文化往往是分离的:权力掌握在粗暴的军人手中,文化属于没有武力的希腊人,通常是奴隶们。这种情形在罗马帝国强盛期仅部分属实,但在西塞罗之前和奥勒留之后完全属实。野蛮人入侵后,"绅士"成为北方来的蛮人,文化人则是心思细腻的南方教士。这种情况多少持续到文艺复兴时期,那时世人开始掌握文化。从文艺复兴开始,让有教养的绅士治理国家的古希腊观念日益盛行,18世纪达到顶点。

各种力量的综合终结了这个局面。首先是法国大革命及其余波的民主制。伯里克利时代过后,有教养的绅士必须抵御民众对他们特权的冲击,在这个过程中既不再是绅士也丧失了教养。第二个原因是随着工业文明的兴起,涌现了与传统文化迥异的科学技术。第三个原因是大众教育让人们学会了阅读写作,却并未给他们文化,这使得新型的煽动者能利用新型宣传手段,比如独裁国家的情形。

因此,善也罢恶也罢,有教养的绅士时代已成为往昔。

第二十二章　亚里士多德的逻辑学

亚里士多德对许多领域有巨大影响,影响最大的是逻辑学。古代末期柏拉图依然在形而上学领域占据至高无上的地位时,亚里士多德已成为公认的逻辑学权威,直到中世纪结束。到了13世纪,基督教哲学家才把亚里士多德奉为形而上学的最高权威。文艺复兴期间,他在形而上学领域的至尊地位基本消失,但在逻辑领域一直保持着至高无上的地位。直至今日,所有天主教哲学教师以及许多其他人依然固执地排斥近代逻辑学的发现,莫名而执拗地坚持着一套像托勒密天文学那样绝对过时的学说。这让人很难对亚里士多德做公允的历史评判。他如今的影响对清晰思维如此有害,以致我们很难记起他曾在自己所有前辈(包括柏拉图)的基础上做出多大进步,他的逻辑学成果假如是持续进步的一个阶段而不是导致两千多年停滞的死胡同,将何等令人赞叹。讲亚里士多德的前人时,不必提醒读者这些人并非句句皆灵感,因此我们再怎么赞扬他们的才能也不会被误认为赞同他们的所有学说。然而,尤其在逻辑学领域,亚里士多德学说至今依然是个论争的战场,很难用纯粹的历史精神来评判。

亚里士多德最重要的逻辑学说是三段论。三段论是大前提、小前提和结论三部分构成的论证,有许多不同种类,经院学者给每一种都起了个名字。最为人熟知的就是那种叫做"Barbara"的:

　　所有人都会死(大前提)。
　　苏格拉底是人(小前提)。
　　所以:苏格拉底会死(结论)。

或者：

> 所有人都会死。
> 所有希腊人都是人。
> 所以：所有希腊人都会死。
> （亚里士多德没有将这两种形式区分开来，是个错误，详见下文。）

其他形式有：

> 没有鱼是理性的，所有鲨鱼都是鱼，所以没有鲨鱼是理性的（这叫做"Celarent"）。
> 所有人都是理性的，有些动物是人，所以有些动物是理性的（这叫做"Darii"）。
> 没有希腊人是黑人，有些人是希腊人，所以有些人不是黑人（这叫做"Ferio"）。[1]

这四种构成了"第一格"，亚里士多德又添了第二格和第三格，经院学者添了第四格。后三格可通过各种方式化解为第一格。

一个前提可得出多个推论。从"有些人会死"可推出"有些会死的是人"。按亚里士多德的说法，这一点也可从"所有人都会死"推出。从"没有神会死"可推出"不会死的是神"，但不能从"有些人不是希腊人"推出"有些希腊人不是人"。

除了上述推论，亚里士多德及其追随者认为一切演绎推理严格叙述的话都是三段论式的。列出有效三段论的所有种类，再把提出的任何论证都化为三段论形式，应该能避免一切谬误。

三段论是形式逻辑的开端，从这个意义上讲它是重要又值得赞许的。但作为

---

[1] "Barbara"（这个单词的三个元音字母都是 A）的三段都是全称肯定，即 AAA 形式。
"Celarent"（三元音是 E、A、E）的三段分别是全称否定、全称肯定和全称否定，即 EAE 形式。
"Darii"（三元音是 A、I、I）的三段分别是全称肯定、特称肯定和特称肯定，即 AII 形式。
"Ferio"（三元音是 E、I、O）的三段分别是全称否定、特称肯定和特称否定，即 EIO 形式。——译注

勒拜大教堂中的这幅壁画(1502)描绘了亚里士多德的逻辑、西塞罗的修辞以及图巴的音乐。在之后的整个中世纪时期,亚里士多德的逻辑成了基督教高等教育的核心内容

形式逻辑的终点而非开端,它面临三种批评:

(1)三段论体系内部的形式缺陷。

(2)与其他演绎推理方式比,三段论的价值被高估。

(3)演绎推理这种论证方法的价值被高估。

这三方面的批评我们都要讲一讲。

(1)形式缺陷。先从"苏格拉底是人"和"所有希腊人都是人"这两个陈述说起。有必要对两者进行清晰区分,亚里士多德的逻辑学却没有这么做。"所有希腊人都是人"通常意味着存在希腊人,缺了这条含义,亚里士多德的某些三段论就无法成立。比如:

"所有希腊人都是人,所有希腊人都是白人,所以有些人是白人。"假如存在希腊人,这个论证就是有效的,反之无效。如果我说:

"所有金山都是山，所有金山都是金的，所以有些山是金的"，那么结论就是错的，尽管两个前提在某种意义上为真。要表述清晰，就必须把"所有希腊人都是人"这个陈述分成两个，一个是说"有希腊人"，一个是说"如果有事物是希腊人，那么该事物是人"。后面这个纯粹是假设，并不意味着肯定有希腊人。

因此，"所有希腊人都是人"比"苏格拉底是人"的形式复杂得多。"苏格拉底是人"有"苏格拉底"做主语，但"所有希腊人都是人"却没有"所有希腊人"做主语，因为无论"有希腊人"还是"如果有事物是希腊人，那么该事物是人"，都没有任何关于"所有希腊人"的内容。

这个纯形式缺陷是许多形而上学和认识论错误的根源。反思一下我们对"苏格拉底会死"和"所有人都会死"这两个命题的认识。为了解"苏格拉底会死"的真实性，绝大多数人觉得靠证言就可以了；然而证言若要可靠，就必然把我们引向某个认识苏格拉底并亲眼见他死去的人。苏格拉底的死尸这一可感知的事实，再加上这具尸体曾被叫做"苏格拉底"的认识，就是苏格拉底会死的充分证明。但是"所有人都会死"就是另一回事了。我们对这类普遍命题的认识，是个非常麻烦的问题。有时仅仅是文字问题：有"所有希腊人都是人"的说法，是因为没有什么事物会叫做"希腊人"，除非它是个人。这种普遍陈述可以由词典确认，但它们除了告诉我们如何用词外，并没有告诉我们关于世界的任何东西。但"所有人都会死"就不属于这种陈述了，不会死的人并没有任何逻辑上自相矛盾的地方。我们基于归纳法相信这个命题，因为不存在任何人活到超级高龄，比如说150岁的可靠例证；但这只能让命题可能为真，不是必然为真。只要有活人存在，这个命题就无法确定真假。

形而上学错误的根源是，正如把"苏格拉底"当作"苏格拉底会死"的主语那样，把"所有人"当作"所有人都会死"的主语。这样做，也许会在某种意义上把"所有人"视为正如"苏格拉底"这样的整体。亚里士多德因此说，在某种意义上一个种类就是一个实体。这一点他表述得小心翼翼，但他那些追随者尤其是泼弗瑞，却没有这么谨慎。

亚里士多德因这个错误陷入的另一误区是，他以为谓语的谓语可以是原主语的谓语。假如我说"苏格拉底是希腊人，所有希腊人都是人类"，亚里士多德认为"人类"是"希腊人"的谓语，而"希腊人"是"苏格拉底"的谓语，"人类"就当然是"苏格拉底"的谓语。但事实上"人类"不是"希腊人"的谓语。名字和谓语之间的区别，或者用形而上的语言讲，特称和泛称之间的区别，就这样被弄模糊了，给哲学造成了灾难性后果。所造成的混淆之一就是把只有一个成员的类别当作该成员本身。这导致人们对"一"这个数目形不成正确的理论认识，引发了无数关于整体性的形而上学谬论。

（2）高估三段论。三段论仅是演绎论证的一种。数学完全是演绎的，却很少用到三段论。当然可以把数学论证改写为三段论形式，但这样很别扭，也增加不了说服力。以算术为例，我买4.63美元的东西，付了5美元，应该找我多少钱？把这个简单的减法写成三段论式就十分荒谬，还掩盖论证的真正性质。再者，逻辑领域内也有非三段论的推论，比如："马是动物，所以马头是动物的头。"其实有效的三段论只是有效演绎的一部分，在逻辑上不比其他演绎法优先。把三段论推崇为至高无上的演绎法，导致哲学家误解了数学推理的性质。康德察觉到数学并非三段论式的，于是说数学用的是超逻辑原则，但他把这些超逻辑原则看得与逻辑原则一样确凿无疑。他像前人那样由于尊崇亚里士多德而误入歧途，尽管错的方式不同。

（3）高估演绎法。古希腊人通常对演绎法这种知识来源的重要性看得比近代哲学家高。亚里士多德在这方面的错误没有柏拉图大，他多次承认归纳法的重要性，还花了许多心思考虑这个问题：演绎推理必需的初始前提是怎么来的？尽管如此，他还是像其他希腊人那样过分推崇了演绎推理在认识论中的地位。比方说，我们认为史密斯先生终有一死，可以泛泛地说，我们知道这一点是因为我们知道所有人都终有一死。但我们真正知道的不是"所有人都终有一死"，而是"一百五十年前出生的人都死了，一百多年前出生的人绝大部分已死了"这样的东西。这才是我们认为史密斯先生会死的原因。但这个论证是归纳而不是演绎。归纳法没有演绎法严谨，而且只能得出可能性而非确切结论；但从另一方面看，归纳法能得出新知识，演绎法不能。逻辑和纯数学领域外的一切重要推论都是归纳而非演绎，唯有法律和神学例外，两者的初始原则都来自不容置疑的典籍，即法典或圣经。

除了探讨三段论的《前分析篇》，亚里士多德还有一些在哲学史上相当重要的作品，其中有个短篇《范畴篇》。新柏拉图主义者泼弗瑞为它写了一本注释，对中世纪哲学有格外显著的影响，但我们还是先撇开泼弗瑞，只谈亚里士多德。

无论在亚里士多德还是康德、黑格尔的著作里，"范畴"（category）这个词究竟指什么，我必须坦承自己从来没弄明白。我个人认为"范畴"这个术语表达不了任何清晰的哲学观念。亚里士多德认为范畴有十个：实体、数量、性质、关系、地点、时间、位置、状态、行为和倾向。他对"范畴"的唯一定义是"不用复合语表达的词",接着就罗列上述名单。这似乎意味着每个含义不是由其他词的含义结合而成的词,都代表一种实体或数量什么的。这十个范畴是按什么原则编排的,他没有提。

"实体"主要是既不描述主体也不在主体中的东西。虽不是主体的一部分,但缺了主体就无法存在的,就是"在主体中"。这里举出的例子是人脑中的语法知识,以及物体可能呈现的一种白色。该首要意义上的实体是事物、人或动物的个体。但"人"或"动物"这样的种或者类,也可称为次要意义上的实体。这个次要意义似乎站不住脚,更为后世的作者打开了许多形而上学错误的大门。

《后分析篇》主要探讨一个任何演绎推理都摆脱不了的棘手问题:初始前提是怎么来的?演绎法必须从某处开始,必须从某个未经证明、以证明外的其他方式为人所知的东西开始。这里不赘述亚里士多德的理论,因为它基于本质观。他说,定义就是事物本质属性的表述。本质观是亚里士多德后直至近代所有哲学理论的重要内容,我认为它是笔糊涂账,只是历史地位重要,所以还是谈一下。

事物的"本质"似乎指"一旦变化就会让事物失去自我的属性"。苏格拉底有时快乐有时伤心,有时健康有时生病,但这些属性变了也不会让他不再是苏格拉底,所以不属于本质。而"是一个人"似乎是苏格拉底的本质,虽然信奉灵魂转世的毕达哥拉斯派不会同意这一点。其实,"本质"问题只是词语的用法问题。我们把同一名称用在不同场合的不同事件上,将它们视为个体"事物"或"人"的不同表现。然而,这其实无非是表述之便。那么,苏格拉底的"本质"是那些一旦没有,我们就不能使用"苏格拉底"之名的属性。这是纯粹的语言学问题:词语也许有本质,而事物不会有。

"实体"观像"本质"观一样,无非是语言便利转化的形而上学。描述世界时,我们发现把某些事叫做"苏格拉底"的人生事件,将另一些事叫做"史密斯先生"的人生事件,是很方便的。这让我们觉得"苏格拉底"或"史密斯先生"指历经多年而不变的东西,像发生在他们身上的事一样"实在"和"真实"。苏格拉底病了,我们想到苏格拉底别的时候是健康的,因此苏格拉底独立于他的疾病;相反,疾病却少不了生病的人。但是,尽管苏格拉底未必在生病,如果他存在,有些事就必定正在他身上发生。因此,他并非真的比他身上发生的事更"实在"。

假如把"实体"当成一回事,会发现它是个免不了种种困难的概念。实体应当是各种属性的主体,应当和它的一切属性有所区分。但抽掉这些属性,想象实体本身，我们发现什么都没剩下。换一种方式说：区分一个实体和另一个实体的是什么？不是属性的差异，因为根据实体的逻辑，属性差异要求不同实体存在数量差别。因此，两个实体必须就是二，而其本身却无法以任何方式区分。那么，我们到底怎么知道它们是两个？

"实体"其实不过是将事件聚成批的便利方式。我们是怎么知道史密斯先生的？看他外表，我们看见一组颜色；听他说话，我们听见一串声音；我们觉得他肯定和我们自己一样，也有思想和感情。但除了这些东西，史密斯先生是什么？只是个想象中的钩子，前面说的东西都挂在这个钩上。其实这些东西不需要一个钩子，正如地球不需要一只大象把它驮起来。用地理区域做类比，人人都知道像"法兰西"这样的词只是语言上的便利，这个区域以外和以上并不存在一个叫"法兰西"的事物。"史密斯先生"也一样，只是若干事情的集合名称。如果把它当作别的什么，那必定是根本不可知的，无助于表达我们所知的东西。

一言以蔽之，"实体"是一个由于把主谓形式的语言结构套到世界结构上造成的形而上学谬误。

我的结论是，除了不甚紧要的三段论形式理论，本章探讨的亚里士多德学说都是错的。如今任何人想通过阅读亚里士多德或其门徒的作品来学习逻辑，就是白费时间。尽管如此，亚里士多德的逻辑著作还是展现了伟大的思维能力，假如出现在知识创造力依然旺盛的时代，会对人类有用。可惜这些作品正出现在希腊思想创造期的尾声，被世人奉为无上权威。逻辑学创新再次兴起时，两千多年的统治地位已经使亚里士多德逻辑学很难撼动。整个近代，科学、逻辑学或哲学领域的几乎每一点进步都是迎着亚里士多德信众的反对声浪艰难博取的。

第二十三章　亚里士多德的物理学

本章探讨亚里士多德的两部论著，《物理学》和《论天》。这两部作品紧密关联，第二部衔接着第一部未尽的论证。两者都极具影响力，对科学的主宰一直延续到伽利略时代。"第五元素"（quintessence）和"月下"（sublunary）等词都源于两书宣扬的理论。因此哲学史家也得研究它们,尽管里面几乎没一句话是近代科学能接受的。

要理解亚里士多德或多数希腊人的物理学观点,就必须把握他们施展想象力的背景。每个哲学家除了公之于世的正式理论体系外,还有一套他自己可能浑然不觉、简单得多的体系。即使他察觉,也可能感到行不通,因此就把它掩藏起来,编造一套更复杂的东西。他相信这套复杂理论,因为这与他的初始想法很像;他想让旁人也接受,因为他觉得他已经将它编排得无法辩驳了。复杂之处在于对辩驳进行辩驳,但仅靠这点永远得不到任何正面结果:至多能表明一个理论可能为真,而不是必然为真。正面结果,无论哲学家本身多么无意识,都来自他们既有的观念想象力,即桑塔亚纳所谓的"动物信念"。

亚里士多德在物理学上的想象背景与现代人大相径庭。如今孩子们从小接触力学,这个词本身就宣示着机械;他们习惯汽车和飞机,哪怕在潜意识的最深处,也绝不会去想象车里藏着什么马,不会把飞机机翼想成有魔力的鸟翅膀。在我们想象世界的图景里,动物已不再重要,只有人类在这个基本无生命、整体上很驯服的物质环境里以主人形象凸显出来。

古希腊人试图对运动进行科学解释时,很少会采用纯力学观点,除了德谟克利特、阿基米德等少数天才。似乎有两种重要现象:动物的运动、天体的运动。对近代科学研究者而言,动物的身体是极其精密的机械,有无比复杂的物理化学结构;每个新发现都缩小了动物和机械之间看似存在的鸿沟。对古希腊人而言,把貌似无生命的运动等同于动物的活动,却似乎更自然。如今幼儿依然觉得自己会动的东西就是活的东西,觉得这是活物与其他事物的区别;这个特征在希腊人尤其是亚里士多德看来,就是物理学一般理论的基础。

而天体是怎样的呢?它们与动物的区别在于运行有规则,但这也许只是由于它们完美卓绝。每个古希腊哲学家无论成年后怎么想,小时候肯定被教导说太阳月亮是神祇;阿那克萨戈拉就曾经被指控渎神,因为他认为太阳月亮不是活的。哲学家们要么认为天体本身是神祇,要么认为天体是由神的意志推动的,而神对秩序和几何简洁怀着希腊式热爱。于是所有运动的终极根源都在意志:地上是人类和动物任性多变的意志,天上是至高无上的造物主永恒不变的意志。

我不是说亚里士多德谈的每处细节都如此,而是描述亚里士多德发挥想象力的时代背景,他做研究时应当会信以为真的东西。

叙完前言，我们接下来分析他实际说的东西。

在亚里士多德的著作里，物理学就是希腊人所谓的"phusis"或"physis"，亦即"自然"，但与我们对"自然"一词的理解不完全相同。我们依然说"自然科学"和"自然史"，但"自然"尽管是个含义模糊的词，也很少指"physis"。"physis"与生长有关，我们可以说橡子"自然"长成橡树，这就是亚里士多德意义上的用法。亚里士多德说，事物的"自然"属性，是它的目的，它为此而存在。所以这个词有目的论意味。某些东西自然存在，某些东西是其他原因造成的。动物、植物和简单物体（元素）是自然存在的，遵循着内在运动原则（这里说的"运动"比"移动"含义广，除了移动还包括性质或体积的变化）。自然是运动或静止的根源。具备这种内在原则的事物，便具有"自然"性质。"遵从自然"这个说法，就适用于这些事物及其本质属性（正是基于这点，"不自然"成为谴责用语）。自然是形式而非质料，潜在的血肉还没获得自然（属性），事物充分发展后才成为真正的自身。这套观念似乎是生物学启发的：橡子是"潜在的"橡树。

自然是那种为特定目的起作用的原因。这引出了对"自然没有目的，是一种必然性"的讨论，与此相关，亚里士多德又探讨了恩培多克勒宣扬的适者生存论。他说，那不可能是对的，因为事情按固定方式发生，一系列事件如果有完结，那么前面的一切步骤都是为此发生的。"由内在原则引发持续运动而达到完结"的事物，就是"自然"事物（199ᵇ）。

这套"自然"观似乎很适于解释动植物的生长，却在历史上成为科学进步的巨大障碍，也是许多不良伦理的根源，在伦理领域贻害至今。

他说运动就是潜在事物的实现。这个观点除了其他弊端，还不符合运动的相对性。A相对B运动时，B也相对A运动，说两者一个在运动另一个在静止是没道理的。狗咬住骨头时，常识看法是狗动了而骨头（被咬前）没动，这个运动有目的，即实现狗的"自然本性"。但这种观点其实不适用于无生命的事物，在物理科学领

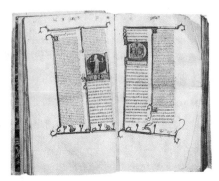

"物理学"学科的名称，正是来自亚里士多德这部著作的书名

域,任何"目的"观都是无用的,任何运动在严格的科学意义上都只能当作相对运动来处理。

亚里士多德反对留基伯和德谟克利特主张的虚空,接着对时间发了一通怪论。他说,有人说时间不存在,理由是时间包括过去和未来,过去不复存在,未来尚未存在。但他不同意这个观点。他说,时间是可以计数的运动(不清楚他为何这么重视计数),除非有人在计数,否则就没什么可计数的东西,而时间需要计数,那么我们完全可以问:时间能否没有灵魂而存在?他似乎把时间想成许多小时、天或年。他还说,某些东西不具备时间性,在这个意义上是永恒的。可能说的就是数目。

运动一直有,永远都会有;因为没有运动就没有时间,除了柏拉图所有人都承认时间不是创造来的。在这一点上,亚里士多德的基督教追随者不得不与他分道扬镳,因为《圣经》说宇宙有创始。

《物理学》一书最后论证了不动的推动者,这一点我们在《形而上学》那一章已经探讨过。他说有一个不动的推动者直接造成了圆形运动。圆形运动是初始类型,是唯一能够无限持续的类型。第一推动者既没有组成部分也没有尺寸,位于世界周围。

得出这个结论后,我们来谈天体。

《论天》提出了一种简单愉快的理论。月亮以下的事物有生有灭,而月亮以上的事物都是不生不灭的。大地是球形,位于宇宙中心。在月下领域,万物由土、水、气、火四元素组成;但还有第五元素,那是构成天体的材料。地上元素的自然运动是直线形的,第五元素的自然运动则是圆形的。各天体都是完美的球体,越在上层的越神圣。恒星和行星不是火而是第五元素构成的,它们的运动是所属领域的运动引起的(但丁的《天堂》似乎对这一切有诗意表述)。

地上的四种元素不是永恒的,而是彼此生成的,火的自然运动是向上,在这个意义上它绝对是轻的,土绝对是重的。气相对较轻,水相对较重。

这套理论给后世埋下许多难题。公认会毁灭的彗星就必须划归月下领域,但人们在公元7世纪发现彗星是绕着太阳转的,很少像月亮这样近。既然地上物体的自然运动是直线形的,人们认为沿水平方向抛出的物体会水平运动一段时间,然后忽然垂直下降。伽利略发现抛射物是沿着抛物线运动的,吓坏了他那些亚里士多德派同行。为了确立地球不是宇宙中心,而是每天自转一次每年绕太阳转一圈的观念,哥白尼、开普勒和伽利略不得不既和亚里士多德对抗，又和《圣经》对抗。

再看一个更具普遍性的问题：亚里士多德的物理学与牛顿"第一运动定律"不一致。这条定律最初是伽利略提出的，说任何运动中的物体若不受外力作用，将继续做匀速直线运动。因此必须有外力，不是用来解释运动，而是用来解释运动的变化，无论是速度变化还是方向变化。亚里士多德认为天体"自然的"圆形运动，意味着运动方向的持续变化，因此需要一种朝向圆心的作用力，也就是牛顿万有引力定律说的那种力。

结论：天体永恒不朽的观念必须抛弃。太阳和星辰寿命很长，但不能永生。它们从星云中诞生，终将爆炸或冷寂而亡。可见的世界里，没有任何东西能免于变化和衰颓；亚里士多德与此相反的信仰虽然被中世纪基督教接纳，其实乃是异教徒日月星辰崇拜的产物。

第二十四章　古希腊数学和天文学

本章主要讲数学，不是孤立的数学本身，而是与希腊哲学尤其是柏拉图思想紧密关联的数学。希腊人在数学和天文学领域的卓越似乎是最显著的。他们的艺术、文学和哲学成就，其好坏可根据个人口味评判，但他们的几何学成就根本不容置疑。他们从埃及学到某些东西，从巴比伦也学到少许，但来自这些途径的数学知识主要是经验之谈，天文学知识是长期的天文观测记录。数学证明方法几乎完全发源于希腊。

有许多未必是史实却非常有趣的故事，描述了现实问题刺激数学研究的情形。最早、最简单的故事是关于泰勒斯的，传说他在埃及时国王让他算金字塔的高度，他等到太阳照得他身影的长度与他身高相等的时候，就测量金字塔影子的长度，那当然就等于金字塔的高度。据说透视法最初是几何学家阿加斯库为了给埃斯库罗斯的戏剧绘制布景而研究出来的。海船与海岸的距离问题据说泰勒斯研究过，其实在更早时期已经解决了。古希腊几何学关心的重大问题之一，即立方体如何增大一倍，据说是这么来的：有座神庙的祭司得到神谕，说神想要一座原雕像两倍大的新雕像。他们开始只想到把原雕像的长宽高都增加一倍，后来才意识到这样造出来的新雕像将是原先的八倍大，费的钱比神要求的还多。于是他们派人去找柏拉图，问学园有没有人能解决这个问题。几何学家接过这项任务，钻研了几百年，顺带得出了许多令人赞叹的成果。这其实就是将2开立方的问题。

2的平方根是人们即将发现的第一个无理数，实际上早期毕达哥拉斯派就有人知道了，还想出了多种求其近似值的妙法。最好的方法是这样的：设a、b两列数字，每列都从1开始，每下一步的a都是前面最后得出的a与b的和，下一个b则是前一个a的两倍再加前一个b构成。这样得到的前6对数是（1，1）、（2，3）、（5，7）、（12，17）、（29，41）、（70，99）。每一对数里，$2a^2-b^2$都是1或者-1。那么$\frac{b}{a}$大约就是2的平方根，每往下一步都更精确一点。比如，99/70的平方已经相当令人满意地接近2了。

毕达哥拉斯向来是个神秘人物，在普罗克勒笔下他是第一个把几何当一门学科的人。包括托马斯·希斯爵士[1]在内的许多权威学者都认为毕达哥拉斯发现了那条以他命名的定理，即直角三角形中，斜边的平方等于两条直角边的平方之和。无论如何，毕达哥拉斯学派很早就知道这条定理，还知道三角形内角和等于两个直角。

除了2的平方根，苏格拉底的同代人西奥铎斯对个别无理数也有研究，与柏拉图同代而年纪稍长的泰阿泰德则对无理数展开过普遍研究。德谟克利特写过一篇关于无理数的论文，但早已佚失。柏拉图对无理数深感兴趣，他在以泰阿泰德命名的那篇对话里提到过西奥铎斯和泰阿泰德的作品。在《法律篇》中，他说人们对无理数问题的普遍无知是可耻的，并暗示他自己也是很大年纪才知道的。无理数当然对毕达哥拉斯派的哲学有重要影响。

无理数的发现，最重要的后果之一就是欧多克索斯（约公元前408—前355年）发明了关于比例的几何理论。在他之前，关于比例只有算学理论。根据该理论，如果$a\times d=b\times c$，那么$a:b=c:d$。没有无理数的算学理论，这个定义就只能应用于有理数。但欧多克索斯提出了不受此限的新定义，构造方式颇似近代的分析法。该理论在欧几里得的书里得以展开，极富逻辑之美。

欧多克索斯还发明或完善了"穷竭法"，后来被阿基米德运用得非常成功，也

---

[1]《希腊数学》卷一，第145页。

是积分学的先声。以圆的面积为例。你可以在圆里内接一个正六边形或正十二边形，或一个一千边或一百万边的正多边形。这个多边形，无论有多少条边，其面积都与圆的直径的平方成比例；边数越多，其面积就越接近这个圆。你可以证明，只要使多边形的边数足够多，就可以使它的面积与圆形面积之差小于任何预设面积，无论预设得多小。这就用上了"阿基米德公理"，简而言之就是说，设有两个不相等的数，把较大的数平分为两半，把一半再平分为两半，如此下去，最终能得到一个数，小于原先两个数中的较小者。换言之，假设a大于b，则必有一个整数n，使2^n乘b大于a。

穷竭法有时能得出精确结果，比如阿基米德求抛物线弓形的面积；有时只能得出越来越近似的值，比如我们求圆的面积。圆的面积其实就在于圆周与直径的比，这个比值叫做π。阿基米德计算时使用了$\frac{22}{7}$这个近似值，他内接和外切了正96边形，从而证明π小于$3\frac{1}{7}$而大于$3\frac{10}{71}$。用这种方法可推到任何近似度，这个问题用任何方法都只能做到这些了。用内接与外切多边形求π的近似值，可追溯到苏格拉底的同代人安提丰。

我年轻时欧几里得还是唯一公认的学童几何教科书。公元前300年左右，亚历山大大帝和亚里士多德去世几年后，欧几里得在亚历山大城生活。《几何原本》的大部分内容并非他原创，但命题次序和逻辑结构绝大部分是他的。一个人越研究几何，越能看出这一切多么值得赞叹。他用著名的平行公理论证平行线的方法有双重优点：既是有力的演绎，又不隐藏初始假设的不确定性。从欧多克索斯那里继承的比例理论，运用了本质上类似于魏尔斯特拉斯引入19世纪分析数学的方法，避开了无理数的所有困难。欧几里得接着探讨一种几何代数学，在卷十又探讨了无理数。然后他探讨立体几何，以正多面体问题结束全书。泰阿泰德完善了正多面体问题，柏拉图的《蒂迈欧篇》对此有所提及。

欧几里得的《几何原本》无疑是古往今来最伟大的著作之一，是希腊智慧最完美的丰碑。当然它也有典型的希腊式缺陷：采用的方法是纯演绎的，理论体系内根本无法对初始假设进行验证。这些假设原先是不可置疑的，但19世纪非欧几里得几何学表明它们可能有错误之处，究竟是否有误只能通过观察判断。

欧几里得鄙视实用目的，柏拉图早就反复灌输过这种鄙视。据说有个学生听了一段证明后，问学习几何有什么用，欧几里得就喊来一个奴隶说："拿三分钱给这青年，他一定要从学的东西里讨点好处。"而事实表明，对实用的鄙视是很实用的。古希腊没有一个人认为圆锥曲线有任何用途，结果到了17世纪，伽利略发现抛射体是沿着抛物线运动的，开普勒发现行星是沿椭圆轨迹运动的，希腊人出于纯粹的理论热爱所做的事，忽然成为战术学和天文学的关键。

罗马人头脑实际得欣赏不了欧几里得，第一个提到欧几里得的罗马人是西塞罗，当时《几何原本》可能还没有拉丁译本，其实在波爱修斯（生于480年左右）之前根本没有任何拉丁译文的记载。阿拉伯人更懂得欣赏欧几里得：760年左右，拜占庭皇帝向哈里发赠了一部《几何原本》；800年左右，拉希德在位期间出现了一个阿拉伯译本。现存的最早拉丁译本是巴斯人阿塞哈在1120年从阿拉伯文转译来的。从这时起，几何学研究逐渐在西方复苏，但直到文艺复兴晚期才取得重大进展。

接下来讲天文学，希腊人的天文学成就和几何学成就一样卓著。在希腊人之前，巴比伦人和埃及人几百年来的天文观察已经为天文学奠定了基础。他们记录了行星的运动，但并不知道启明星和晚星是同一颗。巴比伦人肯定发现了蚀的周期，埃及人可能也发现了，于是人们能相当可靠地预测月蚀，日蚀的预测没这么可靠，因为日蚀在同一地点不一定总是能看见。把直角分为90度、一度分为60分是巴比伦人的功劳，他们很喜欢60这个数，甚至还有一种六十进制的计数体系。希腊人喜欢把先贤的智慧归为游历埃及的结果，但在希腊人以前，人类的成就其实少得可怜。不过泰勒斯预测月蚀的确是受外来影响的一个例子，没理由认为他的天文知识除了从埃及和巴比伦学来之外还有什么自身创见，他的预测被证实，纯属幸运巧合。

我们先看希腊人最早的一些发现和正确假说。阿那克西曼德认为大地自由浮荡，没有任何东西支撑。亚里士多德[1]总是反对同代人最好的假说，也反对阿那克西曼德的大地中心论。阿那克西曼德说大地是不动的，因为它没理由朝一个方向运动而不朝另一方向运动。亚里士多德说，如果是这样，那么假如一个人站在周围摆满食物的圆圈中心，就会因为没理由选一部分食物而不选另一部分食物而活活饿死。这种论证在经院哲学重现，但不是关于天文学，而是关于自由意志；

---

[1]《论天》，295^b。

说的是"布尔丹的驴子",说它左右同样距离各有一捆干草不知道吃哪捆好,结果饿死了。

毕达哥拉斯很可能是第一个认为大地是球形的人,但恐怕是出于美学而非科学理由。但科学理由很快就浮现了。阿那克萨戈拉发现月光是反射光,得出了正确的月蚀理论。他本人仍认为大地是平的,但月蚀时大地影子的形状为毕达哥拉斯派提供了大地是球形的决定性论据。他们进一步把地球视为一颗行星。他们知道(据说是从毕达哥拉斯本人那里知道的)启明星和晚星是一回事,并认为包括地球在内的所有行星都是绕着"中心火"而不是太阳转动的。他们发现月亮总是同一面对着地球,就认为地球也总是同一面对着"中心火"。地中海地区背对着中心火,所以总是看不见中心火。中心火叫做"宙斯之家"或"众神之母"。太阳散发的估计是中心火的反射光。除了地球,还有一个星体叫做反地球,与中心火的距离一样远。这一点他们有两个理由,一个是科学的,另一个源于他们算学上的神秘主义。科学理由在于他们正确观测到月蚀偶尔发生于太阳月亮都在地平线以上时。这其实是折射现象,但他们还不知道折射,所以认为这种情况下月蚀就是地球之外另一个星体的影子造成的。神秘理由是太阳、月亮、五行星、地球、反地球和中心火凑成十个天体,十就是毕达哥拉斯派的神秘数字。

毕达哥拉斯派的天文学理论归功于公元前5世纪末期的底比斯人菲洛劳。该学说虽然充满幻想而且有部分很不科学,却十分重要,因为含有形成哥白尼式假说所需的绝大部分想象力。把地球想象成行星之一而不是宇宙中心,让它遨游太空而不是永远固定,意味着摆脱人类中心观的伟大思想解放。人类对宇宙的自然印象一旦受到这种震撼,就不难用科学论证得出更准确的理论。

许多观测活动都对此做出了贡献。比阿那克萨戈拉稍晚的欧诺皮发现了黄道的斜度。不久人们就明白太阳肯定比地球大,这为否定地球是宇宙中心的人提供了事实支持。中心火和反地球观念在柏拉图时代结束不久就被毕达哥拉斯派抛弃。庞图斯的海若克莱(约生活在公元前388至前315年,与亚里士多德同代)发现金星和水星都围绕太阳转动,并认为地球每24小时绕自身轴线转一圈。最后这点是前人未曾采取的重要步骤。海若克莱属于柏拉图学派,肯定是个伟大人物,但不像人们期待的那样受人敬重:他被人描述成肥胖的花花公子。

萨摩斯的阿瑞斯塔克大约生活在公元前310至前230年,应该比阿基米德大二十五岁,是最有意思的古代天文学家,因为他提出完备的哥白尼式假说,主张包括地球在内的所有行星都绕着太阳做圆形旋转,地球每24小时绕自身轴心转一圈。有点令人失望的是,阿瑞斯塔克现存的唯一著作《论日与月的体积与距离》仍墨守地球中心说。的确,对该书探讨的问题而言,是否采取地球中心说都没关系,他也许是觉得挑战天文学家的流行观念给自己增加无谓的论证负担是不明智的,也许只是在此书完成后才想出哥白尼式假说。托马斯·希斯爵士在那本写阿瑞斯塔克的书[1]里倾向于后一种看法,此书收录了阿瑞斯塔克的原著和译文。无论如何,阿瑞斯塔克提出哥白尼式观点这件事,是有确切证据的。

最早、最好的证据是阿基米德提供的,如前所述,他是阿瑞斯塔克同代的年轻后辈。在一封写给叙拉古国王葛龙的信里,他说阿瑞斯塔克著有一部"写有特定假说的书",又接着说:"他的假说是恒星和太阳不动,地球沿着圆周绕太阳转动,太阳位于轨道中心。"普鲁塔克的书里有段话提到克里安西"认为希腊人有义务以渎神罪指控萨摩斯的阿瑞斯塔克,此人为了省事地解释现象而让宇宙温暖的家(即地球)动起来,说天不动而地绕着斜圆动,同时绕着地轴自转"。克里安西是阿瑞斯塔克的同代人,约去世于公元前232年。普鲁塔克说阿瑞斯塔克只是作为假说提出该观点,阿瑞斯塔克的后辈塞琉古却拿它当定论(塞琉古活跃于公元前150年左右)。伊迪斯和恩皮瑞克也声称阿瑞斯塔克提出了日心说,但没说他只是将它当假说提出的。即使纯粹当假说提出也情有可原,因为他未必不会像两千多年后的伽利略那样,由于害怕触犯宗教偏见而有所忌惮,上文中克里安西的态度就表明这种恐惧并非毫无来由。

不管正面提出还是尝试性提出,阿瑞斯塔克的哥白尼式假说肯定被塞琉古接受了,但没有被其他任何古代天文学家接受。之所以遭普遍反对,主要是由于喜帕克。喜帕克活跃于公元前161至前126年,被希斯说成"古代最伟大的天文学家"[2]。喜帕克是第一个系统性地论述三角学的人,他发现了春分秋分,算出了阴历月的长度而误差不到一秒;他改进了阿瑞斯塔克对太阳月亮体积与距离的推算,编制了850个恒星的名录,注明了它们的经纬度。为反对阿瑞斯塔克的日心假说,他采纳并完善了埃婆罗尼(活跃于前220年左右)提出的周转圆理论,该

---

[1]《萨摩斯的阿瑞斯塔克,古代哥白尼》,托马斯·希斯爵士,牛津出版社1913年版。下文内容基于此书。

[2]《希腊数学》卷二,第253页。

理论的完善版被后世称作托勒密体系，以活跃于公元2世纪中期的天文学家托勒密命名。

哥白尼对几乎被后世遗忘的阿瑞斯塔克假说略有所知，为自己的创见能找到古代权威的支持而大受鼓舞。不然的话，阿瑞斯塔克假说对后世天文学的影响等于是零。

古代天文学家推算地球、月亮、太阳的体积以及太阳月亮的距离所用的各种方法理论上是有效的，却由于缺乏精密测量仪器而大受限制。在这种条件下，他们的许多成果真是令人惊叹。爱若托希算出地球直径是7850英里，只比实际短了约50英里。托勒密算出月亮的平均距离是地球直径的 $29\frac{1}{2}$ 倍，而正确数值约为30.2倍。但太阳的体积和距离谁都没算好，都算低了。他们的计算结果以地球直径为单位，分别是：

阿瑞斯塔克：180倍；

喜帕克：1245倍；

波昔东尼：6545倍。

正确值是11726倍。他们的计算似乎在不断改进（但托勒密的计算结果有退步），波昔东尼[1]的计算约为正确值的一半。整体上，他们描绘的太阳系图景与事实相去不远。

希腊天文学是几何学而非动力学的。古人把天体运动想成整体圆形运动或混合圆形运动。他们没有力的概念。有一个整体运动的界域，各种天体固定其上。牛顿万有引力带来一种几何属性没那么强的新观点。奇怪的是，爱因斯坦的普遍相对论却抛弃了牛顿力的概念，有重返几何学的倾向。

天文学家面临的问题是，天体在太空做着可见的运动，要通过假设引入第三个坐标，即深度，尽可能简洁明白地描述各种现象。哥白尼式假说的优点不在于真实，而在于简洁；从运动的相对性看，不存在真实问题。希腊人追寻各种"省事地解释现象"的假说，其实是在以科学方式对付这个问题，尽管不是完全有意的。只要比较一下他们的前人，比较一下他们直迄哥白尼的后辈，任何人都会信服于他们真正惊世骇俗的天才。

---

[1] 波昔东尼是西塞罗的老师，活跃于公元前2世纪后半叶。

再加上公元前3世纪的两位巨擘阿基米德和埃婆罗尼，古希腊一流数学家名单就完整了。阿基米德是叙拉古国王的朋友或表兄，在公元前212年罗马人攻陷叙拉古时遇害。埃婆罗尼从小生活在亚历山大城。阿基米德不仅是数学家，还是物理学家，也钻研流体静力学。埃婆罗尼主要以圆锥曲线的研究闻名。这两位我就不多谈了，因为他们出现的时代太晚，对哲学没什么影响。

在这两个人之后，虽然亚历山大城依然有可敬的成果，但伟大时代已经告终。在罗马人的统治下，希腊人丧失了政治自由期的自信，对前人滋生出唯唯诺诺的尊崇。罗马士兵杀害阿基米德，是罗马扼杀整个希腊世界创造性思想的象征。

第三篇

亚里士多德之后的古代哲学

第二十五章　希腊化世界

古代希腊语世界的历史可分为三段时期：自由城邦期，被腓力和亚历山大终结；马其顿统治期，残余势力随着克娄巴特拉去世后罗马吞并埃及而消亡；最后是罗马帝国期。第一段的特征是自由与混乱，第二段的特征是臣服与混乱，第三段的特征是臣服与秩序。

马其顿统治期就是所谓的希腊化时代，在科学和数学上，希腊人取得了前所未有的成就；在哲学上，伊壁鸠鲁派和斯多葛派创立，怀疑主义明确成形，所以也是重要的哲学时期，尽管比不上柏拉图和亚里士多德时代。从公元前3世纪起，希腊哲学不再创新，直至公元3世纪新柏拉图主义出现，而此时罗马世界正要迎接基督教的胜利。

亚历山大短促的生涯骤然改变了希腊世界。公元前334至前324年这十年间，他征服了小亚细亚、叙利亚、埃及、巴比伦、波斯、撒马尔罕、大夏和旁遮普。强大无比的波斯帝国，被他三场战役就摧毁。巴比伦的古老学问和古老迷信一起满足了希腊人的好奇心，拜火教的二元论和少量印度宗教也进入希腊人的视野，当时印度佛教正走向巅峰。亚历山大长驱直入之处，无论在阿富汗深山、药杀水河畔还是印度河支流都建起希腊城市，致力于推行希腊体制，并实施一定程度的地方自治。虽然他的军队大部分由马其顿人组成，而且绝大部分欧洲希腊人臣服他的时候并不情愿，但他起初还是把自己视为希腊文化的使徒。但随着征服日益扩张，他逐渐采取了让希腊人与蛮人友好融合的政策。

他这样做有多种动机。一方面，他那并不庞大的军队显然无法永远凭武力控制如此辽阔的帝国，终须与那些被征服的民众和睦共处。另一方面，东方人只信奉神明君主，亚历山大感觉自己恰好挺适合扮演神明。他真以为自己是神，还是仅仅出于政策动机佯装神，这是心理学家的问题，因为历史证据难以定论。不管事实如何，他显然挺享受埃及人把他当法老继承人，波斯人把他当大王继承人那样阿谀奉承。但他的马其顿军官们，也就是那些"同伴"，对他却保持着西方贵族对宪政君主的态度：不肯跪拜他，哪怕冒着生命危险也要规劝他、批评他，关键时刻还控制他的行动，强迫他从印度河撤军而不是继续向恒河流域挺进。东方人比较顺从，宗教偏见不受冒犯就行，这对亚历山大来说很好办，他只需把埃及的阿蒙神、巴比伦的贝尔神当希腊的宙斯，并宣布自己是神的儿子就好了。心理学家认为亚历山大恨父亲腓力二世，甚至还参与了谋杀腓力的阴谋；也许他宁愿自己的母亲奥林匹亚丝像希腊神话里的贵妇那样，曾是某个神的情人。亚历山大的战功太过神奇，也许他觉得唯有神奇身世才是他惊世业绩的最佳解释。

希腊人对蛮人有强烈的优越感；亚里士多德说北方种族活跃勇猛，南方种族头脑聪明，而唯有希腊人既活跃勇猛又头脑聪明，无疑道出了希腊人的共同心声。柏拉图和亚里士多德认为不应让希腊人当奴隶，让蛮人当奴隶就没问题。亚历山大不算十足的希腊人，便竭力打破这种优越。他本人娶了两个蛮族公主，还强迫手下的马其顿长官娶波斯贵族妇女。可以想象，他那无数希腊城市的殖民者肯定男多女少，因此男人们必须效仿他，与当地女子通婚。这种政策最终让有思想的人产生了人类整体观，昔日对城邦的效忠似乎已不合时宜，对希腊种族的忠诚似乎也稍显狭隘。哲学上这种全球观从斯多葛派开始，但实践中出现得更早，从亚历山大就开始了。结果希腊人和蛮人互相影响：蛮人学了些希腊科学，希腊人学了许多蛮人迷信。希腊文明在广泛传播的同时，变得不那么纯粹了。

希腊文明本质上是城市的。当然也有许多希腊人从事农耕，但他们对希腊特色文化没什么贡献。从米利都学派开始，科学、哲学和文学领域的杰出希腊人物都与富裕的商业城市有关，而这些城市往往被蛮族人口环绕。这种文明类型不是从希腊人开始的，而是从腓尼基人开始；泰尔、西顿和迦太基平时都靠奴隶干体力活，打仗则靠雇佣兵。它们不像现代都市那样，依靠同血统且拥有同等政治权利的庞大农村人口。近代最类似的情形出现在19世纪后半叶的远东。新加坡、香港、上海和其他一些通商口岸成为欧洲小岛，白人在那里形成了靠苦力们劳动养活的商业贵族。在北美，梅森-迪克森线[1]以北没有这种劳力，白人只好亲自从事农业。因此白人对北美的掌控很牢固，对远东的掌控已经严重削弱，很容易完全丧失。但他们的文化，尤其是工业文化，却会保留下来。这个类比有助于我们理解希腊人在亚历山大帝国东部地区的地位。

---

[1] 美国南北战争之前南北区域的分界线，也是宾夕法尼亚州和马里兰州的分界线。——译注

亚历山大对亚洲人想象图景的影响深刻而持久。《马喀比一书》问世于他死后几百年，开篇就这样叙述他的生涯：

> 于是腓力之子，马其顿人亚历山大走出柴蒂姆的土地，打败了波斯人和米底人的王大流士，取而代之，成为第一个统御全希腊的王；他身经百战，攻占许多要塞，斩杀各地君王，踏遍天涯海角，劫掠许多国家，连大地都在他面前默然无言；于是他的地位至高无上，他的心振奋激昂。他招募了精锐部队，征服各地、各族、各王，使他们向他纳贡。此后他病倒了，感觉死之将至，就召集那些从他幼时就追随左右的尊贵臣仆，趁自己还活着把帝国分给他们[1]。亚历山大就这样为王十二年后去世了。

亚历山大仍是伊斯兰教的传奇英雄，至今喜马拉雅山的一些小酋长还自称是

亚历山大大帝镶嵌画（约前8世纪）。亚历山大短促的生涯（前356—前323）骤然改变了希腊世界。

---

[1] 这并非史实。

他的后裔[1]。除了他,再没有哪个真正的历史人物变成如此完美的神话素材。

亚历山大死后,曾有人试图维护他帝国的统一,但他的两个儿子一个还是婴孩,一个尚未出世,两人各有拥护者,但都在后来的内战中失势了。他的帝国被三家将军瓜分,大体说来,一家得了欧洲部分,一家得了非洲部分,一家得了亚洲部分。欧洲部分最终落入安提哥后人的手中;托勒密得了埃及,定都亚历山大城;塞琉古经过多年争战得了亚洲,由于战事繁忙没来得及确定首都,但后来安条克成为王朝的首要都市。

托勒密王朝和塞琉西王朝(塞琉古的王朝以此为名)都放弃了亚历山大融合希腊人与蛮人的企图,建立了军事专制,起初靠的都是自己手下的马其顿军队辅以希腊雇佣兵。托勒密王朝在埃及的统治颇为稳固,但亚洲两百多年的王朝混战直到被罗马人征服才结束。在这两个世纪,波斯被帕提亚人征服,大夏的希腊人日益陷入孤立。

公元前2世纪(此后希腊化世界迅速衰颓)出现了一个名叫米南德的国王,统治着非常辽阔的印度帝国。他与佛教圣徒的两篇对话录以梵文形式流传至今,部分还有中译本。塔恩博士认为第一篇依据的是希腊原文,第二篇结束时说米南德抛弃王位出家成为佛教圣徒,依据的肯定不是希腊原文。

此时佛教是一个蓬勃发展、极力劝人皈依的宗教。据现存碑文记载,佛教圣君阿育王(前264—前228年)曾派僧人探访马其顿诸位国王,对他们说:"陛下认为,正法的征服才是最紧要的征服;陛下在他自己境内实施的就是这种征服,在所有邻国境内,远至600里格[2]的地方,甚至远在希腊王安条古的地方,以及比安条古还远的托勒密、安提哥、玛珈斯和亚历山大四王的地方……在贵国境内,在悠纳人(即旁遮普的希腊人)当中,都实施这种征服。"[3]可惜这些僧人的活动没有任何流传至今的西方记录。

巴比伦受希腊文化的影响深远得多。如前所述,萨摩斯人阿瑞斯塔克哥白尼式假说的唯一古代支持者是底格里斯河上的塞琉西亚人塞琉古,他活跃于公元前150年左右。塔西佗告诉我们,公元1世纪的塞琉西亚人还没有"沾染帕提亚人

---

[1] 也许这如今已经不是事实,因为持这种信仰的人的儿子们已经在伊顿公学受教育了。
[2] 里格是旧时长度单位,一里格约等于4公里。——译注
[3] 比凡:《塞琉古王朝》卷一,第298页注。

的野蛮习气，仍保持着希腊立国者塞琉古〔1〕的制度。300位凭财富或智慧当选的公民组成了类似元老院的机构，民众也享有政权"〔2〕。希腊语在整个美索不达米亚地区，正如在更西边那样，成为文学和文化语言，直至这些地方被伊斯兰教征服。

除了朱迪亚地区，叙利亚的各个城市在语言文学上完全希腊化了。但乡村人口更保守，依然保留着他们习惯的宗教和语言〔3〕。在小亚细亚，沿海希腊城市几百年来一直影响着他们的蛮人邻邦，马其顿的征服加强了这种影响。希腊文化和犹太文化的首次冲突在两部《马喀比书》里有记述。这是个极其有趣的故事，不同于马其顿帝国其他一切事情，我讲基督教的起源和发展时再探讨。希腊影响力在其他地方从未遇到如此顽固的抵抗。

从希腊文化的角度看，公元前3世纪最辉煌的成就是亚历山大城。埃及不像马其顿帝国欧洲和亚洲地区那样战乱频仍，亚历山大城又处在格外利于经商的位置。托勒密王朝崇尚学问，把当时许多顶尖人才吸引到他们的首都。数学基本上是亚历山大城的学问，直至罗马帝国陨落。阿基米德的确是西西里人，属于希腊城邦依然保持着独立性的地区（直到公元前212年他临死那一刻），但他也在亚历山大城学习过。爱若托希掌管了著名的亚历山大图书馆。公元前3世纪与亚历山大城有着密切关联的那些天才，其才能堪比几百年前希腊人的数学家和科学家，也做了同样重要的工作。但他们不像前辈那样学问包罗万象且探究普遍哲学问题，而是近代意义上的专家。欧几里得、阿瑞斯塔克、阿基米德和埃婆罗尼都一心一意当数学家，不指望哲学创新。

不仅在学术领域，当时所有领域都以专业化为特征。在公元前5至前4世纪的希腊自治城邦里，一个人有才能就意味着要样样精通。在不同情况下，他要分别扮演军人、政治家、立法者或哲学家的角色。苏格拉底虽然厌恶政治，却难免卷入政治纷争。他年轻时当过军人，也学习过物理（虽然《申辩篇》里的他不承认这一点）。普罗泰戈拉向追逐新事物的贵族子弟传授怀疑主义，抽空还给图利拟了一部法典。柏拉图曾涉足政治，虽然并不成功。色诺芬既不写他的苏格拉底也不当乡绅的时候，就去当将军消闲。毕达哥拉斯派的数学家试图掌管许多城邦。每个人都要当陪审员或履行各种其他公共职能。到了公元前3世纪，一切都变了。昔

---

〔1〕 指国王塞琉古，而不是天文学家塞琉古。
〔2〕《编年史》卷六，第42章。
〔3〕《剑桥古史》卷七，第194—195页。

日城邦的确还有政治活动，但已经变得狭隘琐屑，因为全希腊都在马其顿大军的股掌中。真正的权力斗争发生在马其顿军人之间，他们行事无原则，只是冒险家们抢地盘而已。在行政和技术问题上，这些多少是不学无术之徒的军人就雇用希腊人当专家，比如埃及就建造了一流的灌溉排水系统。此时有军人、官员、医生、数学家和哲学家，但不再有身兼数职者。

在这个时代，有钱而没有权力欲的人能享受非常愉快的生活，当然前提是没有杀红眼的军队闯到他跟前。被君王垂青的学者能享受相当奢华的生活，只要他擅长谄媚而且不介意当愚蠢王室嘲弄的笑柄。但没有安全可言。一场宫廷政变就能把马屁精圣贤的恩主推翻，加拉太人会摧毁富人的庄园，自己的城邦会在一场意外的王室斗争中被洗劫一空。在这种情况下，难怪人们去崇拜幸运或曰运气女神。人世纷扰，似乎没有任何道理可言。那些非要执拗地从哪儿找点道理的人只好反观自身，像弥尔顿笔下的撒旦那样断定：

> 意念是自己的领地，它本身能
> 将天堂变地狱，将地狱变天堂。

除非是追逐私利的冒险者，一般人再也提不起对公共事务的兴趣。亚历山大辉煌的征服篇章结束后，希腊世界没有强大得足能稳定统治的君主，也没有强大得足以让社会凝聚的理念，因而陷入混乱。面对新型政治问题，希腊智慧完全无能为力。罗马人跟希腊人比无疑是愚蠢又野蛮的，但起码稳得住秩序。昔日自由时代那种混乱尚可忍受，因为每个公民都享有自由；但无能的统治者导致的新型马其顿式混乱是完全无法容忍的，比后来对罗马的屈服还难受得多。

整个社会弥漫着不满情绪和对革命的恐惧。也许是由于东方奴隶劳动的竞争，自由劳动者的收入减少了，生活必需品的价格却在攀升。有资料表明，亚历山大刚起步时还顾得上签条约让穷人安分守己。"公元前335年，亚历山大和哥林多联盟签署条约，规定联盟议会和亚历山大的代表要确保联盟的任何城邦不得为了革命而没收私人财产、分配土地、免除债务或解放奴隶。"[1]在希腊化世界，神庙经

---

〔1〕 W. W. 塔恩：《公元前3世纪的社会问题》，载《希腊化时代》论文集，剑桥出版社1923年版。这篇论文极其有趣，内有许多别处很难找到的史实。

营银行业务，拥有黄金储备，操纵债务。公元前3世纪初期，戴罗斯的阿波罗神庙以10%的利息放贷，此前利率还更高[1]。

收入连最低生活需求都维持不了的自由劳动者，倘若年轻力壮，还可以去当雇佣兵。雇佣兵的生活无疑充满艰辛危险，但也有很好的机遇。或许能劫一座富裕的东方城市，或许能来一场有利可图的暴动。恐怕连统帅都不敢贸然解散部队了，也许这就是战事连绵不断的原因之一。

昔日的公民精神多少还保存在旧希腊城市里，但亚历山大建立的新城里就没了，连亚历山大城都不例外。早期的新城往往是某旧城的移民组成的殖民地，与母邦保持着感情联系。这种感情联系非常持久，公元前196年兰萨克斯城在希腊海峡的外交活动就是例证。这座城市面临着被塞琉西王安条古三世征服的危险，决定请求罗马保护。他们派了个使团，使团没有直接去罗马，而是不惜遥遥绕道先去了马赛，因为马赛像兰萨克斯一样，也是福西亚的殖民地，此外还与罗马交好。马赛公民听了来使的诉求，便立即决定派自己的一队外交团去罗马支持姐妹城。住在马赛内陆的高卢人也修书一封给他们在小亚细亚的同族加拉太人，劝他们对兰萨克斯友好相待。罗马自然乐意借此插手小亚细亚的事务，兰萨克斯在罗马的干预下保住了自由，直至后来成为罗马人的障碍[2]。

亚洲统治者一般自称"亲希腊派"，在政策和军事所能允许的范围内尽量与希腊旧城保持友好关系。这些新城渴望民主自治、免进贡、免受王室驻军的管制，如有可能就宣称这些是权利。他们值得安抚，因为他们富有，能提供雇佣兵，许多城市还有重要港口。但如果他们在内战中站错了队，就会面临赤裸裸的征服。整体上看，塞琉西王朝和其他逐渐壮大的王朝对他们都相当宽容，但也有例外。

新城虽然有一定程度的自治，但没有旧城那样的传统。公民来源很杂，希腊各地的都有，主要是冒险家，好比后世侵占美洲的西班牙征服者或南非约翰内斯堡的殖民者，而不是像早期希腊殖民者或新英格兰开拓者那样的虔诚朝圣者。因此亚历山大的城市没一个成为坚固的政治体。这有利于宗主国的统治，但不利于希腊文化的传播。

---

[1] W. W. 塔恩：《公元前3世纪的社会问题》，载《希腊化时代》论文集，剑桥出版社1923年版。这篇论文极其有趣，内有许多别处很难找到的史实。

[2] 比凡：《塞琉古王朝》卷二，第45—46页。

非希腊宗教迷信对希腊化世界的影响大部分是坏的，虽然不绝对。本来不应该这样。犹太人、波斯人和佛教徒的宗教都曾经绝对优于希腊流行的多神教，最优秀的哲学家钻研这些宗教也会受益匪浅。可惜对希腊思想造成最深影响的是巴比伦人或迦勒底人。首先他们的文化都老得可以，祭司记录可上溯到几千年前，口头宣称的还要再早几千年。不过也有一些真正的智慧，巴比伦人预测月蚀比希腊人早得多。但这些仅仅是他们让人易于接受的原因，希腊人实际接受的主要是占星术和巫术。吉尔伯·莫瑞教授说："占星术进入希腊人的思想，犹如一种新病传染到某个偏远小岛。据狄奥铎描述，奥兹曼迪亚斯的陵墓画满占星符号，科马根出土的安条古一世陵墓也是这样。君王们自然以为有星辰守护他们，但普通人也都急欲染上这病菌。"[1] 占星术似乎是一个名叫贝如索的迦勒底人在亚历山大时代教给希腊人的，此人在科斯教占星术，塞涅卡说他曾"译介贝尔"。莫瑞教授说："这肯定是指他把亚述班尼拔图书馆发掘的那篇刻在七十块书简上的论文《贝尔之眼》翻译为希腊文。"（同上，第176页）

　　结果连最优秀的哲学家也大都信起占星术。占星术认为未来可以预测，这意味着对必然或命运的信仰，却也能反对当时盛行的对运气的信仰。多数人无疑两者都信，却从未意识到两者的矛盾。

　　大混乱必然导致比知识衰颓还严重的道德败坏。世代绵延的动荡，虽然容许少数人保持着极致的圣洁，对体面公民的日常德行却非常有害。节俭似乎没用，因为你的积蓄明天就可能一干二净；诚实是无益的，因为你对他诚实，他却必然要骗你；坚持为事业奋斗是没意思的，因为没有任何重要事业可言，也没有任何保得住的胜利；没必要为真理辩护，因为圆滑地见风使舵才能苟全身家性命。一个人的德行若仅出于纯粹的世俗考量，那么，他有勇气的话会成为冒险家，没勇气就会只求默默无闻混日子。

　　属于这个时代的米南德说：

> 我见过多少人，
> 他们并非天生恶徒，
> 却由于不幸而被迫走上邪路。

---

[1]《希腊宗教的五个阶段》，第177—178页。

这概括了公元前3世纪的道德面貌，只有少数卓越人物除外。即使这些极少数的人，恐惧也取代了希望，人生只顾躲避厄运而无暇追求什么积极的善。"形而上学退居幕后，个人伦理成为头等要事。哲学不再是引领大无畏者探寻真理的火炬，更像是追随生存斗争的战场收拾残弱的救护车。"[1]

第二十六章　犬儒派与怀疑派

杰出知识分子与他们所处社会的关系，在不同时代大相径庭。在某些幸运时代，他们大体上能与环境相融，无疑会提出他们认为有必要的改革建议，颇有信心这些建议会受欢迎，而且即使世界没有改变，他们也不会厌弃。在另一些时代，他们力图革命，认为有必要做激进变革，并期望这些变革部分地由于自己的极力主张而能在不久的将来发生。还有一些时代，他们对世界绝望，感觉自己明知什么是必需的，却根本无望实现。这种情绪很容易沦为更深切的绝望，觉得人生在世本质上是受苦，美好的东西只能寄希望于来世或某种神秘转变。

在某些时代，这些不同态度在同一时间分别为不同人采取。以19世纪早期为例，歌德乐观惬意，边沁是改革者，雪莱是革命者，莱奥帕蒂是悲观主义者。但多数时期总有一种主流情绪弥漫在伟大人物中。在英国，他们在伊丽莎白时代和19世纪很乐观；在法国，他们于1750年左右成为革命派；在德国，他们从1813年起成为民族主义者。

公元5世纪到15世纪的教会统治期，他们的理论信仰和实际感受有某种冲突。理论上，世界是泪之谷，是为来世预备的受难之旅。但现实中著述家几乎全是教士，他们不禁为教会的权势高兴，有大把机会做自己认为有用的事。因此他们有统治阶级心态，根本没有流落异域的悲凉感。这就是贯穿中世纪的奇特二元论的一部分，原因是教会尽管信奉来世，却是日常世界里最重要的机构。

基督教从希腊化时代就开始为来世做心理准备，这与城邦的衰落不无关联。

---

[1]《剑桥古史》卷七第231页C. F. 安古斯（Angus）的话。前引米南德的话也出自这一章。

直迄亚里士多德的希腊哲学家虽然会抱怨这抱怨那,但基本心态并不绝望,也没有政治上的无力感。他们有时会沦为败党,但失败也只是冲突意外所致,不是因为智慧者不可避免地无能为力。即使像毕达哥拉斯、柏拉图这些心绪不佳时会谴责表象世界而遁入神秘主义的哲学家,也都有把统治阶级变成圣贤的实际计划。政权落入马其顿人手中后,希腊哲学家自然就脱离政治而更加专注个人美德或超脱了。他们不再问:如何创建良好的城邦?而是问:人如何在邪恶的世界保持美德,或在苦难的世界保持幸福?没错,这是程度上的变化,因为这些问题之前也有人提过,后来的斯多葛派也曾一度关心政治——当然是罗马而非希腊的政治。但这也是实质性变化。除了罗马时期斯多葛派在一定限度外,那些认真思索、认真感受的人越来越主观个人化,直至基督教最终形成一套个人救赎信念,激起传教热情并创造了基督教教会。在此之前,哲学家没有能倾心支持的体制,对权力的合理热爱找不到充分的出口。正是因此,与城邦依然能激起人们忠诚的时代相比,希腊化时代的哲学家活得没那么舒展。他们依然思考,因为思考是情不自禁的;但他们很少指望自己的思想能在实际世界结出什么成果。

有四个哲学流派大约形成于亚历山大时期。斯多葛派和伊壁鸠鲁派最著名,留待后文探讨;本章我们谈犬儒派和怀疑派。

犬儒派创始人是第欧根尼,第欧根尼的思想源于安提森尼。安提森尼是苏格拉底的信徒,比柏拉图大二十岁左右。安提森尼性格鲜明,在某些方面颇似托尔斯泰。他在苏格拉底去世前一直生活在贵族子弟圈子里,没有任何非正统迹象。然而某种缘故——不知是雅典的陷落、苏格拉底的死还是对哲学诡辩的厌恶,让不再年轻的他鄙弃了既往珍视的一切。除了纯朴的善良,他什么都不要了。他和劳作的人们来往,也穿成劳作的模样。他露天讲道,说的话没受教育的人也能听懂。在他看来,一切精致的哲学都是无用之物,是知识就该让普通人理解。他崇尚"回归自然",并将这个信念贯彻得极为彻底。不要政府,不要私产,不要婚姻,不要宗教。如果说他本人没谴责奴隶制,他的追随者谴责了。他并非真正的苦行者,但他鄙弃奢华和对感官快乐的一切刻意追求。"我宁愿发疯也不要快乐。"他说。

安提森尼的名声被门徒第欧根尼盖过,第欧根尼这个青年"来自黑海沿岸的西诺卑,安提森尼最初不喜欢他,因为他是一个曾因毁损钱币而坐牢的声名狼藉的钱商的儿子。安提森尼让那小子走,他却不听;安提森尼用棍子打他,他一动不动。他渴望'智慧',觉得安提森尼能教给他。他的人生目标是做父亲做过的事,'毁损钱币',但要做得更绝。他要毁损世上流通的一切钱币。各种通用的印戳都是假的。那些打上将军和国王印戳的人,那些打上荣誉、智慧、幸福和财富印戳的事物,都是描着唬人印记的破铜烂铁"[1]。

他决心像条狗那样生活,因此被叫做"cynic"(犬儒),意思是"像犬一样"。他拒斥一切习俗,无论是宗教、礼仪、衣着、住所、食物还是脸面。据说他住在一个缸里,但吉尔伯·莫瑞坚称是误传,其实是个大瓮,古人用来埋葬死尸的那种[2]。他像印度托钵僧那样行乞为生。他宣扬友爱,不仅是全人类的友爱,还有人与动物的友爱。他活着的时候就有了许多传说。大家都知道亚历山大拜访他的情形:问他要不要什么恩惠,他回答说:"别挡我的阳光。"

第欧根尼的教义却丝毫没有我们如今所谓的"愤世嫉俗"(cynical)意味,恰恰相反,他热烈追求美德,在他眼里,世俗财富与美德比根本不值一提。他追求摆脱欲望束缚的美德和道德自由:漠视好运带来的财富,你就能从恐惧中解放。可以看出,他这方面的教义被斯多葛学派吸收,但斯多葛学派没有像他那样拒绝文明创造的便利。他认为普罗米修斯活该挨罚,因为他带给人类的技艺让生活变得复杂造作。这一点他像道家、卢梭和托尔斯泰,但比那些人执拗。

尽管和亚里士多德生活在同一时代,第欧根尼的教义却有希腊化时代的特征。亚里士多德是最后一个欣然面对世界的希腊哲学家,他后面的一切哲学家都带有这种或那种避世思想。世界是坏的,我们要学着遗世独立。身外之财靠不住,只是好运赠予的礼物,不是我们自身努力的回报。唯有主观财富,也就是德行或知足认命才可靠,所以有智慧的人只在乎这些。第欧根尼本人活力充沛,他的教义却像希腊化时代的思想,迎合的是那些倦怠的人,那些已经被失望摧毁了天然热忱的人。这种教义肯定没有推动艺术、科学、政治或任何有用活动的指望,只是对邪恶力量的抵抗。

犬儒派教义流行起来后的情形很有意思。公元前3世纪早期,犬儒派非常盛行,尤其在亚历山大城。他们印发了一些短篇说教,指出不要物质财富生活多轻松,吃简单食物会多么幸福,没有昂贵衣服也能多暖和地过冬(在埃及可能真是

---

[1] 贝恩,卷二,第4、5页;《希腊宗教的五个阶段》,第113、114页。
[2] 莫瑞:《希腊宗教的五个阶段》,第117页。

亚历山大造访第欧根尼。亚历山大问他要不要什么恩惠,第欧根尼回答说:"别挡我的阳光。"

这样!),眷恋故国或者为孩子或朋友的死而哀伤有多傻。"就因为我儿子或妻子死了,"一个名叫泰利的通俗化犬儒派信徒说,"我就该不顾自己这个大活人,不再照管自己的财产?"[1]简单生活到这种地步很难让人赞同,因为已经太过了。不知什么人会喜欢这种说教。是那些自以为穷人的苦难只是幻觉的富人?还是那些刚刚变穷,想鄙视成功生意人的人?还是那些得了旁人恩惠还哄自己说这一切无足轻重的谄媚之徒?泰利对一个富人说:"你给得慷慨,我拿得干脆,既不低声下气,也

---

[1]《希腊化时代》论文集,剑桥出版社1923年版,第84页起。

不作践自己啰嗦感激。"[1] 听起来够实用。通俗化的犬儒主义并不教人弃绝世上的好东西，只是对之抱以漠然。欠了债的话，可能表现为尽量不对债主抱亏欠之情的心态。由此可以看出"cynic"（愤世嫉俗者）一词是如何获得日常含义的。

犬儒派教义中最好的东西传入斯多葛派，斯多葛主义则是更完善圆融的学说。

怀疑主义最先是皮浪提出的，他参加过亚历山大的部队，曾随军远征印度。这似乎让他对旅行颇有兴致，他在自己的故土依利斯城度过余生，公元前275年死在那里。除了对以往种种怀疑的系统化形式化整理，他的学说没什么新意。对感官的怀疑早就困扰着希腊哲学家，例外的仅仅是像巴门尼德和柏拉图这种否认知觉的认知价值，借机宣扬知识教条主义的人。智者派，尤其是普罗泰戈拉和高尔吉亚曾被感官知觉的模糊和矛盾引入一种颇似休谟的主观主义。皮浪似乎（他明智地不写任何书）在感官怀疑主义的基础上添加了对道德和逻辑的怀疑。据说他曾经宣称人类没有任何理性依据来选择一种做法而不选另一种。实践中，这意味着一个人住哪个国家就遵从哪个国家的习俗。近代怀疑主义信徒会在星期天去教堂规规矩矩地做礼拜，内心却没有任何激发这些行为的宗教信仰。古代怀疑主义者可以做全套异教仪式，有时甚至他们本人就是祭司，怀疑主义信念告诉他们这一切无法被证实有错，尚未被怀疑主义扑灭的常识感告诉他们这样做比较便利。

怀疑主义自然迎合许多不喜哲学的人。看各学派尖锐纷争，人们不禁认为他们都在佯装知道事实上无法得知的东西。怀疑主义是懒人的慰藉，因为它让无知者显得和杰出学者一样有智慧。对那些天生需要信仰的人来说，怀疑主义似乎无法让人满足，但就像希腊化时代的每一种学说那样，它也是忧虑的解药。何必忧虑未来呢？未来完全是无可捉摸的。不如享受当下，"今后的一切还说不准"。由于这些缘故，怀疑主义在民众里大行其道。

应当注意的是，怀疑主义作为一种哲学思想并非单纯的怀疑，其实可称作教条化的怀疑。科学研究者说"我想它是这样这样的，但不能肯定"，具有认知好奇心的人说"我不知道它是怎么回事，但我希望弄清楚"，哲学怀疑主义者说"没有人知道，也永远不会有人知道"。这种教条化正是怀疑主义的薄弱之处。怀疑主义者当然否认他们是教条化地断定知识不可知的，但这种否认很难让人信服。

皮浪的门徒提蒙却为怀疑主义提出了一些希腊逻辑很难应对的理性论据。希腊

---

[1]《希腊化时代》论文集，剑桥出版社1923年版，第86页。

人只承认演绎逻辑，而所有演绎都像欧几里得几何学那样，必须从不证自明的普遍原则出发。提蒙认为不可能找到这种原则。因此，一切知识都必须靠其他知识证明，所有论证要么是循环的，要么是一条无处维系的无尽链条，两种情形都根本无从证明。可以看出，这条理由击中了主宰中世纪的亚里士多德式哲学的根基。

在我们这个时代，有些绝非彻底怀疑论者的人宣扬着某些古代怀疑主义者没想到的怀疑论点。他们并不怀疑现象，也不质疑那些在他们看来直接关联现象的命题。提蒙的著作大部分佚失了，但他有两句流传下来的话可说明这一点。一句是"现象总是合理的"，另一句是"我不断定蜜是甜的，我完全同意蜜尝起来似乎是甜的"[1]。近代怀疑主义者会指出现象仅仅会发生，不存在有理无理之说；只有陈述会有理或无理，而任何陈述都不可能与现象紧密联系得根本不会出错。为此，他应当说"蜜似乎是甜的"仅仅很可能为真，但不绝对肯定。

在某些方面，提蒙的学说与休谟很像。他主张人们从未观察到的东西，比如原子，是无法合理推知的；但如果两种现象频频一起出现，就可从其一推知其二。

提蒙晚年一直生活在雅典，公元前235年终老于此。随着他的死，皮浪学派告终，但说来也怪，他的学说稍加改造后竟被代表柏拉图式传统的学园吸收。

造成这一惊人哲学变革的是阿西劳斯，他是提蒙的同代人，大约老死于公元前240年。多数人从柏拉图那里传承的是对超感觉理智世界的信念，以及不死的灵魂优于必死的肉体的观念。但柏拉图是个多面人物，他在某些角度宣扬的可谓是怀疑主义。柏拉图笔下的苏格拉底声称自己一无所知，我们自然把这话当嘲讽，但也可以拿它当真。许多对话没得出正面结论，目的是为了让读者产生怀疑。某些内容，比如《巴门尼德篇》后半部，似乎只是为了表明任何问题的正反面都能说得同样有理，除此之外并无其他意图。柏拉图式辩证法可作为一种目的而非手段，作为目的，它被巧妙地借来支持怀疑主义。这似乎就是阿西劳斯解读所谓自己追随柏拉图的方式。他砍了柏拉图的头，但不管怎样那躯干还是真的。

阿西劳斯的教学方式有很多值得称赞之处，假如师从他的年轻人能不被他完全唬住的话。他不主张任何论题，只反驳学生提出的论题。有时他自己连续提出两个相矛盾的命题，向学生展示如何令人信服地论证随便哪一个。足有勇气叛

---

[1] 艾德温·比凡：《斯多葛派和怀疑论者》，第126页。

逆的学生也许能学到机智和避免谬误，但事实上他们似乎除了油滑机灵和漠视真理外什么都没学到。阿西劳斯的影响无比巨大，以致学园被怀疑主义笼罩了200来年。

这段怀疑期发生了一桩趣事。公元前156年，雅典派三名哲学家作为外交使臣来到罗马，其一就是学园首脑阿西劳斯的杰出继任者卡涅德。卡涅德觉得没理由让大使的尊严妨碍这次大好机会，于是在罗马讲起学来。急欲模仿希腊派头、学习希腊文化的罗马青年蜂拥而来听他讲学。第一次演讲，他阐释了亚里士多德和柏拉图的公正观，完全是教化口吻。第二次演讲却把上次说的一切统统推翻，不为确立相反结论，仅为表明任何结论都靠不住。柏拉图笔下的苏格拉底曾辩称，施害者遭受的痛苦比受害者遭受的痛苦还剧烈。卡涅德却指出，大国就是通过对弱小邻邦的不公正侵略而成为大国的，这一点在罗马很难否认。船快沉时，你可以牺牲弱者来保全自己的性命，不这么做就是傻瓜。他似乎认为"妇孺优先"并非让人得救的箴言。如果你打了败仗正在逃离敌人的追杀，战马也没了，碰上一个受伤的战友骑着马，该怎么办？理智的做法是把他拽下来抢他的马，管它正不正义。这么没教育意义的说辞竟出自一个所谓柏拉图追随者之口，实在令人惊异，却似乎取悦了新式头脑的罗马青年。

有人听了大为不悦，那就是卡图长老，他代表着苛刻、僵硬、愚蠢又粗暴的道德规范，罗马打败迦太基靠的正是这种道德。卡图长老从小到老都过着简单生活：早早起床，干些体力活，只吃粗茶淡饭，从没穿过一百便士以上的袍子。他对国家无比忠诚，拒绝任何贿赂和劫掠。他严厉要求其他罗马人也遵从自己那套美德，宣称指控和追讨坏人是好人的至善举动。他使出浑身解数推行古罗马的严厉做派：

> 卡图还把一个名叫玛尼琉的人赶出元老院，只因这个原本极有希望来年当选执政官的人在白天并当着女儿的面太深情地亲吻妻子；卡图为此谴责玛尼琉时还告诉对方，他妻子就从不亲他，除非打雷了。[1]

卡图当权时禁止奢侈和饮宴。他让妻子不仅给自己的孩子们吃奶，还给奴隶

---

[1] 普鲁塔克：《名人传》，诺斯译，《马克·卡图篇》。

们的孩子吃奶，为的是奴隶孩子喝同样的奶长大了能爱他的孩子们。奴隶们老得干不动活了，他就毫不留情地将他们卖掉。他坚持让奴隶们要么干活要么睡觉。他鼓励奴隶们互相争吵，因为"他受不了奴隶们成为朋友"。一个奴隶犯了大错，他就把其他奴隶都招来，诱导他们喊打喊杀，然后他就当着大伙儿的面亲手处决那个人。

卡图和卡涅德形成了完全对比：一个因道德太严厉、太传统而残暴，一个因道德太松懈、太严重地感染了希腊化世界的堕落而无耻。

> 马克·卡图甚至从青年们开始学希腊语，希腊语在罗马日益受重视的时候起就深为反感，他怕那些渴求学识和辩才的罗马青年完全放弃武力的荣耀和骄傲……于是有一天他在元老院公开挑这三名使臣的错，责怪他们待得太久，不赶快办事，还为人狡猾容易魅惑旁人。如果没有别的事，仅此一点就足以让元老院给他们一个答复，打发他们回自己的国家，教他们自己的希腊孩子去，别再打扰罗马的孩子们，好让他们像从前那样学着服从法律和元老院。他向元老院说这番话，不是某些人猜测的那样因为对卡涅德有私怨或恶意，而是因为他憎恶一切哲学。[1]

在卡图看来，雅典人是没有法律的低等人，他们被知识分子浅薄的辩术败坏没关系，但罗马青年必须恪守严厉的道德，保持帝国心态，保持无情和愚蠢。但他失败了，后世的罗马人传承了卡图的许多恶性，也吸收了卡涅德的恶性。

卡涅德之后的学园首脑是个迦太基人（约公元前180至前110年），真名叫哈斯朱保，但和希腊人打交道时喜欢自称克里图马赫。与只讲不写的卡涅德不同，克里图马赫写了400多本书，部分用的是腓尼基文。他的原则似乎和卡涅德一样，在某些方面是有用的。这两位怀疑派都反对日益盛行的占卜、巫术、星相学。他们也创立了建设性学说，那就是或然程度说：尽管我们永远没理由感到确信无疑，但某些东西比其他东西更可能为真。我们应当用概率指导实践，因为根据最有可能的假设来行事是合理的。这一点多数近代哲学家都会同意。可惜叙述该观点的书籍已经佚失，很难从遗留下来的线索重建学说原貌。

---

[1] 普鲁塔克：《名人传》，诺斯译，《马克·卡图篇》。

克里图马赫过后,学园不再持怀疑主义立场;从安条古(死于公元前69年)开始,学园的学说几百年来都与斯多葛派没什么实际区别。

怀疑主义却没有消失,而是被克里特人阿奈西德复兴。阿奈西德来自克诺索斯,根据我们有限的认知,克诺索斯可能早在两千多年前就有过怀疑派,他们质疑动物女神的神性,以取悦那些放荡的贵族。阿奈西德生卒年不详,他抛弃了卡涅德的概率说,恢复了最早期的怀疑主义。他的影响极为深远,追随者当中有公元2世纪的诗人卢申以及稍后的哲学家塞克特·恩皮瑞克,后者是唯一有著作流传至今的古代怀疑主义哲学家,有篇短文被艾德温·比凡译成英文并录入《晚期希腊宗教》一书(第52—56页),叫做"Arguments Against Belief in a God"(《论反对信神》);比凡认为,这个短篇可能是恩皮瑞克根据克里图马赫的口述记载的卡涅德学说。

此文开篇解释说,怀疑主义在行为上是正统的:"我们怀疑主义者在实践上遵从世人的做法,没有任何异议。我们说起神,当他们是存在的;我们把神敬奉为天命的执行者,但我们不把这些话说成自己的信仰,避免了教条者的鲁莽。"

恩皮瑞克接着论证说人们对神的性质看法不同,譬如有人以为他有肉身,有人认为他没有肉身。我们没有与他接触的经历,所以无法得知他的属性。神的存在并非不证自明的,所以需要证据。然后是一段有些混乱的论证,说此类证据是无法获取的。接着谈罪恶问题,结语说:

> 断定神存在的人,会不可避免地渎神。因为,假如他们说神掌管一切,那就是说神也是罪恶的创造者;假如他们说神只管部分事物或什么都不管,那就是说神要么狭隘要么无能,这样做显然也是渎神。

怀疑主义虽然直到公元3世纪都吸引着某些有教养的人,但已经与教条化宗教和救赎学说日益盛行的时代精神背道而驰。怀疑主义足能使有教养的人对国教滋生不满,却没有任何建设性力量,哪怕在纯知识领域也提供不了任何替代品。从文艺复兴开始,对神学的怀疑往往由狂热的科学信仰支撑,而这种支撑古代是没有的。古代世界对怀疑主义者的质疑持回避态度,不予回应。奥林匹亚神祇没人信了,东方宗教终于能畅通无阻地入侵,前来争夺迷信者的青睐,直至基督教获得压倒性胜利。

第二十七章　伊壁鸠鲁派

希腊化时期的两大新学派，斯多葛派和伊壁鸠鲁派是同时创立的，创始人芝诺和伊壁鸠鲁也大约同时出生，先后几年内作为各自学派的领袖定居雅典。因此两学派孰先孰后只是趣味问题。我先讲伊壁鸠鲁派，因为他们的学说完全是创始人定下的，而斯多葛派的学说经历了漫长发展过程，直迄古罗马皇帝马可·奥勒留（死于180年）时代。

关于伊壁鸠鲁的生平，主要权威是公元3世纪的第欧根尼·拉尔修。但有两点困难：第一，拉尔修本人容易听信那些很少或全无历史价值的传说；第二，他的《传记》含有斯多葛派对伊壁鸠鲁的诽谤，很难分清他是在讲自己的主张，还是仅仅在转述旁人的诽谤。赞扬斯多葛派的崇高美德时，别忘了他们捏造诽谤的行径，而伊壁鸠鲁派不存在这种情形。譬如，据说伊壁鸠鲁的母亲是个冒牌女祭司，对此拉尔修说："他们（斯多葛派）说他曾跟着母亲挨家挨户念消灾免祸的咒语，还曾帮父亲教一些幼稚把戏来混饭吃。"

贝利评论道："他当母亲的跟班到处跑着念咒，这话假如有一点属实，那他后来学说中对迷信的明显仇视应该早在他幼时就激发出来了。"[1] 这说法很让人动心，但鉴于古代后期的人会毫不顾忌地捏造丑闻，我觉得此事恐怕不能当真[2]。再者，还有一个事实与这种观点相悖，那就是他对母亲感情极深[3]。

但伊壁鸠鲁一生的主要事实似乎相当确凿。父亲是穷人，从雅典殖民到萨摩斯；伊壁鸠鲁出生于公元前342或前341年，但生于萨摩斯还是阿提卡就不清楚了。不管怎样，他孩童时代是在萨摩斯度过的。他自述十四岁喜欢上哲学，十八岁也就是大约亚历山大去世时，他来到雅典，应该是为了确定公民权，可是当他在雅典时，萨摩斯的雅典殖民者被驱逐出去（公元前322年）。伊壁鸠鲁的家人流

---

[1] 希瑞尔·贝利：《希腊原子论者和伊壁鸠鲁》，1928年牛津版，第221页。贝利先生对伊壁鸠鲁有专门研究，他的书对学者极有价值。
[2] 斯多葛派对伊壁鸠鲁很不公，比如说，斯多葛派哲学家爱比克泰德曾数落伊壁鸠鲁："这就是你所谓有价值的人生：吃喝拉撒、交配酣睡。"《爱比克泰德文集》卷二，第20章。
[3] 莫瑞：《希腊宗教的五个阶段》，第130页。

落到小亚细亚，他就去那里团聚。在陶斯，要么是此时要么稍早些，他曾跟一个名叫诺昔芬的人学哲学，此人显然是德谟克利特的信徒。伊壁鸠鲁的成熟哲学思想绝大部分源于德谟克利特，对诺昔芬却唯有轻蔑，说他是"软体动物"。

公元前311年伊壁鸠鲁创立自己的学校，最初在米特林，后来在兰帕萨古，从公元前307年起是在雅典，他本人在公元前270或前271年死于雅典。

多难的青年时代过后，他在雅典的生活很平静，只有病痛搅扰。他有一座宅子和一片园地，园地显然是和宅子分开的，他就在这个园里讲学。最初来听讲的是他的三个兄弟还有其他一些人，但在雅典他的学派壮大了，不仅是哲学信徒，还有朋友们及其子女、奴隶和情妇，纷纷来到他门下。这些情妇成为敌人毁谤他的借口，但显然很不公允。他极擅结交纯粹的友情，甚至给门徒的子女写了许多愉快的信。他没有古代哲学家的庄重架势和矜持姿态，他的信真挚自然得不可思议。

伊壁鸠鲁派的生活很简单，部分是出于信念，部分无疑是由于缺钱。饮食主要是面包和水，伊壁鸠鲁觉得很满足，他说："我靠面包和水过日子，全身都洋溢着快乐。我鄙视奢侈之乐，不是因为它们本身，而是因为随之牵连的种种不便。"学派在经济上起码部分靠自愿捐助。伊壁鸠鲁致信一个朋友："送我一些干酪吧，我想的时候可以宴客。"又致信另一个朋友："请代表你和你的孩子们送些东西来供养我们神圣的学团吧。"还说："我只要求这些捐助——弟子们要给我送来，哪怕你们远在北极。我希望收你们每人每年220个德拉克马[1]，不要再多。"

伊壁鸠鲁一生饱受病痛折磨，但他学会了坚强忍耐。最先主张受着酷刑也能幸福的，就是伊壁鸠鲁而不是斯多葛派信徒。他有两封信，一封写于死前几天，一封写于死亡当天，表明他是有资格这么说的。前一封写道："七天前我就浑身不能动弹了，我忍受着末日般的临终痛苦。如果我出了什么事，请照管梅特多罗的孩子们四五年，但花在他们身上的钱别超过你现在为我花的钱。"另一封写道："在我人生真正幸福的日子，在我将死之时，我给你写这封信。膀胱病和胃病持续恶化，痛楚照常是一丝不减，但我的心追忆着与你的交谈，充满快乐。从小就对我、对哲学无比忠诚的你，请照管梅特多罗的孩子们。"梅特多罗是他最早的弟子之一，这时已经死了；伊壁鸠鲁在遗嘱里为梅特多罗的孩子们安排好了生活。

---

[1] 约合20美元。

虽然伊壁鸠鲁对多数人温良和善，但他与哲学家，尤其是那些人们觉得他应当感激的哲学家相处时，却完全是另一副面孔。他说："我猜这帮聒噪之徒会以为我是那软体动物（诺昔芬）的弟子，认为我曾和几个贪酒的青年一起听他讲学。其实那家伙是个坏人，他那副德性永远得不到智慧。"[1] 伊壁鸠鲁从未承认自己源于德谟克利特的东西，至于留基伯，他声称没有这号哲学家——他当然不是说不存在这个人，而是说这个人不算哲学家。第欧根尼·拉尔修把他辱骂显赫前辈的绰号列了个清单。除了对其他哲学家器量狭隘外，他还有一个严重缺陷，那就是专断的教条主义。追随者必须将他的学说奉为不容置疑的经典，因而直到最后都没有任何弟子做过任何增补或修正。两百年后，卢克莱修把伊壁鸠鲁哲学编成诗文，就我们所知，他也没有对这位宗师的教义做任何理论补充。能比较的地方，我们就可看出卢克莱修紧紧追随原意；其他地方，一般也认为可根据卢克莱修的说法来填补伊壁鸠鲁三百本作品全部遗失造成的知识空隙。伊壁鸠鲁的著作，除了几封信、一些片言只语和一篇"主要学说"外，什么都没流传下来。

伊壁鸠鲁的哲学像他那个时代的所有哲学思想（部分怀疑主义除外）那样，主要是为了确保内心平静。伊壁鸠鲁认为快乐就是善，并态度鲜明地将这个观点贯彻到底。他说："有福的生活自始至终都是为了快乐。"第欧根尼·拉尔修在《生命的目的》中引用伊壁鸠鲁的话说："假如抽掉味觉之乐，抽掉爱欲之乐，抽掉听觉和视觉之乐，我无法想象能有什么善可言。"还说："一切善的起点和根基都是口腹之乐，就连智慧和文化也必出于此。"他说，思想之乐是对躯体之乐的思索；与躯体之乐相比，思想之乐的唯一优越之处是我们能去想快乐而不想那些痛苦，所以更好控制。"德行"除非指"追求快乐时注意审慎"，否则就是空名。譬如说，公正就是行事不要造成他人的憎恶——这种观点引出了一种颇似社会契约论的社会起源学说。

伊壁鸠鲁不同意某些快乐主义前辈对积极快乐与消极快乐，或曰动态快乐与静态快乐的区别。动态快乐就是达到渴望的目的，这渴望曾伴随着痛苦。静态快乐是一种平衡状态，来自一种假如没有就会引起渴望的情形。我们可以说吃东西充饥的过程是动态快乐，而吃饱后的安宁则是静态快乐。这两种快乐，伊壁鸠鲁认为最好追求后者，因为它是纯粹的，不用靠痛苦激发欲望。躯体处于平衡状态，

---

[1] 欧茨:《斯多葛派与伊壁鸠鲁派哲学家》，第47页。我尽可能借用欧茨先生的译文。

就没有痛苦；因此，我们应追求安宁平和的快乐而不是激烈的快乐。看来伊壁鸠鲁想尽可能处于适度吃喝的状态，永远不要对食物产生强烈渴求。

因此他在实践中把避免痛苦而不是享受快乐当成智慧目标[1]。口腹之欲也许是一切的根本，但胃的疼痛会压倒纵情吃喝的快乐；因此伊壁鸠鲁靠面包过活，节日吃点奶酪。财富荣誉什么的皆是虚妄，因为它们会让本应满足的人心神不宁。"最大的善是节制：它甚至比哲学还可贵。"他认为哲学是用来确保幸福生活的实践方法，只需常识，用不着逻辑、数学或柏拉图规定的复杂训练。他劝年轻的弟子兼朋友佩索克里"逃避任何教化"。按照这些原则，他自然劝人避开公共生活，因为随着一个人权势的增长，嫉妒并意欲伤害他的人会越来越多。即使他躲开了外患，在这种情况下也无法获得内心安宁。智者肯定会尽量默默无闻地生活，以免树敌。

性爱作为最"动态"的快乐，自然是要不得的。这位哲学家宣称："性爱向来对人没好处，人不受其害就算幸运了。"他喜欢（别人的）孩子，但要想满足这种乐趣，他似乎就得靠别人不听他的劝告了。事实上，他对孩子的喜爱似乎超出了自己理智的控制，因为他认为婚姻和孩子是让人分心的事，会妨碍更严肃的追求。卢克莱修像伊壁鸠鲁那样贬斥爱情，却认为性交没什么害处，别牵涉热烈的爱情就行。

在伊壁鸠鲁看来，最安全的人际乐趣是友谊。他像边沁那样，认为所有时代的所有人都只追求自己的快乐，有时追求得明智，有时追求得不明智；但他也像边沁那样，往往被自己友善热情的天性诱使，做出一些按他自己的理论不该有的可爱举动。他显然不计得失地喜爱朋友，却硬要劝自己他本身也像所有人那样自私。据西塞罗说，伊壁鸠鲁认为"快乐缺不了友谊，为此必须培养友谊，因为没有它我们就无法安然无惧地生活，也无法快乐地生活"。但有时他多少会忘记自己的理论，说"一切友谊本身都是享受"，还补充道："尽管最初是由于需要帮助。"[2]

尽管伊壁鸠鲁的伦理学在旁人看来粗鄙而缺乏道德高度，但他这个人非常真挚。如前所述，他把园子里的学派称作"我们神圣的学团"，还写了本书《论神

---

[1] 对伊壁鸠鲁而言，"没有痛苦本身就是快乐，其实在他说来是最真实的快乐"，贝利，前引书第249页。

[2] 关于友谊话题和伊壁鸠鲁在这方面可爱的矛盾纠结，参阅贝利前引书，第517—520页。

圣》,他具备宗教改革者的一切热诚。他肯定对人类苦难怀有强烈悲悯,并毫不动摇地坚信如果人们采取他的哲学,这些苦难会大大减轻。这是一种病弱者哲学,用来适应一个几乎不可能冒险追求幸福的世界。少吃,怕消化不良;少喝,怕次日清晨的宿醉;避开政治、爱情和所有激情热烈的活动,不要结婚生子,以免失去亲人;精神生活上,要学会玩味快乐而不沉溺痛苦。肉体疼痛当然糟糕透顶,但剧烈的疼痛不会持久,持久的疼痛可以靠意志和对幸福事物的思索来忍受。总之,活着就是躲避恐惧。

伊壁鸠鲁就是为了躲避恐惧而走向理论哲学。他认为恐惧的两大根源是宗教和怕死,两者彼此关联,因为宗教鼓吹死的痛苦。因此他力求用一套形而上学证明神祇不干涉人间的事,灵魂随身体消灭。绝大多数现代人认为宗教是一种慰藉,但伊壁鸠鲁的看法恰好相反。在他看来,超自然力量对自然进程的干预似乎是一种恐怖,永生是对解脱痛苦这一愿望的灾难性打击。因此他创立了一套精细的学说,来纠正人们那些会激起恐惧的信仰。

伊壁鸠鲁是唯物论而非宿命论者。他像德谟克利特那样认为世界由原子和虚空构成,但不像德谟克利特那样认为原子永远被自然律完全控制。如前所述,希腊人的必然观源于宗教;也许伊壁鸠鲁的想法是对的:继续容许必然观,就无法彻底打击宗教。伊壁鸠鲁理论中的原子有重量且持续下坠,不是向地球中心坠,而是某种绝对意义的下坠。但时不时会有原子受某种像自由意志这种东西的触动,轻微偏离垂直向下的轨迹[1],从而与其他原子发生碰撞。从这点往后,伊壁鸠鲁的漩涡理论与德谟克利特大致相似。灵魂是物质的,由类似于呼吸和热的微粒组成(伊壁鸠鲁认为呼吸和风在实质上与空气不同,两者不只是流动的空气)。灵魂原子遍布躯体。感觉是身体投射的稀薄物质层到处游走触碰到灵魂原子造成的。这些稀薄物质也许在散发,它们的身体消解后依然存在,这就解释了梦。人死后灵魂消散,构成灵魂的原子当然还在,但由于不再与身体关联,所以不会再有感觉。那么,用伊壁鸠鲁的话说:"死亡对我们毫无意义,因为消散的东西没有感觉,没有感觉的东西对我们毫无意义。"

至于神,伊壁鸠鲁坚信他们的存在,因为他无法解释广为流传的神祇存在观。但他认为神不会插手我们人间的事;他们是理性的快乐主义者,不沾公共事务;

---

[1] 如今爱丁顿提出一种类似观点,来解释测不准原理。

统治是不必要的苦差,像他们这种生活美满幸福的存在,根本不会对统治感兴趣。当然,预言、占卜什么的都纯粹是迷信,对天命的信仰亦然。

因此,人类没理由害怕招致神的愤怒,或害怕死后在阴间受罪。虽然我们受制于自然的威力,但这种威力可以科学地研究,我们拥有自由意志,在一定限度内是我们自身命运的主宰。我们难逃一死,但要正确理解死亡,它并非坏事。假如遵照伊壁鸠鲁的箴言审慎地生活,我们有可能在一定程度上免于痛苦。这是一种温和的信仰,但对于那些深受人类悲苦触动的人,它足以激发狂热。

伊壁鸠鲁对科学本身没有兴趣,他只是把科学当作给各种往往被迷信归结为神的意旨的现象提供自然解释的手段。若有多种说得通的自然解释,他认为没必要选择其一。譬如说,月亮的盈亏有许多不同解释,任何一种只要不牵扯到神,就和其他解释一样好;计较其中哪一种是真的,是无聊的好奇心作祟。难怪伊壁鸠鲁派实际上对自然知识没有任何贡献。他们抗议晚期非基督教徒对魔法、占星和占卜愈演愈烈的信奉,这一点是有用的;但就像自己的宗师,他们仍是教条主义的、狭隘的,对个人幸福之外的任何东西都没有真正兴趣。他们把伊壁鸠鲁的教诲牢记在心,学派存续了几百年而始终没做出任何创新。

伊壁鸠鲁唯一的杰出信徒是卢克莱修(前99—前55年),凯撒大帝的同代人。罗马帝国临终时,自由思想成为风尚,伊壁鸠鲁的学说在受过教育的人里非常流行。但奥古斯都皇帝崇尚复兴古代德行和古代宗教,使卢克莱修的诗作《物性论》湮没无闻,直到文艺复兴。此书只有一份手稿在中世纪幸存,差点被顽固派焚毁。几乎没哪个大诗人要经过如此漫长的等待才获得认可,但卢克莱修的优点在现在几乎众所周知,他和本杰明·富兰克林是雪莱最喜爱的作家。

他的诗用韵文改编了伊壁鸠鲁哲学。两人学说相同,但气质大相径庭。卢克莱修热情洋溢,远比伊壁鸠鲁需要审慎的劝诫。他是自杀死的,似乎有阵发性神经病,有人断言是恋爱的痛苦或春药意外导致。他对伊壁鸠鲁怀着对救世主般的深情,用饱含宗教激情的语言赞颂他心目中的宗教摧毁者:

> 世人倒伏于大地
> 被残忍的宗教
> 嚣张恶毒地践踏碾压,而宗教
> 从高高在上的天庭

露出她的脸，俯视凡人

面目狰狞。是一个希腊人

最先抬起凡人的双眼勇敢逼视她

最先站起来抗拒她

管它是鬼神故事，是电闪雷鸣

还是阴森恐怖的天庭，都无法将他吓倒

却只能让他那热切的灵魂

愈加英勇，使他渴望成为第一个

冲破大自然紧闭门扉的人

他炽烈的精神力量

终于得胜；他继续前行，远远超越

这世界烈焰熊熊的壁垒

思想和灵魂纵情遨游于

无边无际的宇宙，于是

这位征服者归来，向我们告知

何者会产生，何者不可能；

向我们细细教诲

万物力量的局限法则

有深埋的磐石界碑

于是如今，宗教被打倒

在人类脚下，反被踏践

我们赞扬他的胜利，欢呼震天

如果听信对古希腊宗教仪式欢愉场面的描述，伊壁鸠鲁和卢克莱修对宗教的仇恨就不是很好理解了。譬如济慈的《希腊古瓮颂》歌颂一种宗教仪式，但不是那种让人内心充满阴郁恐怖的东西。我觉得民众信奉的大都不是这种愉快的宗教。与其他希腊宗教相比，对奥林匹克神祇的崇拜较少迷信的残忍，但即使奥林匹克的神直到公元前7至前6世纪也偶尔会要活人献祭，神话和戏剧都有记载[1]。整个蛮

---

[1] 卢克莱修以伊菲吉娜被献祭的事为例说明宗教的危害。卷一，第85—100页。

族世界在伊壁鸠鲁时代仍认同活人献祭；直到被罗马征服，蛮族中哪怕最文明的人在危急关头，比如在布匿战争[1]期间，也会搬出这种做法。

简·哈瑞森极其令人信服地表明，希腊人除了对宙斯家族的正式崇拜外，还有一些更原始的崇拜，多少牵涉到野蛮仪式。这些原始仪式在某种程度上被酒神崇拜吸收，在有宗教性情的人当中非常盛行。有人以为地狱是基督教创造的观念，但这是错的。基督教在这方面只是将先前的流行信仰系统化而已。从柏拉图《理想国》的开篇就能清楚看出，公元前5世纪的雅典人普遍害怕死后受罚，这种恐惧在苏格拉底到伊壁鸠鲁这段期间内应当没有减弱，当然我说的不是少数受过教育的人，而是普通民众。当然，人们还往往把瘟疫、地震、战败等灾难归结为神的愤怒或轻视预兆。我认为希腊文学艺术很可能在大众信仰方面很误导人。假如关于18世纪晚期的史料除了贵族书籍和绘画别无其他，我们对此时的卫理公会能有什么了解呢？像希腊化时代的宗教那样，卫理教派的影响是自下而上的，在博斯威和约书亚·雷诺爵士的时代已经十分强大，尽管从两人的作品看卫理教派的影响力还不明显。因此，我们决不能根据《希腊古瓮颂》所描绘的画面或诗人、贵族哲学家的作品来评判希腊民众的宗教。伊壁鸠鲁的出身和社会交往都不沾贵族，也许这就是他极端敌视宗教的原因。

文艺复兴以来，伊壁鸠鲁哲学主要通过卢克莱修的诗为人所知。让并非职业哲学家的普通读者最为震撼的是唯物论、否认天命、拒斥永生等观念与基督教信仰的对比。现代人眼中悲观阴郁的观念竟被希腊人当作摆脱恐惧的福音，让一般读者尤为诧异。卢克莱修像任何基督徒一样坚信宗教上真正信仰的重要性。描述遭受内心挣扎的人试图逃离自我，枉然靠换地方以求解脱后，他说：

人人逃离自我
其实却无力逃脱：
无法抑制地抱紧自己
又痛恨它，因为虽然生病
他却察觉不到病根

---

[1] 指罗马与迦太基之间争夺地中海沿岸霸权的战争，从公元前264至前146年共有三次大战，以罗马得胜、迦太基灭亡结束。——译注

> 假如真正懂得
>
> 人人都会放下一切
>
> 先把世界的性质探索
>
> 因为那是我们永恒的家
>
> 并非临时驿站，毫无疑问
>
> 凡人终将
>
> 死后在这里度过其余所有时光

伊壁鸠鲁所处的是厌倦时代，死灭似乎是解脱精神苦痛的美好安息。相反，罗马帝国末期对多数罗马人而言不是幻灭时代：有巨人般精力的人们，正在从混沌中创造一种马其顿人未能创造的新秩序。不过，对那些置身政治之外，毫不关心权力斗争的罗马贵族而言，情势的发展肯定是极其令人沮丧的。在这种状况下，加上阵发性精神病的折磨，难怪卢克莱修把永恒死灭当作一种解脱。

然而，对死亡的恐惧深植于人类本能中，伊壁鸠鲁的教诲任何时候都兴不起来，始终只是少数有教养者的信条。即使是哲学家，奥古斯都时代过后也都摒弃了伊壁鸠鲁而赞成斯多葛主义。没错，伊壁鸠鲁死后，他的学说尽管日渐衰落，却也存续了600年之久；但人们日益被世俗生活的悲惨遭遇压迫，不断向哲学或宗教索取越来越强力的妙药。除了少数例外，哲学家纷纷遁入新柏拉图主义；未受教育者投入各种东方迷信的怀抱，然后不断有越来越多的人信奉基督教——早期基督教把一切美好寄托于坟墓下的来世，给人们带来了与伊壁鸠鲁恰恰相反的福音。然而与伊壁鸠鲁主义非常相似的学说却在18世纪末期被法国哲学家复兴，由边沁及其后辈带到英国；这是为了故意反基督教，他们对基督教的敌意，和伊壁鸠鲁对他那个时代的宗教一样。

第二十八章　斯多葛派

斯多葛派与伊壁鸠鲁派同期出现，但学说发展史更漫长曲折。公元前3世纪早期学派创始人芝诺的学说,与公元2世纪晚期马可·奥勒留的学说大相径庭。芝诺是唯物论者,其学说大致是犬儒主义与赫拉克利特的结合,但新柏拉图主义的逐渐渗透使唯物论淡出斯多葛派,最后几乎不见踪迹。没错,他们的伦理说改变很少,而伦理学正是多数斯多葛派最看重的东西;但就连伦理学的着重点也有所变动。随着时间的推移,斯多葛派其他方面谈得越来越少,越来越单独强调伦理学以及与伦理学最相关的神学内容。早期斯多葛派只有一些作品的零碎片段流传下来,我们对他们的了解很局限;公元一二世纪有完整作品流传下来的人也只有塞涅卡、爱比克泰德和马可·奥勒留。

斯多葛派的希腊特色比我们探讨过的任何哲学派别都淡薄。早期的斯多葛派多数是叙利亚人,后期多数是罗马人。塔恩在《希腊化文明》(第287页)中怀疑斯多葛派曾受迦勒底人的影响。优博维中肯地指出,对野蛮世界进行希腊化的过程中,希腊文明遗弃了只适合自身的东西。与早期的纯希腊哲学派别不同,斯多葛派在感情上较为狭隘,在某种意义上甚至是狂热的,但也含有世界需要而希腊人未能提供的宗教成分。尤其是迎合统治者,"几乎所有的亚历山大后继者——可以说芝诺以后历代所有的国王,都宣称自己是斯多葛派。"吉尔伯·莫瑞教授如是说。

芝诺是腓尼基人,约公元前4世纪下半叶生于塞浦路斯的西提因。他家似乎经商,他最初去雅典也是为了商业利益。到了雅典,他却渴望研究哲学。犬儒派的观点比任何其他学派都合他的口味,但他多少是个折中主义者。柏拉图的追随者指责他剽窃学园的学说。苏格拉底始终是斯多葛派最崇尚的圣人,他受审时的态度、他对逃亡的拒绝、他临死的平静,还有他那作恶者害人更害己的说法,都与斯多葛派的教义完美契合;他对冷暖的漠然、衣食的朴素、对一切肉体享受的完全无视,也同样如此。但斯多葛派从未采纳柏拉图的理念论,多数斯多葛派还反对柏拉图的灵魂不死论。只有晚期的斯多葛派认同他灵魂非物质的观点,早期斯多葛派认同赫拉克利特的看法,即灵魂由火这种物质构成。爱比克泰德和马可·奥勒留似乎也曾提到这种观点,但他们说的火似乎不是构成物质的四元素之一。

芝诺压根儿不耐烦形而上学的玄虚。他看重的是美德,研究自然哲学和形而上学也只是为了探究如何增进美德。他试图用常识对抗当时的形而上学,在希腊常识就是唯物论。对感官可靠性的质疑让他恼火,于是他把相反学说推到了极致。

"芝诺一开始就肯定现实世界的存在。怀疑派问:'你说的现实是什么意思?''我是指坚固的物质,比方说这张桌子就是坚固的物质。'怀疑派问:'那么,神呢?灵魂呢?'芝诺说:'完全坚固,可以说比那桌子还坚固。'怀疑派问:'美德、公正或比例呢,也是坚固的物质?'芝诺说:'当然了,非常坚固。'"[1]

芝诺在这点上显然像许多人,由于激烈反对形而上学而陷入自己的另一种形而上学。

斯多葛派始终不变的主要学说是关于宇宙决定论和人类自由的。芝诺认为不存在偶然这回事,自然进程严格受制于自然律。起初只有火,接着气、水、土依次逐渐出现。但迟早会有一场宇宙大燃烧,一切又变成火。这燃烧在多数斯多葛派看来并不是基督教所谓世界末日那样的最终结局,而只是一个循环的结束,整个过程将会无休止地重演。正发生的一切都曾发生过,亦将再次发生,不是一次,而是无数次。

至此,斯多葛派的学说似乎很忧郁,无论哪方面都并不比通常的唯物论,比如德谟克利特的唯物论更能给人慰藉。但这只是斯多葛派理论的一个侧面。斯多葛派像18世纪神学那样,认为自然进程由一位"立法者"主宰,而这位立法者是仁慈的上天。整个宇宙直至最细微的末节,都意在用自然手段确保特定目的。这些目的,除了涉及神魔的,都可以在人生中找到。万物都有与人类相关的用途。某些动物很好吃,某些动物用来考验人类的勇气,连臭虫都有用,因为它们帮人类在清晨醒来而不至于赖床太久。那至高无上的威力有时叫神,有时叫宙斯。塞尼卡将这宙斯与通俗信仰中的宙斯区别开来,后者也是实有的,但地位较次。

神与世界不分,他是世界的灵魂,我们每人都含有一部分圣火。万物皆为那个叫做"大自然"的单一体系的组成部分,与大自然协调的个体生命才是好的。从一种意义上讲,任何生命都与大自然协调,因为它是自然律造就的;但从另一种意义上讲,只有在个体意志顺从大自然目的时,人生才与大自然协调。美德就是与大自然一致的意志。恶人虽然不得不遵从神的律法,却是不情愿的;用克里安西的比喻说,他们就像拴在车后面的狗,不得不跟着车子走。

人的生命中,只有美德是好的,诸如健康、幸福、财富等等,都不值一提。既然美德在于意志,人生中一切真正的好坏都仅仅取决于自己。他也许很穷,但那又怎样?他依然可以高尚。暴君能把他投入监牢,但他依然可坚持与大自然和

---

[1] 吉尔伯·莫瑞:《斯多葛派哲学》,1915年版,第25页。

谐一致地生活。他也许会被判处死刑，但他可以高贵地死去，像苏格拉底那样。别人的权势只能支配外物，美德这唯一真正的善完全取决于自身。所以人只要把自己从世俗欲望中解脱出来，就拥有完全的自由。世俗欲望之所以横流，是由于判断错误；判断正确的圣贤在他所珍视的一切事物上都是自身命运的真实主宰，因为没有外力能剥夺他的美德。

这套学说有明显的逻辑问题。假如美德真是唯一的善，仁慈的上天必定仅仅造就美德，但大自然的法则造就了大量恶人。假如美德是唯一的善，那么没理由反对残忍和不公，因为斯多葛派永不疲倦地宣称，残忍和不公给受害者提供了锻炼美德的最佳机会。假如世界完全是注定的，那么自然法则将决定我是否有德。假如我邪恶，那是大自然迫使我邪恶，美德赋予的自由对我来说根本就不可能。

假如德行一事无成，那么一个现代头脑的人很难对有德的生活感到热情。我们赞美在大瘟疫中甘冒生命危险的医务人员，因为我们认为疾病是坏的，我们希望疾病少发。但假如疾病不坏，那么医务人员还不如舒舒服服待在家里。对一个斯多葛派学者而言，他的美德本身就是目的，不是行善的手段。从长远角度看，最终结果是什么呢？大火毁灭现存世界，整个进程重复上演。还有比这更让人绝望的徒劳吗？也许会有这般那般的进步，但都是一时的，长远只有往复循环。我们看到不堪忍受的痛苦，会希望这种事不再发生；但斯多葛派断言现在发生的一切都将反复重演。人们恐怕会觉得，就连那纵观全局的上天也终将因绝望而厌倦。

与此相联，斯多葛派的美德观有一种冷酷。不仅坏感情要谴责，一切感情都要谴责。圣人不会有同情心，妻子儿女死了，他认为这种事可别影响自己的美德，因此他不会深深痛苦。友谊，伊壁鸠鲁何其崇尚的友谊，虽说是好的，但也不能发展到让朋友的不幸损害你神圣安宁的地步。至于公共生活，你也许有责任参与，因为它有机会练就正义、坚忍等；但你不能被施惠人类的渴望驱使，因为你能带来的恩惠，譬如和平、更多的粮食供应等，都不是真正的好，毕竟除了你自己的德行，其余什么都不重要。斯多葛派不是为了行善而追求美德，而是为了追求美德而行善。他们从来没有爱邻如己的观念；爱，除了表面意义的爱，根本不在他们的美德观里。

我这里说的爱是一种感情，不是一种原则。作为原则，斯多葛派宣扬博爱，塞涅卡及其后继者提过这个原则，也许是从早期斯多葛派那里传承下来的。这个学派的逻辑被拥护者的人道主义精神软化，他们恰由于前后矛盾而成为好得多的人。康德就像斯多葛派,他说,你必须善待兄弟,不是因为你喜欢他,而是因为道德律要求你为善;但我怀疑他在私生活中能否做到这一点。

放下这些概述,我们谈谈斯多葛派的历史。

关于芝诺[1],流传下来的只有一些残篇。据这些残篇,他似乎把神定义为世界的烈火心灵,说神是有形实体,说全宇宙是构成神的物质。特尔图良说,芝诺认为神就像蜂蜜渗透蜂巢那样在物质世界流动。第欧根尼·拉尔修说,芝诺主张"普遍律"即"正当理性"遍及万物,和宇宙至高无上的统治者宙斯是同一的,神、智慧、命运和宙斯都是一回事。命运是推动物质的力量,"上天"和"自然"是命运的别称。芝诺认为不应有神庙:"没必要修筑庙宇:因为不能把庙宇当作很有价值或神圣的东西。出于工匠之手的东西,不可能极具神圣价值。"他似乎像晚期斯多葛派那样信奉占星和占卜。西塞罗说,芝诺认为星辰有神圣的威力。第欧根尼·拉尔修说:"斯多葛派认为各种预兆都是灵验的。他们说如果有天意,就必定有预兆。他们拿芝诺许多预言最后成真的例子,来证明占卜术的真实性。"克律西普在这方面的观点也很明确。

斯多葛派的美德说在芝诺残篇中找不到,但似乎就是芝诺本人的观点。

芝诺的直接后继者阿索斯的克里安西主要因两点闻名。第一,如前所述,他主张指控萨摩斯的阿瑞斯塔克渎神,因为此人说太阳而非地球是宇宙的中心。第二是他的《宙斯颂》,其中大部分词句像蒲柏的手笔,是牛顿之后任何受过教育的基督徒都写得出的。更具基督教气息的是克里安西的短祷:

> 宙斯啊,请指引我;命运啊,请你
> 指引我前行
> 无论派给我什么使命,
> 指引我前行
> 我将无畏遵从,假使疑虑
> 让我拖延不愿,也迫使我遵从

克里安西的后继者克律西普(前280—前207年)是个多产的著述家,据说写

---

[1] 下文资料来源,参阅比凡:《晚期希腊宗教》,第1页起。

的书有705部。他使斯多葛派理论系统化又学究化。他主张唯有宙斯即至高无上的圣火是不朽的；其他众神，包括太阳、月亮，都有生死。据说他认为神没有参与恶的制造，但不清楚他如何调和这一点与决定论。在别处，他又像赫拉克利特那样看待恶，主张对立面彼此蕴含，没有恶的善在逻辑上是不可能的："最蠢莫过于认为善可以没有恶而存在。善与恶恰恰相反，但两者必须在对立中依存。"为支持这套学说，他搬出柏拉图而不是赫拉克利特。

克律西普认为好人总是快乐的，坏人总是不快乐的，好人的快乐和神的快乐别无二致。至于人死后灵魂是否还在，他们看法不同。克里安西认为所有灵魂都会继续存在，直到下次宇宙大火，万物被神吸收；但克律西普认为只有智者的灵魂会这样。克律西普的兴趣不像后期斯多葛派那样专注伦理，事实上，他把逻辑当作根本。假设三段论、选言三段论以及"选言命题"这个词都出自斯多葛派，语法研究和名词的各种"格"亦然[1]。克律西普或者受克律西普作品启发的其他斯多葛派提出一套精密的知识论，主要是经验式的，以知觉为依据，虽然也认同某些人类一致公认的理念和原则。但芝诺和罗马的斯多葛派认为一切理论研究都是伦理的附庸，芝诺说哲学像果园，逻辑是墙，物理是树，伦理则是果；抑或哲学像一颗蛋，逻辑是蛋壳，物理是蛋白，伦理则是蛋黄[2]。克律西普似乎认为理论研究有更多独立价值。也许正是他的影响使斯多葛派很多人为数学和其他科学做出了贡献。

克律西普去世后，斯多葛派被两个重要人物潘内狄和泼昔东尼大为改变。潘内狄引入了许多柏拉图主义元素，放弃了唯物论。他是罗马将军小西庇阿的朋友，对西塞罗也有影响，斯多葛主义主要是通过西塞罗为罗马人所知的。西塞罗曾在罗德城师从泼昔东尼，所以泼昔东尼对西塞罗的影响更大。泼昔东尼则是潘内狄的学生，后者死于公元前110年左右。

泼昔东尼（约前135—前51年）是叙利亚希腊人，塞琉西王朝终结时他还是个孩子。也许正是叙利亚的混乱局势让他向西游历，先到雅典，在这儿吸收了斯多葛主义哲学，接着继续前行，来到罗马帝国西部。"他亲眼见过世界边缘的大西洋落日，见过西班牙对岸树上爬满猿猴的非洲海岸，见过马赛内陆野蛮部族的村

---

[1] 巴斯：《斯多葛派》，斯图加特，1922年，第四版。
[2] 同上。

落，把人头当战利品挂在门口是那里的日常景象。"[1] 他成为著述颇丰的科学作家，其实他游历的原因之一就是想研究潮汐，这种研究在地中海是无法进行的。他在天文学上有卓越成果，第二十四章已讲过他对太阳距离的估算是古代最精确的[2]。他还是个重要史学家——他续写了波利比乌斯的罗马史。但他主要作为一个兼收并蓄的哲学家为后世所知，融合了斯多葛主义和怀疑主义时期似乎被学园遗忘的大部分柏拉图学说。

对柏拉图的喜好，体现在他关于灵魂和死后生活的教义中。潘内狄像多数斯多葛派那样，曾经说灵魂随肉体湮灭。与此相反，泼昔东尼则说灵魂在肉体死后继续活在空气中，多数情况下在那儿保持不变，直到下一场宇宙大火。不存在地狱，但恶人死后没好人那么幸运，因为罪恶使他们灵魂的蒸汽浑浊，无法升得像好人的灵魂那样高。大奸大恶者贴在地表，受轮回之苦；大德者升至星空，观看星辰运行。他们能帮助其他灵魂，泼昔东尼认为这解释了占星学的真相。比凡指出，泼昔东尼复活了酒神观念并吸收了新毕达哥拉斯派的信仰，也许就这样为早期基督教信仰铺平了道路。他还中肯地补充道，会对泼昔东尼这类哲学理论造成致命打击的不是基督教，而是哥白尼理论[3]。难怪克里安西把萨摩斯的阿瑞斯塔克视为危险的敌人。

历史上（虽不是哲学上）比早期斯多葛派重要得多的是三个与罗马相关的人物：大臣塞涅卡、奴隶爱比克泰德和皇帝马可·奥勒留。

塞涅卡（前3年—65年）是西班牙人，父亲很有教养，住在罗马。他选择了政治生涯，公元41年初露头角时由于惹怒罗马皇后梅萨琳娜而被皇帝克劳狄流放到科西嘉岛。公元48年，克劳狄第二任妻子阿格皮娜将塞涅卡召回，并让他担任自己十一岁儿子的太傅。塞涅卡比亚里士多德还不幸，他的学生是尼禄皇帝。作为斯多葛派公开鄙弃财富的塞涅卡却积累了巨额资财，据说相当于300亿赛斯特（约合1200万美元）。这些财富大部分是他在不列颠放贷所得，据狄奥说，他索取的超高利率是造成不列颠反叛的原因之一。如果属实，那么英勇的布狄卡女王领

---

[1] 比凡：《斯多葛派和怀疑论者》，第88页。
[2] 他估计从加迪斯向西航行七万斯德〔斯德（stade）是古希腊长度单位，等于体育场跑道的长度，约合180米。——译注〕就能抵达印度。"此话是哥伦布信心的终极根据。"塔恩：《希腊化文明》，第249页。
[3] 以上有关泼昔东尼的叙述，主要基于艾德温·比凡《斯多葛派和怀疑论者》一书第3章。

导的叛乱所抵抗的正是由这位朴素哲学倡导者所代表的资本主义。

随着尼禄的恣肆越来越无法无天，塞涅卡日渐失宠。最后他（无论公正还是不公正地）被控参与一场大阴谋，意欲谋害尼禄并拥立新皇帝——有人说就是塞涅卡本人。念及他曾经为君效劳，赐他自尽（65年）。

他的结局发人深省。听了皇帝的决定，他着手写遗嘱，却被告知没时间磨蹭了。于是他转向悲伤的家人说："没关系，我留给你们的是比俗财有价值得多的东西，一个高尚生活的典范。"——或者大致是这个意思。然后他切开血管，召来秘书记录他濒死的话；据塔西佗说，他口若悬河地说到生命最后一刻。他的侄子，诗人卢坎同时也被处死，临终还在念诵自己的诗。后世评判塞涅卡，依据的是他那可敬的箴言，而不是他那颇为可疑的行为。几位神父宣称塞涅卡是基督徒，连圣耶柔米这样的人物都认为所谓塞涅卡和圣保罗之间的书信是真的。

爱比克泰德完全是另一种人，尽管作为哲学家与塞涅卡很像。他是希腊人，原是埃帕福迪的奴隶，埃帕福迪则是尼禄解放的奴隶，后来做了尼禄的大臣。爱比克泰德是瘸子，据说是当奴隶时遭受残酷惩罚所致。他在罗马居住并教学到公元90年，这时图密善皇帝用不着知识分子，就把哲学家统统赶走了。爱比克泰德从此隐居艾皮如的尼可泼力，在这里写作和讲学，几年后去世。

马可·奥勒留（121—180）则处于社会地位的另一极。他是自己叔父兼岳父、明君安东尼·派斯的养子，在公元161年继承皇位，一直尊崇地怀念派斯。身为皇帝，奥勒留完全忠于斯多葛派美德。他极需刚毅，因为在位时地震、瘟疫、长期苦战、军事叛变等国难层出不穷。《沉思录》是他写给自己的，显然无意公之于众；文中透露他觉得公职不堪重负，身心疲惫之至。独子康茂德继承他的皇位，结果成为坏皇帝中的翘楚，并在父亲活着时巧妙掩饰了自己的恶毒性情。作为哲学家的奥勒留，妻子芙斯蒂娜被指控极大的道德败坏罪行，也许并不公正，但他从未怀疑她，还在她死后煞费苦心地将她奉为神明。他迫害基督徒，因为基督徒拒不信奉他认为政治上必需的国教。他做什么都勤勉认真，却很少成功。他是个可怜人：在一大串必须抵抗的世俗欲望中，他觉得最诱人的就是隐退乡间安宁度日，这个机会却从未来临。《沉思录》某些部分是在远征军营里写的，他终因艰苦征战丧命。

值得注意的是，爱比克泰德和奥勒留两人在哲学问题上的看法完全一致。这意味着，尽管社会状况影响一个时代的哲学，个人境遇对一个人哲学思想的影响有时却没我们想象的那么大。哲学家往往有一定的思想广度，很大程度上能把个人际遇置之度外；但即使他们，也超越不了自己所处时代的大善大恶。在坏时代他们编造慰藉，在好时代他们更倾心纯粹的理智。

吉本那部详尽的史书[1]就是从康茂德的罪恶写起的，这位史家和多数18世纪作家一样，认为安东尼王朝是黄金时代。他说："假如让一个人指出世界史上人类过得最幸福、最富裕的时期，他会毫不犹豫地说是图密善死后至康茂德继位前那段时期。"这说法我不能苟同。罪恶的奴隶制导致了极大苦痛，消耗着古代世界的元气。罗马有角斗士表演和斗兽表演，都残忍不堪，势必腐蚀观赏这种景象的民众。奥勒留的确命令角斗士用钝剑互搏，但这项改革很短暂，而斗兽的规矩他根本没管。经济制度非常差，意大利日渐荒芜，罗马居民要依赖外省的粮食配给。一切权力集中在皇帝和大臣手中，偌大的罗马帝国除了一两个偶尔反叛的将领，人人唯有屈服。人们追忆过去的美好，至于未来，他们觉得再好也不过是厌倦，最坏难免是恐怖。把奥勒留的语调与培根、洛克或孔多塞对比，我们就能看出疲惫时代与希望时代的差异。在充满希望的时代，眼前的大恶也可以忍受，因为人们觉得这些罪恶会过去；但在疲惫时代，真正的美好也了无滋味。斯多葛派伦理主要劝人忍耐而不抱希望，适合爱比克泰德和奥勒留的时代。

从整体幸福看，安东尼时代无疑比截至文艺复兴的任何后世都好得多。但仔细研究会发现其实它并没有那些建筑遗迹让人想象得那么繁荣。希腊罗马文明在农业区域没留下什么烙印，实际上它仅限于城市。即使在城里，也有遭受赤贫折磨的底层民众，还有庞大的奴隶阶级。罗斯特夫泽夫探讨城市社会经济状况时总结道[2]：

> 他们的社会境况并没有外表看起来那么美好。手中的史料给我们的印象是，城市的繁华是由他们当中极少数人创造，为这极少数人存在的；即使这极少数人的福祉也岌岌可危；城市大众要么收入非常微薄，要么生活极端贫困。总之，我们决不能夸大城市的财富：它们的外表很误导人。

爱比克泰德说，人生在世都是困于俗世肉体的囚徒。奥勒留则曾说"人就是

---

[1] 即《罗马帝国衰亡史》。——译注
[2] 罗斯特夫泽夫：《罗马帝国社会和经济史》，第179页。

负载着尸体的渺小灵魂"。宙斯也无法使肉体自由，但他分给我们一部分神性。神是人之父，众人皆兄弟。我们不应说"我是雅典人"或"我是罗马人"，而应说"我是宇宙公民"。假如你是凯撒的亲人，你肯定会觉得安全；那么作为神的亲人你岂不应该觉得安全得多？懂得美德是唯一真正的善，我们就明白不会有任何真正的邪恶能伤到我们。

我必有一死，但我非得呻吟着死去吗？我必受囚禁，但我非得哀号吗？我必遭流亡，但谁能阻止我带着微笑前行，心怀勇气和安宁？"说出秘密。"我不说，因为我决心不说。"那我把你捆起来。"你说什么，捆我？我的腿你能捆起来，没错，但我的意志，你捆不了，连宙斯都征服不了。"那我囚禁你。"囚禁我的身体而已。"我砍你的头。"那又怎样？我什么时候说过自己是世上唯一不能被砍头的人？

这就是那些追求哲学的人应当想的，是他们应当每日默写、每日践行的。[1]

奴隶与其他人平等，因为人皆神之子。我们必须服从神，犹如好公民服从法律。"士兵宣誓敬重凯撒甚于一切人，但我们必须首先敬重自己。"[2]"面对世俗权威，你要谨记有'另一个神'在高处俯瞰着一切，你必须取悦神而不是世俗权威。"[3]

那么谁才是斯多葛派？

请指给我一个人，他是遵照自己崇尚的模式塑造出来的，犹如我们所谓菲迪斯式艺术品是遵照菲迪斯艺术手法塑造的那样。请指给我一个病了还愉悦、遇险还愉悦、临死还愉悦、流亡还愉悦、受辱还愉悦的人吧。请把他指给我。神哪，我真想见一个斯多葛派。不，你无法指给我一个成形的斯多葛派，那就请你指给我一个塑造中的斯多葛派，正走在成形之路上的斯多葛派吧。请发发慈悲，别不舍得让我这样的老人看自己从未见过的景象。什么！你想给我看菲迪斯的宙斯或雅典娜雕像，那象牙黄金塑的东西？我要的是灵

---

[1] 摘自欧茨：《斯多葛派与伊壁鸠鲁派哲学家》，第225—226页。
[2] 同上，第251页。
[3] 同上，第280页。

魂,请你们哪位指给我一个希望与神合一的灵魂,一个再不怨神尤人,再不犯错,摆脱了愤怒、怨恨和嫉妒的人——(干吗不让我说完呢?)一个渴望把凡心换成神性,一个在可怜的肉体里决心与神交融的人。请把他指给我吧。不行,你指不出来的。

爱比克泰德往往以家常对话的方式孜孜不倦地教导我们如何对待那些被人视为不幸的事。

爱比克泰德像基督徒那样主张爱敌人,又像其他斯多葛派一样,总体上鄙弃欢娱,但有一种幸福他不鄙弃。"没错,雅典是美的。但幸福美得多——那就是摆脱了苦恼和热望,凡事不依赖任何人的感觉。"(第428页)人人都是戏里的演员,神已经分派了角色;我们有责任扮好自己的角色,管它是什么。

爱比克泰德的学说是他弟子阿然以笔记形式写下来的,语言极为诚挚简洁。他的道德高尚脱俗,在人的主要义务是反抗暴君权势的境况中,恐怕没有比这更有用的东西了。某些方面,例如认同人人皆兄弟、宣扬奴隶平等,优于我们能从柏拉图、亚里士多德或城邦制孕育的哲学家那里能找到的任何东西。爱比克泰德时代的现实世界,远逊于伯里克利时代的雅典;但现实邪恶激发了他的热望,他的理想世界优于柏拉图的理想国,正如他的现实世界逊于公元前5世纪的雅典。

奥勒留的《沉思录》开篇就是对祖父、父亲、养父、各位老师和神明的感谢。他列举的某些恩泽很怪异。他说自己跟狄奥金图学了不听信江湖术士,跟鲁斯提库学了不写诗,跟塞克特学了庄重而不骄矜,跟文法学家亚历山大学了不直接纠正旁人的语法错误而马上用正确语法予以暗示,跟柏拉图主义者亚历山大学了不以事务繁忙为由拖延回信,跟养父学了不爱上男孩。他接着感谢神明保佑他没过久生长于祖父的情妇之手,没过早验证自己的雄性能力;又谢神保佑他的孩子们既不愚蠢又不残疾,保佑他的妻子顺从、深情、朴实,保佑他喜好哲学而没有在历史、三段论或天文学上浪费功夫。

《沉思录》中的私人内容则紧密贴合爱比克泰德的观点。奥勒留怀疑灵魂不死,却又像基督徒那样说:"既然随时都可能丧命,照此管好自己每个行为和思想吧。"与宇宙协调的生命是好的,与宇宙协调和顺从神意是一回事。

哦宇宙!与你协调的一切就与我协调。一切于我既不太早也不太迟,于你也正是时候。哦自然！一切于我皆是季节之果：一切出自你，一切在于你，一切归于你。诗人说，亲爱的切克劳普之城；你岂不说，亲爱的宙斯之城？

可见，圣奥古斯丁的《上帝之城》部分来自这位异教皇帝。

奥勒留深信神给每个人派了精灵向导，这个信仰后来演化为基督教的守护天使。宇宙是紧密联结的整体，这想法让他觉得宽慰；他说宇宙是一个活的生命，有一个形体和一个灵魂。他有句格言："多思考宇宙万物的关联。"发生在你身上的一切，都是永恒早为你预备好的，一切因果都是永恒之手纺织你的生命之线。在这种观念下，身为罗马帝国皇帝，这位斯多葛派深信全人类是共同体："作为安东尼，我的城与国是罗马；但作为一个世人，我的城与国是全世界。"他也有一切斯多葛派面临的难题，那就是宿命论与自由意志的调和。"人人为彼此而存在"，想到自己身为统治者的职责，他如是说。"一个人的邪恶伤不了旁人"，想到唯有美德是善，他在同一页又如是说。他从未表示一个人的善对旁人无益，也没说像尼禄皇帝这样的坏人除了害自己害不了任何人，但他似乎认定：

> 人类也怪，会爱那些哪怕做了坏事的人。他们做了坏事，假如你觉得毕竟大家是亲人，他们是由于无知而无意间犯错的，再者人生苦短，尤其是你觉得犯错者并未害你，他并未使你的掌控力变差时，就会出现这种情形。

他还说："爱人类。遵从神意……谨记律法统治一切，就足矣。"

这几段话清楚展露了斯多葛派伦理学与神学之间的内在冲突。一方面，宇宙是严格命定的单一整体，所发生的一切皆有前因。另一方面，个人意志完全自主，任何人都不会迫于外力而犯罪。这是第一个矛盾，与此紧密关联的还有第二个矛盾：意志自主，唯有美德是善，那么一个人既不能施惠也不能伤害另一人，所以仁爱是幻觉。这些矛盾都不能避而不谈。

哲学上自由意志与决定论的矛盾自古至今都存在，不同时代有不同表现。现在我们谈的是斯多葛派的矛盾表现。

我认为，斯多葛派假如受到苏格拉底式的诘问，大概会用这般说辞辩解：宇宙是一个完整生命体，具有可称为"神"或"理性"的灵魂。作为整体，这生命是自由的。神一开始就决定遵照固定律法行事，而他选择了那些能产生最好结果的律法。有时在个别情况下，结果不尽如人意，但为了保持像人类法典那样的稳固性，这点不便值得忍受。人部分是火，部分是低等的泥土；那火的部分（起码在它展现最佳品质时）是属神的。属神的部分良善地运用意志时，这意志属于神，是自由的，所以此时人的意志是自由的。

这个回答似乎不错，但思索人类意志力的作用原因时，它就站不住脚了。比如说，我们凭经验知道消化不良有损人的力量，强行灌下某些药物能摧毁意志。我们举爱比克泰德最喜欢的例子，即人们被暴君投入冤狱的情形（这种事近些年比人类历史上任何其他时期都频繁），有些人以斯多葛式英雄气概面对，有些人则不知为何没这么做。很显然，不仅足够残忍的折磨能摧毁几乎任何人的坚贞意志，吗啡或可卡因也能让人屈服。事实上，唯有暴君的手段不科学时，意志才能不屈不挠。这是极端例子，但支持无生命领域决定论的论证，同样也大体适用于人类意志。我不认为，也不是说这些论证是定论；我只是说它们在两个领域有同等说服力，没理由在一个领域接受而在另一领域排斥。斯多葛派劝我们对罪人采取容忍态度，主张邪恶意志乃种种前因的结果，唯有善良意志是自由的。但这说不通。马可·奥勒留把自己的美德解释为父母、祖父母和老师良好影响的结果，善良意志与邪恶意志一样，都是种种前因的结果。斯多葛派固然可中肯地主张他的哲学是追随者有德的原因之一，但达到这种良好效果似乎难免要掺杂一定的认知偏离。像斯多葛派那样承认美德与邪恶同样是诸多前因不可避免的结果，似乎会对追求美德的努力造成某种打击。

现在谈第二个矛盾：斯多葛派宣扬仁爱，理论上却主张有德的意志才是善，有德的意志独立于外界原因，所以一个人既不能施惠也不能伤害另一人。这个矛盾比另一个更明显，也更为斯多葛派和某些基督教道德家所特有。他们之所以没察觉到这点，是因为像许多人一样，他们持双重伦理标准，律己严苛，待"无法度无教养的人"宽松。作为斯多葛派哲学家反思自己时，奥勒留主张幸福和其他世俗所谓的美好都毫无价值，他甚至说渴求幸福有违自然，因为这意味着不够顺从神意。但作为罗马帝国的掌管者，务实的奥勒留完全明白这套道理行不通。他有责任确保非洲来的粮船按时抵达罗马，采取措施缓解瘟疫给民众带来的苦难，御蛮族外敌于边境之外。也就是说，对那些在他看来不是也不可能成为斯多葛派哲学家的人，他接受世俗的一般善恶标准。采用这些不同标准，他履行了作为执政者的职责。怪的是，这职责本身就是斯多葛派圣贤在更高境界应做的事，尽管源于斯多葛派圣贤眼中根本谬误的伦理。

对这个难题，我能想到的唯一答案也许在逻辑上无懈可击，却不是很有说服力。我觉得伦理体系与斯多葛派很相似的康德应当会这么答。他会说，没错，除了善的意志没别的善，但意志指向某些目的时才是善，而这些目的本身却无所谓。A先生是否幸福没关系，但如果我有德，我就该按自己认为能让他幸福的方式行事，因为这是道德律的命令。我无法使某君有德，因为他的品德完全取决于他自身；但我能做某些事促使他幸福、富有、博学或健康。因此，斯多葛派伦理也许可表为：某些东西是世俗眼中的好，却是错的；真正的善乃是确保他人获取庸俗之好的意志。这说法不存在逻辑矛盾，但假如我们真心觉得通常认为的好东西都毫无价值，它就完全不可信了，因为照这么说，善良意志完全可以指向截然不同的其他目的。

其实，斯多葛派理论有一股酸葡萄味。我们无法幸福，但我们可以善良；那么只要善良，我们就假装幸福与否无所谓吧。这学说很英勇，在恶的世界有用，但它既不怎么真实，也压根儿不很真诚。

虽然斯多葛派的影响力主要在伦理领域，但他们在另外两个领域也有成果，其一是认识论，其二是自然律和天赋人权说。

在认识论上，他们不顾柏拉图而认可知觉，主张感官的欺骗性其实是错误判断，稍微用心就能避免。斯多葛派哲学家、芝诺的直系门徒斯菲若思被托勒密国王请去宴席，国王听了这套学说，就给他一个蜡做的石榴。这位哲学家作势要吃这石榴，国王看了大笑。哲学家回答说，他不能肯定这是真石榴，但心想任何不能吃的东西都不大可能端到皇家餐桌上[1]。他这回答就援用了斯多葛派对两种东西的区分：靠知觉能确切知道的东西，靠知觉仅能大概判断的东西。该学说总体而言是理性科学的。

斯多葛派在认识论上的另一学说更具影响力，虽然也更有问题，那就是他们信奉先天理念和原则。希腊逻辑完全是演绎的，这引发了初始前提的问题。初始前提必须至少部分是普遍的，而且没办法证明。斯多葛派主张有一些显然不证自明、人人都承认的原则；这些原则可以像欧几里得《几何原本》中那样，用作演绎的基础。类似地，先天理念可以当定义的出发点。这个观点被整个中世纪接

---

[1] 第欧根尼·拉尔修，卷七，第177页。

受,连笛卡尔都接受了。

16至18世纪的天赋人权说是斯多葛主义的复兴,尽管有许多重大修订。区别自然法和万民法的,正是斯多葛派。自然法来自那些构成一切普遍知识根基的最初原则。斯多葛派认为,一切人天生都是平等的。奥勒留在《沉思录》里赞成"对一切人实施相同法律的政体,遵循平等权利和平等言论自由的政体,最尊重被统治者自由的君主政体"。这是一个罗马帝国无法贯彻实施的理念,却影响了立法,尤其是改善了妇女和奴隶的境况。基督教接纳了斯多葛派的多数东西,其中就包括这部分学说。到了17世纪,有效打击专制主义的时机终于来临,披着基督教外衣的斯多葛派自然法和天赋平等学说获得了在古代连皇帝都无法赋予的实际力量。

第二十九章　罗马帝国与文化

罗马帝国以几种多少有些不同的方式影响了文化史。

首先是罗马对希腊化思想的直接影响,这方面不太重要,也不深刻。

第二是希腊和东部对罗马帝国西半部的影响,这方面深刻而持久,因为其中包含基督教。

第三是罗马的长期和平对文化传播很重要,使人们习惯了一个政府统治一个文明的观念。

第四是希腊化文明传播到穆斯林那里,从而传到西欧。

探讨罗马帝国的影响之前,简述一下政治史会很有帮助。

亚历山大东征西战,却并未触及地中海西部;公元前3世纪之初,这片区域由迦太基、叙拉古两个强大城邦掌控。通过两次布匿战争(前264—前241年和前218—前201年),罗马征服了叙拉古并使迦太基沦为微不足道的小国。公元前2世纪,罗马征服马其顿王朝诸国,尽管埃及这个附庸国一直撑到克娄巴特拉去世(前30年)。西班牙是罗马征伐汉尼拔时顺带征服的,法兰西是公元前1世纪中叶被凯撒征服的,大约一百年后英格兰也被征服。罗马帝国全盛时期的边境在欧洲至莱茵河与多瑙河,在亚洲至幼发拉底河,在北非至大沙漠。

上图为埃尔杰姆斗兽场(突尼斯,约3世纪初),非洲境内最大的罗马纪念物。下图是古城赫库兰尼姆的住宅(那不勒斯),与庞贝古城一样,也于79年毁于维苏威火山的爆发

罗马帝国最强盛的区域可能在北非，这里作为圣西普廉和圣奥古斯丁的家乡在基督教史上很重要，在罗马帝国统治前和统治结束后是大片荒原，罗马帝国统治期间则开垦为沃土，滋养了许多座人口众多的城市。从屋大维即位（前30年）到公元3世纪危机动荡，罗马帝国整体上保持了两百多年的和平稳定。

罗马国家体制也有重大发展。最初罗马是个小城邦，与希腊城邦别无二致，尤其像斯巴达那样不依赖对外贸易。国王就像荷马笔下的希腊国王，已经被贵族共和取代。元老院贵族势力依然强大，同时民主势力逐渐增长，形成的妥协局面被斯多葛派哲学家潘内狄（其观点被波利比乌斯和西塞罗复述）称为君主制、贵族制和民主制三种成分的理想组合。但四处征伐打破了微妙的平衡，给元老贵族阶级带来巨额财富，名曰"骑士"的上层中产阶级也获了利。意大利农业格局原是小农家庭劳作种植谷物，此时演化为罗马贵族的巨型庄园，由奴隶种植葡萄和橄榄。结果元老院几乎一手遮天，厚颜无耻地追求个人私利而对国家和民众利益不屑一顾。

公元前2世纪后半叶，格拉古领导的民主运动引发一系列内战，最终使罗马走上希腊常走的老路，建立僭主政府。这令人惊异：希腊小地盘上的事件，竟在偌大的罗马帝国重演。尤利斯·凯撒的养子兼继承人屋大维从公元前30年统治罗马至公元14年，结束了内战和绝大部分对外征伐。希腊文明开始以来，古代世界第一次享受到和平安宁。

两个因素摧毁了希腊政治体系，其一是每个城邦要求绝对自治，其二是多数城邦内部血腥仇恨的贫富斗争。迦太基和希腊诸国被征服后，第一个因素不复存在，因为罗马已经强大得无法抵抗。但第二个因素犹存。内战纷争中，这个将军宣称自己是元老院的捍卫者，那个将军宣称自己是人民的捍卫者，谁许给兵将的价码高谁赢。兵将们不仅要赏钱和战利品，还要田地，因此每次内战结果都是借法律驱逐原先的土地所有者（这些人本来也只是国家的佃户），给获胜的兵将腾地方。战争开销靠处决富人没收其财物来解决，这种灾难性做法很难遏止。最后结局出乎所有人意料，奥古斯都获得压倒性胜利，挑战他权势的竞争者一个都没了。

内战戛然而止，整个罗马世界都惊呆了。人人欢欣鼓舞，只有少数元老派除外。大家深觉宽慰，罗马在奥古斯都的统治下终于成就了希腊人和马其顿人苦苦求索而不得、罗马人在奥古斯都之前也未能达成的安稳和秩序。罗斯特夫泽夫认为，共和时期的罗马给希腊"带来的东西除了贫困、破产和一切独立政治活动的中断，没有任何新东西"[1]。

奥古斯都统治期是罗马帝国的一段幸福时光。行省终于多少肯照顾居民的福利，而不是一味掠夺了。奥古斯都死后不仅被官方神化，而且在许多行省城市里被自发地奉为神明。诗人歌颂他，商人觉得天下太平好做生意，连奥古斯都仅是表面上给足尊重的元老院也不失时机地把各种荣誉称号堆到他头上。

尽管举世欢愉，生活却丧失了某些滋味，因为人们已经安于平和而不愿冒险。早期每个自由希腊人都曾有冒险机会，腓力和亚历山大终结了这种局面，希腊化世界仅仅在马其顿王朝享受了一段无政府主义的自由。希腊世界青春已逝，要么愤世嫉俗要么遁入宗教。用人间体制展现理想观念的希望已经破灭，顶尖人杰丧失了热诚。天堂对苏格拉底而言是他能继续辩论的地方，对亚历山大之后的哲学家而言则是与现世大不相同的景象。

后来罗马也出现了类似情形，但没那么痛苦。罗马没有像希腊那样被人征服，相反还有帝国主义得胜的刺激。内战期间，罗马人正是混乱源头。希腊人臣服马其顿人并未换来和平与秩序，希腊人和罗马人臣服奥古斯都之后，和平与秩序都有了。奥古斯都屋大维是罗马人，绝大多数罗马人心甘情愿地臣服于他，不仅是由于他威武强悍；何况他还煞费心思地掩饰自己政权的军事出身，自称是受元老院之命当政的。元老院对他的阿谀奉承无疑是言不由衷的，但除了各元老没有谁为此感到屈辱。

罗马人的心情就像19世纪 *jeune home range* 的法国人，经历了大胆复杂的情史，安于理性选择的婚姻。这种心情就是尽管满足，却了无新意。奥古斯都时代的大诗人都是较为动荡的时期造就的，贺瑞斯是从腓立皮战场逃出来的，他和维吉尔都被没收了庄园，以便犒赏得胜的兵将。奥古斯都为了社会稳定，多少要做样子恢复传统信仰，所以势必对自由思想颇为敌视。罗马世界开始变得刻板僵化，后来历代皇帝当政期一直如此。

奥古斯都之后的几任皇帝，对元老们和紫色皇袍的潜在竞争者恣意实施种种骇人听闻的残忍手段。这段时期的不仁之政在某种程度上蔓延到各行省，但奥古斯都创制的行政机器整体上依然运转良好。

----

[1]《古代世界史》卷二，第255页。

公元98年图拉真即位，罗马帝国迎来一段较为美好的时期，直至公元180年马可·奥勒留去世。这段期间帝国政府运转之良好，堪称任何专制政府之典范。相反，公元3世纪的罗马陷入灾难惨重的混乱。意识到自身威力后，军队为了金钱和一辈子不打仗的承诺而走马灯似的立皇帝又废皇帝，不再是有效作战力量。北方和东方的蛮族频频入侵并劫掠罗马领土，只顾私利和内乱的军队无力御敌。财政体系全盘崩溃，因为收入骤减，同时劳而无功的战争和收买兵将又使得开支剧增。战争伴着瘟疫大大削减了人口。罗马帝国眼看就要覆灭。

两位强人力挽狂澜，他们就是戴克里先（284—305年在位）和君士坦丁，后者稳固的统治从公元312年持续到337年。此时罗马帝国已分裂为东西两半，大体上分别讲希腊语和拉丁语。君士坦丁把东罗马帝国定都拜占庭，改称君士坦丁堡。戴克里先在一定时期整顿了军队，从此最能作战的武力由蛮人主要是日耳曼人组

身着罗马统帅装束的奥古斯都

第二十九章　罗马帝国与文化

成,一切高级指挥职务也向他们放开。这显然是冒险之举,5世纪早期终于结出了自然恶果:蛮人认定为自己作战比为罗马主子作战更有利可图。尽管如此,蛮人队伍还是为国效劳了一个多世纪。戴克里先的行政改革同样取得了一定时期的成功,同样也造成了长期灾难。罗马政体允许城镇地方自治,由地方官吏自行收税,每座城镇上缴的总税额则由中央当局决定。这套体制在繁荣期运转良好,但如今国力耗竭,规定的税额不经疯狂压榨就收不上来。市政长官对税收负个人责任,于是纷纷逃亡避税。戴克里先迫使殷实的市民担任市政职务,并规定逃亡是非法的。他出于类似动机将农业人口变为农奴,将他们束缚在土地上不准迁徙。该体制被后来历任皇帝效仿。

君士坦丁最重要的举措就是把基督教定为国教,这显然由于大多数兵将是基督徒[1]。结果日耳曼人在5世纪摧毁西罗马帝国时,纷纷皈依了威望极盛的基督教,从而使西欧保住了教会所吸收的那部分古代文明。

帝国东半部地区的发展另有不同。东罗马帝国尽管疆域不断缩小(除了查士丁尼在6世纪短暂的对外征服),却一直存续到1453年君士坦丁堡被土耳其征服。多数昔日的东部罗马行省,还有非洲和西部的西班牙,都成为伊斯兰教世界。与日耳曼人不同,阿拉伯人摒弃了被征服者的宗教而采纳了他们的文明。东罗马帝国的文明是希腊而不是拉丁的,因此是阿拉伯人在7—11世纪保存了希腊文学和一切残存的、与拉丁文明相对的希腊文明。从11世纪起,最初是通过摩尔人的影响,西方世界才逐渐恢复了曾经失去的希腊遗产。

现在谈谈罗马帝国影响文化史的四种途径。

1. 罗马帝国对希腊思想的直接影响。这始于公元前2世纪的两个人,史学家波利比乌斯和斯多葛派哲学家潘内狄。希腊人觉得自己更文明,但政治上较为软弱,他们对罗马人的态度自然是鄙视夹杂着恐惧。如果罗马人在政治上更成功,那仅仅表明政治是桩卑劣勾当。公元前2世纪的普通希腊人是寻欢作乐、聪明机智、善于经营而肆无忌惮的,但仍有一些具备哲学头脑的人。他们当中的一部分,尤其是卡涅德等怀疑主义者,机灵有余而严肃不足;还有一部分,比如伊壁鸠鲁派和某些斯多葛派,完全遁入沉寂的私人生活。但也有某些人,他们的眼光比当年亚里士多德看亚历山大的眼光准,意识到罗马的伟大是源于希腊人缺乏

---

[1] 罗斯特夫泽夫:《古代世界史》卷二,第332页。

的某些优点。

史学家波利比乌斯约公元前200年出生于阿卡迪亚，被发往罗马为囚，在罗马却有幸成为小西庇阿的朋友，伴他多次征战。鲜有希腊人懂拉丁语，虽然多数受过教育的罗马人都懂希腊语；波利比乌斯的境遇使他精通拉丁语。他为希腊人撰写了罗马征服世界的布匿战争史。他赞颂罗马体制，尽管该体制在他下笔时已不值得称颂，但在此之前毕竟在稳定与效率上都远远优于多数希腊城邦飘摇不定的体制。他的史书罗马人读起来自然很高兴，希腊人是否如此就很值得怀疑了。

斯多葛派哲学家潘内狄在上一章已经谈过。他是波利比乌斯的朋友，而且像波利比乌斯一样也是小西庇阿保护的人。小西庇阿在世时，潘内狄频频造访罗马，但公元前129年小西庇阿死后，他就留在雅典做斯多葛派领袖。罗马仍满怀希腊业已丧失的政治雄心，因此潘内狄的学说有更强的政治性，不像早期斯多葛派学说那么接近犬儒主义。有教养的罗马人崇敬柏拉图，也许这种影响使他放弃了斯多葛派前辈的狭隘。经过他和后辈泼昔东尼的改造，较为宽容的斯多葛主义深深打动了较为严肃的罗马人。

后来的爱比克泰德虽然是希腊人，但一生主要在罗马度过，书也大部分是在罗马读的。他总是规劝明理人不要在皇帝面前发抖。我们知道爱比克泰德对马可·奥勒留的影响，但他对希腊人的影响很难追溯。

普鲁塔克（约46—120年）在《希腊罗马名人传》中对两国最杰出的人物做了比较研究。他在罗马待了很久，受到哈德良和图拉真两位皇帝的礼遇。除了《名人传》，他还写了大量哲学、宗教、自然史和道德方面的书。《名人传》显然想调和人们对希腊和罗马的思想认知。

除了上述卓越人物，罗马对帝国希腊语区域大体上唯有损害。思想和艺术都衰颓了。直到公元2世纪末期，生活对家境殷实者而言是悠闲愉快的，没必要发奋努力，也没什么伟大成就的机会。柏拉图学园、逍遥学派、伊壁鸠鲁派和斯多葛派等成形哲学流派还都在，直到公元529年被查士丁尼大帝出于基督教的偏执而关闭。然而从马可·奥勒留时代以来，各学派都没什么活力，只有公元3世纪的新柏拉图派（详见下一章）除外，但该学派几乎没受罗马影响。罗马帝国讲拉丁语和讲希腊语的两半逐渐分道扬镳，希腊语知识在西部变得罕见，拉丁语在东部从君士坦丁之后也仅存于法律和军事中。

2. 希腊和东部对罗马的影响。这里要考察截然不同的两大因素：一是希腊化艺术、文学和哲学对最有教养的罗马人的影响，二是非希腊化宗教迷信在西部世界的蔓延。

（1）罗马人最初接触希腊人时，就意识到自身是比较野蛮粗鲁的。希腊人在手工艺和农业技术、优秀官员必备的各种知识、交谈和生活享受艺术、美术、文学和哲学等许多方面都远比他们优越。罗马人较为优越的只有军事战略和社会团结。罗马人与希腊人的关系有点像1814—1815年普鲁士与法国的关系，但后者只是一时情势，前者持续了漫长时期。布匿战争后，罗马青年对希腊人有一种敬慕。他们学希腊语，仿造希腊建筑，聘请希腊雕塑家。他们把罗马诸神说成希腊诸神，为罗马编造了特洛伊起源，以便与荷马神话扯上关联。拉丁诗人采用希腊韵律，拉丁哲学家采纳希腊哲理。最终罗马在文化上成为希腊的寄生虫。罗马人未创造任何艺术形式，未形成任何新颖哲学理论，未做出任何科学发现。他们修筑了堂皇大道，编纂了系统化法典，训练了彪悍部队，但其余一切对希腊唯有敬仰。

希腊化使罗马的风尚有所柔化，卡图长老对此深恶痛绝。罗马人直到布匿战争时还是农牧民族，有农夫的各种优点和劣性：朴素、勤劳、粗鄙、固执又愚昧。他们安稳牢固的家庭生活一直建立在父权基础上，妇孺完全处于附属地位。这一切随着忽然涌入的横财而改变。小农场消失了，逐渐被雇佣奴隶进行新式科学耕作的大庄园替代。强大的商人阶级崛起，许多人靠劫掠发了家，就像英国18世纪那些从印度发财回来的大富翁。女人曾是守德的奴隶，此时变得自由放荡，离婚成为常事，富人不再生儿育女。希腊人几百年前也经历了类似过程，作为先例刺激了史学家所称的道德败坏。但即使在罗马帝国最堕落的时期，普通罗马人依然觉得罗马是对抗希腊腐化堕落的高洁伦理标准的维护者。

希腊对西罗马帝国的文化影响从公元3世纪开始迅速减弱，主要是因为文化整体都衰颓了。这有很多原因，其中一条必须特别指出。西罗马帝国末期，政府是更加赤裸裸的军事专制，军队往往推举得胜的将军当皇帝，但军队哪怕最高层也不再是有教养的罗马人，而是来自边境的半野蛮人。这些粗暴的兵将用不着文化，文明公民在他们眼里只是税收来源。平民穷得受不起什么教育，国家又觉得教育没必要。因此，西罗马只有少数很有学问的人仍阅读希腊文。

（2）非希腊的宗教迷信反而随着时间的推移在西部扎下越来越牢的根系。我们知道亚历山大的征服如何将巴比伦、波斯和埃及的信仰带到希腊世界，类似地，罗马帝国对外征服也使西方世界熟悉了这些信仰以及犹太人和基督徒的学说。犹太教和基督教我稍后再讲,这里尽量只讲异教迷信[1]。

在罗马,各教派、各先知都有代表渗入政府高层,有时还取得他们的支持。卢申处于轻信时代,却是理性怀疑主义的代表人,他讲过一桩大家认为基本属实的趣事。说有个名叫亚历山大的巴弗拉格人,是个预言家和神迹师,会治病救人、预测未来,逮着机会就讹诈钱财。他的名声传到当时正在多瑙河畔跟马科曼尼人打仗的皇帝马可·奥勒留耳朵里。皇帝请教他如何打胜仗,答曰把两头狮子扔进多瑙河就会大获全胜。奥勒留听从这位先知的建议,结果大获全胜的是马科曼尼人。尽管出了大错,亚历山大的名声还是越来越响亮。一个执政官级别的罗马显要鲁提廉努向他咨询许多事,最后请他指点如何择妻。亚历山大像希腊神话美少年恩狄弥翁那样,也得到过月神的青睐,和她生了个女儿,神谕把这个女儿介绍给鲁提廉努。"年届六十的鲁提廉努立刻遵从神旨,为庆祝新婚还宰了整整一百头牛献祭他那天上的岳母。"[2]

比巴弗拉格人亚历山大的事迹更重要的是皇帝艾罗格巴鲁或曰海琉格巴鲁的统治(218—222),此人在被军队推上皇位之前是一个叙利亚日神祭司。他慢条斯理地从叙利亚赴罗马上任,把自己的一幅画像当礼物先送到元老院。"画中的他穿着蚕丝和金线织的、宽大松软的米底和腓尼基风情祭司长袍,头戴高耸的冠冕,数不清的项圈和手镯上镶满无价珍宝。眉毛描得黑黑的,脸蛋矫饰得白里透红。元老们深沉慨叹:被严厉的国产暴君统治多年,罗马终于匍匐在东方独裁者柔靡的奢华下。"[3]在军方多数的支持下,他继续狂热地向罗马引入东方宗教仪式,他的名字就是他曾担任大祭司的爱梅萨当地的太阳神。真正的当权者,他母亲或许是祖母嫌他太过分,就废了他而另立自己侄子亚历山大为帝(222—235),此人对东方风情的癖好温和些,他的私人礼拜堂展现了当时各种信仰尽可能杂糅的情形,堂内供奉的神像,从亚伯拉罕、俄耳甫斯、提亚纳的阿波罗到基督应有尽有。

源于波斯的米斯拉教是基督教的激烈竞争者,尤其在公元3世纪下半叶。拼命控制军队的历代皇帝觉得宗教也许能带来急需的稳定,但那必须是一种新宗教,

---

[1] 参阅库蒙:《罗马异教中的东方宗教》。
[2] 贝恩:《希腊哲学家》卷二,第226页。
[3] 吉本,第六章。

因为兵将总是喜欢新宗教。于是米斯拉教传入罗马，很投合军人的心意。米斯拉是太阳神，但不像他那位女里女气的叙利亚同僚，而是个战神——善恶大战从查拉图斯特拉以来就是波斯信仰的一部分。罗斯特夫泽夫复制过德国海登海姆一座洞穴神殿中发现的米斯拉崇拜浮雕[1]，并指出这位战神的信徒不仅在东方军队里人数众多，在西方亦然。

君士坦丁大帝采纳基督教获得了政治成功，此前引入新宗教的企图屡屡失败，其实从政治角度看那些尝试与君士坦丁的意图非常相似，都是想利用罗马世界的灾难和疲惫。希腊罗马的传统宗教适合那些对现世感兴趣、对人生幸福抱希望的人，亚洲则经历过更漫长的苦痛绝望，炮制出更强劲的解药，那就是对来世的种种希望，其中基督教给人的慰藉最有效。不过基督教成为罗马国教时已经吸收了许多希腊元素，连同犹太教元素一起传给西方后世。

3. 政府与文化的统一。希腊伟大时代的许多成就没有像米诺文化那样失传，首先归功于亚历山大，其次归功于罗马帝国。假如公元前5世纪崛起了一位成吉思汗，就可能把希腊化世界的重要东西抹杀精光；假如薛西斯能耐再大点，就可能使希腊文明远逊于他被击退后的实情。想想埃斯库罗斯到柏拉图这段时期：一切成就都是几座商贸城市里的少数人做出的。后来的情况表明，这几座城市没多大能力抵御外来征服，只是运气极好，外来征服者马其顿人和罗马人都是希腊文化爱好者，不像薛西斯或迦太基人那样索性摧毁被征服的东西。我们了解希腊人的艺术、文学、哲学和科学成就，要多谢西方征服者带来的稳定局面，他们有理智的头脑欣赏自己所征服的文明，尽了最大努力保存它。

在某些政治和伦理层面，亚历山大和罗马人成就的哲学，比希腊人在自由时期宣扬的任何哲学还优良。如前所述，斯多葛派信仰人人皆兄弟，并未把同情对象局限于希腊人。罗马帝国的长期统治，使人们习惯了单一政府下的单一文明。我们知道世界上有许多重要部分不归罗马管，尤其是印度和中国。可是对罗马人而言，似乎帝国之外只有卑微无名的野蛮部族，随时都可征服，只要帝国愿意费那工夫。在罗马人心目中，罗马帝国实质上和概念上都是世界性的。这种观念传到基督教，所以基督教会是"全世界的"，尽管还有佛教、儒教和后来的伊斯兰教。"无畏地审判全世界"是基督教会从晚期斯多葛派那里借来的格言，能打动人

---

[1]《古代世界史》卷二，第343页。

心显然是由于罗马帝国的大统一。从查理曼时代起，整个中世纪的基督教会和神圣罗马帝国概念都是全球性的，尽管人人心里明白这不是事实。全人类大家庭、全人类宗教、世界性文化、世界性国家，这些观念自从被罗马帝国大致实现后，始终萦绕在人类的思想中。

罗马帝国对文明领域的扩张至关重要。北意大利、西班牙、法兰西和西德许多地区都由于罗马军团的武力征服而开化。结果表明这些地区也能像罗马本身那样发展出高水平文化。在西罗马帝国末期，高卢产出的人物起码能和古文明地区的同代人相媲美。正是由于罗马传播了文化，野蛮人仅导致了短暂的晦蚀而非永久的黑暗。也许有人说文明的"质"再也不像伯里克利时代的雅典那么优异，然而在一个战乱与毁灭的世界，"量"长远来看几乎与"质"同等重要，这"量"就归功于罗马帝国。

4. 作为希腊文化载体的伊斯兰教。公元7世纪，伊斯兰教先知穆罕默德的信徒们征服了叙利亚、埃及和北非，下个世纪又征服了西班牙。他们赢得轻而易举，没怎么战斗。除了也许是最初那几年，他们并不狂热，基督徒和犹太人只要纳贡就不受侵扰。阿拉伯人很快学到东罗马帝国的文明，却满怀国运腾达的热望而没有衰微的倦怠。他们的学者读希腊作品，做注疏。亚里士多德的名气主要归功于他们，在古时他很少被提及，在人们眼中不能与柏拉图相提并论。

源于阿拉伯语的某些英语单词值得玩味，比如 algebra（代数）、alcohol（酒精）、alchemy（炼金术）、alembic（蒸馏器）、alkali（碱）、azimuth（方位）和 zenith（天顶）。除了 alcohol（指化学物质而不是用来喝的酒），这些词形象描绘了我们得自阿拉伯人的某些东西。代数是亚历山大城的希腊人发明的，使代数更进一步的则是穆斯林。alchemy、alembic、alkali 等词涉及把贱金属炼成黄金的尝试，这种事阿拉伯人也是从希腊人那里学来的，炼金过程中阿拉伯人还将希腊哲学派上了用场[1]。Azimuth 和 zenith 是天文术语，阿拉伯人主要用在占星术上。

这种词源学方法掩盖了我们应归功于阿拉伯人的希腊哲学知识，因为当时欧洲人重新学习希腊哲学时，所需的术语都来自希腊文或拉丁文。在哲学领域，阿拉伯人更擅长当注疏者而非原创思想家。对我们而言，阿拉伯人的重要性在于是他们而非基督徒直接传承了唯有东罗马帝国保存下来的那部分希腊传统。西班牙、

---

〔1〕亚瑟·约翰·霍普金斯：《炼金术：希腊哲学之子》，1934年哥伦比亚版。

西西里与穆斯林的接触使西方世界知道了亚里士多德，尽管西西里接触得较少。正是这种接触启动了11世纪的学识复兴，催生了经院哲学。到晚得多的时候，也就是13世纪起，人们才学了希腊语而直接阅读柏拉图、亚里士多德和其他古希腊著作。然而，要不是阿拉伯人保留这项传统，文艺复兴时期的人就不会好奇古典学术复兴能带来多大益处了。

第三十章　普洛丁

新柏拉图主义的创始人普洛丁（204—270）是古代最后一位伟大哲学家，一生几乎正逢罗马史上最多灾多难的时期。他出生前不久，军队意识到自身威力，干起了为赏钱拥立皇帝，然后又杀掉皇帝以便再次出卖帝国的勾当。沉迷此道的兵将无力守御边疆，任北方日耳曼人、东方波斯人大举入侵。战争和瘟疫夺去了帝国约三分之一的人口；哪怕在敌军未侵入的省份，赋税增长和资源减少也造成了财政崩溃。那些曾经是文化旗手的城市遭到尤为严重的打击，家境殷实的公民纷纷逃亡以躲避税吏。普洛丁死后秩序才重建起来，戴克里先和君士坦丁的强力举措暂时挽救了罗马帝国。

这一切普洛丁的著作只字未提。他不理毁灭和悲惨的现实图景，转而沉思善与美的永恒世界。这一点他与最严肃的同代人格调一致；不管是基督徒还是异教徒，大家都觉得现实世界似乎毫无希望，唯有彼岸世界值得献身。这"彼岸世界"，对基督徒而言是死后享受的天国，对柏拉图主义者而言是永恒的理念世界，那是与虚幻现象世界对立的真实世界。基督教神学家将这些观点结合起来，并吸收了普洛丁的大部分哲学思想。印吉教长在他那部论普洛丁的极具价值的书里[1]，正确强调了基督教源于普洛丁的东西，他说："普洛丁是基督教神学关键架构的组成部分，我敢说没有其他任何哲学能与基督教神学如此天衣无缝地贴合。"他还表明："把柏拉图主义从基督教剔除而不至于将基督教撕成碎片，根本不可能。"他

---

[1] 指《普洛丁哲学》，1918年出版。——译注

指出，圣奥古斯丁认为柏拉图体系是"一切哲学中最纯粹最光辉的"，而普洛丁是"柏拉图再世"，假如普洛丁生得再晚些，只需"改动几个字眼，就是基督徒了"。印吉教长还认为，圣托马斯·阿奎那"亲近普洛丁甚于亲近真正的亚里士多德"。

因此，普洛丁对中世纪基督教及天主教神学的塑造和影响极具历史重要性。谈论基督教，史家必须谨记它所经历的种种重大变化，还有它哪怕在同一时代也呈现的不同状态。同观福音[1]里的基督教，几乎没有沾染形而上学。在这方面，近代美国的基督教很像原始基督教：美国大众思想和情感对柏拉图主义是陌生的，多数美国基督徒更关注现世的责任、日常世界的社会进步，而不是尘世万物让人万念俱灰时给人慰藉的超脱希望。我说的不是教义的演化，而是重点与兴趣的挪移。近代基督徒除非意识到这种差异何等重大，否则无法理解昔日的基督教。我们做的是史学研究，所以要关注过去几百年实际存在的信仰，在这些问题上我们无法不认同印吉教长关于柏拉图和普洛丁对基督教影响力的说法。

然而，普洛丁不仅具有历史重要性。他比任何哲学家都更能代表一种重要理论类型。哲学理论可因多种不同缘故而重要。首要且最显而易见的缘故，就是我们觉得它可能为真。如今没多少哲学研究者会觉得普洛丁的理论是真的，但印吉教长是罕见的例外。然而真并非形而上学能具备的唯一优点。它也可能美，普洛丁的哲理非常优美，某些段落让人联想到但丁《神曲·天堂篇》末尾的诗章，充满其他任何文学作品都没有的韵味。他一再描绘那永恒的荣耀世界：

> 焦躁的幻境
> 传来安详纯净的和美之歌
> 永远在蓝宝石王座前吟唱
> 唱给端坐其上的他

此外，哲学理论也可能由于很好地表达了人在特定心绪或境遇中易于相信的东西而重要。单纯的乐与忧不是哲学题材，更适合较简单的诗歌和音乐。唯有伴随着对宇宙的思索，乐与忧才能升华为哲理。人可能是愉快的悲观主义者，也可

---

[1]《新约》中的《马可福音》《马太福音》和《路加福音》因叙事内容大同小异而统称"同观福音"，与《约翰福音》相对。——译注

能是忧郁的乐观主义者。也许塞缪尔·巴特勒是前一种的代表，普洛丁则是后一种的出色典范。在他所生活的那个时代，大难随时临头，而幸福，假如有一点可能，也必须靠思索那远远脱离感官印象的东西来获取。这种幸福总有些吃力，全然不似孩童简单的幸福；况且它不来自日常生活而来自想象与思索，就需要一种忽略或鄙弃感官生活的能力。因此，基于对超感官世界实在性的信仰创造出哲思型乐观主义的，不是那些享受本能幸福的人。在那些世俗意义上并不幸福，却断然决定在理论世界寻觅更高级幸福的人里，普洛丁占据极高的地位。

而他的纯才智优点也不容小觑。他在许多方面澄清了柏拉图学说，把自己和许多人共同主张的理论表述得尽可能圆融透彻。他对唯物论的反驳很在理，他有关灵魂与身体关系的整套观念也比柏拉图和亚里士多德的更鲜明。

就像斯宾诺莎，普洛丁也有某种非常感人的道德纯洁和崇高性。他永远诚恳，从不尖酸刻薄，总想把自己认为重要的东西尽可能简洁地告诉读者。不管你对他这个理论哲学家有什么看法，对他这个人，你不爱是不可能的。

我们对普洛丁生平事迹的了解，都来自他朋友兼弟子、闪米特人泼弗瑞（真名叫马切斯）写的传记，但这部传记有一些神神叨叨的东西，使人们连那些较可靠的部分也不敢完全信赖了。

普洛丁觉得自身的时空存在无关紧要，所以非常不愿谈自己的人生经历。但他曾说自己出生于埃及，我们也知道他年轻时在亚历山大城求学，在这里住到三十九岁，老师就是通常被人们视为新柏拉图主义创始人的阿莫纽斯·萨卡斯。后来他参加了罗马皇帝果狄安三世对波斯的远征，据说本意是研究东方宗教。公元244年，年轻的皇帝在美索不达米亚作战时被远征军杀害，这是那个年代的常事。于是普洛丁放弃东进计划而定居罗马，不久就开始讲学。前来听课的有许多权贵，加列努皇帝也对他礼遇有加[1]。他曾一度打算在坎帕尼亚建立柏拉图的理想国，为此建造一座新城，就叫柏拉图城。皇帝起初很支持，但最后撤销了许可。离罗马这么近居然有地方建造新城，似乎是怪事一桩，但也许当时那片地区像现在一样疟疾横行，此前不是这样。他四十九岁之前没写过任何东西，之后却著述

---

〔1〕 吉本这样评价加列努皇帝："他是好几种怪而无用的学科的大师，是出口成章的演说家又是优雅的诗人，是娴熟的园丁，手艺高超的厨子，最为不堪的君主。国难危急需要他站出来时，他跟哲学家普洛丁闲谈，把时间挥霍在鸡毛蒜皮和淫乐放荡上，正打算探索什么希腊的秘密或是在雅典最高法院谋个职。"（第10章）

极丰。他的作品由泼弗瑞编纂,而泼弗瑞比普洛丁更醉心毕达哥拉斯学说,以致新柏拉图学派有很浓的超自然色彩;假如这个学派更忠实地遵循普洛丁的教导,本来不至于此。

普洛丁非常推崇柏拉图,通常用敬称指代他。普洛丁一般对"可敬的古人"很尊重,对原子论者却不是这样。当时还活跃的斯多葛派和伊壁鸠鲁派都被他驳斥,斯多葛派是由于唯物论,伊壁鸠鲁派则是整套哲学的方方面面。普洛丁受亚里士多德的影响比表面上大,因为他往往援引亚里士多德而不予声明。许多地方也能感受到巴门尼德的影响。

普洛丁笔下的柏拉图不像真实的柏拉图那样有血有肉。理念论、《斐多篇》和《理想国》卷六的神秘学说、《会饮篇》对爱的探讨,差不多就构成了《九章集》(普洛丁著作的合称)中的柏拉图全貌。政治兴趣、对各种美德定义的追寻、数学之乐、对个体夸张又热烈的欣赏,尤其是柏拉图那种顽皮幽默,在普洛丁的作品中不见踪影。如卡莱尔所言,柏拉图"在乌托邦是悠游自在的",普洛丁则相反,总是极力一本正经。

普洛丁的形而上学始于三位一体:太一、精神和灵魂。三者不像基督教三位一体那样彼此平等,而是太一至上,精神次之,灵魂最后[1]。

太一多少有些含糊,有时叫做"神",有时叫做"善",超越紧接其后的"存在"。决不可对它加任何限定,只能说"它是"——这颇具巴门尼德风范。不能说神是"全部",因为神超越全部。神显现于万物,又可不假任何事物而出现,"不在任何地方,又无处不在"。虽然太一有时被称为"善",但据说它既先于"善"又先于"美"[2]。有时太一似乎像亚里士多德的"神",但太一神并不需要自己的派生物,也并不理会自己创造的世界。太一是无法定义的,关于太一,沉默比任何言语都更真实。

我们接着谈第二格,普洛丁称之为nous(大意为心智)。很难找到一个英语单词表达nous,标准词典的翻译是"mind"(心思),但这个单词无法正确体现它隐含的各种意味,用于宗教哲学时尤甚。假如我们说普洛丁将"mind"置于

---

[1] 普洛丁的同代人兼哲学同门奥利金主张"第一者"高于"第二者",而"第二者"高于"第三者",与普洛丁意见一致。但奥利金的观点后来被宣布为异端。
[2] 《九章集》卷五,第五篇,第十二章。

"soul"（灵魂）前，则会造成完全错误的印象。普洛丁作品的英译者麦肯那用的是"Intellectual-Principle"（理智－原则），但这很别扭，也欠缺宗教崇拜对象的意味。印吉教长用的是"Spirit"（精神），也许是最佳选择，却也漏掉了毕达哥拉斯以来所有希腊宗教哲学中都非常重要的理智因素。数学、理念世界和关于非感官事物的一切思想，对毕达哥拉斯、柏拉图和普洛丁而言都是神圣的，它们构成了nous活动的内容，或者说起码是我们能想象的最接近nous活动的途径。正是柏拉图宗教中这项理智因素使基督徒尤其是《约翰福音》的作者将基督等同于Logos，而Logos这个单词在这里应译作reason（理性），这使我们无法用"理性"来翻译nous。我将采用印吉教长的译法"Spirit"，提前声明nous蕴含着通常意义上的"Spirit"不具备的理智意味。但我会经常直接用nous一词而不加翻译。

普洛丁说nous是太一的影子，是太一在自我探索中显像而生，所显的就是nous。这是个艰深概念。普洛丁说，没有组成部分的存在也会认识自身，在这种情况下，见者和被见者是同一的。柏拉图将神比作太阳，说神是发光者同时也是被照亮者。类似地，nous也许是太一看见自身所凭借的光芒。我们有望认识因自身执念而忘却的"神圣思想"。要认识神圣思想，我们必须趁灵魂与神最相像时审视它：撇开肉体，撇开附于肉体的那部分灵魂，撇开"夹杂着欲望、冲动等各种徒然成分的感觉"，这时剩下的就是神圣理智的影像。

> 被神感召并唤醒的人，起码会意识到自己怀有某种更伟大的东西，虽然说不清那究竟是什么，肢体不由自主的运动和口中的呓语让他们察觉有外在力量推动；我们的nous纯粹时，必定也以这种方式面对至尊：我们知道是内在神圣思想造就了存在物和其他一切，但我们也知道还有另外的东西，根本不属此类，而是比我们所知的任何存在都更崇高、更圆满、更伟大，超越理智、心灵和情感的原则，是它赋予了这些力量，不可将之与这些力量混为一谈。[1]

因此，当我们"被神感召并唤醒"时，不仅见到nous，还见到太一。以这种方式接触神的时候，我们无法用言语解释或描述所见景象，那是过后的事：

---

[1]《九章集》卷五，第三篇，第十四章，麦肯那英译本。

接触的那一刻，根本无力确认什么，因为无暇顾及，理性思考是后来的事。灵魂忽然沐浴光辉，我们意识到发生了洞见。这光辉来自至尊，就是至尊；当他像另一个神受人召唤那样带着光辉来临时，我们可确信他就在面前，光辉就是他来临的证据。因此，灵魂未被照亮时见不到神，被照亮时才获得它所追求的东西。这是摆在灵魂面前的真正目的，即沐浴光辉，在至尊的光辉中见到至尊，不凭借其他任何原则的光辉——见至尊也就是见神，因为照亮灵魂的光辉就是灵魂所见的光辉，恰如我们凭太阳的光亮看见太阳。

　　而这一切如何做到？

　　摒弃万物。[1]

普洛丁有多次"ecstasy"（出神，站在自己身躯之外）的经历：

　　这发生过多次：蜕去躯壳升入自身，一切皆为身外之物而专注自我，目睹奇幻的美，前所未有地确信我与最崇高者相融，成为最崇高的生命，与神合一；进入此境便安心其中，俯瞰理性中逊于至尊的一切；然而随后出现了从顿悟降至思考的时刻，经历这番神圣遨游后，我问自己此刻何以在下降，灵魂何以进入躯体。这灵魂哪怕在躯体内，也已表明它是高尚的东西。[2]

这就把我们引到三位一体的第三也是最低格，灵魂。灵魂虽然低于nous，却是一切生命的起因，创造了日月星辰和整个可见世界。灵魂是"神圣理性"的产物，有两重：内在灵魂专注nous，外在灵魂专注外界。后者涉及向下的运动，灵魂在这向下运动中产生影像，那就是自然和感官世界。斯多葛派把自然等同于神，但普洛丁把自然视为最低层，是灵魂忘记仰望nous时的投影。这很容易让人联想到诺斯替派的观点：可见世界是邪恶的。但普洛丁不这么看，他认为可见世界是美丽的，是神圣精神的住所，其美好仅次于理性世界。在一篇很有趣的探讨诺斯替派见解（即宇宙及其创造者是邪恶的）的论辩文章中，普洛丁承认诺斯替派的某些学说比如对物质的憎恶可能源于柏拉图，却又认为那些并非源于柏拉图的部分都不是真的。

―――――――

[1]《九章集》卷五，第三篇，第十七章。
[2] 同上，卷四，第八篇，第一章。

普洛丁对诺斯替派的反驳有两种。首先，他主张灵魂创造物质世界是出自神圣的回忆，而不是由于灵魂堕落。他认为感官世界美到了可知世界的极致。他强烈体验到感官认识的美：

> 哪个真正感受到理性世界和谐的人，但凡有一点音乐天赋，会感应不到声音知觉中的和谐？哪个几何学或算学家，会享受不到可见事物上的对称和美与秩序？且以绘画为例：借助身体感官看见绘画艺术作品的人们，对同一事物的感觉不是唯一的，他们从眼前所描绘的事物中看到了背后隐藏的理念而深受触动，唤起对真理的回忆——爱正是从这种体验里产生的。那么，如果看到卓越再现于一张面孔上的美可驱使心灵走向美的境界，看见感官世界处处洋溢的可爱形象（那恢宏的秩序，连遥远的星辰都展现着的形式）的人，哪个都不会冥顽不灵、无动于衷到不被这一切打动和唤醒，不因想到这一切如此伟大而充满敬畏。没这种感触，就只能是既没有参透这个世界又对另一世界懵然无知。（《九章集》卷二，第九篇，第十六章）

普洛丁反对诺斯替派还有一个理由，那就是后者认为日月星辰是邪恶精神创造的，没什么神圣可言，一切可感知事物中唯人类灵魂有一点善。普洛丁坚信天体是类似神明的生物体，是人类远远无法比拟的。诺斯替派"宣称他们自己的灵魂，哪怕最渺小的灵魂，也是不朽、神圣的；而整个苍穹和里面的星辰与神圣原则毫无相通之处，尽管苍穹星辰比他们的灵魂纯洁得多、可爱得多"（卷二，第九篇，第五章）。普洛丁的观点有《蒂迈欧篇》作为权威支持，被奥利金等许多基督教神父采纳。它令人浮想联翩，表达了天体自然激起的感情，让人类在物理宇宙中不至于那么孤单。

普洛丁的神秘主义没有一丝阴郁或对美的敌视。但他是许多世纪以来最后一位堪称此誉的宗教导师。美，还有与美相关的一切欢愉，后来被视为魔鬼；基督徒和非基督徒都纷纷歌颂起丑陋污秽。叛教者朱利安与他同代的正统基督教圣人一样，都以满面髭须为豪。普洛丁哲学丝毫没有这种东西。

物质是灵魂创造的，没有独立实在性。每个灵魂都有自己的时刻，时刻一到就下降并进入适合它的肉体。其动力并非理性，而是某种更像性欲的东西。灵魂离开肉体时，如果有罪就必须进入另一肉体，因为正义要求它接受惩罚。如果你今生谋害过母亲，来世就会成为妇人被你儿子谋害。（卷三，第二篇，第十三章）罪恶必遭惩罚，而惩罚是罪人的错永不安宁地推动着自然发生的。

我们死后还记得今生吗？普洛丁的答案完全合乎逻辑，但多数近代神学家却不会这么说。记忆关乎时间长河中的生命，而我们最好最真的生命在永恒中。因此，随着灵魂成长为永恒生命，记忆越来越少，妻儿朋友逐渐被淡忘，我们终将对此生的一切一无所知，唯有在理性领域沉思。个体记忆不复存在，沉思冥想时不会意识到自我。灵魂将与nous合一，却并未毁灭：nous与个体灵魂将同时为二并且为一。（卷四，第四篇，第二章）

在《九章集》卷四论灵魂的篇章中，第七篇是专门探讨灵魂不死的。

身体既然是复合物，显然并非不朽；那么，既然身体是我们的一部分，我们就不是完全不朽的。但灵魂与身体的关系是什么？亚里士多德（普洛丁没有明指是他）说灵魂是身体的形式，但普洛丁不同意，理由在于假如灵魂是身体的某种形式，就不会有理智行为。斯多葛派认为灵魂是物质，但灵魂一体性证明这是不可能的。况且，物质既然是被动的，就无法创造自身；假如灵魂没有创造物质，物质就不存在；灵魂不存在，物质就瞬间消失。灵魂既不是物质，也不是物质体的形式，而是本质，本质是永恒的。柏拉图主张理念永恒所以灵魂不死，就隐含着这种观点，但到普洛丁这里才把它挑明。

灵魂为何从超然的理智世界进入肉体？答案是，出于欲望。欲望有时可鄙，有时也比较高尚。灵魂最好的时候，"怀有把它在nous见到的东西展示出来的欲望"。也就是说，灵魂沉思内在本质世界，渴望创造出尽可能与之相像、从外部而非内部可见的东西，好比作曲家想出了音乐，渴望听到交响乐团将它演奏出来。

但灵魂的创造欲有不幸后果。灵魂只要生活在纯本质世界，就不会与生活在这个世界的其他灵魂分离；然而一旦与身体结合，灵魂就得管束低于它自身的东西，为此与其他灵魂分离，而其他灵魂也有各自的身体。于是灵魂被身体束缚，只有少数人在少数时刻除外。"身体蒙蔽了真理，而那[1]一切都清楚分离"。（卷四，第九篇，第五章）

像柏拉图的学说，这种说法也很难避开"创世乃错事一桩"的结论。灵魂最好的时候满足于nous，满足于本质世界；假如它一直处于最好状态，就不会去创

---

[1] 普洛丁像基督徒一样习惯用"那"（There），譬如这句：不知有终的生命，那没有眼泪的生命。

造，而只是沉思。创世行为的理由似乎是，所创造的世界大体是逻辑上可能的最佳世界；这是永恒世界的摹本，具备一个摹本可能有的美。论诺斯替派那章有最明确的表述（卷二，第九篇，第八章）：

> 问灵魂为何创造宇宙，等于在问为何有灵魂，造物主为何要创造。这个问题还意味着永恒有开端，还把创世行为看作一个变动不居者的随意之举。
>
> 必须告知有这种想法的人——如果他们能改正的话，告知他们天国的性质，让他们停止对崇高力量的肆意亵渎，要满怀敬重忌惮。
>
> 连宇宙的运行也不容如此攻击，因为那给理性者的伟大提供了最明显的证据。
>
> 这个有生命的"全者"不是无定形组织，与它内部日日夜夜由旺盛生命力滋生的较低级形式不同，宇宙是个有组织、高效、复杂、无所不包的生命，拥有高深莫测的智慧。那么，谁能否认它是理性神明清晰而美丽的影像？它无疑是摹本而非原本，但它本性如此，无法同时既是符号又是实体。然而说它是不合格摹本就错了，它不缺少物理世界所能展示的任何美丽。
>
> 必须有这样的复制品——尽管不是有意谋划的，因为理性不能是最末的东西，必须有内在和外在双重行为；那么，神明之后必须有某种事物，因为唯有一切威力随之结束的事物才不会把自身的东西传递下去。

这也许是普洛丁学说对诺斯替派的最佳回答。基督教神学家传承了这个问题，只是说法稍有不同。他们也发现，很难既解释创世又避开创世前造物主有所缺欠的渎神结论。事实上，他们的困难比普洛丁的大，因为普洛丁可以说nous的性质决定了创世行为是不可避免的，对基督教神学家而言世界则是上帝无拘无束地施展自由意志的结果。

普洛丁对某种抽象美有异常强烈的感受。描写理智在太一和灵魂的中间位置时，他忽然迸出一段热情洋溢的华辞：

> 至尊在行进中决不乘坐任何没有灵魂的车辆，甚至不肯直接乘坐灵魂，必以某种无法言喻的美为先导：大王的队列前，先是低级随员，然后职务越来越高，越来越显赫，越接近大王越有王者气概；接着是光荣的近侍，最后在这一

切显贵中蓦然闪现至高无上的君主本人，于是除了那些观赏他来临前的盛况就心满意足而离去的人，万众匍匐向他欢呼。（卷五，第五篇，第三章）

还有一篇论理智美的，也表现出这样的感情（卷五，第八篇）：

> 所有神明都尊贵优美，美得无以言表。什么让他们如此美？是理智，尤其是他们内部（神圣的太阳星辰）运转的可见理智……
>
> "悠游自在"也就是在那里，真理对这些神明既是母亲又是看护，既是存在又是滋养；他们看见一切不在变动中的真实存在，看见他们自身；因为一切都透彻澄明，没有黑暗，没有阻碍；每个生命对另一个生命无论在深度还是在广度上都是剔透的，光明照彻光明。他们每个自身都包含着全部，同时在彼此身上看见全部，所以到处是全部，一切皆全部，每个皆全部，荣耀无限。他们每个都伟大，小的也伟大；那里太阳是一切星辰，每个星辰都是全部星辰与太阳。尽管各自有主导存在方式，但他们彼此映照一切。

世界作为摹本难免有缺陷，对普洛丁和基督徒而言它还有更确凿的罪恶。罪是自由意志的后果，普洛丁靠自由意志来反对宿命论者尤其是占星家。他没有贸然否定占星术的一切效力，而是竭力限定其边界，以便其余一切与自由意志相容。他对巫术也采取这种办法，说圣贤是不受巫师法力左右的。泼弗瑞讲了个故事，说一个敌手哲学家想给普洛丁下恶咒，恶咒却由于普洛丁的圣洁和智慧而报应到这个敌手身上。泼弗瑞和普洛丁的所有追随者都比普洛丁本人迷信得多。普洛丁可以说是他那个时代最不迷信的人了。

基督教神学大体采纳了普洛丁宣扬的教义，我们现在试着总结一下其中系统化理性内容的优缺点。

首先也是最重要的，普洛丁为理想和希望构建了一个他心目中的避难所，其中还蕴含道德与理性的努力。在公元3世纪和蛮人入侵后的几个世纪，西方文明差点彻底湮灭。所幸的是，尽管神学几乎是当时仅存的精神活动，人们接受的神学体系却并非纯粹迷信，还存有大部分希腊理性思想以及斯多葛派、新柏拉图主义者共有的道德热忱，虽然这些珍宝有时藏得很深。经院哲学兴起，以及文艺复兴时期人们重新研读柏拉图和其他古典著作而深受鼓舞，都因此成为可能。

普洛丁哲学也有缺陷，那就是鼓励人们观照内心而不是外界：观照内心可见神圣的nous，观照外界则会见到感官世界的种种缺陷。这种主观倾向是逐渐增强的，在普罗泰戈拉、苏格拉底、柏拉图以及斯多葛派、伊壁鸠鲁派的学说中都有苗头，但最初只是一种教义，还没形成脾性，很久以来都未能扼杀科学好奇心。上文讲过公元前100年左右泼昔东尼为研究潮汐走遍西班牙和非洲大西洋沿岸的情形。主观主义却逐渐从教义侵蚀到人们的感情。人们不再研究科学，只把德行视为要事。柏拉图设想的德行，完全有可能促使人们追求智力成就；但在后来的若干世纪，人们逐渐认为德行仅仅是善良意志而不是理解物理世界或改进人类制度的渴望。基督教的道德教义也沾染了这个缺陷，尽管实践上对基督教信仰传播的重视让道德活动有了行动目标而不再限于独善其身。

普洛丁既是一个终结又是一个开端——希腊思想的终结，基督教世界的开端。对失望了几百年而深感厌倦、因绝望而精疲力竭的古代世界而言，他的学说也许尚可接受，但并不鼓舞人心。对较为粗鄙、有过剩精力需要约束控制而非刺激的蛮人世界而言，聆听普洛丁学说很有益，因为他们要对抗的恶不是萎靡而是粗蛮。普洛丁哲学幸存的内容，则由罗马末期的基督教哲学家传承。

Catholic Philosophy

卷 二

天主教哲学

绪 论

我说的天主教哲学，指从奥古斯丁到文艺复兴为止主宰欧洲思想的哲学。这十个世纪之前和之后都有大致同属此派的哲学家，奥古斯丁之前有早期教父，代表人物是奥利金；文艺复兴之后直到现在，所有固守中世纪教义尤其是托马斯·阿奎那学说的正统天主教哲学教师也都属于天主教哲学家。但唯有奥古斯丁到文艺复兴的伟大哲学家参与了天主教思想体系的创立及完善。奥古斯丁之前的基督教世纪，斯多葛派和新柏拉图主义者的哲学水平使教父们黯然失色；文艺复兴后，没一个杰出哲学家，哪怕是正统天主教哲学家固守经院派或奥古斯丁的传统。

本卷探讨的时代，与之前和之后的时代不仅在哲学上，而且在许多其他方面都有所不同。最显著的区别在于教会势力。在中世纪，即大约公元400年到1400年这段期间，教会使哲学信仰和社会政治事务结成空前绝后的紧密关联。教会是建立在教义基础上的社会组织，教义部分是哲学，部分是《圣经》记述的历史。教会靠教义获取权力与财富。与教会频繁冲突的世俗统治者失败了，因为绝大多数人包括多数世俗统治者都将天主教教义奉为真理。当时教会也得与罗马和日耳曼传统做斗争，罗马传统在意大利尤其是法学家中根深蒂固，日耳曼传统则在蛮族入侵后兴起的封建贵族中最为强势。但几百年来这些传统哪个都没有强大到足以对抗教会，主要因为它们没有任何足够坚实的哲学后盾。

像本书这样的思想史，对中世纪的处理难免失之片面。除了极少数例外，这段时期对精神生活有贡献的人全是神职人员。中世纪世俗人士慢慢建立起强大的政治经济体制，但他们的活动在某种意义上是盲目的。中世纪后期出现迥异于教会文学的重要世俗文学，在通史中值得比哲学思想史更详尽的记述。讲到但丁，我们才碰到一个通晓当时宗教哲学的世俗作家。直到14世纪，教士事实上垄断哲学，因此哲学是从教会立场写的。为此，必须对教会体制尤其是教宗制的发展加以相当详细的阐述,否则无法把中世纪思想讲清楚。

与古代世界比,中世纪世界的鲜明特征是各种二元对立。有教士与俗众的对立、拉丁与条顿的对立、天国与王国的对立、精神与肉体的对立。这一切体现为教宗与皇帝的二元对立。拉丁与条顿的对立是蛮人入侵造成的,其他对立由来更久。中世纪教士与俗众的关系就像撒母耳与扫罗的关系[1],教士至上的要求是亚流派或半亚流派帝王统治期产生的。天国与王国的对立在《新约》中就有了,但系统化是在圣奥古斯丁的《上帝之城》一书中。精神与肉体的对立在柏拉图思想中就有了,又被新柏拉图主义者强化,也是圣保罗教义的重要内容,主宰了公元4、5世纪的基督教禁欲主义。

天主教哲学被黑暗时代截成两段,这一时代中西欧精神活动几乎绝迹。从君士坦丁皈依到波爱修斯身亡,天主教哲学家的思想无论在现实还是在新近的回忆中都仍由罗马帝国支配。在这段期间,蛮族被视为麻烦而非基督教世界的独立组成部分。文明社会犹在,殷实的民众会读会写,哲学家必须既迎合俗众又迎合教士。此时与黑暗时代之间(6世纪末)的教宗大贵格利视自己为拜占庭皇帝的臣下,对蛮族国王们却颇为倨傲。在他以后,整个西方基督教世界教士与俗众的分裂越来越明显。世俗贵族创立封建制度,稍稍稳定了当时的混乱局面;教士们宣扬基督式谦卑,但只有下层阶级付诸实践;教会憎恶决斗、比武裁判、马上比武和私人复仇等异教不端之举,却无力遏止。从11世纪开始,教会终于千辛万苦从封建贵族制下获得解放,这正是欧洲走出中世纪的原因之一。

天主教哲学首个伟大阶段由圣奥古斯丁主导,异教则崇尚柏拉图。第二阶段以圣托马斯·阿奎那为巅峰,对他和他的后继者而言,亚里士多德远比柏拉图重要。但《上帝之城》中的二元对立丝毫没有缓和。教会代表天国,哲学家在政治上代表教会的利益。哲学意在维护信仰,用理性与穆斯林等拒不信奉基督教神启的人辩争。哲学家借助理智来反击批评,不仅充当神学家,还创造一种旨在吸引各种教义信奉者的思想体系。长远来看,宗教诉诸理智也许是个错误,但这策略在13世纪似乎很奏效。

13世纪貌似完备定型的思想体系被多种因素破坏,首要因素可能是富商阶层

---

[1] 据《旧约》记载,扫罗由先知撒母耳膏立为以色列开国国王,扫罗代表的君权和撒母耳代表的神权展开权力争斗。——译注

的成长，起初在意大利，随后在其他地方。当时封建贵族大都无知、愚蠢又粗鲁，平民曾支持教会，觉得教会在智慧、道德和对抗混乱的能力上都比贵族强。而新兴商人阶级与教士一样聪慧，作为公民自由斗士更受城市下层阶级欢迎。民主力量强势登场，帮教宗击败皇帝后，着手让经济生活摆脱教会掌控。

中世纪告终的另一缘故是法兰西、英格兰和西班牙等君主制民族强国的崛起。国王平定国内乱局、与富商联手抗击贵族后，终于在15世纪中期拥有足够力量，能够为民族利益对抗教宗。

此时教宗丧失了向来享有且在11—13世纪大体上当之无愧的道德威望。住在阿维农的几任教宗屈从法兰西，再加上教会大分裂，无意间让西方世界意识到不受约束的教宗专制既不可能又不可取。15世纪，作为基督教世界统治者的教宗其实已沦为意大利诸侯，卷入尔虞我诈鲜廉寡耻的意大利强权政治勾当中。

于是中世纪思想体系被文艺复兴和宗教改革瓦解，而井然有序成熟完备的新体系还没出现。中世纪思想的成长与衰颓就是本书卷二的主题。

整个中世纪，有思想的人对现世怀着深深的悲哀，只因期盼较好的来世而忍耐。这悲哀是对西欧现实的反应。公元3世纪是一段灾难期，人们的整体生活水平严重下降。4世纪稍缓和后，5世纪迎来西罗马帝国的覆灭和蛮族统治在原帝国领土上的建立。晚期罗马文明所依赖的有教养的城市富人，大部分沦为一贫如洗的流亡者，其余的回乡靠田产过活。一波波打击持续到公元1000年左右，根本不给人喘息休养之机。拜占庭与伦巴底人的连绵争战把意大利仅存的文明摧毁殆尽。阿拉伯人征服东罗马帝国大部分领土，在非洲和西班牙建立统治，威胁法兰西，甚至曾一度劫掠罗马。丹麦人和诺曼人蹂躏了法兰西、英格兰、西西里和南意大利。几百年动荡不安的生活充满艰辛。阴郁的迷信使凄惨的现实雪上加霜。人们认为哪怕基督徒绝大多数也要下地狱。大家觉得自己无时不被邪魔缠身，会遭术士和巫婆暗算。除了那些保留着孩童般无忧无虑头脑的人在幸运时刻外，享受生活乐趣根本不可能。遍地悲惨让宗教感情愈加强烈。善人的地上生活是天国朝圣之旅，尘世间不存在任何有价值的东西，除了终将带来永恒福祉的坚贞德行。希腊人在辉煌时代感觉日常世界充满乐与美，恩培多克勒曾经对市民同胞呼喊："住在俯瞰阿卡加黄色岩石、背临堡垒的大城里，日日忙于正事，外邦人眼中的荣耀化身，不擅卑劣之举的朋友们，向你们致意！"后来直到文艺复兴，人们都没能在现实世界感受如此纯粹的豪情，而是寄希望于看不见的来世。对阿卡加的仰慕转移到金城耶路撒冷。世俗幸福终于重返时,渴盼来世的殷切之情才逐渐减弱,同样的话还会说,但没那么恳切虔诚。

为说清天主教哲学的源头和重要性,我觉得有必要对中古史做一番比古代史和近代史都详尽的综述。天主教哲学本质上是一个社会组织即天主教会的哲学;近代哲学哪怕远离正统教义,也有很大部分牵涉基督教道德律和天主教政教关系原理引发的问题,特别在伦理和政治理论领域。希腊罗马的异教思想,从来不存在像基督教这样对上帝和凯撒,或者用政治术语说,对教会和国家的双重效忠。

双重效忠问题,大部分在哲学家提供必要理论前已经在实践中得以解决。该过程有两个截然分明的阶段:一个在西罗马帝国覆灭前,一个在覆灭后。历代主教的实践经验以圣安布罗斯为集大成者,为圣奥古斯丁的政治哲学奠定了基础。然而蛮族入侵导致长期混乱和日益加剧的愚昧。在圣波爱修斯和圣安塞莫之间长达五百多年的时期内,仅有一位杰出哲学家爱尔兰人约翰·司各特大致躲开了正在塑造西欧其余地区的种种进程。然而,这段时期尽管没什么哲学家,却不乏思想进步。混乱激起的迫切现实问题,被支配经院哲学的制度和思维方式解决。这些制度和思维方式不是理论家构思,而是实践家在紧张斗争中创造的,许多内容至今依然重要。11世纪的教会道德革新是经院哲学的序幕,是对教会愈演愈烈的封建化的反抗。要理解经院哲学就必须理解希德布兰[1],要理解希德布兰就必须对他抨击的罪恶有所了解,此外也不能忽略神圣罗马帝国的建立及其对欧洲思想的影响。

由于这些原因,您将在下文读到许多乍看起来与哲学史没什么关联的教会史和政治史。这段历史鲜为人知,对许多既懂古代史又懂近代史的人而言都比较陌生,所以更有必要讲一下。很少职业哲学家能像圣安布罗斯、查理曼或希德布兰那样对哲学思想产生那么大的影响。因此,要充分阐释我们的主题,就必须交代一下这些人物及其所处时代的要事。

---

〔1〕 即教宗贵格利七世。——译注

第一篇

教父

第一章　犹太教的发展

罗马帝国晚期传给蛮族的基督教含三种要素：首先是某些哲学信念，主要源于柏拉图和新柏拉图主义者，但也有斯多葛主义成分；第二是源于犹太人的道德和历史观；第三是某些学说，算是基督教的新东西，虽然部分可追溯到俄耳甫斯教和近东的某些类似教派，尤其是救赎说。依我看，基督教最重要的犹太元素有以下几点：

1. 圣史，从创世到未来的结局，向人类论证上帝行事的公正。

2. 有一小群特别蒙受神宠的人，犹太人说是上帝子民，基督徒说是上帝拣选的人。

3. 新的"正直"观。比如施舍之德，就是基督教从后期犹太教继承来的。洗礼的重要性可能源于俄耳甫斯教或东方神秘异教，但作为基督教美德要素的慈善似乎来自犹太人。

4. 律法。基督教保留部分希伯来律法，比如十诫，但摒弃相关典礼和仪式。然而他们在实践中对使徒信条怀着犹太人对律法般的感情，认为正确信仰起码与有德举动同样重要——该观念本质上是希腊的。子民的排他性源于犹太。

5. 弥赛亚。犹太人认为弥赛亚会给他们带来现世繁荣，帮他们战胜地上的敌人，未来他依然还在。基督徒认为弥赛亚是史上的耶稣，亦即希腊哲学中的 Logos（理性、道）；弥赛亚让信徒在天国而不是在地上战胜敌人。

6. 天国。犹太人、基督徒的来世观在某种意义上与后期柏拉图主义者很像，但比希腊哲学家们具体得多。希腊哲学认为，时空中的可见世界乃幻觉，人通过理智和道德训练，能活在唯一真实的永恒世界；这种观念基督教哲学往往也有，但通俗基督教没有。犹太教和基督教构想的来世不是哲理上与现世不同，而是未来善人享永恒喜乐、恶人遭永恒折磨的场所。这是报复心的体现，各色人等都能懂，希腊哲学家的学说并非如此。

要理解上述信仰的起源，就必须考虑犹太史上的某些事实，现在着重讲述这方面的内容。

以色列人的早期历史无法由《旧约》外的任何其他来源证实，根本无法判断它从何时开始不再是纯粹的传说。我们不妨认为大卫和所罗门是两位真实存在过的国王，但在有确凿历史记述的最早节点上，已经有以色列和犹大两个王国。《旧约》人物中第一个有独立记载的是以色列国王亚哈，公元前853年亚述人的一封信曾提到他。亚述人最终在公元前722年征服北国[1]，掳去大部分居民。只剩犹大王国保存着以色列宗教和传统。公元前606年，巴比伦人和米底人攻陷尼尼微，亚述国灭亡。此后犹大国又撑了一段时间，但公元前586年尼布甲尼撒攻陷耶路撒冷，捣毁神殿，将大部分居民掳到巴比伦。公元前538年，米底人和波斯人的王居鲁士攻陷巴比伦城，巴比伦国灭亡。公元前537年，居鲁士颁布诏令准许犹太人返回巴勒斯坦。许多人在尼希米和以斯拉的带领下回到巴勒斯坦，重造神殿，犹太正教开始定型。

被掳时期及其前后，犹太教经历了重大变革。起初，以色列人和周围部族在宗教上似乎没什么不同。雅威[2]最初只是一位恩宠以色列子孙的部落神，其他神并未被否认，崇拜其他神也是常事。十诫第一条说的"除了我以外，你不可有别的神"[3]，是快要被掳时的新规矩。早期先知的各种经文印证了这一点。正是这个时期的先知最早宣扬崇拜异教神是罪孽。他们说，要在连绵不断的战争中获胜，必须受雅威庇佑；假如也崇拜别的神，就会失去雅威的庇佑。尤其是耶利米和以西结，两人似乎创造了这个观念：除了唯一的宗教，其余都是伪教，耶和华[4]会惩罚偶像崇拜。

某些语录记载他们的训诫，也表明他们反对的异教崇拜当时很盛行。"他们在犹大城邑和耶路撒冷街上所行的，你没有看见吗？孩子捡柴，父亲烧火，妇女揉面做饼献给天后伊师塔，又向别的神浇奠，激我发怒。"[5]上帝为此动怒。"他们在欣嫩子谷修筑陀斐特的丘坛，好在火中焚烧自己的儿女。这并不是我吩咐的，也

---

[1] 即以色列王国。——译注
[2] 犹太人对神耶和华的敬称。——译注
[3] 《圣经》引文的翻译参照了和合本《圣经》，下同。——译注
[4] 原文the Lord，大写。——译注
[5] 《耶利米书》，第7章，第17、18节。

《圣经》(19世纪版本)里的一幅所罗门王插图

不合我心意。"[1]

《耶利米书》有一段趣文,叙述耶利米对埃及犹太人偶像崇拜的谴责。这位先知曾和流亡埃及的犹太人共同生活,他告诉这些人,雅威要把他们全部灭绝,因为他们的妻子烧香敬别的神。但这些人不听劝,还反唇相讥:"我们口中说什么就定要做什么,向天后烧香、浇奠,像我们与我们列祖、君王、首领在犹大城邑和耶路撒冷街市上素常所行的一样。因为那时我们吃饱饭、享福乐,并不见灾祸。"耶利米苦口婆心,说雅威已注意到这些偶像崇拜,必定因此降祸给他们。"耶和华说,看哪!我以我的大名起誓,在埃及全地,我的名不再被任何犹太人的口称呼……我留意向他们降祸而不赐福。在埃及的一切犹太人必被刀剑饥荒毁损,直到灭绝。"[2]

以西结同样被犹太人的偶像崇拜惊骇。耶和华向他显示妇女们在神殿北门为塔慕兹(巴比伦神祇)哭泣的异象,然后让他看"更可憎的事",即25人在神殿门口膜拜太阳。耶和华表示:"因此我也要怒而行事,我的眼一个都不放过,也绝不怜悯,哪怕他们对我耳大声嚎哭,我也不听。"[3]

除了一种宗教,其余宗教皆邪恶,耶和华惩罚偶像崇拜,此般观念显然是这些先知创造的。先知们总体上是极端民族主义者,盼着耶和华彻底摧毁外邦人的那一天。

被异族劫掳成为先知们的口实。既然雅威是全能的,犹太人是他的选民,那么犹太人受苦只有一个解释:他们自己有罪。这是父亲管教孩子的心理:犹太人要接受惩戒净化。在这种信仰的影响下,犹太人流亡期间创立了比独立时更僵硬、更排外的正统教义。留在故土未被迁到巴比伦的犹太人远远没走到这个地步。以斯拉和尼希米被掳后回到耶路撒冷,震惊地发现与外邦通婚已司空见惯,就把这种婚姻统统解除[4]。

与其他民族比,古犹太人显然有执拗的民族傲气。被征服民族往往会心服口服地归顺征服者,只有犹太人保持着唯我独尊的信仰,认为那些不幸因耶和华愤怒降下的灾祸,怪自己没维护好信仰和仪式的纯洁。《旧约》中涉及历史的章节大

---

[1]《耶利米书》,第7章,第31节。
[2] 同上书,第44章,第11节至末尾。
[3]《以西结书》,第8章,第11节至末尾。
[4]《以斯拉记》,第9章至第10章,第5节。

多是被掳后编纂的，会给人一种错觉，仿佛先知们谴责的偶像崇拜背离了先前的严苛风尚，其实严苛风尚从未存在过。很多东西都是先知们编的，不用历史眼光读《圣经》就看不出来。

　　犹太教的很多显著特征是在被掳期形成的，虽然有部分由来已久。神殿被毁，祭祀只能在神殿举行，犹太教仪式干脆不再用祭品。犹太集会从这个时期开始，会众在集会上诵读当时已有的《圣经》。安息日从此变得重要，作为犹太标识的割礼也由此肇始。如前所述，异邦联姻也是流亡期开始被禁的。各种排外举动纷纷涌现。"我耶和华你们的神，使你们与万民有分别。"[1]"你们要圣洁，因为我耶和华你们的神是圣洁的。"[2]犹太律法是这一时期的产物，曾是维护民族团结的重要力量。

　　如今的《以赛亚书》是两个不同先知的作品，一个在被掳前，一个在被掳后。后者就是《圣经》研究者说的第二以赛亚，是最出众的先知。他最早宣称耶和华说"除我之外，没有真神"。也许是受了波斯人的影响，他相信肉身会复活。他关于弥赛亚的预言成为后世证明先知预见基督降临的主要《旧约》经文依据。

　　在基督徒与异教徒和犹太人的争辩中，第二以赛亚的经文曾至关重要，所以我在此摘引几段最关键的。列国终将皈依："他们要把刀打成犁，把枪打成镰；列国不再举刀互攻，也不再学习战事。"（《以赛亚书》第2章第4节）"必有一处女怀孕生子，给他起名叫以马内利。"[3]（犹太人和基督徒曾对此处经文有争议，犹太人说正确译法是"必有一年轻女子怀孕"，但基督徒认为犹太人在撒谎。）"在黑暗中行走的百姓看见了大光，住在死荫之地的人，有光照耀他们……因有一婴孩为我们降生，有一子赐给我们，政权必担在他的肩头上。他是奇迹、向导、全能的神、永在的父、和平的君。"[4]最具预言性的是第五十三章，内有我们熟悉的经文："他被藐视、被厌弃，饱受痛苦忧患……他必然担当我们的忧患，背负我们的痛苦……哪知他为我们的过错受害、为我们的罪孽受伤。因他受的刑罚我们得平安，因他受的鞭笞我们得医治……他被欺压，受苦却不开口。他像羔羊被牵到屠宰场，又像绵羊在剪毛人手下无声，他就是这样不开口。"最终得救的也明确包括外邦

---

[1]《利未记》，第20章，第24节。
[2] 同上，第19章，第2节。
[3]《以赛亚书》，第7章，第14节。
[4] 同上，第9章，第2、6节。

人:"列国要来就你的光,诸王要来就你崛起的光辉。"[1]

以斯拉和尼希米死后,犹太人从历史上消失了一段时间。犹大国残存为一个神权政体,但疆域极小——据E.比凡所述[2],只有耶路撒冷周边10—15平方英里的地盘。亚历山大死后,这里变成托勒密王朝和塞琉西王朝的争议区,但双方很少在犹太人实际占据区开战,犹太人因此享受了长期宗教自由。

他们这段时期的道德准则,载于约公元前200年的《德训篇》。直到最近,此书只有希腊语版本为世人所知,因此被贬入《次经》。但最近发现了一部希伯来语手稿,某些内容与英译版《次经》依据的希腊语原版有所不同。书中的道德说教很平庸:邻里名声大受重视,诚实乃最佳策略,因为这样能得雅威保佑,很有益处。书中还鼓励人施舍,受希腊影响的唯一迹象是对医药的赞美。

对奴隶不能太仁慈。"草料、棍棒和包袱是驴子的,面包、惩教和劳作是奴仆的……适合他的活儿就让他干;敢不顺从,就给他戴更沉的镣铐。"(第23章,第24、28节)[3] 同时要记得,你为他支付了代价,他逃了你就亏钱,因此不要让他劳作太苦(同上,第30、31节)。女儿是大心病,显然作者那个时代淫乱横行(第42章,第9—11节)。他将妇女看得很低:"蠹虫生自衣服,邪恶来自妇女。"(同上,第13节)不要跟孩子嬉笑,正确做法是"让他们从幼年就低头"(第7章,第23、24节)[4]。

总体上他就像卡图长老,代表着一种非常无趣的正经商人德行。

这种怡然的自以为是被塞琉西国王安条古四世粗暴打断。他决心将全国希腊化,公元前175年在耶路撒冷建了座体育场,让青年戴希腊帽子,做各种体育训练。这方面给他帮手的有一个叫伊阿宋的希腊化犹太人,受任为大祭司。祭司贵族阶层早就不太守教规,对希腊文明很感兴趣,但他们遭到在乡村很有势力的哈西典派(Hasidim,意即"神圣")[5]的强烈反对。公元前170年安条古四世忙着与埃及打仗,犹太人趁机叛乱。安条古遂在圣殿撤掉圣器,供奉上帝神像。他效仿

---

[1]《以赛亚书》,第60章,第3节。
[2]《大祭司治下的耶路撒冷》,第12页。
[3] 此处引用出处应为第33章,第25、28节。疑原文有误。——译注
[4]《以赛亚书》,第7章,第25、26节。——译注
[5] 艾赛尼教派可能就是由他们演化来的,其教条似乎曾影响原始基督教。参阅奥斯雷和罗宾森合著的《以色列史》卷二,第323页起。法利赛人也是他们的后裔。

其他地方的成功做法，说雅威就是宙斯[1]。他决心铲除犹太教，废除割礼和饮食戒律。耶路撒冷人纷纷顺从，但耶路撒冷城外的犹太人极力顽抗。

这段历史见《马喀比一书》。第一章叙述安条古命令全国各族合成一族，废弃各自的礼法。外邦民族都遵从了，许多以色列人也遵从，尽管国王废止安息日，用猪肉献祭，还不让孩子行割礼。不遵王命者死无赦，但仍有许多人违抗。"他们处死了一些让孩子受割礼的妇女，把孩子悬在她们颈上一同处死，抄了她们的家，并杀掉那些给孩子行割礼的人。但许多以色列人仍心意决绝，拒不食用任何不洁之物。他们宁死也不愿为禁肉玷污，不愿亵渎圣约。于是他们死了。"[2]

就在这时，犹太人纷纷开始信仰灵魂不死。他们本以为美德在现世就有善报，但事实显然不同，最有德的人却遭受迫害。因此，要维护神圣的正义，就必须有来世的赏罚。该教义并未得到全体犹太人的信奉，基督在世时，撒都该人拒不认同。但他们人数很少，后来所有犹太人都信了。

领头反叛安条古王的是悍将犹大·马喀比。他先收复耶路撒冷（前164年），然后展开攻击。他有时屠杀敌方全部男性，有时强制给他们行割礼。他兄弟约拿单就任大祭司，率部驻守耶路撒冷，征服撒玛利亚部分地区，攻取约帕和阿克拉。犹大和罗马谈判，成功获得完全自治。马喀比家族世袭大祭司职位直到希律王时代，史称哈斯摩尼王朝。

这段时期的犹太人无比英勇地忍受和反抗迫害，尽管捍卫的是我们觉得没那么重要的东西，比如割礼和拒食猪肉。

安条古四世的迫害期在犹太史上至关紧要。此时流亡各地的犹太人越来越希腊化，留在犹太地的犹太人并不多，连他们当中的有财有势者也倾向于认同希腊风尚。要没有哈西典派的英勇反抗，犹太教很可能就灭绝了。假如这样，无论基督教还是伊斯兰教都不会发展为后来的形态。汤森在《马喀比四书》译序中表示：

> 常言说得好，假如犹太教在安条古治下灭绝，基督教就不会有生根发芽的温床；所以马喀比殉道者的鲜血不但拯救了犹太教，最终还成为基督教的种子。因此，基督教和伊斯兰教的一神论都源自犹太教，甚至可以说，当今

---

[1] 亚历山大城的某些犹太人并不反对这种说法，见《阿瑞斯泰书简》第15、16页。
[2] 《马喀比一书》，第1章，第60—63节。

世界无论东方还是西方的一神论都归功于马喀比家族。[1]

但马喀比家族并未得到后世犹太人的敬仰，因为他们世袭大祭司职务的族人得势后采取了世俗妥协政策。受敬仰的是那些殉道者。大约写就于基督时代亚历山大城的《马喀比四书》叙述了这一点和其他某些逸事。书名这么取，但书里压根儿没提马喀比家族，而是先后讲述一个老人和七个青年兄弟惊人的刚毅事迹。七兄弟都被安条古严刑折磨后烧死，母亲当时在一旁劝他们坚强不屈。国王最初想婉言软化他们，说他们只要肯吃猪肉就能得宠信，享高官厚禄。他们拒绝，国王就把刑具指给他们看。他们依然毫不动摇，反而对国王说：你死后要遭受永恒折磨，而我们将永享喜乐。他们一个个当着兄弟和母亲的面因拒食猪肉被毒打，然后被处死。最后国王转向士兵说：这就是勇敢，希望你们学着点。这当然有传说润饰成分，但残酷拷打和英勇忍耐都是史实，争执焦点是割礼和猪肉。

从另一方面看，此书也很有趣。作者显然是正统犹太人，却使用斯多葛派的哲学语言，有意证明犹太人完全在遵照斯多葛派的规矩生活。开头就是这样一句话：

> 我要探讨的是最高层次的哲学问题，即神启的理性是不是各种激情的最高统御；关于这个哲学问题，我郑重请求你们认真注意。

亚历山大城的犹太人愿意跟希腊人学哲学，却异常执拗地固守犹太律法，尤其是行割礼、守安息日和禁食猪肉等不洁肉食。从尼希米时代直到公元70年耶路撒冷陷落，他们对律法的重视与日俱增。他们不再容忍宣讲新思想的人。急欲用先知体写作的人们，只好伪称自己发现了旧典而且作者是但以理、所罗门或其他圣洁无瑕的古代先贤。犹太礼俗将他们凝聚为一个民族，然而对律法的强调逐渐窒息创造力，使他们极端保守。在这种僵化背景下，圣保罗对律法的反抗显得尤其引人瞩目。

对基督降生前的犹太文学一无所知的人，容易误以为《新约》是全新开端。其实先知式狂热根本没有死灭，虽然不得不假托古人来吸引信众。这方面最有趣的

---

[1]《英文旧约之次经和伪经》，R. H. 查尔斯编，卷二，第659页。

是《以诺书》[1]，一部不同作者的作品集，最早的稍先于马喀比时代，最晚的约在公元前64年。大部分篇幅自称是记述以诺长老受神启时见到的异象，这对从犹太教转向基督教的那一派非常重要。《新约全书》的作者们显然熟谙此书，圣犹大认为它确实出自以诺之手。亚历山大城的克莱蒙和特图良等早期基督教神父将之视为正典，但耶柔米和奥古斯丁不认可它。于是它被人淡忘而失传，直到19世纪早期人们在阿比西尼亚[2]发现三份埃塞俄比亚文手稿。此后又发现了希腊文和拉丁文手稿片段。原书似乎部分用希伯来文，部分用阿拉姆文写成，作者是几名哈西典派成员，他们的后裔便是法利赛人。此书谴责君主和亲王们，也就是哈斯摩尼王朝和撒都该人。它影响了《新约》教义，尤其是关于弥赛亚、冥府（地狱）和恶魔学的内容。

书中主要是"寓言"，题材比《新约》寓言广泛，描写了天堂、地狱、末日审判等景象，文笔好的地方让人想到《失乐园》前两卷，差的地方让人想到布莱克的《先知书》。

书中对《创世记》第6章第2、4节展开奇异的普罗米修斯式扩写。天使们把冶金术传给世人，因泄露"永恒秘密"而遭受惩罚。他们还是食人族，犯错的天使们变成异教神，他们的妇人则变成塞壬海妖，最终都遭到永劫磨难。

书中对天堂和地狱的描写颇具文学价值。末日审判由"正义的人子"坐在荣耀宝座上执行。某些外邦人终将悔改而获得赦免，但多数外邦人和所有希腊化犹太人将遭受永恒天谴，因为义人将祈求复仇并获得应许。

有一节论述天文学，说太阳和月亮乘坐大风推动的战车，一年有364天，人类的罪孽让天体脱离轨道，只有善人能懂天文。流星是遭受七大天使长惩罚的堕落天使。

接着是圣史，前面大致遵照《圣经》一直讲到马喀比家族，后面则遵照通史。作者又谈到未来的新耶路撒冷、其他外邦人的皈依、义人的复活和弥赛亚。

很大篇幅讲到对罪人的惩罚和义人的奖赏。义人对罪人绝无基督徒式宽恕。"你们这些罪人，待审判日来临该怎么办？听见义人的祈祷，又能逃往何处？""罪恶不是天降到地上的，是人自作的。"罪恶在天上有记录。"你们这些罪人将永受诅咒，永无安宁。"罪人也许会快活一辈子，甚至临死还快活，但他们的

---

[1] 此书英译文，见查尔斯的前引书，他写的序言也很有价值。
[2] 埃塞俄比亚的旧称。——译注

灵魂会坠入冥府,在那里遭受"黑暗、锁链和烈火"。至于义人,"我和我子将永远与他们同在"。

书的结尾写道:"他将对忠实者在正义途中报以忠实。他们将看见那些生于黑暗者被领进黑暗,义人沐浴光芒。罪人将嚎哭并看着义人沐浴光芒,他们自己必将去指定之处度过时日。"

犹太人总是像基督徒那样思索罪恶,却很少视自己为罪人。自身有罪是基督教创造的观念,借法利赛人和税吏的寓言提出。基督谴责抄书吏和法利赛人时,把自认有罪当美德来宣讲。基督徒努力践行基督式谦卑,但犹太人一般不这么做。

然而基督快要降世时,正统犹太人里有一些重要例外。比如公元前109至前107年写就的《十二长老遗训》,作者是一名崇拜哈斯摩尼王朝大祭司约翰·哈瑞卡的法利赛人。此书目前版本含有基督徒篡改之处,但涉及的都是教条。撇开这些内容,书中的伦理训条依然与福音书非常相似。如牧师R. H. 查尔斯博士所言:"登山宝训有好几处体现这种精神,甚至重复该书的词句;福音书许多段落也有同样痕迹,圣保罗似乎曾拿此书当指南。"(《英文旧约之次经和伪经》卷二,第291—292页)书中有这样的训令:

> 你们要打心底相爱;若有人得罪你,你跟他和气说话,你的灵魂不可存诡诈;若他忏悔认错,你要宽恕他。但若他不认错,你也不要对他动怒,以免他受你的毒开始咒骂,从而罪上加罪……若他竟恬不知耻继续作恶,你仍要从心底饶恕他,复仇之事交给上帝。

查尔斯博士认为基督肯定熟悉这段话。书中还说:
"你要爱主和邻人。"
"你要终生爱主并真心彼此相爱。"
"我爱主,同样也全心爱每个人。"这些话可与《马太福音》第22章第37—39节对比。《十二长老遗训》谴责一切仇恨,比如:
"愤怒乃盲目,不容你看清任何人的真面目。"
"因此仇恨是邪恶的,它往往伴随着谎言。"果然,此书的作者认为不仅犹太人会得救,所有外邦人也会得救。

基督徒从福音书里学会憎恶法利赛人,此书作者是法利赛人,但他宣扬的显然是最具基督教特征的伦理格言。但此事不难解释。首先，在那个年代他肯定是法利赛人中的异类，当时更流行的教义无疑是《以诺书》那套。第二，所有运动都倾向于僵化，谁能从美国革命女儿会[1]联想到杰斐逊的原则？第三，法利赛人对律法尤其虔诚，视它为绝对的终极真理，这很快扑灭了自己群族中所有新鲜活泼的思想感情。如查尔斯博士所言：

> 法利赛人背离自己宗派的古老理念，投身政治利益和运动，同时越来越死板地拘泥于律法字句的钻研，很快就不再给长老遗训那样的崇高伦理体系提供发展余地。于是哈西典派早期教义的真正继承者脱离犹太教，在原始基督教的怀抱中觅得自然归宿。

大祭司统治一段时期后，马克·安东尼任命自己的朋友希律为犹太人的王。希律是个爱冒险的浪子，总处于破产边缘，习惯罗马式游乐，与虔诚的犹太人相差甚远。他妻子出身大祭司家庭，但他是以土买人，仅这一点就足以让犹太人不放心。他擅长见风使舵，见屋大维快要取胜，就立即背弃安东尼。但他也曾竭尽心思安抚犹太人。他重建的圣殿虽然是一排排哥林多式梁柱的希腊式建筑，大门上却安了只巨大的金鹰，不惜违背第二诫命。传言他快死时，法利赛人拆掉那只鹰，为报复他处死一些法利赛人。他死于公元前4年，死后不久罗马人就废除王制，让一名总督统治犹太国。本丢·彼拉多在公元26年出任总督，但很快由于无能而退位。

公元66年，犹太人在坚贞党的领导下反叛罗马，结果失败了，耶路撒冷于公元70年陷落。圣殿被毁，犹太境内的犹太人所剩无几。

流落四方的犹太人在此前几个世纪就非常重要。犹太人最初几乎全是农民，但被掳期间跟着巴比伦人学会经商，大多在以斯拉和耶利米时代过后仍留在巴比伦，某些已经非常富有。亚历山大城建立后，许多犹太人在此定居，住划定的专区，为的是避免外邦人玷污，与近代他们被迫居住犹太聚居区不同。亚历山大城的犹太人远比犹太地的犹太人希腊化，连希伯来语都忘了。为此有必要把《旧约》译成希腊语，这就是《圣经·旧约》七十士译本的由来。希伯来《圣经》前五卷译于公元前3世纪中叶，其余篇章稍后译成。

---

[1] 1890年成立的保守型美国妇女团体，简称DAR（Daughters of the American Revolution）。——译注

关于七十士译本有一些传说，据说是七十名译者翻译的，由此得名。据说这七十名译者各自译出全书，七十份译本对照时，连最细微处都完全一致，都受了神启。但后世学者指出七十士译本有严重缺陷。基督教崛起后，犹太人很少再使用它，而是重新阅读希伯来语《旧约》。相反，早期基督徒很少懂希伯来语，很依赖七十士译本或由它转译的拉丁语译本。公元3世纪，奥利金不辞劳苦译了个更好的版本，但只懂拉丁语的人只好使用大有缺陷的旧译，直到公元5世纪耶柔米完成拉丁通行译本。最初该版本大受批评，因为他定稿时有一些犹太人帮忙，许多基督徒认为犹太人故意篡改先知的话，显得先知没有预示基督的诞生。但圣耶柔米的译本逐渐得到认可，至今在天主教会保持着权威地位。

基督的同代人，哲学家菲洛是犹太人在思想领域受希腊人影响的最好例证。菲洛在宗教上是正统派，在哲学上却首先是柏拉图主义者，此外还受到斯多葛派和新毕达哥拉斯派的影响。他在犹太人中的影响力随着耶路撒冷的陷落而消失，但基督教神父们发现他曾指出一条使希腊哲学与希伯来经文相调和的道路。

古代每座重要城市都有许多犹太侨居区，犹太人和其他东方宗教的代表者共同影响了那些对怀疑主义或希腊罗马官方宗教不满的人。不仅在罗马帝国，连俄罗斯南部都有许多人皈依犹太教。也许基督教最先打动的就是犹太人或半犹太人。但正统犹太教在耶路撒冷陷落后变得越来越正统，越来越狭隘，一如之前被尼布甲尼撒攻陷时那样。公元1世纪后，基督教也定型了，犹太教和基督教处于完全敌对排斥的状态中。我们知道，基督教激起强烈的反犹主义。整个中世纪，犹太人在基督教国家的文化中没有任何地位，在太过严酷的迫害下除了给天主教堂捐些修建资金什么的，根本无法为人类文明做任何贡献。这段时期的犹太人只有在穆斯林那里受到人道待遇，能做些哲学思索和启蒙思辨。

整个中世纪，穆斯林比基督徒更文明、更人道。基督徒迫害犹太人，宗教情绪骚动时尤甚，多次十字军东征都牵涉骇人听闻的犹太人大屠杀。与此相反，犹太人在伊斯兰国家没受任何虐待。尤其在摩尔人统治的西班牙，犹太人做出了学术贡献。有人认为，生于科尔多瓦的犹太哲学家迈蒙尼德是斯宾诺莎哲学的主要源头。基督徒重新征服西班牙时，把摩尔人学问传给他们的，主要是犹太人。那些懂希伯来语、希腊语、阿拉伯语且了解亚里士多德哲学的犹太学者，把学识传给了没那么博学的经院学者。他们也传播了一些不太可取的东西，譬如炼金术和占星术。

中世纪过后犹太人对文明仍有巨大贡献，但都是个人而不再是种族行为。

第二章　基督教最初四百年

　　基督教最初是作为犹太教的革新形态在犹太人内部流传的。圣雅各和圣彼得希望基督教别再扩展，要不是圣保罗，两人的主张也许就占了上风。圣保罗坚决接纳外邦人入教而不强制他们行割礼或遵守摩西律法。《使徒行传》以保罗派视角记述两派的论争。圣保罗在许多地方建立的基督教团体无疑由犹太皈依者和寻求新宗教的外邦人构成。犹太教的坚定在那个信仰崩溃的时代非常吸引人，但割礼是人们皈依的障碍，食物的清规戒律也很麻烦。这两个障碍，即便没有其他因素，也足以使希伯来宗教几乎无法普及。圣保罗使天主教保留犹太教吸引人的成分而剔除了外邦人最难接受的特征。

　　犹太人是神选之民这个观点，却依然惹傲气的希腊人憎恶。诺斯替派断然否认该说，他们（至少其中一部分人）认为感官世界是天国智慧女神索菲亚的叛逆儿子、名叫亚大伯斯的次等神祇创造的。他们说，亚大伯斯就是《旧约》的雅威，而那条蛇不但绝不邪恶，还警告夏娃别受他蒙骗。至尊之神长期放任亚大伯斯自由玩耍，最终却派儿子寓居耶稣这个人的肉身，让世界摆脱摩西的荒谬说教。持这种观点的人往往也信奉柏拉图哲学，如上文所述，普洛丁就觉得这种说法很难批驳。诺斯替教尊崇基督而憎恶犹太人，为异教哲学和基督教提供了折中场。后来让圣奥古斯丁皈依天主教信仰的摩尼教也是这样，结合基督教和拜火教元素，宣扬恶体现于物质而善体现于精神。摩尼教谴责肉食和一切性欲，包括婚内的性。此类教义强烈吸引讲希腊语的有教养者，《新约》却警告忠实信徒加以提防："提摩太啊，你要信守托付于你的，躲避渎神的空谈和似是而非的灵知。自称有这种学问的人，就偏离了正道。"[1]

　　诺斯替教和摩尼教一直盛行到基督教成为国教，此后他们只好隐藏自己的信仰，但暗里依然有影响。诺斯替教某分支的教义，就曾被穆罕默德吸收。他们宣称基督是普通人，神之子在他受洗时降临他，在他受难时离弃他。他们以这句经文为据："我的神，我的神，你为何离弃我？"不得不承认，此话往往让基督徒也

---

[1]《提摩太前书》第6章，第20、21节。

颇为费解。诺斯替派认为神之子不该降世为婴孩，尤其不该死在十字架上；他们说这些事发生在耶稣身上，而不是神的圣子身上。穆罕默德虽不把耶稣当神，但承认耶稣是先知；出于对同类的强烈同情，他认为先知不该遭坏下场。因此他采纳幻影派（诺斯替派一支）的看法，认为钉在十字架上的只是个幻影，犹太人和罗马人无能又无知地冲这幻影实施枉费心机的报复。诺斯替派的某些东西就这样融入了伊斯兰教的正统教义。

基督徒早就敌视同代犹太人。公认见解是神曾经对先祖、先知等圣人说话，预示基督的降临；基督降临时，犹太人却不认他，所以犹太人是邪恶的。此外，基督废弃摩西律法，用爱上帝、爱邻舍取而代之；这二戒，犹太人也冥顽不化地拒绝认可。基督教成为国教后，中世纪形态的反闪米特主义立即成为基督教热诚的外在体现。在后世点燃反闪米特主义烈焰的经济动机究竟在基督教罗马帝国起了多大作用，似乎无法断定。

基督教越希腊化，就越神学化。犹太神学一直很朴素。雅威从部族神变成唯一的全能神，创造天地；神的公义似乎不能给善人带来俗世的荣华，就寄希望于天国，产生灵魂不死的信仰。但犹太教在整个进化过程中不含任何复杂的思辨成分，从不神秘，每个犹太人都能懂。

这种犹太式朴素，依然是同观福音（马太、马可、路加三福音）的标志性整体特征，但在《约翰福音》已消失不见，基督在此书中已等同于柏拉图、斯多葛等学派的理念。第四福音书作者更感兴趣的不是基督其人，而是基督这个神学形象。教父们更是如此，你会发现他们的著作中对《约翰福音》的引用比对其他三福音的引用总和还多。保罗书信也含有大量神学特别是关于救赎的内容，同时表明作者颇通希腊文化——又是引用希腊戏剧家米南德，又是暗喻那个说所有克里特人都是骗子的克里特人埃庇米德，等等。尽管如此，圣保罗[1]却说"要提防有人用哲学和虚空的谎言教坏你们"。

希腊哲学与希伯来经典的结合，在奥利金时代（185—254年）以前总处于或轻或重的偶然、零碎状态。和菲洛一样，奥利金也住在亚历山大城；有商贸有大学，这座城市从兴建到衰落一直是多种思想的融合中心。奥利金和同代的普洛丁都是阿莫纽斯·萨卡斯的弟子，萨卡斯在许多人眼中就是新柏拉图主义的创始人。

---

[1] 毋宁说此话出自以圣保罗命名的书信的作者之口。见《歌罗西书》第2章，第8节。

《原理论》中的奥利金学说，与普洛丁学说非常相似，事实上已超出正统教义所容许的范围。

奥利金说，除了上帝——圣父、圣子和圣灵，不存在完全无形者。星辰是有理性的生命，被上帝赋予早已存在的灵魂。他认为太阳也会有罪。人的灵魂如柏拉图所言是创世以来就有的，人诞生时从别处来附体。心智与灵魂的区别大致如普洛丁哲学所述。心智堕落就变成灵魂，灵魂有德则变成心智。所有灵魂终将完全归顺基督，从而变得无形。连魔鬼最终也会得救。

奥利金虽然是公认的教父之一，却遭到后世谴责，说他有四邪说：

1. 像柏拉图那样，宣扬灵魂先在；
2. 基督道成肉身前，不但已经有神性，还有人性；
3. 复活时，身体将变成绝对虚空之物；
4. 所有人，甚至是魔鬼，都终将得救。

一不小心对奥利金修订《旧约》之举表示过钦佩的圣耶柔米，事后发现最好把时间和热情花在驳斥奥利金的神学谬误上。

奥利金不仅神学上有误，年轻时还犯过一个无法弥补的错，因为他太拘泥于经文的字面意思："要有阉人，为天国而自宫的阉人。"[1] 奥利金贸然采取这种手段逃避肉欲诱惑，被教会判为有罪，还丧失担任圣职的资格，虽然某些教士似乎对此有异议，由此引发了一些不光彩的论争。

奥利金最长的著作是《驳塞瑟斯》。塞瑟斯写了本反基督教的书（现已佚失），奥利金针对其论点逐条驳斥。塞瑟斯首先反对基督徒，说他们是非法社团；这一点奥利金不但不否认，还说是美德，好比诛杀暴君。塞瑟斯接着讲到憎恶基督教的真实原因，说基督教来自犹太人，犹太人是蛮族；只有希腊人能从蛮族教义萃取一些道理。奥利金回应说，任何懂希腊哲学的人都会承认福音书的真实，拿得出让希腊哲人满意的论证。再者，他说："福音书有它自身的论证，比任何希腊辩证法所证实的都神圣。这更神圣的方式被使徒称作'圣灵和神力的显现'。'圣灵'显现，因为有预言，足以让任何读者信奉，尤其是关于基督的事；'神力'显现，因为我们必须信奉的神迹和奇事，除了诸多其他理由，还有这个理由：遵照福音

---

[1]《马太福音》第19章，第12节。

书戒律生活的人身上仍有这些事的痕迹。"[1]

这段话很有意思，已经显示出基督教哲学对信仰的典型双重论证。一方面，正确运用纯理性，就能证实基督教信仰尤其是上帝、灵魂不死和自由意志的本质。另一方面，经文不仅证明这些核心本质，还用先知预言弥赛亚降世、诸多奇迹发生、忠实信徒因信得益等证明自身的神圣启示。这些论证有的已过时，但最后一条仍被威廉·詹姆斯拿来运用。直到文艺复兴，这些论证都没有受到基督教哲学家的怀疑。

奥利金有一些怪论。他说魔法师呼唤"亚伯拉罕的上帝"而往往不知他是谁，却显然很有效。名号是魔法之本，用犹太语、埃及语、巴比伦语、希腊语还是梵语呼唤上帝，可不是无关紧要的。符咒一经翻译就失效了。人们就得假设当时的魔法师会使用所有宗教的符咒，但假如奥利金没错，那么源于希伯来语的符咒才应该最有效。他说摩西曾禁行邪术，这论证就更怪诞了。[2]

奥利金说，基督徒不应参与政治，只能参与"神邦"即教会的治理[3]。这教义在君士坦丁后当然有所变更，但某些意味尚存，圣奥古斯丁的《上帝之城》就暗含此意。西罗马帝国陷落时，正是这条教义让教士们无视世俗灾难，把卓越才能用在教会修行、神学论争和修院推广上。某些痕迹至今犹在，多数人把政治视为不值得任何真正圣者参与的"俗务"。

教会统治在最初三个世纪变化缓慢，在君士坦丁改宗后迅速发展。主教由民众普选，逐渐对自己教区的基督徒拥有强大权威，但在君士坦丁前几乎不存在任何掌管全教会的中央机构。施舍增强了大城市主教的权势，主教掌管信徒的捐赠，是否布施给穷人他说了算，由此形成一伙按主教意愿行事的贫民。罗马帝国把基督教立为国教时，主教获取了司法和行政权，此外还形成中央宗教机构，起码掌管教义事宜。君士坦丁为天主教和亚流派的争执懊恼，既然决定站在天主教徒一边，就想把他们结成统一教派。为弥合纷争，他召集尼西亚大公会议，制定尼西亚信条[4]，用正统教义暂时解决了亚流争端。后来的争端也由大公会议解决，直到东西罗马帝国分立而东罗马帝国不再承认教宗权威，这种方法不再可用。

---

[1] 奥利金：《驳塞瑟斯》卷一，第2章。
[2] 同上，卷一，第26章。
[3] 同上，卷八，第75章。
[4] 并非现行的尼西亚信条，后者定于公元326年。

教宗是教会职位最高的人,但直到很晚才拥有统管教会的大权。教宗权威的逐渐增强是个有趣话题,留待后面章节探讨。

不同学者对君士坦丁以前基督教的发展和君士坦丁本人的皈依动机有不同解释。吉本[1]认为有五条原因:

1. 基督徒那种不屈不挠,或者不妨说是不容异见的热情,确实源于犹太教,但涤除了那种不但不吸引外邦人还妨碍他们遵奉摩西律法的狭隘闭塞。
2. 有关来世的教义,不断添加的细节描述使这条要理越来越关键,越来越有效。
3. 原始教会号称能行奇迹。
4. 基督徒纯洁严肃的道德。
5. 基督教的团结和纪律,逐渐在罗马帝国内部形成一个日益强大的独立国度。

上述分析大致合理,但要注意几点。第一条原因即源自犹太教的不屈不挠和不容异见,完全正确。如今我们已看到宣传活动不容异见的优势。多数基督徒认为只有他们自己能上天堂,异教徒来世将遭受最恐怖的惩罚。公元3世纪与基督教竞争的其他宗教并没有这种威胁特征。比如说,"大母神"的崇拜者虽有"牛祭"这种类似洗礼的崇拜仪式,但并未宣称不参加的人就要下地狱。顺带提一下,"牛祭"非常昂贵,必须宰一头公牛,让牛血顺着皈依者的头流下。这种仪式很贵族,无法成为不分贫富贵贱用来招揽多数群众的宗教基础。这方面基督教比所有竞争者都占优势。

有关来世的教义,在西方首先由俄耳甫斯教宣扬,继而为希腊哲学家采纳。某些希伯来先知宣扬肉身复活,但犹太人的灵魂复活观似乎是从希腊人那里学来的[2]。在希腊,灵魂不死论有俄耳甫斯教的通俗版,也有柏拉图哲学的学术版,后者基于艰深的论证而无法广泛流传,但俄耳甫斯版可能在古代后期对公众观念有极大影响,不仅影响异教徒,还影响犹太人和基督徒。俄耳甫斯教和亚洲宗教的

---

[1]《罗马帝国衰亡史》,第15章。
[2] 奥斯雷和罗宾森合著:《希伯来宗教》。

神秘元素大量渗入基督教神学，核心传说就是神死而复生[1]。因此我认为灵魂不死说对基督教传播的作用没有吉本想得那么大。

神迹当然是基督教宣传的重要内容。但古代后期神迹很普遍，不专属任何宗教。基督教神迹为何在这场吸引信众的竞争中胜过其他宗教的神迹，很难说清。我认为吉本漏了一个非常重要的因素：基督教有一部圣书。基督教宣扬的神迹始于远古时代连古人都觉得神秘的国度；有一部连贯的历史，从创世说起，说上帝常行奇迹，先是为犹太人，接着为基督徒。《圣经》对以色列早期历史的叙述，在近代历史学者看来显然主要是传说，但古人不这么看，荷马笔下的特洛伊围城、罗马传说中母狼养大罗缪斯和雷缪斯兄弟等故事在他们眼里都是史实。奥利金曾问：你既然相信这些传说，又何以否认犹太人的传说呢？对此没有合乎逻辑的回答。人们自然认同《旧约》中的神迹，既然如此，新近的神迹就也可信了，基督徒对先知书的解读尤其如此。

君士坦丁时代之前，基督徒的道德无疑比普通异教徒高尚得多。基督徒有时受迫害，在与异教徒的竞争中往往处于不利地位。他们坚信美德将在天堂受奖赏而罪恶将在地狱受惩罚。连负责迫害基督徒的普林尼都承认基督徒的崇高品德。君士坦丁改宗后，基督徒中当然有趋炎附势者，但高级教士依然保持坚贞不屈的道德原则，只有少数例外。吉本把这种崇高道德水准视为基督教流传的重要原因之一，我认为是正确的。

吉本把"基督教的团结和纪律"列在最后，我认为从政治角度看，这才是五条原因中最重要的一条。政治组织在近代社会司空见惯。每个政治家都得考虑天主教的选票，但也要平衡考虑其他组织团体的选票；一个信天主教的总统候选人，必因新教徒的成见而遭受不利，然而，假如不存在新教成见之类的因素，天主教总统候选人会比旁人更有望当选。君士坦丁似乎就是这样斟酌的。要取得基督教这个成形组织的拥护，就要偏袒他们。厌恶基督教的人未形成任何组织，没有政治力量。罗斯特夫泽夫的看法也许是对的，他认为军队大部分人是基督徒，而这是君士坦丁的最大考量。不管怎样，基督徒占少数时就结成组织，这组织如今很平常，当时却是首创，使他们拥有一个压力集团无与伦比的政治影响。这是他们事实上垄断了传承自犹太人宗教热情的自然结果。

———

[1] 安格斯：《神秘宗教与基督教》。

不幸的是，基督徒得势后立即把热情转向内斗。君士坦丁以前，异端存在而且为数不少，但正统派无法惩罚他们。基督教成为国教后，权力和财富成为神职人员竞相追逐的目标，造成选举纷争，神学论辩则沦为世俗利益之争。君士坦丁本人在神学家的辩论中保持一定程度的中立，但他死后（337年），继位者除了叛教者朱利安之外，都或多或少地偏袒亚流派，直到狄奥多西于公元379年登基。

此间的主角阿塔纳修（297—373年）终其漫长一生都是尼西亚正统教义的坚定捍卫者。

从君士坦丁到考西顿大公会议（451年）是一段神学极具政治重要性的特殊时期。三位一体和道成肉身这两个问题先后困扰基督教世界。在阿塔纳修时代，只有第一个问题引人关注。亚历山大城一位教养深厚的祭司亚流主张圣子不能等同圣父，而是圣父创造的。这种看法以前没招致什么异议，但在公元4世纪遭到绝大多数神学家的反对。最终盛行的见解是圣父圣子平等，属相同实质，然而是两个人。以创始人撒伯留得名的撒伯留异端则主张圣父圣子不分彼此，是同一人的不同方面。正统教义从此走上一条狭径：过分强调圣父圣子之别，有亚流主义之险；过分强调两者同一，有撒伯留主义之险。

亚流的教义在公元325年的尼西亚会议上遭遇压倒性反对。但神学家们提出各种修正建议，受到历任皇帝的赞同。阿塔纳修从公元328年担任亚历山大城主教，由于热烈维护尼西亚正统教义而频遭流放，直至死亡。他在埃及备受拥戴，埃及人在整个神学论争期毫不动摇地追随他。倒也奇怪，在神学论争过程中，罗马征服后似乎已死灭的家国（或起码是地域）情感居然又复活了。君士坦丁堡和亚洲倾向于亚流主义，埃及狂热信奉阿塔纳修，西罗马则坚守尼西亚会议的裁定。亚流之争结束后，又发生几起多少有些类似的争议，其间埃及支持一种异端，叙利亚则支持另一种相反异端。这些受正统派迫害的异端损害了东罗马帝国的统一，为伊斯兰教征服提供了便利。分裂运动本身不足为奇，奇在这种事竟然扯上极其精微深奥的神学问题。

公元335—378年的历任皇帝支持亚流主义，只是公然表态的胆量大小各异；唯一例外是叛教者朱利安（361—363年），作为异教徒，他对基督教内部争端持中立态度。公元379年狄奥多西皇帝完全支持天主教，天主教终于在整个帝国大获全胜。下一章谈的圣安布罗斯、圣耶柔米和圣奥古斯丁三人就主要生活在这段天主教胜利期。然而，此后西部迎来亚流派的再度统治，其间哥特人和汪达尔人征服西罗马帝国大部分领土。他们的势力持续约一个世纪，世纪末被查士丁尼、伦巴底人和法兰克人所灭。查士丁尼、法兰克人是正统派，伦巴底人最后也成为正统派。就这样，天主教信仰终于获得确定性胜利。

第三章　教会三圣师

圣安布罗斯、圣耶柔米、圣奥古斯丁和教宗大贵格利四人被称为西部教会圣师。前三位是同代人，第四位年代较晚。本章讲述三人的生平和时代，首要人物圣奥古斯丁的学说在下一章专门探讨。

安布罗斯、耶柔米和奥古斯丁都活跃于罗马帝国天主教获胜后蛮族入侵前那段短暂时期。在叛教者朱利安时代，他们都还年轻。耶柔米在阿拉克王率哥特人洗劫罗马后又活了十年；奥古斯丁在汪达尔人涌入非洲时还活着，他死于希波主教任上，当时汪达尔人正围困希波。不久，亚流派异端蛮族统治意大利、西班牙和非洲。文明衰颓数世纪之久，近千年后基督教世界才诞生学识修养与他们匹敌的人物。在整个黑暗时代和中世纪，他们备受尊崇，他们塑造教会的功劳无人能及。大体上，圣安布罗斯从教会角度确立教会与国家的关系；圣耶柔米为西部教会提供拉丁语《圣经》，极大推进修道院制度；圣奥古斯丁确立的教会神学一直盛行到宗教改革，是路德和加尔文大部分教义的渊源。鲜有人对历史进程的影响超过这三位。圣安布罗斯关于教会独立于世俗国家的全新主张一直盛行到宗教改革，17世纪霍布斯与该教义做斗争，主要驳斥的就是圣安布罗斯。圣奥古斯丁是16、17世纪神学论争的前沿，新教和詹森派支持他，而正统天主教反对他。

公元4世纪末，安布罗斯在西罗马帝国首都米兰担任主教。为履行职务他经常接触皇帝，往往以平等姿态与皇帝交谈，有时甚至是尊长姿态。他与宫廷的对比颇具时代象征意义：国家衰落无能，被毫无原则的利己者统治，除了权宜之计没任何国策可言；教会则强盛有为，首领为教会利益甘愿牺牲个人的一切，极具远见的政策为后世赢得千年胜利。这些功绩确实伴随着狂热和迷信，但在那个时代缺了狂热迷信任何改革运动都难以成功。

圣安布罗斯有大把成功参政的机会。他父亲也叫安布罗斯，曾担任高卢总督要职。圣安布罗斯可能生于边防城镇特里尔，这里驻扎着罗马部队，防御日耳曼入侵。他十三岁到罗马，受了良好教育，打下坚实的希腊语基础。长大后他专攻法律并大有成就，三十岁当上利古里亚和阿米里亚两地的总督。然而，四年后他从世俗政府脱身，战胜一个亚流派候选人，众望所归成为米兰主教。他把全部家产送给穷人，倾尽余生精力服务教会，有时冒着极大个人风险。这选择当然不是出于世俗动机，但即便如此也是明智的，因为他在政府哪怕当皇帝也无法像处理主教事务那样充分施展自己的政治才华。

圣安布罗斯当主教的前九年，西罗马帝国皇帝是善良粗心的天主教徒格雷善，因沉溺游猎而荒疏政务，终遭暗杀。篡位者马西默掌管西罗马帝国大部分领土，但在意大利继承皇位的是格雷善的幼弟瓦伦提尼安二世，起初由皇太后即瓦伦提尼安一世的遗孀摄政，而她是亚流派信徒，与圣安布罗斯的冲突在所难免。

本章谈论的三位圣师都写过无数书信，其中许多保存至今。因此我们对他们的了解，比对中世纪任何非基督教哲学家，以及几乎所有教士的了解都详尽。圣奥古斯丁写信给各色人等，大多是关于教义或教会戒律的；圣耶柔米主要写给女子，劝她们保守童贞；而圣安布罗斯最重要最有趣的信是写给皇帝们的，指出他们在哪些方面未尽君主之责，偶尔也夸赞他们的尽职之处。

圣安布罗斯必须解决的首个公共问题是罗马的胜利女神祭坛和雕像。跟其他地方比，首都的元老家族保持异教信仰更久；官方宗教掌握在贵族祭司手中，带着世界征服者的帝国骄傲。元老院的胜利女神像被君士坦丁之子君士坦丘拆除，后被叛教者朱利安重建。格雷善再次将之拆除，以罗马总督西马库斯为首的元老院代表要求再次重建。

与奥古斯丁的生涯也有交集的西马库斯是名门望族的人杰，一个富有、尊贵、教养深厚的异教徒。公元382年他由于反对拆除自由女神像而被格雷善皇帝逐出罗马，但两年后就成为罗马总督。他是狄奥多里克皇朝同名高官西马库斯的祖父，而这个同名的西马库斯就是波爱修斯的岳父。

基督徒元老们反对重建，并在安布罗斯和教宗达玛酥的帮助下获得皇帝的支持。格雷善死后，西马库斯和异教元老们于公元384年向新皇帝瓦伦提尼安二世上书，再次要求重建神像。为阻止这一企图，安布罗斯写信给皇帝说，正如全体罗马人对国君有兵役义务,皇帝对全能之神亦有效忠义务[1]。他写道:"别让任何人利用陛下年幼;提这要求的若是异教徒,就不该用自己的迷信蒙蔽陛下的心智;他倾尽激情为虚妄之事辩护,这激情本当用来教导敦促陛下热爱真信仰。"他还说,被迫向偶像祭坛宣誓,对基督徒而言就是迫害。"若是民事案件,答辩权可留给对方当事人;既是宗教案,本主教声明……陛下若另行决断,我等主教决不姑息纵容坐视不管;陛下固可进教堂,但必将见不到祭司,或见到反对陛下的祭司。"[2]

他下一封信指出,教会资财服务于异教神庙从未惠及的用途。"教会财产是贫民的生计。让他们算算异教神庙赎过几名俘虏,给过穷人什么食物,给过流亡者什么活路。"说得铿锵有力,也有基督徒的实际行动支撑。

圣安布罗斯赢了论辩,但后来偏袒异教的篡位者尤金努斯还是重建了祭坛和神像。直到公元394年狄奥多西击败尤金努斯,这场争议才按基督徒的意愿得到最终解决。

安布罗斯主教起初与皇室交好,曾在人们怕篡位者马西默进犯意大利的关头加入外交使团拜访马西默。但不久起了一场重大冲突。亚流派皇太后查士蒂娜要求把米兰某教堂让给亚流派,安布罗斯拒绝。支持他的民众云集而来挤满大殿。受命前来强占教堂的亚流派哥特士兵却也对民众极为亲善。圣安布罗斯在给妹妹的信里激动地说:"伯爵和保民官纷纷到场,劝我赶快交出殿堂,说这是皇帝行使权力,因为一切都归皇帝管。我回答说,假如皇帝要我的东西,我的土地、钱财或其他任何私产,我都不会拒绝,尽管我的一切都属于穷人。但上帝的东西不归皇帝管。'想要我的祖产,就占去;想抓我这个人,我就跟去。想给我戴镣铐,想处死我吗?我欣然从命。我不会仗着群众保护自己,也不会抱着圣坛求饶命,我甘愿为圣坛献出生命。'听说他们派全副武装的士兵来强占圣殿,我真是惊骇无比,怕民众为保卫圣殿而引发屠杀,危及全城。我祈祷上帝别让我活着见这座伟大城市或整个意大利被毁。"

他的惊骇并非过激,因为哥特军队的凶残天性一触即发,二十五年后他们洗劫罗马的行为就是印证。

---

[1] 这种说法似乎预示了封建主义前景。
[2] 第17号书信。

安布罗斯的力量源于民众支持。有人指责他煽动群众，他回答说："我能不煽动他们，但上帝才能平息他们。"他说，没一个亚流派胆敢动手，因为市民中一个亚流派都没有。他接到交出圣殿的正式命令，士兵们也受命在必要时动武，却最终都不肯动武，皇帝被迫让步。教会在争取独立的斗争中取得重大胜利，安布罗斯用事实表明有些事国家必须服从教会，并借此确立了一项至今依然重要的新原则。

接着他和狄奥多西皇帝发生冲突。一座犹太会堂被焚，东罗马的伯爵报告说这是地方主教唆使的。皇帝下令惩罚实际纵火者，并责令涉事主教重建会堂。圣安布罗斯既不承认也不否认主教的共犯罪责，但对皇帝似乎支持犹太人而反对基督徒的事非常愤慨。假如主教不认罪呢？抗命不遵的话，他会成为殉道者；屈服的话，他会成为叛教徒。假如伯爵拿基督徒的钱亲自重建犹太会堂呢？皇帝就会有一个叛教的伯爵，基督徒的钱财竟用来支持异端。"难道应该糟蹋教会的钱为犹太异端建会堂？难道应该把基督恩赐给基督徒的教会资金转移到不信者的钱库？"他接着说："也许您是为维护法纪，皇帝陛下。那么，到底什么更重要，彰显法纪还是宗教大义？审判需要服从宗教。您没听说吗，皇帝陛下，朱利安下令重建耶路撒冷神殿时，连清理废墟的人都被烈火焚烧了？"

很显然，在圣师看来，毁坏犹太会堂不该受任何惩罚。这是教会一得势就立即煽动反闪米特主义的事例。

在皇帝与圣安布罗斯的下一次冲突中，后者更可敬。公元390年狄奥多西在米兰时，塞萨洛尼卡有群暴徒杀了当地驻军的指挥官。狄奥多西闻讯怒不可遏，施以狠毒报复。民众被召集到广场，部队展开突袭，无差别屠杀了至少7000人。事发前力劝皇帝而无果的安布罗斯写了封义正词严的信给他，这次纯粹讲道德，只字未提神学或教会权力：

"塞萨洛尼卡城里发生的事史无前例，我未能制止，尽管事先多次劝阻说那势必成为最令人发指的惨案。"

大卫王曾屡次犯错，又屡次忏悔认罪[1]。狄奥多西也会这样做吗？安布罗斯断言："若陛下在场，我不敢献祭。让一个无辜者流血就不准献祭，难道让无数无辜

---

[1] 此处对《撒母耳记》的隐喻，开中世纪引用《圣经》辩驳国王的先河，甚至在清教徒与斯图亚特王朝的冲突中也有效仿。弥尔顿等的作品也有体现。

者流血后还可以献祭？我认为不可。"

皇帝悔悟，在米兰大教堂脱下紫袍当众举行忏悔。从那时起直到公元395年他去世，狄奥多西再没与安布罗斯发生任何冲突。

安布罗斯虽然是卓越政治家，其他方面却也只是那个时代的俗人。他像其他教会作家那样撰文赞美童贞，指摘寡妇再嫁。他为新教堂选址后，两具骸骨就不失时机从那儿发掘出来（据说曾有异象预示），还会行奇迹，安布罗斯宣称这是两位殉道者的遗骸。他的信还讲述其他奇迹，丝毫不乏那个时代的轻信。作为学者他不如圣耶柔米，作为哲学家他不如圣奥古斯丁，但作为用高明手腕和胆量巩固教会权力的政治家，他无疑是一流人物。

耶柔米主要以翻译拉丁语《圣经》闻名，他的版本至今是天主教会认定的标准版。在他之前，西部教会的《旧约》主要依赖七十士译本转译的拉丁本，转译本有多处与希伯来原文相去甚远。我们知道，基督徒总说犹太人在基督教兴起时就篡改了希伯来原文预言弥赛亚的内容。这观点已被可靠学术研究证伪，耶柔米也坚决反对。他暗地里接受拉比们的协助，因为大家不信任犹太人。针对基督徒的批评，耶柔米为自己辩护说："谁挑剔这个译本谁就去请教犹太人。"由于他认可犹太人视为正典的希伯来原文，他的译本最初遭到严重敌视，但慢慢受人接纳，部分由于圣奥古斯丁的整体支持。这是伟大成就，其中包含大量经文注释。

公元345年，也就是安布罗斯五岁时，耶柔米诞生于司垂登，这座小城离阿奎雷亚不远，公元377年被哥特人摧毁。耶柔米家道殷实，但并不富裕。公元363年他到罗马学修辞，也造了孽。游历高卢后，他定居阿奎雷亚，成为禁欲苦行者。接下来的五年他在叙利亚荒野隐修。"他在沙漠里过着严厉忏悔的生活，眼泪、呻吟交织着精神迷狂和罗马生活绵绵追忆的诱惑。他住棚屋或山洞，每日劳作糊口，用粗麻布蔽体。"[1]这段时期过后，他游历君士坦丁堡，在罗马住了三年，成为教宗达玛稣的朋友和顾问，在教宗的鼓励下着手翻译《圣经》。

圣耶柔米一生论辩无数。他和圣奥古斯丁就圣保罗在《加拉太书》第2章记载的圣彼得的可疑行为辩争；他和朋友鲁芬思为奥利金的问题决裂；他激烈反对伯拉纠，导致自己的修道院被伯拉纠派暴徒袭击。达玛稣死后，他似乎与新教宗发生争执；在罗马他结识许多虔诚的贵妇，其中某些听他劝告过起了禁欲生活。

---

[1]《尼西亚会议以来诸教父选集》卷六，第17页。

新教宗和许多罗马人一样，很反感此事。诸如此类的原因使耶柔米在公元386年从罗马搬到伯利恒，一直住到公元420年去世。

他劝服的贵妇中有两位特别值得注意：寡妇宝拉及其女尤斯托楚。二女追随他辗转跋涉到伯利恒。她们极为尊贵，圣师对她们的态度不禁让人嗅到一丝势利。宝拉死后葬在伯利恒，耶柔米为她写了墓志铭：

> 此墓长眠着西庇欧的孩子
> 保罗世家之女
> 显赫的阿伽门农一族
> 格拉古的后裔
> 此地安息着宝拉女士
> 父母双亲的掌上明珠，有女儿
> 尤斯托楚；首位不辞劳苦
> 为基督来伯利恒的罗马贵妇[1]

耶柔米写给尤斯托楚的某些信很怪。他劝她守处女之身，说得非常详细直白，连《旧约》中某些委婉语的实际解剖学含义都对她一一挑明。他用饱含性诱惑的神秘语调夸赞禁欲生活的乐趣。修女是基督的新娘，所罗门《雅歌》就是新婚赞曲。尤斯托楚宣誓当修女时，他给她母亲写了封长信，里面有句惹人注意的话："您因为她选择做王（基督）的妻子而不是士兵的妻子而恼怒吗？她给您带来一项殊荣，您现在已是神的岳母。"[2]

在同一封信里（XXII），他对尤斯托楚本人说：

> 愿私密的闺房永远守护你，愿新郎永远伴你在里面嬉戏。你祈祷吗？那就是你对他倾诉。你读经吗？那就是他对你倾诉。当睡意侵袭，他拥在你身后，锁好门扉，你的心为他悸动，你醒来起身就会说："我害了相思病。"他就回答："我的姊妹，我的佳偶，你是一座围蔽的花园，一条隐秘的小溪，一

---

[1]《尼西亚会议以来诸教父选集》卷六，第212页。
[2] 同上，第30页。

泓密封的喷泉。"

在这封信里他还叙述自己断绝亲友,"更难的是,断绝了用惯的美味佳肴"后,却恋恋不舍自己的藏书,把那些书带到荒野。"哎,我这可怜人,再读西塞罗就让我断食。"忏悔了几天几夜,他重又堕落,读了普劳图斯[1]。放纵过后,他觉得先知们的文体"拙劣可憎"。终于有次发烧,他梦见末日审判,基督问他是什么人,他说自己是基督徒,基督斥道"你撒谎,你是西塞罗的信徒,不是基督的信徒",又下令鞭挞他。最后耶柔米在梦中喊:"主,若我再要世俗书籍,再读这种东西,那就是自绝于您。"他还补了句:"这绝非梦呓或虚空的梦幻。"[2]

此后数年,他的信很少引用古典词句。然而过了段时期,他又不小心引用起维吉尔、贺瑞斯甚至奥维德的诗歌。但似乎是凭记忆引用的,某些句子还重复出现。

耶柔米的书信,比我读过的任何其他作品都更鲜活地表达了罗马帝国陷落引发的感慨。他在公元396年写道:

> 想到这个时代的种种灾难我不寒而栗。二十多年来,罗马人的鲜血日日挥洒在君士坦丁堡和朱利安的阿尔卑斯山之间。塞西亚、色雷斯、马其顿、达西亚、塞萨利、亚该亚、爱卑如斯、道马提亚和潘诺尼亚——这些地方无一不被哥特人、萨马提亚人、夸迪人、阿兰人、匈奴人、汪达尔人和边境人烧杀劫掠……罗马世界在陷落:而我们不但不低头,反倒昂起头来。你想想,在蛮人统治下的哥林多人、雅典人、拉希德蒙人、阿卡迪亚人或其他希腊人,是何等勇敢?我只提少数城市,但它们都曾是非同小可的国家首都。[3]

他接着叙述匈奴人对东罗马帝国的蹂躏,最后慨叹道:"哪怕修昔底德和萨鲁斯特死而复生,也道不尽这凄凉情形。"

过了十七年,也就是罗马遭劫三年后,他写道:

---

[1] 古罗马喜剧家,最早的音乐剧先驱之一。——译注
[2] 教会对世俗文学的这种敌意持续到11世纪。在爱尔兰是例外,奥林匹亚神从未受民众崇拜,教会没必要怕他们。
[3] 第60号书信。

> 世界沦为废墟：没错！而我们的罪孽仍可耻地绽放。这座名城，罗马帝国之都，正在被烈焰吞噬；曾经神圣的教会如今只是一堆堆尘埃灰烬。我们却依然满心贪念，像明天就会死那样急欲行乐，却又像长生不老那样不断建设。我们雕梁画栋金碧辉煌，基督化身的穷人却饥寒交迫倒毙在我们门前。[1]

这段话只是意外出现在他写给一个决心让女儿永远守贞的朋友的信里，信中主要讲的是教育这样一个女孩应遵守的戒律。奇怪的是，为古世界陷落痛彻肺腑的耶柔米，竟觉得保守童贞比战胜匈奴人、汪达尔人和哥特人还重要。他的心思从未转向任何实际治国策略，也从未揭示财政制度的腐败或部队依赖蛮族兵士的危害。安布罗斯和奥古斯丁也一样。安布罗斯的确是政治家，但只考虑教会的利益。那个时代最杰出、最活跃的头脑都压根儿不关心世俗问题，难怪罗马帝国会陷落。然而，假如陷落在所难免，基督教世界观倒恰好使人坚忍，使他们在世俗希望似要落空时坚持宗教希望。《上帝之城》对这种观念的表述，是圣奥古斯丁的最高功绩。

关于圣奥古斯丁本章只谈他这个人，他作为神学家和哲学家的事迹留待下章探讨。

他生于公元354年，比耶柔米小九岁，比安布罗斯小十四岁。他是非洲当地人，一生主要在非洲度过。母亲是基督徒，父亲不是。信了一段时间的摩尼教后，他改信天主教，在米兰受洗，施洗者是安布罗斯。公元396年左右，奥古斯丁成为迦太基附近希波城的主教，在这里一直住到公元430年去世。

我们对他早年生活比对多数其他教士了解得详尽，因为他的《忏悔录》有记录。此书在后世有许多著名效仿者，尤其是卢梭和托尔斯泰，但我认为奥古斯丁之前并无媲美者。圣奥古斯丁在某些方面和托尔斯泰相像，但智力优于托尔斯泰。奥古斯丁是个激情洋溢的人，年轻时远非道德楷模，但一股内心冲动促使他追寻真理正义。像托尔斯泰，他晚年也被罪恶感萦绕，生活严苛且在哲学上不近人情。他猛烈抨击异端，而他本人的某些观念在17世纪被詹森派重述时，却被宣布为异端。尽管如此，他的观点在被新教徒接纳前，正统性从未受天主教质疑。

《忏悔录》记载他人生的第一件事是在少年时代，事情本身也只是普通男孩的寻常事。他似乎和一群同龄伙伴糟蹋了邻居的梨树，虽然他并不饿，家里也有

---

[1] 第128号书信。

更好的梨。他一生都把这件事视为不可思议的邪恶。假如肚子饿或者没别的门路吃梨，也许还不至于那么糟；但那件事纯粹是胡闹，纯粹出于对邪恶本身的喜好，正是这一点让它阴暗得无以名状。他祈求上帝宽恕：

> 请明察我的心，上帝啊，明察我的心，这颗在地狱深处也得您怜悯的心。请听我的心供认，它在追寻什么，我何以无端作恶，未受任何引诱而追逐邪恶本身。它污秽，我却爱它；我爱毁灭，我爱自己的错，我不稀罕犯错得来的好处，我爱这错本身。污秽的灵魂，从苍穹坠落，当着您的面被放逐，取其辱而无所求，只求这耻辱本身！[1]

他就这样祈祷了七章，只因幼时淘气摘了几个梨。在现代人看来，这几近病态[2]，但在他那个年代似乎是正确的，是圣洁的标志。犹太人当时极其强烈的罪恶意识，是调和自负感与外在挫败的途径。雅威是全能的，雅威还特别关心犹太人，那么，犹太人为什么不兴旺呢？因为他们邪恶：他们是偶像崇拜者，他们跟外邦人通婚，他们没遵守律法。上帝一切都是为犹太人，正义是最高的善，经历磨难才能达成，所以犹太人必须先接受惩戒的净化，必须把惩戒视为上帝慈爱的印证。

基督徒用教会替代选民，但这对罪恶心理没什么影响，只有一点例外。教会像犹太人那样遭了难，受异端侵扰，个别基督徒因不堪迫害而叛教。但有项重要进展很大程度上是犹太人做出的，那就是用个人的罪取代公共的罪。起初是犹太民族有罪，集体受罚；后来罪越来越个人化，失去政治意味。教会取代犹太民族时，这个变化至关重要，因为教会作为虚体无法背负罪孽，有罪的个人却能与教会断绝关系。如前所述，罪牵涉自负感。最初是犹太民族的自负感，但后来是个人的自负感——不是教会的，因为教会从来无罪。由此基督教神学涵盖两部分，一部分涉及教会，一部分涉及个人灵魂。后世的天主教会强调前者，新教徒强调后者，圣奥古斯丁则两者兼顾，丝毫不觉违和。得救者是上帝决意拯救的人，这是灵魂与上帝的直接关联。但不受洗不入教就无法得救，教会就成为灵魂与上帝的媒介。

---

[1]《忏悔录》卷二，第4章。
[2] 我得把莫哈马·甘地除外，他的自传中有一些与此很相像的段落。

罪恶是直接关联的纽带，它解释了仁慈的上帝为何让人受苦，为何尽管如此人的灵魂依然在神造世界中至为重要。难怪宗教改革依赖的神学源于一个罪恶感异常的人。

梨子的事到此为止。接下来看看《忏悔录》对其他事的说法。

奥古斯丁讲述自己如何在母亲膝下轻松愉快地学会拉丁语，却痛恨希腊语，因为学校用"残酷的威胁和惩罚"逼他学。他到老都没学会多少希腊语。还以为对比之下他会得出温和教育更可取的结论呢，结果他说："那么很显然，天然的好奇心比可怕的义务感更易促使我们学这些东西。唯有义务感能让人坚守您的律法不动摇，上帝啊，您的律法，从师父的棍棒到殉道者的历练，您的律法给我们有益的痛楚，唤我们回到您面前，不再为那有害的欢愉背离您。"

教师的棍棒虽然没让他学会希腊语，却治了他有害的欢愉，所以是可取的教育；对于满心担忧罪恶的人，这说得通。他接着说自己有罪，不仅上学时撒谎偷食，连更早时候都有罪，他当真用一整章（卷一第7章）论证连哺乳期婴儿都浑身是罪——贪食、嫉妒和其他种种恶罪。

进入青春期后，肉欲让他无法自拔。"肉体十六岁那年，邪恶疯狂的色欲，尽管被您的律法禁止，却恣意支配我，令我完全沉溺；那时我身在何处，何等远离您天堂的喜乐？"[1]

父亲对此放任不管，只操心奥古斯丁的学业。相反，母亲圣莫妮卡劝他守贞，但徒劳无果。当时连母亲都不建议他结婚，"以免家室之累妨碍我的前程"。

他十六岁来到迦太基。"在这里，我周围沸腾着无法无天的爱情。我还没恋爱，但我热衷恋爱，发自心底的欲望让我恨自己无欲。我追寻能爱的，我爱上爱情，我憎恶稳定……爱与被爱，何等甜蜜；得享所爱之人，更甜蜜无比。因此污秽的淫欲玷污了友谊的清泉，淫邪的地狱遮蔽了友谊的光芒。"[2]这说的是他和一个挚爱多年的情人[3]，两人有一爱子，奥古斯丁皈依后非常关心这孩子的宗教教育。

考虑结婚的时候到了。和母亲满意的少女订了婚，他必须和情人分手。"我的

---

[1]《忏悔录》卷二，第2章。
[2] 同上，卷三，第1章。
[3] 同上，卷四，第2章。

情人，"他说，"成为我结婚的障碍，硬生生被扯走。我这颗恋她的心被撕裂，伤口汩汩淌血。她把孩子留给我，回了非洲（奥古斯丁此时在米兰），并向您发誓决不结交其他男人。"[1]但未婚妻年幼，两年后才能举行婚礼，他又有了情人，只是没那么正式，也不太为人所知。良心的折磨越来越剧烈，他祈祷说："请赐我贞洁和克制，但不是现在！"[2]然而婚期未至他就完全被宗教征服，独身终老。

再回到他的早年：十九岁时，通晓修辞的他被西塞罗作品引向哲学。他试着读《圣经》，却嫌经文缺乏西塞罗式威严。这时他成为摩尼教徒，让母亲伤心欲绝。他身为修辞学教师却痴迷占星学，晚年因占星学宣扬"你的罪在所难免，原因在天上"而厌弃它[3]。他读拉丁文版本的哲学书，还特别提及自己不用老师指导就读懂亚里士多德的《范畴篇》。"我这个淫邪情欲的恶奴，即使读遍所谓的'文艺'书，懂得所读的一切，又有什么益处？……因为我背对着光，面对被照亮的东西，而我的脸……本身却未被照亮。"[4]此时他认为上帝是光辉巨大的物体，他本人是那物体的一部分。真希望他仔细讲讲摩尼教的教义，而不是简单说那些东西是荒谬的。

有意思的是，圣奥古斯丁背弃摩尼教最初是由于科学。他回忆从一些顶级天文学家的著作学到的天文知识，他说："与摩尼宣扬的东西一对比，发现他荒唐地就这些话题写了许多长篇大论的蠢话，他对冬至夏至、春分秋分、日蚀月蚀或世俗哲学书里任何类似问题的论证，没一点让我满意的，还命令我去信，尽管这些东西既不符合计算推理，也不符合我的亲身观察，而是恰恰相反。"[5]他还谨慎地表明，科学错误本身并不意味着信仰错了，只是不该以神启的权威姿态宣讲。不知他生活在伽利略时代的话会作何感想。

为打消奥古斯丁的疑问，摩尼教有个以博学闻名的主教浮士德与他会面辩论。奥古斯丁"发现他压根儿不懂各门科学，只是略通文法。但他读过塔利[6]演说集、少许塞涅卡作品、一些诗歌还有几本有逻辑的拉丁语摩尼经文，又经常说话，练

---

[1]《忏悔录》卷六，第15章。
[2] 同上，卷八，第7章。
[3] 同上，卷四，第3章。
[4] 同上，卷四，第16章。
[5] 同上，卷五，第3章。
[6] 即西塞罗。——译注

就几分口才,加上良知的把控和天生的文雅,说起话来悦耳动听"[1]。

他发现浮士德根本无法解答那些天文学难题。他说,摩尼教经文"充斥着关于天空、星辰、太阳和月亮的冗长神话",这些东西不符合天文学发现,他向浮士德提出这些问题时,对方坦承自己不懂。"我却更喜欢他了。因为一个坦诚谦虚的心灵比我探求的知识更诱人,我发现他在更困难、更微妙的问题上也都是这样的。"[2]

真是出奇地豁达,没料到这见解竟出自他那个时代,后来他对异端的态度也不大一样。

这时他决定去罗马,据他说不是因为罗马教师的收入比迦太基高,而是因为听说那边课堂秩序比较好。在迦太基,学生们在课堂上闹得老师几乎无法授课,不过罗马课堂秩序虽好,学生们却常常故意拖欠学费。

在罗马,他仍与摩尼派来往,但不再那么信奉他们的教义。他开始觉得学院派的主张是正确的:人应当怀疑一切[3]。然而他仍赞同摩尼派的看法"犯罪的不是我们自身,而是我们内在的某种其他天性(不知究竟是什么天性)",还认为恶是某种实体。这清楚表明皈依前的他像皈依后一样,为罪恶问题困扰。

在罗马约一年后,他被总督西马库斯派往米兰,因为米兰市要一名修辞教师。在米兰他结识了安布罗斯,"举世皆知的顶尖人杰"。他逐渐喜欢上安布罗斯的和善,在天主教和摩尼教之间逐渐偏向前者,但从学院派学到的怀疑主义使他踌躇了一阵:"我完全拒绝把我病弱的灵魂交给任何哲学家看护,因为他们没有基督的救赎之名。"[4]

母亲来到米兰陪他,她是虔诚的天主教徒,大大加快了他皈依的最后步伐,他总是用崇敬的语气谈她。此时母亲对他更重要,因为安布罗斯忙得无暇和他私下交谈。

他拿柏拉图哲学和基督教教义对比的那一章很有趣[5]。他说,上帝赐他"某些由希腊语译成拉丁语的柏拉图主义著作。基于不同理由,虽字句有出入,但我

---

[1]《忏悔录》卷五,第6章。
[2] 同上,卷二,第7章。
[3] 同上,卷五,第10章。
[4] 同上,卷五,第14章。
[5] 同上,卷七,第9章。

从中读到这些意旨：'太初有道，道与上帝同在，道就是上帝，起初就与上帝同在；万物由他创造，没有他就没有任何造物：他造的是生命，生命是人的光，光在黑暗中闪耀，黑暗不懂光。'人的灵魂虽然'见证光'，本身却'不是那光'；而上帝，上帝之道，'才是真光，照亮来到世间的每个人'。'他在世间，世界由他创造，却不认识他。'但我没读到'他来到自己的地方，自己的人却不接纳他。凡接纳他，信他名的人，他就赐他们力量，作上帝之子'"。他没读到"道成肉身，住在我们中间"，没读到"他自谦卑，恭顺而死，甚至死在十字架上"，也没读到"闻基督之名，人人应屈膝"。

概言之，他从柏拉图主义作品中读出基督的形而上学教义，而不是道成肉身和救赎人类等教义。俄耳甫斯教和其他神秘宗教不乏类似教义，但圣奥古斯丁似乎并不知晓。不论怎样，那些宗教都不像基督教这样与新近历史事件关联。

与二元主义的摩尼教相反，奥古斯丁开始相信罪恶并非源于某种实体，而是源于意志中的邪拗。

他从圣保罗的著述获得特殊慰藉[1]。

经过激烈的内心斗争，他终于改宗（386年），放弃教职、情人和未婚妻，在短暂隐居沉思后接受了圣安布罗斯的洗礼。母亲大喜过望，但不久就去世了。公元388年他回到非洲，在那里度过余生，全心投入主教公务并对多纳徒派、摩尼教和伯拉纠派等异端展开口诛笔伐。

第四章　圣奥古斯丁的哲学和神学

圣奥古斯丁著述极丰，主要写神学。某些是时事论争，赢了就过去了；但某些东西尤其是关于伯拉纠派的内容，至今仍有现实影响力。他的作品我不想面面俱到地谈，而是仅探讨我认为实质上或历史上重要的部分。我将探讨他的：

一、纯哲学，尤其是时间论；

———————
[1]《忏悔录》卷七，第21章。

二、历史哲学，尤其是《上帝之城》的观念；
三、为反对伯拉纠派而提出的救赎论。

一 纯哲学

圣奥古斯丁很少专注纯哲学，一旦投入则展现卓越才华。历史长河中许多人的纯哲学思辨必须顾虑《圣经》的立场，奥古斯丁首当其冲。先前的基督教哲学家根本没这种顾虑，比如奥利金，他的思想体系中基督教和柏拉图主义并行不悖。相反，刺激奥古斯丁原创性纯哲学思考的，正是柏拉图主义在某些方面与《创世记》的冲突。

圣奥古斯丁最好的纯哲学作品是《忏悔录》第十一卷。通俗版《忏悔录》只有十卷，因为其余内容枯燥；之所以枯燥，正因为它不是传记而是优秀哲学。第十一卷探讨的是：假如《创世记》所言属实，那么正如奥古斯丁驳摩尼教时指出的，创世之事应尽早发生。于是他假想出一个反对者，展开论证。

要理解他的回答，首先要明白《旧约》宣扬的无中生有式创造是希腊哲学根本不存在的观念。柏拉图想象的创世，是神把形体赋予某种原初物质，亚里士多德也是这么认为的。他们心目中的神是设计者或建筑师，不是造物主。物质在他们看来是永恒的，不是被创造出来的，唯有形式是神意的产物。针对这种观点，圣奥古斯丁像所有正统基督徒必须主张的那样，说世界不是用某种特定物质造出来的，而是从无中造出来的。上帝创造物质，不是仅整顿安排物质。

"无中生有式创造断无可能"的希腊式观念在基督教时代不时浮现，导致泛神论，认为上帝和世界不分彼此，世间万物都是上帝的组成部分。将该观点论述最透彻的是斯宾诺莎，吸引了几乎所有神秘主义者。因此在基督教时代神秘主义者很难奉行正统教义，他们很难相信世界在上帝之外。但奥古斯丁不以为然：《创世记》写得很明白，这就够了。他对此事的看法对他的时间论至关重要。

何不更早创世呢？因为不存在"更早"。时间是和世界一起被创造的。上帝永恒，这永恒指的是没有时间性；上帝没有以前以后，只有永恒的现在。上帝的永恒是超越时间关系的，一切时间对他而言都是现在。他并不先在于自己创造的时间，因为那将意味着他在时间框架内；他永远站在时间洪流外。这使奥古斯丁写出精妙之至的时间相对论。

"那么，时间究竟是什么？"他问。"没人问，我是明白的；有人问起来要我解释，我就不明白了。"种种困难让他迷惑。他说，过去和未来都并不真正存在，唯有现在真正存在；现在只是一瞬，时间只能在流逝中衡量。尽管如此，过去和未来也确实存在。这似乎是矛盾的。奥古斯丁回避矛盾的唯一途径，就是主张过去和未来只能被想成现在："过去"必是回忆，"未来"必是期望，回忆和期望都是现在的事实。他说有三种时间："过去事物的现在，现在事物的现在，未来事物的现在。""过去事物的现在是回忆，现在事物的现在是视野，未来事物的现在是期望。"[1]过去、现在和未来三种时间，是一种粗略说法。

他知道这套理论并未真正解决所有难题。"我的灵魂渴望解开这最错综复杂的谜。"他祈祷上帝启发他，并向上帝发誓自己对这问题的关注并非出于无聊的好奇。"我向您坦白，上帝啊，我依然不知时间是何物。"但他提出解答要领，即时间的主观性：时间在人心里，人会期望、思考和回忆[2]。这意味着没有所造之物就没有时间[3]，谈论创世前的时间毫无意义。

我个人并不同意把时间当成精神产物，但这显然是值得认真思考的高明理论，甚至可以说比任何希腊哲学时间论都有巨大进步，比康德广受哲学家认可的主观时间论更完善、更明确。

说时间只是我们的一种思想观念，这是最极端的主观主义，如前所述，是古代从普罗泰戈拉和苏格拉底时期逐渐发展壮大的。它先是一种理性认识，后来滋生了受罪恶困扰的感情意味。圣奥古斯丁的主观主义两者皆有，不仅是康德时间论的先声，也是笛卡尔"我思"的先声。奥古斯丁在《独语录》里说："你这求知者，你知道你存在吗？我知道。你在何处？我不知道。你感觉自己是单一还是复合的？我不知道。你感觉自己会动吗？我不知道。你知道自己会思索吗？我知道。"这不仅蕴含笛卡尔的"我思"，也包含笛卡尔对伽森狄"我行故我在"的回应。因此，奥古斯丁作为哲学家有崇高地位。

二 上帝之城

公元410年，罗马城遭哥特人洗劫，异教徒果然把灾难说成背弃古代诸神的报

---

[1]《忏悔录》第20章。
[2] 同上，第28章。
[3] 同上，第30章。

应。他们认为罗马崇拜朱庇特就强大，而今皇帝们背弃他，他就不再保护罗马人。异教徒的说辞必须回应，于是圣奥古斯丁从412—427年逐渐写就《上帝之城》。此书在写作过程中视角越来越宏大，扩展为涵盖过去、现在和未来的完整基督教历史体系。这是一部在整个中世纪都极具影响力的书，尤其在教会与世俗诸侯的斗争中。

像其他伟大作品一样，此书重读时会在读者记忆中形成比初读更好的印象。书中有许多现代人极难接受的东西，核心命题也稍稍被奥古斯丁时代的杂芜因素遮蔽，但世俗之城与上帝之城对比的宏大理念依然发人深省，至今还值得在非神学意义上重申。

介绍一本书，若忽略细节只关注中心思想，容易过度褒扬；相反，若只顾细节，容易漏掉最好最重要的内容。这两种错误都要提防，因此我先谈一些细节，接着谈历史进程的一般理念。

此书开篇是对罗马之劫的感想，意在表明基督教以前发生过更惨的事。圣奥古斯丁说，那些把劫难归咎于基督教的异教徒在被劫掠期间纷纷逃到教会避难，因为身为基督徒的哥特人是尊重教会的。相反，特洛伊遭劫时，天后朱诺的神殿未能庇护谁，诸神也未能保护城市免遭摧毁。罗马人征服旁人城市时从不放过神殿，从这个角度看，罗马城的劫难不算最惨重的，损失减轻正是基督教的功劳。

出于种种理由，遭劫的基督徒不必抱怨。某些邪恶的哥特人靠抢劫基督徒发财，但他们死后要受苦：假如所有罪行都在地上受惩罚，末日审判就没必要了。有德的基督徒遭受的苦难将变成教益，因为圣徒不会因失去俗世之物而减损任何价值，哪怕横尸荒野也没关系，因为连贪婪的野兽也无法妨碍圣体复活。

接着谈到虔诚的处女在劫难中遭受强奸的问题。显然有人认为这些女性尽管自身并无过失，但毕竟失去了处女桂冠。圣奥古斯丁明智地反对这种看法。"哎！他人的淫欲无法玷污你。"贞洁是内心的品德，不会因遭受强奸而丧失；罪恶意图哪怕没付诸行动，也会让你失德。他暗示说上帝允许强奸，因为受害者为自己的节欲过分自傲。为逃避强奸而自杀是邪恶的，这引发了对鲁克蕾莎[1]的冗长议论，说她不该自杀。自杀是罪孽，参孙[2]的情形除外。

---

[1] 罗马名将之妻，因遭受强奸而自杀。——译注
[2] 参孙是《圣经》中的以色列士师，被俘后受辱，与敌人同归于尽。——译注

为遭受强奸的有德女子辩护，有一个附加条款：她们不得享受其中，享受就有罪。

他接着讲到异教诸神的邪恶。比如："你们那些舞台剧，那些不洁场面，那些淫荡虚荣，并非罗马人败坏滋生，而是你们那些神祇直接命令滋生的。"[1]与其崇拜无德之神，不如崇拜有德之人，比如西庇欧。基督徒无须为罗马遭劫而烦恼，因为基督徒在"上帝朝圣之城"有避难所。

在现世，地上之城和天空之城混为一体；但在来世，神的选民和弃子将会分开。今生我们不知道谁终将是选民，哪怕似乎是我们的敌人也说不准。

奥古斯丁说，最难的是驳斥哲学家，因为基督徒在很大程度上赞同最优秀哲学家的见解，比如灵魂不死和上帝创世[2]。

哲学家不摒弃异教神崇拜，那些神是邪恶的，所以哲学家道德薄弱。奥古斯丁并未暗示异教诸神是虚构的，反而说他们存在，但全是魔鬼。这些神喜欢让自己的下流故事到处传播，祸害人类。对于多数异教徒，朱庇特的行为比柏拉图的教义和卡图的见解更有影响。"柏拉图不允许诗人住在治理完善的城邦，这表明他本人比那些渴望舞台剧赞扬的诸神更有价值。"[3]

罗马人从抢萨宾女子[4]以来一直是邪恶的。罗马帝国的罪孽他就列了好几章。罗马在皈依基督教之前不是没遭过难，在高卢入侵和内战中的惨痛堪比哥特人带来的苦难，甚至更深重。

占星术不仅邪恶，还虚假，双胞胎星座相同而命运不同，就是证明[5]。斯多葛派牵涉占星术的命运观是错的，因为天使和人都有自由意志。没错，上帝预知我们的罪，但我们不能因为他预知就索性去犯罪。不应认为美德会带来痛苦，哪怕是今世的痛苦：那些有德的基督徒皇帝哪怕不幸也快乐，何况君士坦丁和狄奥多西是幸运的；再者，只要犹太人坚持宗教真理，犹太王国就一直存续。

书中有一段盛赞柏拉图的话。奥古斯丁把柏拉图推崇到其余哲学家之上，认

───────

[1]《上帝之城》卷一，第31章。
[2] 同上，卷一，第35章。
[3] 同上，卷二，第14章。
[4] 据古罗马史家提图斯·李维记载，罗马建国初期男多女少，又被邻国拒绝通婚，于是在谷神节举行隆重的赛马会，吸引邻国萨宾人观看，罗马青年趁机抢走在场的女子，哄她们为妻。——译注
[5] 此说并非奥古斯丁原创，而是引自怀疑论者卡涅德。参阅库蒙：《罗马异教中的东方宗教》，第166页。

柏拉图在场大家都得靠边站："让泰勒斯跟他的水一边去，阿那克西米尼跟他的气一边去，斯多葛派跟火一边去，伊壁鸠鲁跟原子一边去。"[1]这些人都是唯物论者，柏拉图不是。柏拉图说上帝没有任何形体，万物来自恒常不变的上帝。柏拉图说知觉并非真理源泉，也是对的。柏拉图主义者最擅长逻辑和道德，最接近基督教。"据说不久前还活着的普洛丁比任何人都懂柏拉图。"亚里士多德不如柏拉图，但远超其他哲学家。不过两人都认为诸神是应受崇拜的好神。

针对谴责一切激情的斯多葛派，圣奥古斯丁主张基督徒的激情会产生道德；愤怒和哀叹本身没什么好谴责的，要究其原因。

柏拉图主义者对上帝的看法是正确的，对诸神的看法是错误的。他们不承认上帝道成肉身，也是错的。

书中有很大篇幅探讨牵涉新柏拉图主义的天使和魔鬼。天使有好有坏，魔鬼都是坏的。通晓世俗，对天使而言是一种邪恶。圣奥古斯丁赞同柏拉图感官世界逊于永恒世界的看法。

卷十一开始谈上帝之城的本质。上帝之城是选民社会。唯有通过基督才能了解上帝。有些知识能靠推理获取（像哲学家做的那样），但宗教知识只能靠《圣经》。我们不应探究创世前的时间和空间：创世前时间不存在，没有世界空间也不存在。

凡被祝福的都是永恒的，但永恒的未必是被祝福的，比如地狱和撒旦。上帝预知魔鬼的罪，但也预知他们对改善整个宇宙的用处：魔鬼类似于修辞上的对立面。

奥利金误以为灵魂受罚才被赋予肉体，按他的意思，坏灵魂应当有坏身体，而那些魔鬼，哪怕最坏的魔鬼，都有比我们还好的轻盈身体。

世界在六日内造好，原因在于六是个完美数字，等于其因数之和。

天使有好有坏，但即使坏天使本质上也不悖逆上帝。上帝的敌人不是出于本性，而是出于意志。邪恶意志没有动力因，只有缺陷因；它不是结果，而是缺陷。

世界还不到六千岁，历史并非某些哲学家想的那样是循环的："基督只为我们的罪死过一回。"[2]

我们的祖先若没有犯罪就不会死，但他们犯了罪，所以他们的后裔都会死。吃那苹果不仅造成自然死亡，还造成永恒死亡，即地狱天谴。

---

[1]《上帝之城》卷八，第5章。
[2]《罗马书》第6章第10节；《希伯来书》第7章第27节。

泼弗瑞说天堂的圣徒没有身体,是错误的。他们的身体比亚当堕落前的还好,是精神性的,但不是精灵,而且也没有重量。男人有男身,女人有女身,夭折的复活为成年身体。

亚当的罪本来会使全人类万劫不复(天谴),但上帝仁慈饶恕了许多人。罪恶出自灵魂而非肉体。柏拉图主义者和摩尼教都错把罪恶归咎于肉体,尽管柏拉图主义者错得轻些。全人类为亚当的罪受罚是公正的,因为本来可获得灵体的人类落得肉欲的心[1]。

由此引发了冗长烦琐的肉欲论,说我们受肉欲支配是在为亚当的罪受惩罚。这段论述对揭示禁欲主义心理很重要,我们必须谈一下,虽然圣师忏悔说这个话题不正派。他的学说如下:

必须承认,婚内性交若是为繁衍后代,就是无罪的。但即使婚内的性,有德者也要尽量不带淫欲为之。即便在婚内,对隐私的渴望也表明人们耻于性交,因为"这种天然合法的行为带有源于先祖的犯罪羞耻感"。犬儒派认为人不该有羞耻感,第欧根尼想完全摆脱羞耻感,像狗那样行一切事,但他也只尝试一次就放弃了极端无耻的做法。淫欲的可耻之处在于不受意志约束。亚当夏娃在堕落前能像匠人干活时的手部动作那样不带淫欲地性交;亚当假如不碰那苹果树,就能不带如今要投入的种种情感来完成性交,性器官就能像其他身体部位那样服从意志的指挥。性交需要淫欲,是亚当之罪的惩罚;要不是它,性交本来能与快感分道扬镳。这就是圣奥古斯丁的性交论,删了英译者在拉丁原文的委婉体面中妥善保留的某些生理细节。

很显然,禁欲主义者厌恶性交的原因是性独立于意志。他们认为意志完全控制肉体才有德,但这无法促成性行为。因此,性行为和完美道德似乎无法兼得。

亚当堕落以来,世界分为两城,一个将永远同上帝做王,一个将永远同撒旦遭劫。该隐属于魔鬼之城,亚伯属于上帝之城。上帝仁慈地把亚伯安排为人间的朝圣者和天国的居民。十二先祖属于上帝之城。谈到玛土撒拉之死,引出了《圣经》七十士译本与拉丁通行本令人头痛的对比问题。按七十士译本推算,玛土撒拉在大洪水过后还活了十四年,但这不可能,因为他没搭上诺亚方舟。根据希伯来手稿译成的拉丁通行本则说他死于洪水那年。对此,圣奥古斯丁认为圣耶柔米

---

[1]《上帝之城》卷十四,第15章。

和希伯来手稿肯定是正确的。某些人怀疑犹太人敌视基督徒而故意篡改希伯来手稿，圣奥古斯丁反对这种猜疑；然而另一方面，七十士译本肯定受了神启。结论只能是托勒密皇帝的抄写工在抄录七十士译本时出了错。谈到《旧约》的翻译，圣奥古斯丁说："教会接受七十士译本，好像没有别的译本似的；许多希腊基督徒也只知道用这个译本，不知其他译本的存在；我们的拉丁译本也是从七十士译本转译来的，虽然博学的主教、伟大的语言学家耶柔米已经把《圣经》从希伯来原文译成拉丁文。犹太人证实耶柔米呕心沥血的精湛译本完全正确，并断言七十士译本谬误繁多，基督教各教会却认为一个人比不上那么多人，何况那些人是大祭司为翻译《圣经》特意选的。"圣奥古斯丁认同七十人各自翻译的版本奇迹般一致的传说，说这是七十士译本受神启的证明。但希伯来文《圣经》同样受了神启。结论使耶柔米译本的权威性悬而未决。假如两位圣师没有为圣彼得的两面派倾向[1]争吵过，也许奥古斯丁会更坚决地站在耶柔米这边。

圣奥古斯丁拿圣史和世俗史做同代对比，指出埃涅阿斯来意大利时，押顿[2]在以色列当士师；最后迫害将由敌基督者主导，但日期不详。

在精彩的反刑讯论章后，圣奥古斯丁接着抨击倡导怀疑一切的新学院派。"基督教会对所见事物有最确切的认知，憎恶那癫狂的怀疑。"我们应相信《圣经》的真理。他接着解释离开真宗教就没有真美德。世俗美德"被淫秽污浊的恶魔糟蹋"，基督徒的美德在异教眼中是缺陷。"灵魂喜爱的所谓美好，假如与上帝无关，其实就是邪恶而非美好。"不属于这个教会的人，将永远遭受悲惨折磨。"在我们地上的冲突中，要么疼痛占上风，由死亡带走这种感觉，要么用精神征服疼痛。但来世躯体将永远受疼，精神也永远受苦，两者都遭受持续的惩罚。"（第28章）

复活有两种，死后灵魂复活和末日审判肉体复活。探讨基督王千禧年的种种困难、歌革和玛各[3]的行为后，他提到《帖撒罗尼迦后书》的一处经文（第2章第11、12节）："神给他们鲜活幻觉，让他们信谎言，使一切不信真理而喜爱不义的人遭劫。"有人也许会觉得，全能的上帝欺骗人又因人受骗而惩罚他们是不公平的。圣奥古斯丁却认为这完全合理："他们由于被谴责而受迷惑，由于受迷惑而被

---

[1]《加拉太书》第2章，第11—14节。

[2] 关于押顿，我们只知他有四十个儿子和三十个孙子，这七十人都骑驴。（《士师记》第12章，第14节）

[3]《圣经》和神话传说中对抗基督的民族首领。——译注

谴责。但他们是根据上帝的隐秘审判而受迷惑的，那审判公正地隐秘、隐秘地公正；创世以来他就持续着此般审判。"圣奥古斯丁认为上帝不是根据人的优缺点把他们分为选民和弃民，而是任意分的。所有人都应受谴责，因此弃民也没理由抱怨。从圣保罗上面的话看，人们似乎是由于被遗弃而变邪恶，不是由于邪恶而被遗弃的。

肉体复活后，罪人的肉体将永远焚烧却烧不尽。这并不稀奇，火蛇和埃特纳火山就是这样的。魔鬼虽无形体，却能被有形的火焚烧。地狱的折磨并不净化人，也不会因圣徒们求情而减缓。奥利金说地狱不是永恒的，他错了。异端和有罪的天主教徒将遭受永劫。

全书以圣奥古斯丁想象中上帝居天堂，上帝之城永远喜乐的画面结束。

上述概览也许还没说清《上帝之城》的重要性。此书的影响力在于倡导教会和国家分离，并强烈暗示国家必须在所有宗教事务上服从教会才能加入上帝之城。这些主张从此成为教会信条。纵观中世纪，在教宗权势逐渐增长的过程中，在教宗与皇帝的历次冲突中，圣奥古斯丁为西部教会的政策提供了理论依据。他认为犹太国家无论是传说中的士师时代还是被掳巴比伦归来后的历史时代都是神权政体，基督教国家应当在这方面加以效仿。几位罗马皇帝和中世纪多数西欧君王的虚弱无能，在很大程度上促使教会实现了上帝之城的理想。在东部，皇帝强势，这种情形就从未发生，东部教会依然远比西部教会服从国家政权。

宗教改革出于和天主教斗争的迫切现实需要复兴圣奥古斯丁的救赎论，摒弃他的神政理论，形成伊拉斯特主义[1]。但新教徒的伊拉斯特主义半心半意，最虔诚的新教徒依然受圣奥古斯丁影响。再洗礼派、第五王国派和贵格派采纳奥古斯丁的部分教义，但没那么强调教会。奥古斯丁主张得救宿命论，又主张受洗才能得救，两者不太一致，极端新教徒放弃了后者，但他们的末世观依然是奥古斯丁式的。

《上帝之城》没多少实质上的原创理论。末世论起源于犹太教，主要通过《启示录》进入基督教。宿命论和拣选论是保罗式的，尽管圣奥古斯丁的论述比保罗书信更充分、更有逻辑。圣史和世俗史的区分，《旧约》已讲得相当清楚。圣奥古斯丁做的是将这些内容汇集，结合他那时代的历史加以叙述，以便基督徒接纳西

---

〔1〕即教会应服从国家。

罗马帝国的陷落和后来的混乱，使他们的信仰免受太严峻的考验。

犹太人对过去和未来的历史观点向来强烈迎合受压迫的不幸者。圣奥古斯丁把这种方式用于基督教，马克思把它用于社会主义。为理解马克思的心理，我们可这样解读：

雅威＝辩证唯物主义

救世主＝马克思

上帝选民＝无产阶级

教会＝共产党

耶稣再临＝革命

地狱＝资本家受惩罚

基督王千禧＝共产主义国家

右边的词带有左边对应词的感情色彩，正是这种基督教或犹太教熏陶出来的人非常熟悉的感情色彩使马克思的末世论显得可信。也可以给纳粹列个类似词表，但他们的概念比马克思更接近纯粹的《旧约》，没那么接近基督教；他们的弥赛亚更像马喀比而不是基督。

三　伯拉纠之争

圣奥古斯丁最具影响力的神学思想主要是对伯拉纠派异端的驳斥。伯拉纠是威尔士人，原名摩根，意思是"海上之人"，和希腊语的"伯拉纠"同义。他是个温文尔雅的教士，不像许多同代人那么狂热。他信奉自由意志而质疑原罪说，认为人的有德举动是自身道德努力的结果。如果行事正直且信仰正统，作为德行的回报他们就能升入天国。

这种观点如今似乎是老生常谈，当时却激起强烈骚乱，主要由于圣奥古斯丁的反对而被宣布为异端。但它曾盛行一时，奥古斯丁只好写信给耶路撒冷宗主教，让他警惕那曾经蛊惑许多东部神学家的狡诈异端头目。伯拉纠被判有罪，但仍有一群所谓半伯拉纠派的人鼓吹柔化的伯拉纠教义。很久之后，圣奥古斯丁更纯粹的教义才取得全面胜利；特别在法兰西，半伯拉纠派在公元529年的奥兰治主教会议上才被判为异端。

圣奥古斯丁教导说，亚当堕落前有自由意志，能克制自己不犯罪。但他和夏娃偷吃苹果而败坏堕落，还遗传给所有后裔，这些后裔谁都无法靠自身力量避免

《查士丁尼及其随从》(约526—547),镶嵌画,拉韦纳圣维塔尔教堂。祭坛另一面的墙上是同样光彩夺目的镶嵌画,画中是查士丁尼的妻子狄奥多拉。

《哲学的慰藉》插图。波爱修斯可谓奇人，整个中世纪都受人称颂和赞美，被推崇为虔诚的基督徒，声望堪比教父。他在狱中写成的《哲学的慰藉》却是纯柏拉图主义的，这表明异教哲学对他的影响远比基督教神学深刻。这也是中世纪最受欢迎的两三部著作之一。

奥古斯丁《上帝之城》(412—427)插图。该书是中世纪影响最大的著作之一。在这幅插图中，尘世与天堂融合而一，但在耶稣复活后，只有那些选民才能得到上帝的拯救，罪人只能经受地狱之火的煎熬。

托马斯·阿奎那是最早把亚里士多德著作引入基督教思想的哲学家之一,被视为最伟大的经院哲学家。在14世纪画家特雷尼的画作《圣托马斯·阿奎那的杰出成就》中,阿奎那处于亚里士多德(左)和柏拉图(右)之间。

罪恶。唯有上帝的恩典让人有德。我们都遗传了亚当的罪,都该遭万劫不复的惩罚。未受洗就死去的人,哪怕是婴孩,都要下地狱遭受无穷折磨。对此我们没理由抱怨,因为我们都邪恶。(圣师在《忏悔录》中列举了自己在襁褓中就犯下的种种罪孽。)但由于上帝的恩典,有些受洗的人会被纳入天国,他们就是上帝的选民。他们并非由于善良而升入天国,我们都是彻底堕落的,只是由于上帝对选民的恩典,部分人成为例外。谁都说不清为何有人得救有人被弃,那是上帝无缘由的选择。天谴是上帝的正义,救赎是上帝的仁慈,两者都展现他的良善。

这种残酷教义曾被加尔文复兴,后被天主教会抛弃。奥古斯丁将支持该教义的圣保罗著述尤其是《罗马书》奉为圭臬,像律师对法典般将原文含义挖掘发挥到极致。他最终使人觉得,尽管圣保罗没亲口附和奥古斯丁的推论,但单独摘出某些经文,确实可见就是奥古斯丁说的意思。奥古斯丁并不觉得仁慈的上帝让未受洗的婴孩下地狱耸人听闻,这似乎有点怪。然而,对原罪的彻底坚信让他真以为新生儿是撒旦的手足。中世纪教会许多最残忍的东西都可追溯到奥古斯丁阴郁的普遍罪恶感。

真正使圣奥古斯丁困惑的理智难题只有一个。不是说绝大多数人注定要遭永劫所以上帝造人乃憾事,而是假如原罪如圣保罗所言遗传自亚当,那么灵魂必然像肉体那样也是父母生的,因为罪恶在灵魂而非肉体。他发现了教义问题,却忽略不管,理由是《圣经》从没提过,正确看待此事就不是得救的必要前提。

黑暗世纪降临前的最后几位杰出知识分子关心的不是拯救文明、驱除蛮族或改革弊政,而是未受洗婴孩的天谴和处子之身的价值,真是不可思议。教会苦心传给蛮族皈依者的就是这些东西,难怪继之而来的时代残忍迷信得几乎史无前例。

第五章　公元 5 世纪和 6 世纪

公元 5 世纪是蛮族入侵和西罗马帝国陷落期。公元 430 年圣奥古斯丁去世后,哲学几近绝迹。那是个毁坏动乱的世纪,却大致决定了欧洲未来的方向:英吉利人入侵将不列颠变成英格兰,法兰克人入侵将高卢变成法兰西,汪达尔人入侵将西班牙变成安达卢西亚。圣帕垂克在该世纪中叶使爱尔兰人改信基督教。整个西

汪达尔人进攻罗马城。公元5世纪是蛮族入侵和西罗马帝国陷落期。公元430年圣奥古斯丁去世后,哲学几近绝迹。那是个毁坏动乱的世纪,却大致决定了欧洲未来的方向

欧世界，粗暴的日耳曼帝国取代了罗马帝国的中央集权统治。帝国驿站不复存在，罗马大道纷纷荒芜，战争终结了大型商贸活动，政治经济生活都缩回地方性规模。只有教会维持着中央集权管理，步履维艰。

哥特人是公元5世纪入侵罗马帝国的日耳曼民族主力，东部受匈奴人攻击，被赶到西部。起初他们试图征服东罗马帝国，受挫后转攻意大利。从戴克里先时代起，他们成为罗马雇佣兵，学到一般蛮族不懂的战术。哥特首领阿拉克王在公元410年洗劫罗马，但当年就死了。东哥特王奥都瓦克在公元476年灭西罗马帝国，一直统治到公元493年，被东哥特同族狄奥多里克谋杀；狄奥多里克当意大利王直至公元526年，此人我稍后还要谈，他在历史和传说中都是重要人物，是尼伯龙根之歌[1]传唱的"Dietrich von Bern"（伯恩人狄崔希，"伯恩"即维罗纳）。

此间汪达尔人定居非洲，西哥特人定居南法兰西，法兰克人定居北法兰西。

正当日耳曼人入侵时，阿提拉又率匈奴人进犯。匈奴是蒙古族，却经常与哥特人结盟。然而公元451年匈奴在入侵高卢的关头与哥特人争执起来，同年哥特人联手罗马人在沙隆击败匈奴。阿提拉转战意大利，还想进军罗马，但教宗利奥借阿拉克洗劫罗马后身亡一事打消了他的念头。不过他克制也没用，次年就也死了。匈奴从此一蹶不振。

在这段动荡期，教会因基督化身问题争论纷纭。论辩主角是两位主教，西里尔和聂斯托利；多少是事出偶然，两人中前者被尊为圣贤而后者被判为异端。圣西里尔从公元412年起担任亚历山大宗主教，直到公元444年去世；聂斯托利是君士坦丁堡宗主教。争议焦点是基督神性与人性的关系。基督是两"性"，一人一神吗？聂斯托利持肯定看法。若非如此，基督是仅有一性呢，还是人性和神性两性一体？这些问题在公元5世纪掀起简直匪夷所思的狂热和暴怒。"基督的人性和神性，一派最怕两者混合，另一派最怕两者分离，两派暗暗酿成无法化解的敌意。"[2]

主张一性论的圣西里尔是狂热分子，他借宗主教职务屡次煽动对亚历山大城犹太聚居区居民的大屠杀。他最出名的举动是残暴处死希帕提娅。希帕提娅是那个愚顽时代坚持新柏拉图主义哲学的杰出女性，潜心钻研数学。她被人"拽下双

---

[1] 古勃艮第王的传说叙事诗歌，史称德语《伊利亚特》。——译注
[2] 吉本：《罗马帝国衰亡史》，第47章。

轮马车，剥光衣服，拖进教堂，被诵经员彼得和一群狠毒残暴的狂热分子无情屠杀。她的肉被他们拿锋利的蚝壳一片片从骨头上刮下，她尚在抽搐的手脚被砍下来丢进烈火。不失时机的贿赂止住了应有的审判和惩罚"[1]。从此亚历山大城再不受哲学家烦扰。

圣西里尔为君士坦丁堡被宗主教聂斯托利带入歧途而痛心，聂斯托利主张基督有人神双重位格，并据此反对把童贞女称为"上帝之母"的新做法，宣称她只是基督人格的母亲，基督的神格即上帝没有母亲。教会在这个问题上分为两派，大体上苏伊士东边的主教们赞成聂斯托利，西边的主教们赞同西里尔。为解决争议，双方约定在公元431年召开以弗所大公会议。西边主教率先到场，立即关闭大门不准迟来者入内，并在西里尔的主持下火速通过决议。"漫漫十三个世纪前的这次主教动乱，以第三次大公会议的神圣面貌呈现。"[2]

这次会议把聂斯托利判为异端。他不但没撤回主张，反而创建聂斯托利派，在叙利亚和整个东部有很多信众。几百年后，聂斯托利派在中国盛行，差点成为国教。公元16世纪，西班牙和葡萄牙的传教士在印度发现了聂斯托利派信徒。君士坦丁堡的天主教当局对聂斯托利派的迫害引发政治上的不满，促进了伊斯兰教对叙利亚的征服。

聂斯托利派蛊惑大众的巧舌会被蠕虫吞噬——当局如此断言。

以弗所人虽已懂得用童贞女玛利亚取代阿特米斯，却仍对女神怀有圣保罗时代那样疯狂的激情。据说童贞女就葬在此地。公元449年圣西里尔死后，以弗所某次宗教会议得寸进尺，结果陷入与聂斯托利派相反的另一异端：一性论，主张基督仅有神性。圣西里尔如果依然在世，肯定会因赞成此说而沦为异端。皇帝支持这次会议的决定，但教宗断然拒绝。最后，教宗利奥——就是那位劝阿提拉不要攻打罗马的教宗，在公元451年亦即沙隆战役当年召开考西顿大公会议，谴责一性论且把道成肉身确立为正统教义。以弗所会议认定基督只有一性，考西顿会议则认定他有人性和神性双重性质。教宗对该决议有至关重要的影响。

一性论者像聂斯托利派那样不肯屈服。这个异端沿尼罗河蔓延，远至阿比西尼亚，埃及人几乎全体信奉。埃及异端像对立的叙利亚异端那样推动了阿拉伯人

---

〔1〕吉本：《罗马帝国衰亡史》，第47章。
〔2〕同上（第47章在卷四，出版于1788年，故曰431年以弗所会议在"十三个世纪前"。——译注）

的征服。阿比西尼亚异端后来成为墨索里尼征服他们的借口之一。

公元6世纪在文化史上有重大影响的人物共四位：波爱修斯、查士丁尼、本笃和大贵格利。他们是本章其余篇幅和下一章的主题。

哥特人征服意大利并不意味着罗马文明的终结。在意大利兼哥特王狄奥多里克的统治下，意大利内政完全是罗马式的，整个国家安享和平与宗教宽容（直到国王临终）。英明强干的国王任命执政官，延续罗马法律和元老院制度；在罗马他最先走访的就是元老院。

狄奥多里克虽是亚流派，却直到晚年都与教会保持着友好关系。公元523年，查士丁尼皇帝查禁亚流派，狄奥多里克非常苦恼，他的恐惧并非毫无缘由，因为意大利是天主教国家，神学立场倾向于皇帝那边。狄奥多里克认定自己政府有人在搞阴谋，监禁并处决了自己的大臣、元老院议员波爱修斯。《哲学的慰藉》就是波爱修斯在狱中写的。

波爱修斯可谓奇人，整个中世纪都受人称颂和赞美，被推崇为虔诚的基督徒，声望堪比教父。然而他在公元524年候刑期间写成的《哲学的慰藉》纯粹是柏拉图主义的，虽没证明他不是基督徒，却表明异教哲学对他的影响远比基督教神学深刻。某些神学作品，尤其是那本归到他名下的有关三位一体的书，已被许多权威鉴定为伪作；但也许正由于这些作品，中世纪的人把他视为正统，从他那儿汲取大量本来会遭受怀疑的柏拉图主义思想。

《哲学的慰藉》韵散文交织，波爱修斯自述用散文，哲学回答用韵文。但丁作品与此颇为类似，但丁诗集《新生》无疑受他影响。

《哲学的慰藉》被吉本恰切地誉为"金卷"（golden volume），开篇就说苏格拉底、柏拉图和亚里士多德是真正的哲学家，斯多葛派、伊壁鸠鲁派和余人乃欺世盗名者，被俗众误认作哲学之友。波爱修斯说他遵从毕达哥拉斯派（而非基督）的命令去"追随神"。幸福就是蒙福，就是善，而快乐不是。友谊是"极神圣的事物"。书中许多道德观与斯多葛主义密切吻合，其实大部分取材于塞涅卡。有段韵文概括《蒂迈欧篇》的开头，接着是大量纯粹的柏拉图式形而上学。他说，不完美是一种缺欠，意味着完美存在；关于恶，他采纳缺欠说。接着他叙述一种本来会使基督徒惊骇的泛神论，但不知为何他们并未惊骇。他说，蒙福和神都是至善，所以是同等的。"人因得神性而幸福。"得神性的人就成为神，因此每个幸福的人都是神；神的性质决定了神只能有一位，但众人参与所以可能有许多。"世人所求一切的总和、根源与起因都应该是善。""神的本质除了善别无其他。"神会作恶吗？不会。因此恶不存在，因为神无所不能。好人总是强大的，坏人总是软弱的，因为两者都向往善，而好人才能得到善。恶人若逃避惩罚，就会比接受惩罚更不幸（注意地狱的惩罚不是这样的）。"智者内心不抱恨。"

全书风格更像柏拉图而非普洛丁，丝毫没有那个时代的迷信病态迹象，没有为罪恶纠结，没有过分强求不可得者。那种完美的纯哲学平静，简直像自鸣得意——假如此书写于顺境。然而这是作者身为死囚等候处决时写的，像柏拉图笔下苏格拉底的最后时光那样令人赞叹。

类似的见解再难觅得，直到牛顿以后。在此完整引用书中的一首诗，其哲学意味和蒲柏的《人论》异曲同工。

> 若你用最纯洁的心
> 体悟上帝的律令
> 你凝视天堂的双目
> 必追随星辰的平和运行
> 太阳的烈焰
> 不阻碍他姊妹一行
> 北极星也不想
> 被海上巨浪遮掩光明
> 尽管她看见
> 别的星辰纷纷俯身
> 但她不停转动
> 高挂天空，海洋无法触碰
> 黄昏的微光
> 在流转中预示
> 暗夜将至
> 昏星在日暮前隐没
> 这彼此爱慕
> 恒久涌动
> 从头顶洒满星辰的苍穹

消除一切战争和纠纷的因缘
这甜美的和谐
用同样的纽带
束缚一切元素的本性
让湿物变干
刺骨严寒
燃起友谊的烈焰
颤抖的火苗蹿升高顶
大地陷落深处
繁花盛开的年度
春日芬芳馥郁
炎夏孕育谷物
秋枝硕果累累
落雨
润泽严冬
春去秋来的往复
滋养尘世万物
万物逝去
终结复又轮回
造物主高高端坐
手握驾驭世界的缰绳
他是王
用高贵的威力统御一切
万物因他滋生，繁荣昌盛
他是法律和法官，杀伐决断
那最为
转瞬即逝者
常被他牵引退却
漫游的动作戛然而止
除非他的大能

管束它们的暴力

　　将那狂奔不息者

　　纳入循环天道

　　否则如今整饬一切的

　　凛然律令

　　怕早已破碎坍崩

　　万物远离初始原貌

　　这大爱

　　普泽所有

　　对善的渴求

　　使一切返璞归真

　　任何俗世之物

　　都无法长久

　　除非将爱带回

　　本源的初衷

　　波爱修斯始终是狄奥多里克的朋友。波爱修斯的父亲当过执政官，他本人当过执政官，两个儿子也当过执政官。他岳父西马库斯（可能是和安布罗斯为胜利女神像争执的那个西马库斯的孙子）是哥特王朝的要员。波爱修斯受狄奥多里克之命改革币制，用日晷、滴漏等器具让不太开化的蛮族诸王啧啧称奇。也许他毫不迷信的优点在罗马贵族世家中不像在别处那么罕见，但加上渊博的学识和对公益的热诚，他就是那个时代绝无仅有的人杰。在他生前两百年、死后千年内，我没发现还有哪个欧洲学者如此远离迷信狂热。他的优点不限于此，他高瞻远瞩，公正不阿，崇高卓绝。他在任何时代都算非凡人物，在他那个时代更是完全不可思议。

　　在中世纪，波爱修斯的声望部分缘于他被视为受亚流派迫害的殉道者，这种看法是他死后两三百年形成的。在帕维亚他被看作圣徒，尽管没正式受封。西里尔是圣徒，波爱修斯却不是。

　　处死波爱修斯两年后，狄奥多里克去世。翌年查士丁尼登基，一直统治到公元565年，在这漫长的时期他做了许多坏事和一点好事。他最负盛名的当然是那部

圣索菲亚大教堂,拜占庭帝国的主教堂,查士丁尼下令建造,位于君士坦丁堡(今伊斯坦布尔)

法典,但这个话题属于法学家,我不予妄谈。他是个极其虔诚的人,为表心意在即位两年后关闭了那些仍宣扬异教的雅典哲学院。无处可去的哲学家纷纷逃往波斯,受到波斯王的礼遇;但波斯人的多妻和乱伦习俗——如吉本所言,使他们受到超乎哲学家应有的震骇。于是他们返回故乡,从此默默无闻。完成这桩丰功伟绩三年后(532年),查士丁尼开始干另一件值得称道的大事,建造圣索菲亚教堂。我没见过圣索菲亚教堂,但我在拉文纳见过同代的美丽的马赛克墙面,包括查士丁尼和皇后狄奥多拉的肖像。两人都非常虔诚,尽管狄奥多拉是他从马戏团选来的浪荡女。更糟的是,她还倾向于基督一性论。

丑闻就不多说了。我可以欣慰地表示,皇帝本人是完美无瑕的正统派,除了在"三士"问题上。这是桩恼人的争议。考西顿会议宣布三名涉嫌聂斯托利主义的神父为正统派,狄奥多里克连同许多人接受该会议的其他一切决议,唯独反对这一项。西部教会拥护考西顿会议的所有决议,皇后便迫害教宗。查士丁尼非常宠爱她,公元548年她死后,他像维多利亚女王怀念亡夫那样怀念她,结果陷入异端。与他同代的史学家伊瓦格流写道:"生命终结时他受了恶行的恶报,去地狱审判官面前讨公道。"

查士丁尼渴望尽可能收复西罗马帝国的失地。公元535年他入侵意大利,代表罗马对抗蛮族,受到天主教民众的欢迎,一开始很快就打败哥特人。但哥特人卷土重来,双方缠斗十八年,在此期间罗马和意大利遭受了远比蛮族入侵严重的损害。

罗马沦陷五次,三次是拜占庭所为,两次是哥特人所为,终于沦为一座小城。或多或少被查士丁尼收复的非洲也发生类似情形。人们一开始欢迎他的部队,随

第五章 公元5世纪和6世纪

后发现拜占庭政府腐败,苛捐杂税重得无法承受。最后许多人盼着哥特人、汪达尔人打回来。教会却由于查士丁尼信奉正教而一直坚决支持他。他无心再战高卢,因为距离太远,也因为法兰克人属于正统教派。

公元568年,也就是查士丁尼死后三年,意大利被一支非常凶残的日耳曼新部族伦巴底族入侵。伦巴底人和拜占庭缠斗两百多年,临近查理曼大帝时期才消停。拜占庭一城一池地逐渐丧失意大利,在南部还得抗击撒拉逊人。罗马名义上仍服从拜占庭,历任教宗对东部皇帝颇为尊重。但伦巴底族入侵后,皇帝们在意大利大部分地区的权威少得可怜,甚至根本没了。意大利文明正毁于这个时期。建立威尼斯的是躲避伦巴底人的难民,而不是传说中躲避阿提拉的难民。

第六章 圣本笃和大贵格利

公元6世纪和随后几百年连绵不断的战争中,文明普遍衰颓,教会是保存古罗马残余文化的主要力量,但做得很不到位,因为那时连最伟大的教士也大都迷信狂热,世俗学问被贬为邪物。尽管如此,教会创建了稳固的体制,为后世的学术和文艺复兴铺就温床。

在这段时期,基督教会有三方面特别值得注意:一、隐修运动;二、教廷特别是大贵格利治下教廷的影响;三、使蛮族改信基督的传教运动。接下来依次谈这三方面。

隐修运动大约发源于4世纪初的埃及和叙利亚,有两种形式,独居隐修和修院隐修。最早的隐士圣安东尼公元250年左右生于埃及,公元270年左右遁世,在家附近的茅屋独居十五年,又到遥远的荒漠独居二十年。他声名远扬,大批民众渴望听他讲道。于是他在公元305年左右归来讲道,鼓励大家过隐修生活。他刻苦之至,把饮食睡眠压缩到维持生命的最低极限。魔鬼常用肉欲幻象来引诱,而他毅然抗拒撒旦的恶毒试探。他快去世时,底拜德[1]遍地是受他榜样和教诲感

---

[1] 埃及底比斯附近的荒漠。

召的隐士。

几年后,即公元315或320年左右,另一埃及人帕科缪创办第一所隐修院。修士没有私人财产,过集体生活,吃集体伙食,参加集体宗教仪式。征服基督教世界的正是这种隐修方式,而不是圣安东尼那种。在帕科缪派隐修院里,修士从事各种劳作,主要是农活,并非把全部时间花在抵抗肉体诱惑上。

大约与此同时,叙利亚和美索不达米亚也突然兴起隐修运动。这里的苦行比埃及更严苛。圣西默等柱上隐士都是叙利亚人。隐修制度从东方传到希腊语诸国,主要归功于圣巴索(约360年),他办的隐修院苦行没那么严苛,还设有孤儿院和男童学校(不只收想当修士的孩子)。

隐修运动最初是自发的,与教会并无关联。把隐修与教士相结合的是圣阿塔纳修。部分缘于他的影响,修士必须当教士;公元339年,也正是他在罗马把隐修运动传到西欧。圣耶柔米大力推广隐修运动,圣奥古斯丁将之传入非洲。图尔的圣马丁在高卢,圣帕垂克在爱尔兰也办了修道院。公元566年,圣高隆创办爱奥纳修道院。早期修士尚未纳入教会组织时,曾引发混乱。首先无法分清谁真正想苦修,谁只是一贫如洗觉得修道院生活还舒适些。另一个麻烦是,修士狂热支持他们喜欢的主教,导致地方宗教会议(也差点导致全基督教大会)陷入异端。确立一性论的以弗所宗教会议(不是那次全教大会),就是在修士恐怖统治下召开的。要不是教宗反对,一性论恐怕就永远得胜了。但后世再没发生这种混乱。

修女似乎比修士出现得早——早在公元3世纪中叶。某些修女在墓室闭关。

他们认为清洁极为可鄙,虱子是"上帝的珍珠"、圣洁的标志。男女圣人都以不过河双脚就滴水不沾为荣。后世的修士做了许多益事,他们擅长农艺,某些人还维护或复兴了学术。但早期尤其是隐士阶层中一个这样的人都没有。绝大多数修士不劳作,不读宗教指定外的任何东西,只追求消极的道德,比如不犯罪尤其是肉欲之罪。圣耶柔米确实把藏书带到荒漠,但他觉得这是一桩罪孽。

西方修道院体系里,最著名的是本笃会的缔造者圣本笃。公元480年他出生于斯波莱托附近一个翁布利族名门,二十二岁抛开罗马的花天酒地孤身钻进一个洞穴住了三年。这段时期过后,他孤独的生活略有放松,公元520年左右创办著名的卡西诺山修道院,制定"本笃教规"。为适应西欧气候,这教规不像埃及和叙利亚修士常见的那样严苛。之前有一种无谓的苦行竞赛,越极端越神圣。圣本笃结束了这一切,规定超越教规的苦行必须由修道院长准许方可。修道院长手握重权,

重建后的卡西诺山修道院。卡西诺山修道院是西欧第一座本笃会修道院，由圣本笃创办，"二战"中被炸毁

终生任职，在教规和正统限度内对修士有暴君般的统治权，修士不准像以往那样任意从一家修道院转到另一家。后世的本笃会修士以博学著称，但早期他们只读宗教书籍。

任何组织都有自身的生命，不以缔造者的意志为转移。这方面最显著的是天主教会，其面貌准能让耶稣甚至保罗震惊。本笃会是个稍次的例子。修士宣誓保持清贫、顺从和贞洁。吉本评价说："我曾在某处听说或读到一个本笃会修道院长的直白告解：'我宣誓清贫换来每年10万克朗，我宣誓顺从换来君王宝座。'他宣誓贞洁换来什么，我忘了。"[1]但修道院背离创始人意图也不完全是憾事，学术方面尤其如此。卡西诺山图书馆很著名，全世界在许多方面都得益于后期本笃会修士的学术品位。

圣本笃从创办卡西诺山修道院到公元543年去世一直住在该院。身为本笃会成员的大贵格利快当上教宗时，卡西诺山修道院被伦巴底人洗劫。修士纷纷逃往罗马，但伦巴底人的暴行消停后，他们又回到卡西诺山。

我们可以从教宗大贵格利在公元593年写的对话集中找到圣本笃的许多事迹。"他在罗马受古典教育。然而眼看很多人由于学这些东西而堕入放荡荒淫的生活，他收回刚刚踏入尘世的双足，生怕涉世太深坠入无神的危险深渊。于是他扔掉书籍，舍弃祖产，决心只侍奉上帝，寻一个地方实现神圣心愿：就这样，虚怀若谷的他怀着不学而得的智慧离了家。"

他当即有了行奇迹的本领。头一个奇迹是用祈祷修好一个破筛子。筛子被镇

---

[1]《罗马帝国衰亡史》第37章，注释57。

上的居民挂到教堂门口，"过了许多年，直到伦巴底人入侵时还挂在那儿"。他放下筛子钻进洞穴，世人不知其踪，只有一个朋友秘密用绳子吊着饭食给他往下送，绳上系个铃铛，好让圣徒知道开饭了。撒旦却朝绳子扔石头，连绳子带铃铛都打坏了。尽管如此，人类之敌断绝圣徒食物供应的阴谋也没有得逞。

圣本笃在洞里按上帝旨意待足时日，上帝在复活节向一个祭司显圣，透露隐士的行踪，命他把复活节大餐分享给圣徒。大约同时，几位牧人发现了圣本笃。"起初他们在灌木丛发现他，乍一看他披着兽皮，还以为是什么野兽呢；待他们结识这上帝的仆人，许多人那野兽般的生活就被他转化为蒙恩、虔诚和敬奉。"

像其他隐士一样，本笃受过肉欲的诱惑。"恶魔让他念起从前见过的一个女子，对她的绵绵回忆在上帝仆人的灵魂中燃起淫欲的烈焰，越来越旺的欲火差点把他烧疯，起了离开荒野的念头。但仁慈的上帝帮了忙，他忽然清醒，见身边长着一丛丛茂密的荆棘荨麻，就立即脱下衣服，扑进去翻滚许久，爬起时浑身血肉模糊：就这样，他用肉体的伤治愈灵魂的伤。"

他声名远扬，有个修道院的僧人求他接替刚去世的院长，他继任后硬让他们遵守严格戒律，众僧一怒之下拿毒酒害他。但他朝酒杯画了个十字，酒杯便粉碎了。于是他回到荒野。

筛子奇迹不是圣本笃唯一的实用奇迹。有一天，一个善良的哥特人用钩镰割荆棘，镰头忽然从柄上脱落掉进深水。圣人闻言将镰柄插到水里，铁镰头就浮起来自动接到柄上。

附近有个祭司嫉妒圣人的声名，给他送了块毒面包。圣人常用面包喂一只乌鸦，这天乌鸦来了，圣人对它说："奉我主基督耶稣之名，衔起这块面包扔到谁都找不到的地方。"乌鸦照办，飞回后吃了平日的饭食。恶祭司害不了圣人的肉体，就害他的灵魂，把七个赤身裸体的年轻女子送进修道院。圣人怕青年修士受诱惑犯罪，只好离去，以免那祭司再生毒计。恶祭司后来在自己房里被塌下来的屋顶砸死，有个修士欢欣鼓舞地给圣人报信，请他回修道院。本笃哀悼死去的罪人，并用苦行惩罚那幸灾乐祸的修士。

贵格利不仅谈奇迹，偶尔也屈尊谈谈圣本笃做的实事。办了12座修道院后，圣本笃最终来到卡西诺山，这里有个阿波罗"礼拜堂"，仍被乡民用来搞异教崇拜。"直到那时，大量疯狂的异教群众还在献最邪恶的祭品。"本笃拆毁祭坛，原地建起教堂，让附近的异教徒皈依基督。撒旦恼了：

《圣本笃的生平》之插图,依次为:圣本笃出生、圣本笃解救被魔鬼缠住的修士、圣本笃使铁镰头自湖底浮起与镰柄结合、圣本笃通过祈祷使山顶流出水来

"那人类凤敌,认为这不是好事,竟不再托梦或遮掩,而是光天化日下在圣人眼前现形,大声斥责他干了坏事。众僧听见魔鬼吼却不见其形,圣人告诉众僧,魔鬼朝他现出最邪恶凶残的模样,嘴巴喷火眼睛冒烟,几欲把他撕成碎片;魔鬼冲他叫嚣大家都听见了,先是喊圣人的名字,上帝之仆不屑回应,魔鬼就破口大骂,先前喊他'蒙福的本笃',得不到回应就立马改了腔调吼道:'该死而不蒙福的本笃,我与你何干?你干吗害我?'"故事到此为止,让人觉得撒旦在绝望中作了罢。

我大量引用上述对话,有三个重要意义。首先,圣本笃的教规成为西欧所有修道院(只有爱尔兰境内的修道院或爱尔兰人办的修道院除外)的典范,这对话则是我们了解圣本笃生平的主要资料来源。第二,这些对话生动展示了公元6世纪末最文明群族的精神面貌。第三,这些对话是教宗大贵格利写的,他是西部教会第四位也是最后一位圣师,是政治上最显赫的教宗。我们这就把注意力转到他身上。

北汉普顿副主教W. H. 哈顿牧师说贵格利是公元6世纪最伟大的人,只有查士丁尼和圣本笃能与之匹敌。查士丁尼的法典(而非他一时的战功)、本笃的教规、贵格利对教廷权力的强化,当然对后世都有深远影响。上文引用的对话使贵格利显得幼稚轻信,但作为政治家他却精明机敏而强悍,非常清楚自己在那复杂变幻的时局中能做什么。对比可谓惊人,但最具行动能力的实干家往往学识是二流的。

大贵格利是初代贵格利教宗,约540年出生于一个富裕的罗马贵族家庭。祖父似乎在丧妻后当过教宗。贵格利年轻时拥有豪宅和巨财,受过良好教育,虽然不懂希腊语。他在君士坦丁堡住过六年,却一辈子都没学会希腊语。公元573年他当上罗马总督,但宗教占据了他的心,他辞去公职,为创办修道院和救助穷人耗尽家财,把自己的豪宅改成僧舍,本人则成为本笃会修士。他潜心沉思,苦修严苛到健康永久受损。教宗伯拉纠二世看中他的政治才华,派他出使君士坦丁堡——从查士丁尼时代起,罗马就在名义上归顺君士坦丁堡。贵格利从公元579年至585年住在君士坦丁堡,在东罗马皇帝的宫中代表罗马教廷的利益,并代表教廷与东罗马帝国的教士探讨神学,后者比西部教士更容易信奉异端。时任君士坦丁堡宗主教误以为复活后的人体是无法触及的,贵格利挽救皇帝,使他免于偏离正信。但贵格利未能完成主要出使目的,那就是劝皇帝征讨伦巴底人。

贵格利在585—590年的五年间任修道院院长。后来教宗去世,贵格利继任。

那是个艰难时代，但混乱时局给能干的政治家提供了伟大机会。伦巴底人蹂躏意大利，西班牙和非洲因拜占庭无能、西哥特堕落和摩尔人劫掠而处于无政府状态。南北法兰西内战连绵。不列颠曾在罗马治下信奉基督教，撒克逊入侵以来却又改信异教。亚流主义余孽未消，"三士"异端根本没有绝迹。动乱时代甚至影响了主教，许多主教过着远非楷模的生活。圣职买卖猖獗，直到公元11世纪后半叶都仍是荒唐扎眼的弊病。

贵格利殚精竭虑抗击重重危机。他当教宗前，罗马主教虽然是教士集团公认的最高权威，却在自己教区外没有任何管辖权。比如说，与时任教宗关系极佳的圣安布罗斯，显然丝毫没有把自己当教宗属下。贵格利靠自身品质和当时流行的无政府状态成功树立起让西部神职人员完全服从、东部神职人员也颇为认可的权威。除了其他方式，他主要通过与罗马世界各地的主教和世俗统治者通信来行使权威。他的《牧师规则》一书含有对主教的劝告，在中世纪初期一直有重大影响。此书旨在成为主教履职指南，主教们纷纷接受。这原是他写给拉文纳主教的，同时抄送给塞维利亚主教。在查理曼治下，主教就职时会收到一本。它还被阿尔弗雷德大帝译成古英语，在东部则以希腊语刊行。书里给主教提出合情合理（也不出意料）的建议，譬如不要玩忽职守。此外还告诫主教不要批评统治者，但假如他们不听教会劝告，就让他们时刻感受地狱之火的威胁。

贵格利的信札特别有趣，不仅展示他本人的性格，也描绘了他所处的时代。除非写给拜占庭皇帝或宫廷贵妇，否则他总是一副校长腔——偶尔表扬，经常训斥，对自己发号施令的大权没有丝毫犹豫。

且以他公元599年这一年的信为例。第一封写给撒丁岛卡利亚里主教，此人虽老犹坏。信中写道："听说在主日，庄严的弥撒举行前，你竟跑出去碾坏献礼人的庄稼……庄严的弥撒举行后，你又跑去拔了那块地的界标……看在你满头白发的分儿上饶了你，老头，你好好反省下，不许再撒泼耍赖干那混蛋事。"为了同一件事他还给撒丁岛当地政府写了信。下一个主教挨骂是因为收丧礼费，还允许一个改宗的犹太人在犹太会堂摆设十字架和圣母像。另外，此人还跟撒丁岛的其他主教不经都主教批准擅自出游，这种事必须打住。接下来的信写给道马提亚总督，措辞极为严厉，信里说"你身上哪有一点让上帝或人类满意的地方"，还说"既然想讨好我们，你最好全心全意献出整个灵魂，还要满眼热泪，达到能让你救主满意的程度"。不知这可怜虫犯了什么事。

下一封信写给意大利总督卡里尼克，祝贺他战胜斯拉夫人，并指导他处理伊斯底亚那些在三士问题上犯错的异端。为此他还给拉文纳主教写了信。我们发现，贵格利有一次在写给叙拉古主教的信里竟破例为自己辩解而没有责骂旁人。那是个大问题，即弥撒进行到某一点是否应呼喊"哈利路亚"。贵格利说，他的做法不是叙拉古主教说的那样在谄媚拜占庭人，而是通过蒙福的耶柔米跟圣雅各学的。因此，那些认为他过分屈从希腊用法的人都错了。（类似问题成为俄罗斯旧礼仪派分裂的原因之一。）

好几封信是写给蛮族男女统治者的。法兰克王后布辉琪向他要一件像法兰西某主教那样的白羊毛披肩，贵格利本想答应她，可惜她的使者是个分裂派。他写信给伦巴底王阿吉鲁，祝贺阿吉鲁与敌人讲和。"因为，如果没实现和平，那就惨了，除了使那些辛苦供养双方阵营的可怜农民流血，使双方都背负危险和罪孽，还能有别的什么结果？"同时他写信给阿吉鲁之妻狄德琳达王后，让她劝夫坚持为善。他又写信给布辉琪，谴责她国内的两件事：俗人未经普通牧师试用期就直接升任主教，允许犹太人有基督徒奴隶。他写信给两个法兰克王狄奥多里克和狄奥铎伯特，说因为法兰克人是虔诚模范，他本想只说令人愉快的事，但又不得不指出他们的王国盛行圣职买卖。他写信给都灵主教，谈对方所受的委屈。他还给蛮族统治者写过一封彻头彻尾的恭维信，收信人是西哥特王理查德，此人本是亚流派，公元587年改信天主教。为此教宗奖他"一把小钥匙，用蒙福的圣彼得殉教时脖子上的锁链打造，好让你摆脱一切罪恶枷锁"。这奖品，不知国王陛下能不能笑纳。

安条克主教收到关于以弗所异端会议的指示，并得知"东部教会里除非拿金钱贿赂，否则谁都得不到圣职"——主教应不遗余力严加整改。马赛主教因毁坏几尊受供奉的偶像而被斥责：偶像崇拜固然有错，但偶像毕竟是有用之物，应尊重对待。两名高卢主教因一名修女被迫结婚而被斥责："果真如此……你们应该去干苦力，不配当牧者。"

以上只是全年信件的一小部分。难怪他没空沉思，正如这年他在某封信里感慨的那样。

贵格利绝不欣赏世俗学问。他致信法兰西维埃纳主教德西迪流说：

有话传到我们耳中，说来可耻，你的弟兄们（其实就是你）总是给某些人讲解语法。这种荒唐离谱的事，我们强烈反对，之前所说的话变为叹息和悲伤，因为赞美朱庇特的口不得赞美基督……这种事对牧师而言极其恶劣，所以应当用真凭实据验明真伪。

教会对世俗学问的敌视至少延续了几百年，直到葛伯特（西尔维斯特二世）时代。教会从11世纪才开始善待学术。

贵格利对皇帝的态度远比对蛮族国王恭敬。他写信给一个君士坦丁堡人说："最虔诚的皇帝无论喜爱什么、盼咐什么，都是他的权力。他怎么决定，就怎么办。不让我们（作为正统主教）为难就好。再者，他的所作所为，如果合乎教规，我们就要效仿；如果不合教规，我们也要容忍，不让我们犯罪就行。"莫里斯皇帝在叛乱中被罢黜，领头的是一个名叫福卡斯的百夫长，这暴发户夺了帝位，就当着莫里斯的面杀了他五个皇子，接着把老皇帝本人也杀了。给福卡斯加冕的当然是君士坦丁堡宗主教，他不配合就是死路一条。令人惊讶的是，在远离风暴中心的罗马，贵格利竟然给篡位者夫妇写了许多令人作呕的谄媚信。"这是有区别的，"他写道，"诸国的王与共和国的皇帝，前者是奴隶的主人，后者是自由人的主人……愿全能的上帝在所有心思所有行动上对您虔诚的心（也就是您）施以恩典，愿常驻您内心的圣灵引导您完成一切公正慈善大业。"他还给福卡斯之妻皇后利奥莎写信说："您安宁的帝国卸去长期压在我们颈上的重轭，换成至尊皇帝的温和羁绊，哪有言语能表达，哪有头脑能设想我们对全能上帝的感激？"说得莫里斯好像是恶人，其实他是个老好人。有人为贵格利辩护，说他不知道福卡斯那些暴行；但贵格利肯定清楚拜占庭篡位者的一贯行径，也不先弄清福卡斯是不是例外。

感化异教徒是教会增强权势的重要途径。公元4世纪末，乌菲拉或曰"狼崽"主教使哥特人改宗，可惜他们改信了汪达尔人的亚流主义。狄奥多里克死后，哥特人逐渐改信天主教；如前所述，西哥特王在贵格利时代改信正统派。法兰克人从克洛维时代就改信天主教。西罗马帝国覆灭前，爱尔兰人受圣帕垂克的影响而改宗，帕垂克是萨莫塞郡的乡绅[1]，从公元432年起到公元461年去世一直住在爱尔兰人中间。爱尔兰人又在苏格兰和北英格兰努力传教，最伟大的爱尔兰传教士是圣高隆，另外还有圣高隆邦，后者就复活节的日期和其他重要问题给贵格利写

---

[1] 起码爱尔兰史家伯里在圣徒传记里是这么说的。

过许多长信。除了北部的诺桑比亚，贵格利还特别关心英格兰的改宗。我们知道，他当教宗前在罗马奴隶市场见到两个金发碧眼的小男孩，有人告诉他这俩男孩是盎格鲁人，他回答："不，是安琪儿。"[1]当上教宗后，贵格利派圣奥古斯丁去肯特郡感化民众。有关这次传教，贵格利给圣奥古斯丁、盎格鲁王艾狄波特等人写过许多信，下令禁止毁坏英格兰的异教神庙，但要销毁偶像，再把神庙圣化为教堂。圣奥古斯丁向教宗请示过一些问题，比如堂表兄弟姐妹可不可以结婚，夜间行房的夫妻次日可不可以进教堂（贵格利说可以，如果他们已经洗净）等等。众所周知这次传教大获成功，这正是如今我们信奉基督教的原因。

这段时期的伟大人物虽然比不上许多其他时代，对未来的影响却深远得多，这一点很独特。罗马法、修道院和教廷持久而深远的影响，在很大程度上归功于查士丁尼、本笃和贵格利。6世纪的人虽不如前人文明，却比后面四百年的人文明得多，他们成功创建了最终驯服蛮族的制度。值得注意的是，上面三人有两位是罗马贵族，一位是罗马皇帝。贵格利是最后一个真正意义上的罗马人。他那居高临下发号施令的腔调纵是职务使然，罗马贵族的傲气却是本能根源。在他之后，罗马城多年没有再出现伟人。但正是衰落中的罗马成功束缚征服者的灵魂：征服者对彼得圣座[2]的尊崇，源于对凯撒王座的敬畏。

在东方，历史另有一番进程。贵格利三十来岁时，穆罕默德诞生。

---

〔1〕 盎格鲁人（Angles）和天使安琪儿（angels）的英语发音相似。——译注
〔2〕 即圣彼得王座，位于梵蒂冈圣彼得大教堂内，是罗马教权的象征。——译注

第二篇

经院哲学家

第七章 黑暗时代的教宗制

从大贵格利到西尔维斯特二世的四百年间，教宗制历经不可思议的变迁。教廷时而受制于希腊皇帝[1]，时而受制于西部皇帝，时而受制于罗马当地贵族；但公元8、9世纪有些精明强干的教宗乘机确立了教廷权威传统。公元600年至1000年这段时期对理解中世纪教会及其与国家的关系至关重要。

教廷摆脱希腊皇帝的控制，靠的不是自身努力而是伦巴底人的武力，但教宗们对伦巴底人绝无感激之意。希腊教会在很大程度上依然顺从皇帝，皇帝认为自己有权决断信仰问题，也有权任免主教甚至宗主教。教士竭力摆脱皇帝，有时站在教宗一边。然而，君士坦丁堡的宗主教愿意服从皇帝，却丝毫不肯服从教宗。皇帝偶尔需要教宗协助对抗意大利蛮族，这时他对教宗的态度比君士坦丁堡宗主教对教宗还好。东西部教会最终分裂，主要原因在于前者不肯服从教宗管辖。

拜占庭被伦巴底人打败后，教宗们不无理由怕自己也被这强悍的蛮族征服。为求自保，教廷联手追随查理曼征服意大利和德意志的法兰克人，建立神圣罗马帝国，宪章要求教宗与皇帝平等相融。但加洛林王朝迅速衰颓，起初教宗从中渔利，教权在9世纪后期由尼古拉一世提至史无前例的高度；但普遍无政府状态使罗马贵族实际上独立并在10世纪控制教廷，造成灾难性后果。教廷和整个教会如何通过伟大改革摆脱封建贵族的掌控，待后面章节探讨。

公元7世纪，罗马仍处于皇帝的武力统治下，教宗不顺从就遭殃。有些教宗连异端都肯顺从，比如荷诺里；有些教宗因抗争而被皇帝囚禁，比如马丁一世。公元685至752年，多数教宗是叙利亚人或希腊人。但伦巴底人逐渐蚕食意大利，拜占庭势力日趋衰颓。公元726年，伊苏里亚的利奥皇帝颁布圣像破除令，整个西部甚至东部多数人都认为这是异端。教宗们激烈抗争并得偿所愿，公元787年艾琳女皇（起初是摄政王）治下的东罗马帝国废掉圣像破除异端。与此同时，西部的

---

[1] 指东罗马皇帝，因为东罗马皇帝多数是希腊人。——译注

一系列事件永远终结了拜占庭对教廷的控制。

公元751年左右,伦巴底人攻陷拜占庭意大利首府拉文纳。教宗受伦巴底人的极大威胁,却也完全摆脱了对希腊皇帝的依附。其实教宗宁愿依从希腊人而不是伦巴底人,原因很多。首先,诸皇帝的权威是合法的,蛮族国王除非由皇帝册封,否则是篡权者。第二,希腊人文明开化。第三,伦巴底人是民族主义者,教会则保持着罗马式国际主义。第四,伦巴底人曾是亚流派,改宗后还弥漫着惹人嫌恶的气息。

公元739年,伦巴底人在国王流普兰的率领下意图进军罗马,教宗贵格利三世激烈反对,并向法兰克人求援。克洛维的后裔、墨洛维王朝的数任国王早已失去法兰克王国的一切实权,大权掌握在宫相手中。时任宫相查尔斯·马泰尔极为精明强干,是征服者威廉那般的庶子。公元732年他在图尔决战中打败摩尔人,为基督教世界拯救了法兰西。罗马教会本应感激他,但他因财务吃紧侵占教会一些田产,冲减了教会对他功劳的谢意。但他和贵格利三世在741年都去世了,他的继任者丕平让教会称心如意。公元754年,教宗斯蒂芬三世翻越阿尔卑斯山避开伦巴底人造访丕平,双方达成一份双赢交易。教宗需要军事保护,丕平需要教宗才给得了的东西:接替末代墨洛维国王的合法国王头衔。作为交换,丕平还把拉文纳和拜占庭前总督在意大利的全部辖区献给教宗。这宗馈赠不可能被君士坦丁堡当局承认,教廷与东罗马帝国的政治分离在所难免。

假如教宗仍归希腊皇帝管,天主教的前程将迥然不同。在东罗马教会,君士坦丁堡宗主教从未独立于政府当局,也从来不像教宗那样高高在上。所有主教原是平等的,东部教会在很大程度上仍这么看。此外,在东部亚历山大城、安条克、耶路撒冷等地也有宗主教,在西部教宗是唯一的宗主教(这一点在伊斯兰教征服后就无关紧要了)。几个世纪以来,西部俗众大都目不识丁,东部俗众比较有文化,所以西部教会具备东部没有的优势。罗马的盛名盖过任何东部城市,因为这里既有帝国传统,又有彼得和保罗殉道,以及彼得当首任教宗的传说。东部皇帝的威望足以匹敌教宗,但西部国王都不行。神圣罗马帝国的皇帝往往没什么实权,还得靠教宗加冕。由于这些原因,教宗摆脱拜占庭统治,对教会在世俗国家独立和西部教会最终确立教宗专权都至关重要。

这个时期有几份极为重要的文献,比如"君士坦丁赠礼"和伪教令集。伪教令集暂且不论,但君士坦丁赠礼必须谈谈。为了给丕平献土披上一层古老的合法外衣，教士们伪造了一份君士坦丁皇帝谕令，说他创建新罗马时把旧罗马及其西部领土都赠给了教宗。这宗杜撰的馈赠是教宗世俗权力的基石，整个中世纪的人都信以为真，直到1439年文艺复兴时才被洛伦佐·瓦拉（1406—1457）揭穿。瓦拉写过《论拉丁语的优雅》，此书当然在8世纪还没问世。奇的是，他出版这部驳斥君士坦丁赠礼的书，并发表一篇赞美伊壁鸠鲁的文章后，竟被教宗尼古拉五世任命为教宗秘书。看来尼古拉五世爱拉丁文胜过爱教会，但尽管那伪赠是教会领地所有权的依据，他也没有放弃领地的意思。

这份著名文献被 C. 戴利斯·伯恩概述如下[1]：

> 总结了尼西亚信条、亚当的堕落和基督的诞生后，君士坦丁说他得了麻风病，医生们束手无策。他去找"首都的祭司"，祭司们建议他杀些婴儿，用婴儿血沐浴，但母亲们的眼泪使他放了这些婴孩。当夜彼得和保罗向他显圣，告诉他能治病的西尔维斯特教宗正隐居在索拉特的一个山洞里。他来到索拉特，"万国教宗"告诉他，彼得和保罗是使徒而不是神，并拿出两位的画像，他认出他们就是显圣者，并在全体总督面前承认此事。于是教宗西尔维斯特让他穿马毛衫赎罪一段时间，再为他施洗，这时他看见一只手从天堂伸下来触摸他。麻风病治好了，他也放弃了偶像崇拜。然后"他和所有总督、元老、贵族以及全体罗马人民认为，应当让罗马的彼得享至高权威"，使其凌驾于安条克、亚历山大城、耶路撒冷和君士坦丁堡之上。他还在自己的拉特兰宫里建了座教堂。他把皇冠、三重冕和皇袍献给教宗，把三重冕戴到教宗头上，替教宗挽马缰。他把"罗马还有意大利和西部所有省、县和市给了西尔维斯特及其继任者，作为罗马教会的恒产"；然后他搬到东部，"因为天上皇帝指定为主教和基督教首脑领地的区域，地上皇帝不应掌权"。

伦巴底人不顺从丕平和教宗，但屡次被法兰克人打败。公元774年，丕平之子查理曼终于进驻意大利，彻底击败伦巴底人，当上他们的王，接着占领罗马，在罗马确认了丕平献礼。时任教宗哈德良和利奥三世觉得极力拥护查理曼对自己有好处。查理曼征服德意志大部分地区，逼迫撒克逊人改宗，最后亲自恢复西罗马

---

[1] 我引用的是一本尚待出版的书：《第一欧洲》。

帝国，在公元800年的圣诞节由罗马教宗加冕称帝。

神圣罗马帝国的建立标志着理论上的中世纪新纪元，虽然对中世纪的现实影响并不大。中世纪特别热衷法律拟制，当时有人坚称前罗马帝国西部地区在法理上仍隶属于君士坦丁堡皇帝，后者才是唯一合法权威。作为法律拟制高手，查理曼主张帝国皇位处于空缺状态，因为东部君主艾琳（她自称皇帝而非女皇）是篡权者，女性不能当皇帝，查理曼的合法性来自教宗。因此教宗与皇帝最初就有一种古怪的相互依存关系：不经罗马教宗加冕，皇帝就不合法；几百年来，每个强势的皇帝却都宣称自己有权任免教宗。中世纪法理论既取决于皇帝又取决于教宗，双方都为这种依存关系懊恼，但几百年无解。冲突没完没了，时而皇帝占上风，时而教宗占上风，双方终于在13世纪闹翻，教宗得胜，但很快丧失道德权威。教宗和神圣罗马帝国皇帝都没倒台，教宗至今还有，皇帝延续到拿破仑时代。但双方为争权夺利精心编织的中世纪理论体系在15世纪就失效了，理论上的基督教世界大统一已经被法兰西、西班牙、英吉利等世俗君主国家和宗教界的改革浪潮瓦解。

关于查理大帝[1]及其亲信的性情，盖哈·泽里格博士总结如下[2]：

> 查理的宫廷生活有声有色。有崇高天才，也有道德败坏。因为查理对招到自己身边的人不怎么挑剔。他本人并非楷模，对喜欢和重用的人极为纵容。"神圣皇帝"是他的称号，尽管他的生活没什么神圣可言。埃昆也这么称呼他，还大赞皇帝美丽女儿罗楚德的高贵贤淑，尽管她和缅因的若德克公爵私通生有一子。查理离不开女儿们，不准她们结婚，因此不得不自吞苦果。他另一个女儿柏莎跟圣瑞奎修道院虔诚的院长安吉伯特有两个私生子。查理的宫廷其实是恣情纵欲的大本营。

查理曼是狂放不羁的蛮人，政治上与教会结盟，却不太受虔诚心牵制。他不会读也不会写，却掀起一次文艺复兴。他生活放荡，过分溺爱女儿们，却不遗余力劝臣民圣洁度日。他像父亲丕平那样娴熟利用传教士的热忱扩张自己在德意志

---

[1] 即查理曼。——译注
[2] 《剑桥中世纪史》卷二，第663页。

查理曼是狂放不羁的蛮人，政治上与教会结盟，却不太受虔诚心牵制。不会读也不会写，却掀起一次文艺复兴。教宗与皇帝最初就有一种古怪的相互依存关系：不经罗马教宗加冕，皇帝就不合法；几百年来，每个强势的皇帝却都宣称自己有权任免教宗

的势力，同时确保教宗听他号令。教宗们服服帖帖，因为罗马已变成野蛮城市，没有外界保护，教宗人身安全都难保，历次教宗选举都已沦为派系混战。公元799年，罗马当地的对手捉了教宗，把他关起来，还威胁要弄瞎他。查理曼在世时似乎要开创新秩序，但他死后除了一套理论几乎没留下什么。

教会确切说是教宗得到的好处，远比西罗马帝国得到的实在。英格兰被大贵格利派的修道僧团改宗，所以对罗马的顺从远甚于主教习惯地方自治的国家。德意志改宗主要是英格兰传教士圣波尼法（680—754）的功劳，他是查尔斯·马泰尔和丕平的朋友，完全效忠教宗。波尼法在德意志建了许多修道院，他的朋友圣加仑在瑞士建了一座以自己命名的修道院。某些权威观点认为，波尼法曾遵照《列王纪上》的仪式为丕平涂油封王。

圣波尼法是德文郡人，在埃克斯特和温彻斯特受教育，公元716年去弗里西亚，但很快返回。公元717年他来到罗马，719年被教宗贵格利二世派往德意志劝化当地人并抵御爱尔兰传教士（这些人搞错了复活节日期和圆顶剃度发型）的影响。他颇有成就，公元722年回罗马，被贵格利二世任命为主教，并宣誓效忠教宗。教宗让他捎一封信给查尔斯·马泰尔，还命他在劝化异教徒的同时压制异端。公元732年他升任大主教，738年第三次造访罗马。公元741年教宗匝何理任命他为教宗使节，让他改革法兰克教会。他创建福勒达修道院，教规比本笃会还严厉。后来他和萨尔茨堡的爱尔兰主教维吉尔发生争执，此人是正式受封的圣者，却主张我们的世界外还有许多其他世界。公元754年，波尼法和随从人员回到弗里西亚，一起被异教徒残杀。德意志基督徒之所以成为教宗派而非爱尔兰派，就是他的功劳。

英格兰特别是约克郡的修道院在这个时期举足轻重。罗马时代的不列颠文明已经湮灭，基督教传教士带来的新文明几乎完全聚焦于本笃派修道院，而本笃派修道院一切都仰赖罗马。圣比德是雅罗的修士，其弟子、约克郡首任大主教埃基伯创办了一所天主教学校，埃昆曾在该校学习。

埃昆是当时文化界的要人。公元780年他去罗马，途中在帕尔玛谒见查理曼。皇帝雇他教法兰克人拉丁语，教育皇室成员。他在查理曼的宫里待了多年，从事教学和办学。晚年他当上图尔圣马丁修道院的院长。他写了几本书，包括一本韵文约克教会史。皇帝没受过教育，却深信教化之功，曾一度冲破黑暗时代的黑暗。可惜他这方面的功绩转瞬即逝，约克郡文化不久被丹麦人摧毁，法兰西文化被诺曼人摧毁。撒拉逊人洗劫南意大利，攻克西西里，公元846年甚至袭击罗马。整体看来，在西部基督教世界公元10世纪堪称至暗时代，因为9世纪有英吉利教士和惊世天才约翰·司各特投进些许亮光。关于司各特，稍后详谈。

查理曼死后加洛林王朝的衰颓和查理曼帝国的分裂起初给教廷带来了好处。教宗尼古拉一世（858—867年在位）把教廷权势强化到前所未有的程度。他跟东西部的皇帝们吵，跟法兰西秃王查理吵，跟洛林王罗塔二世吵，跟几乎所有基督教国家的主教们吵，几乎每次都吵赢。许多地方的教士依赖地方诸侯，他着手扭转局势，两次最重大争端分别牵涉罗塔二世离婚和君士坦丁堡宗主教以拿修的非法罢免。中世纪教会往往干涉皇室的离婚问题。国王们刚愎自用，觉得婚姻不可解除只是管束臣民的规矩。但唯有教会能缔结神圣婚姻，假如教会宣布婚姻无效，就很容易引发王位继承权纷争和王朝战争。因此教会坚决反对皇室的离婚和非法婚姻。英格兰教会在亨利八世时期不予干涉，在爱德华八世时期恢复强硬立场。

罗塔二世提出离婚，本国神职人员同意，教宗尼古拉却撤掉默许此事的主教们，坚决拒绝国王的离婚申请。罗塔之兄路易二世皇帝为此进军罗马以恫吓教宗，但迷信恐惧逐渐占上风，他撤了军。教宗最终得胜。

以拿修事件很有意思，表明教宗依然能插手东部事务。以拿修与摄政王巴达斯交恶而失去宗主教职务，被毫无资历的世俗人物福希约取代。拜占庭当局请教宗批准此事，教宗派两名使者调查，二人在君士坦丁堡遭恐吓，就同意了。教宗有段时间蒙在鼓里，发现实情后断然出手，在罗马召集宗教会议展开讨论，罢免一名使者的主教职务，罢免给福希约授圣职的叙拉古大主教，开除福希约的教籍，罢免福希约任命的所有属下，给所有反对福希约而被撤职的人恢复原职。皇帝米海尔三世气坏了，给教宗写了封怒火冲天的信，教宗却答道："国王兼牧师、皇帝兼教宗的时代已经过去，基督教已经把这两个职务分开，基督教皇帝的永生大事有求于教宗，而教宗除了一些现世杂务根本求不着皇帝。"福希约和皇帝召开宗教会议反击，开除教宗的教籍并宣布罗马教会是异端。但米海尔三世不久被暗杀，继任者巴索恢复以拿修的职务，明确承认教宗对此事的管辖权。这场胜利发生在尼古拉刚去世时，几乎完全归功于宫廷革命的爆发。以拿修死后，福希约重新当上宗主教，加剧了东西部教会的分裂。因此长远来看，尼古拉在此事上的策略不算成功。

尼古拉让主教听话比让国王听话还难。各位大主教自视甚高，不愿听教会君主使唤。但尼古拉宣称主教靠教宗存在，他在世时大致说服了众人。但几百年来，主教的任命规则依然有重大疑问。起初他们靠主教城市忠实信徒的拥护当选，后来常常靠附近教区主教们开会选举，偶尔也由国王或教宗指任。主教可根据重大事由撤换，但不清楚该由教宗还是地方宗教会议裁断。种种不确定性使职权大小取决于在任者的干劲和精明。教宗权势被尼古拉扩张到最大极限，却在继任者手中复又跌入低谷。

　　公元10世纪的教廷完全被罗马本地贵族控制。但教宗选举还没有固定制度，有时靠民众拥戴，有时靠皇帝、国王或罗马地方当权者指任。大贵格利时代的罗马仍是文明城市，此时的罗马却已面目全非。派系斗争频发，富豪家族有时靠暴力加贪腐攫取统治。这段时期的西欧混乱衰颓到整个基督教世界濒临毁灭的地步。皇帝和法兰西国王对境内名义上仍是他们诸侯的封建主制造的混乱无可奈何。匈牙利人袭击北意大利，诺曼人劫掠法兰西海岸，直到公元911年把诺曼底划给他们，才换得他们对基督教的皈依。而意大利和南法兰西的最大危险来自撒拉逊人，他们不肯改宗，对教会毫无敬意。约9世纪末，他们征服整个西西里，在那不勒斯附近的格利亚诺河流域定居下来，捣毁卡西诺山等大型修道院，在普罗旺斯海岸建起殖民地，从那里袭击意大利和阿尔卑斯山谷地带，阻断了罗马和北方的交通。

　　公元915年，东罗马帝国打败格利亚诺的撒拉逊人，消除了他们对意大利的威胁。但东罗马帝国不够强大，无法像查士丁尼那样统治罗马。教宗职务近百年来沦为打赏罗马贵族或图斯库伦王侯的奖品。10世纪初最有权的罗马人是"元老院议员"狄奥菲拉及其女儿玛洛雅，教宗职位几乎被他们家世袭。玛洛雅有一连串丈夫和数不清的情人。有个情夫被她提拔为教宗，号称色吉斯二世（904—911年在位），两人的私生子成为教宗约翰十一世（931—936年在位），她孙子约翰十二世（955—964年在位）年仅十六岁就当上教宗，"恣情纵欲，不久就把拉特兰宫变成酒肉淫宴场，使教廷糜烂到极致"[1]。玛洛雅也许是"女教宗琼安"传说的原型。

　　这段时期的教宗们当然丧失了诸前任在东部的影响，也无法像尼古拉一世那样有效统治阿尔卑斯山北边的主教们。各地宗教会议发表独立声明，但无法完全独立于君主和封建领主。主教日益被世俗封建领主同化。"因此教会也和世俗社会沉溺在同一个混乱泥潭；邪欲肆虐蔓延，依然关心宗教和信徒灵魂救赎的教士为遍地颓废悲叹，引导忠实信徒把目光投向世界末日和最后审判。"[2]

---

〔1〕《剑桥中世纪史》卷三，第455页。
〔2〕同上。

第七章　黑暗时代的教宗制　　　　　　　　　　　　　　311

有人认为当时弥漫着一种恐惧情绪，怕公元1000年成为世界末日。事实并非如此。圣保罗以来基督徒就认为世界末日近在眼前，但他们照常进行一切活动。

为方便起见，不妨把公元1000年视为西欧文明衰败至极的年份。从此开始了上升运动，一直延续到1914年。起初进步主要来自修道院制度改革，多数修道院以外的教士早就变得暴戾、堕落和世俗，被虔诚信徒布施的财富和权力腐化。同样的情形一再重演，甚至在修道院也屡见不鲜，但每当道德衰颓时，改革家都用新的热忱使之重振。

公元1000年成为历史转折点的另一原因是，大约此时穆斯林和北方各蛮族起码停止了对西欧的征战。哥特人、伦巴底人、匈牙利人和诺曼人一波波相继入侵，结果都皈依基督教，也反过来削弱了文明传统。西罗马帝国分裂为许多蛮族王国，国王们管不住臣子，遍地混乱，大大小小的暴力冲突无休无止。所有强悍的北方征服者种族都改信基督教，定居各地。最后到来的诺曼人结果特别文明聪慧。他们从撒拉逊人手中夺回西西里，使意大利不再受穆斯林威胁；他们把丹麦人从罗马帝国分裂出去的大块英格兰领土重新纳入罗马版图；定居诺曼底后，他们立即容许并大力扶持法兰西复兴。

用"黑暗时代"概括公元600年至1000年这段时期意味着对西欧的过分强调。在中国这段时期正是唐朝，中国诗歌的鼎盛时代，在许多其他方面也无比出色。从印度到西班牙，伊斯兰文明辉煌绽放。基督教世界的衰落未必意味着整个文明的衰落，事实恰恰相反。谁都料不到西欧后来在武力和文化上都跃居支配地位。把西欧文明当文明本身，是狭隘之见。我们文明中的文化因素大都源自地中海东岸，源自希腊人和犹太人。至于武力，西欧从布匿战争到罗马陷落，大约公元前200年至公元400年这六个世纪都处于优势地位。此后，西欧没有哪个国家的武力能与中国、日本或伊斯兰国家相提并论。

文艺复兴以来，我们的优势部分归功于科学技术，部分归功于中世纪缓慢建立起来的政治制度。这优势本质上不具备永存理由。在当前的战争中[1]，俄罗斯、中国和日本都展示出强大军力。这些国家结合了西方技术和拜占庭、儒教或日本神道教等东方意识形态。印度如果获得解放，将增添另一种东方因素。文明若能延续，在未来几个世纪未必不会呈现比文艺复兴以来更多彩绚烂的面貌。文化上

---

[1] 此书首次出版于1945年，时值"二战"末期。——译注

的帝国主义比武力帝国主义更难克服。西罗马帝国灭亡很久以后——其实直到宗教改革,所有欧洲文化都保留着一抹罗马帝国主义色彩。如今我们的文化则有一种西欧帝国主义气息。我认为,大战过后要想在这世界过得舒心,我们应该打心眼里平等看待亚洲,不仅在政治上,还在文化上。这会带来什么变化,我不清楚,但可以肯定必然是至关重要的深刻变化。

第八章　约翰·司各特

约翰·司各特,又名约翰内斯·司各特斯,有时还附后缀厄尤金纳或厄瑞金纳[1],是公元9世纪最令人惊异的人物。假如他生在5世纪或15世纪,也许不至于那么不可思议。他是爱尔兰裔新柏拉图主义者、杰出的希腊文化学者、伯拉纠派、泛神论者,大半生在法兰西秃王查理的庇护下度过,尽管远不够正统,但据我们所知他躲开了迫害。他主张理性高于信仰,丝毫不理睬教会权威,教会遇争端反而还请他公断。

要理解这样一个人物,首先得关注圣帕垂克之后几百年的爱尔兰文化。圣帕垂克对自己是英格兰人这点深感遗憾,此外还有两个痛处:第一,爱尔兰在圣帕垂克到来前已经有基督徒;第二,不管圣帕垂克为爱尔兰基督教做出多大贡献,爱尔兰文化并非他的功劳。阿提拉、哥特人、汪达尔人和阿拉克王先后入侵高卢时(据某位高卢学者说),"大海这边所有博学之士悉数逃亡,逃到海那边的国度,就是爱尔兰,所到之处给当地居民带来巨大学术进步"[2]。这些人要是去英格兰避难,准会被盎格鲁人、撒克逊人和朱特人消灭干净;然而,去爱尔兰的人联手传教士成功传播了欧洲大陆正在逐渐消失的大量知识与文明。我们有充分理由相信,公元6至8世纪的爱尔兰人有一些希腊学问,也相当熟悉古典拉丁著作[3]。英格兰

---

[1] 这后缀是多余的,会使他的名字成为"来自爱尔兰的爱尔兰人约翰"。在9世纪"司各特斯"指"爱尔兰人"。
[2]《剑桥中世纪史》卷三,第501页。
[3]《剑桥中世纪史》卷三第19章谨慎探讨这个问题,结论肯定了爱尔兰人的希腊知识。

人从坎特伯雷大主教狄奥多时代（669—690）就懂希腊语，狄奥多本身是希腊人，在雅典受过教育；英格兰北部的人可能因爱尔兰传教士的影响也学会了希腊语。"7世纪下半叶，"蒙塔古·詹姆斯说，"最渴求知识、最积极教学的是爱尔兰人。他们从学术角度研究拉丁语（对希腊语也稍有研究）……先是在传教热情的驱使下，继而又迫于国内的混乱，他们大批来到欧洲大陆，为挽救他们早就懂得珍视的文学残章做出重大贡献。"[1]约876年，欧塞尔的黑瑞克这样描述爱尔兰学者的大批涌入："爱尔兰人不惧惊涛骇浪，几乎全体迁到我们岸上，其中有许多哲学家。所有最博学的人注定应贤王所罗门的召唤自愿踏上流亡之路。"[2]贤王所罗门指国王秃头查理。

博学之士往往被迫过着颠沛流离的生活。希腊哲学开始时，许多哲学家是逃离波斯人的难民；希腊哲学结束时，查士丁尼治下许多哲学家则是投奔波斯人的难民。如前所述，公元5世纪许多学者为躲避日耳曼人从高卢逃到西欧诸岛；公元9世纪，他们为逃避斯堪的纳维亚人又从英格兰、爱尔兰逃回高卢。如今德国哲学家不得不飞到更远的西方逃避同胞，不知是否也要等那么久才能重返家园。

爱尔兰人保存欧洲古典文化传统的那段时期，我们了解太少。如他们的忏悔书所示，那些学问与修道院有关，充满宗教虔诚，但似乎不太牵涉神学的精微问题。学者们更像修士而非主教，没有大贵格利时代以来欧洲大陆神职人员的那种官方架势。再者，他们整体上与罗马切断了有效联络，对教宗的态度还停留在圣安布罗斯时代，没跟上后来的动向。伯拉纠可能是不列颠人，但也有人认为他是爱尔兰人。伯拉纠异端可能残存于爱尔兰，爱尔兰当局没有像高卢当局那样千辛万苦把它扑灭。这些情况有助于解释约翰·司各特的想法为何自由清新非同寻常。

约翰·司各特的早年和晚年状况不详，我们只了解他受雇于法兰西王的那段中年时光。他大约出生于公元800年，死于公元877年，但这两个年份都是推测。教宗尼古拉一世时期，他在法兰西，与这位教宗及其身边的人比如秃王查理、米海尔皇帝等人都有交集。

约843年，约翰应秃王查理之邀到法兰西担任宫廷学院的院长。当时正发生一

---

[1]《剑桥中世纪史》卷三，第507—508页。
[2] 同上，卷三，第524页。

场宿命论与自由意志论的争辩，论辩双方是一个叫高朝克的修士和一个高级教士，兰斯大主教辛科马。高朝克主张宿命论，大主教主张自由意志论。约翰用《论神圣宿命》一文支持大主教，却支持得太不谨慎。这个问题本身就非常棘手，奥古斯丁在驳斥伯拉纠的文章中提到过，但赞同奥古斯丁是危险的，公开反对奥古斯丁更是险上加险。约翰赞同自由意志，这本来没什么，但他那纯哲学论辩方式激起了愤怒。他并未公然反驳什么神学理论，而是主张独立于神启的哲学有同等甚至更高权威。他争辩说，理性和神启都是真理来源，因此不会冲突；但假如两者似乎冲突，要服从理性。他说，真宗教是真哲学，反过来真哲学就是真宗教。他的作品被公元855年和859年两次宗教会议谴责，在855年的会议上被斥为"司各特糊粥"。

但他靠国王的支持躲过了惩罚。他似乎一直跟国王很亲密，假如马姆斯伯里的威廉说法可信，国王有次和约翰面对面吃饭，问他："爱尔兰人（Scot）和酒鬼（sot）靠什么区分？"约翰答道："靠这张餐桌啦。"877年国王去世，约翰从此销声匿迹。有人说这年他也死了。也有传言说他被阿尔弗雷德大帝请到英格兰，在马姆斯伯里修道院或阿叟尼修道院当院长，被修士们杀了。但这桩惨事的受害者似乎是另一个约翰。

约翰还把伪丢尼修文集翻译成拉丁语。此书原文是希腊文，在中世纪早期盛名远扬。圣保罗在雅典布道时，"有人贴近他，信了主，其中有亚略巴古的丢尼修"（《使徒行传》第17章第34节）。丢尼修的其他情况无从考证，但中世纪的人很熟悉他。他到过法兰西，圣丹尼斯修道院就是他创办的——至少该院院长伊尔顿是这么说的，就在约翰来法兰西前不久。有一部调和新柏拉图主义与基督教的重要著作，作者署名丢尼修，成书年代不详，但肯定在普洛丁之后、公元500年之前。此书在东部广为流传并大受赞誉，在西部鲜为人知，直到公元827年希腊皇帝米海尔送了一本给虔诚者路易，路易把它转送给前面说的院长伊尔顿。伊尔顿认为此书是圣保罗门徒、自己修道院的创办人写的，很想知道里面的内容，但没有人能翻译，直到约翰出现。约翰完成翻译，而且肯定译得很愉快，因为书里的观点正合他心意。伪丢尼修从此对西部天主教哲学产生巨大影响。

公元860年，约翰的译本呈送教宗尼古拉，教宗因作品出版前未经他批准而生气，命令查理把约翰送到罗马，查理未予理会。然而书的内容，尤其是译者的深厚学识让教宗觉得无懈可击。教宗询问文书总管阿拿斯塔对该译本的看法，身为优秀希腊学者的阿拿斯塔为偏远蛮邦人竟有如此深厚的希腊学问大为惊奇。

约翰最伟大的作品是用希腊语写的《自然区分论》。这书若在经院哲学时代会被称为"实在论"作品，也就是说，像柏拉图那样认为共性在个性之先。他的"自然"不仅包括存在者，也包括不存在者。整个自然分为四类：（1）创造而不被创造者；（2）创造又被创造者；（3）被创造而不创造者；（4）不创造也不被创造者。第一类显然就是上帝。第二类是上帝内部的（柏拉图式）理念。第三类是时空中的万物。第四类竟也是上帝，但不是创造者，而是万物的终极目的。从上帝流溢的一切都致力回归上帝，因此万物的终点与开端同一。一与多的桥梁就是理性。

他认为不存在者的领域有多种事物，比如不可知的物质体，还有罪恶，因为罪恶意味着神圣属性的丧失。唯有创造而不被创造者具备实体，是万物的本质。上帝是万物的开端、过程和终点。上帝的本质无人能知，连天使都不知。甚至他自己在一定意义上也不知："上帝自己也不知他是什么，因为他不是一个'什么'，在某种意义上他是自身和一切学者都无法理解的。"[1]万物的存在可见上帝的存在，万物的秩序可见上帝的智慧，万物的运动可见上帝的生命。他的存在是圣父，他的智慧是圣子，他的生命是圣灵。但是丢尼修说得对，我们无法给上帝冠以任何真正确切的名称。有肯定性的神学，说他是真、善、本质等等，但这些称谓都仅仅象征性地正确，因为它们都有对立面而上帝没有对立面。

既创造又被创造者包含所有初始原因或曰原型、柏拉图式理念。这一切初始原因的总和是理性。理念世界是永恒的，却也是被创造的。在圣灵的影响下，这些初始原因造就个体事物的世界，其实质是虚幻的。说上帝由"无"创造万物，这个"无"应理解为超越一切知识的上帝本身。

创世是个永恒过程，一切有限事物的实质是上帝。被造之物不是有别于上帝的存在，而是存在于上帝中，上帝以不可言喻的方式在被造万物中显现自身。"神圣的三位一体爱我们当中的他自己，爱他自身中的自己[2]；他注视并推动自己。"

罪源于自由：人转向自身而不转向上帝，就会犯罪。恶的根由不在上帝，因

---

[1] 对比布拉德利对一切认知不足性的论证。他主张没有完全真实的真理，现有的最好真理是理智上无法改正的真理。

[2] 对比斯宾诺莎。

为上帝没有恶的观念。恶是不存在者,没有根由,因为若有根由就必然存在。恶是善的匮乏。

理性是让多归一、让人归上帝的原理,所以是世界救主。人与上帝合一,成功结合的那部分就神圣了。

与亚里士多德派不同,约翰否认具体事物的实在性,并将柏拉图视为哲学巅峰。但他所谓前三类存在者都间接源自亚里士多德的概念:不动的推动者、动的推动者、被动的非推动者。约翰理论体系中的第四类存在者,不创造也不被创造者,源于丢尼修万物归上帝的观念。

从上文的概述看,约翰·司各特显然不正统。他否认万物实在性的泛神论与基督教教义背道而驰。他对从"无"创世的解释,任何谨慎的神学家都无法接受。他颇似普洛丁的三位一体论表述得小心翼翼,却未能维护"三位"的平等。这些异端体现了他的独立精神,在公元9世纪可谓惊世骇俗。他的新柏拉图主义观念,也许就像在公元4、5世纪那些希腊教父中那样,在爱尔兰很常见。假如我们对公元5至9世纪的爱尔兰基督教多些了解,也许会觉得他不足为奇。不过,也许他的异端想法大都源于伪丢尼修的影响,而丢尼修据说是圣保罗的弟子,所以被误认作正统。

约翰认为创世没有时间性,这当然也是异端,他还不得不说《创世记》是寓言性的,天堂和亚当的堕落不能照字面意思理解。像所有泛神论者那样,他很难解释罪恶。他说人最初没有罪,没罪就没有性别之分。这当然与《圣经》"上帝造男女"之说相抵触。按约翰的说法,人类是因为有罪才被分成男女两性的,女性体现人类的肉欲和堕落本质。性别终将消失,我们将拥有纯灵之体[1]。罪在于误入歧途的意志,把不善的事物当成善的。罪当然要受罚,关键是发现罪恶欲望的虚妄。但惩罚不是永恒的,约翰像奥利金那样认为连魔鬼也终将得救,尽管比旁人晚些。

约翰翻译的伪丢尼修作品对中世纪思想有巨大影响,但他本人的自然分类力作影响甚微,屡次被判为异端,1225年被教宗荷诺里三世下令烧毁所有抄本,幸亏这个命令未被有效执行。

---

[1] 对比圣奥古斯丁。

第九章 11世纪的教会改革

西罗马帝国灭亡以来，欧洲在11世纪首次发生迅速持久的进步。加洛林文艺复兴时期也曾有进步，结果却不稳固。11世纪出现持久的多层面进步，始于修道院改革，扩展到教廷和教会机构，世纪末造就首批经院哲学家。撒拉逊人被诺曼人逐出西西里，匈牙利人皈依基督而不再烧杀劫掠，诺曼人征服法兰西和英格兰，使这些国家不再受斯堪的纳维亚人侵扰。拜占庭影响不到的地方，建筑风格向来粗俗鄙陋，此时忽然变得挺拔宏伟。神职人员的教育水平有极大提升，世俗贵族也颇有进步。

在早期阶段，改革推动者觉得自己纯粹是出于道德动机。教士在宗教和世俗生活中都染上恶习，虔诚人士敦促他们遵守清规戒律。纯道德动机后面却有另一层动机，最初可能是无意识的，但逐渐公开化，那就是彻底区分教士与俗众，并在这个过程中强化教士的势力。因此，教会改革的胜利自然直接导致皇帝与教宗的剧烈冲突。

祭司在埃及、巴比伦和波斯结成强大的独立社会阶层，但希腊和罗马没有这种情况。原始基督教教士与俗众是逐渐分开的，《新约》中的"主教"一词还没有现代含义。教士在教义和政治两方面区别于大众，政治区别依靠教义区别。神父有神力，特别在圣礼方面——洗礼除外，俗人也能施洗。没有神父帮助就无法结婚、赦罪或给临终者涂油。中世纪更重要的是化体[1]，只有神父才能行弥撒奇迹。化体说被民众信奉很久，但直到11世纪（1079年）才成为基本信条。

神父能行奇迹，能决定人死后上天堂还是下地狱。被开除教籍的人死了会下地狱；如果他死前由神父行一切礼仪，他也及时认罪忏悔，那最终会上天堂。但在升入天堂前，他要在炼狱受煎熬，也许是很漫长的煎熬。神父为死者灵魂做弥撒能缩短煎熬期，报酬合适他们就乐于做弥撒。

要明白，这一切不仅是官方信条，更是教士和俗众都坚定不移的信仰。行奇迹的能力使教士一再战胜拥有强兵悍将的君主。但这能力有两个局限：俗众暴怒

---

[1] 指圣餐的饼和酒化为基督的肉和血。——译注

之下不计后果；神职人员会内部分裂。罗马居民直到贵格利七世时代对教宗都没什么敬意。混乱的党派斗争中，他们会毫不犹豫地绑架、监禁、毒杀、攻击教宗。这怎能与信仰相融？毫无疑问，部分原因在于缺乏自制，但还有部分原因是他们觉得临死再忏悔也不迟。还有一个原因，在罗马以外的地方更明显，那就是国王能让境内的主教们屈从，逼他们施展奇能救自己逃脱永劫。因此，加强纪律和统一管理对教权至关重要。作为神职人员道德改革的重要内容，这些目标在11世纪成功实现。

教士集团的整体权力必须靠教士个体的巨大牺牲来保障。宗教改革针对的两大弊端是圣职买卖和纳妾，这两点都必须谈谈。

虔诚信徒的捐赠使教会非常富有。许多主教有庞大田产，连教区神父都过上了那个时代的舒适生活。主教任命权通常由国王把持，偶尔也落入封建贵族手中。国王出售主教职位是常规操作，这其实是国王的重大财源。主教再把手下的圣职转卖出去，并不遮遮掩掩。葛伯特（西尔维斯特二世）学着主教的口吻说："我花金子换来主教位子，但只要我照章办事，就不愁捞回这笔钱。我任命神父收来金子，安插执事收来银子。瞧啊，花出去的金子这不又回了钱袋。"[1]米兰的彼得·达勉在1059年发现这里的神职人员从大主教往下无一不染指圣职买卖，这种情形绝非例外。

圣职买卖当然是一种罪，但反对理由不止于此。它导致教会人事升迁只凭财富不凭才能，还确认了俗界对主教任命的干涉权，使主教逢迎世俗统治者，主教体系沦为封建制度的一部分。再者，出钱买圣职的人自然急于收回成本，很容易满心俗务而无暇顾及精神事务。由于这些原因，反圣职买卖成为教会权力斗争的必要环节。

教士独身也出于非常类似的考量。11世纪的改革家们经常提到"纳妾"，更准确的说法应该是"结婚"。发誓禁欲的修士当然不能结婚，但教士没有明确的结婚禁令。在东部教会，教区牧师至今仍可以结婚。在11世纪的西部，多数教区牧师都结婚。主教们经常引用圣保罗的话为自己辩护："主教必须无可指摘，只做一个妇人的丈夫。"[2]这不是像圣职买卖那样黑白分明的道德问题，但教士独身的背后

---

[1]《剑桥中世纪史》卷五，第10章。
[2]《提摩太前书》，第3章，第2节。

存在与反圣职买卖运动非常相似的政治动机[1]。

神父结婚后,自然想把教会财产转给自己的子嗣。假如儿子也当神父,他们就能用合法手段实现这一目的,因此改革派掌权后采取的首批措施就包括禁止神父之子担任圣职[2]。但乱局中还藏着危险:神父有了儿子,总能找到非法侵占教会田产的手段。除了经济考量,神父若成为左邻右舍那样的居家男,在人们心中就没什么疏离感。至少从5世纪起,独身就大受称道;教士想让人肃然起敬,通过禁欲不婚与旁人划开清晰界限就很管用。毫无疑问,那些改革家诚心认为结婚纵然无罪,但已婚不如独身,结婚意味着对肉欲的屈从。圣保罗说:"倘若他们禁不住,就可以嫁娶。"[3]而真正圣洁的人应当"禁得住"。因此教士独身对教会占据道德高地至关重要。

叙罢前言,我们现在谈11世纪教会改革运动的史实。

这场运动可追溯到公元910年阿基坦公爵、虔诚者威廉创建克吕尼修道院。这座修道院建成后一直独立于教宗之外的所有外界权威,院长还有权管理本院创办的几座分院。这个时代的修道院大多富有而纪律松懈,但克吕尼修道院既不极端苦修,又谨慎维护礼法尊严。第二任院长乌杜去意大利受命管理几座罗马修道院,却不太顺利:"法尔发修道院陷入分裂,两个敌对的院长杀掉前任,排挤乌杜带来的克吕尼修士,毒死阿贝克用武力任命的院长。"(阿贝克是聘请乌杜的罗马掌权者。)克吕尼的改革热情在12世纪冷却下来,圣伯纳反对该院的精美建筑,像同代所有最虔诚的人那样,他认为雄伟的宗教建筑是罪恶傲慢的标志。

11世纪的改革家创办各种新修会。苦修隐士若摩在1012年创办卡忙多利会,下文将谈到的彼得·达勉就是若摩的追随者。科隆的布鲁诺在1084年创办向来以严苛著称的卡素先修会。1098年西多会成立,1113年圣伯纳加入。此会恪守本笃会教规,禁用彩绘玻璃窗,雇用世俗弟兄劳作,这些人虽已宣誓,却不准学习读写,主要雇来干农活,但也干其他活,比如建筑。约克郡的清泉修道院就属于西多会,对那些认为美皆邪魔的人而言,这座修道院的建筑太惹眼。

法尔发修道院的事绝非孤例,可见修道院改革家需要巨大的勇气和能力。成功

---

[1] 参阅亨利·C. 利亚:《教士独身史》。
[2] 1046年禁止教士之子当主教,后来禁止其担任圣职。
[3] 《哥林多前书》,第7章,第9节。

者背后都有世俗当局的支持，这些人及其追随者先后实现了教廷改革和教会改革。

然而，教廷改革起初主要是皇帝的事。末代世袭教宗是1032年选任的本笃九世，据说当时只有十二岁。他是图斯库伦人阿贝克之子，阿贝克就是上文乌杜院长的聘请者。小教宗长大后越来越荒淫败坏，连罗马人都大为震骇。最后他竟邪恶到为结婚连教宗职务都不要了。他把职位卖给自己的教父，后者号称贵格利六世。然而，此人尽管是靠金钱买圣职的，却是个改革派，是贵格利七世希德布兰的朋友。只是他当上教宗的手段丑陋得无法饶恕。年轻皇帝亨利三世（1039—1056年在任）是虔诚的改革者，不惜牺牲自己的巨额收入以杜绝圣职买卖，同时保留主教任命权。1046年，二十二岁的他来到意大利，以圣职买卖罪罢免了教宗贵格利六世。

亨利三世在位期间保留教宗任免权，但他英明运用这项权力推动宗教改革。罢免贵格利六世后，他任命了一个日耳曼主教，班贝格的苏伊格，罗马人放弃了他们几乎一直不善行使的选举权。新教宗翌年去世，皇帝指定的下个人选也几乎是接着就死了——据说是被毒杀的。于是亨利三世选了自己亲戚图勒的布鲁诺，号称利奥九世（1049—1054年在任）。利奥九世是热诚的改革家，东奔西走召开多场宗教会议，还想打败南意大利的诺曼人，但没有成功。希德布兰是他的朋友，几乎可以称得上他的弟子。他死后皇帝在1055年又任命一个教宗，艾希施泰的吉布哈，号称维克多二世。但皇帝翌年去世，再过一年教宗也死了，从此皇帝与教宗的关系不再那么和睦。在亨利三世的帮助下树立起道德威望后，教宗先要求独立于皇帝，又要求凌驾于皇帝，由此拉开了两百年大冲突的序幕。皇帝最终落败，所以从宏观角度看，亨利三世对教宗制的改革政策可能还是缺乏远见。

下任皇帝亨利四世统治了五十年（1056—1106年在任）。起初他还没成年，由太后阿涅丝摄政。斯提芬九世当了一年教宗，他死后红衣主教们推选了一个教宗，同时罗马当局收回他们放弃的权力，指定另一个教宗。太后站在红衣主教这边，他们选的教宗号称尼古拉二世。他的统治期只有三年，却非常重要。他与诺曼人讲和，减轻教廷对皇帝的依赖。这三年内，教宗选举程序由一部教令规范，其中规定选举首先由红衣主教们进行，再由其他主教讨论，最后由教士和罗马民众决议，民众的参与估计是纯粹走过场，其实教宗是红衣大主教们选出来的。选举要尽量在罗马进行，但如有困难或罗马不合适，也可在别处展开。整个选举过程没皇帝的份。该教令经过一番斗争才得以确立，是教廷摆脱世俗统治的关键。

尼古拉二世还确立一条严格规定，今后通过圣职买卖获取的职位无效。但这条规定不溯及既往,因为若要追溯绝大多数在任者都得罢免。

在尼古拉二世任内,米兰发生了一场有意思的争斗。米兰大主教根据安布罗斯的传统要求对教宗保持一定独立。他和手下的教士们与贵族联合,坚决反对改革。商人和底层阶级则希望教士虔诚;这时发生了几场要求教士独身的暴动和一场反对大主教及其支持者的激进改革运动,史称巴塔亚运动。为支持改革,1059年教宗把显赫的圣彼得·达勉当使节派到米兰。达勉著有《论神的全能》,主张上帝能做出违反矛盾律的事,能撤销过往(该观点被圣托马斯驳斥,从此不再是正统教义)。他反对辩证法,还说哲学是神学的婢女。如前所述,他是隐士若摩的追随者,向来厌烦事务性工作,但他的圣洁是教廷的珍宝,教廷力劝他出面协助革新运动。他终于被劝动,1059年在米兰的教士集会上发表反圣职买卖的演说。听众一开始群情激奋差点要杀他,却被他的雄辩感动,后来一个个淌着热泪认罪,发誓效忠罗马。下个教宗任内,教廷与皇帝为米兰教座起了争执,教宗在巴塔亚派的帮助下最终得胜。

1061年尼古拉二世去世,业已成年的亨利四世和红衣主教们就教宗继任问题发生争执。皇帝不接受选举教令,不打算放弃在教宗选举事宜上的权力。双方争执三年,最后红衣主教们的选择占了上风,但皇帝与教廷并未一决高下。让天平倾斜的是红衣主教们所选教宗的显著优点:既有美德又有经验,还曾经师从兰弗朗(后来的坎特伯雷大主教)。这位教宗就是亚历山大二世,死于1073年,继任者是希德布兰(贵格利七世)。

贵格利七世(1073—1085年在任)是历代教宗的顶尖人物。他早就盛名远扬,对教廷政策有巨大影响。正是他让教宗亚历山大二世赐福征服者威廉的英格兰功业。他还支持意大利和北欧的诺曼人。贵格利六世,那个为制止圣职买卖而贿买教宗职位的人曾庇护他;庇护人被废后,希德布兰流亡两年,余生大部分时光在罗马度过。他没什么学问,却从自己崇拜的英雄大贵格利那里间接学到圣奥古斯丁的教义,深受鼓舞。当上教宗后,他认为自己是圣彼得的代言人,有一种超越世俗尺度的高度自信。他承认皇帝的权威也是神授的:起初他把教宗和皇帝比作双眼,后来和皇帝吵起来,就将两人比作太阳和月亮——太阳当然指教宗。教宗必然有最高德行,因此必须有权罢黜缺德的皇帝,而世上最缺德的事莫过于违逆教宗。这一切他深信不疑。

贵格利七世比以往任何教宗都努力执行教士独身制。德意志教士不顺从,加之其他缘故就比较支持皇帝。但各地俗众都希望神父们独身。贵格利七世煽动俗众反对结婚的神父和他们的妻子,使这些夫妻遭受粗暴虐待。他号召俗众抵制不守规矩的神父举行的弥撒。他宣布已婚教士主持的圣礼无效，并禁止这些教士进教堂。这一切引起教士的反对和俗众的支持，哪怕在教宗往往有生命危险的罗马，他也很受民众欢迎。

贵格利任内发生了有关"受职礼"的大纷争。主教就任圣职时获授一枚指环和一根权杖作为职务标志。这些东西向来由皇帝或国王（看在什么地区）以主教的封建领主身份授予。贵格利坚称应当由教宗授予。这场冲突属于教会摆脱封建体制的斗争，历时很久，最终教宗大获全胜。

卡诺莎事件的导火索是米兰大主教争端。1075年，皇帝在副主教们的配合下任命一个大主教，教宗认为这侵犯了自己的特权，就拿开除教籍和废除帝位威胁皇帝。皇帝在沃尔姆斯召开报复性的主教会议，与会主教声明不再效忠教宗，还写信给教宗，指控他犯有通奸罪、伪证罪和（更严重的）虐待主教罪。皇帝也写信给教宗，说自己不屑任何地上的裁判。皇帝和主教们宣布罢免贵格利；贵格利则开除皇帝和主教们的教籍，并宣布他们已被罢免。一场闹剧由此上演。

第一幕，赢的是教宗。曾反抗亨利四世又与之讲和的撒克逊人再次叛变，德意志主教纷纷与贵格利言归于好。全世界被皇帝对教宗的态度震惊。一年后（1077年）亨利只好求教宗宽恕。时值严冬，他携妻子、幼子和几名随从翻越塞尼山，来到教宗住的卡诺莎城堡前苦苦哀求。教宗任他穿着悔罪服赤足在外等了三天，才放他进来。他深深忏悔，发誓将来一定按教宗的指示对付德意志敌手，才获得宽恕并恢复教籍。

但教宗的胜利只是幻影。他落入自己神学戒律的陷阱，那就是要宽恕悔罪者。说来也怪，他竟被亨利骗了，以为亨利是诚心忏悔。不久他觉察到自己的错误，却无法再支持亨利的德意志敌人，那些人觉得自己已被教宗出卖了。从此局势开始对他不利。

亨利的德意志敌人换了个皇帝，名叫鲁道夫。教宗主张自己有权定夺亨利和鲁道夫的帝位之争，却迟迟不做决定，直到1080年明白亨利的悔罪没诚意后才宣布鲁道夫为帝。然而，此时亨利已制伏大多数德意志敌人，还让手下的教士选了个伪教宗，1084年带着伪教宗进入罗马。伪教宗给他加冕，但两人被迫在赶来救援贵格利的诺曼人抵达前迅速逃离。诺曼人狠狠劫掠罗马，并挟持贵格利而去。贵格利事实上沦为他们的俘虏，直到次年去世。

贵格利的政策似乎以灾难收场。其实他的后继者还在沿用，只是方式较为缓和。后来达成有利于教廷的和解协议,但这场冲突本质上是无法协调的。事件后续下文再谈。

11世纪的理性复兴也要谈一下。10世纪除了葛伯特(教宗西尔维斯特二世,999—1003年在位)就没有什么哲学家,况且他更主要是数学家而非哲学家。但随着11世纪的推进,真正的杰出哲学人物开始出现。其中最重要的是安塞莫和罗塞林,此外还有些值得一书的人物,都是与改革运动相关的修士。

其中最年长者彼得·达勉已经在前文提及。图尔的贝伦加(逝于1088年)是个挺有意思的理性主义者,主张理性高于权威,为此援引约翰·司各特的理论,使司各特遭到后世的谴责。兰弗朗在《论基督的血肉》一书中驳斥贝伦加异端。兰弗朗出生于帕维亚,曾在博洛尼亚学法律,成为一流的辩证学家。但他为神学抛弃辩证论,进了诺曼底的贝克修道院,并在贝克掌管一所学校,1070年被征服者威廉任命为坎特伯雷大主教。

圣安塞莫像兰弗朗一样也是意大利人、贝克修道院修士,也曾任坎特伯雷大主教(1093—1109年在任)。作为大主教,圣安塞莫奉行贵格利七世的原则,不惜与国王争吵。他主要靠论证上帝存在的"本体论"出名。他的论证是:我们把"上帝"定义为可能思维对象中的最伟大者。假如某思维对象不存在,那么另一个与它相似且真实存在的思维对象就更伟大。所以一切思维对象中必有最伟大者,因为不然就会有一个更伟大的。所以上帝存在。

这套论证从未被神学家接受,当时就遭受严厉批评,后来一直被遗忘到13世纪下半叶。托马斯·阿奎那驳斥它,从此树立起在神学界的权威。但它在哲学家那里运气较好,笛卡尔稍加修正复兴它,莱布尼茨认为加一个"上帝有可能"的补充证明它就站得住脚。康德自以为彻底摧毁了它,然而它在某种意义上却成为黑格尔派哲学体系的根基,还重现在布拉德利的原理中:"可能存在且必然存在的,就存在。"

我们当然要重视有这样一段显赫历史的论证,不管它是否站得住脚。真正的问题在于:有没有某种事物,仅凭能被人构想这一点,就表明它存在于人类思维之外?每个哲学家都想要答"有",但哲学家的任务是通过思考而非观察来发现事物。假如正确答案是"有",那么纯思维与事物之间就有一座桥梁;假如不是,就没有。柏拉图就是以这种概括形式,用一种本体论证明理念的客观实在性。但在安塞莫之前,没有人赤裸裸地道出该论证的纯粹逻辑。一旦纯粹,就失去可信性,这正是安塞莫的功劳。

安塞莫其他哲学思想主要源于圣奥古斯丁,从圣奥古斯丁那里汲取了许多柏拉图元素。他信奉柏拉图理念论,并从中推导出上帝存在的另一证明。通过新柏拉图主义式论证,他宣称不但证明了上帝,还证明了三位一体(谨记普洛丁也有三位一体论,尽管不是基督教眼中的正统)。安塞莫认为理性从属于信仰,他说"为了理解我相信";他像奥古斯丁那样,认为无信仰就无法理解。他说,上帝不是公义的,而是公义本身。记得约翰·司各特也说过类似的话,共同源头就是柏拉图。

圣安塞莫像他的基督教哲学家前辈们那样遵循柏拉图而非亚里士多德传统。因此,他没有那种在托马斯·阿奎那理论中登峰造极的"经院式"显著哲学特征。我们不妨将罗塞林视为这种哲学的开始,他是安塞莫的同代人,比安塞莫小十七岁。罗塞林标志着新开端,留待后文探讨。

截至13世纪的中世纪哲学主要是柏拉图式的,但必须谨记,我们对柏拉图的了解全赖二手或三手资料,只有《蒂迈欧篇》残章除外。比如说,若没有柏拉图,约翰·司各特就不会持那些观点,而他的柏拉图知识主要来自伪丢尼修。伪丢尼修生平不详,但似乎可能是新柏拉图主义者普罗克勒的门徒。约翰·司各特也可能从未听说过普罗克勒,从未读过普洛丁的一句话。除了伪丢尼修,在中世纪柏拉图主义的另一来源是波爱修斯。这种柏拉图主义与近代学者直接从柏拉图本人作品中读到的东西大有不同,几乎剔除了所有与宗教无明显关联的东西,宗教哲学里也有选择性的夸大和强调。普洛丁早就这样篡改柏拉图思想。人们对亚里士多德的了解也是零碎的,但方向相反:直到12世纪,人们对亚里士多德的了解全部来自波爱修斯翻译的《范畴篇》和《正谬篇》。因此亚里士多德被视为单纯的辩证家,柏拉图被视为单纯的宗教哲学家和理念论作家。中世纪后期,这两种片面观念逐渐得以修正,尤其是关于亚里士多德的观念。而人们对柏拉图的片面认识直到文艺复兴才完全修正。

第十章　伊斯兰文化和哲学

东罗马帝国、非洲和西班牙遭受的入侵,与西部的北方蛮族入侵有两点不同:第一,东罗马帝国延续到1453年,比西部持久近千年;第二,东罗马帝国的主要入侵者是伊斯兰教徒，他们征服后没有改信基督教，而是形成自己的重要文明。

公元622年的希吉拉[1]开启伊斯兰教纪元。十年后穆罕默德去世，阿拉伯人旋即出征，攻势异常迅猛。在东部，他们于634年入侵叙利亚，两年后彻底拿下；公元637年入侵波斯，650年拿下；公元664年入侵印度，669年围困君士坦丁堡（716—717年再度围困）。西进运动没这么突然，642年征服埃及，697年征服迦太基，711—712年拿下西班牙除西北角一小块地盘外的区域。732年穆斯林在图尔之战落败，才停下向西扩张的步伐（西西里和南意大利除外），此时距穆罕默德去世一百年整。奥斯曼人、土耳其人最终攻陷君士坦丁堡，是后来的事。

这次扩张由多种因素促成。波斯和东罗马帝国被多年战乱耗竭。叙利亚人大多是聂斯托利派，遭到天主教的残酷迫害，伊斯兰教则容忍一切基督徒派别，只要他们纳税。同样，在埃及占人口多数的一性论者也欢迎入侵者。在非洲，阿拉伯人与从未被罗马人彻底制伏的柏柏尔人结为同盟，联手进犯西班牙，在那里得到久遭西哥特人残酷迫害的犹太人的援应。

先知穆罕默德的宗教是单纯的一神教，没有三位一体、道成肉身等复杂精微的神学。先知没有自称为神，追随者也没有给他封神。他恢复犹太人禁止雕刻偶像的诫命，也不准饮酒。忠实信徒应竭力让伊斯兰教征服世界，但不得迫害《古兰经》所说的"圣经之民"，即基督徒、犹太人或拜火教徒等奉行《圣经》教义的人。

阿拉伯大部分地区是沙漠，人口的供养越来越难。一开始阿拉伯人打仗只是为了劫掠，体验到敌人的软弱无能后才转为长期占领。短短二十来年的光景，在沙漠边缘过惯苦日子的人摇身一变成为全世界最富饶地区的主人，纵享一切奢华，古文明的一切优雅精致尽收囊中。但他们比多数北方蛮族都更能抵抗变革的诱惑。由于没怎么恶战就征服了帝国，破坏很少，民政系统几乎原样运行。波斯和拜占庭帝国都有高度组织化的政府，一开始面对这复杂精密的东西，阿拉伯部落完全蒙了，只好让原机构的熟手继续效劳。这些人大都毫无怨言地服务新主人，其实这场变故让他们做事更轻松，因为税赋大幅减轻。此外，大批民众为逃避税负而抛弃基督教改信伊斯兰教。

阿拉伯帝国是君主专制国家，由先知的继承人哈里发统治。哈里发几乎像先知般神圣，名义上是选出来的，但很快转为世袭。开国王朝倭马亚王朝持续到公

---

[1] 指穆罕默德从麦加逃亡至麦地那。

元750年,建国者只是纯粹在政治上接受穆罕默德,一直压制忠实信徒中的狂热分子。虽然以新宗教的名义征服大片地区,阿拉伯人却不是执着宗教的民族,他们征战的动机与其说是宗教不如说是劫掠财富。正因为没什么宗教狂热,一小群武士就能较为轻松地统治文明更高且宗教迥异的庞大民众。

相反,波斯人自古就重宗教,喜思索。改信伊斯兰教后,他们从中创造出许多更有趣、更具宗教和哲学意味的东西,恐怕连先知及其亲随都意想不到。公元661年穆罕默德的女婿阿里去世,伊斯兰教分裂为逊尼派和什叶派。逊尼派较大,什叶派追随阿里,认为倭马亚王朝是篡位者。波斯人一直是什叶派。倭马亚王朝很大程度上是受波斯人影响而覆灭的,被代表波斯人利益的阿巴斯王朝取代,这次政变的标志是首都从大马士革迁到巴格达。

政治上,阿巴斯王朝比倭马亚王朝更偏向狂热派。但他们并未掌控整个帝国。有个倭马亚王室成员逃脱大屠杀,逃到西班牙并被拥立为合法统治者。西班牙从此独立于其他伊斯兰世界。

阿巴斯王朝初期,哈里发权势盛极,其中最有名的是哈伦·拉希德(逝于809年)。他是查理曼大帝和艾琳女皇的同代人,是《天方夜谭》中举世闻名的传奇人物。他的宫廷是奢华、诗歌和学术的灿烂中心,他财力雄厚的帝国从直布罗陀海峡延伸到印度河。他的意志是绝对的,身边总跟着刽子手。他只消点个头,刽子手就立即执行。但盛况不长,他的继任者犯了错,让土耳其人成为军中主力。土耳其人桀骜不驯,哈里发迅速沦为无足轻重的傀儡,动不动就受军队嫌弃而被弄瞎或刺杀。尽管如此,哈里发统治延续下来,直到1256年蒙古人的屠刀让阿巴斯王朝末代哈里发退出历史舞台,同他一起被杀的还有80万巴格达民众。

除了独特缺陷,阿拉伯政治和社会制度还有一些与罗马帝国相似的弊端。君主专政与一夫多妻相结合,君主一死就引发王位纷争,以某王子得胜其他王子全被杀光告终。战争造就无数奴隶,时而爆发危险的奴隶叛乱。商业有极大发展,尤其在哈里发占据东西方交通要道之后。"巨额财富产生了对中国丝绸、北欧皮草等奢侈品的需求,某些特殊情况也刺激贸易,比如伊斯兰帝国的广袤疆域、阿拉伯语的全球普及、伊斯兰伦理道德对商人地位的推崇等。先知本人也经过商,在麦加朝圣途中还赞扬商业。"[1] 商业像军事一样,也依赖阿拉伯人从罗马人和波斯

---

[1]《剑桥中世纪史》卷四,第286页。

人那里继承的大道,他们没有像北方征服者那样任大道失修荒颓。但阿拉伯帝国还是逐渐分崩离析——西班牙、波斯、北非和埃及相继成功分裂出去,完全或几乎完全独立。

阿拉伯经济最优秀的领域是农业,他们住在缺水地区,尤其擅长灌溉。西班牙农业至今还得益于阿拉伯人的水利工程。

伊斯兰世界的独特文化发源于叙利亚,却随即盛行于东西两端,即波斯和西班牙。叙利亚被征服时崇尚亚里士多德,而聂斯托利派更崇尚天主教最喜爱的哲学家柏拉图。阿拉伯人最初从叙利亚人那里学到希腊哲学,所以自始认为亚里士多德比柏拉图重要。但他们理解的是披着新柏拉图主义外衣的亚里士多德。肯迪(约逝于873年)是第一个用阿拉伯语写哲学的人,也是唯一的著名阿拉伯哲学家,他摘译普洛丁《九章集》,却以《亚里士多德神学》之名出版。这严重扰乱了阿拉伯人对亚里士多德的认知,几百年后阿拉伯哲学家才明白过来。

与此同时,穆斯林在波斯接触到印度文化。公元8世纪,他们通过梵文书籍初次学到天文学。约830年,将梵语数学和天文学作品译成阿拉伯语的穆罕默德·伊本·木萨·花剌子模出版了一本书,此书到12世纪被译成拉丁语,名叫 *Algoritmi de numero Indorum*(《印度计数法》)。西方人正是从这本书里首次学到我们所称的"阿拉伯"数字,其实应该叫"印度"数字。花剌子模还写了本代数书,在西方直到16世纪都被用作教科书。

波斯文明的理性和艺术曾令人赞叹,13世纪被蒙古入侵后却一蹶不振。据我所知,奥玛·海雅姆是唯一的波斯诗人兼数学家,在1079年修订了历法。说来也怪,他最好的朋友则是暗杀会的创始人,有"山中长老"的传奇称号。波斯出伟大诗人,菲尔多西(约生于941年)著有《列王纪》,读过他作品的人说他堪比荷马。波斯还出卓越的神秘家,这是其他伊斯兰国家没有的。至今尚存的苏菲派敢于对正统教义做大胆的神秘主义寓言性解读,多少有些新柏拉图主义意味。

伊斯兰世界最初通过聂斯托利派受希腊影响,但聂斯托利派的世界观绝非纯希腊式的。公元481年,伊代撒的聂斯托利派学校被拜占庭皇帝芝诺关闭,学者们搬到波斯继续工作,但难免受波斯影响。聂斯托利派对亚里士多德的重视仅限于逻辑学,起初阿拉伯哲学家也认为亚里士多德最重要的是逻辑,但后来他们也钻研亚里士多德的《形而上学》和《灵魂论》。阿拉伯哲学家通常是百科全书式的,对炼金术、占星学、天文学、动物学和我们所称的哲学都饶有兴致。狂热愚痴的

阿维森纳在药店。转向形而上学研究之前,阿维森纳是一位独步杏林的名医。与穆斯林哲学前辈相比,他的哲学更接近亚里士多德而不是新柏拉图主义

民众纷纷投来猜疑的目光,哲学家的人身安全偶尔能靠较为开明的君主保障。

有两位穆斯林哲学家特别值得注意,一位是波斯人阿维森纳,一位是西班牙人阿威罗伊。前者在穆斯林中更有名,后者在基督徒中更有名。

阿维森纳(伊本·西那,980—1037)的一生,在人们觉得诗中才有的地方度过。他出生于布哈拉,二十四岁来到希瓦——"荒野上寂寥的希瓦"[1],随后来到霍拉桑——"寂寥的克拉斯米海岸"[2]。他在伊斯法罕教医学和哲学,继而定居

---

[1] 19世纪英国诗人马修·阿诺《邵莱布和罗斯托》一诗中的句子(lone Khiva in the waste)。——译注
[2] 雪莱诗集《阿拉斯特,遁世精灵》中的句子(the lone Chorasmian shore)。克拉斯米是霍拉桑的别称。——译注

德黑兰。虽然对葛伦[1]之术没什么贡献，但他的医学比哲学还有名。12世纪到17世纪，他是欧洲人心目中的医学导师。他并非圣洁人物，其实贪酒好色，因行医时结交了权贵才顶住正统派的猜忌。土耳其雇佣兵的敌意使他屡陷麻烦，时而亡命天涯，时而锒铛入狱。他写了本百科全书，因神学家的敌意在东部几乎默默无闻，在西部则因拉丁译本的面世而颇具影响。他的心理学有经验主义倾向。

与穆斯林哲学前辈相比，他的哲学更接近亚里士多德而不是新柏拉图主义。他像后来的基督教经院哲学家那样痴迷共性问题。柏拉图说共性先于万物。亚里士多德有两种看法，一是他自己思考时的，一是他驳斥柏拉图时的；这使他成为注释家的理想素材。

阿维森纳有一句论断，阿威罗伊和大阿尔伯特都曾重申："思维产生形式的概括性。"这么看来，他似乎不相信离开思维的共性。但这种想法太过单纯。他说，类的概念，也就是共性，同时在万物之前、之中和之后。他的解释是，共性在万物之前，就是在神的心思中（比如说，神决心造猫，就得有"猫"的观念，此观念先于个别猫）。共性在自然万物之中（猫造出来后，每一只都有猫性）。共性在万物之后，就是在我们的思维里（见过许多猫，注意到它们的相似之处后，我们会形成普遍的"猫"观）。此说显然是为了调和不同理论。

阿威罗伊（伊本·鲁世德，1126—1198）住在伊斯兰世界与阿维森纳相反的另一端。他出生在科尔多瓦，祖父和父亲都曾在这里当审判官，他本人也先后在塞尔维亚和科尔多瓦当审判官。他最初学神学和法学，后来又学医学、数学和哲学。有人把他引荐给"哈里发"阿布·雅库·优苏福，说他能讲解亚里士多德作品（但他似乎不懂希腊语）。这位统治者很赏识他，1184年任命他为御医，可惜患者两年后就死了。继任者雅库·阿勒·曼瑟像父亲那样重用阿威罗伊，但十一年后正统教派反对这位哲学家，曼瑟在恐慌中将他免职，先流放到科尔多瓦附近一个小地方，又流放到摩洛哥。阿威罗伊被控宣扬古人哲学而损害真信仰。曼瑟颁布谕令说神已经为那些妄图只靠理性寻觅真理的人备好地狱烈火，并将搜到的所有逻辑学和形而上学作品付之一炬[2]。

不久，西班牙的摩尔人地盘被基督教严重排挤。西班牙的穆斯林哲学与阿威

---

[1] 葛伦是文艺复兴前欧洲医学的奠基人。——译注
[2] 据说阿威罗伊去世前重获宠信。

罗伊共同告终；在伊斯兰世界其他地区，僵化的正统扼杀了哲学思辨。

德国哲学史家余柏威曾风趣地替被控异端的阿威罗伊辩解——也许有人会说，此事应当由穆斯林决断。余柏威指出，神秘主义认为《古兰经》每段话都有七重、七十重、七百重解释，字面意思是专门留给愚昧俗人的。照这么说，哲学家的教义不可能与《古兰经》冲突，因为七百重解释里必然至少有一重符合哲学家的主张。然而，伊斯兰世界的愚者似乎敌视《古兰经》以外的所有学问，哪怕没什么异端可供指责也是危险的。民众应当按字面意思理解《古兰经》而智者无须如此，这一神秘主义观点恐怕很难博得广大民众的认同。

阿拉伯人对亚里士多德的理解曾经太受新柏拉图主义的影响。阿威罗伊竭力改善这一局面，把亚里士多德推崇得像个宗教领袖——远远超过阿维森纳对亚里士多德的敬重。阿威罗伊认为神的存在能靠独立于神启的理性来证明，这也是托马斯·阿奎那的看法。关于永生问题，他似乎紧紧追随亚里士多德，说灵魂会死，但理性（nous）不会死。但这不能确保个人永生，因为同一理性表现在不同个体身上。这一观点自然被基督教哲学家驳斥。

像多数后期穆斯林哲学家那样，阿威罗伊虽是伊斯兰教徒，却并非严格的正统派。当时有个纯正统派神学家团体，他们反对一切哲学，说哲学有损信仰。其中有个神学家奥嘉泽写了本书《哲学家的毁灭》，说一切真理都在《古兰经》内，独立于神启的思考都没有必要。阿威罗伊写出《毁灭论的毁灭》作为回应。奥嘉泽特意拿虚空创世、神性的实在性、肉体复活等宗教信条反对哲学家；阿威罗伊则认为宗教含寓意式哲学真理，他用哲学思维对创世论做亚里士多德式解读。

阿威罗伊在基督教哲学的地位比在伊斯兰教哲学更重要。在伊斯兰教哲学他是个终点，在基督教哲学他是个开端。他的作品在13世纪初被迈克尔·司各特译成拉丁语，原作是12世纪下半叶才面世的，流传速度可谓惊人。在欧洲，他不仅对经院哲学家，也对许多非职业自由思想者有巨大影响，这些人由于否认灵魂不死而被称为阿威罗伊主义者。仰慕他的职业哲学家，起初大多是圣方济各会和巴黎大学的人，这个话题后文再谈。

阿拉伯哲学没什么重大原创思想。阿维森纳和阿威罗伊这样的人本质上是注释家。大体上，阿拉伯哲学家较为科学的哲学思想，在逻辑和形而上学领域来自亚里士多德和新柏拉图主义者，医学领域来自葛伦，数学和天文学领域来自希腊人和印度人，某些神秘主义宗教哲学还掺有古老的波斯信仰。阿拉伯人的数学和

阿威罗伊最初学神学和法学,当过法官。在欧洲,他不仅对经院哲学家,也对许多非职业自由思想者有巨大影响,这些人由于否认灵魂不死而被称为"阿威罗伊主义者"

迈蒙尼德是西班牙犹太人,用阿拉伯语写作,不久被译成希伯来语。他的《迷途者指南》,意在调和亚里士多德与犹太神学。据说他重新设计了犹太教的七支大烛台,就像一棵向上生长的树,释放的是精神之光而不是物质之光

化学著作有一定原创性——化学是炼金术研究的副产品。鼎盛时期的伊斯兰文明在美术和许多工艺方面令人赞叹，但在理论问题上没表现出独立思辨才能。他们不可低估的贡献在于传播文明。古今欧洲文明之间隔着一段黑暗时代。穆斯林和拜占庭人虽然缺乏知识创新能力，却保存了人类文明的工具——教育、书籍和治学闲暇。他们都曾经促使西欧摆脱野蛮状态——穆斯林主要在13世纪，拜占庭人主要在15世纪，都产生比传播者本身更好的新思想：前者是经院哲学，后者是文艺复兴（但文艺复兴还有其他原因）。

犹太人成为西班牙摩尔人与基督徒之间的纽带。基督教再次占领西班牙，许多早就生活在西班牙的犹太人留下来，他们既懂阿拉伯语，又被迫学会基督徒的语言，能胜任翻译。另一种文化融合发生在13世纪，穆斯林迫害亚里士多德信奉者，摩尔哲学家只好找犹太人避难，尤其在普罗旺斯。

西班牙犹太人里有一位重要哲学家，迈蒙尼德。他在1135年出生于科尔多瓦，三十岁来到开罗，在那里度过余生。他用阿拉伯语写作，不久即被译成希伯来语。去世几十年后，他的作品被译成拉丁语，也许是皇帝腓特烈二世要求的。他为丧失信仰的哲学家写了本书，叫《迷途者指南》，意在调和亚里士多德与犹太神学。亚里士多德是尘世的权威，神启是天上的权威。认识上帝，哲学和神启殊途同归。宗教有义务追求真理，占星术要不得。摩西五经不能总照字面意思理解，字面意思与理性抵触时，我们应寻求寓言性解释。针对亚里士多德，他主张上帝不仅从虚无创造形式，还创造了实体。他写了《蒂迈欧篇》的概述（他读的是阿拉伯文译本），觉得此书某些内容优于亚里士多德。上帝的本质超越一切言语能表达的善，所以不可知。犹太人视他为异端，甚至挑拨基督教会的权势人物攻击他。有人认为他影响了斯宾诺莎，但这很说不准。

第十一章　12世纪

12世纪特别值得我们注意的有四点：

（1）皇帝与教宗的持续冲突；

（2）伦巴底城市的兴起；

（3）十字军东征；

（4）经院哲学的发展。

这一切都延续到下个世纪。十字军东征逐渐走向可耻结局，在12世纪尚处过渡阶段的另三件事在13世纪达到高潮，教宗彻底战胜皇帝，伦巴底诸城安然独立，经院哲学登峰造极，这一切都是12世纪预先铺垫的结果。

不止第一点，连其余三点都与教宗及教会权势的增长密切相关。教宗联合伦巴底诸城对抗皇帝；乌尔班二世发起首次十字军东征，后继教宗也是后几次东征的主要策划人；经院哲学家都是神职人员，历届宗教会议勉励他们谨守正统，并在他们误入歧途时予以惩罚。他们觉得教会的政治胜利自己也有份，思想创新的积极性油然而生。

中世纪的一大怪事是人们极富创意而不自知。各方都假托古籍或古论来推行自己的主张。德意志皇帝搬出查理曼时代的封建体制，意大利皇帝搬出罗马法和古帝王的权柄。伦巴底诸城退得更远，把罗马共和国的制度都搬了出来。教宗党部分靠伪造的君士坦丁赠礼，部分靠《旧约》记载的扫罗与撒母耳的关系为自己的权力撑腰。经院学者不是《圣经》就是柏拉图、亚里士多德一个接一个引用，对新理论则竭力掩饰。多次十字军东征就是为恢复伊斯兰教兴起前的局面。

我们切勿被字面上的好古风气蒙蔽，只有皇帝好古是来真的。封建主义日渐衰颓，尤其在意大利，罗马帝国已然成追忆，皇帝败了。北意大利诸城后来出现许多与古希腊城市相仿的特征，古代模式重演，不是为模仿，而是由于境况相似：小而富裕、高度文明化的共和型商业社会，四周围绕着许多文化水平较低的君主国家。那些经院哲学家不管多崇尚亚里士多德，也表现出远超一切阿拉伯人的创意——其实比普洛丁，或起码是奥古斯丁以来的任何人都更具创意。与思想领域相似，当时政治领域也有许多隐蔽的创意。

帝国与教廷的冲突

从教宗贵格利七世到13世纪中叶，欧洲史的核心是教会与世俗统治者的权力斗争，世俗统治者主要是皇帝，有时是法兰西或英格兰国王。贵格利七世黯然收场，但他的政策被乌尔班二世以柔化方式继续推行（1088—1099）。乌尔班二世重申反对俗界受职礼的教令，要求主教由修士和民众自由选任（民众参与无疑是纯粹走形式）。但实际操作中，如果俗界任命的是好人，他就不再争执。

起初乌尔班在诺曼人地盘上才安全，但1093年亨利四世之子康拉德背叛其父，乌尔班与康拉德联手征服北意大利，并得到北意大利以米兰为首的伦巴底城市联盟的支持。1094年，乌尔班举行从北意大利横穿法兰西的胜利大游行。他制伏法兰西王腓力四世，腓力四世由于要求离婚而被教宗开除教籍，后来屈服了。在1095年的克莱芒会议上，乌尔班第一次发动十字军东征，掀起宗教狂热，强化教宗权势——也导致了凶残的犹太人大屠杀。乌尔班的晚年是在罗马安然度过的，以前的教宗很少能这样。

下任教宗帕斯卡二世像乌尔班一样，也出身克吕尼修道院。他继续争取受职礼，并在法兰西和英格兰得胜。但1106年亨利四世死后，继任皇帝亨利五世挫败了教宗。帕斯卡为人单纯，对圣洁的追求影响了他的政治判断。他建议皇帝放弃受职礼，作为交换，主教和修道院长放弃世俗财产。皇帝表示同意，但协议内容泄露，教宗遭到神职人员的激烈反抗。身在罗马的皇帝趁机捉了教宗，教宗被迫在受职礼上让步，还给亨利五世加了冕。但十一年后，教宗嘉礼二世借1122年的沃尔姆斯协约迫使亨利五世放弃受职礼并交出勃艮第和意大利境内的主教选举控制权。

至此，斗争结果是曾经从属亨利三世的教宗终于和皇帝平起平坐。同时教宗在教会内部成为真正的首脑，通过使节掌控整个教会。教宗权力的增强，相应削弱了主教的重要性。教宗选举摆脱了世俗控制，神职人员的品行一般也比改革前端正。

伦巴底城市的兴起

下个阶段牵涉到皇帝腓特烈·巴巴罗萨（1152—1190），他精明强干又精力旺盛，是个做任何事业都能成功的人，只要这领域有成功的可能。他受过良好的教育，以阅读拉丁文为乐，虽然说得不好。他有深厚的古典学识，崇尚罗马法。他自视罗马皇帝的继承者，想获取他们那样的权力，但作为德意志人他在意大利很不受待见。那些伦巴底城市承认他是正式领主，却反对他插手他们的事——只有几座因惧怕米兰而求他保护的城市除外。米兰的巴塔亚运动还在继续，多少有些民主化倾向；北意大利诸城大多（但并非全部）支持米兰，联合起来对抗皇帝。

哈德良四世是个活力充沛的英格兰人，曾在挪威传教，在巴巴罗萨即位两年后当上教宗，起初与巴巴罗萨由于同仇敌忾而关系良好。罗马对皇帝和教宗都宣布独立，还请了个圣人般的异端、布雷西亚的阿诺[1]来助阵。阿诺异端很严重，说"有财产的教士、有领地的主教、有田产的修士，都无法得救"。他觉得神职人员应全心全意献身精神事务。尽管他被认定为异端，但没人质疑他诚心的苦行。圣伯纳猛烈抨击他说："他不吃不喝，却像魔鬼般只渴求灵魂的血。"哈德良的前任教宗曾致信巴巴罗萨，抱怨阿诺支持罗马民众动乱，妄图选一百个元老、两个执政官并自行拥立一个皇帝。当时腓特烈正要挥师意大利，自然闻言大怒。罗马要求地方自治，在阿诺鼓动下掀起一场暴动，杀了一名红衣主教。新任教宗哈德良给罗马教区下达禁止令[2]。适逢圣周，罗马人被迷信吓倒，终于屈服，还保证驱逐阿诺。阿诺躲起来，但被皇帝的军队擒获，烧死后骨灰扔进台伯河，以防有人把这骨灰当圣物保存。由于腓特烈不愿在教宗下马时替他挽缰扶镫，1155年教宗拖了段时间才在民众抗议中给腓特烈加了冕，这次抗议被一场大屠杀镇压。

除掉了实诚人，讲求实际的政客们又可随心所欲地继续争执了。

教宗跟诺曼人讲和，1157年竟与皇帝决裂。从此教宗一边与皇帝、一边与伦巴底诸城展开几乎连续不断的斗争。斗争长达二十年，诺曼人大都支持教宗，针对皇帝的多数战役是伦巴底联盟打的，他们高呼"自由"，受到大众的热烈鼓舞。皇帝包围许多城市，1162年甚至攻陷米兰，将之夷为平地，逼居民搬走。但五年后伦巴底联盟重建米兰，原米兰居民纷纷归来。同一年，皇帝携事先选好的伪教宗[3]大举进军罗马。教宗逃亡，眼看要走投无路，腓特烈部队却被瘟疫摧毁，只好孤身逃回德意志。不止西西里，连希腊皇帝这时都支持伦巴底联盟，但巴巴罗萨还是又发动一场进攻，结果在1176年的莱尼亚诺之战大败。他被迫讲和，让这些城市享受一切实质自由。皇帝与教宗也讲和，但谁都没有在和解协议中取得全面胜利。

巴巴罗萨的结局还不错，1189年他发动第三次十字军东征，翌年去世。

结果表明，自由城市的兴起是这场漫长斗争中最重要的事。皇帝的权力与腐

---

[1] 据说他是法兰西经院哲学家皮埃尔·阿贝拉的弟子，但无从考证。
[2] 禁止某人或某地举行大部分圣礼和基督教葬礼。——译注
[3] 这段时期往往有伪教宗。哈德良四世死后，亚历山大三世和维克多四世像拔河般抢夺教宗法袍，伪教宗维克多四世没抢到手，就从党羽手中接过一件备好的替代品，却手忙脚乱穿反了。

朽的封建体制相关，教宗的权力虽然仍在增长，但很大程度上是由于世人需要他当皇帝的对手；因此，当皇帝不再构成威胁，教宗的权势就随之衰落。各城市的势力则是新兴的，是经济发展的结果，也是新型政治改革的源头。尽管12世纪还没显露，但意大利城市不久就形成一种非宗教文化，在文学、艺术和科学领域都达到极高水平。对巴巴罗萨的成功抵抗使这一切成为可能。

北意大利的大城市靠商贸生存，12世纪的安定环境使贸易更加繁荣。威尼斯、热那亚和比萨等海滨城市从来不用靠战斗争取自由，所以不像阿尔卑斯山脚下的城市那样仇视皇帝。山脚城市是皇帝进出意大利的门户，对他十分重要。因此米兰成为当时最吸引人、最重要的意大利城市。

亨利三世之前的米兰人总是乐意追随大主教，但巴塔亚运动改变了这一切：大主教与贵族结成一伙，声势浩大的群众运动既反大主教又反贵族。这时出现了民主萌芽，新宪法规定城市长官由市民选举产生。北部城市尤其是博洛尼亚有博学的世俗律师阶层，精通罗马法；此外从12世纪起，富裕民众所受的教育远好过阿尔卑斯山北边那些封建贵族。富有的商业城市虽然联合教宗反皇帝，却不信基督教。12、13世纪，很多人持一种类似清教徒的异教观念，像宗教改革后的英格兰和荷兰商人。后来他们倾向于自由思想，口头拥护教会，内心毫不虔诚。但丁是最后的旧派，薄伽丘是最早的新派。

十字军东征

十字军东征的战争性质我们不谈，只谈对文化的重要影响。十字军的目的（起码表面上）在于宗教，由教宗发动再自然不过，教宗权势随着战争宣传掀起的宗教激情而增长。另一重要影响是犹太人被大批屠杀，躲过屠杀的犹太人也往往被夺去财产并强制受洗。第一次十字军东征，德意志犹太人遭大规模屠杀；第三次十字军东征，惨剧在狮心王理查治下的英格兰再次上演。第一个基督教皇帝的发祥地约克郡，偏偏成为最骇人听闻的大规模反犹暴行发生地。十字军东征前，犹太人几乎垄断全欧洲的东方物产贸易；东征过后，犹太人惨遭迫害，这贸易大部分落入基督徒之手。

十字军东征另一迥异的影响是刺激了与君士坦丁堡的文化交流。12世纪和13世纪早期，许多希腊语著作被翻译成拉丁语，就是这场交流的结果。西欧尤其是威尼斯与君士坦丁堡的贸易往来一直很繁忙，但意大利商人无暇顾及希腊典籍，正如上海的英美商人无暇顾及中国典籍（欧洲人的中国古典知识主要来自传教士）。

经院哲学的发展

狭义的经院哲学始于12世纪早期，有一些鲜明特征。首先，哲学家谨守正统，往往会撤销受宗教会议谴责的观点，这不能全怪他们懦弱，其实就像法官服从上诉法院的判决。其次，12、13世纪人们逐渐对亚里士多德有了较为全面的认识，正统限度内的亚里士多德思想逐渐成为公认的至高权威，柏拉图不再占首要地位。第三，经院哲学家非常信奉辩证法和三段论推理，他们的整体风气与其说是神秘，不如说是烦琐好辩。第四，人们发现亚里士多德和柏拉图对共性问题有不同看法，共性问题凸显出来，但这并不意味着它就是当时哲学家们关心的主要对象。

12世纪在哲学和许多其他领域给伟人辈出的13世纪铺了道路。而早期人物有先驱精神，这个时代有一种新的理性自信，尽管崇敬亚里士多德，但只要形而上学没有被宗教信条逼入险境，人们就自由活跃地运用理性。经院派的缺陷是过分强调"辩证法"的必然结果：无视事实和科学，在凭观察才能决断的事上偏信推理，过分强调言辞区别和精微末节。我们谈柏拉图时提过这些缺陷，而经院哲学家远比柏拉图极端。

第一个严格意义上的经院哲学家是罗塞林。他不太为人所知，约1050年出生于贡比涅，曾在布列塔尼的洛什讲学，阿贝拉在这里成为他的弟子。1092年他在兰斯宗教会议上被控异端，怕被那些喜欢动私刑的神职人员拿石头砸死，就撤回自己的观点。逃到英格兰后，他贸然抨击圣安塞莫，又逃到罗马，向教会妥协。约1120年他湮灭于历史，死于何时人们只能猜测。

除了一封写给阿贝拉论三位一体的信外，罗塞林的作品已全部佚失。他在信里贬损阿贝拉，取笑对方被阉的事。很少流露感情的余柏威也不禁批评他，说他应非善辈。除了这封信，人们主要靠安塞莫和阿贝拉的论辩文章了解罗塞林。据安塞莫所述，罗塞林说共性仅仅是"flatus vocis"，即"声息"。照字面解释，他是说共性只是物理现象，即我们说这个词时发出声音。但很难想象罗塞林会有这么蠢的说法。安塞莫说，罗塞林认为"人"不是一个整体，而仅仅是统称；像忠实的柏拉图主义者那样，安塞莫把这个观点归结于罗塞林只承认可感知事物的实在性。罗塞林似乎曾笼统地表示，由多个部分组成的整体没有自身的实在性，只是词语；实在性属于那些组成部分。这个观点应该，也许事实上把他导向了极端原子论。不管怎样，这使他在三位一体问题上陷入困境。他认为三位是三个彼此区别的实体，只是出于语言习惯我们没说成三位上帝。他也不赞同圣子、圣父和圣灵都是上帝化身的解释。这一切思索，凡涉嫌异端的都被他在1092年的兰斯会议上撤销。我们无法了解他对共性的真实看法，但不管怎样他显然算是唯名论者。

他的学生阿贝拉（或曰阿拜拉）更有才华，也比他有名得多。阿贝拉1079年出生于南特附近，在巴黎师从实在论者尚波人威廉，后来在巴黎天主教学校讲学，并在这里抨击威廉，迫使威廉改变说法。他跟着拉昂的安塞莫（不是大主教安塞莫）专攻一段时间的神学，1113年回到巴黎，成为极受欢迎的教师。正是此时他成为法政牧师富尔伯的侄女哀绿绮思的情人。富尔伯让人阉了他，他和哀绿绮思被迫遁世，他进圣丹尼斯修道院，哀绿绮思进阿让特伊的女修道院。德国学者施米德认为，这对情人间的著名书信全是阿贝拉的文学虚构。我没法判断这一说法正确与否，但是照阿贝拉的性格，这也不是不可能。他向来自负、好辩、睥睨一切，遭遇不幸更添愤怒和屈辱。哀绿绮思的信远比他的信痴情，可以想象他杜撰这些东西来抚慰受伤的自尊。

隐退的他仍是极为成功的教师。青年人喜欢他的聪敏、他的善辩、他对老教师的不屑。相反，老者不喜欢他，1121年他因一部不正统的三位一体作品在苏瓦松被指控。适当屈服后，他成为布列塔尼圣吉达斯修道院院长，却发现这里的修士全是乡野莽汉。经过四年的悲惨流放，他回到相对文明的地方，后况不详，只有索兹堡的约翰说他继续教学并大获成功。1141年，在圣伯纳的要求下他再次被指控，这次是在桑斯。他隐退于克吕尼修道院，翌年去世。

阿贝拉最著名的作品是1121—1122年写的《是与否》。他从正反两面辩证探讨各种重大问题，通常不追求任何结论；他显然就是喜好辩论，认为辩论有助于磨炼智慧。此书唤醒在教条中沉睡的人，影响巨大。阿贝拉主张（除了《圣经》）辩证法是抵达真理的唯一通道，固然得不到经验主义者的赞同，当时却是可贵的偏见化解剂，鼓励人们无畏运用理智。他说，《圣经》以外没有任何事物是一贯正确的，连圣徒和教父都可能犯错。

以现代眼光看，他太注重逻辑。他说逻辑就是基督教科学本身，并拿逻辑这个词的词源"逻各斯"（logos，道）玩文字游戏。《约翰福音》说"太初有道"，他觉得这证明了逻辑的神圣。

阿贝拉的主要成就在于逻辑和认识论。他的哲学是批判分析，关键是语言的批判分析。至于共性，即能够用来指称许多不同事物的东西，他认为我们指称的不是事物，而是词语。这属于唯名论。但他又反对罗塞林，说"声息"就是事物，我们指称的不是词从口出的物理现象，而是词的含义。这是在援引亚里士多德。但两个类似物之间的相似本身不是一个事物，实在论就错在这里。他还说了些更敌视实在论的话，比如普遍观念并非基于事物本质，而是许多事物的混乱幻象。尽管如此，他并未完全否定柏拉图的理念：理念在上帝的头脑中，是造物的模型，其实就是上帝的观念。

且不说对错，这些观点无疑非常高明。有关共性问题，最现代的说法也没比这进步多少。

并未圣洁到睿智境界的圣伯纳[1]不懂阿贝拉，对阿贝拉有许多不公平的指责。他断言阿贝拉讲三位一体像个亚流派，讲神恩像个伯拉纠派，讲基督位格像个聂斯托利派；又说阿贝拉大汗淋漓地证明柏拉图是基督徒，恰恰表明他自身是异教徒；还说他贬损基督教信仰的价值，因为他主张人类凭理性就能完全理解上帝。其实最后一条阿贝拉根本没说过，尽管他像圣安塞莫那样认为三位一体可以不借助神启而用理性证明，但他总是给信仰留出大片领域。他的确曾经说圣灵就是柏拉图笔下的世界灵魂，可一旦有人指出这说法的异端色彩，他就立即放弃。他被控异端，也许更多是由于争强好辩而不是学说立场，因为他抨击知名权威的习惯招致所有重要人物的强烈反感。

当时大多学者不像阿贝拉那样热衷辩证法。特别在夏特教堂学校涌起一股仰慕古代、追随柏拉图和波爱修斯的人文主义潮流。人们重新燃起对数学的热情，巴斯的阿德拉在12世纪早期来到西班牙，翻译了欧几里得著作。

与枯燥的经院主义方法相对，当时有一场盛大的神秘主义运动。圣伯纳是运动领袖，他父亲是骑士，死于第一次十字军东征，他本人是西多会教士，1115年在新成立的克莱乌修道院当院长。他深刻影响了教会政治——扳倒伪教宗，打击北意大利和南法兰西的异端，用正统压制胆敢冒险的哲学家，鼓动第二次十字军东征。攻击哲学家时他往往得胜，但十字军失败后他失去了普瓦捷人吉尔伯的信

---

[1] "圣伯纳的伟大不在于才智，而在于品性"，《大英百科全书》如是说。

任。圣洁的异端猎人觉得吉尔伯对波爱修斯的赞赏未免过了头。圣伯纳虽然是政治家兼顽固派,却有真正的宗教秉性,写的拉丁文赞美诗优美之至[1]。受他影响的人里,神秘主义者逐渐成为主流,直到弗洛哈的约阿欣神秘到几近异端,但此人的影响在后世。圣伯纳及其追随者用主观经验和沉思而非理性来追求宗教真理,也许和阿贝拉一样失之偏颇。

作为宗教神秘主义者,圣伯纳厌恶世俗权力,对教廷沉溺俗务感到痛心。他鼓吹十字军东征,却似乎不明白战争需要组织,不能单靠宗教热情。他埋怨人们醉心于"查士丁尼法典而非上帝律法",对教宗用武力保护领地的行为感到震惊。他既认为教宗的职务是精神性的,不应染指实际统治;又对教宗怀着无限崇敬,称教宗为"主教的君王、使徒的继承人、亚伯般重要、诺亚的掌管者、宗主中的亚伯拉罕、麦基洗德的等级、艾伦的尊严、摩西的权威、士师中的撒母耳、统治者彼得、抚慰者基督"。圣伯纳种种行为的总体效果当然是大大提高了教宗在世俗事务上的权威。

索兹堡的约翰不是大思想家,但写了本漫谈录,对我们了解他那个时代很有价值。他当过三位坎特伯雷大主教的秘书,其中一位是贝克特;他是哈德良四世的朋友,晚年当上夏特主教,1180年死于夏特。对信仰以外的事,他总是充满怀疑,自称是一个奥古斯丁意义上的学院派。他对国王的敬意少得可怜:"文盲国王就是戴王冠的驴子。"他崇敬圣伯纳,但深知圣伯纳调和柏拉图与亚里士多德的努力只是瞎忙活。他仰慕阿贝拉,却嘲笑他的共性论,对罗塞林也一样。他认为逻辑有助于获取学识,但逻辑本身无血肉无结果。他说,亚里士多德哪怕在逻辑领域也有改进空间,对先贤的尊重不应妨碍理性的批判性运用。对他而言,柏拉图仍是"哲人王"。他与当时几乎所有博学之士都有来往,经常友好地参与经院哲学论争。他重访三十年前去过的哲学学院,发现他们还在讨论老一套问题,便置之一笑。他经常出入的那些团体,气氛就像三十年前的牛津大学公共休息室。在他的暮年,教堂学校纷纷被大学取代,从那时起,许多大学尤其是英格兰的大学传承至今,非常了不起。

12世纪,翻译家逐渐为西欧学者提供越来越多的希腊著作。译作主要有三个

---

[1] 中世纪的拉丁文赞美诗讲究韵律,以时而慷慨崇高、时而温婉凄切的措辞表达当时最美好的宗教情感。

来源地：君士坦丁堡、巴勒莫和托莱多。其中托莱多最重要，但这里产出的译作往往是根据阿拉伯译本转译，不是直接根据希腊原著翻译的。12世纪上半叶的后期，托莱多大主教雷蒙德创办了一所翻译学院，成果颇丰。1128年，威尼斯的詹姆士翻译亚里士多德的《分析篇》《论题篇》和《诡辩篇》；西方哲学家觉得《后分析篇》艰深难懂。卡塔尼亚的亨利·阿瑞斯提普翻译《斐多篇》和《美诺篇》，但他的译本没有立即产生影响。12世纪人们对希腊哲学了解得不全面，当时的博学之士却意识到有许多东西尚待发掘，涌起一股全面获取古代知识的热潮。正统教义的桎梏偶尔没我们想象的那样沉重，人们可以著书立说，必要的话就在充分公开讨论后撤销其中的异端成分。当时绝大多数哲学家是法兰西人，法兰西是教廷对抗皇帝的重要帮手。不管在神学理论上有什么异端，博学的教士在政治上几乎全是正统派，例外人物布雷西亚的阿诺就显得尤其邪恶。从政治角度看，早期经院哲学是教廷权力斗争的衍生品。

第十二章　13世纪

　　13世纪是中世纪的顶点，罗马陷落后逐渐发展的综合体系至此完备至巅峰。14世纪是各种制度和哲学的瓦解，15世纪则迎来近代事物的开端。13世纪的伟大人物非常显赫：英诺森三世、圣方济各、腓特烈二世和托马斯·阿奎那等，以不同方式成为各自领域的卓越代表。还有一些巨大成就与著名人物没什么确切关联，比如法兰西的哥特教堂，查理曼、亚瑟王和尼伯龙根的浪漫文学，大宪章和众议院的宪政开端等。与我们最相关的是经院哲学尤其阿奎那的经院哲学，留待下一章探讨，本章先概述塑造这个时代精神面貌的主要事件。

　　13世纪初期的核心人物是教宗英诺森三世（1198—1216年在任），他是个高明的政治家，精力无比充沛，坚信教廷最极端的主张，天生缺乏基督式谦卑。就任圣职时，他宣读的经文是："看哪，我今日立你在列邦列国之上，任你拔除和打破，毁坏和倾覆，建立和栽植。"他自称"万王之王，万君之君，永恒的麦基洗德级别神父"，并借助一切有利因素实现这个自我定位。亨利六世（逝于1197年）征服西西里并娶诺曼王女继承人康丝坦斯为妻，英诺森即位时西西里新王腓特烈年仅三岁，政局动荡，康丝坦斯需要教宗帮助，于是请教宗当幼王腓特烈的监护人，以臣服教廷为代价让教宗认可腓特烈在西西里的统治。葡萄牙和阿拉贡也以类似方式承认教廷的优越地位。在英格兰，国王约翰顽抗后被迫把王国献给英诺森，再从英诺森手里接回来当封地。

第四次十字军东征，英诺森三世竟被维也纳人算计。十字军要从威尼斯走水路出发，却没有足够船只。当时除了威尼斯人谁都没那么多船，而他们（纯粹为商业利益）说与其打耶路撒冷不如打君士坦丁堡，反正君士坦丁堡是块有用的垫脚石，东罗马帝国也从未对十字军友好。十字军不得不向威尼斯屈服，就打下君士坦丁堡，立了个拉丁皇帝。英诺森起初很生气，但转念一想，也许可以趁机让东西部教会重新合二为一（这个愿望终成泡影）。除此之外，我不知还有谁占过英诺森三世的便宜。他派大批十字军征讨阿尔比派，把南法兰西的异端连同幸福、繁荣和文化连根拔除。他剥夺图卢兹伯爵雷蒙德的封号，理由是雷蒙德对这次东征态度温吞欠热情；他把阿尔比派的大部分土地赏给十字军统帅、议会之父的父亲赛门·德·蒙特福。他跟皇帝奥托吵，并号召日耳曼人打倒皇帝。日耳曼人照办，还按他的指示立刚成年的腓特烈二世为皇帝。腓特烈为教宗的支持付出了惊人代价，但他已打定主意尽快背弃誓约。

英诺森三世是伟大教宗中第一个毫不神圣的人。教会改革让教士集团觉得很有道德优越感，再不担心圣洁问题。从英诺森时代开始，教廷越来越只顾权力，甚至他在世时就引起一些虔诚教徒的反对。他将教规编成典章，加强教廷权力；德意志游吟诗人怀特·冯·德·福格韦德说这部典章是"最黑暗的地狱之书"。尽管教宗还在节节取胜，但日后的衰落已见端倪。

1212年，曾受英诺森三世监护的腓特烈二世来到德意志，在教宗帮助下取代奥托当选皇帝。英诺森没能活着见到自己给教廷培养了一个多么可怕的劲敌。

腓特烈是史上最卓越的统治者之一。他在艰难困顿中度过青少年时代，父亲亨利六世（巴巴罗萨之子）打败西西里的诺曼人，娶了王朝女继承人康丝坦斯，在西西里建起当地人痛恨的日耳曼驻地，却在1197年就死了，当时腓特烈年仅三岁。从此康丝坦斯与日耳曼人反目，竭力抛开他们，靠教宗协助统治。日耳曼人怀恨在心，奥托试图征服西西里，与教宗发生冲突。腓特烈幼时生活的巴勒莫还有许多其他麻烦。穆斯林不时暴动；比萨人和热那亚人不但互相打斗，还跟岛上所有其他人争地盘；西西里的显要人物熟练地见风使舵，谁出价高就为谁背信弃义。但文化上西西里极有优势。伊斯兰、拜占庭、意大利和德意志文明在这里碰撞交融，其他任何地方都望尘莫及。希腊语和阿拉伯语在西西里仍是活的语言。腓特烈能熟练运用六种语言，每一种都说得妙趣横生。他通晓阿拉伯哲学，与穆斯林关系融洽，这让虔诚的基督徒心生不满。他属于霍亨斯陶芬家族，在德意志算是日耳曼人。但在文化和情感上他是意大利人，还有些拜占庭和阿拉伯色彩。同代人以惊异的目光注视他，称他为"世界奇迹、了不起的改革家"，而惊异逐渐凝固为恐惧。他在世时已成为传奇。据说他是《论三大骗子》的作者，三大骗子指摩西、基督和穆罕默德。这书子虚乌有，但后来教会的许多敌人也被说成它的作者，最后一个是斯宾诺莎。

"Guelf"（教宗党）和"Ghibelline"（皇帝党）两词就是腓特烈和奥托皇帝争雄时出现的，分别是两人姓氏"Welf"和"Waiblingen"的变体。奥托的侄子是英国皇室的先祖。

英诺森三世死于1216年，被腓特烈打败的奥托死于1218年。新任教宗荷诺里三世起初与腓特烈交好，但不久就出了麻烦。腓特烈不但拒绝参加十字军，还跟亲教宗的伦巴底诸城不合。伦巴底几座城市在1226年订立为期二十五年的攻守同盟，他们仇恨日耳曼人，火气不小的诗句"不要爱日耳曼；离那群疯狗远点，再远点"似乎表达了伦巴底人的普遍感受。腓特烈想待在意大利收拾这些城市，但1227年荷诺里去世，继任者贵格利九世是个热烈的苦修者，热爱圣方济各，也被圣方济各热爱（方济各死后两年被贵格利封为圣徒）。在贵格利眼中没有比十字军东征更重要的事，他干脆把不肯参加十字军的腓特烈开除教籍。腓特烈后来娶耶路撒冷国王的公主兼继承人为妻，愿意东征了，还自称耶路撒冷王。1228年，他在没有教籍的情况下东征，这比他不肯东征还让贵格利恼火：十字军岂可让一个被教宗剥夺教籍的人带领？来到巴勒斯坦，腓特烈跟穆斯林交朋友，向他们解释说，耶路撒冷其实没什么战略价值，只是基督徒很看重这里；结果成功让穆斯林把该城和平交还到他手中。这让教宗火上浇油：基督徒应当与异教徒作战而不是和谈。但腓特烈在耶稣撒冷正式被加冕，谁都无法否定他的成功。教宗在1230年与皇帝言和。

接下来五年的和平期，腓特烈皇帝专心处理西西里王国的政务，在首相皮耶托·德瓦加的协助下颁布一部新法典。新法典源于罗马法，表现出腓特烈治下南部国土的高度文明，立即被译成希腊语，以便希腊居民使用。他在那不勒斯创办一所重要的大学，还铸造叫做"奥古斯托"的金币，这是许多世纪以来西方的第一批金币。他创立自由贸易制度，废除一切内部关税。他甚至召集各城选派的代表参加自己的会议，不过他们只有建议权。

这段和平期因1237年腓特烈与伦巴底联盟再次冲突而告终。教宗站在联盟这边，再次开除皇帝的教籍。从此直到1250年腓特烈去世，战争几乎没有间断，双方越来越愤怒、诡诈和凶残，打得难解难分，皇帝死时还没个结果。但腓特烈的继承人没有他那样的能力，逐渐败下阵来，意大利四分五裂，教宗得胜。

教宗换任对这场斗争影响不大，每个新教宗都几乎原封不动地奉行前任的政策。1241年贵格利九世去世，1243年腓特烈的死敌英诺森四世当选。路易九世虽然是十足的正统派，却竭力化解贵格利与英诺森四世的敌意，只是白费功夫。英诺森刻意拒绝皇帝的一切建议，肆无忌惮挖空心思跟他作对。他宣布废除腓特烈的帝位，组织十字军讨伐他，并开除他所有支持者的教籍。托钵修士到处说他的坏话，穆斯林发起叛变，连名义上支持他的某些要人也在搞阴谋。这一切使腓特烈愈加残忍，对叛徒施以酷刑，对囚犯挖右眼砍右手。

恶斗期间，腓特烈曾想过创立新宗教，亲自充当弥赛亚，让首相皮耶托·德瓦加充当圣彼得[1]。他还没把计划公之于众，只是先写信透露给德瓦加。但忽然之间，他认定就是德瓦加在谋反，于是弄瞎他的眼睛，把他装在笼子里游街示众；德瓦加为逃避折磨而自杀身亡。

腓特烈虽有才能，却无法成功，因为当时的反教宗势力虔诚又民主，他却想恢复罗马帝国那样的异教政体。文化上他很开明，但政治上他是退步的。他的宫廷是东方式的，后宫还有太监。意大利诗歌偏偏在这座宫廷萌芽，他本人也有几分诗才。与教宗冲突的过程中，他屡次发表有关教会专制危害的争议性观点，这在16世纪应该会博得赞赏，在他所处的时代却没有激起一丝涟漪。那些异端本该成为他的盟友，却被他视为区区叛徒，为取悦教宗他甚至迫害他们。那些自由城市，要不是有他这个皇帝，很可能会反教宗；但只要受腓特烈压制，就把教宗当盟友。因此，尽管他摆脱当时的迷信，在文化上也远超其他同代统治者，但身为皇帝他不得不反对一切政治上的自由力量。他注定失败，却仍是史上最有意思的

---

[1] 参阅赫曼·康拓威：《腓特烈二世传》。

失败者之一。

被英诺森三世的十字军征讨、被腓特烈在内的一切统治者迫害的异端，无论他们本身还是他们承载的大众情感都值得研究；这些东西只能从该角度入手，当时的作品很少提及。

最有意思又最庞大的异端是纯洁派，在南法兰西有个更著名的称呼：阿尔比派。他们的教义从亚洲经巴尔干半岛传来，在北意大利流传很广，在南法兰西也大受追捧，包括想抢占教会田产的贵族。该异端广为散播，部分是由于十字军战败造成的失望，但主要是由于教士集团富有又邪恶激起的道德憎恶。当时到处流行一种类似于后世清教主义的情感，崇尚个人纯洁并狂热崇尚清贫。教会富有而庸俗，很多牧师根本就是败类。托钵修士指责旧修会和教区牧师，断言他们利用告解室引诱妇女；托钵会的对手则反唇相讥。毫无疑问，这些指责大多是有理有据的。教会越是以宗教为由标榜教权至上，民众就越被他们的言行不一震骇。最终导致宗教改革的动机，在13世纪已暗流汹涌。主要区别在于世俗统治者此时还没决心与各派异端同生死共命运，而这多半是由于当时没有任何哲学能把异端观念与国王的统治主张相调和。

纯洁派的教义无法确知，因为我们只能借助他们敌手的说法来推断。再者，通晓异端史的教士总喜欢贴标签，往往仅根据一点非常牵强的类似，就把先前异端的教义统统附会到现有异端的头上。尽管如此，也有许多情况几乎毋庸置疑。纯洁派似乎是二元论者，像诺斯替派那样认为《旧约》的耶和华是邪恶的造物主，真正的上帝只出现于《新约》。他们认为物质本性是邪恶的，还相信善人死后肉体不复活，恶人却要托生为动物遭受轮回之苦。因此他们是素食主义者，连鸡蛋、奶酪和牛奶都不沾。不过他们吃鱼，理由是鱼来自无性繁殖。一切性行为在他们眼中都是邪恶的，有些还说婚姻比奸情更坏，因为婚姻是持续又得意自满的。另一方面，他们却不反对自杀。他们比正统派还拘泥《新约》的字面意思，不发誓，被打了左脸真把右脸扭过去让人打。据迫害者记载，有人被指控异端，为了辩护就说自己吃肉、撒谎、发誓而且是好天主教徒。

纯洁派较为严厉的教规只由那些极为圣洁的所谓"完人"来遵守，其余人可以吃肉甚至结婚。

这些教义的宗谱探究起来很有趣。它们从保加利亚的柏格迈派通过十字军来到意大利和法兰西；1167年，纯洁派在图卢兹附近开会，有保加利亚代表参加。

柏格迈派则是摩尼教与保罗派的融合。保罗派是亚美尼亚派的一支，反对婴儿受洗，不承认炼狱、圣灵召唤术、三位一体，他们逐渐传播到色雷斯，再传入保加利亚。保罗派是马西翁的追随者，马西翁认为自己排斥基督教的犹太元素是在追随圣保罗，与诺斯替派有些相似，虽然不属于诺斯替派。

流行异端我再谈一个，那就是沃多派。他们是狂热主义者彼得·沃多的信徒，此人在1170年发动十字军推行基督律令。他把全部身家分给穷人，创立"里昂穷人"会，厉行安贫乐道的生活。起初他们受到教廷的嘉许，却由于太过激烈地抨击教士堕落而在1184年的维罗纳宗教会议上被指控。从此他们断定任何好人都有资格传教讲经，自行指派传教士，摒弃天主教神父的一切礼拜。他们传播到伦巴底，再到波希米亚，在这里为胡斯派铺平了道路。阿尔比派受迫害时，他们跟着遭殃，许多人逃到皮埃蒙特；正是他们在皮埃蒙特遭受的迫害让同代人弥尔顿写出这句商籁诗"复仇吧，主！为惨遭杀害的圣徒"。至今在偏远的阿尔卑斯山谷以及美国还有沃多派信徒。

教会因种种异端惶恐，便动用蛮横手段进行镇压。英诺森三世认为异端都该死，他们犯的是背叛基督罪。他号召法兰西国王派十字军征讨阿尔比派，1209年法兰西王照办，过程凶残得令人发指，特别是攻占卡尔卡松后那场骇人听闻的大屠杀。搜捕异端原是主教们的事，但这对身负其他职责的人来说太过繁重，于是贵格利九世在1233年设立宗教裁判所，接手主教这方面的工作。1254年后，被宗教裁判所控诉的人不准请律师辩护。一旦被定罪，他们的财产就被没收——在法兰西由国王没收。教会把所谓罪人移交世俗当局，并祈祷他能活命；然而，当局的人要是不烧死他，自己就得去宗教裁判所受审。宗教裁判所不仅管一般意义上的异端，还管妖术和巫术。在西班牙，宗教裁判所主要由道明会和方济各会操办，主要针对秘密的犹太教徒。这种裁判制度从未渗入斯堪的纳维亚或英格兰，但英格兰人毫不客气地用它对付圣女贞德。总体上讲，宗教裁判所达到了目的，一开始就完全消灭了阿尔比异端。

13世纪早期，教会面临着可怕程度不亚于16世纪那场叛乱的巨大危险。从危险中逃脱，很大程度上归功于托钵会的纷纷兴起。圣方济各和圣道明对正统教义的贡献，甚至比那几任最精明强干的教宗还多。

阿西西的圣方济各（1181或1182—1226）是史上最可爱的人物之一。他家道殷实，少年时代并不反感世俗嬉乐。但有一天，他骑马从一个麻风病人身边擦过，突如其来的怜悯之情使他下马亲了那个人。不久他决心放弃一切俗财，献身传教和慈善。身为体面商人的父亲怒不可遏，却拦不住他。他很快有了一群追随者，统统发誓彻底清贫过活。他们起初引来教会怀疑的目光，因为太像"里昂穷人"派。圣方济各遭至远方的第一批传教士被视为异端，因为他们身体力行地过穷日子，而不是（像修士那样）仅仅口头发誓行为上不动真格。精明的英诺森三世却发现这场运动只要管制在正统教义许可的限度内就有利用价值，所以在1209年认可了这个新教派。贵格利九世和圣方济各私交甚好，一直支持他，同时对他强加一些戒律，让胸怀狂热无政府主义冲动的圣人颇为懊恼。方济各希望用最严格的标准阐释清贫誓言，反对追随者占用教堂或房产。他们要行乞为生，除非有人招待，否则必须随遇而安，不能有住所。1219年他来到东方，对苏丹讲道，后者对他以礼相待，但并不改变伊斯兰信仰。回来后他发现方济各会竟建了房子，为此深感痛心，教宗却诱使或迫使他让了步。他死后，贵格利追封他为圣者，但放松了他的清贫戒律。

论圣洁，有人能和圣方济各相提并论；圣方济各的独特在于他的乐观天性，他的博爱，他的诗才。他的善良总是自然而然，没有丝毫杂质。他爱一切生命，不仅是作为基督徒或善人，而且还作为诗人。他临死前写的太阳颂几乎应出自太阳神崇拜者阿肯那顿之手，却又不尽然——其神髓仍是基督教，尽管不太明显。他感觉自己对麻风病人有责任，这全是为他们考虑，不为自己；与多数基督教圣徒不同，他更关心旁人的幸福而非自我的救赎。他向来没有任何优越感，哪怕在最卑微或最邪恶者面前。切拉诺的托马斯说他是圣徒中的超级圣徒，是罪人的自己人。

撒旦若存在，后来的方济各会肯定能给他最酣畅淋漓的满足。圣方济各的直接继任者伊莱亚兄弟穷奢极欲，完全放弃了清贫。方济各会在创立人死后的几年内主要负责为教宗党与皇帝党的血腥恶斗招兵买马。圣方济各去世七年后成立的宗教裁判所，几百年来主要都由方济各会掌管。名为属灵派的少数派仍忠于他的遗训，其中很多人被宗教裁判所当成异端烧死。属灵派主张基督和使徒没有财产，连他们身上的衣服都不属于自己，这说法在1323年被约翰二十二世判为异端。圣方济各倾尽一生努力，结果只是创立一个更富有更腐化的修会，加强教士集团的统治，助长了他们对一切道德热诚者、自由思想者的迫害。对照他本人的志向与性格，恐怕没有比这更悲哀、更讽刺的结局了。

圣道明（1170—1221）其人远不及圣方济各有意思。他是卡斯蒂连人，像罗耀拉那样狂热信奉正统教义。他的主要目标是攻击异端，而且拿贫穷当手段。阿尔比之战一直有他的身影，尽管有人说他曾谴责某些极端暴行。1215年英诺森三世成立道明会，迅速获得成功。关于圣道明，我知道的唯一有人情味的事是他对撒克逊人乔丹的自白，说他更喜欢跟年轻女子而不是老妇女说话。1242年，道明会用庄严的教令让乔丹从《道明传》删掉这句话。

道明会在宗教裁判所的事上比方济各会还积极得多。但他们也潜心钻研学术，为人类做出有价值的贡献。这并非圣道明的本意，他下令托钵修士们"没有特批不可学习世俗科学或文艺"。这条禁令于1259年撤销，从此道明会的学习研究有了一切尽可能的保障。力气活儿他们不用干，虔修功课也大幅缩短，以便腾出更多学习时间。他们致力于调和亚里士多德与基督；两位道明会修士大阿尔伯特和托马斯·阿奎那在这方面做到人力可及的极致。托马斯·阿奎那的权威凌驾一切，后世的道明会修士很难在哲学上再有什么建树；尽管圣方济各比圣道明更讨厌学问，紧接着一段时期的伟大哲人却都是方济各会的：罗杰·培根、邓斯·司各特、奥卡姆的威廉。托钵修士的哲学成就待后面章节论述。

第十三章　圣托马斯·阿奎那

托马斯·阿奎那（1225或1226—1274）被视为最伟大的经院哲学家。教哲学的天主教机构只能以他的理论为准，这是1879年教宗利奥十三世的解答令[1]立下的规矩。所以托马斯不仅是重要历史人物，还有现实影响，就像柏拉图、亚里士多德、康德和黑格尔等人——其实比后两位影响还大。他在许多方面紧紧追随亚里士多德，使斯泰加人[2]在天主教几乎像教父般权威，批评亚里士多德的纯哲学

---

〔1〕　教宗或教会高层对教规教义问题的答复。——译注
〔2〕　即亚里士多德。——译注

几乎等于渎神[1]。并非一直如此。在阿奎那时代,推崇亚里士多德反对柏拉图的战斗尚未结束。阿奎那的影响稳占上风,直到文艺复兴;后来人们对柏拉图的认识比中世纪有所进步,柏拉图再次成为多数哲学家心中的无上权威。在17世纪,笛卡尔主义者也可算正统;马勒伯汉士[2]身为神父,却从未遭受谴责。如今这种自由却已成往事,天主教修士在哲学上必须认可托马斯·阿奎那。

圣托马斯是阿奎诺伯爵之子。伯爵在那不勒斯王国的城堡离卡西诺山修道院很近,"天使圣师"就是在这座修道院受启蒙教育的。他在腓特烈二世创办的那不勒斯大学读了六年,成为道明会修士,在科隆师从当时亚里士多德派哲学领袖人物大阿尔伯特。在科隆和巴黎待了段时间后,他在1259年回意大利度过余生,只有1269—1272年这三年再度侨居巴黎。当时巴黎道明会因亚里士多德式观念与巴黎大学发生冲突,人们怀疑圣托马斯同情在巴黎大学颇为强势的阿威罗伊派异端。阿威罗伊派根据对亚里士多德的解释,主张个体灵魂无法不死,唯有理智不死,而理智不属于个体,不同理性个体的理智相同。被迫意识到这种说法有违天主教信仰后,他们拿"双重真理"当遁词:一是基于理性的哲学真理,一是基于神启的神学真理。这一切让亚里士多德名声败坏,圣托马斯在巴黎致力消除这种过分拘泥阿拉伯教条的危害,成就非凡。

与前人不同,阿奎那真正透彻地理解亚里士多德。朋友穆尔贝克人威廉送他一些直接由希腊语原著译成的亚里士多德作品,上面有威廉本人的注释。在此之前,人们对亚里士多德的认识一直被新柏拉图主义的附会蒙蔽。阿奎那追随真正的亚里士多德而厌恶柏拉图主义,哪怕是圣奥古斯丁理论中的柏拉图主义。他成功让教会认为,亚里士多德学说比柏拉图学说更适合当基督教哲学的基础,而伊斯兰教和基督教的阿威罗伊派误解了亚里士多德。依我看,亚里士多德《灵魂论》更自然地指向阿威罗伊而非阿奎那的观点;但圣托马斯以来的教会不这么看。再者,亚里士多德的多数逻辑和哲学观点并非定论,已经被证明多半有误,但这一点也是任何天主教哲学家和哲学教师都不准宣讲的。

圣托马斯最重要的作品是1259—1264年写的《驳异大全》。此书通过辩驳一个假想的非基督徒读者来确立基督教真理,这假想读者通常给人的感觉是阿拉伯哲

---

[1] 我曾在广播节目中这么做,引起了许多天主教人士的抗议。
[2] 法兰西哲学家,试图调和笛卡尔形而上学与圣奥古斯丁神学。——译注

学精通者。他还写了本几乎同样重要的《神学大全》，但此书与我们关系不大，因为它的内容很少不拿基督教真理当前提。

下面是《驳异大全》的概要。

首先思考"智慧"的含义。一个人也许很擅长某种活计，比如盖房子，这意味着他知道达到特定目的的手段。但所有特定目的都从属于宇宙目的，因此智慧本身涉及宇宙目的。宇宙目的是理智的善，即真理。对这种智慧的追求是最完美、最崇高、最有益、最愉快的事业。这一切已被"大哲学家"亦即亚里士多德的权威证实。

阿奎那说，我意在阐明天主教信仰的真理，在此却必须诉诸自然理性，因为异教徒不认可《圣经》权威。但是，自然理性不足以解释上帝的事，它能证明信仰的某些部分，对其他部分无能为力。它能证明上帝存在和灵魂不死，却无法证明三位一体、道成肉身或末日审判。凡能论证的，至此都符合基督教信仰；而神启的任何内容都没有违背理性。然而，有能用理性证明的信仰，也有不能用理性证明的信仰，两者的区分至关重要。所以本《大全》四卷里，前三卷不谈神启，除非为表明神启与理性的结论相符；只有第四卷探讨脱离神启就无法知晓的事。

第一步是证明上帝存在。有人认为这没必要，因为上帝的存在是不言自明的。如果我们知道上帝的本质，这种说法就正确，因为（下文将证明）上帝的本质与存在是同一的。但我们不知道他的本质，只有一些极不完备的认识。智者比愚者更了解他的本质，天使比二者都更了解，但任何造物对上帝本质的了解都不足以推断出上帝的存在。因此，本体论不可取。

要谨记，能证明的宗教真理也能靠信仰得知，这很重要。论证艰深，博学之士方可理解；但信仰对无知、年幼或者工作忙碌没空学哲学的人是必要的，对他们而言神启就够了。

有人说上帝只能靠信仰认识。他们主张，各种论证原理如果像《后分析篇》所言，是我们从感官经验得来的，那么任何超越感官的事物都无法证实。但这并非实情，况且即便属实，我们也能通过上帝能被人感知的种种效用来认识上帝。

如亚里士多德作品所述，上帝的存在靠不动的推动者理论证明[1]。某些事物只是受动者，某些事物动且受动。动的事物必有其他事物推动，而追溯不可能永无止境，所以我们必将在某一点遇上动而不受动的事物。这个不受动的推动者就

---

[1] 但亚里士多德的论证得出了47或55个上帝。

是上帝。也许有人会反驳，说这涉及运动永恒，而天主教不承认运动永恒。反驳无效：该论证的确建立在运动永恒的假设上，而相反假设涉及初始亦即第一原因，会使论证更有理。

《神学大全》提出上帝存在的五种证明。第一，如上所述，不动的推动者。第二，初始原因论，同样基于无限追溯的不可能。第三，一切必然定有终极根源，大致与第二种论证同理。第四，世上有各种完美形态，它们必定源于某至善至美的事物。第五，无生命的事物甚至也有目的，这目的必定在它们之外，因为只有生命体具备内在目的。

再回到《驳异大全》，证明上帝存在，我们就可以谈上帝的诸多情况，但这些情况在某种意义上都是否定性的：我们只能通过上帝不是什么来认识上帝的本质。上帝是永恒的，因为他是不受动的；上帝是不变的，因为他不含消极潜质。迪南的大卫（13世纪初期的唯物泛神论者）说上帝就是原初物质，纯属一派胡言，因为原初物质是纯粹的被动，上帝是纯粹的主动。上帝里面没有组成，所以他不是一个身体，因为身体总有若干部分。

上帝是他自身的本质，因为不这样他就不单一，而是本质与存在的复合（这点极为重要）。在上帝里面，本质就是存在。上帝里面没有偶然性，不能按任何实质区别予以说明；他不属于任何类，不能定义，却不乏任何类的卓越。事物在某些方面像上帝，在某些方面却不像。说"某些事物像上帝"，比说"上帝像某些事物"更合适。

上帝是善，是他独有的善，是万善之善。他是智慧的，智慧行为是他的本质。他靠自己的本质进行理解，他完全理解自身（谨记约翰·司各特另有一番见解）。

神圣理智没有组成部分，但上帝理解许多事物。这貌似费解，但他理解的诸事物在他里面并无区别。这些事物也不像柏拉图说的那样"本身"就存在，因为自然事物的形式脱离事物本身就既不存在，也无法让人理解。尽管如此，上帝必定在造物之前就理解形式。难题是这样化解的："神圣理智的概念，照上帝自身的理解，就是他的话语，不仅是上帝自身的肖像，也是一切类似神圣本质的事物的肖像。因此许多事物能通过可知类别即神圣本质，通过已知意图即神圣话语被上帝理解。"[1] 每个形式，只要是某种积极的东西，都是完成品。上帝用理智理解

―――――――――
[1]《驳异大全》卷一，第53章。

每种事物哪里像他，哪里不像他，据此将每种事物的固有特征包含在他的本质中。比如说，植物的本质是生命而非意识，动物的本质是意识而非理智；因此植物有生命这点像上帝，植物没意识这点不像上帝；动物有意识这点像上帝，动物没理智这点不像上帝。造物总是靠否定特质与上帝区别。

上帝在同一瞬间理解一切事物。他的知识不是一种习性，也不是推理或辩争式的。上帝即真理（这须按字面意思理解）。

接着碰到那个让柏拉图和亚里士多德都头疼的问题。上帝认识各个具体事物呢，还是仅认识共性和普遍真理？基督徒相信天意，必须说上帝认识各个具体事物，但这面临许多有力反证。圣托马斯列举七反证，并逐条驳回。这七反证是：

1. 特质是特异标志，任何无形者都无法理解它；
2. 个体不是恒常存在的，不存在时就无法被认识，因此无法被一个不变者认识；
3. 个体是偶然而非必然的，因此除非他们存在，否则不会有关于他们的确切认识；
4. 某些个体是意志产物，只能被意志主体认识；
5. 个体的数量是无限的，无限是无法确知的；
6. 个体太渺小，不值得上帝注意；
7. 某些个体里面有罪恶，但上帝不能认识罪恶。

阿奎那回应道，上帝认识个体事物，因为他是它们的缘由；他预知尚不存在的事物，就像工匠造东西那样；他知道未来的一切偶然，因为他自身不在时间内，一切在他眼里都是现在时；他清楚我们的心思和秘密意志，他知道无穷事物，尽管我们无法知晓。他知道渺小事物，因为没有彻底渺小的事物，任何事物都有一定的尊严，否则上帝就只认识他自己了。再者，宇宙秩序非常崇高，若非一切细节了然于胸，就无法认识这秩序。最后，上帝认识恶事，因为认识善就意味着认识相反的恶。

上帝有意志，意志是他的本质，其首要目标就是神圣本质。他的意志支配自身，也支配万物，因为他就是万物的目的。他的意志甚至支配尚未存在者。他让自身存在且善，但他虽支配其他事物，却并非必须支配，这是上帝的自由意志；他的决断也许有理由，但不存在必然原因。他不能用意志实现本身不可能的事，比如说，他不能让矛盾面都成真。圣托马斯为超越神力之事举的例子不太雅致，说上帝无法把人变成驴。

上帝里面有喜，有乐，有爱；上帝什么都不恨，他具备沉思和积极美德。他是幸福，也是他自身的幸福。

接下来进入卷二，先探讨造物，这有助于驳斥针对上帝的谬论。上帝从虚无中创世，这与古人的看法相反。然后重提上帝不能为之事，他不能是物体，也无法改变自身；他无法失败；他无法疲惫、遗忘、懊悔、发怒或悲伤；他无法使人没有灵魂，也无法使三角形的内角和不等于两个直角。他无法撤销既往，无法犯罪，无法造另一个上帝，也无法让自己不存在。

卷二主要探讨人的灵魂。理性实质都是无形、不朽的，天使没有肉体，人则是灵魂与肉体的结合。如亚里士多德所说，灵魂是肉体的形式。人只有一个灵魂，而不是三个。整个灵魂遍及肉体的各个部位。动物的灵魂与人类不同，不是不死的。理智是每个人灵魂的一部分，并非像阿威罗伊说的那样，只有一个由众人组成的理智。灵魂不是随着精液遗传的，而是随着每个人新造的。的确有一个难点：私生子的出生，似乎使上帝成为通奸的帮凶。但这说法只是貌似有理。（有一个让圣奥古斯丁头疼的重大反诘，那就是原罪的传播：有罪的是灵魂，假如灵魂不是遗传而是新造的，它如何遗传亚当的罪？这一点圣托马斯没谈。）

圣托马斯探讨牵涉理智的共性问题，立场与亚里士多德相同。共性不在灵魂之外，但理智理解共性时，也理解灵魂之外的事物。

卷三主要谈伦理。恶是偶然的，它并非本质，且有偶然的善因。万物倾向于类似上帝，上帝是万物的目的。人的幸福不在于肉欲、名声、荣誉、财富、世俗权力或身体享受，不在于感官。人的终极幸福不在于行善，而在于对上帝的沉思，行善只是手段。但多数人对上帝的认识是不足的，借助论证甚至信仰得来的认识也还不足。此生我们看不到上帝的本质，也得不到终极幸福，但来世我们将面对面见到上帝（圣托马斯提醒我们，这话不能按字面意思理解，因为上帝没有面孔）。这不是靠我们的自然力，而是靠神圣光辉，但即便那时我们也看不见他的全部。见了他，我们就享有超脱时间的永恒生命。

神意并不排除邪恶、意外、自由意志、偶然或运气。恶来自次级原因，好比优秀艺术家用了差劲的工具。

天使并不全部平等，有级别之分。每种天使都只有一个，因为天使无躯体，只能用种类差别而非空间位置来区分。

基于常理，占星术要不得。有没有命运？阿奎那回答说，我们可以把神意制定的秩序叫"命运"，但最好别这么叫，因为"命运"是异教用词。这引出一种论证，说祈祷是有用的，尽管神意不可变更（这个论证我没弄懂）。上帝偶尔行奇迹，但旁人都行不了。魔法有魔鬼帮助是可能实现的，这并非真正的奇迹，也没有星辰的帮助。

神圣律法引导我们爱上帝，其次也爱邻舍。它禁止通奸，因为父亲应当和母亲一起养育子女。它禁止节育，因为节育违背自然；但它并不为此反对终身禁欲。婚姻不能解散，因为子女的教育需要父亲：首先他比母亲理智，再者若是孩子该打，父亲更有力气。并非一切性交都有罪，因为它是自然的，但如果认为结婚和节欲一样好，就陷入乔维年[1]异端。应严格实行一夫一妻制，一夫多妻对女性不公平，一妻多夫使父子关系模糊难定。乱伦要禁止，因为会导致家庭生活混乱。反对兄弟姐妹乱伦的理由很奇怪，说夫妻之爱与兄弟姐妹之爱结合会使双方吸引力太强，导致房事过多。

值得注意的是，这些性伦理论证都纯粹基于理性考量，而不是神的诫命。论证结束时，阿奎那像他在前三卷一贯做的那样，说完理再引一段经文，表明理性引导他得出与《圣经》一致的结论，而他在得出结论前并未诉诸权威。

他还有一段极为生动有趣的自甘贫困论，得出的结果毫不意外地与托钵修会的原则相符。但他也叙述了在俗教士的反对意见，言辞激烈逼真得犹如他亲耳听到了那样。

接着他讲罪恶、宿命和拣选，见解大致与奥古斯丁相同。犯死罪者丧失永生权，应遭永劫。非蒙神恩任何人都逃不了罪责，罪人若不皈依正教，是他自己的错。人需要蒙恩才能坚持为善，但谁获神助都不是理所应当的。上帝不导致罪过，但他把某些人弃在罪里，把另外某些人从罪里拯救出来。至于宿命，圣托马斯的看法似乎与圣奥古斯丁相同，说没理由能解释为何有些人蒙神拣选进天堂，有些人却遭神厌弃下地狱。他认为不受洗的人无法上天堂。这不是那种单靠说理就能证明的真理，而是《约翰福音》第3章第5节的启示[2]。

卷四谈三位一体、道成肉身、教宗优越权、圣餐礼和肉身复活，主要是写给

---

[1] 公元4世纪基督教禁欲主义的反对者，因主张结婚与守贞一样好而被判为异端。——译注
[2] "耶稣说，我实实在在告诉你，人若不是从水和圣灵生的，就不能进入上帝的国。"

神学家而非哲学家的,这里简述一下。

认识上帝的途径有三:理性、神启、靠神启获取知识形成的经验直觉。第三种他几乎没怎么谈,有神秘主义倾向的作家肯定会在这方面大书特书,但阿奎那的性情偏向推理而非神秘。

他责怪希腊教会否认圣灵的双重发源[1]和教宗的优越权。他警告我们说,基督虽由圣灵所孕,但我们不能把他说成圣灵的肉体儿子。

邪恶神父主持的圣礼也有效。这是教会的重要教义。许多神父过着罪孽深重的生活,虔诚的人担心他们没资格主持圣礼。这很尴尬,谁都吃不准自己的婚礼是否真正有效,是否真正被免罪,这导致异端和分裂,一些清教徒式的人试图建立一个道德上更纯洁无瑕的神父体系。教会只好旗帜鲜明地强调神父的罪不影响他履行神职。

最后探讨肉身复活。阿奎那照常公允地叙述了反正统观点。其中有一种说法乍看起来很难对付。圣者问:假如有人一辈子像他的父母一样,除了人肉什么都不吃,结果会如何?让别人牺牲身体满足他的贪欲似乎是不公平的,但若非如此,他的身体又怎么来呢?这个难题一开始似乎无法克服,但所幸还是胜利解决了。圣托马斯说,肉体的身份不取决于原有物质微粒的保持,一生的吃喝消化,让构成身体的物质处于永恒变化中。因此,食人者复活时能得到原先的身体,哪怕构成这身体的物质与他死时不一样。《驳异大全》的概要就以这个令人宽慰的想法收尾。

阿奎那哲学大体上与亚里士多德哲学一致;赞同或反对亚里士多德哲学的读者,会以同样方式赞同或反对阿奎那哲学。阿奎那的原创性在于,在尽量不改动原文的前提下改编亚里士多德哲学,使之符合基督教教条。他当时被视为大胆革新者,死后很多学说还遭到巴黎大学和牛津大学的谴责。他的体系化比原创性还出色。哪怕每一条说法都是错的,《大全》也仍不失为一座宏伟的理性大厦。要驳斥一个学说,他会先把它叙述出来,往往说得铿锵有力,几乎总给人一种公允的感觉。他对诉诸理性和诉诸神启两种论证的区分,犀利清晰得令人赞叹。他通晓且透彻理解亚里士多德,之前的天主教哲学家都没有达到这个境界。

虽有这些优点,他似乎还是被世人过誉了。他诉诸理性而不诚恳,因为结论

---

[1] 西部教会主张圣灵源于圣父和圣子,东部希腊教会主张圣灵源于圣父。——译注

是事先定好的。比如婚姻不可解体说,他的理由是父亲对子女教育有用,一则比母亲理智,二则更强壮、更擅长体罚孩子。近代教育家会反驳说,一则没理由认为男人通常比女人理智,二则暴力惩罚不是可取的教育方式。他还能进一步指出,近代社会的父亲几乎在教育中没份儿。但圣托马斯的信徒不会因此不再信奉终身一夫一妻制,因为该信仰的真正根基不是声称的那些理由。

或者以上帝存在的证明为例,除了无生命事物的目的论,其余几种都基于无首项的级数不可能这一假设。每个数学家都知道没有这种不可能性,以负一为末项的负整数级数便是一个反证。但任何天主教徒哪怕意识到圣托马斯的论证有误,都不会因此放弃对上帝的信仰;他会想出别的论证,或者干脆用神启搪塞。

至于上帝的本质与存在同一,上帝就是他自身的善、他自身的能力等论点,让人想到个体存在方式与共性存在方式的混淆,这种混淆柏拉图哲学曾有,而亚里士多德哲学已经避开。上帝的本质肯定属于共性,而上帝的存在不属于共性。这个问题很难表述完满,因为它处于一个已经破产的逻辑框架内。但它清楚展现出某种句法混乱;没有句法混乱,关于上帝的种种论证多半会丧失可信度。

阿奎那没什么真正的哲学精神。与柏拉图笔下的苏格拉底不同,他没打算追随论证的走向。他不是在探究答案无法事先知晓的疑问。哲学思辨尚未启动,他已经认定真理,天主教宣扬的真理。如果能给某些信仰找出貌似有理的论证,当然再好不过;如果不能,他只需诉诸神启。为预设的结论找论据不是哲学,是诡辩。因此,我觉得他不配与希腊或近代顶尖哲学家相提并论。

第十四章　方济各会经院哲学家

方济各会整体上不像道明会那样正统得一丝不苟。两修会曾激烈竞争,方济各会更认可圣托马斯的权威。方济各会三个最重要的哲学家是罗杰·培根、邓斯·司各特和奥卡姆的威廉。圣波拿文图和阿夸斯帕的马修也值得注意。

罗杰·培根(约1214—1294)在他那个时代没受什么赞扬,在近代却被严重过誉。他与其说是严格意义上的哲学家，不如说是酷爱数学和科学的杂家。当时科学和炼金术混为一谈，在人们眼里还掺着黑魔法；培根经常因异端和邪术之嫌而惹上麻烦。1257年，方济各会总管圣波拿文图把他监禁在巴黎，并禁止他出版作品。然而，就在禁令有效期内，教宗驻英格兰使节吉·德·福乐克让他违背会令，为教宗写哲学书。于是他迅速写出《大著作》《小著作》和《第三著作》三本书，似乎很受好评。1268年他获释回牛津，他之前就是从这里被赶到巴黎过囚徒般生活的。但他怎么都不接受教训，依然对所有最博学的同代人冷嘲热讽，尤其是骂那些翻译希腊语和阿拉伯语著作的译者纯属无能之辈。1271年他写了本《哲学研究纲要》，抨击修士的愚昧无知。这给他带不来什么美名，1278年他的作品被方济各会总管指控，又入狱十四年，1292年获释不久就与世长辞。

他的学识是百科全书式的，但不成体系。与同代绝大多数哲学家不同，他极重视实验，曾用彩虹理论阐释实验的重要性。他写过精辟的地理学作品，哥伦布读了一些，很受启发。他是优秀数学家，经常引用欧几里得几何学第六卷和第九卷。他还根据阿拉伯语资料探讨透视法。在他看来逻辑是没用的，炼金术却足够重要，也写过这方面的东西。

为了让读者一睹他的学识和方法，下面概述《大著作》的某些部分。

他说，愚昧的原因有四种：一、谬误甚多的无能权威（书是写给教宗的，他特意指明这不包括教会）；二、习俗的影响；三、无知群众的偏见（无知群众似乎指除他之外的所有同代人）；四、为假装有智慧而掩饰自己的无知。人间一切罪恶都源于这四种祸害，其中最后一项最恶劣。

支持某个观点，不应借助祖先的智慧、习俗或大众信仰来论证它。为此他引用塞涅卡、西塞罗、阿维森纳、阿威罗伊、巴斯的阿德拉、圣耶柔米和金口圣若望；他似乎认为这些权威人物能充分证明人不该尊重权威。

他对亚里士多德非常尊崇，但不是无限尊崇。他说"只有亚里士多德及其追随者是所有智慧者眼中的哲学家"。像多数同代人那样，他用"大哲人"指代亚里士多德，又告诫我们，连这位斯泰加人也并未达到人类智慧的极限。排在大哲人后面的，是"哲学君主和领袖"阿维森纳，尽管他没有彻底弄懂彩虹的终极原因；根据《创世记》，彩虹是水汽的逸散（但罗杰本人探讨彩虹时，还极为崇敬地引用阿维森纳）。他时不时说些带正统意味的话，比如"唯一的完美智慧，如教规和哲学所述，只存在《圣经》中"；但他说"从异教徒那里学知识也无不可"时，听起来更恳切。除了阿维森纳和阿威罗伊，他还常常引用阿法拉比[1]，有时还引用阿布马扎[2]等人。为证明数学在大洪水之前已经被诺亚及其子嗣掌握，他引用了阿布马扎；也许我们能从异教徒那里学到的就是这样的知识。罗杰夸数学是确凿知识的唯一（非神启）源泉，是天文学和占星术都需要的。

罗杰像阿威罗伊那样主张能动的理智是与灵魂有实质区别的实体。他引用林肯主教格罗斯泰等许多显赫教士的话来支撑这条与圣托马斯相反的见解。他说，亚里士多德作品中貌似自相矛盾的地方是翻译错误所致。他不直接引用柏拉图，而是从西塞罗的二手文献或阿拉伯人翻译的泼弗瑞三手文献中引用。他倒不怎么尊重泼弗瑞，说泼弗瑞的共性说很"幼稚"。

罗杰受现代人赏识，是因为他把实验而非论辩视为重要知识来源。他的兴趣和处理问题的方式的确与普通经院学者大为不同。他那百科全书式的倾向很像阿拉伯著述家，这些人对他的影响，显然远比对多数其他基督教哲学家的影响深刻。阿拉伯哲学家像罗杰一样对科学很感兴趣，还信魔法和占星术；基督徒则认为魔法是邪恶的，占星术是骗局。他令人惊异，因为他与其他中世纪基督教哲学家太不一样；但他在中世纪没什么影响，依我看也不如有人认为的那么科学。英国作家曾说他发明了火药，当然是谬传。

禁止罗杰出书的方济各会总管圣波拿文图（1221—1274）完全是另一种人。他沿袭圣安塞莫的传统，支持圣安塞莫的本体论。他发现新亚里士多德主义与基督教有根本对立。他信奉柏拉图理念论，但理念是什么，只有上帝完全明白。他的作品常常引用奥古斯丁，但从不引用阿拉伯人，也很少引用古代异教徒。

阿夸斯帕的马修（约1235—1302）是波拿文图的追随者，却较少受新兴哲学的影响。他是方济各会教士，当过红衣主教。他借奥古斯丁的立场反对圣托马斯，但亚里士多德才是他眼中的"大哲人"，常被他引用。他经常提到阿维森纳，也恭敬地引用圣安塞莫和伪丢尼修，但最主要的权威是圣奥古斯丁。他说，我们必须在柏拉图和亚里士多德之间找一条中间道路。柏拉图的理念论"纯属谬误"，讲的是智慧而非知识。另一方面，亚里士多德也错了，讲的是知识而非智慧。因此，我们的知识是高级和低级事物、外部事物和理念缘由共同产生的。

---

[1] 肯迪的信徒，逝于公元950年。
[2] 天文学家，公元805—885年。

邓斯·司各特（1270—1308）继续在方济各会辩驳阿奎那。他出生于苏格兰或阿尔斯特，在牛津加入方济各会，晚年在巴黎度过。针对圣托马斯，他维护圣母纯洁受孕说，博得巴黎大学和整个天主教会的赞同。他是奥古斯丁主义者，但没有波拿文图甚至阿夸斯帕人马修激进；像波拿文图和马修那样，他与圣托马斯的分歧源于自身哲学中（经奥古斯丁）掺杂的大量柏拉图主义。

比如说，对于"寻常路人能不能在没有神启光芒照耀指引下自然而然地理解确切纯粹的真理"这个问题，他的回答是不可能。他开口就引用圣奥古斯丁来支持自己的看法；唯有一点难住了他，那就是《罗马书》第1章第20节："自从造天地以来，上帝眼不能见的事，借着所造之物可明明得知。"

邓斯·司各特是温和的实在论者。他信奉自由意志，有伯拉纠主义倾向。他主张存在与本质没有区别。他主要感兴趣的是显证，即不证自明的事。显证有三种：（1）自明的原则；（2）由经验得知的事；（3）我们自己的行动。但没有神的启示我们一无所知。

多数方济各会修士追随邓斯·司各特而非阿奎那。

邓斯·司各特认为既然存在与本质没有区别，"个别化法则"即一物区别于另一物的法则必然在于形式而非质料。个别化法则是经院哲学的重大问题，至今仍有多种表现形式。在整个学界，该问题可大致表述如下。

个体事物的诸多特征中，某些是本质的，某些是偶然的；偶然特征指失去后不影响事物身份的特征，譬如你是人，那么戴帽子就是偶然特征。问题是，属于同类的两个个体，它们的本质是永远不同呢，还是有可能完全相同？圣托马斯认为物质实体是后一种情形，非物质实体则是前一种情形。邓斯·司各特认为任何两个个体的本质都永远不同。圣托马斯观点的依据是，由无差别部分组成的纯物质只能凭空间位置来区别。因此，一个由身和心组成的人，本质上只能凭他身体所处的空间位置与另一个人相区别（理论上讲，同卵双胞胎可能有这种情况）。邓斯·司各特却认为，不同事物必定是根据质的差异相区别的，这显然比圣托马斯的观点更接近柏拉图主义。

这个问题历经许多阶段才演化为现代术语描述的面貌。第一阶段是莱布尼茨完成的，他消除了本质特征与偶然特征的区别；这种区别就像许多经院学者从亚里士多德那里得来的理论，细究会发现并不真实。这样我们掌握的不是"本质"，而是"有关该事物的一切真实命题"（但通常仍排除时空位置）。莱布尼茨辩解说，两个事物不可能存在这种意义上的完全相像，这就是他的"不可识别物的身份"说。此说受到物理学家的批评，他们主张两个物质粒子也许仅存在时空位置的不同——相对论把时空简化为关系，使这个观念更加艰深。

这个问题的近代化还需更进一步，那就是消除"实体"概念。这样一来，"事物"不再有任何纯"物性"内核，必须是一套属性。这似乎意味着否认"实体"就必须采纳一种更接近司各特而非阿奎那的观点。但这涉及艰深的时空问题。对此，我在《意义与真理的探究》一书的《专有名称》章有论述。

奥卡姆的威廉是圣托马斯之后最重要的经院学者。他的生平鲜为人知，大概出生于1290—1300年间，死于4月10日，但不清楚是1349年还是1350年（黑死病肆虐于1349年，所以很可能是这一年）。多数人说他出生于萨瑞的奥卡姆，但德利尔·伯恩斯说他出生于约克郡的奥卡姆。他在牛津大学读书，后来在巴黎先后做邓斯·司各特的弟子和对手。他参与方济各会与教宗约翰二十二世之间关于清贫问题的论争。教宗在修会总管切塞纳的米迦勒支持下迫害属灵派，但之前有个约定，说捐给修会的田产其实是献给教宗的，教宗让修会在规避所有权罪孽的同时享用受益权。约翰二十二世废除该约定，让修会直接持有完整所有权。多数修士在米迦勒的率领下奋起反抗，被教宗召到阿维农回应化体异端指控的奥卡姆支持米迦勒，另一个重要人物帕多瓦的玛西流也持同样立场。1328年三人都被开除教籍，逃离阿维农，投奔路易皇帝。路易正跟人抢帝位，德意志支持他，教宗支持他的敌人。教宗开除路易的教籍，路易向大公会议上诉，教宗本人被指控为异端。

据说奥卡姆见到路易皇帝时说："你用剑保护我，我用笔保护你。"总之他和玛西流在慕尼黑安顿下来，在皇帝的保护下写了一些相当重要的政论。1338年皇帝去世，奥卡姆销声匿迹，有人说他屈从了教会，但这似乎是讹传。

神圣罗马帝国不复霍亨斯陶芬朝代的景况，教廷貌似还在壮大，但不再像往日那样备受尊重。14世纪初，克莱蒙五世把教廷搬到阿维农，教宗变成法兰西王的政治附庸。帝国没落更甚，连那种最徒有其名的普遍统治都难以为继，因为法兰西和英格兰太强盛；另一方面，教宗臣服于法兰西王，减损了对世俗事务的统管。教宗与皇帝的冲突其实是法兰西与德意志的冲突。爱德华三世治下的英格兰正跟法兰西交战，便和德意志结盟，从此也成为反教宗势力。教宗的敌人要求召集全教大会——全教大会是高于教宗的唯一教会权威。

这时，教宗反对派的性质也发生了变化，不再只拥护皇帝，而是呈现民主化态势，尤其在教会管理问题上。这给他们一种终将导向宗教改革的新力量。

但丁（1265—1321）作为诗人是伟大改革家，作为思想家却有些落后于时代。他的《论君主制》持基柏林派[1]立场，早一百年应该更合时宜。他认为皇帝和教宗是独立的，都是神指派的。在《神曲》中，他笔下的撒旦有三张嘴，永远嚼着加略人犹大、布鲁图和卡西乌斯，三人都是大叛徒，第一个背叛基督，后两个背叛凯撒。但丁的思想本身很有意思，作为世俗观念也很有趣，但影响甚微且陈腐得不可救药。

相反，帕多瓦的玛西流（1270—1342）开创反教宗的新方式，皇帝在其中的角色只是装饰性权威。玛西流是奥卡姆威廉的好友，影响了奥卡姆的政治观念。在政治上他比奥卡姆重要，主张多数民众才是立法者，有权惩罚君王。他把群众主权论应用于教会，把俗众也算进来。各地应成立俗众也参加的地方宗教会议，由他们选举全教大会代表。只有全教大会有权开除教籍，对《圣经》做权威解释。这样的话，一切信徒在确定教义时都有发言权。教会不该有世俗权力，未经民众同意不得开除教籍，教宗不得有特权。

奥卡姆没有玛西流这么激进，却制定了一套完全民主的全教大会选举方案。

宗教会议运动在15世纪初期大分裂急需弥合的关头冲到巅峰，完成任务后却消沉了。如玛西流所示，宗教会议运动的立场与后世新教徒的理论立场不同。新教徒要求个人决断，不愿服从全教大会。他们主张宗教信仰不应由任何统治机构决断，与此相反，玛西流虽然想保持天主教信仰的统一，却希望通过民主方式而非教宗专制来实现。实践中，多数新教徒掌权后只是用国王取代教宗，因此既没有保障个人决断自由又没有确保以民主方式解决教义问题。他们只是利用宗教会议运动的宗旨来反教宗。奥卡姆是路德最欣赏的经院哲学家。必须指出，即使在新教国家，许多新教徒也依然固守个人决断说。这正是英国内战期间独立派与长老会的主要区别。

奥卡姆的政治作品[2]是用哲学论辩体写的，从正反两面论证许多命题，有时不下任何结论。我们现已习惯更直截了当的政治宣传，但他选择的方式当时可能

---

〔1〕反对教宗，拥护德意志皇帝统治意大利的中世纪贵族党派。——译注
〔2〕见《奥卡姆人威廉政治论文集》，曼彻斯特大学出版社，1940年版。

更有效。

下面举例说明他的方法和观点。

他有篇长文叫《教宗权力八问》。第一个问题是，一个人能否既在教会又在国家当合法至尊？第二，世俗权威直接来源于上帝吗？第三，教宗有权将世俗统治权授予皇帝或其他君主吗？第四，选举人的选举是否给德意志王全权？第五和第六，主教为国王行涂膏礼的权柄，给教会带来哪些权力？第七，非法大主教主持的加冕礼是否有效？第八，选举人的选举是否给德意志王皇帝称号？这都是当时政治上极为迫切的现实问题。

还有一篇论文探讨君主可否不经教宗批准获取教会财产，旨在给爱德华三世为筹措对法战款向教士征税辩护。别忘了爱德华是皇帝的同盟。

接着是《婚姻条件论》，探讨皇帝与堂姐妹结婚是否正当。

可见奥卡姆使尽浑身解数回报了皇帝的刀剑保护。

现在谈奥卡姆的纯哲学。有关这个论题，欧内斯·E.穆迪写了本非常精彩的书《奥卡姆人威廉的逻辑》。我主要参考的就是这本书，里面的观点有些不太寻常，但我觉得是正确的。哲学史家倾向于用后人的眼光解读前人，但这往往不应该。奥卡姆被视为经院哲学的解构人和笛卡尔、康德或评论家喜欢的任何近代哲学家的先驱。穆迪认为这全错了，我也这么看。穆迪主张奥卡姆的主要意图是恢复纯粹的亚里士多德，使之摆脱奥古斯丁和阿拉伯人的影响；这在很大程度上也是圣托马斯的目标，但如前所述，方济各会修士远比奥卡姆更紧密追随圣奥古斯丁。在穆迪看来，近代学者太急于论证经院哲学向近代哲学的逐渐过渡，因而扭曲了对奥卡姆的解读；他们把近代学说附会到奥卡姆身上，其实他只是在阐释亚里士多德。

奥卡姆最有名的是一条并未出现在他作品中的格言，叫做"奥卡姆剃刀"，即"如无必要，勿增实体"。他虽没这么说，但说过大意相同的话："能简化偏要烦琐，实属愚蠢。"也就是说，如果无须种种假设，实体就能解释某门科学的一切，就没理由去假设它们。我本人也觉得这是逻辑分析中极有成效的原则。

奥卡姆在形而上学领域显然不是唯名论者，在逻辑领域却是唯名论者；15世纪的唯名论者[1]将他尊为学派创始人。他主张亚里士多德被司各特主义扭曲

---

[1] 比如司万海、赫斯伯、杰尔松和戴伊等。

了，这部分缘于奥古斯丁的影响，部分缘于阿维森纳，但还有一个更古老的缘由，那就是泼弗瑞探讨亚里士多德《范畴篇》的论文。泼弗瑞在文中提出三个问题：（1）类和种是实体吗？（2）它们是有形还是无形的？（3）如果是无形的，它们能否脱离感官事物？这些问题与亚里士多德的范畴有关，导致中世纪对《工具篇》的解读太过形而上学。这个错误差点被阿奎那改掉，却被邓斯·司各特重拾。结果使逻辑和认识论都依附形而上学和神学。奥卡姆试图再次将它们分开。

奥卡姆认为，逻辑是自然哲学工具，可独立于形而上学。逻辑是推理科学的分析，科学是关于事物的，逻辑则不然。事物是个别的，但词语中有共性词；逻辑研究共性词，科学只管使用共性词而不予讨论。逻辑关注词语或概念，不是心理状态而是含义载体。"人是一个物种"不是逻辑命题，因为它需要关于人的知识。逻辑处理头脑内构建的、缺了理性就无法存在的东西。概念是自然符号，词语是约定符号。讨论词语这东西，还是使用词语这有含义的符号，必须区分开来。否则我们会陷入"人是一个物种，苏格拉底是人，因此苏格拉底是一个物种"这般谬误。

指代事物的词语叫"第一意图词"，指代词语的词语叫"第二意图词"。科学用语是第一意图词，逻辑用语则是第二意图词。形而上学用语很独特，既指第一意图词指代的事物，又指第二意图词指代的事物。形而上学用语共六个：存在、事物、某物、一、真实和善[1]。这些词有个特性，那就是都能互相指代。但逻辑研究可脱离它们独立进行。

理解的对象是事物，而不是头脑创造的形式；形式不在于理解什么，而在于靠什么理解。在逻辑中，共性只是能指代许多词语或概念的词语或概念。共性、种、类都是第二意图词，因此不能指代事物。但由于"一"和"存在"可以互换，如果一个共性存在，它就是一，是个体事物。共性只是许多事物的符号。奥卡姆在这一点上赞同阿奎那而反对阿威罗伊、阿维森纳和奥古斯丁主义者。奥卡姆和阿奎那都主张只有个别事物、个别思想和理解行为。两人都承认先天共性，却主张这只是用来解释创世的，必定在上帝创世前就存在他的脑海里。但这属于神学，不属于人类认知，人类认知仅关注后天共性。解释人类认知时，奥卡姆从来不把共性当事物。他说，苏格拉底类似柏拉图，但并非一个叫做类似性的第三事物使

---

[1] 我不打算在这里批评奥卡姆对这些词的用法。

然。类似性是个第二意图词,存在于头脑中(这一切都说得通)。

奥卡姆认为,关于未来偶然性的命题,还谈不上真伪。他无意调和这一点与神的全知。在这里,他照常让逻辑区别于形而上学和神学。

奥卡姆的某些探讨范例可能是有用的。

他问:"按发生次序,最先被认识的是否为个体?"

否定回答:共性是认识的真正初始对象。

肯定回答:感官对象和认识对象是同一的,而个体是感官的初始对象。

因此,必须厘清这个问题的含义(似乎因为两种回答都很有理)。

他接着说:"灵魂之外的非符号事物,首先由这种认知(即个体认知)理解,因此个体最先被认识,因为灵魂之外的一切都是个体。"

他还说抽象知识总是以"直觉"(即知觉的)知识为前提,而这种知识是个体事物产生的。

然后他列举四种可能的质疑,并逐一解答。

他给原问题做了肯定性的总结回答,但补充说:"共性是对应次序[1]上的初始对象,不是发生次序上的初始对象。"

问题在于知觉是不是、在多大程度上是知识的来源。要记得柏拉图在《泰阿泰德篇》中反对把知识定义为知觉。奥卡姆应该不知道《泰阿泰德篇》,知道的话恐怕会反对它。

至于"人的感性灵魂与理性灵魂是否真有区别",他回答说是的,尽管很难证明。他的理由之一是食欲会让我们渴求理智上拒绝的东西,因此食欲和理性是两回事。另一理由是,各种感觉主观存在于感性灵魂中,却并不主观存在于理性灵魂中。此外,感性灵魂是扩展的、物质的,理性灵魂则不是。他提出四种神学性质的质疑[2],并逐一解答。也许奥卡姆在这个问题上的看法与人们预期的不同。然而,有一点他赞同圣托马斯而反对阿威罗伊,即每个人的理智都是他自身的,不是某种非个人化事物。

奥卡姆的作品坚称人可以抛开形而上学和神学来研究逻辑并获取知识,鼓励

---

〔1〕 指事物与认知的等同对应。——译注
〔2〕 比如,耶稣受难节与复活节之间,基督的灵魂堕入地狱,而他的躯体依然在亚利马太人约瑟的墓中。如果感性灵魂与理智灵魂有别,这段时间基督的感性灵魂是在地狱中度过的呢,还是在坟墓中度过的?

了科学研究。他说,奥古斯丁主义者错在先假定万物无法理解、人类无理解能力,再投射一道神光,说认知有可能。这方面他赞同阿奎那,但强调的重点不同,因为阿奎那主要是神学家,奥卡姆在逻辑领域主要是世俗哲学家。

他的态度鼓舞了专门问题的研究者,比如说,他的直接追随者尼古拉·奥海斯研究行星理论,在某种意义上成为哥白尼的先驱。奥海斯既提出地球中心说又提出太阳中心说,声称两种理论都能解释当时所知的一切事实,所以无法取舍。

威廉·奥卡姆之后再无大经院哲学家。下一个大哲时代始于文艺复兴晚期。

第十五章　教廷的衰落

哲学、神学、政治、经济等多种因素的大综合完成于13世纪。最初有纯希腊哲学,尤其是毕达哥拉斯、巴门尼德、柏拉图和亚里士多德哲学。然后东方信仰随着亚历山大的征服汹涌而入[1],借俄耳甫斯教义和神秘主义改变希腊语世界和拉丁语世界的观念。神死而复生、象征性地吃神肉的圣餐礼、通过类似洗礼的仪式重获新生,逐渐成为罗马世界大部分地区的神学。与此相关的还有摆脱肉体束缚的伦理观,这起码在理论上属于禁欲主义。从叙利亚、埃及、巴比伦和波斯传来与俗众分开的祭司制,祭司多少会些魔法,颇有政治影响。他们还带来一些令人惊异的宗教仪式,主要与来世信仰相关。从波斯传来二元论,认为世界是阿胡拉·马兹达统率的善和阿里曼统率的恶这两大阵营的战场;黑魔法就是阿里曼及其灵界帮凶的伎俩,撒旦是阿里曼变的。

这些蛮族观念和仪式与某些希腊化元素结合,形成新柏拉图主义哲学。希腊人的俄耳甫斯教义、毕达哥拉斯主义和某些柏拉图理论中有一些很容易与东方元素结合的观念,也许原本就是从东方借来的。非基督教哲学发展到普洛丁和泼弗瑞为止。

他们的思想极具宗教意味,但不经大改无法形成胜利的流行宗教。他们的哲学很艰深,无法被普通人理解;他们的救世主张对大众而言太学理化。他们保守

---

[1] 库蒙:《罗马异教中的东方宗教》。

地坚持希腊传统宗教，却必须对传统宗教做寓言性解释，淡化其中的不道德因素，使之与哲学一神论调和。希腊宗教无法与各种东方礼仪和神学抗衡，日趋衰亡。预言家纷纷沉默，祭司从未形成强大的特殊阶层。复兴希腊宗教的努力染上一层复古色彩，显得迂腐虚弱，这在朱利安皇帝身上尤其明显。早在公元3世纪，人们就预见到某种亚洲宗教将征服罗马世界，尽管当时还有几种互相竞争的宗教似乎都有机会获胜。

基督教综合了许多强大元素。它接受犹太人的《圣经》和其他宗教皆虚妄邪恶的教义，但摒弃犹太人的种族排他性和摩西律法的种种不便。后来犹太学者也开始信奉死后的世界，但基督教绘声绘色地描述天堂地狱，言之凿凿地探讨升天堂躲地狱的种种方法。复活节综合犹太逾越节和异教的复活庆典，吸收波斯二元论，但更坚决地信奉善的终极全能，还添了一条，说异教诸神是撒旦门徒。起初基督徒的哲学和仪式都无法与对手匹敌，但这些缺陷逐渐改善。一开始，半基督教的诺斯替派在哲学上强过正统派，但奥利金以来的基督徒逐渐修改新柏拉图主义，形成合适的哲学。初期基督教的仪式不很明确，但毕竟到安布罗斯时代就极其令人赞叹了。神父的权能和特殊地位效仿东方，但借着教会统治逐渐加强，这主要是神圣罗马帝国的功劳。《旧约》、各种神秘宗教、希腊哲学和罗马统治手段在天主教杂糅融合，形成以往任何社会组织都无与匹敌的强大力量。

西欧教会像古罗马那样从共和制发展为君主制，虽然过程更慢。我们已经了解教宗权势增长的各个阶段，从大贵格利到尼古拉一世、贵格利七世、英诺森三世，直到教宗党在与皇帝党的斗争中彻底打败霍亨斯陶芬王朝。同时，一向追随奥古斯丁主义和柏拉图主义的基督教哲学因接触君士坦丁堡和穆斯林而添了新元素。在13世纪，亚里士多德终于知名全西欧，在大阿尔伯特和托马斯·阿奎那的影响下成为学者心目中仅次于《圣经》和教会的至高权威。直至今日，亚里士多德还在天主教哲学家中保持这个地位。我不禁觉得，用亚里士多德取代柏拉图和圣奥古斯丁对基督教来说恐怕是个错误。柏拉图比亚里士多德更具宗教意味，基督教神学几乎一开始就更适合柏拉图主义。柏拉图说知识不是知觉而是某种回忆，亚里士多德则是经验主义者。圣托马斯铺平了从柏拉图式迷梦回归科学观察的道路，尽管这并非他的本意。

天主教体系从14世纪开始崩溃，外部事件比哲学起的作用更大。1204年拜占庭帝国被拉丁人征服，一直被统治到1261年，这段期间政府的宗教是天主教而非希腊正教。1261年教宗失去君士坦丁堡，再没能收复，尽管1438年东西部教会曾在费拉拉名义上合并。教廷压倒西罗马帝国，却因法兰西、英格兰等民族政权的崛起而没捞到任何好处。13、14世纪的教宗在政治上往往被法兰西国王玩弄于股掌。远比这些事情重要的是富商阶层的兴起和世俗学问的增长，两者都始于意大利，直到16世纪中叶在意大利的发展都遥遥领先于西欧其他地区。14世纪，北意大利诸城比其他北欧城市富裕；博学的世俗人士尤其是法律和医学领域的俗界学者越来越多。这些城市有一种独立精神，既然皇帝已不足为患，他们就转而反抗教宗。但别处也有同样的运动，只是声势稍弱。弗兰德繁荣起来，汉萨联盟诸城也不甘落后。在英格兰，羊毛贸易成为财源。在这个年代，堪称民主化的倾向很强大，但民族主义倾向更强大。教廷早已非常世俗，大致是税务机构，征收着多数国家宁愿留在国内的巨额税金。教宗不再有也不配有带来权力的道德威望。圣方济各还能与英诺森三世和贵格利九世和平共事，而14世纪多数最虔诚的人已经不得不与教廷冲突。

然而，教廷的颓势在14世纪初还不明显。波尼法八世在《独一至圣》谕书中提出比以前任何教宗都极端的要求。他把1300年定为大赦年，年内到罗马参加特定仪式的天主教徒统统可获大赦。这给教廷的金库和罗马市民的口袋带来巨财。原定每100年举行一次大赦，巨额利润使之缩短为50年，后来又缩短为25年，延续至今。1300年首次大赦标志着教宗的成功巅峰，为方便起见也可视为教廷衰落的起点。

波尼法八世是意大利人，出生于阿纳尼。在英格兰，他代表教宗支持亨利三世征讨叛乱贵族而身陷伦敦塔，1267年被国王之子即后来的爱德华一世解救。当时教会已经有一个强势的法兰西派，他的当选受到法兰西红衣主教们的强烈反对。他和法兰西王腓力四世为国王对法兰西教士的征税权发生激烈冲突。波尼法任人唯亲又贪得无厌，希望尽可能掌控税收来源。他被控异端，也许毫不冤枉；他似乎是阿威罗伊派，不相信灵魂不死。他与法兰西王结怨太深，后者想通过全教大会罢黜他，就干脆派兵捉拿他。他在阿纳尼被捉，但逃到罗马，在那里去世。此后很久都没有任何教宗敢违逆法兰西国王。

短暂的过渡期后，红衣主教们在1305年选出波尔多大主教，号称克莱蒙五世。他是法兰西嘉肯人，一直代表法兰西派的利益，在整个教宗任期内从未去过意大利。他在里昂受冕，1309年搬到阿维农，从此历任教宗偏安此地约70年。克莱蒙五世与法兰西王高调结盟,联手镇压圣殿骑士团。双方都需要钱,教宗是由于结党营私,腓力是由于英格兰战争、弗兰德叛乱和越来越庞大的政府开销。劫掠伦巴底银行家,把犹太人迫害到"逃难之路挤不下"的地步后,腓力忽然意识到圣殿骑士团不但是银行家,还在法兰西拥有巨量田产,这些田产可以借教宗的协助弄到手。于是国王和教宗约定,由教会揭发圣殿骑士团的异端,国王和教会合伙分赃。1307年的某天,法兰西境内圣殿骑士团的首领全部被捕,一连串事先拟好的诱供问题甩到他们面前;严刑拷打下,他们承认曾敬拜撒旦,还做过许多其他恶事;1313年,教宗正式镇压圣殿骑士团,没收其全部财产。对此案的最佳叙述见亨利·C. 利亚的《异端裁判史》,里面有详细考证,结论是针对圣殿骑士团的指控根本毫无依据。

圣殿骑士团事件中,教宗和国王在经济利益上是一致的。但多数情况下,在基督教世界大部分地区,两者的利益是彼此冲突的。波尼法八世时期,腓力四世与教宗为征税发生争执,得到各阶层(甚至是教会阶层)的支持。教宗成为法兰西的政治附庸后,敌视法兰西王的国君势必也敌视教宗。因此皇帝庇护奥卡姆的威廉和帕多瓦的玛西流;不久之后,岗特的约翰庇护威克里夫。

此时主教们大都彻底服从教宗,越来越多的主教事实上由教宗任命。各修会和道明会同样顺服,但方济各会还保留着某种独立精神,与教宗约翰二十二世(1316—1334年在任)起了冲突。约翰二十二世就是前面谈奥卡姆的威廉时提到的那个教宗,冲突期间玛西流劝皇帝进军罗马,罗马群众为皇帝加冕,并宣布罢黜约翰二十二世,另选一个方济各会伪教宗。但这场冲突除了削弱教廷的整体威望没有其他影响。

反教廷的叛乱在各地有不同形式。有的联合君主专制的国家主义,有的联合清教徒对教廷腐败庸俗的嫌恶。罗马本地的叛乱带有一种复古式民主倾向。克莱蒙六世时期(1342—1352)的罗马曾在杰出人物恩佐的率领下试图摆脱那个缺席教宗。罗马不但苦于教宗的统治,还苦于10世纪继续骚乱削弱教廷威信的地方贵族。教宗们逃往阿维农,其实部分就是为躲避这些无法无天的罗马贵族。一开始,旅馆掌柜之子恩佐只反抗贵族,因此还得到教宗的支持。他带领群情激奋的民众把贵族吓得纷纷逃窜(1347)。彼特拉克崇拜他,为他写颂诗,鼓励他继续这项崇高伟业。恩佐获得护民官称号,宣布罗马人民对帝国的主权。他构想的似乎是民主式主权,因为他从意大利诸城召集代表组成类似国会的机构。但胜利使他妄自尊大。此时有两个人在争夺帝国皇位(这是常事),恩佐召集这两人和选民进行决断。两个帝位竞争者自然反对他，连教宗也反对他，因为教宗觉得自己才是有资格裁断此事的人。1352年，恩佐落到教宗手中，被囚禁两年，直到克莱蒙六世去世。获释后他回到罗马，又掌权几个月。但这次他的威望很短促，结果被暴徒杀害。拜伦和彼特拉克都为他写了颂诗。

很显然，教廷要想保住天主教会首脑的地位就得搬回罗马，不再依靠法兰西。此外，法兰西在与英格兰的战争中屡遭惨败，已经不再安全。于是乌尔班五世在1367年搬回罗马，但意大利政治对他而言太过复杂，他又回到阿维农，不久就死了。下任教宗贵格利九世坚决得多。对法兰西教廷的敌视让许多意大利城市尤其是佛罗伦萨对教宗恨之入骨，但贵格利通过迁回罗马、反对法兰西大主教等手段不遗余力地挽救这种局面。然而，他临死时大主教团的法兰西派与罗马派已经势不两立。依罗马派的意愿，意大利人巴托洛梅·普雷涅罗当选教宗，号称乌尔班六世。但有些红衣主教宣称这次选举不合教规，另选亲法兰西的日内瓦人罗伯特为教宗，号称克莱蒙七世，住在阿维农。

由此开始了历时40年之久的大分裂。法兰西当然承认阿维农教宗，法兰西之敌承认罗马教宗。苏格兰是英格兰之敌，英格兰是法兰西之敌，因此苏格兰承认阿维农教宗。两教宗分别在自己党派里选任红衣主教，不管哪个去世，手下红衣主教们就迅速选出新教宗。因此，除非诉诸凌驾两个教宗之上的更高权威，否则分裂无法弥合。二人当中显然有一个肯定是合法的，因此必须找到比合法教宗还高级的权威。唯一的解决途径就是全教大会。巴黎大学在杰尔松的领导下创立一种新理论，把动议权授予全教大会。世俗统治者表示支持，因为教会分裂给他们带来麻烦。1409年大会终于在比萨召开，却失败得令人啼笑皆非。它以异端罪和分裂罪将两名教宗同时罢免，选了第三名教宗，这人却立即死了；他的红衣主教们又选了海盗出身的巴达萨·寇萨继任，号称约翰二十三世。这样一来，教宗共有三个而非两个，全教大会选出的教宗是臭名昭著的恶棍。此时的局势似乎绝望空前。

会议运动的倡导者却没有屈服。1414年新会议在康斯坦茨召开，采取雷厉风行的举措，首先宣布教宗无权解散大会，必须在某些方面服从大会；另外还决定未来的教宗必须每七年召开一次全教大会。会议罢免约翰二十三世，劝罗马教宗辞任。阿维农教宗不肯辞任，他死后阿拉贡王又选了个继任者。但法兰西此时只能由英格兰摆布，拒绝承认继任者，这一派衰微下去，终于不复存在。宗教大会选出的教宗终于无人反对，他就是1417年当选的马丁五世。

大会的举措值得称赞，对威克里夫的波希米亚追随者赫斯的处置却恰恰相反。赫斯被带往康斯坦茨时得到人身安全承诺，到达后却被定罪烧死。威克里夫本已善终，大会却下令挖出他的遗骸焚毁。会议运动的拥趸急欲洗脱任何有违正统的嫌疑。

康斯坦茨大会弥合分裂，但还想更有作为，用君主立宪取代教宗专制。马丁五世当选前许了很多承诺，有些他遵守了，有些没有。他同意七年召集一次全教大会，这一条他始终遵守。康斯坦茨大会于1417年解散，1424年召开一次结果无关紧要的大会；1431年又在巴塞尔召开一次。这时马丁五世死了，继任者尤金四世在整个任期内一直与控制大会的改革派恶斗。他解散会议，会议却拒不承认被解散；1433年他让步一段时间，1437年再次将之解散。尽管如此，会议一直进行到1448年，这时教宗显然已大获全胜。1439年会议罢免教宗另立伪教宗，失去舆论支持；这个伪教宗是史上最后一个，几乎立即辞任了。同年尤金四世在费拉拉自行召开大会，树起威信；对土耳其人恐惧之至的希腊教会名义上归顺罗马。教廷在政治上大获全胜，但严重丧失道德威望。

威克里夫（约1320—1384）用自身经历和学说印证了教廷权威在14世纪的衰落。与先前的经院学者不同，他是在俗教士，既不是僧侣也不是修士。他在牛津大学享有盛名，1372年成为该校神学博士。他在贝利奥尔学院当过短期的院长，是牛津大学最后一位大经院学者。作为哲学家他并不开明，是倾向柏拉图而非亚里士多德的实在论者。他认为上帝的意旨不是有些人说的毫无缘由，现实世界不是所有可能世界中的一个，而是唯一可能的世界，因为上帝必定选择最好的。让他成为有趣人物的不是这些观念，他似乎对这些东西也不太在意。他从牛津大学隐退，当了乡村牧师，人生最后十年是皇帝任命的路特沃教区牧师，但还在牛津大学讲学。

威克里夫的奇处在于思想发展极为缓慢。1372年，五十开外的他仍是正统派；在此之后，他摇身变为异端，似乎纯粹出于道义感的驱使——对穷人的怜悯，对富有而庸俗的神职人员的嫌恶。起初他对教廷的攻击只是政治和道德上的，不涉及教义，后来才逐渐走上全面反叛道路。

1376年威克里夫在牛津大学开设一门"论公民统治权"讲座，从此开始背弃正统。他宣扬唯有正义才是权力与财产的依据，不义的教士无权拥有，神职人员是否应保留财产应当由世俗政府决定。他进一步教导说，财产是罪的结果，基督和使徒们没有财产，教士也不该有。这些说法触怒了托钵僧之外的所有教士。英格兰政府却很欣赏，因为教宗向英格兰征收巨额贡赋，英格兰不应给教宗送钱的理论正合时宜,况且教宗是法兰西的附庸,英格兰正与法兰西开战。岗特的约翰在理查二世幼时掌权,对威克里夫极尽友善。相反,贵格利十一世谴责威克里夫讲座的十八种观点,说这些东西源于帕多瓦的玛西流。威克里夫被传唤到主教裁判所受审,但女皇和暴徒保护了他,牛津大学也拒不承认教宗对该校教师的管辖权(英国大学即使在那个年代也信奉学术自由)。

1378年和1379年,威克里夫继续写学术论文,说国王是上帝的代牧,主教应服从国王。大分裂来临时,他愈战愈勇,说教宗是敌基督者,接受君士坦丁赠礼使后来历任教宗都成为叛教者。他把拉丁语《圣经》译成英语,创立俗众组成的"贫苦牧师"会,终于惹恼了托钵会。他派"贫苦牧师"到处讲道,尤其向穷人讲道。攻击神父时,他否认化体说,称之为欺诈渎神的蠢事。至此,岗特的约翰终于命他缄口。

1381年,瓦特·泰勒领导的农民起义让威克里夫的处境更加艰难。没有证据表明他积极鼓动这次起义,但是与类似情形中的路德不同,他并未谴责起义。起义领袖之一,被罢免圣职的社会主义派牧师约翰·鲍尔高调赞扬威克里夫,使他非常难堪。但约翰·鲍尔1366年已被开除教籍,当时威克里夫还是正统派,所以鲍尔的观念不是靠威克里夫形成的。威克里夫的共产观念无疑被"贫苦牧师"到处宣扬,但他本人只用拉丁文叙述,所以一手资料农民不会懂。

意外的是,威克里夫没有因为自身观点和民主运动遭受更多迫害。牛津大学竭力保护他不受主教们攻击。上议院谴责他的巡回讲道人,下议院却不肯附和。无疑,假如他活得再久些,肯定要出麻烦,但1384年他去世时还没被正式判罪。他在路特沃去世并下葬,在骸骨被康斯坦茨大会下令挖出来烧毁前一直安眠于此。

他的英格兰追随者罗拉德派遭到残酷迫害,几乎覆灭。理查二世的妻子是波希米亚人,威克里夫的学说流传到波希米亚,赫斯是信徒之一;身在波希米亚的信徒们也遭到迫害,却一直延续到宗教改革。在英格兰,反教廷运动被迫转入地下,但依然深入人心,为新教备好土壤。

15世纪,除了教廷衰落,还有多种其他因素共同导致政治和文化剧变。火药加强中央集权统治而牺牲了封建贵族。在法兰西和英格兰,路易十一世和爱德华四世各自联手富裕的中产阶级,在他们的帮助下平定贵族叛乱。意大利直到世纪末都没怎么受北方军队侵扰,取得巨大的经济文化成就。新文化本质上是异教的,仰慕希腊罗马而鄙弃中世纪。建筑和文学纷纷效仿古代风格。古代社会的最后残余君士坦丁堡被土耳其人攻陷时,逃到意大利的希腊难民受到人文主义者的欢迎。达伽马和哥伦布扩大了世界,哥白尼扩大了天宇。君士坦丁赠礼被戳穿,受尽学者的耻笑。在拜占庭人的帮助下,柏拉图逐渐被世人直接认知,不再仅凭新柏拉图主义和奥古斯丁的二手资料。尘世不再是泪之谷,不再是通向来世的痛苦朝圣之旅,而是充满欢乐、荣光、美好和冒险良机的乐园。历时几百年的禁欲思想在艺术、诗歌和享乐的狂欢中被置之脑后。的确,哪怕在意大利,中世纪也历经一番挣扎才消亡,萨万纳罗拉[1]和莱昂纳多[2]出生于同年。但总体上昔日恐怖已经唬不住人,新的自由精神令人欣喜迷醉。迷醉固不能持久,却在紧要关头抵御了恐惧。在这欢欣自由的时刻,近代世界诞生。

---

[1] 文艺复兴的反对者。——译注
[2] 即达·芬奇。——译注

Modern Philosophy

卷 三

近现代哲学

第一篇

从文艺复兴到休谟

第一章　概论

通常所谓的"近代"观念与中世纪有许多不同，关键在于两点：教会权威逐渐衰落，科学权威逐渐增强。其他区别都与这两点相关。近代文化更多是世俗而非宗教的。国家逐渐取代教会对文化的控制。民族国家的政权起初主要由国王掌握，后来像古希腊那样，国王逐渐被民主政府或僭主取代。民族国家的权力和职能一直在稳步增长（除了某些小波折），但多数时候国家对哲学观念的影响比不上中世纪教会。阿尔卑斯山以北直到15世纪都能与中央政府抗衡的封建贵族先后丧失政治和经济地位，被国王和富商取代，两者在不同国家以不同比例分享权力。富商纷纷跻身贵族。从美国独立和法国大革命开始，近代意义上的民主制成为重要政治力量。与植根私有财产的民主制相反的社会主义在1917年初次掌握政权。这种制度一旦蔓延开来，显然会带来一种新文化；而我们探讨的主要是"自由主义"文化，也就是与商业最自然关联的文化。也有重要例外，尤其在德国，比如费舍尔和黑格尔的观念就与商业毫不相干。但这种例外不是那个年代的典型。

否认教会权威的消极近代特征比肯定科学权威的积极近代特征出现得早。科学在意大利文艺复兴中扮演的角色非常渺小，反教会在人们心目中是怀古，怀念的是比基督教初期和中世纪更遥远的过去。科学真正首次登场是1543年哥白尼学说发表，但这个理论没什么影响，直到17世纪被开普勒和伽利略接受并改进。从此开始了科学与教义的漫长斗争，守旧派在新知识面前逐渐败下阵来。

多数近代哲学家承认的科学权威与教会权威截然不同，它是理智而非统治性的。否认它不会受罚，接受它也不是出于任何现实利益。它全靠内在理性制胜，而且是碎片化的局部权威，不像天主教教义那样设定完整体系，人间道德、人类希望、宇宙的过去和未来无所不包。它仅论断眼下已经由科学查清的东西，只是浩瀚未知海洋中的小岛。另外还有一点与教会权威不同，后者宣称自己的论断千真万确永世不变，而科学观点是基于或然率的实验性主张，是可以修改的。这让人形成与中世纪教条派迥异的性情。

佛罗伦萨大教堂的油画《但丁和三重世界》(1465)。但丁手拿《神曲》,站在地狱、炼狱、天堂之间。文艺复兴不是哲学的光辉岁月,却为17世纪的伟大做了许多必要铺垫。它打破僵硬的经院哲学体系,这一体系已然是束缚理智的桎梏。它复兴柏拉图研究,让人起码在柏拉图和亚里士多德之间独立思考选择判断。它鼓励人们习惯把理智活动当愉快的探索之旅而不再是为保存某种既定正统进行的闭关冥想。

宗教裁判所审判伽利略（先是1616年秘密裁判，然后是1633年公开宣判）。除了牛顿，伽利略可能是近代科学最伟大的奠基人。他是动力学始祖。

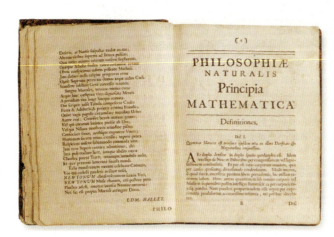

牛顿的《自然哲学的数学原理》，阐释了牛顿三大运动定律和万有引力理论，是牛顿最重要的著作。

笛卡尔重要的哲学作品之一《沉思录》（1642）。

小皮埃尔·路易·杜梅斯尼尔的这幅画描述的情景是瑞典女王克里斯蒂娜在听笛卡尔讲课。女王其他时间没空,要求凌晨5点上课。斯堪的纳维亚的凛冬、痛苦万分的早起,对身子孱弱的人大为不妙。笛卡尔一病不起,1650年2月去世。

这幅画作寓意了卢梭与法国大革命的关系。18世纪下半叶开始,艺术、文学、哲学甚至政治都受到广义浪漫主义运动特有情感方式的影响。

德拉克洛瓦是浪漫主义的代表画家之一。他笔下的《墓地中的孤女》(左图),不是泪流满面、逆来顺受的样子,而是美丽有活力,充满渴求。眼中虽闪烁着惊恐的目光,脖颈结实的肌肉又显得非常健康。德拉克洛瓦最崇拜的人就是拜伦(右图)。

上面说的是旨在理解世界的理论科学。旨在改变世界的实践科学起初就很重要，而且不断变得愈加重要，直到几乎把理论科学从人的思想中排挤出去。科学的实践重要性首先体现在战争上；伽利略和达·芬奇就因自称会改良大炮和修筑碉堡而受政府重用。从他们的时代起，科学家在战争中的作用越来越重要。发展机器生产、让民众习惯使用蒸汽机和电力等是后来的事，直到18世纪末才产生重大政治影响。科学的胜利主要靠实用性，有人曾试图将这一点与理论意义割裂开来，使科学越来越技术化，越来越远离世界的本质原理。这种观念是最近才渗透到哲学界的。

摆脱教会权威促进了个人主义的发展，甚至发展到无政府主义的地步。文艺复兴时期，人们心目中的理智、道德、政治修养都涉及经院哲学和教会统治。经院学者的亚里士多德式逻辑尽管狭隘，却是某种精确性训练。这种逻辑学派过时后，最初替代品不是什么更高明的东西，而是对古代理论的胡乱模仿。直到17世纪都没什么重要哲学成就。15世纪意大利在道德和政治上的混乱简直骇人听闻，因而滋生了马基雅弗利学说。同时，打破精神枷锁重获自由后，人们的艺术和文学天才不可思议地绽放，但这样的社会并不稳定。宗教改革和反宗教改革运动，加上意大利对西班牙的屈服，将意大利文艺复兴的功过一起终结。这场运动传到阿尔卑斯山以北时，没有这种无政府主义特征。

但近代哲学大部分保留着个人主义和主观主义特征。这在笛卡尔身上非常显著，他将自身存在视为一切知识的根基，并认同清晰性和明确性这两项（主观）真理标准。这种倾向在斯宾诺莎那里不明显，但在莱布尼茨的无窗单子论中重现。彻底客观型脾性的洛克，却被迫承认知识就是对观点的同意或异议——为规避这个令他极度反感的主观论调，他宁愿扭曲地自相矛盾。贝克莱放弃物质说以后，借助上帝这个多数后世哲学家都不承认的概念才避开完全主观主义的深渊。经验主义哲学在休谟这里登峰造极，成为任何人都无法反驳也无法认可的怀疑主义。康德和费希特的脾性与学说都属于主观型；黑格尔靠斯宾诺莎的影响挽救了自己。卢梭和浪漫主义运动将主观主义从认识论推广到伦理和政治，结果自然陷入巴枯宁式的彻底无政府主义。这极端主观主义是一种癫狂。

同时，科技手段在实务者脑中形成一种迥异于理论哲学家任何见解的全新观念。科技给人能力感，感觉人类不再像过去那样任环境摆布。但科技赋予的能力是社会而非个人的，17世纪的普通人若船只失事流落荒岛，会比同样境遇下的现代人能干。科技要求大量个人在统一指挥下团结协作。因为需要精良的社会组织,它倾向于反对无政府主义甚至个人主义。与宗教不同,它在伦理上是中立的:只跟人确保实现奇迹,但并不教导人应实现哪些奇迹。在这点上,它是不完满的。实践中科技究竟用于什么目的,大部分取决于机遇。科技必然造就各种庞大组织,组织首脑在一定限度内可恣意左右科技的应用方向。于是权力欲空前膨胀。科学技术激发的哲学向来是权力哲学,往往把人类之外的一切视为区区原料。不追求目的正当,只崇尚方法巧妙。这也是一种癫狂,而且是如今最危险的癫狂;对付它,理智的哲学应当是解毒剂。

古代世界靠罗马帝国终结混乱,但罗马帝国是个残酷的事实,没升华成观念。天主教世界试图靠宗教终结混乱,但宗教是一种观念,从来没有充分实现。无论古代还是中古的解决办法都不圆满,前者不能观念化,后者无法现实化。现代世界目前似乎正朝着类似古代的解决方案发展:用暴力维系社会秩序,代表掌权者的意志而非普通人的意愿。持久而美满的社会秩序,必须靠罗马帝国的稳固与圣奥古斯丁上帝之城理想精神的结合。实现这个目标,需要一种新哲学。

第二章　意大利文艺复兴

与中世纪观念相对的近代观念发源于意大利文艺复兴。持这种观念的起初只有彼特拉克等少数人,15世纪普及到意大利教俗两界多数有教养人士。除了达·芬奇等少数人,文艺复兴时期的意大利人不像17世纪以来多数重要改革家那样尊重科学,所以没怎么从迷信尤其是占星术中解放。许多人依然像中世纪哲学家那样尊重权威,只是用古人权威取代教会权威。这当然是解放的一步,因为古人的观念彼此分歧,究竟信奉谁,需要个人判断。但鲜有15世纪的意大利人敢秉持既没有古人又没有教会支撑的主张。

理解文艺复兴,必须简单回顾一下意大利的政治状况。1250年腓特烈二世死后,意大利基本摆脱外国侵扰,直到1494年法兰西国王查理八世入侵。意大利有五个重要城邦:米兰、威尼斯、佛罗伦萨、教宗区和那不勒斯,此外还有几个与大邦结盟或隶属大邦的小公国。热那亚在贸易和海军实力上堪比威尼斯，但1378年后沦为米兰的附庸。

12、13世纪率先反抗封建制度的米兰在霍亨斯陶芬王朝覆灭后落到维斯孔蒂家族手中。这个强大的家族是财阀而非封建势力，从1277年至1447年统治米兰170年，此后共和政体复兴三年，维斯孔蒂家族的亲戚斯福尔扎家族又掌控米兰，号称米兰公爵。1494年到1535年的米兰是法兰西人与西班牙人的战场，斯福尔扎家族时而与一方结盟，时而与另一方结盟；时而流亡，时而在名义上掌权。1535年，米兰最终被查理五世皇帝吞并。

威尼斯共和国似乎置身意大利政治之外，尤其在最初鼎盛的几百年。它从未被蛮族征服，起初还自视为东罗马帝国的臣属。这个传统，加上威尼斯的东方贸易，使威尼斯对罗马有一定独立，这种状况一直延续到1545年的塔兰托宗教会议，威尼斯人保罗·萨皮为这次会议写了本敌视教宗的史书。前面讲过，第四次十字军东征时威尼斯人坚持要求攻打君士坦丁堡，促进了贸易；反过来，1453年君士坦丁堡被土耳其人攻陷，损害了威尼斯的贸易。14、15世纪，出于粮食供给在内的各种原因，威尼斯人觉得有必要在意大利本土占据大片领地，惹来多方仇恨，终于在1509年导致康布雷同盟的建立，这是许多强邦的联合，最终打败了威尼斯。本来威尼斯有望从这场打击中复苏，但达伽马发现经好望角去印度的航路（1497—1498），土耳其人又很强势，威尼斯一蹶不振，只是撑了下去，直到被拿破仑夺去主权。

威尼斯原先实行民主制，却逐渐变得不太民主，1297年之后变成密不透风的寡头制。政治权力的基础是大议会，从此议会成员实行世袭制，且仅限权贵家族。行政权属于十人委员会，委员由大议会选举。正式首脑叫总督，是终身制的，名义上权力有限，实际上往往有决定性影响。威尼斯外交术是公认的狡狯之至，威尼斯大使的报告有惊人的洞察力。从兰克开始，史家纷纷把这些报告当作相关事件的最佳资料来源。

佛罗伦萨当时是全世界最文明的城市，是文艺复兴的主要发祥地。几乎所有大文豪和早期大艺术家都与佛罗伦萨相关，晚期也有一些艺术家是佛罗伦萨人，但我们现在谈的是政治而非文化。13世纪，佛罗伦萨有三个相对立的阶级：贵族、富商和平民。贵族大多是皇帝党，另外两个阶级是教宗党。1266年皇帝党倒台，14世纪平民派占了富商的上风。斗争不但没形成稳定的民主，反而让希腊人所谓的"僭

圣·洛伦佐教堂是美第奇家族历代的礼拜堂。图为米开朗琪罗为该家族设计的家族墓室。中间雕像为洛伦佐·德·美第奇。

主制"逐渐抬头。美第奇家族原是民主派头目,最终成为佛罗伦萨的统治者。该家族最先崭露头角的柯西莫·德·美第奇(1389—1464)没什么官职,权势是靠操纵选举得来的。他阴险狡诈,总佯装温和宽厚,必要时残酷无情。他死后不久由孙子"崇高者洛伦佐"继位,洛伦佐从1469年一直掌权到1492年去世。两人的地位都是靠财富得来的,这些财富主要来自商业,也有矿业和其他实业收入。他们很会发家致富,也懂得如何让佛罗伦萨富裕,这座城市在他们的治理下繁荣起来。

洛伦佐的儿子皮耶罗没有父亲的优点,1494年被免职。此后萨万纳罗拉得势四年,一种苦行风气复兴,让人们反对欢乐奢华,放弃自由思想,追求淳朴年代想必有的那种虔诚。主要由于政治原因,萨万纳罗拉的敌人最终得胜,将他处死并焚尸(1498年)。本想推行民主的佛罗伦萨共和国实行财阀统治,直到1512年美第奇家族复辟。洛伦佐有个儿子十四岁就当上红衣主教,1513年当选教宗,号称利奥十世。美第奇家族以托斯卡纳大公的头衔统治佛罗伦萨到1737年,此间佛罗伦萨已经像意大利其他区域那样贫穷凋敝。

教宗对俗务的权力源于丕平和伪造的君士坦丁赠礼,在文艺复兴期间大为扩张,但教宗为此采取的手段断送了教廷的精神威望。因巴塞尔会议与教宗尤金四世(1431—1447年在任)冲突而以失败告终的宗教会议运动,代表教会最热诚的分子,也许更重要的是代表阿尔卑斯山以北教会的意见。教宗的胜利是意大利的胜利,西班牙也跟着沾光。15世纪下半叶意大利的文化迥异于依然停留在中世纪的北方诸国。此时意大利人热衷文化,对道德和宗教却不太在意;甚至在神职人员心目中,优雅的拉丁文辞能抵消许多罪孽。第一个人文主义教宗尼古拉五世(1447—1455年在任)让一些学者担任教廷职务,只因敬重这些人的学识,其他一概不顾;伊壁鸠鲁主义者洛伦佐·瓦拉揭穿君士坦丁赠礼,嘲笑拉丁《圣经》的文笔,还把圣奥古斯丁斥为异端,结果还当上教宗秘书。这种鼓励人文主义甚于虔诚正统的政策一直持续到1527年罗马大劫。

鼓励人文主义使虔诚的北方人震惊,在我们看来是功德,但某些教宗的黩武政策和腐败生活只能解读为赤裸裸的强权政治。亚历山大六世(1492—1503年在任)的整个教宗生涯都致力于扩张自己和家族的势力。他有两个儿子,甘地亚公爵和凯撒·波吉亚。公爵极受偏爱,却被杀了,可能是弟弟干的。教宗只好把伟业寄托在凯撒身上,和他联手征服罗马涅和安科纳,本想把这两个地区给凯撒当公国,但教宗死时凯撒病得很重,无法及时行动。结果两人征服的地盘又奉还给圣彼得。他们的恶行很快成为传说,归到他们头上的无数杀戮真假难辨。但毋庸置疑的是,他们把背信弃义的艺术玩到了极致。亚历山大六世的继任者儒略二世也不太虔诚,只是不像前任那样留下那么多丑行口实。他继续扩充教宗领地,擅长当斗士而非基督教会的首脑。他的继任者利奥十世(1513—1521年在任)治下开始的宗教改革运动,是文艺复兴时期历任教皇世俗政策的自然后果。

意大利南端是那不勒斯王国的地盘,西西里多数时候与那不勒斯结盟,两者都曾是皇帝腓特烈二世的私家领地,他推行一种伊斯兰式君主专制,开明又独裁,不给封建贵族丝毫权力。1250年他去世,那不勒斯和西西里归他的私生子曼福莱,但曼福莱承袭了与教会的不解冤仇,1266年被法兰西人罢黜。法兰西人自己也不得人心,在1282年的"西西里晚祷"中惨遭屠戮,王国落入阿拉贡王彼得三世及其后人手中。经过各种勾心斗角,那不勒斯和西西里一度分裂后在1443年被著名的文艺赞助者阿方索大王合并。1495年起,有三个法兰西王试图征服那不勒斯,但这个王国最终被阿拉贡王斐迪南夺取(1502)。查理八世、路易十二世和弗朗西斯一世这三个法兰西王都曾(不太合法地)宣布对米兰和那不勒斯的主权,都曾入侵意大利且一时得胜,但最终都被西班牙人打败。西班牙的胜利和反宗教改革运动终结了意大利文艺复兴。教宗克莱蒙七世阻挠反宗教改革运动,他是美第奇家族的,还亲法兰西,因此查理五世在1527年令一支主要由新教徒组成的大军洗劫罗马。从此教宗只管宗教,意大利文艺复兴走到尽头。

意大利强权政治复杂得不可思议。小君王大多是自己起家的霸主,一时投靠这个大邦,一时投靠那个大邦,手段不高明就会覆灭。战事连绵不断,但1494年法兰西人到来前打仗几乎都不流血:兵是雇佣兵,都想尽量减小职业风险。这些意大利自己人的战争没怎么妨害贸易,也没影响国家财富增长。权术花样翻新,却没有英明国策;法兰西人打过来时,国家竟然几乎毫无还手之力。法国军队交战时动真格杀人,惊呆了意大利人。接着法兰西与西班牙的战争是一本正经的,导致苦难和贫困。意大利各邦却仍在互相阴谋倾轧,内斗中还向法兰西或西班牙求援,毫无民族团结意识,最终同归于尽。不得不承认,由于发现美洲和经好望角去东方的航路,意大利丧失重要地位在所难免;但本来可以崩溃得没那么彻底,意大利文明本该少受点摧残。

文艺复兴不是哲学的光辉岁月,却为17世纪的伟大做了许多必要铺垫。首先,它打破僵硬的经院哲学体系,这个体系已然是束缚理智的桎梏。它复兴柏拉图研究,让人起码在柏拉图和亚里士多德之间独立思考选择判断。它还推广有关这两人的真正一手知识,不带新柏拉图学派和阿拉伯注释家的虚饰。更重要的是,它鼓励人们习惯把理智活动当愉快的探索之旅而不再是为保存某种既定正统进行的闭关冥想。

与拜占庭学者的接触加快了柏拉图取代经院派亚里士多德的过程。早在1438年,貌似统一东西部教会的费拉拉宗教会议上就有一场辩论,拜占庭人主张柏拉图比亚里士多德强。正统性非常可疑的柏拉图狂热信徒希腊人格弥斯特·卜列东在意大利积极推广柏拉图哲学,后来当上红衣大主教的希腊人贝萨里翁也做出同样的努力。美第奇家族的柯西莫和洛伦佐都痴迷柏拉图,柯西莫创办、洛伦佐继续承办了主要研究柏拉图思想的佛罗伦萨学院。柯西莫是听着柏拉图对话录死去的。但此时的人文主义者忙着学古代知识,做不出什么哲学创新。

文艺复兴不是大众运动，而是少数学者和艺术家的运动，受开明势力尤其是美第奇家族和几位人文主义教宗的支持。要不是他们慷慨相助，运动远不会如此成功。14世纪的彼特拉克和薄伽丘在精神上属于文艺复兴派，但由于当时政治状况不同，他们的直接影响比不上那些15世纪的人文主义者。

文艺复兴学者对教会的态度一言难尽。某些是直言不讳的自由思想家，但就连他们也往往在临终时接受涂油，在弥留之际与教会和解。多数学者痛恨教宗的邪恶，却很乐意受他们任用。史学家古恰迪尼在1529年写道：

> 没有谁比我更憎恶神父们的野心、贪婪和放荡；不仅因为这些恶本身可恨，还因为它们在自称特别接近神的那些人身上最为不堪，矛盾扭曲，只能非常古怪地共存。但我在几任教宗的教廷里任职，不得不为自身利益渴盼他们强大。要不是这样，我早就像爱自己那样爱马丁·路德了，不是为了让自己摆脱常人理解的基督教戒律，而是为了看这帮无赖被打回原形，要么别再作恶要么放弃权力。[1]

真是坦率痛快，也清楚表明为什么人文主义者不会掀起宗教改革。况且他们多数人觉得正统教义和自由思想之间没有折中点，路德的立场他们根本无法接受，因为他们不再有中世纪人对精微神学的情感。玛祖丘数落修士、修女和托钵僧的恶端，又说："对他们最好的惩罚也许是上帝废掉炼狱，让他们得不到布施，只好重操锄头过活。"[2]但他没想到可以像路德那样既否认地狱又保留大部分天主教教义。

罗马的财富只有一小部分来自教宗区的收入，大部分靠教宗掌握天国钥匙这套神学从整个基督教世界征收贡赋。动摇这套理论恐怕会让意大利陷入贫困，让罗马失去在西部世界的地位。因此文艺复兴时期意大利的异端是纯理智的，没有造成分裂，也绝对不想掀起脱离教会的民众运动。唯一而且很不完全的例外，是精神上属于中世纪的萨万纳罗拉。

多数人文主义者保留着自古以来的迷信思想。魔法和巫术也许是邪道，在他们看来却不是没有可能。1484年，英诺森八世颁布反巫术训谕，在德意志和其他

---

[1] 摘自布哈特：《意大利文艺复兴》，第六编，第2章。
[2] 同上。

各地引发一场骇人的女巫迫害运动。占星术特别受自由思想家追捧，自古以来都不曾如此流行。摆脱教会束缚的最初结果不是让人理性思考，倒是让人对各种古代无稽之谈敞开怀抱。

宗教解放对道德的最初影响同样糟糕透顶。旧道德不再受尊重，各邦统治者大都是靠阴谋诡计起家，靠残酷暴虐维持的。应邀参加教宗加冕礼的大主教纷纷自带酒水和酒童，生怕被毒杀[1]。除了萨万纳罗拉，当时没什么意大利人肯为公众利益冒任何风险。教宗腐化的祸害显而易见，人们却听之任之。意大利统一的好处不言自明，各邦统治者却无法联合。异族统治的危险迫在眉睫，每个意大利统治者在内斗中却宁愿向外国列强甚至土耳其人求援。除了烧毁古籍，恐怕没什么恶事是文艺复兴时期的人不常干的。

在道德领域之外，文艺复兴有伟大功绩。建筑、绘画和诗歌至今极具声誉。这场运动造就了达·芬奇、米开朗琪罗、马基雅弗利等巨擘。它把教养人士从狭隘的中世纪文化里解脱出来，学者哪怕仍像奴隶般崇尚古代，却也意识到几乎一切问题上都有知名权威的分歧意见。古希腊学问的复兴造就一种精神氛围，使人们有可能再度创造堪比古希腊的成就，使个人天分能够在亚历山大以来绝迹的自由状态中绚烂绽放。文艺复兴时期的政治状况有利于个人发展，却并不稳定；像古希腊那样，不稳定性与个人主义紧密关联。稳定的社会制度是必要的，但迄今为止人们创造的任何稳定制度都妨碍了艺术和理性的卓著发展。为了文艺复兴时期那样的伟大成就，我们宁愿忍受多少杀戮和混乱？过去，情愿忍受很多；如今，却很难。日益庞大的社会组织使这个问题越来越紧要，但至今尚无解决方案。

第三章　马基雅弗利

文艺复兴没有产生重要的理论哲学家，却造就了一位无比卓越的政治哲学家，尼科洛·马基雅弗利。人们往往被他震惊，有时他的确惊世骇俗。但许多人若能

---

[1] 摘自布哈特：《意大利文艺复兴》，第六编，第1章。

像他一样不兜圈子，也会同样惊人。他的政治哲学是以亲身经历为基础的科学实验学问，旨在说明达到既定目标的手段而不谈这些目标本身的善恶。有时他说起自己期望的目的，都是我们赞扬的那种。他背负的寻常骂名，大多由于伪君子恼恨他将坏事坦率相告。当然，真正该批评的东西也有很多，但都是他那个时代的写照。对政治不诚实的理智诚实，恐怕在任何其他时代其他国家都不太可能，也许只有古希腊那些跟着智者学理论、在小城邦乱战中得到实际磨炼的人例外；在这方面古希腊就像文艺复兴时期的意大利，是施展个人才华的政治舞台。

马基雅弗利（1469—1527）[1]是佛罗伦萨人，父亲是律师，不富也不穷。马基雅弗利二十多岁时，萨万纳罗拉正主宰佛罗伦萨，其悲惨下场显然对马基雅弗利造成深刻影响，因为马基雅弗利曾说"有武装的先知都赢了，没武装的先知都输了"，然后把萨万纳罗拉归入后一类。前一类他提到摩西、居鲁士、忒修斯和罗缪斯。不提基督，是文艺复兴时期的特色。

萨万纳罗拉被处死后，马基雅弗利在佛罗伦萨政府谋得一份低微的差事（1498），逐渐迁升，偶尔还担任重要外交使节，直至1512年美第奇家族复辟。他由于曾和美第奇家族为敌而被捕，但又被开释，获准在佛罗伦萨附近的乡村隐退。他没事干，就成了作家。最著名的作品《君主论》写于1513年，是献给崇高者洛伦佐的，因为他想讨美第奇家族的欢心（结果证明是徒劳），书的语调可能部分缘于这个现实意图。他同时在写一本更长的书《论李维》[2]，显然更具共和主义及自由主义色彩。他在《君主论》开篇表明，此书不谈共和国，因为在别处谈过。如果不把《论李维》也读了，就容易对他的学说只知其一不知其二。

马基雅弗利未能与美第奇家族和解，只好继续写作，就这样隐退着，直到死于罗马被查理五世的军队洗劫那年，也是意大利文艺复兴告终的年份。

马基雅弗利最著名的作品《君主论》（1513）

---

[1] 原书将马氏的生年误作1467年。——译注
[2] 又译《罗马史论》。——译注

《君主论》意在从历史和时事中探究君权如何得来、如何维护、如何丧失。15世纪的意大利有层出不穷的大小实例。没几个统治者是合法的，就连教宗也很多是靠贿赂上位的。那时博取成功的规则，与局势稳住后的规则有所不同；那些凶残暴虐背信弃义之举，要是在18、19世纪肯定会遭人不齿，当时却没有谁为之愤慨。可能我们这个时代的人更懂欣赏马基雅弗利，因为当代许多赫赫功绩都是靠文艺复兴时期意大利那种卑鄙手段获取的。希特勒的国会纵火案、1934年清洗党徒和践踏《慕尼黑协定》等行为恐怕会博得治国术大鉴赏家马基雅弗利的喝彩。

马基雅弗利对亚历山大六世之子凯撒·波吉亚大为赞扬。凯撒的问题很复杂。首先，靠哥哥的死，他成为父亲王业野心的唯一受益人；第二，他借教宗名义用武力征服父亲死后将归属他个人而非教廷的地盘；第三，他操纵红衣主教团，让自己的同党成为下一任教宗。他用老辣的权谋追求这些艰难目标；马基雅弗利说，新手君王应当从这个人的操作中吸取经验。凯撒诚然败了，但只是由于"运气坏得出奇"。父亲死时，他偏偏病危；待他痊愈，敌人已集结大军，把他的死敌送上教宗宝座。教宗选举那天，凯撒对马基雅弗利说本来一切都安排好了，"只是万万没想到父亲死时他自己也病得要死"。

对凯撒的种种恶行知根知底的马基雅弗利总结道："回顾公爵（凯撒）的所有行为，我找不出任何没做好的地方；相反，我不得不继续主张，他就是所有靠运气和武力夺取大权的人应当效仿的榜样。"

《论教会之国》一章耐人寻味，根据《论李维》的立场，此章显然隐藏了马基雅弗利的某些想法。之所以隐晦，无疑是因为《君主论》特意想讨好美第奇家族，下笔时美第奇家的人刚当上教宗（利奥十世）。他在书中说，关于教会之国，唯一的困难在于获取，因为一旦获取就受古代宗教习惯的维护，当权者不管表现如何都能保住位置，而且不需要军队（马基雅弗利如是说），因为"他们由人心无法企及的崇高大义支持"，还"由上帝提拔和扶持"，"愚昧放肆的人才妄议他们"。不过他又说，探究亚历山大六世靠什么手段大幅强化教宗的世俗权力并无不妥。

《论李维》对教宗权力的探讨更详尽也更恳切。他先给杰出人物排道德等级。最上等的是宗教始祖，其次是王朝或共和国创建人，然后是文学家。他们是好人，而宗教破坏者、共和国或王国的颠覆者、文人之敌是恶人。建立独裁政权的是坏人，包括尤利斯·凯撒；相反，刺杀凯撒的布鲁图是好人（这种看法与但丁的鲜明对比体现了古典文学的影响）。他主张宗教应当在国家占优越地位，不是由于代表真理,而是作为社会黏合剂:罗马人佯装相信占卜而惩罚那些不信的人是对的。他对当时教会的批评有两点:其恶行损害宗教信仰,教宗的世俗权力及相关政策妨碍意大利统一。他批评得激烈痛切:"越接近我们的宗教首脑罗马教会的人,越不虔诚……眼看它就要崩裂受罚……多亏罗马教会和各位神父,让我们变成不敬神的败类;它对我们还有更了不得的恩惠,终将使我们毁灭的恩惠,那就是让我们的国家至今四分五裂。"[1]

从这几段话看,马基雅弗利只是欣赏凯撒的权术,并不赞成他的目的。文艺复兴时期,人们对高明权术极为推崇。这种情绪当然一直都有,拿破仑的许多敌人都热烈赞叹他的将才。但在马基雅弗利时代的意大利,人们对机巧奸猾的艺术欣赏式赞美远远地空前绝后。这种赞美与马基雅弗利看重的远大政治目标完全相悖,对权谋的热爱和对意大利统一的爱国愿望在他心里并存而不调和。于是他能既夸奖凯撒的精明,又指责他让意大利分崩离析。可以想象,他心目中的理想人物应该像凯撒那样高明机敏百无禁忌而胸怀另一种目的。《君主论》最后热情洋溢地呼吁美第奇家族将意大利从"蛮人"(即法兰西人和西班牙人)手中解放出来,那些人的统治"恶臭熏天"。他应该不会指望做这事的人出于无私动机;这么做肯定是为了追求权力,更为了满足虚荣。

《君主论》直言不讳地反对统治者遵守俗常道德。统治者要是一味善良,就会灭亡;他必须狡狯如狐,凶狠如狮。书中有一章(第18章)标题是"君主如何守信",说他们应当在有好处时守信,否则就不守。君主有时必须背信弃义。

> 但必须把这种性格隐藏好,必须擅长愣充善类、口是心非;人类头脑简单目光短浅,骗子不愁找不到愿意受骗的人。我只举一个近代实例。亚历山大六世除了骗人什么都不干,也没有其他任何念头,专心伺机行骗;没有谁比他更会哄人或信誓旦旦地保证,也没有谁比他更不守信;但他深知其中奥妙,所以总能得逞。因此君主无须具备上述品质(各种俗常美德),但必须显得有这些品质。

他接着说,君主最重要的是显得虔诚。

---

[1] 直到1870年都是这样。

《论李维》名义上是对李维罗马史的评论，笔调与《君主论》迥然不同，某些章节简直像孟德斯鸠的手笔，全书大部分内容都应该能博得18世纪自由主义者的赞许。书中明确提出制衡论，主张君主、贵族和民众都应在体制中占据一个位置，"这三种势力将彼此牵制"。吕库古制定的斯巴达宪政最优秀，因为它体现完美平衡；梭伦过分民主，导致庇西特拉图的僭主统治。罗马共和国的政体很好，因为元老院和民众相对立。

书中通篇用"自由"一词指代某种宝贵的东西，尽管具体含义不太明确。这个词当然是沿袭古代，又传给17、18世纪。托斯卡纳保住了自由，因为这里没有城堡或绅士［"绅士"（gentlemen）一词当系误译，但令人莞尔］。看来他认为政治自由要求公民有某种私德。他说，只有德意志还盛行正直虔敬，所以这里有许多共和邦。整体上，民众比君主更智慧、更坚定，虽然李维和多数著述者不这么看。"人民的声音就是上帝的声音"，这话不无道理。

有意思的是，希腊罗马共和国时代的政治思想竟在15世纪达成希腊从亚历山大以来、罗马从奥古斯都以来都没再达成的现实。新柏拉图主义者、阿拉伯人和经院学者对柏拉图和亚里士多德的形而上学极为热衷，对两人的政治著作却不太留意，因为城邦时代的政治制度已经绝迹。意大利城邦的发展与学术复兴同时发生，使人文主义者有机会受益于希腊罗马共和国的政治理论。热爱"自由"、分权制衡由古代传给文艺复兴，主要通过文艺复兴传给近代，虽然有部分直接传给近代。马基雅弗利这方面的思想起码与《君主论》更有名的"不道德"理论同样重要。

应当注意的是，马基雅弗利从来不拿基督教或《圣经》当任何政治论点的依据。中世纪著述家有一种"合法"权力观，即教宗和皇帝的权力或授权。北欧著述家甚至到洛克时代还在争辩伊甸园的事，想借此觅得某些权力"合法"的证据。马基雅弗利压根儿没这种意识。权力属于自由竞争中有本事夺取权力的人。他对平民政权的偏爱并非出于什么"正当"观，而是由于这种政权不像专制政权那么残忍、恣肆和无常。

我们来总结一下马基雅弗利学说的"道德"和"不道德"内容（他本人没有总结过）。下面讲的不是我自己的观点，而是他明说或暗示的观点。

政治上的各种好处，有三个特别重要：民族独立、安全、运转有序的政体。最佳政体是君主、贵族和民众按实力分配权力的政体，因为这样不容易闹革命，就能稳定；要不是为稳定着想，明智的做法是让民众掌握更多权力。这是目的层面。

但政治还有手段问题。用注定失败的手段追求政治目的是徒劳的；目的既然是好的，我们就要选能确保目的实现的手段。手段问题要用纯科学态度处理，不管目的善恶。"成功"就是实现目的，不管什么目的。如果有一门成功学，那么研究坏人如何成功与研究好人如何成功一样有用——甚至更有用，因为恶人成功的事例远比圣人多。然而这科学一旦确立，就对圣人和恶人同样有用。因为圣人若涉足政治，必定与恶人一样，也想谋求成功。

归根结底是力量问题。为达到政治目的，必须有某种力量。这简单事实常被"正义必胜""邪恶的胜利不长久"之类的口号掩盖。你心中的正义方如果取胜了，那是因为它力量占优。没错，力量往往靠舆论，舆论又靠宣传；再者，看起来比对手高尚，就有利于宣传，而看起来高尚的办法之一是真高尚。为此，有时胜利的确会落到在公众看来最高尚的一方。马基雅弗利说，这不仅是16世纪宗教改革成功的重要因素，还是11至13世纪教会权势增强的重要因素。这一点没错，但也有重大局限。首先，抢到权力的人可以通过舆论控制使己方显得高尚；比如说，在纽约和波士顿的公立学校谁都不敢提亚历山大六世的罪恶。其次，在某些混乱时期，赤裸裸的无赖行径屡屡得逞，马基雅弗利所处的正是这种时期。此时往往有愈演愈烈的犬儒主义，凡事只要合算就能接受。马基雅弗利自己说了，哪怕在这种时期，当着无知大众也最好摆出一副道德面孔。

这问题还可以再深究一步。马基雅弗利认为，文明人几乎肯定是肆无忌惮的自我主义者。他说，如今要是有人想建立共和国，会发现在山野比在大城市更好办，因为城里人恐怕早已腐败[1]。即便是肆无忌惮的自我主义者，最好也根据他驾驭的群众来决定行动方针。文艺复兴时期的教会令人震惊，但只在阿尔卑斯山以北惊得民众掀起宗教改革。路德开始反叛时，教宗的收入可能超过亚历山大六世和儒略二世若规矩些的话教宗应得的数额；这样的话，就是由于文艺复兴时期意大利人的犬儒主义。那么，如果政治家依靠的是有德的民众，他们的行为会比依靠漠视道德的民众时良好；在罪行一旦发生就会恶名远扬的社会，他们的行为会比在他们严密监控消息传播的社会良好。靠伪善当然也总能达到部分效果，但在合理机制下成功概率会大幅降低。

---

[1] 卢梭竟然也这么看。把马基雅弗利解释为失望的浪漫主义者就好笑了，但也不全错。

马基雅弗利的政治思想如同大部分古代思想家，在某方面相当肤浅。他满脑子都是吕库古和梭伦等不顾先前状况一举建立完整社会的伟大立法者。社会是有机生长体，政治家只能形成有限影响，这种已经被进化论大大强化的近代观念在柏拉图那里是没有的，在马基雅弗利那里同样也没有。

然而，有人也许主张社会进化论虽然过去是真的，却不再适用，从现在起必然被更机械的观念取代。俄罗斯和德国创造了新社会[1]，简直就像神话人物吕库古创造斯巴达。古代立法者是美好传说，近代立法者是恐怖现实。世界比以前更像马基雅弗利时代，哪个现代人想反驳他的哲学，就必须思索得比19世纪表面需要的还深刻。

第四章　伊拉斯慕和莫尔

北欧诸国的文艺复兴比意大利晚，很快与宗教改革纠缠。但16世纪伊始有一小段时间，新学问在法兰西、英格兰和德意志迅猛传播而没有卷入神学论争。北欧文艺复兴与意大利文艺复兴有许多重大不同，既不混乱也不罔顾道德，相反却注重虔诚和公德，热衷用学术态度处理《圣经》，在拉丁通行本的基础上精益求精。这场运动没有意大利先驱那般辉煌，却更加稳固，鲜有个人学识炫耀，更渴望广泛传播学问。

伊拉斯慕和托马斯·莫尔爵士可谓北欧文艺复兴的代表人物。他们是好友，有许多相似之处。两人都很博学，虽然莫尔稍逊；都厌恶经院哲学，都认为教会应当从内部改革，改革来临时却又不满新教的分裂活动；都机智幽默，妙笔生花。路德叛教前，他们是思想领袖；在那之后，新旧世界对他们这样的人来说都太过激烈。莫尔殉身，伊拉斯慕黯然收场。

伊拉斯慕和莫尔不是严格意义上的哲学家。之所以谈论这两位，是因为他们代表宗教改革前的脾性，那时人们普遍要求温良改革，怯懦者还没被极端派吓得

---

[1] 本书写于"二战"时，这里的德国指纳粹倒台前的德国。——译注

倒退。他们还有反经院哲学运动的特征,那就是厌恶一切体系化神学和哲学。

伊拉斯慕(1466—1536)生于鹿特丹[1]。他是私生子,为自己的身世编了套浪漫假话。其实他父亲是个有点学问的神父,懂一点希腊语。伊拉斯慕幼时父母双亡,被那些显然吞了他钱财的监护人哄进斯泰因修道院当修士,为此遗恨终生。有个监护人是教师,拉丁文水平还不及小学生伊拉斯慕。有一次他收到这孩子的拉丁文来信,回信时说:"要是你下次再写这么文雅,请加注释。"

1493年,伊拉斯慕当上康布雷主教兼金羊毛骑士团团长的秘书,从此有机会离开修院外出游历,尽管不是去他向往的意大利。当时他的希腊语还很差,但已经精通拉丁语;他格外崇拜洛伦佐·瓦拉,因为瓦拉写了本论拉丁语种种优雅的书。他认为拉丁语非常适合真正的虔诚,还举奥古斯丁和耶柔米为例——显然忘了耶柔米遭上帝痛斥读西塞罗作品的梦。

他在巴黎大学待了段时间,觉得毫无长进。巴黎大学走过经院哲学萌发到杰尔松和宗教会议运动的光辉岁月,那些老争议早已枯燥乏味。托马斯派和司各特派合称古代派,曾经与奥卡姆派即目的论派或曰现代派论争。结果两派在1482年和解,联手对付人文主义者,当时人文主义者正在巴黎学界之外风生水起。伊拉斯慕憎恶经院学者,嫌他们陈旧迂腐。他曾在一封信里说,为了拿博士学位,他忍着不讲任何优雅机智的话。他对任何哲学都没有真爱,哪怕柏拉图和亚里士多德,尽管这两位是古人,提起时语气要恭敬。

1499年他初访英格兰,喜欢英格兰亲吻女孩的风气。在那里他结识了柯乐特和莫尔,两人劝他认真做学问,别只顾玩弄文学。柯乐特不懂希腊语还开设《圣经》课,伊拉斯慕也想钻研《圣经》,意识到希腊语的重要性。1500年初他离开英格兰,开始学希腊语,尽管穷得请不起教师,1502年秋却已经非常娴熟。1506年他来到意大利,发现意大利人教不了他什么东西。他决心编订圣耶柔米作品,并出版一部带新拉丁语译文的希腊新约圣经,1516年两件事都完成了。他找出拉丁通行本《圣经》的许多错误,后来被新教徒在宗教争论中派上用场。他想学希伯来语,但半途而废。

伊拉斯慕唯一流行至今的作品是《愚神颂》[2]。此书灵感是1509年他从意大利

---

[1] 伊拉斯慕的生平,我主要依据海辛格的那本精彩传记。
[2] 通译为《愚人颂》。——译注

《鹿特丹的伊拉斯慕》，1526年，丢勒，雕版

去英格兰途中翻越阿尔卑斯山时萌发的，全书在伦敦托马斯·莫尔爵士府邸一挥而就，题献给莫尔，还笑称书名恰如其分，因为莫尔的谐音"moros"就是"愚人"。这本书是愚神的自白，她兴高采烈地自卖自夸，那些话配上德国画家霍尔班的插图简直妙绝。她涵盖人生百态，涉及所有阶级和职业。要不是她，人类早绝种了，因为不犯蠢谁会结婚？她反智地劝道："娶个妻子吧，人畜无害的憨傻物种，方便又好用，既能柔化又能摆布男人固执暴躁的性情。"缺了恭维或自恋，谁还高兴得起来？但这种快乐是蠢的。最快乐的是那些抛弃理性近乎畜类的家伙。最佳幸福是建立在幻觉上的幸福，因为代价最低：把自己幻想为国王，比实际成王容易多了。伊拉斯慕接着揶揄民族自负和职业自负：艺术、科学等几乎所有领域的教授都自负透顶，且以此为乐。

有些段落由嘲讽转为谩骂，借愚神之口吐露作者的真实想法，涉及教会的种种弊端。神父用来"计算每个灵魂在炼狱的居留期"的赦罪符和免罪券，对圣徒甚至圣母的崇拜，"这些盲目崇拜者以为把圣母放在圣子前面才合礼仪"，神学家们关于三位一体和道成肉身的种种论争，酒和饼变基督血肉的化体说，经院哲学各流派、教宗、红衣主教和主教们——都被狠狠嘲笑。对修会的攻击格外凶狠：他们是"脑子有病的蠢货"，根本没什么宗教信仰可言，却"深深爱恋自己，痴迷地欣赏自己的幸福"。他们搞得似乎一切信仰都在于细枝末节，"系草鞋要打多少个结，各式衣装分别选什么颜色、用什么布料，腰带多宽多长"等等。"他们在末日审判时的申辩将妙不可言：一个夸自己只吃鱼来克制食欲，另一个坚称自己人生在世大部分时光都在唱赞美诗……还有一个说他六十年没碰过一分钱，隔着厚手套摸索的不算。"但基督将断喝："你们这些文士和法利赛人有祸了……我就给你们立了一条规矩，那就是彼此相爱，没听你们哪个辩称自己忠实执行的。"这帮人在尘世却人见人怕，因为他们在忏悔室听到太多秘密，弄不好喝醉了全给你吐露出来。

教宗也不能放过。这些人本该谦卑清贫地效仿他们的主。"他们唯一的武器应是神圣，这武器被他们耍得随心所欲，什么禁行圣事令、禁止圣礼令、谴责、重诫、禁领圣体或开除教籍、咆哮的训谕等，谁惹恼他们就收拾谁；至圣的神父们，除非针对受魔鬼驱使、对神不知敬畏而罪孽深重地恶毒损害圣彼得财富的人，否则并不乱用。"

看这些话，还以为伊拉斯慕会欢迎宗教改革，其实不然。

书最后郑重指出，宗教是一种愚痴。全书谈了两种愚痴，一类被嘲讽地颂扬，一类被真心颂扬，后者就是基督式简朴。对这种简朴的赞赏，与伊拉斯慕对经院哲学和古典拉丁水平不高的博士们的厌恶一脉相承。但还有一层重大意义。据我所知，这是卢梭笔下"萨维牧师"的观念在文献中首次露面，卢梭认为真正的信仰在心不在脑，精致烦琐的神学全是废话。这种观念日益盛行，如今清教徒基本都接受。这其实是北欧感性主义对希腊理性主义的排斥。

伊拉斯慕再访英格兰待了五年（1509—1514），有时在伦敦，有时在剑桥。他大大激发了英格兰的人文主义。英国公立学校的教育直到最近还几乎完全保持着他希望的模式：彻底打好希腊语和拉丁语基础，不仅要学翻译，还要学韵文和散文写作；17世纪以来在学识中占首要地位的科学，在这些学校看来不值得绅士或牧师注意；柏拉图的东西要学，但柏拉图认为值得学的科目另当别论。这一切都体现着伊拉斯慕的影响。

文艺复兴时期的人有无穷好奇心；海辛格说"他们对惊悚事件、怪异细节、罕见和反常现象的胃口永不知足"。但一开始他们不是从现实世界而是从书里找这些东西。伊拉斯慕对世界感兴趣，但原材料他无法消化，要做成拉丁语或希腊语大餐才能吸收。旅人见闻要打几分折扣，普林尼[1]记载的奇事却桩桩可信。但好奇心逐渐从书上转移到现实世界，人们对实际发现的野人奇兽产生兴趣，不再关注古典作家的描述。卡利班[2]源自蒙田，蒙田的食人生番源自旅人。"食人族和脑袋长在肩膀下面的人"是奥赛罗[3]见过的，不是古代流传下来的。

文艺复兴时期人们的好奇心逐渐从文学转向科学。新知洪流排山倒海而来，人们刚开始只能任其挟裹向前。旧理论体系显然错了，亚里士多德物理学、托勒密天文学、葛伦医学怎么都解释不了种种新发现。这混乱正合蒙田和莎士比亚的心意：新发现其乐无穷，体系则是新发现的敌人。到了17世纪，人们的理论构建能力才赶上各种新事实知识。但这一切扯得离伊拉斯慕远了，对他而言，哥伦布不如阿尔戈英雄们[4]有意思。

伊拉斯慕不可救药地、没羞没臊地迷恋文字。他写了本《军中基督徒须知》，劝没文化的士兵读《圣经》，还要读柏拉图、安布罗斯、耶柔米和奥古斯丁。他编了本大部头拉丁格言集，本来是为了让人用地道的拉丁语写作，后几版却添了许多希腊格言。他著有极为成功的《对话集》，教人用拉丁语日常对话，比如谈论木球赛。如今不太起眼，但那时可能有用得多。当时拉丁语是唯一的国际语言，巴黎大学的学生来自西欧各地，两个学生只能用拉丁语交谈的情形应该很常见。

宗教改革后，伊拉斯慕先是住在仍谨守天主教正统的卢凡，后来搬到已经改信新教的巴塞尔，新旧两派都极力拉拢他，但一直以来都是白费力气。如前文所说，他曾经激烈批评教会的弊端和教宗的罪恶；1518年，正是路德叛教那年，他还发表一部讽刺剧《儒略被拒记》，讲儒略二世没能升天国的故事。但路德的暴烈令他反感，憎恶战争的他最后终于站到天主教一边。1524年他写了本维护自由意志的书，张狂信奉奥古斯丁而反对自由意志的路德凶蛮批驳这本书，把伊拉斯慕逼向倒退。从此伊拉斯慕日渐边缘化，一直到死。他素来怯弱，现已不合时宜。在这个时代，正直的人如果没有取胜，想保尊严就只能殉难。他的好友托马

---

[1] 指古罗马博物学家老普林尼，著有百科全书《博物志》。——译注
[2] 莎士比亚剧本《暴风雨》中古怪丑陋的奴隶。——译注
[3] 莎士比亚剧本《奥赛罗》主人公，对爱人讲旅途奇闻时自称见过食人族和脑袋长在肩膀下面的人。——译注
[4] 希腊神话中乘坐"阿尔戈号"大船冒险取金羊毛的英雄们。——译注

斯·莫尔爵士选择殉难，伊拉斯慕评论说"要是莫尔没掺和那桩险事，把神学问题留给神学家该多好"。伊拉斯慕活得太久，进入一个新善新恶即英雄主义与不容异己的时代，对他来说实在是两难。

托马斯·莫尔爵士（1478—1535）比伊拉斯慕可敬得多，但影响力较小。他是个人文主义者，却非常虔诚。在牛津大学，他着手学希腊语，这在当时是稀罕事，因为有同情意大利异教徒的嫌疑。校方和父亲都反对，于是他被牛津大学开除。他又迷上卡素先教会，开始极端苦修，甚至打算入会当修士，结果没走出这一步，应该是被刚刚结识的伊拉斯慕劝住了。父亲是律师，他决定也当律师。1504年他成为议员，带头反对亨利七世增课新税的命令。莫尔成功了，国王却气急败坏，把他父亲关进伦敦塔，罚了100镑才放出来。1509年国王去世，莫尔恢复律师执业，受到亨利八世的宠信。1514年他受封爵士，参加各种外交使团。国王一再邀他进宫，他却不肯去；最后国王不请自来，跑到莫尔在切尔西的家中与他共餐。莫尔对亨利八世不抱幻想，有人祝贺他受国王恩宠，他答道："我的头要是能给他换一座法兰西城堡，保准会落地。"

沃尔西倒台后，莫尔被国王任命为大法官，他一反常例，拒收当事人任何好处。他很快失宠，因为国王决心与阿拉贡的凯瑟琳离婚来迎娶安妮·宝琳，莫尔坚决反对这宗离婚案，于是在1532年辞职。离任后年金才100镑，足见他的清廉。尽管与莫尔意见不合，国王还是请他参加自己和宝琳的婚礼，莫尔不肯出席。1534年，国王设法让国会通过《至尊法案》，宣布国王而非教宗是英格兰教会的首领。莫尔拒绝根据该法做至尊宣誓，这本来只是疑似叛逆，罪不至死，但法庭凭莫须有的证词认定他曾说国会无权让亨利成为教会首领，结果判他叛国，将他斩首。他的财产给了伊丽莎白公主，她到死都没动用。

莫尔被世人铭记，几乎完全是由于他写的《乌托邦》（1518）[1]。乌托邦在他笔下是一座南半球海岛，岛上一切都安排得尽善尽美。水手拉斐尔·西洛德意外来到这里，待了五年，为了让世人知道乌托邦的贤明制度才回到欧洲。

乌托邦像柏拉图的理想国，一切都是公有的，因为有私产的地方，公共利益就无法振兴，不实行共产就没有平等。莫尔在对话中反驳说，共产会让人懒惰且不尊重长官；拉斐尔回答说，在乌托邦住过的人都不会这么说。

---

[1] 原著是拉丁文，首次出版于1516年。——译注

乌托邦有54座城，除了首都，格局一模一样。街道都是20英尺宽，私人住宅完全相同，前门朝大街后门通庭院。门不装锁，人人可随意出入任何人家。房顶是平的，房屋每十年调换一次，以免滋生拥有感。乡里有农场，每座农场的人数都不下四十，包括两个奴工；农场由贤明的老场主夫妻掌管。小鸡不用母鸡而是用孵化器孵（莫尔的时代还没有孵化器）。人们衣着统一，只是男女之间、已婚和未婚之间有所区别。衣服式样不变，冬夏不分。干活时穿皮衣，一套衣服耐七年。干完活，在工衣外面披一件毛斗篷。这些斗篷都一样，而且都是羊毛原色。各家各户自己做衣裳。

一切人不分男女每天干活六小时，午饭前后各三小时。人人晚上8点睡觉，睡八小时。早晨有讲话，虽然不是强制的，但大批人跑去听。晚饭后一个小时可以娱乐。干活六小时就够了，因为没有懒人，谁都不瞎忙活；而我们这个世界，女人、神父、富人、仆人和乞丐基本都没干任何有用的事，为了伺候富人，许多劳动都浪费在非必需的奢侈品上。乌托邦避开这一切弊端，有时丰收有盈余，长官就宣布在一段时期内缩短每日工时。

有些人被选为学者，学者令人满意的话就不用干活。政府的人都是从学者里选的。政体是民主代议制，实行间接选举；首脑是终身制君主，如果他专横，也可以罢黜。

家庭生活是族长制，已婚儿子住在父亲家，由父亲管束，除非父亲已经老迈。增殖得过于庞大的家庭，多余子女就搬到另一家。城市太大的话，某些居民就迁到另一座城。假如每座城都太大，就在荒地上建新城。荒地用完了怎么办，书里没说。供食用的牲畜由奴工宰杀，以免自由民学残忍。生病有医院，条件非常好，病人都愿意进。允许在家吃饭，但多数人在公共食堂吃。食堂的"贱活"由奴工负责，但做饭的是妇女，上菜的是年纪稍大的孩童。男人坐一条板凳，女人坐一条板凳，喂奶的母亲带着五岁以下的孩子坐另一个饭厅。妇女们自己喂养孩子，五岁以上的孩子要是还不会伺候大人吃饭，就"鸦雀无声地站在一旁"等长辈吃，没他们自己的份儿，大人桌上剩什么吃什么，必须知足。

至于婚姻，无论男女，结婚时已经失贞的都要严惩，家长要为发生的丑事承担疏于管教的恶名。结婚前新娘新郎要互看对方的裸体，谁买马不先卸下鞍鞯辔头？婚事也是这个道理。夫妻有一方与人通奸或"无可容忍地胡作非为"可以离婚，犯错方不得再婚。有时也可以只因双方都想离而批准离婚。破坏别人婚姻的人要贬为奴工。

乌托邦有对外贸易,主要是为了获取岛上不出产的铁。贸易也用于战争目的。乌托邦人不稀罕战功,虽然全体男女都学习作战。打仗的原因有三种:外敌入侵时保卫国土、拯救受侵略的盟邦、解放被压迫民族。但他们尽可能让雇佣兵替他们上阵。他们存心让其他民族欠自己的债,让人家出雇佣兵抵债。金银储备在战争中才派上用场,可以支付外国雇佣兵的报酬。他们自己没有钱币,黄金用来做尿壶和奴工锁链,好让人鄙视金子。珍珠钻石用来打扮婴孩,大人绝对不用。交战时,他们高额悬赏杀死敌国君主的人,若能活捉赏金更高,对自愿归降的君主本人更是重赏。他们可怜敌军中的平民,"明知他们是被癫狂暴戾的君主首领硬逼着违心上阵的"。妇女和男子一样作战,但都不是被迫的。"他们设计发明各种新颖奇妙的兵器。"他们在战事上很理智,不逞英豪,尽管必要时极为勇猛。

伦理方面,据说他们偏执地认为享乐是福。但这也没害处,因为他们认为来世善有善报恶有恶报。他们不是苦行主义者,觉得斋戒是傻事。乌托邦有多种宗教,一切宗教都受到宽容对待。大家几乎都信奉上帝和永生,少数不信的人不算公民,不能参政,但没有其他不便。某些虔诚的人不吃肉不结婚,是大家眼中的圣者,但不是智者。老寡妇也可以当牧师。牧师不多,有尊荣没实权。

奴工是因恶罪被判刑的人,或是在本国被判死刑而被乌托邦收留为奴的外国人。

患了痛苦的不治之症的人,乌托邦会劝他自杀;但假如他不肯自杀,国家就精心照料他。

拉斐尔·西洛德说他向乌托邦人宣讲基督教,很多人听说基督反对私有财产,就皈依了。全书不断强调共产的重要性,快结尾时说,在其他所有国家,"只见富人用阴谋诡计打着国家的名义和幌子谋求私利"。

莫尔的乌托邦有许多令人称奇的开明精神。不是说他们宣扬共产,这是许多宗教改革运动的传统;我说的是他们对战争的态度,有关宗教和信仰自由,反对滥杀动物(书中有一段无比雄辩的反狩猎论)且支持较为宽宏的刑法(开篇就是反对处死盗贼的争论)。但必须承认,在莫尔的乌托邦,就像在多数其他乌托邦那样,生活会枯燥得令人发狂。参差多态是幸福本源,在乌托邦却几乎不见。这是一切空想或现实计划性社会体制的缺陷。

第五章　宗教改革与反宗教改革

　　宗教改革和反宗教改革都是文明程度较低的民族对意大利精神统治的反抗。宗教改革同时是政治、神学上的反抗：否认教宗权威，教宗凭天堂钥匙征收的贡赋就无人缴纳了。反宗教改革只是对文艺复兴意大利理性自由和道德自由的反抗，教宗权力不减反增，同时表明教宗权威与波吉亚和美第奇家族的放纵浪荡水火不容。大体上，搞宗教改革的是日耳曼人，反宗教改革的是西班牙人；历次宗教战争也是西班牙与敌国的战争，与西班牙国势达到顶峰的时期相吻合。

　　北方民族对意大利文艺复兴的舆论态度，从当时的英国谚语可见一斑：

　　　　意大利化的英国人
　　　　就是恶魔的化身

　　值得注意的是，莎士比亚笔下许多坏蛋都是意大利人。伊阿古[1]可能是最有名的例子，但最典型的是《辛白林》的雅基莫[2]，他把游访意大利的善良英国人引入歧途，又到英格兰用阴谋诡计祸害懵然无知的本地人。对意大利人的道德义愤与宗教改革关系很大。不幸的是，意大利的文明贡献也一道被否认了。

　　宗教改革与反改革运动的三杰是路德、加尔文和罗耀拉，与不久前的意大利人或伊拉斯慕、莫尔相比，他们的思想属于中世纪哲学。宗教改革刚开始的那个世纪，哲学园地颗粒无收。路德和加尔文回到奥古斯丁的老路上，但只同意奥古斯丁教义中灵魂与上帝关系的部分，不同意他对教会的看法。他们的神学旨在削弱教会权力。他们废除做弥撒能把死者灵魂救出炼狱的说法，还否认教宗大部分收入依赖的赦罪说。根据宿命论，灵魂死后的命运与神父的举措毫无关联。这些新说法有助于对抗教宗，让新教国家的教会无法像天主教国家的天主教会那样强大。新教神职人员（起码在最初）和天主教神学家一样偏执顽固，但权势较弱，

---

〔1〕《奥赛罗》中的大反派，威尼斯人。——译注
〔2〕 意大利纨绔子弟。——译注

所以危害较小。

新教内部几乎一开始就在国家对宗教事务的权限上发生分歧。不管哪国君主，只要信新教，路德就愿意承认他是本国教会的首领。英格兰的亨利八世和伊丽莎白极力主张自己这方面的权力，德意志、斯堪的纳维亚和（叛离西班牙后的）荷兰的新教君主也一样。这加剧了既有的王权扩张趋势。

然而，宗教改革中那些注重个人主义信念的新教徒像不愿屈从教宗那样不愿屈从国王。德意志的再洗礼派遭镇压，他们的教义却传到荷兰和英格兰。克伦威尔与长期议会的争执涉及方方面面，神学方面就有国家能否干涉宗教事务这个问题上的斗争。宗教战争逐渐让人生厌，宗教宽容观滋长起来，成为18、19世纪自由主义运动的一个源泉。

新教一开始势如破竹，主要由于罗耀拉创立耶稣会才受挫。罗耀拉当过军人，耶稣会按军事模式创办，必须无条件服从会长，每个修士都要保持针对异端的战争意识。早在塔兰托宗教会议时，耶稣会就颇具声势。他们训练有素、精明强干，全心投入且擅长宣传。他们的神学与新教针锋相对，完全否定圣奥古斯丁教义中新教徒强调的那些成分。他们信奉自由意志，反对宿命论。救赎不光靠信仰，而是靠信仰和行动。耶稣会主要靠热忱布道赢取声望，尤其在远东。他们成为大受欢迎的忏悔牧师，因为（假如帕斯卡说得没错）他们比其他牧师更宽容，除非针对异端。他们专注教育，牢牢掌握年轻人的思想。只要不牵涉神学，他们提供的教育是最佳的，后面将谈到他们教给笛卡尔许多他在别处学不到的数学知识。政治上，他们是团结又纪律严明的统一体，不怕艰险不辞劳苦；他们劝天主教君主实行残酷迫害，趁西班牙部队告捷重启宗教裁判所的恐怖统治，哪怕在自由思想已盛行将近一个世纪的意大利。

宗教改革和反宗教改革一开始对知识界完全是祸害，但最终带来益处。三十年战争让人们明白新教和天主教都无法完全获胜，必须放弃中世纪的教义统一愿望，于是人们甚至对各种根本问题也越来越敢于独立思考。不同国家有不同宗教信条，去国外逃避迫害成为可能。有才能的人出于对神学斗争的厌恶慢慢把注意力转向世俗学问，尤其是数学和科学。部分由于这些原因，16世纪路德崛起后哲学领域虽一片荒芜，17世纪却出现许多极其伟大的人物，标志着古希腊以来最显著的进步。这进步始于科学，详见下一章。

第六章 科学的兴起

近代世界与以往的区别几乎都归功于17世纪冲至巅峰的科学。意大利文艺复兴不是中古光景,却也无近代气象,更像希腊全盛期。16世纪沉溺神学,比马基雅弗利时代还中世纪。以思想观念为准,近代世界始于17世纪。文艺复兴时期的意大利人没一个会让柏拉图或亚里士多德感觉费解,路德会让托马斯·阿奎那震骇,但阿奎那理解路德不是难事。17世纪就不一样了:柏拉图、亚里士多德、阿奎那和奥卡姆对牛顿根本摸不着头脑。

科学带来的新观念深刻影响近代哲学。在某种意义上可谓近代哲学始祖的笛卡尔也是17世纪科学的创造者之一。要理解近代哲学发源时的精神氛围,必须谈谈天文学和物理学的方法与成果。

哥白尼、开普勒、伽利略和牛顿是创立科学的四巨子。哥白尼属于16世纪,但对他那个时代影响不大。

哥白尼(1473—1543)是波兰教士,纯粹的正统派。他年轻时旅居意大利,受文艺复兴气氛的熏陶。1500年他在罗马当数学讲师或教授,1503年却回国在弗龙堡大教堂当教士。他的大量时间似乎花在抗击德意志人和改革币制上,而闲暇时光都在钻研天文学。他很早就认为太阳在宇宙中心,地球有双重运动,即每日一次自转和每年一次绕日公转。怕教会指控,他迟迟没公开发表自己的见解,只是散出些口风。他的主要著作《天体运行论》是他去世那年出版的,附有他朋友奥先德写的序,说太阳中心论只是作为一套假说提出来的。不知哥白尼对这说法有几分认可,但关系不大,因为他本人在书的正文也做了类似声明[1]。此书题献给教宗,在伽利略之前逃过天主教会的正式指控。哥白尼在世时的教会与塔兰托宗教会议、耶稣会和宗教裁判所重启后的教会比还是较为宽大的。

哥白尼的作品并不具近代气息,而是有一股毕达哥拉斯气息。他坚信一切天体运动都做等速圆周运动,像希腊人那样甘受审美动机影响。他的理论中仍有一些周转圆,虽然中心是太阳,或者更确切地说,在太阳近旁。不以太阳为正中心,

---

[1] 见《哥白尼论著三篇》,爱德华·若森英译本,1939年芝加哥版。

哥白尼是波兰教士，纯粹的正统派。其主要著作《天体运行论》是他去世那年出版的，题献给教宗，在伽利略之前逃过天主教会的正式指控

第谷·布拉赫在天文台。第谷·布拉赫不是重要的理论家，而是重要的观测家。他快到人生终点时收了个助手，那就是年轻的开普勒。他的观测让开普勒受益无穷

开普勒对行星的说明。他最伟大的成就是发现行星运动三定律

第六章　科学的兴起

403

这有损他学说的简洁。他似乎不知道阿瑞斯塔克的日心论,但他的理论中没有任何东西是希腊天文学家想不到的。他的重要性在于将地球赶下几何学至尊宝座。长远看,这使基督教神学赋予人类在宇宙中的尊崇地位很难再归到人身上,但这个后果哥白尼是不会承认的,作为虔诚的正统派,他强烈反对自己的理论与《圣经》有抵触的说法。

哥白尼理论中有一些真正的困难。最大困难是见不到恒星视差。假如此刻地球在轨道上的位置与半年后地球所处的位置相距1.86亿英里,那么星空的位置看起来应当有显著移动;正如海上的船只,从海岸线的某一点看在正北的话,从另一点看不会在正北。当时观测不到视差,哥白尼正确推断说恒星远比太阳遥远。直到19世纪,测量技术才精准到能观测恒星视差,那时也只能观测最近的一些恒星。

另一个困难是落体。如果地球从西往东不停转动,高处落下的物体不应落在起点的正下方,而应落在稍偏西一点,因为地球在物体掉落时转了一定距离。这个问题可以用伽利略的惯性定律解答,但在哥白尼时代还没出现答案。

E. A.伯特写了本趣书《近代物理科学的形而上学基础》(1925),用雄辩的语调叙述那些现代科学创始人许多站不住脚的假定。他颇为中肯地指出,哥白尼时代没多少已知事实迫使人们接纳他的观点,相反还有些对他不利的事实。"当代经验主义者要是生活在16世纪,会带头对这套新宇宙哲学嗤之以鼻。"这本书想说近代科学发现都是中世纪式糊涂迷信中偶然发生的幸运事件,借此贬低近代科学。我认为这误解了科学态度:关键不在于科学家信什么,而在于他如何信、为何信。科学信念是尝试性而非教条式的,基于证据而非权威或直觉。哥白尼把自己的理论称为假说是对的,他的敌人认为新假说要不得,是错的。

近代科学创始者有两种未必总能兼备的优点:细致耐心地观察,大胆无畏地假设。敢于假设的有古希腊哲学家,观察耐心的有古代晚期的天文学家,但古人里面也许除了阿瑞斯塔克没有谁两优点兼备,中世纪的人一种都不具备。哥白尼像他的伟大后继者,两者兼备。关于各种天体在太空的运行,借助当时的仪器能知道的一切他都知道;他意识到地球每日自转一周是比所有天体转动更简便的假说。近代观点认为一切运动都是相对的,照这看,哥白尼假说的唯一好处就是简便,但哥白尼及其同代人不这么认为。地球每年公转一周的说法也更简便,尽管没有自转说那么明显。哥白尼仍需要周转圆,虽然不像托勒密理论那么需要。

这些新理论在开普勒定律发现后才简便到极致。

除了对人类宇宙想象力的颠覆性影响，新天文学还有两个伟大优势，一是认同自古以来信以为真的东西也许是假的，二是认同验证科学真理需耐心搜集事实并大胆设想这些事实背后的支配法则。这两大优势哥白尼发挥得不如后辈充分，但都有高度表现。

哥白尼向某些人透露自己的想法，其中有德意志的路德派信徒，路德本人听说后极为震骇，说："人们居然听一个忽然冒出来的占星家狂言，说什么地球转而天空苍穹、太阳月亮不转。想要聪明的人，最好编些大出风头的新理论。这蠢货想把整个天文学掀个底朝天，但《圣经》告诉我们约书亚让日头而不是大地停下不动。"[1]加尔文也拿经文驳斥哥白尼，他搬出《诗篇》第九十三篇第1节"世界就坚定，不得动摇"，又喝道："谁敢把哥白尼的权威置于圣灵之上？"新教神职人员起码跟天主教教士一样冥顽不化，但新教国家很快比天主教国家思想自由得多，因为新教国家的神职人员权势较弱。新教的重要性不在于树异端，而在于分裂，因为教派分裂会产生国家教会，国家教会的势力不足以控制世俗政府。这完全有益，因为不管哪儿的教会都拼命反对一切增进人世间幸福或知识的革新。

哥白尼无法给自己的假说提供任何确凿证据，长期受天文学界否定。下一位重要天文学家是第谷·布拉赫（1546—1601），他采取折中立场，说太阳月亮绕着地球转，各行星绕着太阳转。他没什么理论创见，但对亚里士多德的月球以上万物不变说提出两条强大反对理由。首先，1572年出现一颗没有周日视差的新星，肯定比月球远；另外，观测发现彗星也很遥远。大家应当记得亚里士多德月下事物才有生有灭的理论，这和亚里士多德就科学问题发表的所有其他意见一样，都是进步的障碍。

第谷·布拉赫不是重要的理论家，而是重要的观测家。他先后在丹麦国王和鲁道夫二世皇帝的支持下从事天文观测，编了一份恒星名录，并注有各行星多年的位置轨迹。他快到人生终点时收了个助手，那就是年轻的开普勒。他的观测让开普勒受益无穷。

开普勒（1571—1630）是天分不高凭毅力能抵达何等境界的极佳典范。他是哥白尼之后第一个采纳日心说的重要天文学家，而布拉赫的数据表明哥白尼日心

---

[1]《约书亚记》第10章第13节："于是日头停留……不急速下落，约有一日之久。"——译注

第六章 科学的兴起

说不太正确。受毕达哥拉斯主义的影响，开普勒身为虔诚的新教徒却多少有些玄幻的拜日情结。毕达哥拉斯主义还让他倾向于追随柏拉图《蒂迈欧篇》，认为宇宙意义必寄托于五种正多面体。他利用这五种正多面体琢磨各种假说，结果运气不错，有一个假说成立了。

开普勒最伟大的成就是发现行星运动三定律。其中两条公布于1609年，第三条公布于1619年。第一定律是：各行星沿椭圆轨道绕太阳运行，太阳在椭圆的一个焦点上。第二定律是：行星与太阳的连线在相等时间内扫过的面积相等。第三定律是：行星公转周期的平方与该行星和太阳平均距离的立方成比例。

这些定律的重要性必须解释一下。

第一、第二定律在开普勒时代只能以火星的情况证明；其他行星的观测数据也符合这两条定律，却无法下定论。但不久就完全证实。

现代人很难体会第一定律即行星沿椭圆轨道运行的发现需承受多大的传统压力。天文学家全体达成共识的只有一点，那就是所有天体运动都是圆周运动或圆周运动的组合。圆解释不通的行星运动，就拿出周转圆。周转圆是圆上滚动的另一个圆周上的一点画出的曲线。比如说，把一个大轮子放平固定在地上，拿一个小轮子，上面穿透一颗钉，让小轮（也平放着）沿着大轮滚动，钉尖接触地面，在地上画出的痕迹就是周转圆。月亮绕太阳的轨迹大概就是这种：大致上，地球绕太阳画圆，月亮同时绕地球画圆。但这只是粗略说法。观测越来越精准，人们发现周转圆怎么都无法完全切合事实。开普勒发现自己的假说远比托勒密假说甚至哥白尼假说贴合火星的位置记录。

用椭圆替代圆，意味着放弃毕达哥拉斯以来一直支配天文学的审美偏好。圆是完美形状，天体是完美物体——本来都是神祇，哪怕在柏拉图和亚里士多德理论中也和神非常亲近。完美物体似乎必然做完美运动。此外，各天体自由运动，未受推拉，所以这些运动必将是"自然的"。容易让人感觉"自然"的是圆而不是椭圆。因此，要接受开普勒第一定律，必须丢掉许多根深蒂固的成见。哪个古人都不曾这样设想，哪怕萨摩斯的阿瑞斯塔克。

第二定律涉及行星在轨道不同位置的速度变化。用S表示太阳，P_1、P_2、P_3、P_4、P_5表示行星每隔一段相等时间比如一个月的相继位置，开普勒第二定律就是说P_1SP_2、P_2SP_3、P_3SP_4、P_4SP_5这几块面积相等。那么行星离太阳最近时运行最快，离太阳最远时运行最慢。这也很不像话：堂堂行星怎可时而慌张时而懒洋洋。

第三定律的重要性在于拿不同行星的运动做对比,前两条定律单讲每颗行星。第三定律说:用r表示行星与太阳的平均距离,T是该行星绕太阳一周的时间,那么r^3除以T^2的值,每颗行星都相同。该定律证明了牛顿的引力平方反比律(仅限太阳系),下文再详谈。

除了牛顿,伽利略(1564—1642)可能是近代科学最伟大的奠基人。他生于米开朗琪罗去世那天,死于牛顿诞生那年。这些事实供那些仍相信灵魂转世的人玩味,如果还有这种人。伽利略是重要的天文学家,但他更重要的身份也许是动力学始祖。

伽利略首先发现加速度在动力学上的重要性。"加速度"指速度变化,无论是速度大小还是速度方向的变化,那么物体沿圆周匀速运动时总有一个倾向圆心的加速度。用伽利略时代以前的俗话讲,他把匀速直线运动当作唯一的"自然"运动,无论这运动在地上还是天上。前人一直认为天体的圆周运动、地上物体的直线运动才是"自然"的,而地上物体不受力的话会逐渐停止运动。相反,伽利略主张一切物体若不受力都会继续做匀速直线运动;运动快慢或方向的变化都需要用某种"力"的作用来解释。牛顿把它表述为"第一运动定律",即惯性定律。其主旨下文再谈,现在先仔细说说伽利略的各种发现。

伽利略是自由落体定律的确立者。有了"加速度"概念,自由落体定律简洁之至:不考虑空气阻力,自由下落的物体加速度不变;一切物体无论轻重大小,加速度都相同。这条定律一直无法用证据充分证明,直到1654年抽气机问世。从此人们可以观察真空中的自由落体,结果发现羽毛和铅块落得一样快。伽利略证明的是,大块和小块的同种物质没有可测量的差别。在他之前,人们一直以为大铅块远比小铅块落得快,伽利略用实验证明这并非事实。当时的测量技术还没有后来这么精密,他却找到了真实的落体定律。真空中的自由落体,其速度按一定比率增大。第一秒末尾,速度是每秒32英尺;第二秒末是64英尺,第三秒末是96英尺,依次类推。加速度亦即速度的增加率是不变的,每过一秒,速度增加(约)每秒32英尺。

伽利略还研究枪弹飞行问题,这是他的雇主托斯卡纳公爵很看重的。之前一直认为水平发射的枪弹会水平前进一段时间再忽然垂直下降。伽利略证明,不计空气阻力,水平速度会按惯性定律保持不变,但要添一个按落体定律增加的垂直速度。计算枪弹飞行一段时间后在短时间比如一秒内的运动情况,可采取下列步骤：首先，如果不降落，它将水平飞行一段距离，与第一秒飞过的距离相等；第二，如果不水平前进而仅仅降落，它将按照与飞行时间成正比的速度垂直下降。枪弹实际位置的变化，等同于先按起始速度水平运动一秒钟，再按与飞行时间成正比的速度垂直降落一秒钟的效果。简单计算表明，枪弹轨迹是抛物线，这一点可忽略空气阻力凭观察证实。

这个简单实例展示了动力学上一条很有用的原理：几个力同时起作用，与假设每个力依次分别起作用的效果相同。这是更普遍的"平行四边形定律"的一部分。比方说，你在一艘行驶的船的甲板上，步行横穿甲板，你走的时候船已往前行驶，那么你对于水来说，既沿着船行驶的方向往前动，也横着往侧面动。要想知道你在水上的位置变动，可以先假设你站着没动，船向前行驶；然后假设在相等时间内船不动而你横着走过。这个原理适用于合力，能求出几个力的总效果，并根据运动体受的若干力各自的定律来分析物理现象。这种极富成效的方法就是伽利略创造的。

以上内容我尽量用17世纪的语言表述，现代用语已有许多重要不同，但讲述17世纪的成就最好还是用当时的表达方式。

惯性定律解释了伽利略之前哥白尼理论一直解不开的谜。如前所述，假如你在塔顶丢下一块石头，它将落在塔底，而不是塔底偏西一点的地方；然而，假如地球在转动，它应当在石头下落过程中转过了一段距离才是。之所以没有落到偏西一点的地方，是因为石头保持着掉落前与地上所有物体共有的旋转速度。其实，假如塔足够高，就会出现与哥白尼反对者的推想恰恰相反的结果。塔顶比塔底离地心远，转得更快，所以石头应落在塔底偏东一点的地方。但这个效果太小，恐怕测不出来。

伽利略狂热支持日心说，他和开普勒通信，认可开普勒的各种发现。听说有个荷兰人最近发明望远镜，伽利略自己也制了一架，很快就有许多重大发现。原来银河是千千万万颗单独的星体组成的。他还观察到金星的盈亏相位，这种现象哥白尼早就知道，因为这是哥白尼学说的必然推论，只是肉眼观察不到。伽利略发现木星的各个卫星，为了向雇主致敬而把它们命名为"美第奇之星"。他发现这些卫星符合开普勒定律。但有个困难。向来都说有五大行星、太阳和月亮七天体，"七"是个神圣数字。安息日不就是第七天吗？不是有七支烛台和亚细亚七教会吗？那么，有什么比七天体更恰当的呢？但如果添上木星的四个卫星，就凑成毫无神秘意味的十一。传统派以此为由指责望远镜,不肯通过它看东西,硬说望远镜让人看到的只是幻象。伽利略写信给开普勒,想跟他一起为"群氓"的愚蠢大笑一场,信中显然表明"群氓"就是那些妄图"用魔咒般的强词夺理"把木星的卫星变没的哲学教授们。

大家都知道,伽利略被宗教裁判所判罪,先是1616年秘密裁判,然后是1633年公开宣判,这次他选择忏悔,承诺再不宣扬地球自转或公转。宗教裁判所如愿以偿扼杀了意大利的科学,使之几百年来无法复活。但它没能阻止科学家采纳日心说,反而因自身的愚蠢给教会造成很大损害。幸亏有新教国家,那里的牧师不管多想危害科学,却无法掌控国家。

牛顿(1642—1727)在哥白尼、开普勒和伽利略开拓的道路上最终大获全胜。他从自己的三大运动定律(前两条应归功于伽利略)出发,证明开普勒三定律等同于这个定理:任何行星在任何时刻都有趋向太阳的加速度,与该行星和太阳距离的平方成反比。他表明月亮向地球和太阳的加速度都适用该公式,因此地球表面落体的加速度和月亮的加速度都遵循平方反比律。他把"力"定义为运动变化的起因,即加速度的起因。他的万有引力定律可表述为:"一切物体与另一物体相吸引,引力与它们质量的乘积成正比,与它们距离的平方成反比。"利用这个定律,他推导出行星及其卫星的运动、彗星轨道、潮汐等行星理论。后来,连行星对椭圆轨道的细微偏离也可用牛顿定律解释。牛顿的成功太过圆满,以致他险些成为另一个亚里士多德,成为进步途中无法逾越的障碍。英国人在他去世一百多年后才充分摆脱他的权威,在他涉足过的领域开展创造性工作。

17世纪的卓越不仅在天文学和动力学领域,还体现在涉及科学的许多其他方面。

首先是科学仪器[1]。复式显微镜是17世纪前不久即1590年左右发明的。望远镜是1608年一个名叫李珀希的荷兰人发明的,虽然真正把它用于科学研究的是伽利略。伽利略发明温度计——起码很可能如此。他的弟子托里拆利发明气压计。葛立克(1602—1686)发明抽气机。时钟不是新事物,但在17世纪主要靠伽利略大为改良。由于这些发明,科学观察远比以往任何时代都精确广泛。

其次,除了天文学和动力学,其他科学领域也有重大成就。吉尔伯特(1540—

---

[1] 参阅A.伍尔夫《16、17世纪科学技术哲学史》有关科学仪器的章节。

1603）在1600年出版磁学巨著。哈维（1578—1657）在1628年公布血液循环发现。列文虎克（1632—1723）发现精子细胞，尽管斯蒂芬·汉姆似乎几个月前就发现了；列文虎克还发现原生动物即单细胞有机体，甚至发现了细菌。我年轻时，人们教小孩子说罗伯特·波义耳（1627—1691）是"化学之父，科克伯爵之子"；如今波义耳被人铭记主要是由于"波义耳定律"：一定量的气体在恒温下，压强与体积成反比。

还没说到纯数学领域的进步，这方面的成就非常伟大，是自然科学中许多工作都不可或缺的。纳皮尔在1614年出版对数理论。坐标几何是17世纪几位数学家的共同成果，其中贡献最大的是笛卡尔。微积分是牛顿和莱布尼茨各自发明的，几乎是一切高等数学的工具。这只是纯数学领域最卓越的成就，别的重大成果不计其数。

上述科学工作彻底改变了受教育者的思想观念。17世纪，托马斯·布朗爵士还参与女巫审判[1]；17世纪末期，这种事就不可能了。在莎士比亚时代，彗星还是不祥之兆；1687年牛顿的《原理》出版后，世人知道牛顿和哈雷已算出某些彗星的轨迹，原来彗星像行星一样乖乖遵从万有引力定律。科学定律已经牢牢支配人类的意识，魔法巫术之类的东西变得匪夷所思。1700年受教育者的思想观念已经完全近代化；1600年，除了极个别人，他们的思想观念还大致停留在中世纪。

下面简述17世纪科学带来的哲学信仰，以及近代科学与牛顿科学的几点区别。

首先应注意的是，物理定律中几乎不再有物活论的任何痕迹。希腊人虽未明说，但显然把运动能力看成生命的标志。在普通观察者看来，动物自己会动，死物受外力驱使才会动。按照亚里士多德的理论，动物的灵魂有多种功能，其一就是驱动它们的身体。在希腊人的思想中，太阳和行星往往就是神祇，或者起码受神祇管束和驱使。阿那克萨戈拉不这么想，被指责对神不敬。德谟克利特不这么想，大家都轻视他而赞成柏拉图和亚里士多德，只有伊壁鸠鲁派除外。亚里士多德的47或55个不动的推动者是神灵，是宇宙中一切运动的终极根源。任其自然的话，一切无生命体都很快会静止不动；所以要运动不停，就得由灵魂持续操纵事物。

这一切被第一运动定律改变。无生命的事物一旦开始运动，就会永远运动

---

[1] 此事发生于1662年，布朗在法庭上的证词使两名妇女以女巫罪被处死。——译注

下去，除非被外力阻止。再者，运动变化的外因，但凡能认定的，结果也都是物质的。无论如何，太阳系依靠自身动能和自身定律持续运转，无须外力干涉。也许似乎需要上帝启动这套装置，行星在牛顿看来最初是由上帝之手抛撒开来的。但上帝做完此事且制定万有引力定律后，一切都自行运转，不再需要神明插手。拉普拉斯表示也许正是目前正在起作用的种种力量当初让行星从太阳中产生出来，这进一步减少了上帝在自然进程中的戏份。他也许仍是造物主，但就连这点都存在疑问，因为世界有没有时间开端还不清楚。多数科学家都是虔诚的楷模，科学工作展示的观念却让正统教义岌岌可危，神学家惴惴不安是大有缘由的。

科学还深刻改变了人类对自身在宇宙中地位的认知。在中世纪，地球是天宇的中心，万物都为人类存在。在牛顿时代，地球是一颗不甚起眼的恒星的普通行星，天文距离无比庞大，相比之下地球不过像个针尖。浩渺的宇宙似乎不可能是专为这针尖上的某种小生物安排的。此外，如今科学活动已经不再理会亚里士多德以来科学观一直纠结的"目的"。谁都可以继续相信天宇为显示神的荣耀而存在，但任何人都无法让这种信仰干预天文学计算。世界或许有目的，但目的不可再用于科学解释。

哥白尼学说本应使人类谦逊，结果却恰恰相反，累累科学硕果唤醒了人类的傲气。古代世界终结时沉溺于罪恶感，这罪恶感传下来压迫着中世纪。在上帝面前谦卑是正当又精明的，因为骄傲会遭上帝惩罚。瘟疫、洪水、地震、土耳其人、鞑靼人和彗星把阴郁的中世纪闹得狼狈不堪，人们觉得只有谦卑再谦卑才能躲开现实或即将临头的灾祸。但高唱凯歌的人类怎么会继续谦卑：

    自然和自然律在暗夜隐藏
    神说"要有牛顿"，就有了光[1]

至于天谴，偌大宇宙的造物主肯定有更要紧的事操心，哪有工夫为一点神学小错就把人扔进地狱。加略人犹大或许会遭天谴，但牛顿不会，尽管他是亚流派。

---

[1] 这是蒲柏模仿《创世记》为牛顿写的墓志铭。——译注

自满的理由当然还有很多。鞑靼人被关进亚洲，土耳其人不再构成威胁。彗星被哈雷驯服，地震还很难对付，但极有意思，科学家简直对它欲罢不能。西欧人暴富，正在成为全世界的主子：征服北美南美，在非洲和印度权势炽盛，受中国尊敬，让日本畏惧。再加上科学的节节胜利，难怪17世纪的人自我感觉良好，尽管礼拜日仍在口头上念叨我真是可悲的罪人。

现代理论物理学与牛顿理论的观念有些不同。首先，17世纪大名鼎鼎的"力"的概念，已成为废话。牛顿说"力"是运动变化的原因，无论是强度还是方向的变化。原因曾经很受看重，于是"力"被假想为我们推什么或拉什么时体验到的那种东西。因此远距离起作用成为人们反对万有引力说的理由，牛顿本人也承认引力必须靠某种介质传导。人们逐渐发现，不引入力的概念，方程式也能写出来。加速度与方位布局的特定关系可实际观测，说这关系以"力"为媒介形成，完全是多此一举。我们能观测到各行星时刻都有朝向太阳的加速度，与行星和太阳距离的平方成反比。说这是由于万有引力的"力"，就好比说鸦片能催眠是由于它有催眠功效。因此，现代物理学家只谈加速度计算公式，根本不提"力"。"力"是运动原因上物活论的幽灵，已逐渐被驱除。

量子力学诞生前，第一、第二运动定律的本质没有受任何事情的任何影响，也就是说，动力学定律要用加速度表述。从这点看，哥白尼和开普勒仍是古人，他们都探寻表述天体轨迹形状的定律。牛顿指明，用这种形式表述的定律至多能达到近似。任何行星都不做精准的椭圆运动，因为其他行星的引力会造成微扰。同理，一个行星的轨道也不会精准地重复。分析加速度的万有引力定律却非常简洁，在人们眼中完全精准，直到牛顿去世两百年后。被爱因斯坦修订后，该定律分析的依然是加速度。

能量守恒定律是分析速度而非加速度的，但遵照该定律进行的计算，依然要考虑加速度。

量子力学带来的变化极为深刻，但在一定程度上仍是有争议的未决问题。

牛顿哲学有一个变革不得不提，那就是绝对时空的废弃。我们谈德谟克利特时说过这个问题。牛顿认为空间由许多点构成，时间由许多瞬间构成，时空独立于占据它们的事件和物体而存在。关于空间，他用一个经验论据支持自己的观点：我们可借助物理现象识别绝对转动。桶里的水如果转动，就会涌上周围桶壁，中间凹陷；但如果水不转而让桶转，就不会有这效果。牛顿时代过后，傅科摆实验问世,演示了大家心目中的地球自转。哪怕最现代的理论也没有把绝对转动完全解释通。如果所有运动都是相对的,地球转动说和天空转动说的差别就只是措辞不同,无非像"约翰是詹姆斯之父"和"詹姆斯是约翰之子"的差别。但假如天空转动,星体就动得比光还快,这在我们看来是不可能的。这个难题的现代解答并不圆满,但足以让几乎所有物理学家都认同运动和空间纯粹是相对的。再者,时间和空间融合为"空间时间",使我们的宇宙观与伽利略和牛顿的宇宙观颇为不同。但就像量子论,这个问题在此也不予详谈。

第七章　弗朗西斯·培根

弗朗西斯·培根(1561—1626)的哲学有各种不圆满,但作为近代归纳法的创始人和科学方法逻辑体系化的先驱,他永远是重要人物。

他父亲是掌玺大臣尼古拉斯·培根爵士,姨母是威廉·塞西尔爵士即后来的伯利勋爵的妻子,因此他是在国事氛围中长大的。他二十三岁进入下议院,成为埃塞克斯伯爵的顾问。埃塞克斯伯爵失宠后,培根协助指控他,从此饱受非议,比如雷顿·斯卓奇在《伊丽莎白女王和埃塞克斯伯爵》中就把培根写成忘恩负义的恶棍。这挺不公道的,因为培根在埃塞克斯是忠臣的时候与他共事,但后来再忠于埃塞克斯就等于叛国,他才背弃埃塞克斯;这件事,哪怕最严厉的道德家也挑不出可指责的地方。

尽管不再与埃塞克斯站在一起,培根也未能在伊丽莎白在世时获得真正的宠信;但詹姆斯即位后,他的境况好转了。1617年他成为父亲当过的掌玺大臣,1618年他当上大法官,但这要职到手才两年,他就被指控收受诉讼人的礼物。他承认指控属实,只是辩称那些赠礼从未影响他的判决。对此,各人有各人的看法,因为无法证明培根没有受贿的话会如何判决。他被判罚4万镑,关进伦敦塔,关多久看国王的心意;不准接近法庭,不许担任公职。这个判决只执行了一小部分。没人逼他交罚金,在伦敦塔也只关了四天。但他被迫放弃官场,余生只好撰写大作。

在那个年代，法律界的道德有些堕落。几乎每个法官都收礼，通常两边收。如今我们觉得法官受贿是极其恶劣的事，收钱不办事更是罪大恶极。在那个时代，收礼是当然的惯例，法官的"美德"在于不受礼物影响。培根落马是党派纷争所致，不是因为他格外有罪。他虽然不像前辈托马斯·莫尔爵士那样品行高洁，但也不特别缺德。在道德上，他是个普通人，与同代多数人比不好也不坏。

隐退五年后，培根有次往鸡肚里塞雪做冷冻实验，受寒去世了。

培根最重要的著作《学识的进展》很多方面显然很现代。一般认为"知识就是力量"是他说的，也许前人说过同样的话，但他讲出了新重点。培根哲学完全是为了实用：用科学发现和发明让人类驾驭自然力量。他主张哲学与神学分开，不能像经院哲学那样紧紧纠缠。他认同正统宗教，这种事他不跟当局争执。他认为上帝的存在能用理性证明，但神学中的其他一切都只能靠神启得知。其实他主张，在没有神启辅助的理性面前，信条越荒谬，信仰的胜利越伟大；但哲学只能靠理性。因此他是理性和神启"双重真理"的拥护者，13世纪某些阿威罗伊派曾宣扬这种观念，受到教会谴责。"信仰的胜利"对正统派来说是个险招，17世纪晚期遭到皮埃尔·贝尔的嘲讽，他细细阐明对某些正统信仰的一切理性反驳，然后总结说"越是硬信，信仰的胜利就越伟大"。培根的正统信仰有几分诚意，无从得知。

在具有科学意识的哲学家中，培根最先强调归纳而非演绎的重要性。像许多后辈那样，他努力探寻优于"简单枚举归纳"的归纳法。简单枚举法可以用一个寓言说明。从前有个统计员登记威尔士某村全体户主的姓名，他问的第一个户主名叫威廉·威廉斯，第二个户主、第三、第四……也叫这个名字，于是他叹道："太无聊了，他们显然都叫威廉·威廉斯。我就这么给他们登记吧，休个假。"但他错了，村里偏有一个人叫约翰·琼斯。如果太信奉简单枚举法，可能会搞错。

培根觉得归纳法能改进得更高明。比如说，为探索热的本质，他正确设想热是物体微小部分快速不规则运动造成的。他的方法是将各种热物体、冷物体和不同温度的物体分别列表，希望这些表能显示热物体总是有而冷物体总是没有的特征，显示不同热度的物体不同程度的特征。他希望用这种方法先得出最初级普遍性的法则，再根据多个初级法则得出二级普遍性法则，依次类推。提出的法则要用新状况检验，在新状况下适用的话，就在该范围内得以证实。能让我们从看似都对的两种理论中做决策的某些实例极具价值,叫做"优势"实例。

培根不仅鄙视演绎推理,还轻视数学,可能是觉得数学的实验性差。他咬牙切齿地仇视亚里士多德,却非常高看德谟克利特。他不否认自然历程彰显神的意旨,却反对实际现象研究掺杂任何神学解释,主张一切现象应解释为充分原因的必然结果。

他认为自己的方法能正确整理科学必需的观察资料。他说,我们既不能像蜘蛛那样从肚里抽丝结网,也不能像蚂蚁那样只顾采集,而应当像蜜蜂那样既采集又整理。这话恐怕对蚂蚁不公,但说清了培根的意思。

培根哲学中最著名的是"幻象"论,也就是让人陷入谬误的思维陋习。幻象主要有四种。"族群幻象"是人性固有的幻象,尤其是指自然现象中有超乎实际的更多秩序。"洞穴幻象"指个体研究者特有的私人偏见。"市场幻象"指话语暴政,人类思想观念很难逃脱其控制。"剧场幻象"指公认思维体系,亚里士多德和经院哲学自然是最显眼的实例。学派也有幻象,以为某些现成套路(比如三段论)能取代研究判断。

培根感兴趣的是科学,他的思想观念也很科学,却忽略了当时科学界正在发生的多数事情。他否定哥白尼学说,就哥白尼本人而论,这情有可原,因为哥白尼没给出什么可靠的论证。但培根本该信服1609年发表《新天文学》的开普勒。培根赞赏绝妙运用归纳法的磁学家吉尔伯特,却仿佛没说过近代解剖学先驱维萨里的成果。更不可思议的是,哈维是他的私人医生,他却似乎对哈维的研究浑然不觉。哈维的确是在培根死后才公布血液循环发现的,但培根不该对哈维的研究活动一无所知。哈维也不待见培根,说他"像大法官那样写哲学"。假如培根淡泊名利,无疑会写得更好些。

培根的归纳法由于不够重视假说而存在缺陷。他希望数据归整好后正确假说就自行浮现,但这很不现实。提出假说往往是科学工作最难的部分,最需要伟大才华。迄今为止,人类还没找出按规律创设假说的方法。通常情况下,数据收集需要遵照某种假说,因为必须有办法挑出相关事实。缺了假说,事实的简单堆积会让人茫然失措。

演绎法对科学的作用比培根想象得大。验证假说,往往要经过一段漫长的演绎之旅才得出能靠观察验证的结果。这演绎通常是数理推算,培根低估了数学在科学研究中的重要性。

简单枚举归纳的缺陷至今尚未解决。培根在涉及科学研究细节时不用简单枚举法，是完全正确的；因为处理细节时，我们必须采用靠得住的一般法则，以它为基础创建更令人信服的方法。约翰·斯图亚特·密尔设定归纳法四规范，假定因果律成立，四规范都能有效运用；但密尔不得不承认，因果律本身也必须依靠简单枚举归纳。科学理论组织化能做的，就是将一切下级归纳汇集为少数甚至一条概括性归纳。能证实这概括性归纳的事例很多，有人就觉得可以接受简单枚举归纳。这太牵强了，但无论培根还是他的后辈都尚未找到出路。

第八章　霍布斯的《利维坦》

霍布斯（1588—1679）是个很难归类的哲学家，他是洛克、贝克莱、休谟那样的经验主义者，却又有所不同，他崇尚纯数学、应用数学等数学方法。他的思想灵感主要源于伽利略而非培根。从笛卡尔到康德，欧洲大陆哲学的认识论大多来自数学，却认为数学无须经验也可得来，因此大陆哲学像柏拉图哲学那样竭力贬低知觉，过分强调纯思维的作用。与此相反，英国经验主义者很少受数学影响，容易误解科学方法。这两种缺陷霍布斯都没有，十分难得，直到如今才又出现重视数学的其他经验主义哲学家。但霍布斯也有严重缺陷，无法跻身一流人物。他不耐烦精微理论，太急于快刀斩乱麻。他解决问题的方法合乎逻辑，但遇到尴尬之处就干脆忽略过去。他奔放粗率，擅长抡战斧而不是舞细剑。尽管如此，他的国家论比先前任何理论哪怕马基雅弗利理论还现代化，值得仔细研究。

霍布斯的父亲是个暴躁愚昧的教区牧师，在教堂门口跟邻教区的牧师吵闹，丢了差事。霍布斯从此由伯父抚养，阅遍典籍，十四岁就把欧里庇得斯的《米迪亚》译成拉丁抑扬格诗（他晚年自诩不引用古典诗人或演讲家的句子不是由于不熟悉他们的作品，此非虚言）。他十五岁上牛津大学，学校教的经院派逻辑和亚里士多德哲学成为他后来的心理阴影，他坚称自己在牛津大学那些年没怎么受益，其实一切大学都是他作品经常抨击的对象。1610年，二十二岁的霍布斯成为哈德威勋爵（后来的德文郡伯爵二世）的家庭教师，跟着勋爵漫游欧洲。正是此时他开始知道伽利略和开普勒的成就,深受震撼。这名学生在1628年去世前一直做霍布斯的赞助人,帮助他结识了本·琼森、培根、彻伯利的赫伯特勋爵还有其他一些要人。德文郡伯爵死后留下一个幼子,霍布斯在巴黎开始研究几何学,后来成为前学生的儿子的家庭教师,和这孩子一起游历意大利,1636年在意大利拜访伽利略,1637年回英国。

《利维坦》宣扬的极端保皇主义是霍布斯长期以来的政见。1628年议会起草《权利请愿书》,他出版了修昔底德作品的英译本,刻意展示民主的害处。1640年长期议会开会,劳德[1]和斯卓弗[2]身陷伦敦塔,霍布斯惊恐之下逃往法国。他那本1641年写成、1647年才出版的《公民论》讲的其实还是《利维坦》那套理论。让他产生这种观念的不是内战,而是内战将至的阴云;当然,忧虑变成现实后,他的心意更坚定了。

在巴黎他受到许多一流数学家和科学家的欢迎。他是看过笛卡尔《沉思录》书稿的人之一,写了反对意见,笛卡尔把反对意见和自己的应答一同付印。霍布斯很快结交大批英国保皇派流亡者。1646—1648年,他教未来的查理二世数学。然而,1651年出版的《利维坦》谁都不喜欢。书的理性主义惹恼了多数流亡者,对天主教会的严厉抨击得罪了法国政府。霍布斯潜逃回伦敦,归顺克伦威尔,不再参与政治。

但无论此时还是他漫长人生的任何其他时刻,他都不曾闲着。作为固执的宿命论者,他跟布兰豪主教就自由意志争了一场。他高估自己的几何水平,自以为发现了"化圆为方"的算法,傻乎乎地跟牛津大学几何教授瓦利斯吵起来。瓦利斯教授当然叫他出够了丑。

王朝复辟期间,对宗教虔诚不是很较真的国王亲信器重霍布斯,国王本人更是不仅把霍布斯的像挂在自己墙上,还许他100镑年金——但这钱陛下忘给了。一个涉嫌无神论的人竟如此得宠,大法官克伦登和议会都大为震惊。伦敦大瘟疫和大火激起民众的迷信恐慌,下院指派一个委员会调查无神论书籍,特别提到霍布斯作品。从此霍布斯不得在英国出版任何有争议的东西。就连他那本极其正统的长期议会史《毕希莫》也只能在国外印刷(1668)。1688年版的霍布斯作品

---

[1] 指威廉·劳德,查理一世的亲信,反对清教徒的激进改革。——译注
[2] 指托马斯·温沃,查理一世的心腹,主张加强王室权力,1640年受封为斯卓弗伯爵。——译注

集是在阿姆斯特丹出的。老年霍布斯在国外比在英国出名得多。为打发闲暇，他在八十四岁写了本拉丁诗体自传，八十七岁出版了荷马作品英译本。我没发现他八十七岁过后再出什么大作。

霍布斯的声誉主要来自《利维坦》，现在谈谈这本书的观点。

霍布斯开篇就宣告自己的彻底唯物论。他说，生命无非是肢体运动，因此机械有人造生命。名曰"利维坦"的国家是人为制造的，其实是人造的人。这不仅是比喻，他还详细展开，说主权是人造的灵魂，最初制造利维坦时依据的协议和信约好比上帝"我们要制造人"的谕令。

第一篇谈人类个体，讲了些霍布斯认为必要的一般哲学。感觉是对象的压力引起的，颜色、声音等等并不在对象中。对象的运动与人类的感觉相对应。他陈述第一运动定律，随即把它应用于心理：想象是衰退中的感觉，两者都是运动。睡眠中的想象是梦，异教乃分不清梦境与现实所致（鲁莽的读者弄不好会把这套到基督教上，但霍布斯谨慎得很，自己不这么做[1]）。把梦当预兆是自欺欺人，巫术和鬼也一样。

人类思想的连续不是任意的，而是受法则支配——有时是联想法则，有时是基于思考意图的法则。（这作为决定论在心理学上的应用，有重要意义。）

不出所料，霍布斯是彻头彻尾的唯名论者。他说，共性无非是名称，离了措辞我们不会有任何普遍想法。没有语言就没有真伪，因为"真"和"伪"都源于言辞。

他认为几何学是迄今创立的唯一真科学。推理本质上是计算，应当从定义开始。但定义必须避免概念自相矛盾，哲学往往没做到这一点。比如说，"无形实体"就是胡话。有人反对说上帝就是无形实体；霍布斯回答说，首先上帝不是哲学对象，再者许多哲学家认为上帝有形体。他说，普遍命题的所有错误出自悖谬（即自相矛盾）；自由意志观、奶酪有面包偶性，都是悖谬的实例（按天主教教义，非面包实体能具备面包的偶性）。

霍布斯这段话透着一种旧式唯理论。开普勒提出一个普遍命题"行星沿椭圆轨道绕太阳转动"，但其他观点，比如托勒密的看法，并非在逻辑上有悖谬。霍布斯敬仰开普勒和伽利略，却不懂用归纳法总结普遍规律。

---

[1] 他在别处说异教神祇是人类恐惧的产物，而我们的上帝是第一推动者。

针对柏拉图，霍布斯认为理性并非天生的，而是靠勤奋得来的。

他接着探讨各种激情。"意图"是运动的小开端，如果趋向什么，就是欲望；如果躲避什么，就是憎恶。爱是欲望，恨是憎恶。一件事物是欲望的对象，我们就说它好；是憎恶的对象，我们就说它坏（可见"好"和"坏"没有客观定义，如果大家欲望不同，就没法用说理调和分歧）。他给种种激情下定义，大多建立在生命竞争观上，比如大笑是猛烈的欣喜。对无形力量的恐惧，公开允许就是宗教，不允许就是迷信。因此何为宗教何为迷信取决于立法者。幸福在于不断进步，是走向繁荣的过程而不是繁荣状态；不存在静态幸福，当然超乎我们理解的天国极乐除外。

意志无非是深思熟虑后的欲求或憎恶。或者说，意志和欲望、憎恶并无不同，只是冲突最强烈的欲望或憎恶。这显然与霍布斯反对自由意志有关。

与专制政府的多数拥护者不同，霍布斯主张人人生而平等。自然状态下，如果没有政府，人人都渴望保持自己的自由，却又想支配别人，这两种欲望都受自我保全本能的驱使。欲望的冲突，导致了所有人对所有人的战争，让生命"凶险、粗蛮而短暂"。自然状态下没有财产，没有正义不正义，唯有战争，"战争中武力和欺诈是两大基本美德"。

第二篇讲人类如何结成服从中央权威的团体来避免上述弊病。这是通过社会契约发生的，一群人聚起来，一致选一个统治者或统治团体，对大家行使权力，结束混战。我认为霍布斯通常说的"盟约"并非确定的历史事件，当然这一点关系不大。这是解释性说辞，用来解释人们为什么应当服从权力必然对个人自由施加的种种限制。霍布斯说，人类对自身的束缚，是为了自保，让我们不至于因为既热爱个人自由又热衷支配旁人而陷入全体混战。

霍布斯探讨人类为何不能像蚂蚁和蜜蜂那样协作。同一个蜂房的蜜蜂不竞争，没有追求荣誉的欲望，不拿理智批评政府。它们的约定是天然的，而人类的约定只能是人为的，要靠盟约。盟约必须把权力授予某人或某机构，因为不这么做权力就无法行使。"盟约缺了武力只是空文。"（威尔逊总统不幸忘了这一点。）这不是后来洛克和卢梭说的那种公民与统治者的盟约，而是公民之间的盟约，大家说好要服从多数人选出来的统治机构。做出选择后，大家自身的政治权力就告终。少数派和多数派一样受约束，因为盟约规定要服从多数人选出的政府。政府一旦选定，除了它容许的权利，公民丧失其他一切权利。没有反叛权，因为统治者不受契约束缚，臣民则受契约束缚。

如此结合起来的民众叫国家。"利维坦"是凡间的神。

霍布斯偏好君主制，但他的一切抽象论辩都同样适用于至上权威不受其他主体法律权利制约的各种政体。单是议会他还能容忍，但国王和议会共享统治权的体制他无法接受。这与洛克和孟德斯鸠的观点恰恰相反。霍布斯说，英国内战就是国王、上院和下院分权导致的。

至上权威不管是个人还是团体，都叫做君主。在霍布斯理论中，君主的权力是无限的。他有权审查一切意见。他主要关心的是维护内部和平，因此他不会利用审查权压制真相，因为影响和平的论调不可能是真实的（绝妙的实用主义见解！）。财产法完全由君主定夺，自然状态下没有财产，所以财产是政府创造的，政府可随意左右这种创造。

君主可能是暴君，但最坏的暴政也比无政府状态强。再者，君主的利益大多与臣民一致。臣民越富有，他越富有；臣民越守法，他越安全；等等。反叛是不对的，因为往往失败，而且即使成功也会树立起坏榜样，教旁人反叛。霍布斯反对亚里士多德就僭主与君主的区分，他认为僭主只是碰巧不受待见的君主。

霍布斯列出种种理由论证君主制优于议会制。他承认君主在私利与公共利益冲突时常常顾私利，但议会也一样。君主会有宠臣，但每个议员也会有，所以君主制下宠臣的总数可能还少些。君主能听任何人私下进言，议会只能听议员们的，还得公开听取。某些议员偶尔缺席会让其他党派占多数，以致政策变动。再者，议会内部分裂可能引发内战。基于这些理由，霍布斯总结说，君主制最好。

《利维坦》通篇都没想到定期选举可能会抑制议员的损公肥私倾向。他实际上想的似乎不是民主选举的议会，而是威尼斯大议会或英国上议院那样的团体。他按古代方式把民主理解为每个公民直接参与立法和行政，起码他似乎指这个意思。

在霍布斯理论中，民众选了君主就要彻底退场。权力更迭由君主决定，就像罗马帝国没有叛乱搅扰时的做法。他承认君主往往选自己的子女或者在没有子女的情况下选近亲，但他主张没有法律禁止他选旁人。

有一章谈臣民的自由，开头是个令人赞叹的精辟定义：自由就是运动不受外界妨碍。这种意义上的自由与必然相一致，比方说，水的运动不受妨碍，按定义水就是自由的，必然流下山坡。人可以自由做他想做的事，但必须做上帝想让他做的事。我们的意志都有原因，在这个意义上都是必然的。至于臣民的自由，他们可以做法律不干涉的事；君主的权力不受限制，因为法律要遵守君主的意愿。臣民无权反对君主，除非君主自愿让步。大卫让乌利亚被杀[1]，不算是损害乌利亚，因为乌利亚是他的臣子；但他损害了神，因为他是神的臣子，违背了神的律法。

霍布斯认为，古代思想家赞美自由，导致人们喜欢骚乱暴动。他认为，这些思想家赞美的自由其实指君主的自由，免受外国统治的自由。国内对君主的抵抗，不管看起来多正当，霍布斯都予以谴责。比如说，他认为圣安布罗斯无权在塞萨洛尼卡大屠杀后开除皇帝狄奥多西的教籍。他还激烈斥责匝何理教宗为扶持不平而帮他罢黜墨洛维王朝的末代国王。

不过他认为对君主的服从有一条限制：自保权是绝对权利，臣民有权自卫，哪怕对抗君主。这合逻辑，因为他认为建立政府的动机就是自我保全。据此他主张（在一定条件下）人们受政府召唤上战场时，有权拒绝。这是任何近代政府都不容许的。他的自我主义伦理观有个怪论，那就是只能为自我防卫而反抗君主，为保护旁人而反抗就是罪过。

还有一条相当合乎逻辑的例外：人对不能保护他的君主没有任何义务。这样一来，霍布斯在查理二世流亡期间归顺克伦威尔就合情合理了。

当然不能有政党或我们所谓工会之类的团体；教师都要做君主的使臣，只教君主认为有用的东西。财产权只能对抗其他臣民，不能对抗君主。君主有权管制对外贸易，不受民法约束。他的惩罚权并非来自什么正义观，而是由于他保留自然状态下的一切自由，在自然状态下加害旁人是无可指责的。

书中列举国家解体的种种原因（除了外来征服），非常有趣：君主权力太小；容许臣民个人判断；有违良心的事都是罪；信奉神灵感应；君主受民法约束；认可绝对私有财产权；权力分割；模仿希腊人和罗马人；世俗权力与宗教权力分离；否认君主的征税权；有能力的臣民得人心；与君主争论的自由。这些原因，英法近代史都有丰富例证。

霍布斯认为，教化民众信服君主权力并不难，他们岂不是受教导信了基督教，甚至信了违背理性的"化体说"？应抽出专门日子让他们学习服从。教导民众要靠正确的大学教育，因此必须对各大学严加监管。崇拜必须统一，宗教要由君主指定。

---

[1]《撒母耳记下》第11章说，以色列王大卫与手下战士乌利亚的美貌妻子通奸致她怀孕，设阴谋让乌利亚被杀，娶了乌利亚的妻子。——译注

在第二篇结尾，霍布斯说他希望某君主读到这本书，当个绝对掌权者——柏拉图希望国王变哲人，相比之下还是霍布斯的愿望较为现实。霍布斯向君主们保证，这本书好读又有趣。

第三篇《基督教国家》指出，不存在统一教会，因为教会必须依赖世俗政府。每个国家都应让国王当本国教会的首领，不能接受教宗的最高统治，也不能赞同教宗无过论。书中果然劝非基督徒君主的基督徒臣民在外表上驯服，乃缦岂不是在临门庙无奈屈了身[1]？

第四篇《黑暗王国》主要批判罗马教会，霍布斯恨罗马教会，因为它把宗教权力置于世俗权力之上。其余内容是对"空洞哲学"的抨击，他说的"空洞哲学"通常指亚里士多德哲学。

现在谈谈对《利维坦》的看法。这是个难题，因为此书的优缺点紧密夹缠在一起。

政治上有两种不同问题，一是最佳国家形式，一是国家权力。在霍布斯看来，最佳国家形式是君主制，但这还不是他理论的重点。重点在于他主张国家权力应当是绝对的。这种观念滋生于文艺复兴和宗教改革时期的西欧。首先，封建贵族被路易十一、爱德华四世、斐迪南、伊莎贝拉等君主吓住了。其次，新教国家的宗教改革让世俗政府占了教会的上风。亨利八世的大权是以往任何英格兰王都不曾享有的。但在法兰西，宗教改革起初造成相反效果，历任国王夹在吉兹派和雨格诺派[2]之间，几乎毫无实权。霍布斯写书前不久，亨利四世和黎塞留为法兰西延续到大革命时代的绝对君主制奠定了基础。在西班牙，查理五世压制议会，菲利普二世除了对教会外也是绝对专制。在英格兰，清教徒却把亨利八世的改革全盘推翻，让霍布斯觉得反抗君主必然会导致无政府状态。

一切社会都面临着混乱与独裁两种危险。清教徒尤其是独立派对独裁的危险极有戒心；相反，霍布斯对混乱恐惧之至。王朝复辟后兴起并从1688年起得势的自由主义哲学家对两种危险都有意识，所以既厌恶斯卓弗，又厌恶再洗礼派。于是出现洛克的分权制衡说。在英格兰，国王有威望时曾实现真正的分权，接着议

---

[1]《列王纪下》第五章说，亚兰王的元帅乃缦患大麻风，按以色列先知教导的方法治愈，就皈依耶和华不再敬别的神，但唯有一件事求耶和华饶恕：作为帝王臣仆他要搀主人在临门庙叩拜，随主人屈身。——译注

[2] 法兰西宗教改革期间，天主教称为吉兹派，新教称为雨格诺派。——译注

会和内阁先后独揽大权。在美国，国会和最高法院能对抗政府，仍存在制衡，但政府权力不断膨胀。在德国、意大利、俄罗斯和日本，政府已庞大到连霍布斯都会嫌过分的地步[1]。所以总体看，国家权力的发展正合霍布斯的期望，虽然曾有一段起码表面上朝相反方向发展的漫长自由主义时期。不管本次大战结局如何，国家职能显然会继续增强，与之对抗必会越来越难。

霍布斯支持国家的理由，即只有国家才能防止混乱，大体上是成立的。然而，国家可能会坏到乱一阵也好过它继续存在的地步，比如1789年的法国和1917年的俄国。再者，任何政府假如对叛乱没几分畏惧，其暴政倾向就无法遏止。如果民众纷纷像霍布斯倡导的那样驯从，政府会比现在还坏。政治领域如此，只要有可能，他们会竭力让自身的地位无法动摇；经济领域如此，他们会假公济私养肥自己和朋党；知识领域如此，他们会压制任何似乎会威胁政府权力的新发现新学说。所以不能只顾虑混乱的危险，也要考虑全能政府自带的不公与僵化危险。

霍布斯的优点与先前的政治理论家相比最鲜明。他完全摆脱迷信，不拿亚当夏娃堕落的遭遇说事儿。他言辞清晰有逻辑；且不说对错，他的伦理观完全明白易懂，没有任何含糊概念。除了远比他狭隘的马基雅弗利，他是第一个真正近代意义上的政治理论家。他的错处，错在过分简单化，而不是思想根基不切实际、空想化。因此，他依然值得一驳。

撇开形而上学和伦理观，霍布斯还有两个缺陷。首先，他总把国民利益视为一个整体，直接假定全体公民的主要利益是一致的。马克思说阶级冲突是社会变革的主要原因，而霍布斯没有意识到这种冲突的重要性。这和他的臆断有关，即君主利益与臣民利益大致相同。战时，各方利益是一体的，尤其在战事激烈的情形下；但在和平时期，一个阶级的利益可能与另一阶级有巨大冲突。这种情况下，避免混乱的最佳方法未必就是鼓吹君主的绝对权力。分权妥协可能是防止内战的唯一出路。鉴于英格兰当时的历史，霍布斯早该认清这一点。

霍布斯对国与国关系的看法也过于狭隘。国家之间似乎只能打打杀杀，偶尔消停一下，《利维坦》只字未提它们可能形成的其他关系。这也难怪，因为他不曾设想国际政府，而国家关系仍处于自然状态，即所有国对所有国战争的状态。只要存在国际无政府状态，各国政治效率的提高就决不见得对人类有益，因为这样

---

[1] 这是1943—1944年罗素写书时的情形。——译注

会加剧战争的凶残和破坏。霍布斯支持政府的理由如果站得住脚，就也能支持国际政府。只要国家存在且彼此间战乱不断，唯有低效方可保全人类。在无法防止战争的情况下提高各国的战斗力，是通往全体灭绝的死路。

第九章　笛卡尔

勒内·笛卡尔（1596—1650）通常被视为近代哲学创始人，我认为没错。他是第一个极具哲学天赋又深受新物理学和新天文学影响的人。他确实传承了许多经院哲学思想，但他撇开前人奠定的基础重新建起一整座哲学大厦。这是亚里士多德以来从未有过的事，是科学进步带来新自信的标志。他的作品有一股柏拉图以来任何哲学名家都没有的清新气息。柏拉图和笛卡尔之间的一切哲学家都是教师，带着教师职业素有的优越感。但笛卡尔不是以教师而是以发现者和探索者姿态写作的，急欲把自己的发现传达给世人。他的语调轻松不迂腐，不只面向学生，明理的人都能看懂。另外，他的文笔非常出色，哲学先驱有如此卓越的文学意识，是近代哲学的幸事。在康德之前，无论欧陆还是英国的笛卡尔后继者都保留着这种非职业特色，某些人也颇有几分好文笔。

笛卡尔的父亲是布列塔尼地方议会的议员，家道中等。父亲死后笛卡尔继承遗产，卖了田地，拿钱投资，每年有六七千法郎的收入。1604—1612年，他在拉弗莱史的耶稣会学校读书，在这里练就当时多数大学给不了的近代数学功底。1612年他来到巴黎，嫌社交生活没意思，就隐退到近郊圣日耳曼的一处僻静宅子研究几何学，结果还是被朋友们探听到行踪，为彻底清净他索性参加了荷兰军队（1617）。当时荷兰太平无事，他似乎享受了两年无人搅扰的沉思。不料三十年战争开打，他加入巴伐利亚军（1619）。1619年至1620年的那个冬季，他正是在巴伐利亚经历了《方法论》说的那种体验。严寒彻骨，他早晨钻进火炉[1]，在里面沉思

---

[1] 笛卡尔说那是个火炉（poéle），多数评论家觉得不可能，但熟悉旧式巴伐利亚住宅的人告诉我，这事完全可信。

一整天；据他自己说，出炉时他的哲学已经半成。这话不必照字面意思理解。苏格拉底习惯在雪地里终日沉思，但笛卡尔的头脑只有在身子暖和时才管用。

1621年他不再打仗，去过意大利后，定居巴黎。但朋友们仍是偏要在他起床前来找他（不到中午他很少下床），于是1628年他加入正在围攻雨格诺派大本营拉罗谢尔的军队。这段插曲结束后，他决定去荷兰居住，可能是为了躲避迫害风险。他是个怯懦的人，一个奉行教会仪式的天主教徒，却成为伽利略那样的异端。有人认为他对1616年伽利略首次（秘密）获罪的事有所耳闻。不管怎样，他决定不出版自己的心血巨著《宇宙论》，因为里面宣扬两条异端：地球自转和宇宙无限（此书从未完整出版，只有若干片段在他死后发表）。

他在荷兰居住二十年（1629—1649），其间去过几次法兰西和一次英格兰，都是为办事，很快就回了。17世纪荷兰的重要性不可胜数，是唯一有思想自由的国度。霍布斯只能把书出版在那里；洛克在英格兰最险恶的五年反动期在那里避难，直到1688年；贝尔（《历史批判辞典》的作者）被迫住在那里；斯宾诺莎若在其他国家恐怕早就废了。

说笛卡尔怯懦，也许不如说他渴望不受打扰专心做学问更近情理。他总是奉承教士尤其是耶稣会的人，不只在受制于他们的时候，迁到荷兰后还照样。不清楚他的内心，但我觉得他应该是真心信仰天主教，想劝教会不要像对待伽利略那样仇视近代科学，这是为教会好，也为他自己好。有人认为他的正统信仰只是精明之策，也许如此，但我觉得这不是最可能的。

即使在荷兰他也受到恼人的攻击，不是来自罗马教会，而是来自新教顽固分子。那些人说他的观点相当于无神论。要不是法国大使和奥兰治王子出面干涉，恐怕他早被迫害了。这次攻击失败，几年后莱顿大学发起另一次没那么直接的攻击：不准提笛卡尔，夸他贬他都不行。奥兰治王子再次插手，让该校不要犯傻。这体现了新教国家教会服从政府、非国际性教会力量较为薄弱的益处。

不幸的是，笛卡尔通过法国驻斯德哥尔摩大使沙努与瑞典女王克里斯蒂娜开始了书信往来；这位激情又博学的女士觉得贵为君主她有权浪费伟人的时间。他寄给她一篇有关爱情的论文，这是他之前不太关心的话题。他还给她一篇论灵魂激情的作品，本来是写给帕拉丁选帝侯之女伊丽莎白公主的。读了这些东西，女王请笛卡尔进宫，最后他同意了，她就派一艘战舰去接他（1649）。原来她想每天听他讲课，但只能在凌晨5点，其他时间没空。斯堪的纳维亚的凛冬、痛苦万分的早起，对身子孱弱的人大为不妙。雪上加霜的是，沙努害了重病，笛卡尔还得照顾他。大使病愈了，笛卡尔却一病不起，1650年2月去世。

笛卡尔一生未婚，但有个私生女，五岁就夭折了，他说这是他人生最大的悲哀。他总是衣冠楚楚，佩一柄宝剑。他不勤奋，每天工作不了多久，也很少读书。去荷兰时他带书很少，但里面有《圣经》和托马斯·阿奎那。他的作品似乎是短期内高度凝神完成的，但也许是他为维护业余哲学家的绅士派头故作轻松，因为若非这样，他的成就太令人难以置信了。

笛卡尔是哲学家、数学家、科学家。他的哲学和数学成就重要之至；他的科学成就尽管也值得称道，却比不上某些同代人。

他对几何学的伟大贡献是发明坐标几何，虽然没有完全定型。他运用解析法，先假设问题已解决，再分析该假设的种种结果；他还把代数运用于几何。这两种做法都有先例，解析法甚至古已有之。他首创的是坐标系，用平面上一个点与两条固定直线的距离来确定该点的位置。他本人没意识到该方法的全部威力，其实给未来的进步提供了极大便利。这绝非他对数学的唯一贡献，却是最重要的贡献。

他最重要的科学理论在1644年出版的《哲学原理》一书里。但他还有其他重要书籍：1637年出版的《哲学文集》论光学和几何学，还有一本书叫《胚胎的形成》。他欣赏哈维的血液循环发现，总希望自己也做些重大医学发现（虽未实现）。笛卡尔把人和动物的肉体看成机械，说动物是纯机械的，完全靠物理定律支配，没有情感和意识；人类则不同，有灵魂，灵魂藏在松果体内，在这里与"生命精神"接触，灵魂和肉体靠这种接触相互作用。宇宙中的运动总量守恒，灵魂影响不了；但灵魂能改变生命精神的运动方向，从而间接改变肉体其他部位的运动方向。

笛卡尔这部分理论被自己的学派抛弃——先是他的荷兰门徒楚令克斯，后来是马勒伯汉士和斯宾诺莎。物理学家发现能量守恒，据此，全世界在任何既定方向上的运动总量是恒定的。这意味着笛卡尔想象的那种精神对物质的作用不可能存在。笛卡尔学派往往假定一切物理运动本质上都是作用，照这么看，动力学定律足以确定物质的运动，根本没有精神影响插足的余地。但这有个难点。我的胳膊在我想让它动的时候动，但我的意志是精神现象，胳膊动是物理现象。既然精神和物质无法互动，为什么我的肉体似乎在精神的支配下运动？楚令克斯编了个答案，人称"双钟"论。假设有两台完全准时的钟，一台钟的针指向整点，另一台就响起；那么，你看见一个又听见另一个时，就会觉得一个致使另一个响了。精神和肉体就像这样，两者都被神上好发条，步调一致；那么，我的意志起作用时，是纯物理定律让我的胳膊动，尽管意志没有实际作用于肉体。

这套理论很难说通。首先，它很别扭；第二，既然物理事件由自然律绝对控制，与之并行的精神事件就必然同样是既定的。如果这成立，就应当有某种可能性词典，把每个大脑事件都译成相应的精神事件。理想的计算者可根据动力学定律计算大脑事件，再借助"词典"推断伴随的精神事件。即使没有"词典"，计算者也能推断人的一切言行，因为这些都是肉体的运动。这种观念很难与基督教伦理和罪孽受罚说相协调。

然而，这些后果不是立即显现的。楚令克斯的理论似乎有两个优点。首先，它让从不受肉体驱动的灵魂在某种意义上完全独立于肉体。再者，它符合"一个实体无法作用于另一实体"的普遍原理。实体分精神和物质，两者太不相似，无法想象它们能彼此作用。楚令克斯的理论解释了作用的表象，同时否认了作用的实在性。

笛卡尔的机械论赞同第一运动定律，即物体不受外力影响会保持匀速直线运动。但不存在远距离作用，比如后来牛顿说的万有引力。所谓真空是不存在的，也没有原子；一切相互作用本质上都是冲击。如果我们的认识够丰富，就应该能把一切化学和生物转化为力学，种子长成动物或植物的过程纯粹是机械过程。亚里士多德的三种灵魂说没有必要，只有一种灵魂即理性灵魂，而且唯独人类才有。

笛卡尔谨小慎微地躲避神学谴责，提出一套与前柏拉图时代某些哲学家别无二致的宇宙论。他说，我们知道世界是《创世记》说的那样来的，但不妨玩味一下假如它是自然形成的，过程会如何。他提出旋涡形成说：太阳周围充满物质的空间有一个旋涡，挟裹着行星旋转。这理论非常精妙，但无法解释行星轨道为何是椭圆而非圆形的。旋涡说在法国广受认同，牛顿理论问世后才慢慢被取代。牛顿《原理》英文初版的编辑寇特振振有词地指出，旋涡说通向无神论，而牛顿理论需要上帝让行星朝不撞太阳的方向运动起来。他认为，因此牛顿更高明。

现在谈笛卡尔最重要的两本纯哲学书，1637年的《方法论》和1642年的《沉思录》。两书有许多重复内容，不必分开谈。

笛卡尔首先解释人称"笛卡尔式怀疑"的方法。为了给自己的哲学打下坚实基础，他决心怀疑一切能怀疑的东西。他料想这个过程需要些时间，就决定在这段时期用普通规矩管束自己的行为，使思想免受怀疑实践可能导致的后果的影响。

他先怀疑各种感觉。我可以怀疑自己此刻正穿着晨袍坐在壁炉旁吗？可以，因为有时我赤身睡在床上（当时还没有睡衣睡袍）会梦见自己坐在壁炉旁。再者，疯子会有幻觉，所以我可能也处在类似状况。

然而，梦就像绘画，向我们呈现真实事物的摹本，起码是真实事物元素的摹本（你也许会梦到长翅膀的马，只因你见过马也见过翅膀）。因此，一般有形属性，包括广延、大小和数目等，不像关于具体事物的信念那样容易质疑。算术和几何不涉及具体事物，因此比物理和天文学确切；甚至梦中的物体也一样，其数目和广延与真实物体无异。但是，连算术和几何也可以怀疑。也许每当我数正方形的边数或计算二加三等于几的时候，上帝就让我出错。也许哪怕在想象中也不该把这种坏归在上帝身上，但说不定有一个诡诈多端神通广大的恶魔处心积虑误导我。若真有这样的恶魔，那么我所见的一切都可能是错觉，是恶魔布的陷阱，骗我轻信。

但有些东西是无法怀疑的：假如我不存在，无论多狡猾的魔鬼都无法欺骗我。我也许没有肉体：肉体可能是幻觉。但思想不一样。"我要把一切事物想成假的，这个正在想的我必定是某种事物；我认为'我思故我在'是个牢靠确切的真理，最极端的怀疑推测都无法撼动它，所以我断定可以毫不怀疑地把它认作我哲学的首要原理。"[1]

这段话是笛卡尔认识论的精髓，是笛卡尔哲学的核心重点。后来多数哲学家都重视认识论，主要缘于笛卡尔。"我思故我在"使思想比物质确切，我的思想（对我而言）比旁人的思想确切。笛卡尔派的一切哲学都有主观主义倾向，并倾向于认为物质若能认识的话，也是靠思想所知的东西推导出来的。这两种倾向在欧陆唯心论和英国经验论中都有，在唯心论很成功，在经验论则相反。近来，所谓工具主义哲学试图逃避主观主义，但这里暂不详谈。除此之外，近代哲学大体上接受笛卡尔的提问，但没接受他的解答。

读者应当还记得，圣奥古斯丁提过与我思论非常相似的观点，但他不太看重

---

[1] 这段"我思故我在"（cogito ergo sum）就是笛卡尔的我思论，推出这个结论的过程叫做"笛卡尔式怀疑"。

这个，相关问题只占他思想的一小部分。因此笛卡尔的原创性应予认可，尽管他的创见关键不在于提出此论，而在于意识到它的重要性。

基础打牢后，笛卡尔着手筑造知识大厦。那已被证实存在的"我"，是由我思考这件事推知的，因此我思考时存在，也唯有思考时才存在。假如我停止思考，就不再有我存在的证据。我是思考的事物，我的全部本质或本性就在于思考，而思考不需要场所或有形素材。因此，灵魂完全有别于肉体，比肉体容易认识；即使没有肉体，灵魂也依然如故。

笛卡尔接着问自己：为什么"我思"如此明显？他的结论是，因为它清晰明确。于是他将"我们非常清晰非常明确地构想的事物都是真的"认定为普遍法则。但他承认，有时很难分辨这些事物有哪些。

笛卡尔说的"思考"含义很广。他指出，事物会思考，就是会怀疑、理解、设想、确认、否认、选择、想象和感受——因为梦中的感受也是一种思考。思考是精神的本质，精神肯定总是在思考，哪怕处于酣眠。

笛卡尔接着谈我们对物体的认识。他以蜂巢取出的一块蜂蜡为例。某些感官感受很明显：尝起来有蜜味，闻起来有花香，有可察觉的颜色、大小和形状，又硬又凉，敲着会响。但如果你把它拿到火旁，这些性状会变，尽管蜂蜡还在；因此感官察觉到的不是蜂蜡本身。蜂蜡本身由广延、柔韧性和变化构成，靠精神而非想象理解。蜂蜡这事物本身无法感知，因为它均匀蕴含在各感官感受到的现象中。对蜂蜡的知觉"不是视觉、触觉或想象，而是精神的审察"。我不是看见蜂蜡，正如我在大街上看见帽子大衣不等于我看见人。"我仅凭我精神上的判断力理解我自以为用眼睛看见的东西。"感官认识是混乱的，动物也有；但我现在脱下蜂蜡的衣裳，用精神体察它赤裸的真相。我用感官看见蜂蜡，据此可断定我的存在而不是蜂蜡的存在。认识外界事物必须靠精神，不是靠感官。

由此引发对各种观念的探讨。笛卡尔说，最常犯的错误是以为自己的观念与外界事物相像（笛卡尔所谓的"观念"包括感官知觉）。观念似乎有三种：（1）固有观念；（2）非固有的、来自外界的观念；（3）自己创造的观念。我们自然以为第二种观念和外界事物相像。之所以这样假想，部分是由于受自然教导，部分是由于这些观念独立于意志，借助感觉而来，因此料想外界事物把它的影像印在我脑中，似乎也合理。但这些理由可靠吗？我说"受自然教导"，仅仅指我倾向于相信它，不是指我借自然光看到它。借自然光看到的无法否定，单是倾向却可能走向谬误。至于说感官观念不自主，这确定无疑，因为梦尽管出自内心，也是不自主的。因此，说感官观念来自外界，理由并不充分。

况且同一外界事物往往会造成不同观念，譬如感官体验到的太阳和天文学家理解的太阳。两者不可能都与太阳相像。理性告诉我们，直接来自感官的观念，肯定是两者之中与太阳偏差较大的。

但这些理由都没有推翻质疑外部世界存在的怀疑论。要做到这一点，首先得证明上帝存在。

笛卡尔对上帝存在的证明没什么新意，大体来自经院哲学。莱布尼茨证明得更好，说到莱布尼茨时再详谈。

证明上帝存在，其余就容易了。上帝是善，他行事不会像笛卡尔想的那个令人怀疑的骗子恶魔。上帝让我强烈地倾向于相信肉体，假如肉体不存在，他就是骗人了，因此肉体必然存在。此外，上帝肯定赋予我纠错能力。我采纳"清晰明确的事物为真"这条法则时，就运用了纠错能力。这让我懂数学；假如我谨记只能靠精神而不是精神与肉体联合来认识物体的真理，我还能懂物理学。

笛卡尔认识论的建设性部分远不及前面的破坏性部分有意思。建设性部分运用许多经院哲学原理，什么"结果绝不会比原因更完美"等，不知怎么逃过了初始批判审查。他没有解释为何接受这些原理，相比之下，人自身的存在远比这些东西简而易见，他却大张旗鼓地证明一番。《沉思录》的肯定性内容，绝大部分在柏拉图《蒂迈欧篇》、圣奥古斯丁和圣托马斯作品中能找到。

批判怀疑法在哲学上极其重要，尽管笛卡尔本人用得心不在焉。从逻辑上讲，怀疑必须止于某点，才能得出正面结果。假如逻辑知识和经验知识都想要，那么怀疑必须有两种终止点：毋庸置疑的事实，毋庸置疑的推理原则。对笛卡尔而言，毋庸置疑的事实是他自己最广义的思想。"我思"是他的原始前提，但他本应把原始前提表述为"有思维"。"我"作为主语很便利，描述的却不是已知事实，其实于理不通。他接着说"我是思考的事物"时，已经在不加批判地运用经院哲学传下来的范畴。他没有在任何地方证明思维需要思维者，没理由必须相信这点，除了语法上的理由。但是，把思维而非外界对象视为初始经验事实的结论非常重要，深刻影响后世一切哲学。

笛卡尔哲学还有另外两个重要意义。第一，它完成或几乎完成了由柏拉图提出、由基督教哲学主要为宗教而发展起来的精神物质二元论。松果体怪论已经被笛卡尔追随者抛弃，且不去管它；笛卡尔提出精神世界和物质世界是两个井水不犯河水，可以分开研究并行不悖的世界。精神不推动肉体是个新观念，表面上是楚令克斯提出的，其实源自笛卡尔。它有个好处，就是也可以明说肉体不推动精神。《沉思录》大费周折地解释精神为什么在肉体饥渴时感觉"难受"，正确的笛卡尔式解答是肉体和精神好比两台时钟，一台指向"饥渴"时，另一台恰好指向"难受"。但这种说法在宗教上有个重大缺陷，对应前述笛卡尔式理论难说通的第二条理由。

笛卡尔主义的物质世界观完全是严格的决定论。活的机体与死物一样，由物理法则支配，不再像亚里士多德哲学那样需要用求圆满的本能或灵魂来解释有机体的成长和动物的运动。笛卡尔本人承认一个小例外：人的灵魂能有意改变生命精神的运动方向，尽管不能改变运动量。但这有违他的理论立场，还抵触力学定律，所以无人再提。那么，一切物质运动都受物理定律支配，由于平行关系，精神事件也必须同样有定数。因此，自由意志成为笛卡尔派的棘手问题。更注意笛卡尔的科学思想而非认识论的人，不难将动物机械论推而广之：何不把人也说成纯机械的，把整套体系简化为前后一致的唯物论？18世纪还真迈出了这一步。

笛卡尔有一种摇摆不决的两面性，一方面是他汲取的当代科学，一方面是拉弗莱史教他的经院哲学。这让他自相矛盾，却也让他结出任何逻辑无误的哲学家都望尘莫及的累累思想硕果。自圆其说也许会使他创立一个新经院哲学派别，自相矛盾却使他成为两个背道而驰的重要学派的渊源。

第十章　斯宾诺莎

斯宾诺莎（1632—1677）是最高贵、最可爱的伟大哲学家。论才智有人比他强，但论道德他至高无上。所以他自然被视为惊世邪魔，不仅活着如此，死后一个世纪还是照样。他生于犹太人家，却被逐出犹太教。基督教同样恨他，尽管他的哲学弥漫着上帝观念，正统派仍指控他目无上帝。莱布尼茨从他那里受益良多，却对此讳莫如深，绝不夸他一个字，甚至撒谎说自己跟那个犹太异端没什么交情。

斯宾诺莎的人生很简单。他全家是为逃避宗教裁判所从西班牙或葡萄牙搬到荷兰的。他受犹太教育,却根本无法信奉犹太正统。当局愿意给他每年1000弗罗林的封口费,让他不要质疑,他回绝了,差点儿被暗杀;暗杀不成,那些人用《申命记》的诅咒把他骂了个遍,还拿以利沙诅咒童子的话骂他,说他会像童子那样被母熊撕烂[1]。但斯宾诺莎没受母熊袭击,他过着安静的生活,先后在阿姆斯特丹和海牙磨镜片为生。他清心寡欲,一辈子淡漠金钱。懂他的人不多,但他们哪怕不赞成他的理念也爱戴他。荷兰政府用一贯的自由主义精神容忍他的神学观,只是有一次他支持德维特家族而反对奥兰治家族,在政治上染了恶名。他英年早逝,四十三岁[2]死于肺结核。

他的代表作《伦理学》是死后出版的。探讨这本书之前,必须先简单说说他另外两本书,《神学政治论》和《政治论》。前者是《圣经》批评与政治理论的奇特综合,后者只谈政治理论。在《圣经》批评上,斯宾诺莎是某些现代观点的先声,特别是认定《旧约》许多卷的成书时间远比传统以为的靠后。他始终努力用开明的神学立场解释《圣经》。

斯宾诺莎的政治理论与霍布斯一脉相承,尽管两人秉性截然不同。他认为自然状态下没有对错,因为错意味着违反法律。他认为君主错不了,并赞成霍布斯教会应完全服从政府的立场。他反对一切叛乱,哪怕是针对坏政府的叛乱;他以英格兰的种种苦难为由证明暴力反抗权威的害处。但他认为民主制是"最自然"的政体,这一点与霍布斯的看法不同。他认为臣民不应为君主牺牲所有权利,这也和霍布斯不同。他尤其注重意见上的自由,我不太清楚这一点如何与宗教问题由国家决断的立场相融。我想,他的意思是说宗教问题应当由国家而非教会裁断;在荷兰,国家比教会宽容得多。

斯宾诺莎的《伦理学》探讨三个不同主题。开始是形而上学,接着是各种感情和意志的心理学,最后是形而上学和心理学基础上的伦理学。他的形而上学是笛卡尔的变体,他的心理学有霍布斯意味,但他的伦理学独具一格,是此书最有价值的地方。斯宾诺莎与笛卡尔的关系,在某些方面和普洛丁与柏拉图的关系别

---

[1]《列王纪下》第2章第23、24节说,以色列先知以利沙被一群童子嘲笑秃头,就奉耶和华之名诅咒他们,林中出来两头母熊撕碎了四十二个童子。——译注

[2] 原书之误。斯宾诺莎生卒年为1632年11月24日—1677年2月21日。——译注

无二致。笛卡尔是个满怀好奇心求知欲的多面人,但不太受道德热忱束缚。尽管他编出种种"证据"来支持正统信仰,但这些东西也可被怀疑主义者利用,就像卡涅德利用柏拉图那样。斯宾诺莎虽然不乏科学兴趣,甚至写过关于彩虹的论文,但主要关心的是宗教和道德。他接受笛卡尔及其同代人的唯物论和决定论物理学,试图在这个框架内给虔诚和献身善业的生活寻一席之地。这是个壮举,那些认为他没有成功的人也肃然起敬。

斯宾诺莎的形而上学是巴门尼德式的。实体仅有一个,"上帝"或曰"自然",任何有限事物都无法自存。笛卡尔承认有上帝、精神和物质三实体,认为上帝在某种意义上比精神和物质更实在,因为他创造了它们,想毁灭也能毁灭它们;但除了与上帝全能的关系,精神和物质是两种独立实体,分别由思维和广延这两种属性界定。斯宾诺莎根本不同意这一看法。他认为上帝还有无数其他属性,因为上帝必然处处都是无限的,只是这些其他属性不为人类所知。各灵魂和物体在斯宾诺莎眼中都是形容词,不是事物,只是上帝的不同表象。不存在基督徒信奉的个人永生,只有非个体意义上的永生,也就是越来越与神合一。有限事物由它们物理或逻辑上的边界限定,也就是说,由它们不是什么而定:"确定皆否定。"只有一种存在是完全肯定的,他必然是绝对无限的。于是斯宾诺莎走进彻底的纯粹泛神论。

斯宾诺莎认为万物受制于绝对的逻辑必然性。精神领域没有所谓的自由意志,物质世界不存在所谓的偶然。所发生的一切,都是上帝高深莫测本性的体现,凡事在逻辑上不可能是另一番情形。由此导致关于罪恶的难题,批评者很快指出这一点。有人说,按斯宾诺莎的意思,万事由神定,所以全是善的;那么(愤愤地):尼禄弑母也是善吗?亚当吃禁果也是善吗?斯宾诺莎回答说,这些行为里肯定性的东西是善,只有否定性的东西是恶,但否定性只出现在生也有涯的创造物的眼中。唯有上帝是完全的实在,他里面没有否定;因此我们认为有罪的,作为整体的部分看,里面的恶并不存在。多数神秘主义者曾变着说辞主张这套理论,但显然无法与正统的罪恶天谴论调和。这紧密牵涉到斯宾诺莎对自由意志的完全否认。他不爱争辩,却又太实诚,内心想法不

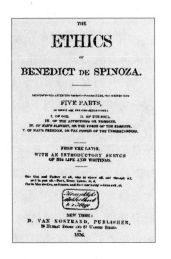

斯宾诺莎的代表作《伦理学》

管在同代人眼中多骇人都直言不讳，难怪他的学说招人憎恶。

《伦理学》模仿几何学体例，有定义、公理和定理，公理后面的一切都用演绎法严格论证，读起来很艰涩。现代学者不可能认为他宣扬的东西有精准"证据"，难免对论证细节不耐烦，这细节也的确不值得深究。读读他对各命题的叙述，再研究下批注就够了，全书许多精华都在批注中。然而，责怪斯宾诺莎运用几何方法，就是我们不够明白了。斯宾诺莎哲学体系的精髓，就是万事都可能证明，在伦理和形而上学两方面都如此，所以必须示范一番。我们无法接受他的方法，但只是由于我们接受不了他的形而上学。我们无法相信宇宙各部分的彼此关联是逻辑的，因为我们认为科学法则要靠观测发现，不能仅凭推理。但对斯宾诺莎而言，几何方法与他学说的精髓密不可分，所以非用不可。

现在谈斯宾诺莎的情感论。他先对精神的性质和起源做形而上学探讨，得出"人的精神对上帝永恒无限的本质有足够认识"的惊人见解，接着论及情感。但《伦理学》卷三探讨的激情让人困惑，模糊了我们的整体理智视野。他说："但凡自在的万物，都竭力保存自我。"由此生爱，生恨，生纷争。卷三的心理学完全是自我主义的。"设想自己憎恨的对象遭摧毁，是乐事一桩。""人人都爱的东西，只有一人能拥有，我们会竭力夺去，不许那人拥有。"但即使在这卷，斯宾诺莎有时也会放下嘲弄的数学论证架势，说出这样的话："以恨还恨恨更强，唯爱摧毁恨。"在斯宾诺莎看来，自保是激情的根本动机，但如果我们意识到自身中真实、积极的东西要我们融为整体而不是保持分离，自保的形式就变了。

《伦理学》最后两卷分别为《人性的枷锁或曰情感的力量》和《理解的力量或曰人类自由》，最有趣味。我们的事多大程度上由外界决定，我们就受多大程度的奴役；我们有几分自主，就有几分自由。斯宾诺莎像苏格拉底和柏拉图那样，认为一切错误行为都源于错误认知：洞晓自身处境的人，行为就明智，甚至遇到旁人觉得不幸的事也能快乐。斯宾诺莎不呼吁无私，他认为某种意义上的自利尤其是自保主宰人类的所有行为。"奋力保全自我，善莫大焉。"但智慧者为自保而选择的目标与普通利己主义者不同："至上的精神财富是关于上帝的知识，最高的精神美德是认识上帝。"不当观念造成的情感叫做激情（passion），不同人的激情可能会冲突，但遵从理性的人能协调共处。快乐本身是好的，希望和恐惧是坏的，谦卑和懊悔也是坏的："事后懊悔的人，可悲软弱翻倍。"斯宾诺莎认为时间是不真实的，因此本质上牵涉未来或过去事件的情感都有违理性。"只要理智地看待事物，不管此事在观念上属于现在、过去还是未来，看法都相同。"

这很严酷，却是斯宾诺莎哲学体系的本质，应仔细斟酌。一般认为"结局好就全好"，假如宇宙逐渐改进，我们觉得比逐渐毁坏好，哪怕两种情形中的善恶总和都一样。相比成吉思汗时代的灾祸，我们更关心眼前的灾祸。在斯宾诺莎看来，这是不理性的。一切事件在上帝眼中都属于超越时间的永恒世界，对他而言，日期无关紧要。智者在人类能力的限度内竭力像上帝那样看世界，从永恒视角（Sub specie aeternitatis）看世界。你也许会反驳说，我们当然有理由更关心未来的灾祸而不是过去的灾祸，因为将来的灾祸也许能避免，过去的事我们无能为力。对此，斯宾诺莎的宿命论就是回答：由于无知，我们自以为可改变未来；该来的总会来，未来像过去一样无法撼动。因此希望和恐惧都要不得，两者都认为未来不确定，都是不够智慧造成的。

我们尽个人所能像上帝那样看世界，会发现万物都是整体的部分，都是为了整体的善。所以"关于恶的知识是不充分的知识"。上帝不识恶，因为无恶可识；把宇宙各部分看成自在的，才造成恶的幻象。

斯宾诺莎的观念意在让人摆脱恐惧的压制。"自由人对死亡再轻视不过，他的智慧不在于思索死亡，而在于思索生命。"斯宾诺莎彻底践行这条格言，在生命的最后一日完全平静，不像《斐多篇》中的苏格拉底那样亢奋，而是跟平常任何日子一样，和人谈论对方感兴趣的东西。与某些哲学家不同，他不仅信奉自己的理论，还身体力行；哪怕遇到极恼人的事，我也没听说他哪一次陷入自己伦理观所谴责的激动或愤恨。与人争辩，他总是温雅公道，从不斥责，而是竭力以理服人。

我们遇的事，凡是自身造成的，就是好的；只有外来的对我们不好。"人自身造成的事都是好的，恶除非通过外因，否则无法伤人。"那么，宇宙整体显然不会遭遇坏事，因为它不受外因影响。"我们是自然的组成部分，遵从她的法则。如果我们对此有清晰透彻的理解，我们本性中理智的部分或曰较好的部分肯定会接受发生的事，并努力坚守。"人不情愿地做大整体的组成部分，就戴着枷锁；通过理解掌握整体的唯一实质，就自由。《伦理学》最后一卷详细阐述这个学说的种种含义。

斯宾诺莎不像斯多葛派那样反对所有情感，而是只反对"激情"，让我们显得被动受制于外界力量的激烈感情。"激情一旦被我们清醒明确地意识到，就不再是激情。"凡事皆出必然，明白了就有助于精神掌控感情。"清醒明确地理解自己和自己感情的人，爱上帝；理解越透彻，爱越深。"这就是"对上帝的理智之爱"，是智慧所在。对上帝的理智之爱，是思维和情感的融合；我认为，不妨说它是真实思维融入掌握真理的喜悦。真实思维的喜悦属于对上帝的理智之爱，不含任何否定杂质，所以是整体的真正组成部分，不是分散在思维中显得邪恶的事物碎片。

刚才说对上帝的理智之爱含有喜悦，或许不对，因为斯宾诺莎说上帝不受任何快乐痛苦的影响，还说"精神对上帝的理智之爱，是上帝对自身无限的爱的一部分"。但我总觉得"理智之爱"里有一些不纯粹是理智的东西，也许其中喜悦比快乐更高超。

他说："对上帝的爱必定占精神的首要位置。"到此为止，我总是略去斯宾诺莎的证明，但这样无法完整描绘他的思想。这个命题的证明很短，我完整摘录，其余证明读者可以自行想象补充。该命题的证明如下：

这种爱与身体的一切变异相联系（卷五，命题十四），受这些变异滋养（卷五，命题十五）；因此（卷五，命题十一）它必定占精神的首要位置。Q.E.D.[1]

这个证明引用若干命题。卷五命题十四说"精神能把一切身体变异或事物影像归结为上帝的观念"；卷五命题十五前面引用过，即"清醒明确地理解自己和自己感情的人，爱上帝；理解越透彻，爱越深"；卷五命题十一说"精神意象涉及的对象越多，出现就越频繁，越鲜活，越占据精神"。

这段"证明"就是说，对我们遇到的事每多一分理解，就多一次提及上帝观念，因为其实一切都是上帝的部分；把万物理解为上帝的一部分，就是对上帝的爱；一切事物都归结为上帝，上帝的观念将完全占据精神。

那么，"对上帝的爱必定占精神的首要位置"本质上并非道德劝诫，而是陈述我们理解事物后必然发生的情形。

斯宾诺莎说，无人能恨上帝，但另一方面，"爱上帝者不会企图让上帝回爱他"。对斯宾诺莎尚未了解就无比崇敬的歌德，把这个命题当克己的范例。这其实

---

〔1〕证明完毕。——译注

与克己毫不相干,而是斯宾诺莎形而上学的逻辑结论。斯宾诺莎不是说人不该希冀上帝爱他,而是说爱上帝的人不会希冀上帝爱他。证据清楚表明:"如果人如此企图,他就会渴求(卷五,命题十七及推论)自己所爱的上帝不再是上帝,那么他就是渴求痛苦(卷三,命题十九),是荒谬的(卷三,命题二十八)。"卷五命题十七前面说过,即上帝没有激情、快乐或痛苦,这意味着上帝不爱也不恨任何人。因此这也不是道德劝诫,只是逻辑必然:爱上帝并希望上帝爱他的人,就是希求痛苦,"是荒谬的"。

上帝不爱也不恨任何人,与上帝对自身无限的理智之爱并不矛盾。上帝可以爱自身,因为他能这么做而不导致错误信念;再者,理智之爱毕竟是一种非常特殊的爱。

于是斯宾诺莎告诉我们,他已经给出"治疗各种情感的所有药方"。主药方是清醒透彻地明白情感的本性以及情感与外界原因的关系。爱上帝与爱人类比,还有一个好处:"精神疾患和不幸,往往源于对变化多端的某事物的过度热爱。"但清醒透彻的认知"让人爱永恒不变的事物",这种爱不会像对变化无常者的爱那样汹涌激荡令人不安。

死后人格残存是妄念,但人类精神里有某种永恒的东西。肉体存在时,精神只能想象或回忆;但上帝里有一种观念,将这人或那人体内的本质永恒展现,这观念就是精神的永恒部分。个人体验到的对上帝的理智之爱,就属于精神的永恒部分。

福祉是对上帝的爱,不是美德的回报,而是美德本身;不是因为我们控制欲望而享受福祉,而是由于我们享有福祉才控制了欲望。

《伦理学》结尾说:

> 堪称明智的人罕有灵魂烦忧,基于永恒的必然而知自身、知上帝、知万物,永远保持灵魂的真正安宁。通往这个境界的道路,即使看起来万分艰险,却总能寻得。它必然很艰险,因为很少被人寻得。救赎若唾手可得,不费多大力气就能得到,又怎会被几乎所有人忽略?但一切美好事物都是越稀有越难得。

评判斯宾诺莎的哲学地位,必须把他的伦理学从形而上学中分解出来,再考察否定后者，前者还能保存多少。

斯宾诺莎的形而上学是所谓"逻辑一元论"的最佳范例。逻辑一元论主张整个世界是单一实体，其任何部分在逻辑上都无法独自存在。它的终极依据是，一切命题的主项和谓项都只有一个，所以关系和复数必然都是幻觉。斯宾诺莎认为世界和人生的本质能靠不证自明的公理推断出来；我们应当像接受二加二等于四那样顺应万事，因为它们同样是逻辑必然的结果。这套形而上学与现代逻辑和科学方法相抵触，完全不可信。事实必须靠观察来发现，不能靠推理；我们对未来的成功预测，借助的不是逻辑必然性原理，而是经验数据展示的原理。斯宾诺莎依据的实体观，今天的科学和哲学都不再接受。

但谈到斯宾诺莎的伦理观，我们觉得，至少我觉得，即便否认其形而上学基础，某些东西还是可以接受的，虽然不是全部可接受。大体说来，斯宾诺莎想表明的是如何崇高地生活，即使承认人类能力的局限。他本人主张必然说，已经把这局限设定得比现实还窄；但尽管有不容置疑的局限，斯宾诺莎的看法也许是最好的处世箴言。比如说死亡，人无论怎么做都无法永生，所以为终有一死而恐惧哀叹是徒劳的。沉溺于对死亡的恐惧，是一种奴役，斯宾诺莎说得没错，"自由人对死亡再轻视不过"。但哪怕在这件事上，应如此对待的也只是普遍意义上的死亡，生了病还是要就医，尽量避免死亡才是。这种情况下应避免的是某种焦虑或恐惧，要镇定地采取必要手段，此时我们的心思要尽量转移到别处。同样道理适用于其他一切纯个人的不幸。

但如何对待你爱的人遭遇的不幸？设想一下欧洲或中国居民如今[1]常有的遭遇。假设你是犹太人，家族被屠杀了。假设你是反纳粹的地下工作者，他们抓不着你，把你妻子枪毙了。假设你丈夫因纯属虚构的罪名被押到北极强迫劳动，受虐又挨饿而死。假设你女儿被敌兵强奸又杀害了。在这种情况下，你应当保持哲人式的平静吗？

若遵照基督的教导，你会说："父啊，赦免他们。因为他们所做的，他们不晓得。"[2]我认识有些贵格会教徒，他们真能恳切、由衷地说出这样的话，我佩服他们，因为他们做得到。但表示佩服之前，必须先确定他为这不幸感受到了应有的

---

[1] 指"二战"期间。——译注
[2] 这是耶稣被钉死前说的，见《路加福音》第23章第34节。——译注

深深沉痛。某些斯多葛派的态度是让人无法接受的，说"我家人遭罪了，有什么关系？我照样高尚"。基督教信条"爱你的仇敌"是好的，斯多葛派的信条"漠视你的朋友"则是坏的。而且基督教信条谆谆教诲的不是镇静，而是热爱哪怕最坏的人。这无可非议，只是对多数人来说太难了，没法真心实践。

对这种灾祸的原始反应是复仇。麦克达夫听说妻儿被麦克白杀害，就决心亲手杀掉那暴君。如果伤害惨重，不相干的人都义愤填膺，这种情况下的复仇依然受多数人敬佩。复仇冲动本身就不该完全谴责，因为这是惩罚的动力，而惩罚有时是必要的。此外，从精神健康的角度看，复仇的冲动往往极为强烈，不让发泄的话，整个人生观会扭曲而多少有些癫狂。这不是绝对的，但多数人会这样。不过也必须指出，复仇心是很危险的动机。社会认可复仇心，就意味着允许人在自己的案件中当法官，这正是法律竭力防止的。再者，复仇心通常是过火的，总想施加超出合理分寸的惩罚。比如虐待罪不应拿虐待来惩罚，但为复仇欲发狂的人会觉得让仇恨对象无痛死去太便宜他了。另外，斯宾诺莎还有一点是对的，受单一激情主宰的生活是狭隘的生活，与人类任何智慧都不相容。因此复仇不是对伤害的最佳反应。

斯宾诺莎会说基督徒的话，并有所发挥。对他而言，一切罪恶都源于无知，他会"赦免他们，因为他们所做的，他们不晓得"。但他会劝你不要眼界狭隘，那是罪恶之源；还会劝你哪怕在极端困厄下也不要自我封闭在悲哀中，要究其根源，把它作为整个自然结构的一部分来理解。如前所述，他认为恨能被爱征服："以恨还恨恨更强，唯爱摧毁恨。被爱彻底征服的恨，化为爱，爱比未恨之时更强。"我希望自己也能这么认为，可惜我做不到；不过，假如怀恨者完全受仇恨对象掌控，对方却不以恨还恨，那就是少见的例外。在这种情况下，怀恨者因未受惩罚而感到震惊，也许会改过自新。但恶人得势的话，向他们保证你不怀恨也没什么用，因为他们会歪曲你的意图，你却无法拿不抵抗手段剥夺他们的势力。

斯宾诺莎比不信宇宙终极之善的人看得更开。斯宾诺莎认为，如果你从本质上看待自己的不幸，把它看成从时间开端到时间尽头那漫漫因果链条的一环，就会意识到那仅仅对你是灾难，对宇宙而言只是瞬间噪音，让终极谐曲愈加嘹亮。这说法我接受不了，我认为具体事件是什么就是什么，不因纳入整体而改变。每桩暴行永远是宇宙的一部分，对它所属的整体毫无裨益，后来发生的任何情况也无法使它变成幸事。

尽管如此，假如你碰巧遭受（在你看来）比常人悲惨的事，斯宾诺莎让你从全局考虑，至少想想比个人伤痛更远大的事，应该会管用。甚至有时候，想想充满罪恶苦难的人类生活不过是浩渺宇宙的沧海一粟，聊可慰藉。这种想法也许算不上信仰，但能在悲苦世界帮人保持清醒，缓解彻底绝望的麻醉。

第十一章 莱布尼茨

莱布尼茨（1646—1716）是绝代大智者，为人却并不可敬。的确，雇主希望在推荐信上看到的那些好品质他样样都有：勤奋、节俭、克制、不做假账。但斯宾诺莎那种崇高的哲学美德他一点都没。他最卓越的思想无法给他博来名望，被束之高阁，不予发表。他出版的全是刻意讨王公贵妇们欢心的东西。结果造就两套莱布尼茨哲学理论：一套是他公开宣扬的，乐观、正统、离奇而浅薄；另一套是近代编者慢慢从他手稿中发掘出来的，深奥、有理，大致是斯宾诺莎风格，逻辑清晰得不可思议。编造"现世是所有可能世界中最美好的"一说（F. H. 布拉德利添了句讽刺评注"所以其中一切都是邪恶的"）的，是流行版莱布尼茨；被伏尔泰恶搞成潘格劳博士的，也是这个莱布尼茨。忽略这个莱布尼茨有违历史事实，但哲学上重要得多的是另一个莱布尼茨。

莱布尼茨在三十年战争结束前两年出生于莱比锡，父亲是莱比锡大学伦理学教授。莱布尼茨在大学读法律，1666年获得阿特道夫大学博士学位，校方请他当教授，他拒绝了，自称"另有截然不同的打算"。1667年他成为像别的德意志诸侯那样受路易十四恐怖压迫的美因茨大主教的手下。莱布尼茨在大主教授意下竭力游说法兰西王进犯埃及而放过德意志，对方彬彬有礼地答道，别忘了从圣路易时代以来，对异教徒的圣战已经过时。此事一直瞒着公众，直到拿破仑远征埃及失败四年后即1803年占领汉诺威才大白于天下。1672年，莱布尼茨为此事来到巴黎，之后四年主要在这里度过。在巴黎的交往接触对他的思想发展至关重要，当时巴黎的哲学和数学全球领先。1675—1676年，莱布尼茨在巴黎创立无穷小算法[1]，当

---

[1] 微积分的旧称。——译注

时他不知道牛顿已经在同一问题上有了尚未发表的研究成果。莱布尼茨的著作首次发表于1684年，牛顿首次发表于1687年。后来两人为谁先发现大闹一场，弄得双方都很不光彩。

莱布尼茨对钱财有点吝啬。汉诺威宫廷不管哪个年轻女士出嫁，他给的所谓"结婚礼物"都是几句生活格言，最后来一句忠告：别因为丈夫已经到手，就不再好好洗身子。新娘们承不承情，历史没记载。

在德意志，莱布尼茨学的是新经院主义式亚里士多德哲学，直到晚年还保留着几分。但在巴黎他接触到笛卡尔主义和伽森狄的唯物论，受到两者的影响；他说，此时他抛弃了"无聊学派"，即经院哲学。他在巴黎结识马勒伯汉士和詹森派教徒阿尔诺。莱布尼茨哲学最后受到的重大影响来自斯宾诺莎。1676年莱布尼茨拜访斯宾诺莎，和他深谈一个月之久，还拿到《伦理学》部分手稿。晚年莱布尼茨积极参加对斯宾诺莎的口诛笔伐，说跟他没什么交情，只见过一面，听他讲了些政治逸闻。

莱布尼茨与汉诺威王室的关系始于1673年，余生一直为其效劳。1680年他成为沃芬比特宫廷图书馆馆长，正式受命撰写布伦瑞克[1]史，写到1009年就去世了，这部史书直到1843年才出版。他还费了些功夫重整基督教各派，但没成功。为寻找布伦维克家族与埃斯特家族[2]亲缘关系的证据，他还去了意大利。他功劳不小，但乔治一世当上英格兰国王时还是把他留在汉诺威，主要因为他跟牛顿的争执激起英格兰人的反感。但他跟人写信说，威尔士王妃是站在他这边反对牛顿的。虽然有她青睐，他到底在冷落下郁郁而终。

莱布尼茨的通俗哲学在《单子论》和《自然和圣恩原理》两书内，其中一本（不清楚哪本）是写给马尔伯罗[3]的同党，萨维的欧根亲王。他把神学乐观主义的思想基础写进向普鲁士夏洛特王后致敬的《神义论》。我先谈这几本书的哲学思想，然后再探讨他未发表的更坚实可靠的作品。

像笛卡尔和斯宾诺莎那样，莱布尼茨以实体论为哲学基础，但在精神与物质的关系、实体的数目等问题上，他与前两人的看法截然不同。笛卡尔承认上帝、

---

〔1〕 德意志西北部公国，汉诺威王朝是它的分支。——译注
〔2〕 欧洲贵族世家，名称源于意大利埃斯特城。——译注
〔3〕 指约翰·丘吉尔，英格兰政治家，1702年被封为马尔伯罗公爵，温斯顿·丘吉尔是他的后裔。——译注

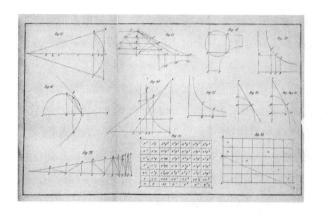

莱布尼茨独立发现了无穷小的微积分

精神和物质三种实体，斯宾诺莎只承认上帝。笛卡尔主张广延是物质的本质，斯宾诺莎主张广延和思维都是上帝的属性。莱布尼茨认为广延不能是实体的属性，因为广延有复数意味，只能属于若干实体的集合；任何单一实体必须无法延展。因此，他认为实体有无数个，叫做"单子"。每个单子都有物理质点的某些性质，但只能抽象理解，其实每个单子都是灵魂。这是他否认实体广延的必然推论，剩下唯一可能的本质属性似乎就是思维了。于是莱布尼茨否认物质的实在性，代以无数灵魂。

莱布尼茨接受笛卡尔追随者提出的实体不能相互作用说，推出一些奇谈怪论。他说，任何两个单子之间都不会有因果关系；貌似存在的因果关系，只是骗人的表象。他说，单子是"没有窗户的"。这造就两个困难：一个在动力学，按照动力学物体似乎彼此影响，尤其在碰撞时；另一个涉及知觉，知觉似乎是感知对象对感知者的作用。我们先不管动力学困难，只谈知觉问题。莱布尼茨主张每个单子都映照宇宙，不是宇宙对单子有作用，而是上帝赋予单子的性质自动造成这结果。一个单子的变化和另一单子的变化之间有一种"既定和谐"，造成相互作用的假象。这显然是双钟论的引申。两台钟都完全准时，所以同步报时；莱布尼茨则有无数台钟，都由造物主定好在相同瞬间报时，不是因为一个对另一个有作用，而是因为每一个都是完全精准的机械。有人嫌既定和谐论古怪，莱布尼茨说，那正是上帝存在的绝妙证据。

单子有等级体系，某些单子映照宇宙的清晰度明确超越其他单子。所有单子在知觉上都多少有些混乱，但混乱程度因单子尊贵等级而异。人体完全由单子组成，其中每个单子都是灵魂，每个都不死，但有一个主宰单子，就是所谓此人的灵魂。这个单子的主宰地位，不仅体现在知觉比其他单子清晰，还体现在人体正常状况下的变动都是为了主宰单子：我的胳膊动时，遵从的是主宰单子（即我的精神）的意愿，而不是构成胳膊的那些单子的意愿。常识认为意志指挥手臂，这就是背后的真相。

感官意识到的空间、物理学假定的空间都不真实，却有一个真实的对应物，是单子按映照世界的角度以三维秩序排成的。每个单子都以自身特有的角度映照世界，在这种意义上，我们可较为粗略地说单子有空间位置。

既然如此，就可以说不存在真空这种东西；每个角度都由且仅由一个现实的单子占据。不存在完全相同的两个单子，这就是莱布尼茨的"不可辨识者的身份"论。

与斯宾诺莎比，莱布尼茨的理论很注重自由意志。他提出"充足理由律"，说没有无缘由之事；但自由主体的行为理由"有倾向无必然"。人做事总有动机，但行动的充足理由并无逻辑必然性。莱布尼茨起码在流行版哲学中是这么写的；但下文将会谈到，他其实有另一套理论，深受阿尔诺嫌恶，莱布尼茨发觉后就秘而不宣了。

上帝的行为也有这种自由。他总是为至善行事，但没有任何逻辑强制他这么做。莱布尼茨同意托马斯·阿奎那的说法，即上帝不能做违反逻辑定律的事，但上帝能确定什么是逻辑上可行的，因此他有极大选择空间。

莱布尼茨将上帝存在的形而上学证明发展到极致。这些证明由来已久，从亚里士多德甚至柏拉图就开始了，后来被经院学者体系化。其中本体论由圣安塞莫提出，尽管被圣托马斯否定，却又被笛卡尔复活。逻辑能力无比强悍的莱布尼茨把这些证明表述得空前绝妙，所以我要谈一谈。

探讨这些证明的细节前，要注意现代神学家已经不再依赖它们。中世纪神学是希腊思想衍生的。《旧约》的上帝是力之神，《新约》的上帝也是爱之神；然而从亚里士多德到加尔文，神学家的上帝诉诸理性：他的存在，解开了否则会在宇宙论上造成疑难争论的谜团。卢梭不满意这位用几何论证般的推理证明出来的神，更倾向类似福音书的那种上帝观。大体上，近代神学家尤其是信奉新教的神学家在这方面追随卢梭。哲学家向来比较保守：黑格尔、洛泽和布拉德利的学说里依然有这种形而上学论证，尽管康德宣称他已经把这种东西彻底驳倒。

莱布尼茨对上帝存在的证明有四种：（1）本体论证明；（2）宇宙论证明；（3）永恒真理证明；（4）既定和谐证明，也就是预先设计论或康德所谓的物理神学论证。下面逐一探讨。

本体论证明立足于存在与本质的区别。它主张任何普通人或事物一方面存在，另一方面具备特定属性，即人或事物的"本质"。哈姆雷特虽然不存在，却有特定本质：性情忧郁、优柔寡断、聪敏机智等。描摹一个人，不管说得多细致入微，他究竟是实有的还是虚构人物，仍是问题。用经院哲学的话讲，任何有限实体，它的本质并不意味着它的存在。而上帝是另一回事，其定义是最完美的主体；圣安塞莫主张上帝的本质就意味着上帝的存在，因为具备一切完美属性的主体，如果实有，就好过不实有；所以如果他不存在，他就不是可能主体中最完美的。笛卡尔也赞成此说。

对此，莱布尼茨既不全盘接受也不全盘否定，而是说要补充证明一点，即如此定义的上帝是有可能的。他写了篇上帝观念有可能的论证，在海牙还给斯宾诺莎看过。这篇证明把上帝定义为最完美的主体，即所有完美性的对象，完美性指"肯定的、绝对的单纯性质，无论表达什么都没有任何局限"。莱布尼茨轻而易举地证明，这种意义上的任两个完美性都不会不相容。他总结道："因此，所有完美性的对象或曰最完美的主体，是存在或曰可以构想的。所以上帝存在，因为存在是完美性之一。"

为反驳这种论证，康德指出这里的"存在"不是谓项。另一种反驳来自我的描摹论。在现代人看来，这个论证似乎不太有说服力，但让人相信必有谬误比准确找出谬误所在容易。

宇宙论证明听起来比本体论更可信。它是一种初因论，而初因论本身源自亚里士多德的"不动的推动者"说。初因论很简单，说一切有限事物都有原因，该原因也有自身的原因，依次类推。这个前因序列不能无穷无尽，其尽头的首项必然本身无原因，否则就不是首项。因此万物必有一个无因的原因，显然就是上帝。

莱布尼茨的宇宙论稍有不同。他主张世上任何具体事物都是"偶然的"，也就是说，逻辑上它也可能不存在；不仅万物如此，整个宇宙也如此。即使我们假设宇宙一直存在，宇宙间也没有任何东西说明它为何存在。但莱布尼茨哲学认为，一切事物总得有个充足理由，因此宇宙也得有个充足理由，这个充足理由必定在宇宙之外，也就是上帝。

这论证比直接的初因论高明，没那么容易驳倒。初因论依赖一个假设，即任何序列都必定有首项，但这个假设不成立，比如真分数序列就没有首项。莱布尼茨的证明却不以宇宙必有起始时间为基础。只要承认他的充足理由说，这个证明就成立；但充足理由说一旦被否认，论证就失效了。莱布尼茨的充足理由说究竟是什么意思，是个争议话题。谷图哈[1]主张，它是说任何真实命题都是"分析"命题，其相反命题自相矛盾。但这个解释（莱布尼茨未发表的手稿中有佐证）假如正确，也属于私下见解。在公开著作中，莱布尼茨主张必然命题与偶然命题有区别，只有前者是逻辑规律导出的；断言存在的一切命题都是偶然命题，唯有断言上帝存在的命题除外。上帝必然存在，但他创世不是受逻辑必然性所迫；相反，那是自由选择，由他的善驱动，并非注定。

康德说这个论证依附于本体论证明，显然是对的。如果世界的存在只能由必有主体的存在来解释，那么必须有一个本质包含着存在、不靠经验仅凭理性就能定义的主体，其存在就可以从本体论证明推出；因为仅涉及本质的东西都能不凭经验得知，起码莱布尼茨这么认为。因此，宇宙论表面上比本体论更可信，其实是错觉。

永恒真理论不太容易精准叙述。我们先勾勒大致框架，再描绘完整画面。这个论证大略是说，"正在下雨"这样的陈述有时真有时假，但"二加二等于四"这样的陈述永远真。一切仅涉及本质不涉及存在的陈述，要么永远真，要么永远假。永远真的陈述叫"永恒真理"。其要领在于，真理属于精神内容，永恒真理必然属于永恒精神内容。柏拉图学说中已经有颇为相似的论证：从理念永恒推出灵魂不死。但莱布尼茨的证明有所改进，他主张偶然真理的终极原因肯定在必然真理内。这和宇宙论同理：整个偶然世界总得有原因，该原因本身不能是偶然的，必定在永恒真理中。但存在者的原因本身必定存在，因此永恒真理在某种意义上是存在的，而且只能在上帝的精神中作为思维存在。这其实是改头换面的宇宙论证明，难免招来进一步反驳：真理被某个精神理解，不等于真理就存在于这个精神中。

如莱布尼茨所说，只有接受无窗单子论、承认单子都映照宇宙的人，才会认同既定和谐论。既定和谐论是说，所有时钟步调一致地计时，彼此没有任何因果关联，所以必然有一个单独的外界原因把所有时钟校准。其难点当然就是单子论

---

[1] 路易·谷图哈（1868—1914），法国数学家、哲学家和语言学家。——译注

的难点：如果各单子从不彼此作用，一个单子怎么知道有其他单子？貌似映照宇宙，也许只是梦幻。其实如果莱布尼茨没错，那的确只是梦幻，但莱布尼茨不知怎的让全体单子同时做起同样的梦。这当然很离奇，要不是以前那段笛卡尔主义的历史，恐怕根本不会显得可信。

然而，莱布尼茨的证明可以不依赖他独特的形而上学并转换成所谓预先设计论，也就是说，考察已知世界，便发现有些事物无法用盲目的自然力解释，把它们看成某种善良意图的证据，要合理得多。

这说法没有形式逻辑缺陷，其前提是经验式的，结论是按经验推理的正常规范推出的。所以该不该承认它，就不取决于一般的形而上学问题，而取决于较为详细的考量。与其他证明比，该证明有一个重大不同，也就是它（若有效）论证的上帝未必具备一切常见的形而上学属性。他未必全知，也未必全能；或许只是远比我们英明强大而已。世上种种邪恶，也许是由于他能力有限。某些近代神学家构想上帝时也许会考虑这些可能。但这些想法与莱布尼茨哲学相距太远，我们要言归正传。

莱布尼茨哲学最典型的特征是许多可能的世界说。不抵触逻辑规律的世界，就是"可能的"。可能的世界有无数个，上帝实际创世前都仔细考虑过。上帝性善，决心创造其中最美好的那个，也就是善超出恶最多的那个。他可以创造一个没有恶的世界，但那样的世界不如现实世界，因为某些大善在逻辑上离不开特定的恶。举个平凡的例子，大热天焦渴无比时，喝杯冰水会让你痛快之至，甚至觉得之前的渴尽管难受，也值得忍耐，因为要是不渴，就不会如此享受。神学上重要的不是这种例子，而是罪恶与自由意志的关系。自由意志是大善，但从逻辑上说，上帝无法既给人自由意志又让世界根本无恶。因此上帝决心让人自由，尽管他预见到亚当可能吃禁果，尽管罪难免要招致惩罚。这样造就的世界虽然含有恶，但是与其他任何可能的世界相比，善超出恶更多，因此它就是可能的世界中最美好的，不能用其中的恶来反驳上帝的善。

这套说辞显然正合普鲁士王后的心意。农奴们继续遭罪而她继续享受，连大哲学家都说这是公道合理的，何等宽慰。

莱布尼茨对罪恶问题的解决办法，就像他的大部分流行理论那样，在逻辑上说得通，但不是很令人信服。摩尼派尽可以反唇相讥，说这世界是所有可能的世界中最坏的，其中一切美好事物都仅仅用来凸显邪恶。他尽可以说世界是邪恶巨匠创造的，这位巨匠之所以容许好的自由意志，是为了确保坏的罪恶，并且让罪的恶超过自由意志的善。他还可以接着说，这位巨匠创造一些善人，供那些坏人折磨；折磨善人可谓罪大恶极，使这个世界比根本没有好人的世界还坏。这看法我觉得也很离奇，所以并不支持；我只是说它也许还没莱布尼茨的理论离奇。人情愿把宇宙想成好的，对证明宇宙善的拙劣理论宽容大度，对证明宇宙恶的拙劣理论严厉苛刻。当然，这世界其实有善有恶，除非否认这个明显事实，否则不会出现"罪恶问题"。

现在谈莱布尼茨秘而未宣的哲学，这些内容解释了他流行理论中多数显得武断或离奇的东西，也解释了一些假如秘密手稿广为人知大家会更难接受的学说。不可思议的是，他让后世哲学研究者形成错误印象，以致选集编辑们整理他浩如烟海的手稿时，更喜欢那些符合对他通俗解读的东西；那些证明他不是他想让人家以为的那样，而是深刻得多的思想家的文章，却被当成次要东西弃而不用。路易·谷图哈用莱布尼茨手稿编了两本书，首次出版于1901或1903年，是公众了解莱布尼茨隐秘理论的主要文献。其中一本开头还有莱布尼茨的按语："这里我已有重大进步。"尽管如此，竟没有一个编辑认为它值得付印，直到莱布尼茨去世将近两百年。他写给阿尔诺的、含有他部分深奥哲学的信件的确在19世纪出版了，但最早意识到其重要性的是我[1]。阿尔诺对这些信的反馈令人沮丧："我发现你的思想有太多骇人东西，如果我没料错，这些东西几乎所有人都会嫌恶之至，不知道写出来有什么用，明明会惹全世界排斥。"这充满敌意的说辞无疑让莱布尼茨从此封藏自己真实的哲学见解。

实体概念是笛卡尔、斯宾诺莎和莱布尼茨哲学的基础，源于主项和谓项逻辑范畴。有些词既可当谓项也可当主项，例如我既可以说"天是蓝色的"，又可以说"蓝色是一种颜色"。但某些词绝对不能当谓项，只能当主项或者联项，专有名词是最显著的例子。这些词应当指代实体。除了这逻辑特征，实体还恒在，除非被全能的上帝毁灭（想必这绝不会发生）。真实命题要么是普遍命题，像"人皆有一死"，陈述一个谓项表明另一个；要么是特称命题，像"苏格拉底终有一死"，谓项包含在主项中，谓项表示的性质是主项实体的概念的一部分。苏格拉底身上发生的任何事，都能用以"苏格拉底"为主语、以叙述此事的言辞为谓语的句子来

---

[1] 罗素1900年出版哲学成名作《莱布尼茨哲学批判》，对莱布尼茨未发表的哲学思想有深入研究。——译注

论断。这些谓语结合起来，构成苏格拉底这个"概念"。不能用这些谓语断言的实体就不是苏格拉底，而是旁人；从这个意义上讲，它们肯定都属于苏格拉底。

莱布尼茨坚信逻辑本身及其作为形而上学根基的重要性。他研究数理逻辑，获取的成果若发表出来会极其重要，会使他成为数理逻辑鼻祖，使这门学科提早一个半世纪问世。但他没发表，因为不断发现亚里士多德三段论在某些方面有误，对亚里士多德的崇敬让他不敢相信这是真的，反以为错在自己。尽管如此，他毕生都心怀希望，想创造一种通用数学，叫做通用符号（Characteristica Universalis），借助它用计算代替思考。他说："有了这东西，我们就能对形而上学和道德展开像几何和数学那样的推理。""两个哲学家有分歧，就像两个会计那样不用争辩，只需拿起粉笔坐在石板前说（想喊个朋友来作证也行）：咱们算一算。"

莱布尼茨哲学以"矛盾律"和"充足理由律"两个逻辑前提为基础。两者依据的都是"分析"命题这个概念，即谓项包含在主项中的命题，比如"所有白种人都是人"。矛盾律说一切分析命题皆真。（私密体系中的）充足理由律说所有真命题都是分析命题。这甚至适用于我们认为必须涉及事实问题的经验论述。如果我旅行过，那么"我"的概念将永远包含这次旅行，后者是"我"的一个谓项。"我们可以说，单独实体或曰完整主体本质上有完整概念，足以包含描述该主体性质的所有谓项，足以使这些谓项由它推得出来。比如'国王'这个性质属于亚历山大大帝，从主体中抽出来，不足以指向某个人，不涉及同一主体的其他性质，也不涵盖这位君主概念的一切；而上帝看到亚历山大的个体概念或曰个体性，同时也看到可真实断言他的一切谓项的依据和理由，比如他是否会征服大流士和波罗斯，甚至先验地（而非凭经验）知道他是老死还是被毒死的，这些东西我们只能从史书得知。"

莱布尼茨形而上学的基础，在他给阿尔诺的一封信里讲得最明确：

> 考察一切真实命题的概念，我发现一切谓项，无论必然或偶然，无论指过去、现在还是未来，都含在主项的概念中，于是不再追问……这个命题至关重要，值得稳固确立，因为它意味着每个灵魂自成一个世界，独立于上帝之外的一切；它不仅不死，还可以说是无感情的，但它的实体存有自身一切经历的痕迹。

他接着解释说，实体之间没有相互作用，但都从自身角度映照宇宙，所以彼此一致。它们不可能互动，因为每个实体发生的一切是自身概念的部分，只要该实体存在就恒久注定。

这套理论显然是斯宾诺莎式宿命论。阿尔诺对莱布尼茨"各人的个体概念囊括他身上将会发生的一切"这句话深恶痛绝，这观点显然与基督教有关罪恶和自由意志的教义不相容。意识到阿尔诺的憎恶，莱布尼茨谨小慎微不再声张。

确实，人类靠逻辑认识的真理和靠经验认识的真理有两方面区别。首先，虽然亚当经历的一切都取决于他的概念，如果他存在，我们也只能靠经验认定。另外，任何独立实体的概念都无比复杂，只有上帝能凭其概念推出其谓项。但这些区别仅出自我们的无知和智力局限，对上帝并不存在。上帝知道亚当这个概念无限复杂的全貌，所以洞晓关于亚当的一切必然真命题。上帝知道自身的善，因此当然要创造一切可能的世界中最美好的那个；他也知道亚当是不是这个世界的一部分。事实该怎样就怎样，注定的一切不会因我们的无知而改变。

但还有一点非常奇怪。莱布尼茨多数情况下把创世说成上帝行使意志的自由之举。据此，现实存在哪些东西，不受观察影响，必然由上帝的善决定。上帝的善，促使他创造尽可能好的世界；但为什么一物存在而另一物不存在，除了上帝的善，没有先验理由。

但在从未示人的手稿中，莱布尼茨有时用一种截然不同的理论解释为什么同样可能的事物有的存在有的不存在。他认为，一切不存在的事物都为存在而奋斗，但并非一切可能的东西都可存在，因为它们不是全体"兼能的"。A可能存在，B也可能存在，但A和B不可能都存在，这种情况下A与B是"不兼能的"。两个或更多事物能够一起存在，它们才是"兼能的"。莱布尼茨似乎想象许多实体栖居在地狱边境[1]为争取存在而战斗；兼能的实体结成诸多集团，最大的集团像政治斗争中最大的压力集团那样获胜。莱布尼茨甚至用这种概念来定义存在。"存在者可定义为，与跟自身不相容的任何东西比，能够与更多事物相容的东西。"也就是说，假如A与B不相容，而A与C、D和E相容，但B仅与F和G相容，那么根据定义A存在而B不存在。莱布尼茨说："存在者是能够与最多事物相容的主体。"

---

[1] 天主教认为，没机会信奉基督的无辜灵魂在地狱边境暂居，等候拯救。——译注

这里根本没提到上帝，显然也没有创世之举。除了纯逻辑，不需要其他任何东西来决定哪些事物存在。A和B是否兼能，对莱布尼茨而言是个逻辑问题，即：A和B都存在，构成矛盾吗？这样，理论上可以按逻辑确定哪个兼能集团最大，该集团就会存在。

然而，莱布尼茨也许不是真的把这当存在的定义。如果只是判断依据，倒能通过"形而上学完美"与他的流行观念相调和。他所谓形而上学完美似乎指存在的量，"无非是严格意义上的积极实在性的量"。他向来主张上帝尽可能多创造事物，这是他否认真空的理由之一。有个普遍观念我始终理解不了，那就是存在比不存在好；人们用这个理由劝小孩对父母感恩。莱布尼茨显然认同此说，他觉得创造尽可能充盈的宇宙是上帝的一种善。这样的话，现实世界由最大的兼能集团构成，而且足够称职的逻辑学家仅凭逻辑就能推知某可能实体是否会存在。

莱布尼茨的隐秘思想是哲学家用逻辑开启形而上学的最佳范例。这种哲学始于巴门尼德，柏拉图用理念论证明各种逻辑外命题，使之更进一步。斯宾诺莎和黑格尔也都属于这一类。但谁都没像莱布尼茨那样分明果断地根据句法推演现实世界。由于经验主义的发展，这种论证已声名狼藉。能不能从语言推出关于非语言事实的有效结论，我不想下断语；但莱布尼茨和其他先验哲学家作品中的推论肯定不可靠，因为都存在逻辑缺陷。这些哲学家以前假借的主项-谓项逻辑要么彻底忽略关系，要么借谬论证明各种关系是不真实的。莱布尼茨把主项-谓项逻辑和多元论相结合，造成一个特殊矛盾，因为"有许多单子"这个命题不是主项-谓项形式的。要想前后一致，相信所有命题都是这种形式的哲学家应该像斯宾诺莎那样当一元论者。莱布尼茨排斥一元论主要因为他对动力学感兴趣，还主张广延有重复意味，所以不会是单一实体的属性。

莱布尼茨文笔枯燥，把德国哲学弄得迂腐乏味。他的弟子沃夫在康德《纯粹理性批判》出版前一直称霸德国各大学，把莱布尼茨最有意思的东西丢个精光，养成一种学究式的枯燥思维方式。莱布尼茨的哲学在德国以外没什么影响；同代的洛克统治着英国哲学，笛卡尔仍统治着法兰西哲学，直到被引领英国经验主义的伏尔泰推翻。

尽管如此，莱布尼茨仍是杰出人物，如今他尤其显得伟大。他不仅是卓越的数学家、无穷小算法的创始人，还是数理逻辑先驱，最早意识到数理逻辑的重要性。他的哲学虽然离奇，却非常清晰，能严密表述。甚至他的单子论仍有助于知觉研究，虽然不能再说单子没有窗户。我个人认为单子论最精彩之处是两类空间论，一类是各单子知觉的主观空间，一类是各种单子的观念集合形成的客观空间。我认为这依然有助于我们认识知觉与物理学的关系。

第十二章　哲学自由主义

　　政治自由主义和哲学自由主义的兴起为一个至关重要的普遍问题提供了研究素材，即：政治和社会状况对卓越的原创思想家有什么影响，反过来，这些人对后来的政治和社会发展有什么影响？

　　有两种针锋相对的常见错误我们要警惕。一方面，读书多而涉世浅的人容易高估哲学家的影响。他们一见某政党标榜受某某人教义的鼓舞，就以为该党的行动是某某人引起的，然而往往是哲学家倡导该党反正都要做的事，才受它热烈吹捧。直到最近，写书的人几乎都夸大了同行前辈的影响。但反过来，对旧错的逆反滋生一种新错，认为理论家几乎是环境的被动产物，对形势发展根本没什么影响。这种看法认为，思想好比深水表面的浮沫，水流取决于物质和技术力量：社会变革不是思想引起的，好比河水的流动不是泡沫引起的，泡沫无非给旁观者显示流向。我个人认为，真理介于两个极端之间。和别处一样，思想与现实生活也有交互作用；追问哪个是因哪个是果，跟追问先有鸡还是先有蛋一样徒劳。我不浪费时间做抽象讨论，而是考察该普遍问题的一个重要历史实例，那就是17世纪末至今，自由主义及其支派的发展。

　　早期自由主义是英格兰和荷兰的产物，有一些明确特征。它维护宗教宽容，持新教宽容派而非狂热派立场，认为宗教战争是蠢事。它注重商贸和实业，支持正在崛起的中产阶级而非君主贵族；它极其尊重财产权，尤其是亲手辛劳积攒的财产。世袭制虽然没废除，但范围远比以往有限，特别是否定君权神授说，转而主张一切社会起码最初有权选择自己的政体。毋庸置疑，早期自由主义倾向于崇尚私有产权的民主主义。当时有一种信念（虽然最初并未挑明），即人人生而平等，后来的不平等是环境造成的。于是人们极其重视与先天特质相对应的后天教育。大家对政府抱有偏见，因为几乎各国政府都由不太了解或重视商人需求的国王或贵族把持；但人们指望尽快得到这必要的了解和重视，所以偏见没有愈演愈烈。

早期的自由主义积极乐观、生机勃勃又理性开明，因为它代表着似乎不太艰难就能获胜的上升势力，它们的胜利有望给全人类带来巨大利益。它反对中世纪的一切，不管哲学还是政治，因为中世纪理论曾用来支持教会和国王的权力，为迫害找借口，阻碍科学进步；但它同样反对当时盛行的加尔文派和再洗礼派的狂热主义。它希望结束政治和神学斗争，把精力解放出来，投入激动人心的商业和科学事业，比如东印度公司和英格兰银行、万有引力说和血液循环发现。在整个西方世界，顽固正让位于开明，对西班牙威势的恐惧正在消失，各阶级欣欣向荣，最清醒的人也觉得最高的希望大有保障。一百年来，没有任何事阻碍这些希望；结果这些希望本身引发了法国大革命，直接导致拿破仑上台，进而造就神圣同盟。经过这些事件，自由主义必须缓下来歇一口气，才能在19世纪乐观复苏。

探讨细节之前，最好考察一下17至19世纪自由主义运动的大体模式。这模式开始很简单，但逐渐变得复杂。整场运动的显著特征是广义的个人主义，但"个人主义"是个模糊说辞，要进一步明确。直至亚里士多德的那些希腊哲学家不是我所说的个人主义者，他们从根本上把人视为社会成员，比如柏拉图的《理想国》旨在界定良好的社会而非良好的个人。亚历山大时代以来，随着政治自由的丧失，个人主义发展起来，犬儒派和斯多葛派就是代表。斯多葛派哲学认为，人无论在什么社会状况下都能过善的生活。这也是基督教的看法，尤其掌控国家之前的基督教。但在中世纪，神秘主义者保持着基督教伦理最初的个人主义倾向，多数人包括多数哲学家的观念却被教义、法律和习俗的综合体系牢牢支配，人的神学信仰和日常道德受制于一个社会组织即天主教会：何为真何为善，不能由个人思考确定，而是宗教会议的集体智慧说了算。

这个体制的第一个重大突破口由新教打开，新教主张宗教大会也可能犯错。于是，确定真理不再是社会的事，而是个人的事。不同人有不同结论，从而导致争斗，神学裁决不再由主教会议做出，改在战场谋求。谁都灭不了谁，显然要设法协调思想和伦理上的个人主义与有序的社会生活。这是早期自由主义试图解决的主要问题之一。

同时，个人主义已经渗入哲学。笛卡尔的基本确信"我思故我在"使认识的基础因人而异，因为每个人的出发点都是自己的存在，而不是其他人或社会的存在。他强调清晰明确的观念可靠，也有同样效果，因为我们靠内省才知道自己的观念是否清晰明确。笛卡尔以来的哲学家大都或多或少带有这种思想上的个人主义。

但笼统立场有不同表现形式，在现实中造成大相径庭的结果。一般科学研究者的个人主义观念可能是最少的。他得出新理论，完全是由于这理论在他看来是正确的；他不向权威低头，因为低头就得继续承认前人的理论。同时，他依据的是普遍公认的真理标准，他劝服旁人靠的不是自身权威，而是大家作为个人都觉得可信的论证。在科学领域，个人与社会的任何冲突本质上都是暂时的，因为科学家一般都认可同样的知识标准，所以通常能在争论和研究中最终达成一致。但这是现代情形；在伽利略时代，亚里士多德和教会的权威依然在人们眼中起码像感觉证据一样令人信服。这表明科学方法上的个人主义虽不明显，却也肯定存在。

早期自由主义在学问和经济方面是个人主义的，但在感情和伦理上并不自以为是。这种自由主义支配18世纪的英国，支配美国宪法的缔造者，支配法国百科全书派。在法国大革命期间，其代表者是包括吉伦特派在内的温和派系，但随着这些党派的覆灭，它在法国政治中消失一代之久。在英国，拿破仑战争后，它随着边沁主义和曼彻斯特学派的兴起再次得势。自由主义最伟大的胜利在美国，这片没有封建主义和国教妨害的土地从1776年至今或起码至1933年[1]都被自由主义主宰。

一场始于卢梭、从浪漫主义运动和国家主义汲取力量的新运动逐渐发展为自由主义的对立面。在这场运动中，个人主义从知识领域扩张到激情领域，个人主义的种种无政府特征显露出来。卡莱尔和尼采倡导的英雄崇拜是这种哲学的典型。其中结合各种各样的元素：对初期工业化的反感，鄙视其丑陋痛恨其残酷；对中世纪的怀恋，因嫌恶现代世界而把中世纪理想化；既想维护教会和贵族日渐没落的特权，又想支持工薪阶层反抗工厂主专横的别扭企图；以民族主义的名义，打着保卫自由的光荣旗号激烈倡导叛乱权。拜伦是这场运动的诗人，费希特、卡莱

---

[1] 1933年，为缓解大萧条造成的经济危机和社会矛盾，罗斯福总统用新政加强政府对经济的干预，引起自由主义者的担忧。——译注

尔和尼采是这场运动的哲学家。

但我们不可能个个都当英雄领袖，不可能人人的意志都占上风，这种哲学像其他一切无政府主义那样，一旦实施就必然导致那最成功"英雄"的独裁统治。暴政确立后，他就不准旁人主张他自己赖以掌权的那套伦理观。因此，这种人生论整体上是自我否决的，因为付诸实施必将导致截然相反的结果：个人主义被严重压制的独裁国家。

还有一派哲学大体是自由主义的旁支，即马克思主义哲学。后文会谈到他，目前先记住他就行。

第一个全面阐述自由主义哲学的是洛克，他是最有影响但绝非最深刻的近代哲学家。在英国，他的观念与绝大多数明智者的观念水乳交融，因此除了理论哲学，很难追寻他的影响；在法国，他的观念却在实践上激起对现存政体的反抗，在理论上造成与盛行的笛卡尔主义的对立，对形势的发展显然有巨大影响。这是一条普遍原理的实例：政治经济发达的国家形成的哲学，在发源地无非是流行见解的澄清和系统化，到别处可能成为革命热情的源头，最终激发现实的革命。调节先进国政策的原理传到较落后的国家，主要是通过理论家。在先进国家，实践启发理论；在其他国家，理论鼓舞实践。这区别，是移植观念很少像在故土那样成功的原因之一。

探讨洛克哲学之前，我们先回顾17世纪英格兰对洛克观念有影响的状况。

国王与国会在内战期间的冲突，让英国人从此永远热爱克制和折中，怕把任何理论推到逻辑极限，这种民族性格主宰至今。长期议会主张的政策最初得到绝大多数人的拥护。他们希望废除国王的行业垄断准许权，让国王承认国会的征税专权。他们渴望国教内部享有意见和宗教仪式自由，而不再受劳德大主教迫害。他们主张国会定期召开而不是仅仅在国王需要国会协助时零星召开。他们反对恣意抓捕，反对法官一味逢迎国王的心意。然而，许多人虽然愿意为这些目标摇旗呐喊，却不想对国王动武，在他们看来那是叛国亵渎之举。现实战争一爆发，双方几乎就势均力敌。

从内战爆发到克伦威尔自立为护国公这段政治进程如今已被人熟知，当时却史无前例。国会党分为长老派和独立派，长老派希望保留国教而废除主教，独立派同意废除主教，但主张各会众自由选择神学，不受任何中央教会机构干涉。长老派的阶层总体上高于独立派，政治观点较为温和。他们想在国王受挫有心和解时就跟他和解。但由于两点状况，他们的政策根本无法实施。首先，国王在主教问题上顽固得像宁死不屈的殉教者；另外，事实证明国王没那么容易打败，只有靠克伦威尔的新模范军才能成事，而新模范军是独立派。结果国王在军事抵抗挫败后不肯屈尊协商，长老派却在国会丧失了军力优势。捍卫民主却把大权送到少数人手中，而这些人动用权力压根儿不考虑什么民主或议会政治。当初查理一世抓捕五议员，弄得舆论哗然，灰溜溜败落收场。克伦威尔压根儿不会有这种麻烦。一场普莱德大清洗就废掉百来个长老派议员，多数人纷纷唯命是从。最后他干脆解散国会，"狗都没叫一声"——战争使武力显得独此重要，使宪政遭到蔑视。在克伦威尔的余生，英国实行军事独裁，越来越多的国民深恶痛绝，但唯独他的党有武装，根本无法撼动。

藏身橡林、流亡荷兰的查理二世复辟时决心再不踏上逃难之途。他终于趋向温和，不再征收未经国会认可的税赋，认可了剥夺国君任意抓捕权的《人身保护法》。他偶尔能仗着路易十四的资助蔑视国会的财权，但大体上算是立宪君主。当初查理一世的政敌希望对王权施加的种种限制，在复辟期间大都实现，查理二世谨慎遵从，因为事实表明臣民能让国王吃苦头。

詹姆斯二世与其兄不同，根本不懂什么是狡猾和策略。顽固的旧教信仰使他成为国教派和非国教派的共同敌人，尽管他曾无视国会而拉拢非国教派，许他们宽容待遇，对外政策也推了一把。斯图亚特王室为避免战时征税而依赖国会，先后对西班牙和法兰西采取媚外政策。法兰西日益增强的国力激起英国对这个欧陆领头国家一贯的仇视，《南特诏令》[1]的撤销让新教徒对路易十四恨之入骨。结果在英国几乎人人都想除掉詹姆斯，但几乎人人都同样决心再不重蹈内战和克伦威尔专政的覆辙。既然没有合宪的方式除掉詹姆斯，就必须革命，但一定要速战速决，不给破坏势力任何机会。必须一劳永逸地稳住国会的权力；詹姆斯国王必须退位而君主政体要保全，但不是君权神授的那种君主制，而是依赖立法准许、依赖国会的君主制。贵族和大企业联手，这一切转瞬完成，不费一枪一弹。试遍各种激进的不妥协而全部失败后，温和折中取得了胜利。

新国王是荷兰人，带来他本国著称的商业和神学睿智。英格兰银行成立，国

---

[1] 为平息漫长的宗教斗争，亨利四世于1598年颁布该诏令，让法兰西雨格诺派新教徒享受基本权利。1685年，路易十四将之撤销。——译注

债成为稳固投资渠道，不再有国君一不高兴就拒绝兑付的风险。《宽容法案》仍给天主教和非国教派设置种种障碍，但终结了实际迫害。对外政策变成坚决反对法兰西，除了几次短暂中断，一直维持到拿破仑倒台。

第十三章　洛克的认识论

约翰·洛克（1632—1704）是1688年英国光荣革命的支持者。这是一场最温和、最成功的革命，目标并不高远，但全部精准实现，让英国至今都没有革命的必要。洛克忠实传达这场革命的精神，他的多数著作都问世于1688年后的几年内。他的主要理论哲学著作《人类理解论》1687年完稿，1690年出版。《论宽容第一函》的拉丁文原作是1689年在荷兰出版的，早在1683年洛克就为谨慎起见退居到荷兰。《论宽容》后续二函分别出版于1690年和1692年。两篇《政府论》1689年获出版许可，旋即刊印。《论教育》出版于1693年。洛克很长寿，但他最有影响的著作都集中在1687年到1693年短短数年间。成功的革命对信奉者是一种鼓舞。

洛克的父亲是清教徒，曾为国会作战。克伦威尔时代，洛克在牛津大学读书，当时牛津大学仍宣扬经院哲学，深受笛卡尔影响的洛克既厌恶经院哲学又厌恶独立派的狂热。后来他成为医生，主顾是沙福堡勋爵，也就是德莱顿笔下的"阿奇弗"[1]。1683年沙福堡落败，洛克随他逃亡荷兰，在那里一直待到光荣革命。革命过后，洛克在商务部供职数年，其余时间投身著述和自己作品引发的无数论战。

光荣革命前的那几年，不管理论还是实务上参与英国政治都有极大风险，洛克在《人类理解论》的写作中度过。这是他最重要的作品，是他盛名的主要来源；但他对政治哲学的影响无比深刻持久，不仅是经验主义认识论的创立者，也是哲学自由主义的奠基人。

洛克是运气最好的哲学家。他的理论哲学著作恰好完成于相同政见者执掌本

---

[1] 沙福堡勋爵即安东尼·阿什利·库珀，辉格党领袖，支持查理二世复辟，是英国批评家约翰·德莱顿政治讽刺诗《押沙龙与阿奇弗》中阿奇弗的影射对象。——译注

国政权时。他倡导的观念,在理论和实践上被最活跃、最有威望的政治家和哲学家遵循多年。他的政治学说经孟德斯鸠发挥后深深铭刻于美国宪法,总统与国会的每场争执都展现着这些学说的威力。英国宪法直到约50年前都以他的学说为基础,1871年的法国宪法亦然。

他在18世纪法国的巨大感召力主要缘于伏尔泰。青年伏尔泰在英国待了段时间,著《哲学信札》向同胞阐释英国思想。当时法国的启蒙家和温和派改革家崇尚洛克,激进改革派崇尚卢梭。不管对错,那些法国追随者总觉得洛克的知识论与政治学说密切相关。

在英国,这种关联没那么明显。他两个最著名的追随者,贝克莱在政治上不重要,休谟是在《英格兰史》中发表反动观点的托利党人。但康德时代过后,德国唯心论开始影响英国思想,哲学和政治开始关联:大致讲,追随德国思想的哲学家是保守派,而激进派边沁主义者属于洛克传统。但这种关联并不绝对,比如T.H.格林就既是自由党人又是唯心论者。

不仅洛克的正确看法,连他的谬见也有实际用处,比如主性质与次性质说。按他的定义,主性质是与物体不可分的性质,包括密度、广延、形状、运动或静止、数目。其余都是次性质:颜色、声音、气味等。主性质实际存在物体中,相反次性质仅在感知者身上。没有眼睛就没有颜色,没有耳朵就没有声音,依此类推。洛克的次性质论其实有很好的理由,比如黄疸病、蓝色眼镜等。但贝克莱指出同样道理适用于主性质,从此洛克这方面的二元论在哲学领域过了时,却仍主宰着实用物理学,直到现代量子论兴起。这种看法不仅被物理学家明确主张或默认,还成为许多重大发现的源泉,可谓硕果累累。物理世界仅由运动着的物质构成,此说是声学、热学、光学和电学的公认基础。洛克的观点理论上错得再离谱,也非常实用,这是他学说的典型特征。

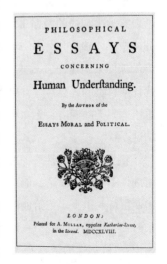

洛克的代表作《人类理解论》

《人类理解论》的哲学,通篇有某些优点和缺点,两者同样有用:缺点只是理论角度上的。他一贯通情达理,宁愿牺牲逻辑也不肯牵强附会。他阐述某些普遍原理,让读者一看就明白那会得出奇怪结论;

但怪论呼之欲出时，他淡然打住，不予挑明。对逻辑家来说，这很恼人；在务实的人看来，这是明智的选择。既然世界该怎样就是怎样，根据正确原理进行有效推论，不可能得出谬误；而某些几乎以假乱真、值得理论重视的说法，会推出让人觉得荒谬的实际后果。因此哲学应当运用常识，但只是说，假如理论见解的推演有悖我们觉得无法辩驳的常识，这见解肯定不对劲儿。理论家也许会反驳说，常识不见得比逻辑可靠。贝克莱和休谟就是这样反驳的，而洛克完全是另一种思想脾性。

洛克的某种特质传给整场自由主义运动，那就是不武断。他传承前人的信仰不多，不外乎我们自身的存在、上帝的存在、数学真理。但是与前辈有分歧时，他总表明真理难辨，理性的人对自己的见解要存几分怀疑。这种思想特征显然与宗教容忍、议会民主的成功、自由放任主义和整套自由主义原则息息相关。他是非常虔诚的基督徒，笃信神启是知识来源，却依然对神启设了一堵理性屏障。他说"神启的见证就是最高确信"，却又说"神启必须用理性判断"，所以终究是理性高于一切。

他的《狂热篇》在这方面发人深省。"狂热"（Enthusiasm）当时的含义与现在不同，指相信宗教领袖或其门徒身受神启。这是复辟时期被击败的那些教派的特征。这种个人神启到处充斥，彼此冲突，真理或所谓的真理就会成为纯个人看法，丧失社会性。热爱真理是洛克眼中至关重要的事，但这与热爱标榜为真理的具体学说是大不相同的两回事。他说，热爱真理的确切标志是"任何说辞，证据有几分确凿，才确信几分"。动辄言之凿凿，是不爱真理的表现。"狂热抛开理性，不借助理性来构建神启，会把理性和神启都丢掉，换成自己脑中毫无凭据的空想。"忧郁或自负的人容易"自以为与神明直接沟通"。因此古怪言行得到神明认可，怂恿了"人类的懒惰、无知和虚荣"。他用前文那句箴言"神启必须用理性判断"完结这一章。

洛克所谓"理性"的意思，要从全书总结。有一章叫《论理性》，但主旨是说明理性不等于三段论，他总结道："上帝不会对人类如此吝啬，只把人造成两足动物而留待亚里士多德给他们理性。"洛克说的理性有两部分，一是探究我们确信的东西，二是探究实践中宜接受的说法，尽管这些说法仅有概然性而没有确凿依据。他说："概然性的依据有二，即符合我们自己的经验，或符合旁人经验的证明。"他说，暹罗王听欧洲人提到冰，就不再信他们的话。

《论同意的程度》一章说，我们对任何观点的同意程度应取决于它的概然性依据。他指出我们往往不得不根据不够确定的概然性行事，又说正确运用这点"就是彼此的宽厚和容忍。绝大多数（若非所有）人哪怕缺乏确凿无疑的证据也得主张自己的种种看法；旁人提出他无法立即回应或反驳的争议，假如他立即舍弃先前的信念，就会招致无知、轻浮或愚昧等严厉非难；所以我认为大家应当在意见纷纭中保持平和，维护人情和友爱的礼仪，因为我们没理由指望任何人顺从地欣然放弃自身观念，违背理智地盲从权威而同意我们的看法。因为人的看法不管多容易犯错，也不愿遵从理性以外的其他任何引导，不愿盲目屈从旁人的意志和命令。你想劝服一个先考察才会同意的人，就必须容他不慌不忙把你的话再推敲一遍，让他忆起忘掉的东西，斟酌细节，看哪边更有理；如果他觉得我们的说法不值得他费这般苦心，我们也不必见怪，因为我们自己在类似情况下也会这样；假如旁人指手画脚让我们去研究什么，我们也会不乐意；假如他的看法是轻信而来的，我们怎能指望他舍弃岁月和习俗蚀刻在他心中、让他觉得不证自明确凿无疑的信条，或舍弃他觉得是上帝亲自或派使者给他的感想？我们怎能指望如此稳固的观念败给陌生人或敌手的理由或权威？如果他怀疑你有私心或企图，就愈加如此；人觉得自己受恶待时，难免这样猜疑。我们应悲悯共同的愚昧，竭力用温和公平的沟通消除愚昧，不要由于人家不肯舍弃己见接受我们的意见（或起码是我们强加给他的意见），就认定他冥顽不化而恶劣相待；其实几乎可以肯定，我们不肯接受旁人的意见时，顽固程度不亚于此。谁能拿出无可辩驳的证据证明他主张的一切全对，他批评的一切全错？谁能问心无愧地说他把自己或旁人的一切看法都彻底研究过了？在这仓促盲目的行动中，我们哪怕不理解或依据很少也得相信，因此我们应更加勤恳谨慎地提升自己而不是约束旁人……所以，懂的越多，越不会强加于人"[1]。

到此为止讲的都是《人类理解论》末尾的章节，是洛克根据前面对人类认识性质与局限的理论探讨得出的道德教训。现在谈谈他对纯哲学问题的看法。

洛克对形而上学通常是蔑视的。关于莱布尼茨的某些想法，他写信给朋友说："这种无聊东西我们受够了。""实体"的概念是当时形而上学的首要问题，洛克觉得含混无用，却也不贸然全盘否定。他承认上帝存在的形而上学证明，但并不细

---

[1]《人类理解论》卷四，第16章，第4节。

谈，提起时似乎有点不自在。表述新观念而不是复述传统理论时，他着眼实在的细节而非宏观抽象概念。他的哲学像科学那样，是零敲碎打的，不像17世纪欧陆哲学那样体系完备气势恢宏。

洛克可谓经验主义的宗师，经验主义认为人类的一切知识（也许除了逻辑学和数学）都来自经验。因此，《人类理解论》卷一旨在反驳柏拉图、笛卡尔和经院哲学家，主张没有先天观念或原理。在卷二，他开始详细说明经验如何产生各种不同观念。否定了先天观念，他说：

"我们可以设想心灵如白纸，没有画任何符号，没有任何观念，它如何具备这一切？人类纷繁无限的想象在白纸上绘出几乎无穷的花样，那茫茫素材从何而来？理性和知识的素材从何而来？我的回答是，从经验：我们的一切知识都基于经验，归根结底都是从经验中汲取来的。"（卷二，第1章，第2节）

人类观念有两个来源，一是感觉，二是对自己思维运作的感知，可称为"内在感觉"。我们只能借助观念来思考，而一切观念都来自经验，所以任何知识都显然不能先于经验。

他说，知觉是"走向知识的第一步和第一阶段，所有认识材料的入口"。这在现代人看来似乎是老生常谈，因为早已是教育普及的常识，至少在英语国家如此；但在他那个时代，人们认为心灵先验地知晓各种事物，洛克宣扬的"知识完全依赖知觉"是崭新的革命性学说。柏拉图在《泰阿泰德篇》批驳知识知觉同一论，从他起几乎所有哲学家，直到笛卡尔和莱布尼茨，都教导说我们最珍贵的知识大多不是从经验来的。因此，洛克彻头彻尾的经验主义是大胆创新。

《人类理解论》卷三探讨语言，主要说明关于形而上学家表述的世界知识纯粹是言辞性的。第3章《论普遍名称》在共性问题上持极端唯名论立场。存在的一切事物都是具体的，但我们能创造"人"这样可适用于许多具体事物的普遍观念，能给这些普遍观念命名。普遍观念的普遍性仅在于它们适用或可能适用于各种具体事物；它们本身只是我们心中的观念，和其他任何存在物一样都是具体的。

卷三第6章《实体的名称》意在反驳经院哲学的本质论。诸事物也许有真正的本质，那应是它们的物理构造，但构造大体上不为人知，也不是经院哲学家所谓的"本质"。我们认识到的本质纯粹是言辞性的，无非是普遍名称的定义。比如说，谈论物体的本质只是广延还是广延加密度，等于抠字眼：我们把"物体"定义成这个或那个都行，守住定义就不会出毛病。不同物种并非自然事实，而是语言事实，是"冠以不同名称的不同复合观念"。的确，自然界有不同事物，但各种差异是逐渐持续演进的："人类对物种分门别类所依据的物种界限，是人定的。"他接着举出怪物的例子，这些怪物算不算人仍是疑问。这个观点未受广泛认可，直到达尔文让世人接纳渐变进化论。那些被经院哲学害苦的人，才明白它扫除了多少形而上学的破铜烂铁。

无论经验主义还是唯心主义都面临一个至今尚无完美哲学解答的问题，那就是我们如何对自己以外的事物和自己的心灵活动产生认识。洛克探讨了这个问题，但他的说法显然无法令人满意。他在一个地方[1]说："心灵的所有思维和推理中，除了唯有它沉思或能够沉思的自身观念外没有其他任何直接对象，所以我们的知识显然只熟悉这些观念。"却又说："知识是两个观念相符或不符的知觉。"这似乎直接意味着我们无法知晓旁人或物理世界的存在，因为即便它们存在，也只是我们脑中的观念。因此我们每个人在知识上必然被限制在自身范围内，切断与外部世界的一切关联。

但这是悖论，洛克一点都不想沾。因此在下一章，他提出一个完全不同的新论。他说，关于真实的存在，我们有三类知识。有关自身存在的是直觉知识，有关上帝存在的是推理知识，有关感官事物的是感觉知识。（卷四，第3章）

接下来的一章，他多少察觉到这种矛盾。他表示，有人也许会说假如知识在于观念相符，狂热者和清醒者就在同一水准了；他的回应是，观念与事物相符的，不是这种状况。他接着主张一切单纯观念必定与事物相符，因为"如前所述，心灵决不能自己产生"任何单纯观念，这种观念全部"是事物自然作用于心灵的产物"。有关实体的复合观念，"一切复合观念必定且只能是自然界共存的单纯观念组成的"。人类只能靠下述途径获取知识：（1）知觉；（2）推理，考察两个观念相符或不符；（3）感觉，感知具体事物的存在。（卷四，第3章，第2节）

这一切，洛克都假定所谓感觉的特定精神现象有外部原因，这些外部原因至少在一定程度和方面类似于它们的结果，即感觉。但是，按经验主义原理，这一点如何得知？我们体验到的是感觉而非感觉的原因；如果感觉是自发产生的，我们的体验会完全一样。感觉有原因，更甚的是感觉类似于它的原因，这些主张必须有完全独立于经验的基础。洛克可以主张"知识是两个观念相符或不符的知

---

[1]《人类理解论》卷四，第1章。

觉",他躲避这种见解必然造成的悖谬,靠的却是严重的前后矛盾,他必须坚守常识才能对这矛盾视而不见。

这个难题困扰经验主义至今。为摆脱它,休谟干脆抛弃感觉有外部原因的假设,但连他也会不慎忘了自己的原则而主张这假设,而且经常如此。他来自洛克的那句重要格言"没有不具备先行印象的观念"仅在印象有外部原因的前提下才可信,"印象"一词本身就让人禁不住联想到外部原因。休谟偶尔在某种程度上前后一致,却还是极其别扭。

至今尚无人创造出既可信又前后一致的哲学。洛克追求可信,为此牺牲了一致性。多数伟大哲学家与此相反。前后不一致的哲学不可能完全正确,但自圆其说的哲学很可能满盘皆错。最丰饶的哲学向来包含显眼的矛盾,但正因此才部分正确。没理由认为前后一致的理论比洛克那样显然多少有误的理论更正确。

洛克的伦理说本身很有趣,作为边沁的先驱也很有意思。所谓洛克伦理说,不是他现实中的道德品质,而是他对人如何行事和应当如何行事的普遍看法。和边沁一样,洛克是满怀善意的人,同时也主张任何人(包括他自己)在行动上必然完全被追求个人幸福快乐的欲望驱使。几句引文就能清楚展现这一点:

> 事情的好坏仅在于快乐或痛苦。所谓善就是引起(或增加)快乐或减少痛苦的东西。
>
> 激发欲望的是什么?我的回答是幸福,只能是幸福。
>
> 完整意义上的幸福是我们能享受的极致快乐。
>
> 追求真正幸福的必要,是一切自由的基础。
>
> 趋恶避善显然是错误决断。
>
> 驾驭激情是增进自由的正确途径。[1]

上面最后一句依据的似乎是来世报应说。上帝制定道德规则,遵守的人上天堂,违背的人可能要下地狱。因此,审慎的快乐追求者会有道德。有罪要下地狱的观念逐渐淡化,劝人守德的纯利己理由越来越难找。自由思想家边沁用人间立法者取代上帝:法律和社会规范应调和公共与私人利益,迫使每个人在追求自身

---

[1] 这些话摘自卷二第20章。

幸福的过程中促进公共幸福。但这种调和公私利益的手段没有天堂地狱管用,因为立法者未必总是英明有德,而且人间政府并非全能。

洛克不得不承认一个明显事实:人未必总是理性地选择可能使快乐最大化的做法。我们重视眼前快乐甚于未来快乐,重视马上到手的快乐甚于遥远未来的快乐。不妨说(洛克没这么说)利率是未来快乐一般折扣的数量标准。假如一年后花1000块和今天花1000块同样令人快乐,就不需要什么好处来促使我推迟享乐。洛克承认,虔诚的信徒往往也会犯按信条可能要下地狱的罪。我们都知道,有人迟迟不肯去看牙医,如果理性地追求快乐,不会推迟这么久。因此,即便追求快乐或避免痛苦是我们的动机,也要补充一点:越是在遥远的未来,快乐就越没吸引力,痛苦就越不够可怕。

洛克认为,私利与公利只有从长远看才一致,所以人应当尽量着眼长远利益,这很重要。也就是说,人要远虑。远虑是依然要倡导的美德,因为一切道德过失都在于不够远虑。强调远虑是自由主义的特征。这和资本主义的兴起相关,因为有远虑的人发财致富,没远虑的人变穷或依然贫穷。这也牵连某种新教信仰:为上天堂而守德,其心理类似于为投资而储蓄。

公私利益协调的信念是自由主义的特色,在洛克讲的神学基础崩塌后仍长期存在。

洛克主张公私利益短期未必一致但长远一致,并据此推出结论:自由依赖于追求真正幸福的必要和驾驭人类激情。假如一个社会的公民既虔诚又有远虑,他们在自由状态下都会为增进公共利益而行事。没必要拿人间法律约束他们,因为神圣律法就够了。想当强盗的善人会自忖道:"我也许逃得过人间法官,但逃不过天上法官的惩罚。"因此他会放弃罪恶图谋,像肯定会被警察捉到那样良善地生活。因此,合法自由只有在人人远虑和虔诚的情况下才能完全实现,否则刑法的约束必不可少。

洛克一再表示道德是可论证的,但并未把这点讲透。最重要的段落是:

> 道德可以论证。无上的神灵有无限的权能、善意和智慧,我们人类是他的造物,依靠他存在;我们会理解,有理性。我认为,这两个清晰的观念若加以适当的分析研究,能成为我们义务和行为规范的基础,使道德跻身能论证的科学。我坚信,任何人只要尽其他科学那样无偏颇的注意,就能从不证自明的命题出发,用数学推理般无可辩驳的推理论证出对错标准。其他状态间的关系,

也能像数目和广延的关系那样确切得知：如果有合适方法来分析研究它们是否相符，我看不出它们无法论证的理由。"没有财产就没有不公"像几何证明一样确切：财产就是对事物的权利，侵犯或破坏这种权利就是"不公"，很显然，两个确定观念各有各的名称，我可以像确信三角形三内角之和等于两个直角那样，确信这个命题为真。再比如"任何政府都不容许绝对自由"，政府指根据人们必须遵守的特定规则或法律建立的社会组织，绝对自由指人人为所欲为的状态，因此我能像确信任何数学命题那样，确信这个命题为真。[1]

这段话让人迷惑，因为首先它似乎说道德规范基于神的谕令，后来的例子却表示道德规范是分析命题。我想，洛克实际上认为伦理学某些是分析命题，某些基于神的谕令。还有一点令人费解，那就是他举的两个例子似乎根本不是伦理命题。

还有个难点有待考察。神学家通常主张上帝的谕令不是随意的，而是由他的善和智慧激发出来的。这要求谕令发布前存在某种善的观念，让上帝发出特定谕令而不发其他谕令。这观念是什么，洛克的著作没说。他只是说审慎的人应如此这般行事，否则会遭上帝惩罚；但为何某些行为而不是相反行为会受罚，洛克让我们完全摸不着头脑。

洛克的伦理说当然站不住脚。把审慎远虑视为唯一美德有些令人反感，除此之外，他的理论还有些非情感性的缺陷。

首先，说人只渴求快乐是把车放到马前面，本末倒置。不管我碰巧渴求什么，得到了就会快乐；但快乐来自欲望，不是欲望来自快乐。当然也会有人渴求痛苦，比如受虐狂；但那种情况下，欲望的满足仍是快乐，只是掺着相反的东西。即使按洛克自己的学说，人渴求的也不该是快乐，而眼前的快乐比遥远的快乐更让人渴求。如果像洛克及其追随者做的那样，用欲求心推导道德，就没理由反对给遥远的快乐打折扣，或者把远虑倡导为道德义务。简言之，他的主张就是："我们只渴求快乐，但事实上很多人渴求的不是快乐，而是眼前的一时之快。这有违我们的渴求快乐说，所以不道德。"几乎所有哲学家的伦理学都是先摆明错误学说，再论证按照它主张的方式行事是邪恶的；可是，如果这学说为真，就根本不会这样。这种模式洛克就是一例。

---

[1]《人类理解论》卷四，第3章，第18节。

第十四章　洛克的政治哲学

A　世袭主义

1689年和1690年，光荣革命刚过，洛克写了两篇《政府论》，第二篇在政治思想史上尤其重要。

第一篇是对君权世袭说的批评，针对的是罗伯特·费尔默爵士的《先祖论或曰自然君权》，此书出版于1680年，但写于查理一世时代。费尔默爵士是君权神授说的赤诚拥护者，不幸活到1653年，难免因查理一世被处决和克伦威尔得势而痛彻心扉。但《先祖论》写于这些惨剧之前，而内战已经爆发，书中自然体现了颠覆性学说的存在。如费尔默所言，那些学说在1640年就已不再新鲜。其实新教和天主教的神学家分别在跟天主教和新教国王的争执中激烈主张臣民反抗暴君的权力，他们的作品给费尔默爵士提供了丰富的论战材料。

费尔默的爵位是查理一世封的，据说他家被国会党人劫掠过十次。他认为诺亚北上漂过地中海，把非洲、亚洲、欧洲分给含、闪和雅弗，未必不是真事。他主张，根据英格兰宪法，上院只能向国王进谏，下院权力更小；法律只能由国王按自己的意愿制定。费尔默说，国王完全不受任何人间管控，也不受制于前人甚至自己制定的法律，因为"人给自己定法律本质上是不可能的"。

可见，费尔默属于君权神授派中最极端的那一支。

《先祖论》开篇驳斥"人类生来就被赋予不受任何统治的自由，有权任意选择自己喜欢的政体；任何人对他人的支配权，最初都是由公众决断授予的"这种"俗见"，说这是学院炮制出来的论调。费尔默认为，事实截然不同，最初是上帝把王权授予亚当，由亚当传给后裔，终于传到近代的各君王手中。他信誓旦旦地说，国王"要么就是，要么应当被视为那两位原始先祖即全人类生身父母的继承人"。我们的始祖似乎不是很懂得珍惜作为天下之王的特权，因为"对自由的渴望是亚当堕落的首要缘故"。对自由的渴望，在费尔默爵士看来是一种不敬神的情绪。

查理一世的要求，还有拥护者代他提出的要求，比以往任何时代容许国王的都过分。费尔默指出，英格兰耶稣会修士帕森斯和苏格兰加尔文派信徒布坎南在其他事情上的意见几乎从不一致，却双双主张昏君可由人民罢黜。当然，帕森斯想的是信新教的伊丽莎白女王，布坎南想的是信天主教的苏格兰玛丽女王。布坎南的说法成功实现[1]，但帕森斯的说法因同党坎品[2]遭处死而破产。

早在宗教改革前，神学家就想限制君权。这是几乎整个中世纪全欧洲如火如荼的教会与国家之争的一部分。在这场斗争中，国家靠武力，教会靠聪明和神圣。教会两者兼有，就赢；若只剩聪明，就输。但那些大圣人限制君权的言论流传下来，尽管本意是维护教宗，但也可用来支持民众的自治权。"那些狡猾的经院学者认为，"费尔默说，"为确保教宗压过国王，最稳妥的手段是把民众怂恿到国王头上，以便教权取代王权。"他引用神学家贝拉敏有关世俗权力由人授予（而非神授）的言论，"权力属于民众，除非民众把它授予国君"；依费尔默说，贝拉敏这样就"让上帝成为民主体制的一手创造者"。这在他看来荒谬绝伦，像现代财阀听说上帝是布尔什维主义的一手创造者那样震惊。

至于政权的来由，费尔默既不说是来自契约，也不提任何公共利益，而是完全归结为父亲对子女的权威。他的看法是，帝王权威的缘由是子女顺从父母；《创世记》中那些先祖就是君主；国王们是亚当的继承人，起码相当于亚当的继承人；国王的自然权力与父权同理：儿子自然永远脱不开父权，哪怕他长大成人而父亲老朽不堪。

这套说辞在现代人看来太荒诞，简直无法相信它是正经主张。我们不习惯从亚当夏娃的故事刨政治权力的老根。我们认为父母的权力在儿女二十一岁时当然就完全结束，在此之前也要严格受制于国家法律和孩子逐渐取得的独立自主权。我们认为母亲的权力至少与父亲平等。但除此之外，现代人不会拿政治权力与父母的亲权做任何类比，只有日本人除外。日本确实流行一套酷似费尔默的理论，教授和老师们必须这么教：天皇的血统可追溯到太阳女神，天皇是她的后裔；其他日本人也是她的后裔，但只是她家族的旁支，因此天皇是神圣的，违逆天皇就是渎神。这套理论大约是1868年编出来的，但如今日本宣称这是从开天辟地起流传下来的。

像费尔默的《先祖论》那样，用这种理论哄欧洲人的尝试失败了。为什么？这种说辞并不是很违逆人性，比如说，除了日本，古埃及、墨西哥、被西班牙征

---

[1] 伊丽莎白女王囚禁并处决了玛丽女王。——译注
[2] 埃德蒙·坎品，英格兰耶稣会修士，被新教势力处死。——译注

服前的秘鲁都曾经信奉过。在人类历史的某阶段，它是自然而然的。斯图亚特时期的英格兰已经过了这个阶段，但现代日本还没过。

君权神授说在英格兰的失败有两大原因，一是教派繁多，二是国王、贵族和上层资产阶级争权夺势。宗教上，亨利八世以来的国王是英格兰教会首脑，既要对抗罗马，又要对抗新教多数宗派。英格兰圣公会自诩是折中派，钦定英译本《圣经》的序文开头说"英伦教会从最初编纂通用祈祷书以来，就英明地在两极之间保持中庸"。中庸整体上符合多数人的心意。玛丽女王和詹姆斯二世曾试图让国家倒向罗马旧教那边，内战赢家曾试图让国家倒向日内瓦新教那边，都没有得逞，1688年光荣革命之后，圣公会的势力未受影响。尽管如此，反对派也纷纷留存下来。非国教派有一些特别锐气蓬勃的人，很多是越来越强势的富商和银行家。

国王的神学地位有些奇特，不仅是英格兰国教的首脑，还是苏格兰教会的首脑。在英格兰，他得信赖主教而排斥加尔文主义；在苏格兰，他得排斥主教而信奉加尔文主义。斯图亚特王室的信仰坚定虔诚，持这种两面派立场实在太难，因此在苏格兰比在英格兰更伤脑筋。但1688年之后，国王们为政治便利默许两者同时奉行。这减弱了宗教狂热，很难让世人把国王奉为神明。无论如何，不管天主教还是非国教派都不能替君主默认宗教主张。

国王、贵族和富裕中产阶级在不同时期结成不同联盟。爱德华四世和路易十一时期，国王和中产阶级联合起来打压贵族；路易十四时期，国王和贵族联合起来打压中产阶级；在1688年的英格兰，贵族和中产阶级联合起来打压国王。国王联合一派对付另一派时比较强大；若两派联合对付他，他就弱了。

由于上述种种原因，洛克驳倒费尔默不费吹灰之力。

推理在洛克当然是轻而易举。他指出，亲权上母亲的权力应当与父亲相等。他强调长子继承权的不公，而这是君主世袭制免不了的。他鲜明凸显把现实君王视为亚当真正意义上后裔的荒谬可笑。亚当只能有一个继承人，但谁都不知道是哪一个。他质问费尔默，要是找出真正的继承人，世上所有其他君主都该把王冠献到他足前吗？按费尔默的君权基础说，所有国王，除一人之外，其余全是篡位者，根本没资格要求治下的臣民服从。何况父权是临时的，且不适用于生命和财产。

洛克说，除了种种根本依据，仅凭上述理由就不能把世袭当作政治权力的合法性依据。因此他在第二篇《政府论》中探寻更合乎情理的依据。

政治上的世袭制几近消亡。在我的有生之年，巴西、中国、俄国、德国和奥利地的皇帝绝迹了，换成无意建立世袭王朝的独裁者。欧洲贵族丧失特权，只有英国贵族除外，但也不过是历史形式而已。这一切在多数国家都是新近的事，与独裁制的崛起大有关联，因为传统权力体制已被清除，成功实行民主所必需的思维习惯还没来得及养成。倒有一个大组织向来没有一点世袭因素，那就是天主教会。可以预见，各独裁政权若持续下去，将逐渐发展为类似教会的政体。那些权势几乎与政府相当，或者说珍珠港事变前几乎与政府相当的美国大公司，已出现类似情形。

奇怪的是，民主国家政治上对世袭制的摒弃，对经济几乎毫无影响（极权国家的经济势力已并入政治）。我们依然觉得人把财产传给孩子是自然而然的；也就是说，我们尽管反对政治权力的世袭制，却认同经济权力的世袭制。政治王朝消失，但经济王朝还在。我在此既不支持也不反对两种权力的区别对待，只是指出这种情况存在，多数人却没有察觉。想想凭巨额财富支配他人生命的权力实行世袭在我们看来何等自然，你就更明白罗伯特·费尔默爵士之流为什么能把这种观念套到王权上，而洛克这样的人提出的革新又何等重大。

要理解费尔默的理论如何让人信奉，洛克的相反理论为何具有革命性，想想当时的王国在人们眼中就像如今的地产即可。土地所有者拥有许多重要法权，最主要的是决定谁可以待在地界内的权力。所有权可通过继承来转让，我们觉得地产继承者有正当资格主张法律容许他的一切特权。但他的地位其实与费尔默爵士维护的君主一样。加州如今还有许多庞大地产的所有权是西班牙国王赐予或伪托他赐予的。西班牙国王有资格如此赏赐的条件是：（1）西班牙承认与费尔默类似的见解，而且（2）西班牙人能打败印第安人。可我们仍觉得受他封赏者的继承人有正当所有权。也许到将来，这事会像费尔默在如今显得这样荒诞吧。

B 自然状态与自然法

洛克在第二篇《政府论》开篇说政府权威的由来不可能是父权，接着论述他心目中统治权真正的根源。

他首先构想任何人类政府出现前的"自然状态"，这种状态有"自然法"，但这自然法是神意，不是任何人类立法者推行的。不清楚洛克所谓的自然状态几分是解释性假说，几分是史实；但我觉得他指的应当是实际出现过的历史阶段。人们按社会契约组建国家政府从而走出自然状态，这多少也是史实。但现在谈的是自然状态。

洛克有关自然状态和自然法的说法大体上并不新鲜，只是中世纪经院教义的旧调重弹。圣托马斯·阿奎那说过：

> 人制定的法有几成源于自然法，就有几成法律属性。有违自然法的，就不再是法律，而是对法律的扭曲。[1]

整个中世纪，人们认为自然法反对"usury"，即高利贷。但教会的财产几乎全是土地，土地所有者往往是借款人而不是放贷人。新教兴起后，支持者尤其是加尔文派的支持者主要是富裕中产阶级，这些人是放贷人而非借款人。因此先是加尔文，接着是其他新教宗派，最后连天主教会都认可"高利贷"。自然法也有不同解读，却没人对此生疑。

许多源于自然法的学说在自然法信仰破灭后依然存在，比如自由放任主义和人权说，两者有关联，都出自清教教义。有唐尼的两段引语为证，1604年英格兰下院某委员会曾说：

> 全体自由臣民天生有权继承土地，有权将辛勤劳动自由投入赖以谋生的行业。

1656年，约瑟夫·李写道：

> 每个人都凭自然和理性追求个人利益最大化，这是不容否认的道理……私益的增长有利于公益。

要没有"凭自然和理性"等字，这简直像19世纪的言论。

我再说一遍，洛克的政府论没什么新鲜东西。在这点上，洛克和许多凭思想博得盛名的人相似。最早想出新观念的人总是远远超前于时代，被所有人当傻子，结果默默无闻，很快被遗忘。世事流转，人们逐渐有了接受这观念的心理准备，

---

[1] 唐尼在《宗教与资本主义兴起》中的引语。

在幸运时机把它提出来的人就独揽一切功劳。达尔文就是一例，可怜的蒙伯杜公爵[1]只是笑柄。

关于自然状态，洛克的创见不及霍布斯，后者认为那是所有人对所有人战争的状态，生命凶险、粗蛮而短暂。但霍布斯被视为无神论者。洛克从先辈那里得来的自然状态和自然法理论脱不开神学依据，神学依据崩塌后比如现代自由主义的相关看法，就缺乏清晰的逻辑基础。

远古时代美好"自然状态"的信仰，部分源于《圣经》对先祖时代的描述，部分源于黄金时代的古典神话。远古时代很糟糕的流行看法，则是进化论问世后才有的。

这句话在洛克著作中最像自然状态的定义：

> 人们依理性共同生活，不存在有权裁断是非的公认尊长，是真正的自然状态。

这不是蛮人的生活，而是有德的无政府主义者组成的想象社会，不需要警察或法庭，因为他们永远遵循"理性"，理性等于"自然法"，自然法就是有神圣起源的行为规范。比如说，十诫之"不可杀人"是自然法，而交通法规不是。

再引几段话，让洛克的意思更明确。

> 从根源上正确理解政治权力，我们必须考虑人类的自然状态，也就是在自然法的限度内以自己认为合适的方式完全自由地行动并处置自己财产和人身的状态，不需许可，也不依从旁人的意志。
>
> 也是平等状态，一切权力和管制都是相互的，谁都不比谁多；有一点再明白不过：平等沐浴着大自然完全相同的恩泽而生、运用相同官能的同品类创造物，相互之间完全平等而没有臣属或服从关系；除非他们全体的至上主宰明确宣示意志，将一人置于他人之上，清楚明白地授予他毫无疑问的统治和自主权。
>
> 但这（自然状态）尽管是自由状态，却不是放纵状态：这种状态的人可

---

[1] 即詹姆斯·伯奈特，历史语言学家、苏格兰法官，认为所有生命源自共同祖先。达尔文读了自己祖父对这种想法的记载，后来创立了进化论。——译注

不受管控地自由处置他的人身和财产，但不可戕害自己或自己拥有的任何创造物，除非有比单纯自我保存更高尚的用途要求如此。自然状态由人人都要服从的自然法控制，自然法就是理性，它教导具备而必须遵从理性的全人类：人人平等独立，谁都不能伤害旁人的健康、自由或财产。[1]（因为我们都是上帝的财物。）[2]

大多数人处于自然状态下，却也有人不遵守自然法，自然法在一定限度内成为抵制这种罪犯的手段。据洛克讲，自然状态下，人人有权保卫自己的人身和所有物。"害人家流血的，人家应当让他流血"是自然法的一部分。我甚至可以杀掉正在偷我东西的贼，这项权利在政府设立后依然存在，不过在有政府的社会，假如贼已逃脱，我就必须放弃私人报复而诉诸法律。

自然状态的重大缺陷是，每个人都是自己案件中的法官，因为他必须靠自己捍卫自身权利。针对这个缺陷，政府是救治手段，但不是自然手段。洛克说，创立政府的契约让人脱离自然状态。不是任何契约都让人脱离自然状态，唯有组建政治实体的契约如此。那么各独立国家的政府彼此处于自然状态。

在一段大概是针对霍布斯的话里，洛克说自然状态不是战争状态，倒更像它的反面；贼的行为相当于向人开战，因此人有权杀贼：

> 于是我们能清楚看到"自然状态与战争状态的区别"，尽管有人将两者混为一谈，但它们相去甚远，犹如和平、亲善、相互扶持保护的状态与敌对、仇视、暴力和相互破坏状态的距离。

也许自然法的范围比自然状态广，因为前者涉及盗贼和杀人犯，后者没提及这些坏人。这起码为洛克理论中一个貌似矛盾之处提供了解释思路：他有时说自然状态是人人有德的状态，有时却探讨自然状态下可采取哪些正当措施抵御恶人侵犯。

洛克的某些自然法令人惊讶。比如，他说正义战争得来的俘虏按自然法就是

---

[1] 对比美国《自由宣言》。
[2] "他们是上帝的财物，是他的工艺品，造出来按他而非旁人的意愿存续。"洛克如是说。

奴隶。他还说，人人都生来有权惩罚对自己人身或财产的侵害，甚至可以为此杀人。他没有附设任何限制，那么假如我抓到一个小偷小摸的毛贼，按自然法就有权把他枪毙。

财产在洛克政治哲学中至关重要，在他看来是设立国家政府的主要原因：

> 人们组建国家，受政府管控，最主要的伟大目的是保护财产；在自然状态下很难保护财产。

整套自然状态和自然法理论在某些方面很清楚，但在某些方面颇为莫名其妙。洛克想的是什么很清楚，但不清楚他是怎么产生这种想法的。洛克伦理是功利主义的，但他对"权利"的思考不带功利主义因素。类似情形在法学家讲授的法哲学中俯仰皆是。法律权利可定义为：大体上，人如果能借助法律保护自己不受损害，就相当于拥有法律权利。人一般对自己的财产有财产权，但如果他藏有（比如说）违禁的可卡因，针对偷可卡因的人他没有法律救济权。但立法者必须决定创设哪些法律权利，这当然依赖法律应保护的"自然"权利的概念。

我尽量用非神学用语阐述像洛克这样的理论。如果假定伦理学和是非行为的区分在逻辑上先于现实法律，就可能用不牵涉神秘历史的话语重述这理论。为探寻自然法，我们不妨这样问：若没有法律和政府，甲对乙的哪些行为会导致乙报复甲是正当的，不同情况下哪些报复是正当的？ 通常认为，面对致命袭击人有权自我防卫而不受指责，哪怕在必要情况下把袭击者杀死。他同样有权保卫妻儿或任何大众成员。在这种情况下，被袭击者往往在警察到场援助前就会死掉，那么制止凶杀的法律是否存在都不相干；因此，我们不得不依赖"自然"权利。人也有权保卫他的财产，尽管在正当范围内可对盗贼施加何种程度的伤害尚有争议。

洛克认为，国与国之间的关系也适用"自然法"。在什么情况下战争是正当的？没有国际政府，这个问题就只有纯伦理答案，没有法律答案；回答方式，应当与无政府状态下的个人同理。

法律理论的基础是个人"权利"应当受国家保护。也就是说，人遭受按自然法可进行正当报复的那种伤害，法律应规定这报复由国家实施。假如你看见有人要杀你兄弟，你有权在没有别的办法救兄弟的情况下杀掉这人。在自然状态下，如果有人已经杀死你兄弟,你有权杀掉这人,起码洛克这么看。但有了法律,这个权利就不再属于你,而转入国家手中。如果你为自卫或保卫旁人而杀人,你必须向法庭证明这杀人理由。

那么,仅就道德规范独立于法律规定这一点而言,"自然法"相当于道德规范。善法恶法的区分,必须借助道德规范。对洛克而言,这很好办,因为道德规范是上帝定的,能在《圣经》里找到。抽掉这神学依据,问题就棘手多了。但只要认定正确与错误行为之间有道德区别,我们就可以说,自然法决定了在没有政府的社会哪些行为在伦理上正确,哪些行为在伦理上错误;法律应尽量以自然法为指引,遵循自然法的精神。

绝对的个人权利不可剥夺说有违"正确行为是最能促进总体幸福的行为"这一功利主义观念。但一个学说要成为法律的适当依据,未必得适用于一切情况,只要在绝大多数情况下正确即可。可以想象杀人在多种场合是正当的,但这毕竟是少数场合,不能成为否定杀人非法的理由。类似地,让每个人保留一定的个人自由,从功利主义角度也许是可取的,但我不是说一定可取。假如这样,人权说将是相关法律的适当依据,尽管这些权利有例外。功利主义者应当从实际效果着眼考察这学说能否成为法的依据,不能劈头指责该学说有违自己的伦理观。

C 社会契约

17世纪的政治思想有两种主要的政府起源论。一种以罗伯特·费尔默爵士为例,认为上帝将权力授予某些人,这些人及其继承者构成合法政府,反抗政府不仅是叛逆,而且是渎神。这种观点自古以来深受认可,几乎所有早期文明古国的王都是神圣人物。国王们当然认为这种理论很绝妙。贵族有支持它的动机,也有反对它的动机。支持动机在于该理论强调世袭主义,有助于威严地压制新兴商人阶级。贵族如果对中产阶级比对国王还恐惧或憎恨,这种动机就占上风。相反情形中,尤其是贵族本身有机会掌握特权时,就倾向于反对国王,因而反对君权神授论。

另一种主要理论以洛克为代表,主张国家政府是契约的结果,纯粹是现世的事,不是神权确立的。某些著述者把社会契约视为历史事实,某些视为法律拟制,但他们都认为重点是寻找政府权威的世俗根源。其实除了契约,他们想不出别的东西来取代神授说。除了谋反者,大家都觉得必须找到服从政府的理由,只说政府权力能给多数人带来方便是不够的。政府必须在某种意义上有权利要求人服从，如果那不是神命，似乎只能是合同授予的权利。因此政府乃契约产物说几乎受到所有君权神授论反对者的欢迎。托马斯·阿奎那的理论有一丝这种意味，但最早的严肃论述在格劳秀斯著作中。

契约论能用来为专制辩解。比如说，霍布斯主张公民之间有一种契约，把所有权力都交给选定的统治者，但统治者并非契约当事人，所以必定有无限权威。这理论起初使克伦威尔的极权国家合理化；王政复辟后，又成为查理二世的依据。但洛克的契约论把政府视为一方当事人，如果不履行契约义务，就该受抵制。洛克政府论本质上多少是民主的，但民主成分受一种看法的制约，即无财产者不算公民。

现在看看洛克对这个问题的说法。

首先是政治权力的定义：

> 我认为政治权力是制定法律、为管理和保护财产而设定死刑和各种较轻刑罚的权利，以及为执行法律和保护国家不受外侵而动用社会力量的权利，这一切只能是为了公益。

他说，政府是自然状态下人人做自己案件的法官所致种种弊病的救治方式。但君王是争议当事人时，政府起不到救治作用，因为君王既是法官又是诉讼方。出于这些考虑，政府不能是绝对的，司法应独立于行政。这种论点在英美两国有远大前程，但这里先不谈。

洛克说，人人天生有权惩罚对自己人身或财产的侵害，甚至可为此杀人。在且仅在政治社会，人们把这种权利交给社会或法律。

君主专制不是国民政治，因为没有中立权威来裁断君主与臣民的争议；其实君主对臣民依然处于自然状态。指望生性暴虐的人当了国王就有德，是徒劳的。

"在美洲丛林里骄横为害的人，坐上王位也好不到哪儿去，也许还会搬出学识和宗教为他对臣民的一切所作所为辩护，谁敢质疑就凭利剑让谁噤声。"

君主专制好比防住臭鼬和狐狸，"却甘愿被狮子吞噬，甚至觉得这也算妥当"。

公民社会要服从多数，除非约定需更多人同意（比如美国修订宪法或批准条约）。这似乎很民主，但别忘了洛克不承认妇女和穷人的公民权。

"政治社会的起源依赖人们同意加入并缔造一个社会。"他有点漫不经心地主张这种同意必定在某个时候实际发生过,尽管他承认各地政府先于历史,只有犹太政府除外。

设立政府的契约只约束订立人;父亲立的约,要经过儿子重新同意。(这显然符合洛克的原则,但不很现实。一个美国青年到二十一岁宣称"我拒绝遵守缔造这合众国的契约",肯定惹麻烦。)

洛克说,政府根据契约享有的权力绝不超越公共利益。前面刚引用过一句关于政府权力的话,结尾是"这一切只能是为了公益"。洛克似乎没考虑这公益由谁判定。很显然,要是由政府判定,政府肯定做有利自身的决断。也许洛克会让多数公民判定,但许多问题要迅速决定,根本来不及弄清选民意见,其中战与和也许是最重大的。这种情况下唯一的补救手段是让舆论或舆论代表享有某种权力,比如弹劾权,事后惩办行政官员不得人心的行为。但这个补救手段往往很不得力。

这里必须重新引用前面的话:

人们组建国家,受政府管控,最主要的伟大目的是保护财产。

与此一致,洛克宣称:

未经本人同意,最高权力也不能剥夺任何人的任何财产。

更不可思议的是这一说:军官掌握士兵的生死大权,但无权拿他们的钱。(这岂不意味着在任何部队里,轻微违反军纪不可处罚款,却可处鞭挞之类的身体伤害。可见洛克对财产崇拜到何等荒谬的地步。)

税收问题应该会让洛克头疼,但他似乎根本没想到这回事。他说,政府开支必须由公民承担,但要经公民同意,也就是多数人同意。但请问,为什么多数同意就行了?不是说未经个人同意政府不能拿任何人的财产吗?估计他默认依多数人的决定征税与他对公民身份的推定有关,而公民身份又推定是自愿的。当然,有时候这一切与事实恰恰相反。属于哪个国家,多数人不具备有效的选择自由;想不属于任何国家,如今几乎谁都没这个自由。比如你是和平主义者,不赞成战争。不管你住哪儿,政府都要为备战而拿走你一些财产。凭什么你要被迫接受?

我能想出很多答案，但一条都不符合洛克的原则。他没有细想就硬推出多数同意准则，没有从个人同意准则做任何过渡，除了神秘的社会契约。

这种意义上需要的社会契约，甚至在过去实际缔结并创建政府的时候也很神秘。美国就是恰切的例子。当初美国宪法通过时，人们有选择的自由。即便那时也有许多人投了反对票，因而不是契约当事人。他们当然可以离开那个国家，留下就得受制于他们不同意的契约。但事实上离开自己的国家通常很难。宪法实施后出生的人是否同意，就更渺茫了。

个人对抗政府的权利是个棘手问题。民主主义者太轻率地认定代表多数的政府有权强制少数。在某个限度内，这也算正确，因为强制是政府的本质。然而，多数人的神圣权利若过分强调，就会几乎像神授君权那样专横。这个问题洛克在两篇《政府论》里没怎么谈，但在《论宽容》函中有详细探讨，他主张不能因宗教见解将信仰上帝的人治罪。

政府由契约创立当然是进化论出现前的提法。政府好比麻疹和百日咳，肯定是逐渐形成的，尽管也像两者那样，会忽然传入南太平洋诸岛等新地区。研究人类学以前，大家根本不懂政府萌芽期牵涉的种种心理机制，也不知哪些古怪理由让人采纳了后来证明有用的制度和习俗。但是作为给政府寻找合理性的法律拟制，社会契约论也有几分道理。

D 财产

从洛克的财产观念看，他似乎代表大资本家，既反对社会地位比他们高的人，也反对社会地位比他们低的人，但这只对了一半。他的著作里，既有成熟资本主义的先声，也有社会主义观的兆头，两者并存而不调和。这个问题像其他多数问题那样，一面之词很容易扭曲他的意思。

下面按书里出现的先后顺序谈洛克对财产问题的论断。

首先，每个人起码应当对自己劳动的产品拥有私人所有权。在前工业化时代，该准则还不像后来那样不现实。城市生产者主要是手工艺人，他们有自己的工具，自销产品。至于农业生产，洛克所属的学派认为小农自耕制再好不过。他说，人能耕多少田就拥有多少田，不能更多。他似乎浑然不知在欧洲所有国家，不经流血革命，这种方案几乎没有实现的可能。农田大部分属于贵族，他们要么从农民那里征收固定比例（通常是一半）的农产品，要么征收不时变动的地租。前一种做法盛行于法兰西和意大利，后者盛行于英格兰。再往东，俄罗斯和普鲁士的劳动者是农奴，为地主干活，其实没任何权利。旧制度在法兰西被法国大革命终结，在北意大利和西德意志因法国革命军的入侵而告终。普鲁士废除农奴制是由于败给拿破仑，俄罗斯废除农奴制是由于在克里米亚战争中失败。但两国的贵族仍保留着庄园。在东普鲁士，这种体制尽管受纳粹的严厉管制，却延续至今[1]；在俄罗斯和现在的立陶宛、拉脱维亚、爱沙尼亚，贵族在俄国革命中被剥夺了财产；在匈牙利、罗马尼亚和波兰，他们幸存下来；在东波兰，他们于1940年被苏联政府"清算"。但苏联政府竭力在全国实行集体耕作，不采取小农自耕制。

英国的情况复杂得多。在洛克时代，公有地改善了农村劳动者的处境，他们对公有地有重要权利，能解决很大部分口粮。这种制度是中世纪的残余，现代头脑的人很不赞成，认为从生产角度看很浪费。于是出现了圈占公有地运动，从亨利八世时代持续到克伦威尔时代，但1750年左右才开始轰轰烈烈。从那时起大约90年间，一块块公有地圈了起来，交给当地的地主。每宗圈占都要经国会批准，操纵国会两院的贵族无情地利用立法权中饱私囊，把农业劳动者逼到饥馑边缘。随着工业的发展，农业劳动者的境况逐渐好转，因为再不改善的话，谁都拦不住他们涌向城市。如今贵族因劳埃·乔治实施的税制被迫放弃大部分农业地产。但拥有城市和工业地产的贵族依然没有放手。至今没发生急剧的革命，仍在逐渐过渡中。目前依然富裕的贵族，财富来源于城市或工业地产。

除了俄罗斯，这段漫长的发展过程大致符合洛克的原则。怪的是，他提得出历经那么多变革才能实现的学说，却似乎根本没意识到当时体制的不公，也没有察觉那体制与他倡导的不同。

劳动价值说，即产品价值取决于耗费在产品上的劳动，有人归功于马克思，有人归功于李嘉图，其实早在洛克著作中已经出现，还能再往前追溯到一系列前辈，直至阿奎那。唐尼总结经院学说时表示：

> 这种看法的精髓在于制造商品的手工艺人或运输商品的商人可合理要求报酬，因为他们的职业劳动满足了公共需要。那些投机者或中间人则有不可饶恕的罪孽，他们靠公众必不可少的需求榨取私利。阿奎那学说的真传是劳

---

[1] 指"二战"末期。——译注

动价值说,最后一个经院派学者是卡尔·马克思。

劳动价值说有伦理和经济两方面。也就是说,它可以主张商品价值与耗费在商品上的劳动成正比,也可以主张劳动实际制约着价格。后者仅仅是大致正确,洛克承认这一点。他说,十分之九的价值在于劳动,但其余十分之一他什么都没说。他以印第安人占据的美洲土地为例,说这些土地几乎毫无价值,因为印第安人并未耕种。他似乎没意识到,一旦有人愿意在上面劳作,实际劳作发生前这土地就有了价值。你有一片荒地,旁人勘测到里面有石油,你没在这荒地投入半点劳动也能把它卖个好价钱。洛克只考虑农业而没想到这种情形,在那个时代很自然。他赞赏的小农自耕模式不适合需要昂贵设备和大批工人的事业,比如大规模采矿。

人对自己的劳动产品拥有权利,这原则在工业文明里不管用。假如你受雇负责福特汽车的一道工序,谁能估算你的劳动对总产值的贡献份额?假如你受雇在铁路公司运输货物,谁能断定你对这批货物的贡献?出于这些考虑,那些想防止劳动剥削的人放弃了劳动产品权利说,赞同更社会主义的生产和分配组织手段。

劳动价值说的倡导者往往是出于对某种掠夺阶级的敌意。经院学者主张它,是为了反对以犹太人为主的高利贷者。李嘉图主张它,是为了反对地主;马克思是反对资本家。但洛克似乎是在真空中主张这种理论的,不反对任何阶级。他只反对君主,但这与劳动价值说无关。

洛克的某些观点很荒诞,我都没法帮他把话说圆。他说人不能拥有自己一家吃不完肯定会烂掉的那么多李子,但合法手段得来的黄金和钻石想拥有多少都行,因为黄金钻石不会腐烂。他都没想到,人家可以在李子烂掉前把它卖出去。

他把贵金属不腐烂的特性看得很了不起,说贵金属是货币的来源,也是财富不均的来源。他似乎对经济不平等隐隐有学究式慨叹,但绝不认为采取措施防止这种不平等是明智之举。他无疑像所有同代人那样深深感慨富人主要通过赞助艺术和文学给文明带来的好处。在科学和艺术主要靠富豪捐资支持的现代美国也有这种态度。在某种程度上,社会不公推动文明。这是保守主义最体面的理由。

E 分权制衡

立法、行政和司法三种政治职能分离说是自由主义的特征,在英格兰反抗斯图亚特王朝的过程中产生,至少立法和行政两方面是洛克阐明的。洛克说,为防止权力滥用，立法与行政机构必须分离。当然，他说的立法机构指国会，行政机构指国王；不管他在逻辑上想指什么，起码在情感上是这个意思。他觉得立法机构有德，而行政机构通常是邪恶的。

他说，立法机构应至高无上，只是必须能由社会解散。言外之意，立法机构应当像英国下院那样不时由民众普选而成。立法机构要能由社会解散这个条件，如果当真，则是对洛克时代英国宪法容许国王和贵族有部分立法权这一现状的谴责。

洛克说，在架构良好的政府里，立法和行政机构是分离的。问题是，两者冲突了怎么办？据他说，行政机关如果不在合适时间召集立法会议，就是对人民开战，就可以暴力撤除。这显然针对的是查理一世治下发生的事。从1628年到1640年，查理一世竭力排挤国会，独自掌权，洛克觉得这种事必须制止，必要时哪怕发动内战。

他说："暴力只能用来反对不公且非法的暴力。"这原则在现实中毫无用处，除非有个机构能依法判定何为"不公且非法的暴力"。查理一世打算不经国会同意征收战舰税，反对者断言这是"不公且非法的"，他自己说这是公平合法的。唯有内战的军事结果能表明他对宪法的解释是错的。同样的事情美国内战也发生过。各州有退出联邦的权利吗？谁都说不清，北军的胜利才解决了这个法律问题。洛克和多数同代作者秉持一种信念，认为任何正直的人都知道什么是公平合法的，这想法压根儿没考虑到双方党派偏见的力量，也没考虑到不管在外界还是人的良心中都很难建立一个能对棘手问题做权威裁断的法庭。现实中，足够重大的纠纷只能靠武力而非法官或法律解决。

洛克也承认这个事实，尽管说得很隐晦。他说，立法与行政机构的某些争议除了上天谁都无法决断。上天给不了明确判决，其实意味着只能靠打斗见分晓，上天应该会把胜利赐给正义方。任何划分政府权力的学说都少不了这种见解。权力的划分如果写进宪法，避免不时内战的唯一途径就是常识和妥协。但常识和妥协是思维习惯，不能写进成文宪法。

洛克出人意料地对司法权只字未提，尽管这是当时急得冒烟的问题。一直到光荣革命，法官仍会随时被国王撤职，因此他们要判国王的敌手有罪，为国王的朋党开释。光荣革命后，法官未经国会两院决议不得罢免。本以为这能让他们遵照法律断案，其实在涉及党派立场的案件中，只是用法官的偏见取代了国王的偏见。不管怎样，在分权制衡论支配的地方，司法成为与立法、行政并列的第三个独立机构，最值得瞩目的范例是美国最高法院。

分权制衡说的历史很有意思。

在起源地英格兰，分权制衡说旨在限制国王的权力。国王在光荣革命前完全控制着行政机构，但行政机构逐渐依附于国会，因为内阁没有下院多数的支持就无法存续。名义上的行政机构，事实上成为国会选出的委员会，于是立法权和行政权越来越夹缠不分。过去五十来年，首相有权解散国会，党纪越来越严，英国的分权制衡有了新动向。如今国会多数决定哪个政党执政，但决定做出后，国会其实就无法再决定任何事情。法案若不是政府提出的，就很难通过。因此政府兼立法和行政职能于一身，其权力只因时而大选才受点限制。这体制当然与洛克的原则背道而驰。

在法兰西，孟德斯鸠极力提倡分权制衡，法国大革命中那些温和党派也如此主张，却被雅各宾派的胜利暂时压住声息。拿破仑当然用不着它，但它在王政复辟时复活，拿破仑三世崛起时复又消失。1871年它再次复活，促成让总统实权很少且不许政府解散众议院的宪法。于是众议院无论对政府还是对选民都有很大权限。权力划分甚于现代英国，但没达到洛克的要求，因为立法压制了行政。不知本次世界大战过后法国宪法会变成什么样子。

把洛克分权原则演绎到极致的是美国，总统和国会彼此完全独立，最高法院又独立于两者之外。美国宪法无意间让最高法院成为立法机构的分支，因为得不到最高法院认可的法律就不是法律。最高法院名义上只有解释权，这其实增大了它的权力，因为很难批评所谓纯粹的法律裁决。美国宪法只引发过一次武装冲突，这充分显示了美国人的政治智慧。

洛克政治哲学大体是合理能用的，直到工业革命。从那以后，他的学说越来越无法应对各种重大问题。大公司的财产权远远超出了洛克的想象，国家各种必要职能大幅增强，比如教育。国家主义造成经济权力与政治权力的联合，有时甚至是融合，使战争成为主要竞争手段。单个公民不再具备洛克想的那种权力和独立。这是个组织的时代，冲突是组织而非个人之间的冲突。洛克说的自然状态，仍存在国与国之间。有了新的国际社会契约，我们才能享受政府应有的好处。国际政府一旦成立，洛克的许多政治哲学会再次适用，尽管涉及私人财产的内容除外。

第十五章　洛克的影响

从洛克时代至今,欧洲哲学主要有两大流派,一派学说与方法都来自洛克,另一派先后来自笛卡尔和康德。康德自以为综合了笛卡尔和洛克的哲学,但这起码从历史角度看无法成立,因为康德追随者属于笛卡尔派而非洛克派传统。洛克的传人首先有贝克莱和休谟,其次是非卢梭派法国启蒙思想家,第三批是边沁和激进主义哲学家,第四批是马克思及其追随者,但马克思哲学添有重要的大陆哲学成分,是兼收并蓄的折中体系,任何简单论断几乎必错无疑,留待后面详谈。

洛克当时的主要哲学对手是笛卡尔派和莱布尼茨。离奇的是,洛克哲学在英法的胜利主要归功于牛顿的威望。笛卡尔的哲学威望当时因他的数学和自然哲学成就而增强。但他的旋涡论作为太阳系的解释绝对逊于牛顿的万有引力定律。牛顿派宇宙论的胜利减弱人们对笛卡尔的崇敬,增强了英格兰的威望,使人们更喜欢洛克。18世纪的法兰西,知识分子正反抗老朽、腐化、无能的君主专制,他们视英格兰为自由的故乡,洛克政治理论使他们对洛克哲学怀有偏好。法国大革命前夕,在法国住过、与许多一流法国学者有私交的休谟增强了洛克在法兰西的影响。

把英国影响传到法国的主要是伏尔泰。

洛克的英国追随者对他的政治学说毫无兴趣,直到法国大革命爆发。贝克莱是对政治漠不关心的主教,休谟是追随博林布鲁克[1]的托利党人。当时英格兰政局平稳,哲学家可以不问世事专心思索。法国大革命改变了这一切,杰出人士不得不反对现状。但纯哲学传统依然完好,让雪莱被牛津大学开除的《无神论的必要》充满洛克的影响[2]。

笛卡尔、斯宾诺莎和莱布尼茨的旧哲学传统似乎要被新的经验主义方法稳稳压倒,直到1781年康德出版《纯粹理性批判》。而新方法从未在德国各大学盛行,1792年之后还被视为法国大革命种种恐怖情状的罪魁祸首。柯勒律治等中途变卦

---

[1] 指亨利·圣约翰,英国政治哲学家兼托利党领袖,受封为博林布鲁克子爵。——译注
[2] 比如雪莱这句论断:"命题呈现于心,心就感知命题中的观念相符或不符。"

的革命派拿康德哲学当反对法国无神论的精神武器。德国人抵制法国人时，很乐意有德国哲学支持。拿破仑倒台后，连法国人也乐意用任何武器反对雅各宾主义。这些因素都有利于康德。

像达尔文那样，康德也引发了一场会让他深恶痛绝的运动。康德是自由主义者、民主主义者、和平主义者，自诩康德哲学追随者的那些人却压根儿不属此类。或者说，即便他们自称自由主义者，也是另一种自由主义者。从卢梭和康德以来，一直有两派自由主义，不妨称作"冷酷派"和"心软派"。冷酷派的逻辑经边沁、李嘉图和马克思，不可避免地发展到斯大林；心软派的另一套逻辑从费希特、拜伦、卡莱尔和尼采发展到希特勒。当然这说法太笼统，未必准确，权当是辅助记忆的导图。思想演进阶段几乎像黑格尔辩证法：通过一个个看似很自然的步骤，学说发展为自身对立面。但这向来受制于外界状况和人们对外界状况的情绪反应，不纯粹是思想的内在演进，有个令人瞩目的事实为证：自由主义思想在美国没历经这种发展过程，至今保持着洛克所说的面貌。

暂且撇开政治，我们先探讨欧陆派与英国派这两大笼统哲学流派的区别。

首先是方法不同。英国哲学比欧陆哲学细化、零散；认可一个普遍原理，就考察其各种应用，进行归纳验证。所以休谟在宣称不存在无先前印象的观念后，立即思索这条异议：假如你看见两种相近但不同的色调，而且你以前从未见过两者之间的过渡色，你能想象出这过渡色吗？他没下定论，觉得有违自己普遍原理的论断也不会致命，因为他的原理不是逻辑性而是经验性的。相比之下，莱布尼茨的单子论大致主张如下：一切复合物必然由简单部分构成，简单的东西不能延展，因此万物由不具备广延的部分构成。但不能延展的不是物质，因此万物的终极构成要素不是物质；既然不是物质，就是精神。因此桌子其实是一群幽灵。

两种方法的关键区别在于，洛克和休谟根据大量广泛事实调查得出较为有限的结论，而莱布尼茨在针尖般的逻辑原则上筑起倒金字塔式演绎大厦。莱布尼茨理论中，若原理完全正确且步步演绎都有效，则一切都好；但理论结构不稳，不管哪里一点小错就会让整座大厦轰然倒塌。洛克和休谟的理论与此相反，金字塔的根基打在观测事实的稳固大地上，塔尖朝上而非朝下，所以平衡稳定，有裂痕可以修缮，不会全盘皆输。康德试图吸收经验主义哲学的某些东西，但方法的区别还在：一派从笛卡尔到黑格尔，另一派从洛克到约翰·斯图亚特·密尔，照样不同。

方法的区别牵连着其他种种区别，先说形而上学。

笛卡尔给出上帝存在的形而上学证明，其中最重要的是11世纪坎特伯雷大主教圣安塞莫首创的。斯宾诺莎的泛神论上帝在正统派眼中压根儿不是上帝，但不管怎样斯宾诺莎的论证本质上是形而上学的，可追溯到任何命题必有一个主项和一个谓项的原理，尽管他本人可能没意识到这点。莱布尼茨的形而上学也出自同一根源。

洛克的哲学并未充分展开，他认同笛卡尔对上帝存在的证明。贝克莱提出一种全新论证，而新哲学的集大成者休谟完全否认形而上学，主张形而上学领域靠推理不会有任何发现。这种看法由经验主义学派传承，略微变形的相反看法由康德及其追随者传承。

伦理上，两派也有类似区别。

如前所述，洛克认为快乐是善，这在18、19世纪经验主义者当中很盛行。敌派与此相反，视快乐为卑劣，信奉各种貌似更崇高的伦理体系。霍布斯崇尚权力，斯宾诺莎在一定程度上认同霍布斯。斯宾诺莎有两种无法调和的伦理观，一种是霍布斯的，另一种却认为善就是与上帝神秘相融。莱布尼茨没有重大伦理贡献，但康德对伦理推崇之至，连他的形而上学都基于伦理。康德伦理学很重要，因为是反功利主义的、先验的，而且据称是"高贵的"。

康德说，你要是喜欢你兄弟而待他好，不算美德；遵循道德律的命令行事，才是美德。尽管快乐不是善，康德说，善人受苦还是不公的。这是今世的常事，那么必有来世让善人死后得善报，必有上帝在来世主持公道。他否认有关上帝和永生的一切旧式形而上学论证，认为自己的新式伦理论证无可辩驳。

康德本人在实务上温良慈爱，但多数拒绝以快乐为善的人并非如此。所谓"高尚"伦理，不像尽力使人幸福等世俗伦理这样意欲改善世界。这毫不意外。蔑视旁人的幸福比蔑视自己的幸福容易。幸福的替代品往往是某种英雄主义。这无意间给权力欲提供出口，给残酷行为提供丰富理由。也可能崇尚激烈情感，浪漫主义就是这样。这造成对仇恨和报复等炽烈激情的宽容，拜伦笔下的主人公很典型，绝不是模范行为者。最努力促进人类幸福的人，不出所料，正是认为幸福重要的人，不是鄙视幸福而更在意什么"崇高"东西的人。另外，人的伦理观往往体现其性格，内心仁慈者会渴望大家都幸福。因此，把幸福当人生目标的人往往比较良善，追求其他目标的人往往不知不觉成为残忍或权力欲的奴隶。

伦理差别通常与政治差别关联，尽管不绝对。如前所述，洛克的想法是试探性的，丝毫没有权威架势，任何问题都愿意用自由探讨来解决。因此，无论他本人还是他的追随者都信奉改革，然而是渐进式改革。他们的思想体系很零散，是分别考察许多不同问题的结果，他们的政治见解自然也往往有这种特征。他们不搞整块宏大叙事，宁愿就事论事研究一个个问题。他们的政治像哲学，是试探性、实验性的。相反，他们的敌派自以为能"识透万事的可悲格局"，更想"将它打碎再按自己的心意重新塑造"。为此他们也许会闹革命，也许谋求加强当政者的权力，但不管怎样他们都不惮以暴力追求宏伟目标，以爱好和平为耻。

以现代眼光看，洛克及其追随者在政治上的重大缺陷是崇拜财产。但以此为由批评他们的人，往往是为了维护君王、贵族和军阀等比资本家更有害的阶级。贵族地主按古老惯例不劳而获坐享收益，不觉得自己是财迷，不透过诗意表象看底细的人也不这么看待他们。相反，商人刻意追逐财富，在这种行为多少有些新奇的时代，他们惹来端着绅士派头索要钱财的地主们从未遭受过的愤恨。这说的是中产阶级作者和他们的读者；农民不是这样，比如法国大革命和俄国革命中的农民。不过农民有想法也很难传达。

洛克派的反对者大多崇尚战争，崇尚英勇壮烈而蔑视安逸舒适。相反，持功利主义伦理观的人容易把多数战争看成蠢事。因此他们至少在19世纪站在资本家这一边，资本家厌恶战争，因为战争耽误生意。资本家的动机当然是追逐私利，但由此产生的观念比那些军阀及其文字鼓吹者更符合公众利益。确实，资本家对战争的态度是摇摆不定的。英国18世纪那些战争除了美国独立战争总体上是赚钱的，受商人支持；但整个19世纪直到最末几年，他们赞成和平。在现代，各地的大企业已经与国家紧密关联，形势大变。但即便如今，无论英国还是美国的大企业一般都厌战。

开明的自私自利当然并非最崇高的动机，但贬损它的人往往有意无意换上坏得多的动机，比如仇恨、忌妒和权力欲。总体上，源于洛克并倡导开明自利的学派，比那些以英雄主义和自我牺牲之名鄙视开明自利的学派给人类带来更多幸福、更少苦难。工业化早期的惨事我并没忘记，但那一切毕竟在制度内减缓了。不妨以这些东西做对比：俄国农奴制、战争的祸害、战后的恐惧和仇恨阴影、试图维持业已丧失活力的旧制度的那些人必有的蒙昧主义。

第十六章　贝克莱

乔治·贝克莱[1]（1685—1753）用许多精妙论证否认物质存在，在哲学上占有重要地位。他主张物质对象唯有被感知才存在。照这么说，比如一棵树，要是没人瞧，难道它就不存在了？对此，贝克莱回答说上帝永远感知万物，没有上帝，所谓物质对象就会跟抽筋似的有人看就忽然存在，而事实上由于上帝的感知，树木山岩石头像常识认为的那样持续存在。他认为这是上帝存在的有力证明。兰诺·纳克斯有两首五行打油诗一唱一和，描绘了贝克莱的物质对象论：

有个年轻人说，上帝　　　　　亲爱的先生：
难免会觉得稀奇　　　　　　　这有什么稀奇
要是他发现这棵树　　　　　　我无时不在中庭
还待在中庭　　　　　　　　　所以那棵树
旁边没一个人影儿　　　　　　待着并不离去
　　　　　　　　　　　　　　因为注视它的是
　　　　　　　　　　　　　　　你诚挚的，上帝

贝克莱是爱尔兰人，二十二岁成为都柏林大学三一学院教员。他曾被斯威夫特引荐进宫，还获得斯威夫特的凡妮莎[2]半副身家的遗赠。他想在百慕大群岛建一所学院，为此来到美国，在罗德岛待了三年（1728—1731）后回到爱尔兰，放弃了那个计划。这句名诗就是他写的：

帝国的航线向西进展

---

[1] 见绪论译注，第6页。
[2] 斯威夫特是爱尔兰讽刺作家，《格列佛游记》的作者，凡妮莎是他在一首诗里对自己爱慕者的称呼。——译注

由于这句诗，加州有座城市以他命名[1]。1734年他当上克劳因主教，晚年则丢掉哲学钻研焦油水，觉得这东西有神奇药效。他所谓"令人开怀而不醉的杯中物"就是指焦油水，后来库柏对茶的类似评价更为人熟知。

他最优秀的作品都是很年轻时写的：《视觉新论》写于1709年，《人类知识原理》写于1710年，《希拉斯与菲诺对话录》写于1713年。二十八岁以后的作品就不太重要了。他的文字很有魅力，文笔引人入胜。

他对物质的否认在《希拉斯与菲诺对话录》里最雄辩有力。三篇对话我打算只探讨第一篇和第二篇开头，因为其余内容我觉得无足轻重。所探讨的部分，贝克莱给某些重要结论提供了有效论据，尽管不是他本想证明的结论。他以为自己在证明一切实在都是心理的，但他实际证明的是：我们感知的是相对感知者而言的种种性质，而不是各个事物。

我先直接概括对话大意，接着再评论，最后谈谈我对这些问题的个人看法。

两人对话，希拉斯代表受过科学教育的常识，菲诺就是贝克莱。

友好地打完招呼，希拉斯说自己听了些怪谈：菲诺竟然不相信有物质实体。

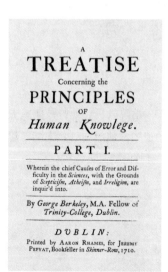

贝克莱的代表作《人类知识原理》

希拉斯说："不存在物质这东西，哪有比这更离奇、更违背常识、更赤裸裸的怀疑论调？"菲诺答道，他没有否认可感事物亦即能直接由感官认识的事物的实在性，但我们看不见颜色的起因，听不到声音的起因。感官不做推论，这点两人意见一致。菲诺指出，凭视觉我们仅能感知光线、颜色和形状，凭听觉我们仅能感知声音，诸如此类。因此，除了各种可感知属性，没有可感知的东西，可感事物无非是一些可感属性或多种可感属性的组合。

希拉斯说"存在是一回事，被感知是另一回事"，菲诺就证明"可感事物的实在性就在于被感知"。感觉资料是心理上的，这是菲诺通过详细考察各种感觉来证明的观点。他从冷热说起。强热

---

[1] 即加州伯克利市，加州大学伯克利分校所在地。Berkeley（贝克莱）又译"伯克利"。——译注

是一种剧痛，痛必然是心理感受。因此热是心理上的，冷也是同样道理。著名的温水理论增强了这种看法的说服力。假如你一只手冷一只手热，把双手一起放入温水，一只手觉得冷而另一只手觉得热，但水不可能同时又热又冷。希拉斯无言以对，只好承认"热和冷只是我们心里的感觉"。但他还不死心，说可感知的属性还有很多。

菲诺接着谈味觉。他说，甜味是愉快而苦味是痛苦，愉快和痛苦都是心理上的。各种气味也同理，因为它们要么好闻要么不好闻。

希拉斯拼命挽救声音，说声音是空气的颤动，真空中没有声音就是证明。他说，我们必须"把我们听到的声音与声音本身相区分，或者把我们直接感知的声音与自身存在的声音相区分"。菲诺指出，希拉斯所谓的"真"声音是一种运动，也许能被人看到或感觉到，但绝对听不到，因此那不是我们知觉认识的声音。听了这话，希拉斯只好承认"声音在心外也没有真实的存在"。

接着谈颜色，这回希拉斯底气十足地说："不好意思，颜色可大不一样。哪有比我们看得见物体颜色更明白的事？"他主张心外的实体具有我们所见的颜色。但菲诺轻而易举地驳倒这种看法。他先说晚霞，看起来红中透着金黄，但云团近了你会发现它没有这些颜色。他又说起显微镜下的不同视觉效果，还说黄疸患者看什么都是黄的。极小的虫子与人类比，他说，肯定能看见小得多的东西。于是希拉斯说颜色不在物体上，而在光里，颜色是一种稀薄的流动体。菲诺指出，就好比声音问题，照希拉斯的说法，"真"颜色不是我们见到的红或蓝，这说不通。

谈到这里，关于各种次性质希拉斯都认输，却辩称主性质尤其形体与运动是外界无思想实体固有的。菲诺回应说，物体跟我们离得近显得大，离得远显得小；这个人觉得很快的运动，那个人却会觉得很慢。

希拉斯试图另辟蹊径，说自己犯了错，没把对象与感觉分开；他承认感知活动是心理的，但感知的对象不然，比如颜色"真实存在于心外的某些无思想实体"。菲诺答道："感官的直接对象，即任何观念或观念组合，存在于无思想实体或所有心的外面，本身就是个显眼的矛盾。"可以看出，这里的论据变成逻辑性的，不再是经验性的。几页之后，菲诺说："直接感知的都是理念，理念能存在于心外吗？"

经过一番对实体的形而上学探讨，希拉斯回到视觉问题，说他是隔着距离看东西的。菲诺答道，梦里看东西也是这样，人人都承认梦中的东西是心理的；再者，距离不是看出来的，而是根据经验判断出来的；天生的盲人第一次看得见时，不会感知所见事物和自己有距离。

在第二篇对话的开头，希拉斯竭力主张脑中的某些痕迹是感觉的起因，但菲诺反唇相讥说："脑子既然是可感事物，就只存在心中。"

现在我们对贝克莱的论点做一番批判分析。

贝克莱的论据有两点：我们感知的不是物质实体而是颜色、声音等，这些东西是"心理的"或"在心中"。第一点他的推理完全令人信服，但第二点有缺陷，"心理"一词没有任何定义。其实他依赖一条习惯看法，即任何东西肯定要么是物质的要么是心理的，不可能两者兼是。

他说我们感知的是各种性质而不是"东西"或"物质实体"，没理由推定常识觉得属于某"东西"的各种不同性质为区别于这些性质的实体固有，这或许有理。但他接着说各种可感知的性质包括主性质是"心理的"，这完全是另一种论证，可信度也差得多。有的想证明逻辑必然性，有的想证明经验看法。我们先说前者。

菲诺说"直接感知的都是理念，理念能存在于心外吗"，要回答这个问题，免不了长篇大论探讨"理念"一词。如果说思维和知觉在于主客体之间的关系，就可能以心为主体，主张心"内"什么都没有，只在心"前"有客体。贝克莱探讨"应当把感知行为和感知对象区别开，前者是心理的而后者不是"这个观点，但他的反驳理由很含混，也只能如此，因为对贝克莱这样相信心灵实体的人，没有批驳它的可靠手段。他说"感官的直接对象存在于无思想实体或所有心的外面，本身就是个显眼的矛盾"，这话有谬误，好比说"不可能存在没舅舅的外甥；既然甲是外甥，按逻辑甲必然有舅舅"。这当然是"甲是外甥"的必然逻辑推论，却压根儿不是通过分析甲发现的。因此，若某物是感官对象，必有某个心观照它；但这并不意味着若不作为感官对象，这东西本来就不存在了。

关于构想的东西，也有类似谬误。希拉斯说他可以构想一座无人感知、不在任何人心中的房子。菲诺反驳说，希拉斯构想的任何东西都在他心中，所以这座假想的房子终究还是心理的。希拉斯本该这样回答："我不是说自己心里有座房子的图景；我说我能构想一座无人感知的房子，其实是说我能理解'有一座无人感知的房子'，或更确切地说'有一座无人感知也无人构想的房子'这个命题。"这个命题完全由可理解的词构成，这些词妥帖地组合在一起。这命题是真还是假，我不清楚；但我能肯定它并不自相矛盾。某些极类似的命题是可以证明的。比如：两整数相乘的运算有无限多，因此某些肯定是无人想过的。贝克莱的论据要是有效，会证明这是不可能的。

他这个谬误很常见。我们能用源自经验的概念构建关于类的命题，这些"类"的所有或部分成员可以是我们没体验过的。以最普通的概念为例，比如"卵石"吧，它是源于知觉的经验概念。但不见得所有卵石都被感知过，除非我们把"曾被感知"纳入"卵石"的定义。除非这么做，"未被感知的卵石"概念是逻辑上无可指责的，尽管事实上要感知这样的实例照逻辑讲是不可能的。

论证脉络是，贝克莱说"感知对象必然是可感知的，A是感知对象，所以A必然是可感知的"，但假如"必然"指逻辑必然，这论证只有在A肯定是感知对象时才成立。这不能证明根据A"可感知"性质以外的其他性质能推出A是可感知的。比如说，这不能证明与我们所见颜色本质上无法区分的那些颜色就不能无人看见而存在。我们可以从生理依据认为没有这种颜色，但生理依据是经验性的；从逻辑上讲，没理由说不存在眼睛或脑子就没有颜色。

现在谈贝克莱的经验论据。首先，经验论据、逻辑论据并用是说服力弱的表现，因为后者若站得住脚，前者就是多余的[1]。如果我辩称正方形不是圆的，我不必搬出任何城市的四方广场都不是圆的这一事实。但我们否定逻辑论据后，有必要考察经验论据的对错。

第一条经验论据很古怪：热不能在对象中，因为"强热是一种剧痛"，我们不能设想"任何无知觉的事物能有痛苦或快乐"。"痛"这个词很含糊，可以指感觉的痛苦特征，也可指有痛苦特征的感觉，贝克莱恰恰利用了这一点。我们说摔断的腿很痛，并不意味着腿在心中；类似地，热造成痛，这才是说"热是痛"时应该指的意思。所以，贝克莱这条论据很拙劣。

热手冷手放进温水的论据，严格讲只能证明我们在实验中感受到的不是热和冷，而是较热和较冷，压根儿不能证明这些是主观的。

关于味觉的论据，还是快乐痛苦那一套：甜是快乐，苦是痛苦，所以两者都是心理的。他还极力说人健康时觉得甜的东西，生病时也许觉得苦。关于气味的论据也非常类似：气味让人要么愉快要么不愉快，"只能存在于感知实体即心中"。这里，贝克莱照常假定不是物质固有的就必是心理固有的，任何东西都不能既是心理又是物质的。

---

[1] 譬如："我昨晚没醉。我只喝了两杯；再说了，大家都知道我这人滴酒不沾。"

关于声音的论据是对人双标。希拉斯说声音是空气中的"真"运动，菲诺反驳说运动能看到或感受到，但听不到，所以"真"声音听不到。这几乎是强词夺理，因为依贝克莱的看法，对运动的感知和其他感知一样是主观的。希拉斯说的运动肯定是未被感知也无法感知的。但菲诺指出听见的声音不等于物理上视为声音缘故的空气运动，这一点倒没错。

希拉斯放弃次性质，还不愿放弃广延、形体、密度、种类、运动和静止等主性质。论证自然集中在广延和运动上。菲诺说，假如物体有真实的大小，同一物体不可能同时又大又小，却在离我们近时显得比离远时大。假如运动真的在对象内，同一运动为何一个人觉得快而另一人觉得慢？我认为这些论据只能用来证明空间感的主观性。但这主观性是物理的：相机也有这种效果，因此这不能证明形状是"心理的"。菲诺在第二篇对话中把上述论证总结为"除了精神，我们认识或感知的都是自己的理念"。他当然不该把精神当例外，因为认识精神和认识物质一样不可能。两种情形的论据几乎一样。

现在试总结一下贝克莱提出的那种论证能得出什么肯定结论。

我们认识的事物是成套的可感性质，比如桌子由视觉形状、硬度、敲打时的声响和气味（如有）构成。这些不同性质似乎总有某种邻接性，使常识把它们视为属于同一"事物"，但"事物"或"实体"概念对感知到的性质没有任何增补，所以是不必要的。到此为止，我们的基础是牢靠的。

但我们必须问自己，什么是"感知"。菲诺说可感事物的实在性就在于被感知，却没说这里的感知是什么意思。他反对"感知是主客体的关系"说。既然认为自我是实体，他本可以采纳此说，但他决定否认。否认实体自我观的人，也觉得这理说不通。那么，把某物叫做"知觉对象"，是什么意思？除了说某物存在，还有别的意义吗？我们能不能把贝克莱的话倒过来，不说实在性在于被感知，而说被感知在于是实在的？不管怎样，贝克莱认为逻辑上可能有未被感知的事物，因为他认为某些实在的东西，比如精神实体，是没有被感知的。有一点似乎很明显，我们说某件事被感知，除了它发生以外还有别的意思。

这别的意思是什么？被感知和未被感知事件的一个明显区别是前者能被记起，后者不能。还有其他区别吗？

我们常说的"心理现象"多少独具某些效果，记忆就是其一。这些效果和习惯有关。被火烧过的孩子怕火，被火烧过的火钳子不怕。但生理学家把习惯之类的东西当作神经系统的特性，没必要背离物理主义解释。按物理主义说，一件事若有某种效果，它就"被感知"了；在这种意义上我们几乎可以说河道"感知了"把它冲深的雨水，河谷是洪流奔腾的"记忆"。用物理主义的话讲，死物不是完全没有习惯和记忆，死物活物在这方面的区别无非是程度差异。

照这么看，说某事"被感知"就是指它有某类效果，但无论从逻辑还是经验上都没理由推定一切事都有此类效果。

认识论有不同看法。我们不从科学定论出发，而从信得过的任何科学知识出发。贝克莱就是这么做的。这里不必提前定义"知觉"。这种方法大致是：我们搜集自己觉得无须推论而知的各个命题，发现这些命题大部分与某特定事件相关，把这些事件定义为"知觉"。因此，知觉是我们无须推论就知道的事件，或者起码把记忆考虑在内，就是曾在某时感知过的事件。那么问题来了：我们能不能根据自身知觉推导其他事？可能的立场有四种，其中前三种都属于唯心论。

1. 凭现有知觉和记忆对其他事情的一切推导完全无效。把推论局限于演绎的人，必然持这种见解。任何一个或一组事件在逻辑上都能自立，所以哪一组事件都不能当其他事件存在的论据。因此，假如把推论局限于演绎，所知世界就仅限我们自己人生中感知的事件，若承认记忆，就限于曾经感知的事件。

2. 第二种立场是一般理解的唯我论，承认凭自己知觉做出的某些推导，但仅限自己人生中的其他事件。比如这种看法：在醒着的任何时刻，总有某些可感对象我们没注意到。我们对许多东西视而不见，起码似乎如此。凝视一个我们感受不到运动的环境，我们会陆续注意到各种事，于是觉得这些事以前就是可见的；但在我们尚未注意时，它们不是认识论的材料。人人都会不假思索地凭观察所见做这种程度的推论，哪怕是最不愿让认识不当扩张到经验以外的人。

3. 第三种立场（比如爱丁顿[1]就似乎持这种立场）认为，和我们自身经验类似的其他事能推导，因此，我们可以相信存在自己没见但别人见过的颜色、别人感觉的牙痛、别人享受的快乐和遭受的痛苦等等；但我们不能推导谁都没经历过、不在任何人心中的事。这种观念有个辩护理由，即自己观察范围外的一切事都是靠类推的，谁都没经历过的事与我的资料构不成充分类比，无法进行类推。

---

[1] 阿瑟·斯坦利·爱丁顿爵士（1882—1944），英国天体物理学家、数学家，首位用英语宣讲相对论的科学家。——译注

4. 第四种是常识和传统物理学立场，认为除了自己和旁人的经验，还存在谁都没体验的事物，比如我在漆黑的卧室睡着时，这卧室的家具。G. E. 穆尔[1]曾批评唯心论者以乘客在车厢看不见车轮为由说火车停在车站时才有车轮。根据常识，人们不信你一瞧车轮就突然存在，没人瞧它就懒得存在。根据因果律对未感知事件进行推论，观点是科学的。

我目前不打算就这四种观点下论断。这论断即使能下，也要对非论证推导和概率论做一番精细研究。我现在仅指出探讨这些问题的人所犯的某些逻辑错误。

如前所述，贝克莱以为"唯有心和心理事件能存在"有逻辑理由。黑格尔及其追随者也这么想，虽然依据不同。我认为这完全是个错误。像"曾经有这星球尚无生命存在的时代"这种陈述，不管真假，都好比"有永远不会有人算出的乘积"那样，是无法用逻辑理由批驳的。被观测或被感知，无非是产生某种效果；为何一切事都会有这种效果，并无逻辑理由。

然而有另一种论据，虽没有把唯心论确立为形而上学，假如成立，就会把唯心论确立为实践方针。据说无法验证的命题没有意义，验证靠知觉，因此，一个命题除非是关于现实或可能有的知觉，否则就毫无意义。我认为这种观点若严格解释，会将我们局限于上述四种理论的第一种，禁止我们谈论没有亲自明确注意到的任何东西。这样的话，谁都无法在实践中持这种看法；对于为实践而主张的理论，这是个严重缺陷。验证及其与知识的关系艰深复杂，暂且不论。

上述第四种理论承认无人感知的事件，也能拿无效论据印证。可以主张因果关系是先验的，不存在未感知的事件，就不可能有因果律。针对这种说法，可强调因果关系不是先验的，任何规律性只要能被观察，就必定与知觉有关。相信物理学定律的理由，不管是什么，似乎都能用知觉话语表述出来。这表述也许会显得古怪烦琐，也许会缺乏直到最近人们都认为物理定律应有的连续性特征，但不是无法表述。

我的结论是，上述四种理论都没有先验缺点。但也可以说一切真理都是实用主义的，四种理论没有实用主义上的差别。如果这是真的，我们随个人喜好选哪个理论都行，它们之间的差别只是措辞差别。这看法我无法接受，但也留待以后探讨。

"心"和"物"两词到底是什么意思，也是个问题。大家都知道"心"是唯心论者觉得舍此无他的东西，"物"在唯物论者看来也是这样。希望大家也明白，唯

---

[1] 乔治·爱德华·穆尔（1873—1958），英国哲学家，分析哲学创始人。——译注

心论者是好人，唯物论者是恶人[1]。但也许情况没这么简单。

我自己对"物"的定义似乎也不圆满，应当定义到符合物理学方程的境界。也许什么都达不到这个境界，那样的话，要么物理学是个错误，要么"物"的概念是个错误。假如否认实体，"物"就只能是逻辑构造了。至于它能否是事件构成的——事件可部分推导，这是个难题，但并非无法解决。

至于"心"，否认了实体，心只能是事件的某种组合或系列。若是组合，就必须依赖所谓"心理"现象特有的某种关系。我们不妨把记忆当典型关系。我们也许可以把"心理"事件定义为记忆或被记忆的事件，尽管这未免太简单化。那么具体心理事件所属的"心"，就是靠向前或向后的记忆链与此事连起来的那组事件。

按上述定义，可见心或物质都是事件组。没理由说任何事都要么属于这种组，要么属于那种组；也没理由不准某些事两组都不属于，因此某些事可能既不是心理的也不是物质的，而某些事可能两者都是。这只能靠细致的经验考察断定。

第十七章　休谟

大卫·休谟（1711—1776）是最重要的哲学家之一，因为他把洛克和贝克莱的经验哲学发展到逻辑极致，让经验哲学圆融得不可思议。他在某种意义上代表着终局：这个方向已不可能更进一步。从他著书以来，驳斥他一直是形而上学家最爱的消遣。我觉得他们的驳斥丝毫不能服人，但我还是希望能发现怀疑主义气息没休谟那么强烈的理论。

他的主要哲学著作《人性论》是1734—1737年旅居法国时写就的。前两卷出版于1739年，第三卷出版于1740年。当时他很年轻，还不到三十岁，没什么名气，书的结论又几乎是不讨任何学派喜欢的那种。他渴望猛烈的抨击，好绝妙地回驳。结果那书根本没人注意，正如他自己所说，"直接从印刷机流产下来"，又说"但我天性乐观快活，很快从打击中恢复"。他专心写随笔，1741年出版第一辑。1744

---

[1] 这是半开玩笑，西方人有个偏见，觉得唯物论者就是无神论者亦即恶人。——译注

年他争取爱丁堡大学的教授职位而不得,就先给一个疯子当家庭教师,然后给一个将军当秘书。有了这些资历,他壮着胆再次涉足哲学,把《人性论》简缩,略去精华部分,抽掉结论的大部分依据,改成《人类理解研究》,结果很长时期都远比《人性论》出名。把康德从"教条的酣眠"中唤醒的就是这本书,而《人性论》康德似乎根本没听说过。

他还写了《自然宗教对话录》,生前没发表,1779年按他的指示出版为遗著。他的《神迹论》很出名,主张神迹这种事永远不会有充分的历史证据。

从1755年起数年内陆续出版的《英格兰史》热衷证明托利党比辉格党强,苏格兰人比英格兰人强;他觉得历史不值得哲学式超然。1763年他去巴黎,大受启蒙派思想家赏识。不幸的是,他跟卢梭交上朋友,后来两人吵得满城风雨。休谟的忍让令人敬佩,但卢梭这受迫害妄想狂坚持与他一刀两断。

休谟给自己拟了讣闻,说是"葬礼致辞",里面这样描述自己的性格:"我这人性情温和,能克制情绪,脾气开朗友好快活;会依恋人,几乎不懂仇恨,各种感情都很有节制。我热爱文学声名,但即使这最热烈的激情也没让我脾气变坏,尽管屡屡受挫。"这些话全被他的事迹印证。

休谟的《人性论》分三卷,分别讲认识、情感和道德。新颖重要的观点都在卷一,我就只谈这一卷。

他先讲"印象"和"观念"的区别。这是两种知觉,其中印象更活跃、更猛烈。"我说的观念指思考和推理中印象的模糊影像。"观念,至少单纯观念与印象相似,只是较为模糊。"每个单纯观念都有个单纯印象,与它相似;每个单纯印象都有个相应的观念。""所有单纯观念首次出现时都来自单纯印象,与它们相对应,确切代表着它们。"而复杂观念未必与印象相似。我们能想象长翅膀的马,尽管没亲眼见过;但这复杂观念的各个要素都来自印象。经验证据表明印象在先,比如说,天生的盲人没有色彩观念。各种观念里,在很大程度上保持着原印象生动性的是记忆,其余是想象。

卷一第一部分第七节是《论抽象观念》,开头那段话显然符合贝克莱"一切普遍观念无非是附在特定术语上的具体观念,术语使它们意义更广泛,有时会让人想起与它们类似的其他个体"一说。休谟称,我们有"人"的观念时,这观念具备"人"的印象所具备的一切特性。"心若对量和质的程度没有精确概念,就无法形成量或质的任何概念。""抽象观念本身是个体的,无论代表印象时多么普遍。"

这属于近代唯名论，有两个缺陷，一是逻辑的，一是心理学的。先说逻辑缺陷。休谟说"我们在若干对象上发现相似性，就用同一名称指代这些对象"，任何唯名论者都会同意。然而，普遍名称，比如"猫"，与猫的共性一样不实在。唯名论对共性问题的解决，由于没把自己的原则贯彻到底而失败，错在把原则只用于"事物"，没用于词语上。

心理学缺陷更严重，起码休谟如此。他把观念视为印象的摹本，整套理论有个弊病：忽略模糊性。比如说，我看见一朵某颜色的花，后来想起它的形象，这形象并不精确，在这种意义上，几种非常相似的颜色都可能成为这个形象，也就是休谟说的"观念"。"心若对量和质的程度没有精确概念，就无法形成量或质的任何概念"不是真的。假设你见过一个身高六尺一寸的人，心中保留着他的形象，但这形象估计对高一寸或矮一寸的人也合适。模糊性不是普遍性，却有某些相同特征。休谟由于忽略模糊性而陷入无谓的困局，比如：是否有可能想象你从未见过的、介于你见过的两种非常近似的颜色之间的颜色？如果这两种颜色足够近似，你想出来的任何形象就不但适用于那个中间色，同样也适用于这两种颜色。休谟说观念来自它们确切代表的印象，超出了心理学事实。

休谟抛弃心理学上的实体概念，正如贝克莱抛弃物理学上的实体概念。休谟说，不存在自我印象，所以不存在自我观念（卷一第四部分第六节）。"就我而言，最密切地观照所谓自我时，总是碰到某些具体知觉，什么热或冷、明或暗、爱或恨、苦或乐等等。任何时候离了知觉就不能把握自我，除了知觉观察不到任何东西。"他嘲弄说某些哲学家也许能感知他们自己，"但除了这种形而上学家，对人类其余成员我可以大胆断言，他们无非是一套或一系列不同知觉，以快得不可思议的速度彼此接替，永远处在流变运动中"。

这种对自我观念的否认至关紧要。我们看看它到底主张什么，有几分站得住脚。首先，自我这东西即使有，也从未被感知，因此我们对它毫无观念。这个观点要想被接受，得谨慎叙述。谁都感知不到自己的脑子，但在某个重要意义上讲，他有这脑子的"观念"。这种"观念"是知觉的推论，不属于逻辑意义上的基础观念，是复合的、描述性的——假如休谟的"一切单纯观念来自印象"原理正确，事实必须如此；否定这条原理，我们就只能回到"先天"观念的老路。可以用近代术语说：未感知事物或事件的观念，总能借助已感知事物或事件的用语定义；因此，用定义替代需界定的词，我们就永远能不借助任何未感知事物或事件来叙述经验认知。至于目前的问题，所有心理知识都能不借助"自我"叙述出来。另外，这种意义上的"自我"无非是一组知觉，不是新的单纯"事物"。我认为彻底的经验主义者在这点肯定会赞同休谟。

这并不意味着不存在单纯自我，仅表明我们无法查明它是否存在，只能把它认作一组知觉，不能组成我们的知识的任何部分。这结论对形而上学很重要，因为剔除了"实体"的残存运用；对神学很重要，因为废弃了关于"灵魂"的一切假想；对认识论很重要，因为表明主客体范畴的区分不是基本性的。在自我问题上，休谟比贝克莱有重大进步。

《人性论》最重要的部分是《认识与概率》一节。休谟说的"概率"不是数学概率那种知识，譬如用两粒骰子掷出双六的概率是三十六分之一。这种知识本身在任何专业意义上都不是或然的，它具备知识限度内的所有确切性。休谟指的是不确定知识，比如靠非论证性推理从经验资料得来的知识，包括对未来的所有认识，也包括对过去和现在未观测部分的所有认识。实际上，除了直接观测结果，再除了逻辑和数学，它包括其余一切。对这种"或然"知识的分析让休谟得出特定怀疑主义结论，这些结论很难反驳，同样也很难认可，于是对哲学家形成挑战，在我看来至今还无人有足够的实力应战。

休谟先区分七种哲学关系：相似、同一、时空关系、量或数的比率、任何性质的程度、相反、因果关系。他说这些关系可分为两类：基于观念的关系、观念不变却能改变的关系。第一类包括相似、相反、性质的程度、量或数的比率。时空关系和因果关系则属于第二类。只有第一类关系能得出确切知识，我们对其他关系的认识仅仅是或然的。只有代数和算术是能进行长串推理而无损确切性的科学。几何没有代数和算术那么确切，因为几何公理不一定正确。许多哲学家以为数学观念"必须靠灵魂才有的高级纯理智方法理解"，是错误的。休谟说，只要记得"一切理念都是印象的摹本"，这种想法的谬误就显而易见。

不仅仅基于观念的是同一、时空和因果三种关系。前两种关系中，思想不超越直接的感官认识（休谟主张时空关系能被感知，能成为对象的部分）。只有因果关系能让人根据某事物或事件推出其他事物或事件："唯有因果关系能让我们从某对象的存在或行为确切推知此后或之前有另一对象的存在或行为。"

休谟说没有所谓的因果关系印象，这造成一个难题。单靠观察A和B，我们能感知A在B上方或A在B右边等等，但无法感知A导致了B。以前因果关系多少被当成逻辑上依据与结论的关系,但休谟正确意识到这是个谬误。

在笛卡尔哲学和经院哲学里,原因和结果的关联被视为像逻辑关联一样必然。对该观点的首次严重挑战来自休谟,近代因果哲学也始于休谟。他像后来直到柏格森在内的几乎所有哲学家那样,认为因果律就是说有"因为A所以B"这种形式的命题,A和B代表两类事件;哲学家似乎不知道任何较为成熟的科学里都没有这种定律。但他们说的许多东西,换种说法也都符合实际的因果律,所以这一点我们暂且不管。

休谟说,让一个对象导致另一对象的力量无法从两对象的观念中发现,所以因果只能从经验中发现,不能靠推理或思索。他说,"事必有因"这话没有逻辑陈述那样的直观确定性。如他所说,"考察各个对象本身,不超越该对象形成的观念,我们会发现没有任何对象意味着其他对象的存在"。据此,休谟主张让人形成因果认识的必然是经验,但肯定不仅是呈因果关系的A和B两事件的经验。必然是经验,因为这关联不是逻辑性的;不能只是A和B两个具体事件上的经验,因为从A本身发现不了它会导致B。休谟说,需要的是A类事件与B类事件经常相关联的经验。他指出,经验中两个对象频繁联合,我们事实上的确可以从一个推导出另一个(他说的"推导",指感知一个会让我们料到另一个,不是正式或明确的推论)。"也许必要关联取决于推论",反之不然。也就是说,看见A就料到B,从而让我们认为A和B之间有必然关联。这不是根据理性做的推论,因为那要求我们假定自然是统一的,这本身并无必要,而且只能从经验中推导。

于是休谟认为,我们说"因为A所以B"时,仅仅指A和B事实上经常相关联,不是说两者有必然关联。"我们的因果概念无非是某些对象总是联结在一起……我们无法探及联结的原因。"

休谟用"信念"的定义支持这个理论,说信念是"与当前印象有关系或关联的鲜明观念"。如果A和B由于关联而在既往经验中经常相伴,A的印象就会产生B的鲜明观念,这就是对B的信念。这解释了我们为何相信A和B是关联的:A的知觉连着B的观念,于是我们认为A和B关联,尽管这看法其实并无依据。"对象之间没有可发现的关联,我们看见一个想到另一个,纯粹是由于习惯对想象力的影响,别无其他。"他多次重复说,对象之间貌似的必然关联,其实只是对象的观念之间的关联:思想取决于习惯,"给人必然性观念的,正是这种印象或定式"。使我们相信A导致B的事件反复发生,并未给对象增添任何新东西,却让不同观念在心中相关联，因此"必然性是人心中而不是对象上的东西"。

如何看待休谟的学说？这学说有主客观两部分。客观部分说，我们断定A导致B时，A和B的实际情况是两者经常相伴，也就是说，A后面立即或迅速出现B；我们没理由说A后面必然有B或将来会有B伴随。不管B如何频繁地跟在A后面，我们也没理由认为两者之间存在先后顺序以外的其他任何关系。事实上，因果关系能用先后顺序来定义，不是独立概念。

主观部分是：人们经常观察到A和B相伴，导致"A的印象导致B的观念"。但如果采取客观部分对"导致"的定义，就必须改变上面的措辞。代入"导致"的定义，上面的话变成：

> 人经常观察到，A和B两对象经常被观察到的相伴，经常伴随着"A的印象后面伴随着B的观念"的情形。

这陈述即使为真，也很难覆盖休谟学说主观部分的范围。休谟一再主张，A和B经常相伴不构成预料它们将来会相伴的理由，只构成这种预料的原因。也就是说，见两者经常相伴，人往往习惯将两者联系。然而，如果休谟学说的客观部分成立，那么过去经常在这种情况下形成关联的事实，不构成类似情况下会继续形成这种关联或形成新关联的理由。事实上，在心理方面，休谟肯相信他一般会反对的因果关系。比如说，我看见一个苹果，心想如果我吃了它，会体验到某种滋味。按休谟的理论，不存在我一定会体验到这种滋味的理由：习惯律解释了我为何会有这种预期，但不能支持这种预期。但习惯律本身也是因果律。因此，要严格对待休谟的意思，我们就得说：尽管以前见到苹果会伴随着对某种滋味的预期，但不存在继续伴随这种预期的理由，也许我下次见到苹果会指望它尝起来像烤牛肉。你现在觉得不可能，但这不是预料你五分钟后觉得不可能的理由。如果休谟的客观学说是对的，我们的种种心理预期不具备像物理预期那样的正当理由。休谟的理论不妨戏称为"'A导致B'这个命题的意思是'A的印象导致B的观念'"。这定义并不高明。

因此我们要更仔细地探讨休谟的客观学说。它有两部分：（1）我们说"A导致B"时，正当的意思是在过去的经验中，A和B经常同时或迅速相继出现，从未发现A没有B伴随或跟随的情形。（2）无论我们观察到多少次A和B相伴的情形，都构不成预料两者未来相伴的理由,尽管这是如此预料的原因;也就是说,多次观察到它与这种预期相伴。学说的两部分可如此表述:(1)因果关系中,除了相伴或相继,没有确定的关系;(2)单纯枚举归纳法不是可靠的论证方式。经验主义者一般接受两者中的第一个,否定第二个。我说他们否定第二个,指的是他们认为如果相伴实例的数目足够庞大,这种相伴在下次事例中出现的可能性会过半;即使没这么表述,他们的主张也与此殊途同归。

我现在不探讨归纳,那是个艰深的大题目;现在我想说的是,假如承认休谟学说的前半,否认归纳也会使有关未来的一切预期不合理,连"我们会继续有所预期"这个预期都不合理。我不是仅仅说我们的预期也许会错,这一点是无论如何都要承认的。我是说,哪怕"太阳明天会升起"这最坚定的预期,也毫无理由认为它实现的可能性大于不实现。附上这个条件,我们再回到"因果"的含义。

不同意休谟的人,主张"因果"是特定关系,有因果就必然有先后顺序,但有先后顺序的未必就是因果关系。再提一下笛卡尔派的时钟说:两台完全精准的时钟也许一成不变地先后报时,但哪台都不是另一台报时的原因。一般情况下,持这个观点的人主张我们有时能感知因果关系,尽管多数情况下不得不根据事件的经常联结多少有些冒险地推断因果关系。我们看看对休谟的观点分别有哪些赞同和反对理由。

休谟把论证概括为:

> 我明白,在本书已有或后面还要提出的一切怪论中,数这个最极端,我全靠牢固的证据和推理希望它为世人接受,克服人类根深蒂固的偏见。要接纳这个学说,我们得常常一再告诫自己:首先,任何两个对象或行为,不管多相关,都丝毫不意味着它们之间有任何影响或关联;其次,这观念源自两者的反复结合,这种反复既没有揭露也没有影响对象,只通过它造成的惯常转变影响人心;再次,这惯常转变就是灵魂感受而外物不会感受的力量和必要性。

休谟通常遭人诟病的是太过狭隘的知觉观,但他承认某些关系是能感知的。他说:"我们不能把关于同一性、时空关系的观察当推理,因为这些方面的思想决不能超越直接呈现给感官的东西。"他说,因果关系的不同之处在于让我们超越感官印象，向我们灌输未感知的存在。这看法似乎不成立。我们相信许多自己无法感知的时空关系：时间向前也向后延展，房间四壁之外也有空间。休谟的真正论点是，我们有时会感知时空关系，但我们永远无法感知因果关系；所以，若承认因果关系，它也必然是从可感知的各种关系推导出的。于是争论归结为经验事实之争：我们是不是有时感知到某种可以叫因果的关系？休谟说不，他的敌手说是，但双方都很难拿出证据。

我觉得休谟立场最有力的论据是物理学的因果律特征。"A 导致 B"式的单纯法则，除非是早期粗略推测，似乎永远挤不进科学。在高度发达的科学中，取代这种简单法则的因果律已非常复杂，显然是自然进程观测的精密推论，谁都不会以为来自知觉。我还没算上进一步印证该结论的现代量子论。就自然科学而言，休谟的看法完全正确："A 导致 B"这样的命题绝不会被认可，我们只是由于习惯和联想定式而总想认可它。精确地说，习惯和联想这两种思维定式本身是神经组织首先在生理上，继而在化学、物理上的复杂功能。

然而，休谟的反对者哪怕承认关于自然科学的所有上述说法，也不甘彻底认输。他或许会说，心理学上有许多能感知因果关系的实例。整个因果概念也许源自意志，也许可以说在意志和随后的行动之间，我们能感知一种不单是先后顺序的关联。忽然疼痛和叫喊之间的关系也是如此。但这种看法在生物学上很难解释。在挥动胳膊的意志和随后的动作之间，有一长串由神经和肌肉活动构成的因果中介。我们感知的仅仅是这个过程的两个终端，即意志和动作；自以为看到两者之间的直接因果关联，那就错了。这虽然不是整个问题的定论，却表明我们自以为感知因果关系时，不宜鲁莽断定那就是因果。所以总体上还是休谟的看法占优势，即因果无非是先后顺序。只是证据没有休谟想得那么确凿。

休谟不满足于把因果关系简化为频繁联结的经验，他进而主张这种经验不构成预料未来类似联结的理由。还以苹果为例，我看见一个苹果，既往经验让我预料它尝起来像苹果，不像烤牛肉；但这预料并没有理性依据。假如真有这种依据，它必然出自"我们未经历的事例与经历过的事例类似"一说。此说没有逻辑必然性，因为我们至少应想到自然进程会有变化，所以只能是或然原理。但所有或然论证都依赖这条原理，所以这原理本身无法借任何或然论证印证，甚至无法借任何或然论证获取可能性。"'未来像过去'的假定没有任何论据，完全来自习

惯。"[1]结论是彻底怀疑主义的:

> 一切或然推理无非是一种感觉。我们不仅在诗歌和音乐中不得不追随自己的趣味和情感,在哲学中亦然。我确信某个原理,它也只是个观念,强烈打动我而已。我认为一套说法比另一套可取,也只是由于在情感上更受它感染。对象之间没有可发现的关联,我们看见一个对象而推测另一对象的存在,并没有任何原理依据,无非是习惯对想象的影响。[2]

休谟对人类认识的研究,最终得出的不是我们以为他想要的结果。《人性论》的副标题是"道德问题实验推理法初探"。他起初的信念显然是科学方法出真理,完整的真理,而且只出真理;最后他却认为信念决不合理,因为我们一无所知。阐述怀疑主义的种种论据后(卷一,第四部分,第一节),他不是批驳这些证据,而是诉诸人类自然的盲从轻信。

> 大自然某种绝对的、无法控制的必然性不但决定我们的呼吸和感受,也决定我们的判断;只要醒着我们就会不由自主地思考,光天化日下只要目光所及的物体我们就无法不看见;类似地,我们会情不自禁地用更热烈、更完满的眼光看待通常与既有印象关联的对象。煞费苦心地反驳这种彻底怀疑论的人,针对的其实是子虚乌有的敌人,他竭力想证实一种能力,其实这能力早被自然植入人心,不可避免。那么,我费尽口舌地讲述这套怪诞理论,只是为了让读者明白这一点:我们关于因果的一切推理都无非源于习惯;信念与其说是天生的思考行为,不如说是天生的感觉行为。

他接着说(卷一,第四部分,第二节):

> 怀疑主义者断言无法用理性为他的理性辩护,却照旧推理、相信;同样,他无法用哲学论证物体存在的真实性,却必须承认关于物体存在的原理……

---

[1] 卷一,第三部分,第四节。
[2] 卷一,第三部分,第八节。

我们尽可以问"什么让我们相信物体存在",然而问"有没有物体"是徒劳的。我们的所有推理都必须把这一点视为理所应当。

以上是《对各种感觉的怀疑论》一节的开头。漫长的探讨后,这一节用如下结论收尾:

> 理性和感觉上的怀疑主义疑惑,是永远无法根治的顽疾,必然会时时复发,不管我们如何躲避它,有时似乎完全摆脱了它……唯有不关心、不在意是解决之道。为此我完全依靠这两点,认为不管读者此刻的看法如何,一小时后他会信服既有外部世界也有内部世界。

没理由学哲学,除非某些人天生喜欢这样打发时间,休谟如是说。"日常生活中我们应始终保持怀疑主义。如果我们相信火让人暖和,水让人凉爽,那只是由于不这么想太费心思。不,作为哲学家,我们只是本着怀疑原则,持一种总想保持怀疑的倾向。"假如放弃思索,"我感觉自己的快乐会减损,所以我要哲学"。

休谟的哲学无论对错,都标志着18世纪理性精神的破产。他像洛克那样有意采取理性的经验方式,什么都不轻信,完全遵照经验和观察的指引。但他智力比洛克强,分析更敏锐,更难舒坦地容忍矛盾,结果得出经验和观察注定一无所获的倒霉结论。不存在什么理性信念:"如果我们相信火让人暖和,水让人凉爽,那只是由于不这么想太费心思。"我们忍不住相信,但任何信念都没有理性依据。一种行为方式不比另一种更理性,因为它们同样基于非理性信念。然而最后一条似乎不是休谟说的。即使在怀疑最甚的那一章,即卷一的总结章,他还说:"大体上,宗教错误是危险的,哲学错误只是可笑而已。"他不该这么说。"危险"是表示因果的词,对因果关系持怀疑态度的人不能认为任何东西都是"危险的"。

其实在《人性论》后面的部分,休谟把自己的根本怀疑忘得一干二净,笔调与同代任何开明道德家别无二致;他用自己推荐的两个方子"不关心和不在意"治疗自己的怀疑。在某种意义上,他的怀疑是不由衷的,因为他在实践中坚持不下去。但这有个尴尬结果:它吓住了任何证明一种做法好过另一种的企图。

有这种理性的自我反驳,非理性信念的大爆发不可避免地接踵而来。休谟和卢梭的争吵就是象征：卢梭癫狂却大有影响，休谟清醒却无人追随。后来的英国经验主义者未加反驳就否定休谟的怀疑论；卢梭及其追随者认同休谟任何信念都没有理性基础的看法，却认为情胜于理，任情感将他们引向与休谟实际保持的信念截然不同的另一种信念。从康德到黑格尔的德国哲学家都没有透彻理解休谟的论证。我是特意这么说的，尽管许多哲学家和康德本人都认为《纯粹理性批判》解答了休谟的疑问。其实这些哲学家，至少康德和黑格尔，代表着前休谟时代的理性主义，会被休谟式论证驳倒。无法被休谟驳倒的哲学家是那些不以理性自居者，比如卢梭、叔本华和尼采。整个19世纪非理性的发展及其在20世纪的延续，是休谟摧毁经验主义的自然后果。

因此，能否在纯经验式或大体上属于经验式哲学的框架内找到对休谟的解答，这一点至关重要。如果不能，理性与非理性之间就没有理智差别。针对认为自己是荷包蛋的疯子，也只能批评他属于少数派，或者（因为我们不能预设民主）批评他得不到政府认可。这是走投无路的观点，必须积极寻找出口才是。

休谟的怀疑主义完全基于他对归纳原理的否定。归纳原理应用于因果关系，就是说如果A经常有B伴随或跟随，从未发现A没有B伴随或跟随的情形，那么下次观察到A时，可能会有B伴随或跟随。这原理要成立，就得有足够多的实例让可能性接近确定性。如果该原理，或能够推出该原理的其他原理是真的，那么休谟否认的因果推理是成立的，不是要绝对确切，而是能给出满足实际用途的或然性。如果该原理不是真的，用具体观察得出普遍科学定律的任何尝试都错，任何经验主义者都逃不脱休谟的怀疑论。当然，不靠循环论证，该原理本身无法用观察到的一致性来证明，因为任何这种推论都要有该原理才正当。所以它必须是不基于经验的独立原理，或者由这种独立原理推出。在这个限度内，休谟证明了纯经验主义不是科学的充分依据。但只要承认这个原理，其他一切都可以根据所有知识基于经验的理论继续进展。必须承认这是对纯经验主义的严重违反，非经验主义者也许会问，既然这种违反可以，其他违反为何要禁止？但这些问题都不是休谟的主张直接引起的。我认为休谟的论证无法辩驳，他证明的是：归纳是独立逻辑原理，既不能用经验也不能用其他逻辑原理推导，没有归纳原理就不会有科学。

第二篇

从卢梭到现在

第十八章　浪漫主义运动

18世纪下半叶至今，艺术、文学、哲学甚至政治都受到广义浪漫主义运动特有情感方式的积极或消极影响。连那些厌恶这情感方式的人都不得不考虑它，受其影响往往比他们意识到的还深。本章简述浪漫主义观念，主要涉及的不是严格意义上的哲学本身，而是相应时期多数哲学思想的文化背景。

浪漫主义运动起初与哲学不相干，虽然很快就有了关系。这场运动最先通过卢梭涉及政治。不过要理解其政治和哲学影响，我们必须先考察它的核心本质，那就是对公认伦理和美学标准的反抗。

这场运动的头号大人物是卢梭，但他在某种意义上只是表达已经存在的潮流。18世纪的法国，教养人士极欣赏所谓的 la sensibilité，即感性气质，特别是容易动同情心。若要痛快，感情就得直接、激烈而不受思想把控。感性的人瞧见一个贫困农家会感动得掉泪，对精心制订的改善农民阶层整体状况的方案却很冷淡。穷人当然比有钱人善良，贤哲就该是退出腐败朝廷在田园清心寡欲地享受恬淡乐趣的人。这种态度作为一时心境，几乎每个时代的诗歌里都有。《皆大欢喜》里的流亡公爵有类似情绪，尽管一有机会他就立马赶回自己的领地；只有忧郁的雅克[1]是真心偏爱林中生活。连浪漫主义运动的敌对典型蒲柏也说：

> 愿望和心思都在那几亩祖田
> 的人，真是有福
> 在自家土地上呼吸乡野气息
> 就心满意足

穷人在那些多愁善感的教养人士想象中总是有几亩祖田，靠自家农产过活，

---

[1] 莎士比亚戏剧《皆大欢喜》中的人物。——译注

无须跟外界交易。没错，那几亩田也总是在凄凉境况中逐渐丧失，因为老父亲没法再劳作，美丽的女儿正患痨病，奸猾的债主或地主不是想夺走那几亩田就是想夺去女儿的贞操。在浪漫主义者心目中，穷人绝不是城里人，绝不是工人；无产阶级是19世纪的概念，也许同样浪漫化，但完全是另一回事。

卢梭倡导既有的感性崇拜，使其程度和范围扩大到原本不可能的地步。他在理论和趣味上都是民主主义者。他一生有几段漫长的时期是四处漂泊的穷汉，受那些稍微没他穷的人好心照顾。行动上他总是用最怨毒的忘恩负义回报这恩惠，情感上他的反应却能让最狂热的感性拥护者都没话说。他怀着流浪汉的品味，对巴黎社交界的种种讲究厌烦之至。浪漫主义者跟着他学会蔑视习俗——最初是衣着和礼仪、小步舞和双韵体英雄诗，接着是恋爱和艺术，最终是传统道德的一切束缚。

浪漫主义者不是不讲道德，相反，他们的道德标准鲜明热烈，只是依据的原则与前人认为的好原则大不相同。1660年到卢梭这段时期，弥漫着宗教战争和法国、英国、德国内战的记忆。大家清楚意识到混乱的危险和所有强烈激情的无政府主义倾向，意识到安全的重要和获取安全的必要牺牲。审慎被视为最高美德，理智被尊为对抗狂热破坏欲的最有力武器，优雅的礼节被誉为抵御野蛮习气的屏障。牛顿井然有序的宇宙中一颗颗行星沿轨道一成不变地乖乖绕日旋转，成为好政体的理想象征。克制激情是教育的首要目标，是绅士最确凿的标志。法国大革命中，浪漫主义前的贵族死得无声无息，浪漫主义者罗兰夫人和丹东死得轰轰烈烈。

到卢梭时代，很多人已经厌倦安稳，开始渴求刺激。法国大革命和拿破仑让他们过足了瘾。1815年政界回归平静，平静得死气沉沉刻板僵硬，与蓬勃的生命截然对立，只有吓坏了的保守派能忍受。因此，太阳王治下法兰西和法国大革命前英格兰特有的那种对现状的理性满足不复存在。19世纪对神圣同盟的反抗有两种。一种是资本家和无产阶级两股工业化势力对君主和贵族的反抗，几乎没沾染浪漫主义，在许多方面是18世纪的回归。这种运动以哲学激进主义、自由贸易和马克思社会主义为标志。与此大相径庭的是浪漫主义反抗，它有些方面是反变革的，有些方面是革命的。浪漫主义者追求的不是和平安宁，而是激情洋溢活力奔放的个人生活。他们对工业化没好感，因为工业化丑陋，因为埋头赚钱似乎是不朽灵魂不屑一顾的勾当，因为现代经济组织的发展妨害个人自由。大革命过后，浪漫主义通过民族主义逐渐渗入政治：每个民族似乎都有个团体灵魂，国家版图与民族界限不重合，这灵魂就无法自由。19世纪上半叶，民族主义是呼声最大的革命原则，受到多数浪漫主义者的支持。

浪漫主义运动的整体特征是用审美标准取代功利标准。蚯蚓有用，但不美；老虎美，但没用。非浪漫主义者达尔文称赞蚯蚓，布莱克称赞老虎。浪漫主义者的道德主要出于美学动机。但概括浪漫主义者的特征，不仅要考虑美学动机的重要，还要考虑使他们的审美观异于前人的品味变化。他们对哥特建筑的偏爱是最显著的例子。还有个例子就是对风景的品味。约翰逊博士对弗利街的热爱超过任何乡村风光，他说厌倦伦敦的人肯定是厌倦了人生。卢梭以前的人如果对乡村有所欣赏，也必然要一派丰饶景象，要有肥美的牧场和哞哞叫唤的母牛。瑞士人卢梭当然赞美阿尔卑斯风光。卢梭的追随者写的小说故事总少不了汹涌的激流、吓人的悬崖、无路的森林、电闪雷鸣、海洋风暴等各种通常是无用的、破坏性的、暴烈的东西。这种趣味的变化似乎多少是永久的：如今几乎所有人都偏爱尼亚加拉大瀑布、大峡谷而不是苍翠的草原和绿浪起伏的玉米田。景区酒店的统计数据就是这种风景品味的证据。

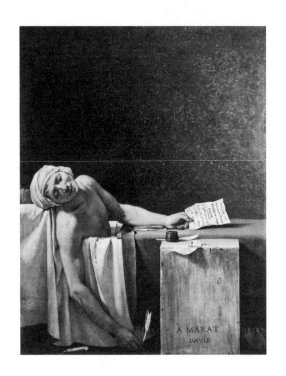

《马拉之死》（雅克-路易·大卫，油画，1793）描绘了法国大革命激进派代表人物马拉的遇刺身亡。画家本人积极投身革命，马拉在他的笔下成为圣者般模样

浪漫主义者的性情从小说里研究再好不过。他们喜欢奇异的东西,幽灵鬼怪、阴森古堡、昔日望族最后的忧郁传人、催眠师和魔法师、失势的暴君和地中海强盗等等。菲尔丁和斯摩莱写的是现实中很可能存在的普通人,抗拒浪漫主义的写实派作家亦然。但在浪漫主义者眼中这一切太无聊,他们只能被宏大、缥缈、惊悚的东西打动。那种多少有点不靠谱的科学,要是能捣鼓出什么骇人玩意儿,也能派上用场;但主要是中世纪以及如今最具中世纪意味的东西最得浪漫主义者欢心。他们常常会彻底抛开现实,过去和现在一股脑儿抛弃。柯勒律治的《古水手吟》是这方面的典型,《忽必烈汗》远非马可·波罗笔下那位历史君主。浪漫主义者的地理很有趣,从上都[1]到"寂寥的克拉斯米海岸",他们感兴趣的尽是些遥远的、亚洲的或古代的地方。

浪漫主义运动始于卢梭,一开始却主要在德国流行。德国浪漫主义到19世纪末还很年轻,年轻时代的观念表达也最富浪漫特征。那些不幸未能早逝的人,到头来个性被天主教的统一模式磨灭(浪漫主义者如果生来是新教徒,可能会成为天主教徒,否则就不大可能成为天主教徒,因为他得结合天主教信仰与叛逆精神)。德国浪漫主义影响了柯勒律治和雪莱,19世纪初期同样的观念在英国流行起来,但与德国影响无关。在法国,浪漫主义有些柔化,却从王政复辟一直盛行到维克多·雨果时代。在美国,梅维尔、梭罗、布洛克农场[2]、艾默生和霍桑几乎都是纯粹的浪漫主义者,尽管后两位没那么激烈。浪漫主义者倾向于天主教,但他们的个人主义观念中有某种无法磨灭的新教意味,他们塑造的习俗、观念、制度取得永久成功的几乎都在新教国家。

英国浪漫主义在讽刺作家的著作中初见端倪。在谢里丹的《情敌》中,女主人公决心为爱嫁一个穷汉而不嫁富人,以讨好她的监护人及其父母;但他们选的那个富人用假名佯装穷人向她求爱,俘获了她的芳心。简·奥斯丁在《诺桑觉寺》和《理智与情感》(1797—1798)中嘲笑浪漫主义;《诺桑觉寺》的女主人公被莱克利夫人1794年出版的极致浪漫主义小说《乌铎弗秘事》弄得神魂颠倒。英国第一部浪漫主义佳作是柯勒律治1799年出版的《古水手吟》,这还不算布莱克,布莱克这个独来独往的瑞典神秘主义者很难算任何"运动"的成员。柯勒律

---

[1]指《忽必烈汗》咏叹的一座元朝都市。——译注
[2]1841年美国超验主义者乔治·瑞普利夫妇在波士顿附近建立的实验性乌托邦式社区。——译注

治不幸得到韦奇伍德家族[1]的资助,翌年进了哥廷根大学,沉溺在康德哲学中,诗歌不再进步。

柯勒律治、华兹华斯、骚塞成为守旧者之后,对法国大革命和拿破仑的憎恨暂时扼制了英国浪漫主义。但它很快被拜伦、雪莱和济慈复活,在某种程度上主宰了整个维多利亚时代。

玛丽·雪莱的《弗兰肯斯坦》是阿尔卑斯山浪漫景象中与拜伦谈话的灵感产物,几乎是一部预言性的浪漫主义寓言史。弗兰肯斯坦的怪物,不是俗话说的"怪物而已":起初他是个温和的生灵,渴求人的柔情;他想博得那些人的爱,他的丑陋却激起他们的恐惧,逼得他愤恨凶残起来。这怪物偷偷观察一个善良的贫苦农家,暗中帮他们干活,最后决心对他们露面:

> 我越瞧他们,越想博得他们的庇佑和善待;我心底强烈渴望那些温良可爱的人理解我、爱我;他们天使般的面容含情冲我微笑,是我极致的奢望。他们怀着厌恶和惊恐躲避我,那场面我想都不敢想。

但他们真躲了。于是他先是求自己的造物主造一个像他的女性,遭到拒绝后万念俱灰,只想把弗兰肯斯坦心爱的人一个接一个全杀光。但就是杀掉所有人,盯着弗兰肯斯坦的尸体时,那怪物的情感还很高尚:

> 他也是我害的!杀了他,我罪恶到极致,我这悲惨的一生也到头了!哦,弗兰肯斯坦!慷慨的自我奉献者啊!我现在求你饶恕又有何用?是我毁了你爱的一切,无可挽回地毁了你!啊呀!他身子都凉了,他答不了我的话……翻看我这一大本骇人的罪账,我不敢相信自己就是那个内心对善的美好和威严充满崇高卓绝追求的生灵。即便如此,堕落天使已变成邪魔。可是,就连上帝和人类的仇敌也有朋友在他孤苦悲凉时相伴,我却形只影单。

剥去浪漫外衣,这种心理根本不乏现实性,相似实例没必要去汪洋大盗或汪

---

[1] 英国陶瓷世家。——译注

达尔国王中搜寻。前德国皇帝在多恩[1]对一个英国访客感叹英国人不爱他了。伯特博士在那本讲少年犯的书里[2]提到一个七岁男孩把另一个男孩淹死在摄政运河的事,理由是不管家庭还是同伴都没给过他关爱。伯特对他很友善,他后来成为体面公民;可惜弗兰肯斯坦的怪物没有一个伯特博士来改造。

问题不在于浪漫主义者的心理,而在于他们的价值标准。他们崇尚炽烈的激情,不管是哪一类,也不管社会后果。浪漫的爱情,尤其是不如意的那种,能博得他们的赞许;但多数剧烈的激情,比如仇怨和嫉妒、悔恨和绝望、压抑后恼羞成怒的爆发、斗争狂热以及对奴隶和懦弱者的鄙视等,都是破坏性的。因此,浪漫主义尤其拜伦式浪漫主义鼓动的是激烈的反社会者,不是无政府的叛逆者就是征服欲强的暴君。

浪漫主义打动人心的缘由藏在人性和人类环境的极深处。人类为自利不得不群居,本性却依然孤独,因此要靠宗教和道德来加强自利。可是为未来利益放弃眼前享受的习惯令人厌烦,激情一旦燃起,社会行为的各种拘谨束缚就很难忍受。此时抛开束缚的人由于内心不再冲突而获得一种新的活力和掌控感,尽管过后可能要遭大难,眼前却享受到大神秘家才懂而老好人永远无法体验的上帝般兴奋感。孤独天性总想展现自我,但如果理智还在,自我展现就得披上神话外衣。神秘主义者与上帝合一,沉溺于无限冥想,感觉自己对邻人不再有任何责任。无政府的叛逆者更绝妙,他觉得自己不是与上帝合一,而是上帝本尊。真理和责任代表的对事物和邻人的服从,对成为上帝的人不复存在;他的看法就是旁人的真理,他的决定就是旁人的义务。假如大家都能各过各的还不用劳动,那么人人都能享受这种独立的极乐;既然不现实,这种乐趣就只能让疯子和暴君独享了。

孤独本能对社会束缚的反抗,不仅决定了所谓浪漫主义运动本身的哲学、政治和情感,也决定了这场运动至今以来的各种影响。哲学在德国唯心论影响下成为唯我论,自我发展成为伦理学的根本原理。情感上,孤独本性、浪漫主义激情和现实生活必须做讨厌的折中。D. H.劳伦斯的小说《爱岛的人》中,主人公越来越鄙视这种折中,竟饥寒交迫而死,但享受了完全的孤独;那些夸赞孤独的作家没哪个言行一致到这种境界。隐士享受不到文明生活的舒适,作家和艺术家若想

---

[1] 荷兰中部乡村,末代德意志皇帝和普鲁士国王退位后流亡此地。——译注
[2] 指英国教育心理学家西瑞尔·伯特(1883—1971)1925年出版的《少年犯》。——译注

在工作期间活下去，就得受人伺候。想继续感受孤独，他就得防止佣人侵犯他的自我，佣人是奴隶的话最好办。热烈的爱情麻烦得多。热恋的人只要被视为社会桎梏的反抗者，就受人欣赏；但现实中他们的爱情本身会迅速成为社会枷锁，爱人变仇人，爱得越炽羁绊越结实，恨得越凶。于是恋爱成为一场战斗，双方都试图突破对方的自我防线将之摧毁。这种观点通过斯特林堡[1]的作品尤其是劳伦斯的作品已众所周知。

照这种情感方式，不仅热烈的爱情，连友情的对方也最好是另一个自我。对方是血亲就好说，越亲越好办。因此，对亲族的强调导致托勒密家族[2]近亲结婚。

马克斯·布吕克纳为瓦格纳的歌剧《帕西法尔》所绘。尼采曾热烈崇拜瓦格纳，还出版过《论瓦格纳》(1888)

---

[1] 约翰·奥古斯·斯特林堡（1849—1912），瑞典剧作家、小说家。——译注
[2] 指埃及国王托勒密二世娶姐姐为妻。——译注

这对拜伦的影响，我们知道[1]；瓦格纳借西蒙德和西琳达的恋爱流露类似意味[2]。尼采没闹丑闻，却喜欢自己妹妹超过其他任何女人，他致信她说："你的一切言行，让我强烈感受到我们才是一家人。你比任何人都懂我，因为我们同父同母。这非常符合我的'哲学'。"

拜伦倡导的民族原则是同种"哲学"的延伸。民族被假定为氏族，源自共同祖先，共有某种"血缘意识"。经常责怪英国人没正确评价拜伦的马志尼[3]认为民族有某种神秘个性，他把别的浪漫主义者寄托在英雄人物身上的那种无政府式伟大归于民族。不仅马志尼，连那些较为清醒的政治家也把民族自由看成某种绝对东西，断绝了国际合作的可能。

血统和种族信仰自然牵涉反犹主义。而且浪漫主义是贵族观念，重激情轻算计，对商业和金融万分鄙视。浪漫主义者宣称反对资本主义，但与代表无产阶级利益的社会主义者的反对大相径庭，因为浪漫主义是由于厌恶经济事务而反对的，想到资本主义世界由犹太人把持，就反对得愈加激烈。难得偶尔屈尊关注经济权力这等俗事的拜伦，就表现出这种态度：

> 谁把握世界的平衡？谁掌控
> 征服者，管他保皇党还是自由党？
> 谁煽动西班牙光膀子爱国者？
> （让老欧洲的杂志齐声聒噪）
> 谁左右新旧世界的痛苦
> 或快乐？谁将政治玩弄于股掌？
> 难道是拿破仑的英灵？
> 是犹太人罗斯柴尔德[4]，和他的基督徒同伙巴凌[5]

这诗可能没什么乐感，但情绪很现代，拜伦的追随者纷纷附和。

---

[1] 见本卷第二十三章。——译注
[2] 瓦格纳歌剧《女武神》中，西蒙德和西琳达相爱后互诉身世，发现是兄妹。——译注
[3] 朱塞培·马志尼（1805—1872），意大利政治家、作家。——译注
[4] 罗斯柴尔德（1743—1812），德国犹太人，创建了世界近代史上最富有的国际银行业世家。——译注
[5] 巴凌（1740—1810），英国银行业巨头。——译注

浪漫主义的本质是让人的个性摆脱社会习俗和道德的束缚。有些束缚是正当行为的无谓桎梏，每个古老社会都有些一无是处的条条框框，老古董而已。然而，自我主义激情一旦放纵，就很难再顺从社会需要。基督教在某种程度上成功驯服自我，但经济、政治和思想原因刺激了对教会的反抗，浪漫主义运动让反抗扩展到道德领域。浪漫主义鼓动无法无天的新自我，让社会无法协作，结果信徒们面临的不是混乱就是独裁。自我主义起初让人指望从旁人那里得到父母般的温情，然而，一旦气急败坏地发现旁人有旁人的自我，求温情的欲望落空，便化为仇恨和暴力。人不是独居动物，只要有社会生活，自我舒展就不能是最高伦理原则。

第十九章　卢梭

让-雅克·卢梭（1712—1778）是18世纪法国的"philosophe"，不是现代意义上的"philosopher"[1]，但他对哲学如同对文学、品味、风尚和政治一样有强烈影响。无论如何评价他的思想观点，我们都得承认他是无比重要的社会力量。这力量主要源于他打动人心，打动他那个时代所谓的"感性"。他是浪漫主义运动之父，是用人类情感推断非人类事实的思想体系宗师，是针对传统君主专制的准民主专制政治哲学的创立者。从他以来，自称改革家的人分为两派，即卢梭追随者和洛克追随者。有时两派合作，很多人不觉得有什么矛盾抵触。但两者的分歧越来越明显，如今卢梭派的结果是希特勒，洛克派的结果是罗斯福和丘吉尔。

卢梭的经历在他本人的《忏悔录》里讲得很详细，但这本书绝不盲从事实。他乐于自称大罪人，有时很夸张，但丰富的客观证据表明他的确毫无常人道德。他没有为此不安，因为他总觉得自己有一颗温暖的心，虽然这颗心从不妨碍他对至交好友做出种种卑鄙行为。我只是为了让人理解他的思想和影响而谈他的生平事迹。

---

[1] 法语"philosophe"有时专指18世纪法国启蒙思想家，与英语"philosopher"（哲学家）不完全相同。——译注

他出生于日内瓦，受的是正统加尔文派教育。父亲是穷钟表匠兼舞蹈教师，母亲生下他没几天就死了，一个姑姑照料他长大。他十二岁辍学，当过各种学徒，干哪行恨哪行，十六岁从日内瓦逃到萨维。没有谋生技能，就找个天主教神父，说想改宗。正式改宗仪式在都灵一个慕道者感化所[1]举行，历时九天。他坦承纯粹是为钱："我骗不了自己，我要做的这件圣事其实是盗贼行径。"但这话是他又恢复信奉新教后写的，有理由认为他有几年是诚心信天主教。1742年他公开表明自己1730年住的房子曾靠主教的祈祷奇迹般逃过一场火灾。

怀揣20法郎[2]离开都灵感化所后，他给一个贵妇维切丽夫人当跟班，可她三个月后就死了。她死时，人家发现他有一条原属她的缎带。其实是偷的，他却一口咬定是他喜欢的某个女仆送他的。人家信了他的话，罚了那女仆。他的理由很怪："在那个残忍时刻，我前所未有地无邪；栽赃那可怜的姑娘，说来矛盾，但真的是出于我对她的爱慕。她浮现在我心头，我就把罪过推给第一个出现的对象。"这是卢梭伦理观上用"感性"取代一切普通道德的好例子。

风波过后，他得到华夫人的眷顾。华夫人这迷人的贵妇像他一样也是由新教改宗的，凭宗教贡献从萨维王那里领着一份年金。有九个或十个年头，他大部分时光在她家度过，甚至在成为她情夫后还喊她妈妈。有段时间他和她的一个杂役共享她，大家过得和睦之至，杂役死时卢梭很悲痛，转念却自我安慰："好吧，反正他的衣裳归我了。"

早年他曾经多次流浪，颠沛流离，谋着各种朝不保夕的生计。有次他和朋友晃荡在里昂街头，朋友忽然发癫痫，他就趁众人围拢时撇下生病的朋友溜了。有次他给一个自称去圣墓教堂途中的修道院院长当秘书；还有次他愣充詹姆斯二世的苏格兰党徒，化名达丁跟一个贵妇闹了场绯闻。

1743年，他在一个贵妇的帮助下成为法国驻威尼斯大使的秘书，那酒棍大使叫蒙太居，让卢梭干活却不肯付他钱。卢梭把工作干得很好，那场势在难免的纠纷错不在他。他跑到巴黎讨公道，人人都承认他有理，但很长时间毫无结果。这恼人的拖延让卢梭对法国现行政体心生不满，尽管他最终拿到应得的工钱。

大概就是这时候（1745），他开始和特海丝·勒瓦萨同居。她在他巴黎住的旅

---

[1] 劝导新教徒改奉天主教的机构。——译注
[2] 所谓"改宗金"。——译注

卢梭的家庭生活。卢梭的经历在他本人的《忏悔录》里讲得很详细,"他乐于自称大罪人,有时很夸张,但丰富的客观证据表明他的确毫无常人道德"

馆当女佣。他余生和她一起度过(风流韵事不断),和她生了五个孩子,全送进孤儿院。她又丑又无知,不会读也不会写(他教她写字,却不教她阅读),分不清月份的名称,也不会算钱。她母亲贪得无厌,母女俩把卢梭和他的所有朋友当财源。卢梭宣称(不知真心还是假意)他对特海丝从来没有一丁点儿爱情;她晚年贪酒,还曾追求年轻马夫。也许他喜欢财力智力都绝对碾压她且被她完全依赖的感觉。他在大人物身旁总是不自在,打心眼里宁愿和淳朴的人一起;这一点他的民主情感完全真诚。他终究没娶她,但几乎把她当妻子对待,与他结交的贵妇名媛都不得不容忍她。

他写东西成名未能趁早。第戎学院出了个有奖征文命题:艺术和科学给人类带来益处了吗?卢梭持否定观点,1750年赢了大奖。他主张科学、文学和艺术是道德大敌,这些东西让人滋生种种欲望,所以是奴役之源;像美洲蛮子那样整天赤条条的人,锁链哪拴得住?果然他赞成斯巴达体制,反对雅典。他七岁就读过普鲁塔克的《名人传》，很受感染，尤其仰慕吕库古的事迹。像斯巴达人那样，卢梭以战绩为价值标准，但他很欣赏"高贵的蛮人"，尽管蛮人打仗会败给先进的欧洲人。他认为科学与美德水火不容，所有科学都源于卑鄙。天文学源于占星迷信，雄辩术源于野心，几何学源于贪婪，物理学源于无聊好奇，甚至伦理学也源于人类的傲慢。教育和印刷术是邪恶的，让文明人区别于未开化蛮人的一切东西都是祸患。

靠这篇论文赢得大奖一举成名后，卢梭便遵照文中的处世法则生活。他过得很简朴，表都卖了，自称不用再知道时间。

第二篇文章《论人类不平等的起源和基础》（1754）把第一篇的思想细细阐述展开，却没能得奖。他主张"人天生是好的，只是被各种制度弄坏了"，这与原罪和通过教会得救之说恰恰对立。像当时多数政治理论家那样，他也谈自然状态，只是带些假设口吻，说那是"不复存在、也许从未存在、可能永远都不会存在的状态，但必须对它有正确认识，以便恰当分析现状"。自然法应当从自然状态推出来；如果我们不了解自然人，就无法确知最初为自然人制定的或最适合自然人的法则。我们只知道自然人必定是有意服从自然法的，自然法必定直接源于自然的话语。他不反对年龄、健康、智力等方面的自然不平等，只反对社会习俗认可的特权造成的不平等。

公民社会及其造成的社会不平等，根源都在私有制。"第一个圈了块地，想到说'这是我的'并发现大家竟蠢得信他的那个人，是公民社会的真正创始人。"他接着说可恶的革命带来冶金术和农耕，谷物是我们不幸的象征。欧洲是最悲惨的大陆，因为有最多的粮食和铁器。要消除祸患，只需抛弃文明，因为人天生是好的，蛮人吃了饭跟自然和平相处，跟所有同类都是朋友（注意我加的重点）。

卢梭把这篇论文发给伏尔泰，伏尔泰回复说（1755）："您反人类的新作我已收悉，多谢。这套让全人类变蠢的计划真是绝妙空前。读您的大作，人恨不得四足行走。可惜那习惯我已经丧失六十多年，真捡不回来，实属遗憾。我也不能跑加拿大找蛮人去，因为浑身疾病让我离不了欧洲医生，因为那些地方有战争，因为我们的行为榜样已经让蛮人变得几乎像我们一样可憎。"

难怪卢梭和伏尔泰最终会吵翻，怪的是两人竟然没早些开吵。

1754年，业已成名的卢梭终于被故乡记起，受邀回去访问。他答应了，但只有加尔文派信徒才能当日内瓦公民，他就恢复了最初的信仰。他早就习惯自称日内瓦清教徒和共和主义者，再次改宗后他有心定居日内瓦。他把《论人类不平等的起源和基础》献给日内瓦的各位长老,但长老们并不领情,他们可不愿被看作与区区公民平等的人。长老们的反对还不是日内瓦生活的唯一障碍,更重要的障碍在于伏尔泰已经搬到那里。伏尔泰是剧作家兼热心戏迷,但日内瓦由于清教徒而禁止任何戏剧上演。伏尔泰一心想让这禁令废除时,卢梭加入了清教徒阵营。蛮人从不演戏,柏拉图不赞成戏剧,天主教会不肯给演员举行婚礼葬礼,博须埃[1]说戏剧是"淫欲养成所"。攻击伏尔泰的大好良机断不可失,卢梭亲自扮起禁欲美德捍卫者的角色。

这不是两位大人物的首次公开冲突。首次是1755年里斯本地震惹的,关于那次地震,伏尔泰写了首诗质疑神对世界的统治。卢梭气坏了,评论道:"伏尔泰表面上一直信神,事实上除了魔鬼谁他都不信,因为他所谓的神是个靠作恶取乐的邪神。一个享受各种好处、身在福中却拿自己并未遭受的惨祸的残忍恐怖景象让同类满怀绝望的人,弄出这种说辞,荒谬得尤其令人作呕。"

在卢梭看来,地震有什么大惊小怪的,时不时死一批人挺好。再说了,里斯本民众遭难是因为他们住七层高楼,要是他们本分地散居林中,就会逃此一劫。

地震的神学问题和戏剧的道德问题在伏尔泰和卢梭之间酿成浓烈敌意,那些启蒙哲学家都站了队。伏尔泰说卢梭是害人的疯子,卢梭说伏尔泰是"渎神论的鼓吹者、精致的天才、卑劣的灵魂"。激烈的情绪非发泄不可,于是卢梭写信给伏尔泰说(1760):"如你所愿,事实上我恨你;可是,假如你愿意让我爱你,我本来更能爱你。我对你的一腔衷情,只剩对你精致天才不得不抱的景仰、对你作品的热爱。你身上除了才能没一点值得我欣赏,这错不在我。"

接着卢梭迎来一生最丰产的时期。小说《新爱洛依丝》1760年出版,《爱弥儿》和《社会契约论》同在1762年出版。《爱弥儿》是遵照"自然"原则的教育论著,本来是当局觉得无害的书,但里面有一章《萨维牧师的信仰自白》,讲了卢梭心目中的自然宗教原理,惹得天主教和新教正统都很恼火。《社会契约论》更危险,因为提倡民主,否认神授君权。这两部书让卢梭名望激增,也为他招来暴风骤雨般的官方责难。他只好逃离法国。日内瓦绝不容他[2],伯尔尼不肯庇护他。最后腓特烈大帝可怜他,准许他在努沙泰[3]附近的莫奇居住,此地是这位"哲人王"的领

---

[1] 雅克-贝尼·博须埃(1627—1704),法国神学家、演说家。——译注
[2] 日内瓦议会命令烧毁这两部书,并下令卢梭一入境就予逮捕。法国政府也下令逮捕他,索邦大学和巴黎高等法院把《爱弥儿》列为禁书。
[3] 努沙泰(Neuchatel)在瑞士西部边境。——译注

土。他在这儿住了三年,但最后(1765)努沙泰的乡民在牧师率领下告他投毒,还想处死他。他逃到英国,因为休谟早在1762年就说过愿为他效劳。

在英国,起初一切都好。他在社交界很得意,乔治三世给他一份年金。他几乎每天和柏克[1]见面,但两人的友谊迅速冷却到让柏克说出这话的程度:"除了虚荣,他的情感和理智没有任何原则。"休谟是忠诚最久的朋友,自称很喜爱卢梭,可以和他互敬互爱地生活一辈子。但此时卢梭毫不意外地犯了最终让他精神错乱的被迫害妄想症,竟怀疑休谟与人勾结企图害他性命。有时他意识到这种猜疑的荒谬,就抱住休谟大喊:"不,不!休谟不是出卖朋友的人!"休谟(好不尴尬地)答道:"Quoi, mon cher Monsieur!"[2]但猜疑终究占了上风,卢梭逃走了。他在巴黎度过贫困落魄的暮年,死时有人怀疑是自杀。

两人反目后,休谟说:"他一生只顾感觉,在这方面敏锐到我闻所未闻的程度,但比起快乐,他对痛苦的感觉更敏锐。他似乎不但被剥了衣服,还被剥了皮肤,这样子被逐出去跟惨烈的暴风骤雨搏斗。"

这是对卢梭性格有几分属实的最厚道总结。

卢梭作品中,有许多东西不管在别的方面多重要,与哲学史没什么关系。他的思想我只细谈两部分:神学和政治理论。

他的神学创新现已被绝大多数新教神学家接纳。在他之前,从柏拉图起每个信神的哲学家都用理性论据论证自己的信仰[3]。这些论证在我们看来不太可信,我们可能觉得任何人除非已经对结论信以为真,否则不可能觉得有理。但提出论证的哲学家本人认为那是逻辑上成立的,认为任何有足够哲学素养而无偏见的人都会因此而坚信神的存在。劝我们信仰上帝的现代新教徒,大多鄙视旧"证据",他们的信仰基于人性的某些方面:敬畏或神秘情绪、是非观、渴求之情等。为宗教信仰辩护的这种方法由卢梭首创,现已司空见惯,现代读者要是不花工夫拿卢梭与笛卡尔或莱布尼茨等人做一番对比,就很难意识到他的创见。

"啊,夫人!"卢梭给一个贵妇写信道,"有时我独坐书房,双手紧紧捂着眼睛,或者在昏暗夜色中,觉得没有上帝。但是看啊,太阳升起,驱散笼罩大地的

---

[1] 埃德蒙·柏克(1729—1797),爱尔兰裔政治家、哲学家。——译注
[2] 什么呀,我亲爱的先生!——译注
[3] 笛卡尔的除外,"感情有理智无法解释的理由"大有卢梭风范。

迷雾，露出大自然绚烂奇异的景色，同时也驱散笼罩我灵魂的疑云。我寻回我的信念、我的上帝、我对他的信仰。我赞美他，热爱他，我拜倒在他面前。"

还有一次他写道："我信仰上帝和信仰任何其他真理一样坚定，因为信与不信是我最做不了主的事情。"这种论证方式的缺点是私人化，卢梭情不自禁地相信某些东西，不是旁人同样相信的理由。

他坚决信奉有神论。有次在宴会上，圣兰博（客人之一）对神的存在提出怀疑，卢梭气得吼着作势离席："我吗，先生？我是信神的！"各方面忠实追随卢梭的罗伯斯庇尔，在这一点上也很认真。"至上崇拜节"[1]想必会深得卢梭欢心。

作为《爱弥儿》卷四的一段插曲，《萨维牧师的信仰自白》是卢梭宗教信条最明确的正式表述，据称是大自然对一位因引诱未婚女子这种纯"自然"过失[2]而蒙羞的善良牧师的倾诉，读者却惊诧地发现这自然之声一开口就是亚里士多德、圣奥古斯丁、笛卡尔的意见大杂烩。这些意见不要严密的逻辑形式，省得谁去较真儿，也好让可敬的牧师声称他懒得理睬那些哲学家的智慧。

《萨维牧师的信仰自白》后段没有前面那么浓的古思想家意味。论罢神的存在，牧师接着谈行为规范。他说："这些规范不是从高级哲学原理推导来的，而是从我心底发现的，是大自然用不可磨灭的文字铭刻的。"据此他提出，良知在任何情况下都是正确行为万无一失的向导。这部分议论完毕，他总结说："感谢上天让我们摆脱那些可怕的哲学体系，让我们没学问也可以做人，不用浪费生命去研究道德，在人类意见的无涯迷宫中起码以较小代价获得更可靠的指引。"他主张自然情感使我们维护公共利益，理性却怂恿我们自私。所以我们应只顺从情感而不顾理智，这样就是好人。

牧师把他的教义称为自然宗教，说自然宗教不需启示；人要是听从神对内心说的话，这世界就会只有一种宗教。如果神向某些人显露自己，那也只能凭人的说辞转达，而人的说辞会错。自然宗教有直接向个人启示的优点。

有一段关于地狱的奇谈。牧师不知道恶人是否会遭永劫，他颇为倨傲地说，恶人的命运他不是很关心，但总体上他倾向于认为地狱的痛苦不是无休止的。不管有无休止，他确信得救的不只是某个教会的成员。

---

〔1〕为镇压无神论，罗伯斯庇尔推出一套自然神论，设立"至上崇拜节"。——译注
〔2〕萨维牧师在别处说："正派牧师只能跟已婚妇女生孩子。"

让法国政府和日内瓦议会大为震惊的，可能就是对启示和地狱的否定。

排斥理性而支持情感，在我看来不算进步。事实上，只要理性似乎站在宗教信仰这边，谁都不会来这招。在卢梭当时的处境中，伏尔泰代表的理性是与宗教对立的，所以理性走开！再者，理性抽象艰深，蛮人吃了饭也弄不懂本体论证明，而蛮人是所有必要智慧的宝库。卢梭说的蛮人不是人类学意义上的蛮人，而是良夫慈父，不贪婪，有自然仁慈的宗教信仰。这蛮人倒方便省事，但如果要理解那位好牧师信神的理由，恐怕得多懂些哲学，肯定不能光靠淳朴天真。

除了卢梭"自然人"的虚构性质，靠内心情感建立对客观事实的信念有两个缺陷。一是没任何理由假定这信念是正确的，二是这样得来的信念是私人的，因为各人的心有各自的说法。有些蛮人凭"自然之光"相信吃人是义务，甚至伏尔泰笔下凭理性声音认为只应吃耶稣会士的蛮人也不尽人意。佛教徒没有借自然之光看到上帝的存在，却宣布不该吃动物肉。但即使心对所有人说一样的东西，也不是情感之外存在任何东西的证明。无论我本人或全人类多渴望某事物，无论它对人类幸福多必要，都构不成此物存在的理由。没有自然律决定人类是幸福的。人人都知道现世生活是这样的，但有人莫名其妙地把此生的苦痛说成来世幸福的证据。这道理在任何事上都说不通。假如你从某人那里买了十打鸡蛋，头一打全是臭的，你不会据此推断其余九打无比新鲜；但是"心"用来安慰我们人世苦痛的就是这个理。

我个人宁愿要本体论证明、宇宙论证明那老一套，也不要卢梭那感性的反逻辑。旧论证至少是坦诚的：如果成立，就证明论点正确；如果不成立，批评者可驳倒它。但新派的感性神学不做论证，无法辩驳，因为其论点不是论证来的。归根结底，它被人承认的唯一理由是允许人沉溺美梦。这个理由不足取，如果圣阿奎那和卢梭我必须选一个，我会毫不犹豫地选圣徒。

卢梭的政治理论发表在1762年出版的《社会契约论》中。这本书与他的大部分作品风格截然不同，很少感情用事，很多周密的理智论证。他口头上支持民主，其实更倾向于为极权主义国家辩护。但日内瓦和古代情结让他更喜欢城邦而不是英法那样的帝国。他在封面页自称"日内瓦公民"，还在引言说："生为自由邦的公民、自主国的成员，我觉得不管我的意见对公共事务的影响多微弱，研究这些事务都是我的本分，因为我有投票权。"每次提到普鲁塔克《吕库古传》里的斯巴达，他都忍不住夸赞一番。他说民主制最适合小国，贵族制适合中等国家，君主制适合大国。但有一点要注意，他认为小国更好，部分是因为民主政治在小国更好实施。他说的民主，指的是希腊式民主，即每个公民直接参政；他把代议制叫做"选举制贵族政治"。既然前者在大国无法实现，他对民主的赞扬总意味着对城邦的赞扬。在我看来，对卢梭政治哲学的介绍，大部分没有充分强调他对城邦的偏好。

尽管这本书整体上不像卢梭其他作品那样辞藻华丽，但第一章开头极具文采："人生而自由，却无处不在枷锁中。自以为主宰他人的，为奴更甚。"自由只是卢梭思想的名义目标，他真正重视的是平等，为追求平等甚至不惜牺牲自由。

他的社会契约观开头与洛克很像，但很快显示更像霍布斯。随着自然状态的发展，个人无法保持原始独立状态，为自保就必须联合起来组建社会。但我如何在不损害自身利益的前提下交出自由？"问题是找出一种组织形式，既竭尽群力捍卫和保护所有成员的人身和财物，又让人在全体联合的同时保持自我，和以前一样自由。社会契约解决的就是这个根本问题。"

该契约要求"每个成员把自己的所有权利让渡把社会，因为每个人都绝对献出自己，所有人的情况都完全相同，而且谁都没法当别人的负担而得益"。让渡要毫无保留："若某些人保留某些权利，没有共同上级裁决他们与公众利益的冲突，各人既然在某一点当自己的法官，就要求在所有点如此，于是回到自然状态，这种社会肯定要么无法运转，要么实行专制。"

这意味着完全取消自由，全盘否定人权。没错，这理论在后面的章节有所柔化，说尽管社会契约让国家对全体成员有绝对权力，但人仍有做人的自然权利。"统治者不能向臣民施加任何对社会无益的束缚，想都不能这么想。"然而统治者是"对社会有益无益"的唯一裁断者，这显然只给集体专制设置了极其薄弱的障碍。

应注意的是，卢梭说的"统治者"不是君主或政府，而是具有集体立法权的社会。

这社会契约可表述如下："我们每人把自己的人身和所有权力交给总意志做最高指导，每个人成为不可分割的法人整体的一份子。"这种联合将产生一个集合道德团体，在被动场合叫"国家"，主动场合叫"统治者"，与其他类似团体的关系上叫"权力体"。

上面提到的"总意志"概念在卢梭理论中非常重要，后面还要再讲。

他主张统治者无须给臣民任何承诺，因为既然是个人构成的，其利益不可能与个人利益相反。"统治者仅仅基于其本质，就必行应行之事。"这说法容易对不注意卢梭特殊用词方式的读者造成误解。统治者不是指政府，他承认政府可能是专制的；统治者是多少有些形而上的实体，不等于任何有形国家机关。因此，即使承认它完美无缺，也不会有想象中的实际后果。

统治者的意志永远正确，那就是"总意志"。任何公民，作为公民共同分担总意志，但作为个人会有违背总意志的个人意志。社会契约自然要迫使不服总意志的人服从。"这恰恰说明他会被迫自由。"

"被迫自由"的观念很玄妙。伽利略时代的总意志当然反对哥白尼，宗教裁判所迫使伽利略放弃异见时，他"被迫自由"了吗？难道罪犯被监禁也算"被迫自由"？想想拜伦笔下的海盗：

> 深海碧波欢乐翻滚
> 我们思绪无拘无束，我们内心自由飞奔

这人在地牢里更"自由"？怪的是，拜伦笔下高贵的海盗直接来自卢梭，而卢梭在上文忘了自己的浪漫主义，活像强词夺理的警察。深受卢梭影响的黑格尔像他那样误用"自由"一词，把自由定义为服从警察的权利，或者大概这个意思。

卢梭不像洛克及其追随者那样深切尊重私有财产。"国家对成员而言，是他们所有财产的主人。"他也不信奉洛克和孟德斯鸠宣扬的权能分立。但这一点上，像许多其他问题一样，他后面的详细论述与前面的总体原则不尽一致。在卷三第一章，他说统治者的职能限于立法，行政部门即政府是臣民与统治者之间确保双向沟通的中间机构。他接着说："假如统治者欲执掌政务，行政长官欲立法或臣民拒绝服从，混乱就会取代秩序……国家将陷入独裁或无政府状态。"这话措辞不同，但意见似乎和孟德斯鸠一致。

现在谈总意志，这一点重要而含糊。总意志不是多数人的意志，甚至不是全体公民的意志。它似乎是政治体本身的意志。按霍布斯的观点，公民社会是一个人，就该有各种人格属性，包括意志。但难题出现了：这个意志的外在体现是什么？卢梭没有说。他只说总意志永远正确，永远维护公共利益，但这并不意味着民众的思考同样正确，因为全体意志与总意志经常有许多分歧。那么，如何识别总意志？同一章似乎有解答：

"充分知情的民众衡量利弊，但公民之间互不通消息，略有不同的意见总和必然形成总意志，其所做决定必然是最佳的。"

卢梭似乎是这样想的：每个人的政治观念都是为私利，但这私利含两部分，一部分是个人特有的，一部分是社会全体成员共有的。假如公民们没机会互相勾结，他们分歧的个人利益会彼此抵消，结果就是代表公共利益的总意志。也许卢梭的观念可以借地球引力来说明。地球一切粒子吸引宇宙其他一切粒子，上面的空气吸引我们向上，脚下的大地吸引我们向下，但这些"自私的"引力方向不同就会互相抵消，结果形成朝向地心的合力。不妨把社会想成地球，社会的总意志好比地球引力。

总意志永远正确，无非指它代表各种公民共同的私利，所以必然代表社会集体私利最大可能的满足。这样解释卢梭的意思，似乎比我想得出来的其他任何解释都更符合他的原话[1]。

在卢梭看来，现实中影响总意志体现的是国家内部的小集团。这些小集团有各自的总意志，可能与社会整体的总意志冲突。"那么也许可以说，不是有多少人就投多少票，而是有多少集团就只投多少票。"由此得出重大结论："要体现总意志，国家里面就不能有局部社会，每个公民都只能有自己的思想：这其实是伟大的吕库古独创的崇高制度。"卢梭还在脚注中引用马基雅弗利的话当佐证。

如果实施这样的制度，国家就得禁止教会（国教的除外）、政党、工会和类似的其他经济组织。结果显然是公民个人毫无权力的一体制国家即极权国家。卢梭似乎意识到很难禁掉所有组织，后来补充说，假如小集团非有不可，那么越多越好，以便互相中和。

但书的后部探讨政府时，他意识到行政部门难免有自身的利益和总意志，很容易与社会的利益和总意志冲突。他说，大国政府需要比小国政府强大，却更需要受统治者制约。政府成员有三种意志：个人意志、政府意志、总意志。三者应构成渐强音，现实中却往往构成渐弱音。而且"权威在他人之上的人，事事都图谋夺去他的理性和正义感"。

所以，"永远坚定、不变、纯洁"的总意志不会出错，如何避免暴政这个老问题却依然存在。卢梭对这些问题的说法，不是偷偷重复孟德斯鸠的老话就是坚持立法部门至上，民主体制下的立法部门相当于他说的统治者。一旦他屈尊考虑细

---

[1] 比如这样理解："全体意志与总意志经常有许多差别；后者只顾公共利益，前者注意私人利益，只是个别意志的总和；但去掉这些意志中彼此抵消的东西，其余差别之和就是总意志。"

节问题，开头那些俨然解决了政治问题的总体大原则就不见了，对细节问题的解决毫无作用。

此书遭到当时守旧势力的谴责，让现代读者以为里面有什么更彻底的革命学说，其实没有。他对民主的说法可见一斑。如前所述，他说的民主指古代城邦的直接民主。他表示，直接民主永远无法完全实现，因为民众不能总是聚在一起只顾公务。"若有上帝之民，他们的政体会是民主制。如此完美的政体不是为人类而设的。"

我们说的民主政治，他称之为选举制贵族政治；他说，这是最佳政体，但不是所有国家都合适。气候不能太热也不能太冷，物产不能太丰富，因为超出必要的量难免导致奢侈恶习，这种恶习限于君主宫廷好过全民蔓延。由于这种限制，专制政体有了更大空间。他倡导的民主有种种局限，却无疑是此书遭法国政府彻骨仇恨的原因之一，另一原因大概在于否定君权神授，因为把社会契约当政治起源就意味着否定君权神授说。

《社会契约论》成为法国大革命多数领袖的圣经，当然其命运也像《圣经》那样，许多信徒并未认真阅读，理解就更别提了。它让民主理论家重新养成大谈形而上抽象概念的习惯，借助总意志说让领袖神秘地等同于民众，不必用投票箱之类的俗器来印证。书中多数哲学思想被黑格尔[1]拿来为普鲁士独裁制辩护。它的最初现实结果是罗伯斯庇尔的统治；俄国和德国（德国尤甚）的独裁制部分也是卢梭学说的结果。卢梭的幽灵将来还要取得什么胜利，我不敢妄断。

第二十章　康德

A　德国唯心论概述

洛克、贝克莱和休谟代表的英国经验主义支配了18世纪哲学。这些人身上有一种他们自己没意识到的矛盾，即性情与理论倾向的矛盾。论性情，他们是爱交

---

[1] 黑格尔特别赞许总意志与全体意志的区别，他说："卢梭要是一直把这区别放在心上，对国家理论本来会有更坚实的贡献。"（《大逻辑》第163节）

际的公民，丝毫不自以为是，不过分渴望权势，赞成在刑法许可范围内人人为所欲为的宽容社会。他们和蔼可亲，通情达理，温文尔雅又仁慈厚道。

性情社会化，他们的哲学理论却走向主观主义。主观主义不是新倾向，古代晚期就有，在圣奥古斯丁身上最显著；到近代被笛卡尔"我思论"唤醒，在莱布尼茨的无窗单子论达到一个小高潮。莱布尼茨认为哪怕世界其余一切都毁灭了，他自身经验中的一切依然如故；尽管如此，他还是一心推动天主教和新教的再统一。洛克、贝克莱和休谟身上也有类似矛盾。

在洛克身上，这矛盾仍处于理论层面。前面讲洛克的章节说过，洛克一方面主张"心灵的所有思维和推理中，除了唯有它沉思或能够沉思的自身观念外没有其他任何直接对象，所以我们的知识显然只熟悉这些观念"，而且"知识是两个观念相符或不符的知觉"，另一方面却宣称关于真实的存在我们有三类知识：关于自身存在的直觉知识、关于上帝存在的推理知识、关于感官事物的感觉知识。他说单纯观念是"事物自然作用于心灵的产物"，却并未解释缘由，这当然超出"两个观念相符或不符"的范畴。

贝克莱的矛盾轻得多。他摒弃外部物理世界，主张只有心和观念；但他仍未认识到洛克认识论原理的全部后果。假如他彻底前后一致，就会否认对上帝和自己以外其他所有心灵的认识。作为教士和社会成员的情感让他无法如此否定。

休谟无所畏惧地追求理论一贯性，却没有把理论付诸实践的冲动。他否认自我，对归纳法和因果关系提出质疑。他赞同贝克莱对物质的摒弃，但不肯像贝克莱那样用上帝理念取而代之。没错，他像洛克那样认为没有不具备先行印象的单纯观念，还无疑把"印象"想象成心外之物直接造成的心灵状态。但他不肯把这当"印象"的定义，因为他质疑"因果"概念。我怀疑休谟及其追随者究竟有没有清楚意识到这个印象问题。很显然，他认为"印象"既然不能靠因果关系定义，就必须由区别于"观念"的某种本质属性定义。因此，他不能像洛克那样主张印象造成有关外物的认识——贝克莱也有类似主张。所以，他本该认为自己封闭在唯我论世界里，除了自己各种内心状态及其之间的关系外，一无所知。

休谟始终连贯一致，表明经验主义的逻辑极致会造成鲜有人能承认的结果，使一切科学领域的理性信仰与盲从轻信别无二致。洛克预见到这种危险，他借一个假想的批评者之口说："假如认识是观念间的相符，狂人和清醒者就在同一水准了。"洛克生活在人们厌倦"狂热"的时代，他对这批评的答复不难让人信服。卢梭生活在人们厌倦理性而"狂热"复兴的关头，于是承认理性破产，任情感决断理智拿不准的问题。从1750年到1794年，情感的呼声越来越高，最后热月政变才暂时遏止这迅猛趋势，至少在法国如此。在拿破仑时代，情感和理智都被噤了声。

德国人对休谟的不可知论的反应远比卢梭深刻精妙。康德、费希特和黑格尔创立了一种新哲学，试图从18世纪晚期的破坏性学说中挽救知识和美德。康德把始于笛卡尔的主观主义倾向带到新极端，费希特更甚。他们最初没有反对休谟，主观主义对休谟的反对始于黑格尔，他用逻辑开辟了一条从个人逃向世界的新路。

德国唯心论整体上与浪漫主义相像。这方面费希特很明显，谢林更甚，黑格尔最不明显。

德国唯心论始祖康德本人在政治上不重要，虽然写了几篇有意思的政论。相反，费希特和黑格尔都提出曾经且依然对历史进程有深刻影响的政治学说。要理解他们，必须先研究康德，康德就是本章的主题。

德国唯心论者有某些共同特征，探讨细节之前先说一下。

康德及其追随者强调通过批评知识来获取哲学结论。他们强调与物质相对的精神，最后得出唯精神存在的论断。他们强烈排斥功利主义伦理，赞成那些靠抽象哲学论辩证明的伦理。他们有一副先前英法哲学家没有的学究腔，康德、费希特和黑格尔是面向学者的大学教授，不是面向业余爱好者的有闲绅士。虽然有一定革命性影响，但他们本身并没有颠覆意识，费希特和黑格尔绝对尽心维护国家。他们过的都是典型学院生活，道德观都极为正统。他们有神学革新，但目的是维护宗教。

叙罢引言，我们来探讨康德。

B 康德哲学梗概

伊曼努尔·康德（1724—1804）通常被视为最伟大的近代哲学家。我个人不这么看，但不承认他至关重要就是愚蠢了。

康德一辈子生活在东普鲁士的柯尼斯堡地区。他过的是平淡无奇的学院生活，虽然经历了七年战争（其间俄国占领东普鲁士）、法国大革命和拿破仑革命生涯的初期。他学的是沃尔夫式[1]莱布尼茨哲学，却由于卢梭和休谟的影响而放弃它。

---

[1] 克里斯蒂安·沃尔夫（1679—1754），德国开明理性派哲学家，将莱布尼茨哲学系统化。——译注

休谟对因果概念的批判，把他从教条的酣眠中唤醒——这是他本人说的；但唤醒只是一时，他很快炮制出让自己再次沉睡的催眠药。休谟是康德辩驳的对手，而卢梭对康德的影响更深。康德的生活作息极其规律，大家甚至根据他散步路过门口的时间来对表，但有一次他的作息竟被打乱几天，因为他在读《爱弥儿》。他说卢梭的书要读几遍，因为初读时文笔的美妙让他注意不到内容。他一直受虔诚的教育，但在政治和神学上都是自由主义者。他信奉民主，同情恐怖统治前的法国大革命。他的哲学允许情感反抗理性的冷酷指令，稍微夸张地说，好似萨维牧师的学究版（详见下文）。他认为应当把每个人本身视为目的，这是一种人权说；他说"最可怕的事莫过于一个人的行为要服从另一人的意志"（大人孩子都一样），流露出对自由的热爱。

康德早期作品更关注科学而非哲学。里斯本地震后，他写地震理论，写关于风的论著，还写了篇欧洲西风是不是由于吹过大西洋而潮湿的短文。自然地理是他深感兴趣的学科。

他最主要的科学著作是《自然通史和天体论》（1755），是拉普拉斯[1]星云说的先声，讲述太阳系的一种可能起源。书中某些部分有鲜明的弥尔顿式庄严。它提出成果丰硕的假说，但没有像拉普拉斯那样给出严肃论证。某些内容纯粹是幻想，比如所有行星都有居民，最遥远的行星居民最优秀等，这种为地球谦逊的精神值得称道，但没有任何科学依据。

有段时期他深受怀疑论困扰，写了篇奇文叫《通灵者之梦：以形而上学的梦为例》（1766）。通灵者指瑞典神学家斯维登堡，此人有个大部头神秘主义作品，只卖了四本，三本买主不明，一本买主是康德。康德半开玩笑半认真地说，斯维登堡的理论"异想天开"，正统形而上学可能有过之而无不及。但康德不完全蔑视斯维登堡，他也有神秘主义倾向，只是没怎么写出来；因此他赞赏斯维登堡，说斯维登堡"非常崇高"。

当时人人谈论崇高与美，他也写了本相关论著。黑夜崇高，白日美；海洋崇高，陆地美；男人崇高，女人美；如此等等。

《大英百科全书》说康德"从没结婚，把年轻时的勤奋习惯保持到老"。我倒纳闷这词条编者是单身汉还是已婚男。

---

[1] 皮埃尔·西蒙·拉普拉斯（1749—1827），法国天文学家、数学家。——译注

康德最重要的书是《纯粹理性批判》(1781年第一版，1787年第二版)，目的是证明虽然任何知识都无法超越经验，却有一部分是先验的、不从经验归纳来的。他认为先验知识不仅包括逻辑，还包括许多不能归入逻辑或由逻辑推知的东西。他划分了莱布尼茨混为一谈的两种区别。一种是"分析"与"综合"命题的区别，另一种是"先验"与"经验"命题的区别。这两种区别都得谈一下。

"分析"命题是谓项含义乃主项一部分的命题，比如"高个子的人是人"或"等边三角形是三角形"。这种命题来自矛盾律，说"高个子的人不是人"会自相矛盾。"综合"命题即不是分析命题的命题。我们靠经验知道的命题都是综合命题。仅凭分析概念，我们无法发现像"星期二是雨天"或"拿破仑是大将"这样的事实。然而与莱布尼茨和其他所有哲学家前辈不同，康德不承认相反说法，即所有综合命题都只能靠经验得知。这引出上述第二种区别。

"经验"命题是不借助知觉就无法知道的命题，无论我们自己的知觉还是我们相信其说法的其他人的知觉。历史和地理上的事实就属于这类，真实性靠观测数据验证的科学定律亦然。相反，"先验"命题是虽然可以由经验引出，得知后却不再以经验为基础的命题。小孩可借助两粒弹珠和另外两粒弹珠的经验学算术，观察这些弹珠合在一起，他得到四粒弹珠的经验。然而他领会"二加二等于四"的一般命题后，就不再需要拿实例验证；这种确定性，是归纳法无法赋予一般定律的。所有纯数学命题在这个意义上都是先验的。

休谟证明因果律不是分析的，并推论说我们无法断定其真实性。康德承认因果律是综合的，却依然主张因果律是先验认识的。他认为算术和几何是综合的，但同样是先验的。于是他这样叙述该问题：

先验的综合判断如何成为可能？

对该问题的解答及其种种推论，构成《纯粹理性批判》的主题。

康德对自己的解答非常自信。这解答他寻求十二年，理论成形后几个月就写出整部大作。他在初版的序里说："我敢断言，尚未解决或尚未找出解决关键的形而上学问题一个都没有了。"他在第二版的序里自比哥白尼，自称对哲学进行了哥白尼式革命。

康德认为，外部世界只形成感觉素材，我们自己的思维器官把这些素材归整在时空中，提供理解经验用的种种概念。事物本身是我们感觉的原因，是不可知的；它们不在时空中，不是实体，也无法用他谓之"范畴"的其他一般概念描述。

空间和时间是主观的，是我们知觉器官的一部分。但正因为这样，我们才确信自己经历的一切都有几何学和时间科学探讨的特征。假如你总是戴蓝眼镜，你肯定看什么都是蓝色的（这不是康德举的例子）；类似地，你思想上总戴着空间眼镜，你肯定看什么都在空间中。因此几何学肯定适用于经历的一切，在这个意义上几何学是先验的，但我们没理由设想类似道理适用于我们未体验的物自体。

康德说，空间和时间不是概念，而是"直觉"（德语原词是"Anschauung"，字面意思是"瞧"或"观看"，英语"intuition"一词虽是定译，但并不尽如人意）的形式。但也有先验概念，即康德从三段论各种形式中总结来的十二个范畴，平均分为四组：（1）关于量的：单性、复性、全体性；（2）关于质的：真实性、否定性、限制性；（3）关于关系的：必有与偶有、原因与结果、交互作用；（4）关于状态的：可能性、存在性、必然性。时空是主观的，同理这些范畴也是主观的；也就是说，我们的思维结构决定了这些范畴适用于我们体验过的一切，但没理由设想它们适用于物自体。然而关于因果，有一处自相矛盾，因为康德把物自体看成感觉的原因，却又认为自由意志是空间和时间中事件的原因。这矛盾不是偶然疏忽，而是他理论体系的本质内容。

《纯粹理性批判》用很大篇幅说明把时空或范畴适用于未经历事物所造成的种种谬误。康德说，这样做会让我们陷入"二律背反"，即一对似乎都能各自证明的矛盾命题。康德列出四个二律背反，均由正题反题构成。

第一个，正题是"世界有时间起点，也有空间局限"，反题是"世界没有时间起点，没有空间局限，在时空两方面都是无限的"。

第二个二律背反证明每个复合体既是又不是由单纯部分构成的。

第三个二律背反，正题主张有两种因果关系，一种遵照自然律，另一种遵照自由律；反题主张只有一种因果关系，遵照自然律。

第四个二律背反证明既有又没有绝对必然的存在。

《纯粹理性批判》这部分内容对黑格尔影响极大，黑格尔的辩证法完全是借助二律背反展开的。

在一个著名章节中，康德摧毁了关于上帝存在的所有纯理智证据。他表明另有相信上帝存在的理由，以后在《实践理性批判》里谈，这里只谈否定。

他说，上帝存在的纯理智证明只有三个：本体论证明、宇宙论证明和物理神学证明。

他说，本体论把上帝定义为最真实的存在（ens realissimum），即属于绝对存在的所有谓项的主项。认可该证明的人说"存在"就是这种谓项，其主项必有"存在"这个谓项，也就是说，必然存在。康德的反对理由是，存在并非谓项。他说，我凭空幻想的一百枚塔拉[1]，可以与一百枚真实的塔拉有完全相同的谓项。

宇宙论证明认为，假如有什么东西存在，就肯定有绝对必然的存在；既然我知道我存在，所以肯定有绝对必然的存在，那一定是最真实的存在。康德指出，该证明的最后一步是本体论证明的翻版，已经被前面的话驳倒。

物理神学证明就是大家熟悉的设计论，只是披上形而上学外衣。它主张宇宙展现出一种秩序，表明宇宙有目的。康德对该证明心怀敬意，但又指出，它至多证明有设计者，不能证明有造物主，所以构不成完整的上帝概念。他总结说："唯一可能的理性神学，是基于道德律或寻求道德指导的神学。"

他认为上帝、自由和永生是三个"理性观念"，然而，尽管纯粹理性让我们形成这些观念，本身却无法证明它们属实。这些观念的重要性在于实践，也就是牵涉道德。对理性的纯理智运用会导致谬误，唯一正确的运用是用于道德目的。

理性的实践运用在《纯粹理性批判》书尾有简单论述，在《实践理性批判》（1786）里讲得更细。论点是道德律要求正义，即幸福与美德成比例。这一点唯有神意能确保，而且不是在今世确保。所以有上帝有来世，而且必须有自由，因为没有自由就没有美德可言。

康德伦理学在《道德形而上学》（1785）一书中，有重大历史意义。书中讲到"绝对律令"，起码这术语是职业哲学家圈外的大众也熟悉的。康德压根儿不理会功利主义或任何有外在目的的道德学说。他想要"一套完全独立的，不掺杂任何神学、物理学或超物理学的道德形而上学"。他还说，一切道德概念都有纯先验的理性地位和起源。人出于责任感而行动，才是有德；分内本来应做的，是不够的。为牟利而诚信，或一时心软而为善，都不算有德。道德的本质源于定律概念：自然界的一切都按定律运行，但唯有理性主体才具备遵照定律观念即意志行动的能力。对意志有强制力的客观原则叫做理性定律，理性定律的命令叫律令。

律令有两种，假言律令和绝对律令，前者是"为达到某某目的，你必须如此这般"，后者是"某行为是客观上必需的，不管任何目的"。绝对律令是综合的、

---

[1] 欧洲旧式银币。

先验的，康德从定律概念推出其特征：

"想到绝对律令，我就一下子明白它的含义。因为除了定律，该律令只包含准则与定律一致的必要性，但定律不含任何先在条件，所剩的仅是一般定律的普遍性，行为准则要符合这普遍性，符合定律就展现了律令的必然性。所以绝对律令只有一条，其实是只遵照自己希望成为普遍律令的准则行事"或者"像你的行为准则会通过你的意志成为普遍自然法则那样行动"。

康德举例说明绝对律令的机制：借钱是不对的，因为要是大家都伸手借钱，就不会有钱可借。同样方式也能表明偷盗和杀人是违背绝对律令的。但某些行为康德肯定认为是错的，却无法用他的原则证明它错，比如自杀，抑郁者很可能希望人人都自杀。事实上，康德的准则似乎指出了美德的必要而非充分标准。想要充分标准，我们得抛开康德的纯形式观点，适当考虑行为的后果。但康德断言美德不取决于行为意欲的后果，只取决于导致该行为的准则；假如这点正确，康德的准则就再确凿不过了。

康德说，虽然他的原则似乎没这样要求，但我们在行动中应当把每个人本身

康德的《道德形而上学》（1785）提出了"绝对律令"，有重大的历史意义。《永久和平论》（1795）展现了老年康德的充沛精力和清新思维

当作目的。这算是一种抽象人权说,面临着同样的反对理由。假如当真,两个人利益冲突时就根本做不出决断。这困难在政治哲学上特别明显,政治哲学需要某些原则,比如多数优先,这要求某些人的利益在必要情况下为他人利益而牺牲。假如有什么政治伦理,政治目标必须算一个,符合正义的目标只有一个,即社会利益。但是,也可以把康德的原则理解为不是说每个人都是绝对目的,而是说每个人在影响众人的行动中都要得到同等考虑。照这样理解,这原则就相当于给民主政治提供伦理基础,也不再面临上述批评。

1795年出版的《永久和平论》展现了老年康德的充沛精力和清新思维。他在这部著作中倡导自由国家用反战条约结成联邦。他说,理性完全是谴责战争的,唯有国际政府才能防止战争。成员国内部应实行"共和"制,但他对这个词的定义是行政与立法分离,不是说不要国王,其实他认为君主制最容易实现完美政治。此书写于恐怖统治影响下,他对民主怀有疑虑,说民主必然是专制的,因为设有行政权。"实施政策的所谓'全体人民'其实不是所有人,而只是多数人,因此普遍意志会自相矛盾,而且与自由原则相矛盾。"这措辞透着卢梭的影响,但用世界联邦保障和平的重要观念并非来自卢梭。

1933年[1]起,此书让康德在本国不再受欢迎。

C 康德的时空论

本节拟探讨《纯粹理性批判》中最重要的内容:时空论。

解释康德时空论并非易事,因为它本身就不清楚。《纯粹理性批判》和《未来形而上学的绪论》两书都有论述,后者更好懂,但不如前者全面。我先阐述他的理论,尽量把它说通,再试作批判。

康德主张知觉的直接对象部分源于外界事物,部分源于我们自身的知觉器官。洛克已经让世人习惯认为颜色、声音、气味等次性质是主观的,不属于对象本身。像贝克莱和休谟那样,康德也更进一步,说主性质也是主观的,尽管具体说法有所不同。康德多数时候不怀疑我们的感觉有原因,他称之为"物自体"或"本体"(noumena)。呈现于知觉的,他称之为"现象",含两部分:源于对象的叫"感觉",源于主观器官的叫现象的形式,使多种现象按特定关系归整起来。现象的形

---

[1] 该年希特勒上台。——译注

式本身不是感觉,所以不依赖偶然环境状况;它是我们随身带有的,所以始终不变;它不依赖经验,在这个意义上是先验的。感觉的纯粹形式叫"纯粹直觉",有两种,即空间和时间,一个属外部感觉,一个属内部感觉。

为证明空间和时间是先验的,康德提出两种论证,一种是形而上学,一种是认识论,也就是他所谓的超验论。前者直接来自空间和时间的本质,后者间接来自纯数学存在。对空间的论证更详细,因为他认为时间方面基本同理。关于空间的形而上学论证有四条。

1. 空间不是从外部经验抽取的经验概念,因为把感觉归因于外界事物就假定了空间,外部经验只能呈现于空间。

2. 空间是必然的先验表现,是所有外部知觉的基础,因为我们能想象空间里没有东西,却无法想象没有空间。

3. 空间不是普遍事物关系的推论或普遍概念,因为只有一个空间,所谓"各空间"是它的各个部分,不是它的不同实例。

4. 空间呈现为特定的无限值,本身包含空间的所有部分;这种关系不像概念和实例的关系,所以空间不是一种概念而是一种直觉。

对空间的超验论证来自几何学。康德主张欧几里得几何尽管是综合的,即无法仅凭逻辑推演出来,却是先验认知的。他认为几何证明依赖图形;比如,我们能看出,成直角相交的两条直线,经交点只能画一条与这两条直线都成直角的直线。他认为这种知识不是从经验得来的。但在我主观所有实际印象之前,它必须只包含我感觉的形式,我的直觉才能预见到在该对象上会有何发现。感觉对象必然服从几何学,因为几何学讲的是我们的感知方式,我们无法以其他方式感知。这解释了为什么几何学虽是综合的,却是先验的、确凿无疑的。

对时间的论证基本同理,只是算术取代了几何,因为计数需要时间。

现在逐一考察这些论证。

关于空间的第一条形而上学论证说"空间不是从外部经验抽取的经验概念;要把特定感觉归于自身之外的事物,要感觉到它们是外部并列、不同且处于不同位置,就需要既有的空间呈现(zum Grunde liegen)"。因此,外部经验只能呈现于空间。

"自身之外"这个说法(即空间位置与我自身不同)很费解。作为物自体,我哪里也不在,也没什么空间上在我之外的东西,这只能指作为现象的我。因此真正的意思全在后半句,即我感知到不同对象在不同位置。这让人脑中浮现一个画面:侍者把不同外套挂在衣帽间不同的挂钩上,挂钩肯定已经存在,而侍者主观排列这些外套。

康德的主观时空论始终有一个他自己似乎没意识到的困难。是什么让我以这种方式排列知觉对象,而不以其他方式排列呢?比如说,为什么在我看来人的眼睛总在嘴巴上面而不是下面?按康德的观点,眼睛嘴巴都是物自体,引起我的不同知觉,但眼睛嘴巴本身与我知觉中的空间排列没有任何对应之处。我们不认为物体本身具有我们感知到的那种意义上的颜色,但我们的确认为不同颜色相当于不同波长。但光波涉及时空,所以按康德的说法,光波不能纳入引起我们知觉的种种原因。然而,假如像物理学认为的那样,我们知觉里的时空在物质世界有对应物,那么几何学也适用于这些对应物,康德的论证就无效了。康德认为思维归整感觉原材料,却从没想到应解释为何以现在这种方式而非其他方式归整。

时间问题牵涉因果律,这个困难更棘手。我在感知雷声之前感知闪电;物自体A让我感知闪电,物自体B让我感知雷声,但A并不早于B,因为时间仅存在于知觉表象的关系中。那么,为什么A和B这两个无时间性的东西会在不同时间产生结果?假如康德正确,A与B之间必定没有与"A造成的知觉比B造成的知觉早"这个事实相对应的关系。

第二条形而上学论证主张人类能想象空间里什么都没有,但不能想象没有空间。我觉得任何严肃论证都不能拿我们能想象什么、不能想象什么当依据;但我坚决否认我们能想象一无所有的空间。你可以想象在阴云密布的夜晚眺望天空,但这时你自身也在空间里,你想象那些看不到的云。康德的空间像牛顿的空间,是绝对空间,不只是诸关系构成的体系。但我不知道如何想象绝对空虚的空间。

第三条形而上学论证说:"空间不是普遍事物关系的推论或普遍概念,而是纯粹的直觉。因为,首先我们只能想象(sich vorstellen)一个单独空间,假如我们说'各空间',那无非指同个唯一空间的各个部分。这些部分不能先于整体存在……只能想成在它之中。空间本质上是独一无二的,复数形式都在于限度。"据此他断言空间是先验直觉。

这条论证的主旨是否认空间本身的复性。我们说的"那些空间"既不是一般"空间"概念的实例,也不是总和的部分。我不是很明白康德这里的逻辑,但无论如何它们逻辑上总是在空间之后。现代人几乎都持空间关系观,对他们而言这条论证是无法述说的，因为无论"空间"抑或"那些空间"都不再是实词。

第四条形而上学论证主要想表明空间是直觉而不是概念。其前提是"空间被想象（或呈现，vorgestellt）为特定的无限值"，这是住在柯尼斯堡那种平原地带的人的想法，阿尔卑斯山谷的居民恐怕不会这么认为。很难想象无限的事物怎么会是"特定的"。我倒觉得特定空间部分显然是知觉对象占据的，其他部分我们只会觉得可能会运动。恕我搬出一个粗略说法，近代天文学家岂不主张空间实际上不是无限的，而是像地球表面那样周而复始地打转呢。

超验（或认识论）论证在《绪论》中讲得最好，比形而上学论证明确，也能更明确地批驳。"几何学"这个名称涵盖两门学问。一门是纯几何，从公理推导结论而不问公理是否"真实"；其中不含任何逻辑推不出来的东西，不是"综合的"，用不上几何教科书里的那种图形。另一门是作为物理学分支的几何，比如广义相对论里的几何；这属于经验科学，公理是由测量数据推断出来的，与欧几里得的公理不同。因此，两门几何中，一个是先验而非综合的，另一个是综合而非先验的。这推翻了先验论证。

现在从更普遍的角度考察康德提出的问题。如果采纳物理学认为确凿的观点，即我们的知觉有（某种意义上的）物质性外部原因，就会得出知觉的实际性质与未感知原因的实际性质不同，但知觉系统和知觉原因系统有特定结构相似性的结论。比如说，人感知的颜色与物理学家推断的波长有关联。类似地，作为知觉素材的空间和作为知觉未感知原因的系统素材的空间也必定有关联。这一切都依赖"同因，同果"原理及其换质命题"异因，异果"。因此，假如A视觉形象似乎在B视觉形象的左边，我们应设想A的原因和B的原因之间有某种相应关联。

照这么看，就有两个空间，一个主观一个客观，一个来自经验一个仅靠推断。但在这点上，空间与颜色、声音等其他知觉并无不同；主观形式都是凭经验得知的，客观形式都是靠因果原理推断来的。没有任何理由认为我们的空间知识与颜色、声音或气味知识有任何不同之处。

时间问题就不同了，因为如果我们坚持认为知觉有未感知的原因，客观时间就必须与主观时间同一，否则我们会陷入上文说的闪电与雷声困局。或者换个例子：你听见某人说话，回答他，他听见你回答。他说话，他听见你回答，对你而言都是未感知世界的事；在那个世界，前一件事先于后一件。此外，在客观物理世界，他说话先于你听见；在主观知觉世界，你听见先于你回答；在客观物理世界，你回答又先于他听见。显然,所有这些命题中的"先于"关系肯定是一样的。因此,空间知觉在某个重要意义上是主观的,而时间知觉在任何意义上都不是主观的。

像康德那样,上述论证假定知觉是"物自体"引起的,或者用我们的话说是物理世界的事物引起的。但这个假定根本没有逻辑必然性。如果抛弃它,知觉在任何重要意义上都不再是"主观的",因为没有任何东西可参照了。

"物自体"是康德哲学的累赘,后继者直接将之抛弃,陷入一种颇似唯我论的局势。康德的种种矛盾使他影响的哲学家很快走向经验主义或绝对主义;其实德国哲学走的是绝对主义方向,直至黑格尔去世。

康德的直接后继者费希特(1762—1814)抛弃"物自体",把主观主义推到几乎精神失常的地步。他主张自我是唯一的终极实在,自我存在是由于它设定自己;次级实在的"非我",也是由于自我的认定才存在。费希特不是重要的纯哲学家,他的重要地位是德国国家主义的理论奠基人,因为耶拿战役[1]后他写了《告德意志国民》(1807—1808),呼吁德国人抵抗拿破仑。费希特很容易混淆作为形而上学概念的自我和经验主义的自我;自我是德国人,所以德国人比其他所有国民优越。费希特说:"有品格和当德意志人,无疑是同一回事。"据此他弄出一整套国家极权主义哲学,在德国有重大影响。

他的直接后继者谢林(1775—1854)比较温厚,但主观度毫不逊色。他和德国浪漫主义关联甚密,在哲学上并不重要,尽管当时也赫赫有名。康德哲学的重要发展是黑格尔哲学。

第二十一章　19世纪思潮

19世纪的精神生活比以往任何年代都复杂,原因很多。首先,相关区域扩大了,美国和俄国有重大贡献,古今印度哲学也受到欧洲重视。第二,17世纪以来作为主要创新源泉的科学有了新胜利,特别在地质、生物和有机化学领域。第三,

---

[1] 1806年拿破仑在耶拿大败普鲁士部队。——译注

机器生产深刻改变社会结构,让人类对物理环境有了新的掌控感。第四,哲学和政治上出现对传统思想、政治和经济体系的激烈反抗,许多似乎颠扑不破的信仰和制度受到冲击。这反抗有两种迥然不同的形式,一种是浪漫主义的,一种是理性主义的(我是从广义上说的)。浪漫主义反抗从拜伦、叔本华、尼采演变到墨索里尼和希特勒;理性主义反抗始于大革命时代的法国哲学家,柔化为英国哲学激进派,进一步深化为马克思并造就苏俄。

德国从康德开始支配知识界,这是个新因素。莱布尼茨是德国人,却几乎总用拉丁文或法文写作,哲学上很少受德国影响。相反,康德之后的德国唯心论等德国哲学深受德国历史的影响;德国哲学中许多貌似奇怪的东西,体现了因历史意外而丧失原有权势的强悍民族的心境。德意志靠神圣罗马帝国占据重要国际地位,但皇帝逐渐丧失对名义臣属的控制。最后一个强有力的皇帝是查理五世,他的权势在于对西班牙和低地诸国的统治。宗教改革和三十年战争摧毁了德意志残余的统一,只剩几个仰仗法国鼻息的小公国。18世纪只有普鲁士这个德意志国家成功抵抗法国,这正是腓特烈号称"大帝"的原因。然而连普鲁士也没能抗住拿破仑,耶拿之战一败涂地。普鲁士在俾斯麦治下重振,仿佛恢复了阿拉克、查理曼和巴巴罗萨的昔日荣光(对德国人来说,查理曼是德国人,不是法国人)。俾斯麦这句话显露了他的历史观:"我们不回卡诺莎。"[1]

普鲁士在政治上占优,在文化上却逊于西德意志大部分地区,所以许多德国名人包括歌德不以拿破仑耶拿大捷为恨。19世纪初的德国在文化和经济上特别多元。东普鲁士残存着农奴制,乡村贵族大多沉浸在乡野愚昧中,劳动者连最基本的教育都没有。相反,西德意志古代曾隶属罗马,17世纪以来受法国影响,曾被法国革命军占领,实行法国那样的自由主义体制。有些王公很聪慧,赞助艺术和科学,模仿文艺复兴时期君主的宫廷生活;最著名的例子是魏玛,魏玛大公是歌德的恩主。这些王公自然大多反对德国统一,因为那会破坏他们的独立。所以他们是反爱国的,那些依附他们的名士很多也如此,把拿破仑看成德国高等文化来使。

19世纪,德意志新教文化逐渐普鲁士化。腓特烈大帝是崇拜法国哲学的自由

---

[1] 1077年神圣罗马皇帝被教宗羞辱的地方,世俗权力屈服于天主教会的象征,参阅本书第323页。——译注

英格兰北部西约克郡的小城Todmorden位于曼彻斯特和利兹之间，其发展与19世纪棉纺织业的兴起紧密相连。机器生产深刻改变了社会结构，人类对物理环境有了新的掌控感，哲学和政治随之也出现了对传统的冲击和反抗。这种反抗有两种迥然不同的形式，一种是浪漫主义的，一种是理性主义的

思想者,曾竭力把柏林打造成文化中心;柏林学院由杰出的法国人莫派曲[1]任终身院长,但他惨遭伏尔泰死命嘲笑。腓特烈大帝的努力像当时多数开明君主那样,不包括经济政治改革,结果只是雇了群知识分子捧捧场。他死后,多数文化人又扎堆到西德意志。

与德国文学艺术比,德国哲学与普鲁士的关联更紧密。康德是腓特烈大帝的臣民,费希特和黑格尔是柏林大学教授。康德几乎没怎么受普鲁士影响,其实他因为自由主义神学立场还跟普鲁士政府闹了矛盾。但费希特和黑格尔是普鲁士的哲学喉舌,为德国爱国精神与普鲁士崇拜的融合做了很多铺垫。德国大史家尤其是蒙森和泰奇克传承了他们在这方面的努力。俾斯麦最终劝日耳曼民族接受了普鲁士主导的统一,日耳曼文化里国际精神较淡的成分获得了胜利。

黑格尔死后的整个时期,大部分学术哲学仍是传统派,所以不太重要。英国经验主义哲学在英国一直盛行到19世纪尾声,在法国的主宰地位结束得稍早一点;康德和黑格尔的哲学慢慢征服法国和英国的大学,至少就专业哲学教师而言。但这种运动几乎没怎么影响到普通受教育人群,在科学家里也没多少信徒。学院传统派著述家,经验主义者有约翰·斯图亚特·密尔,德国唯心论者有洛泽、济格瓦、布拉德利和柏桑基,没一个算得上一流哲学家,我是说他们比不上被他们传

费希特向德意志人发表演讲,呼吁德国人抵抗拿破仑。与文学艺术比,德国哲学与普鲁士的关联更紧密

---

[1] 莫派曲(Pierre Louis Moreau de Maupertuits,1698—1759),法国数学家、天文学家。

承学说的那些人。以前学术哲学往往跟不上最有活力的时代思想,比如说,16、17世纪的学术哲学依然主要是经院派的。遇到这种情况,哲学史家就不太关注教授而更关注非职业的异见者。

法国大革命时代的哲学家大多结合了科学和卢梭式信仰。爱尔维修和孔多塞可谓理性主义与狂热精神结合的典范。

爱尔维修(1715—1771)的作品《论精神》(1758)荣登索邦大学禁书榜,由刽子手执行火刑。1769年边沁读了他的东西,决心一辈子献身立法原理,说:"道德界的爱尔维修,相当于物理界的培根。所以说道德界已经有它的培根,但它的牛顿尚待来临。"詹姆斯·密尔用爱尔维修的理论教育儿子约翰·斯图亚特。

爱尔维修赞同洛克的心灵白板说,把人与人的差异完全归结为教育:每个人的才能和德行都是他所受教导的结果。他认为天才往往出自偶然:莎士比亚当初偷猎要是没被人逮着,会成为一个羊毛商[1]。他认为政体及其造成的风俗习惯是青年人的主要教导因素,所以他对立法很感兴趣。人生来无知但不愚蠢,只是被教育弄蠢了。

伦理学上,爱尔维修是功利主义者,认为快乐是善。宗教上,他是激烈反对教权的自然神论者。认识论上,他的观点是洛克简化版:"由于洛克的教导,我们知道我们的观念以及精神全部来自感觉器官。"他说,身体的感觉是行动、思想、感情、交往欲的唯一原因。他强烈反对卢梭对知识价值的评价,认为知识极有价值。

他的学说是乐观的,因为照他的看法,完美的教育能塑造完美的人。他暗示道,若能摆脱牧师,完美教育就更容易实现。

孔多塞(1743—1794)的观点和爱尔维修相似,但是受卢梭影响更深。他说,人权都源自一个事实:人是有感觉的生灵,会推理,有道德观念,所以不能再把人分成统治者和臣属、骗子和受骗的。"人权原理,悉尼为之慷慨就义[2],洛克因之成就威名,后来卢梭阐释得更精辟。"他说,洛克最先指出人类认识的局限,洛克的方法"很快成为所有哲学家的方法,正是由于该方法在伦理学、政治学和经

---

[1] 据说莎士比亚在老家贵族的地盘上偷猎,被人捉住打了一顿,为报复写了打油诗讽刺贵族。贵族一怒之下要告他,他怕坐牢,就逃到伦敦避难,成为大文豪。——译注
[2] 英格兰政治家悉尼(1622—1683)因为写书为叛乱辩护而遭处决。——译注

济学上的运用,使这些科学走上几乎像自然科学一样可靠的道路"。

孔多塞很赞赏美国独立战争。"简单常识让英国殖民地的居民认识到,格林尼治子午线这边出生的人和大西洋彼岸出生的英国人拥有完全相同的权利。"他说,美国宪法基于自然权利,美国独立战争让从涅瓦河到瓜达几维河的全欧洲知道了人权。但法国大革命的原理"比引导美国人的那些原则更纯粹、更明确、更深刻"。这些话写于他躲避罗伯斯庇尔时,不久他就被捕入狱,最终死在狱中,细节不详。

他信奉男女平等,而且是马尔萨斯人口论的首创者,但他的结论不像马尔萨斯那样阴郁,还提出节育是人口控制的必要方法。马尔萨斯的父亲是孔多塞的追随者,马尔萨斯就是这样知道人口论的。

孔多塞甚至比爱尔维修还狂热,还乐观。他相信随着法国大革命原理的传播,所有严重社会弊病都会很快根除。没活过1794年,也许是他的幸运[1]。

以边沁为首的哲学激进派把法国革命哲学家的学说降温并明晰化,带到英国。一开始边沁几乎专注法学,随着年龄渐增他的兴趣慢慢扩展,看法也更具颠覆性。1808年,他成为共和主义者、男女平等信奉者、帝国主义之敌、不妥协的民主主义者。他的某些观点来自詹姆斯·密尔,两人都相信教育万能。边沁无疑是出于民主感而认同"最大多数人的最大幸福"原则,但这样就得反对人权说,因此他直斥人权为"胡扯"。

与爱尔维修、孔多塞这样的人相比,哲学激进派有许多不同。性情上,他们很耐心,喜欢讲清理论的实际细节。他们极看重经济学,自以为已经把经济学发展为一门科学。边沁和约翰·斯图亚特·密尔有而马尔萨斯和詹姆斯·密尔没有的狂热倾向,被这门"科学"尤其是马尔萨斯悲观的人口论严厉抑制;按照马尔萨斯人口论,除非瘟疫刚过,多数工薪阶层的收入必定保持在自身和家人生活所需的最低限度。边沁主义者与法国前辈的另一重大不同是,工业化英国雇主与工薪阶层有剧烈冲突,造成工会主义和社会主义。冲突中,边沁主义者大体支持雇主而反对工人,但最后代表人物约翰·斯图亚特·密尔逐渐不再固守父亲的严厉教条,随着年龄的增长越来越不敌视社会主义,越来越不再坚信古典经济学是永恒真理。根据他的自传,这软化过程是从阅读浪漫派诗歌开始的。

---

[1] 1794年热月政变,法国大革命收尾。——译注

边沁主义者最初有颇为温和的革命性,慢慢就不再如此,部分由于他们成功改变英国政府的某些看法,部分由于日益增长的反社会主义和工会主义势力。前面说过,反传统者有理性派和浪漫派两种,虽然孔多塞这样的人两者皆是。边沁主义者几乎都是浪漫派,既反抗他们又反抗现存经济秩序的社会主义者亦然。社会主义运动直到马克思才形成完整哲学,下文再谈。

浪漫主义抗争和理性主义抗争都源于法国大革命和革命前夕的哲学家,却大相径庭。浪漫主义抗争在拜伦作品中披着非哲学外衣,在叔本华和尼采作品中学会哲学语言。它倾向于牺牲理智来强调意志,不耐烦推理,以某种暴力为荣。在政治实践中,它是民族主义的重要盟友。虽然不绝对,但它倾向于断然敌视常规理性,倾向于反科学。某些最极端形式体现在俄国无政府主义者身上,但在俄国最终得势的是理性主义抗争。是德国这个比任何国家都容易感染浪漫主义的国家给赤裸裸的意志这种反理性主义哲学提供了政治出路。

前面探讨的哲学出自传统、文学或政治上的启发。但哲学观念还有另外两个源头,科学和机器生产。机器生产的学理影响始于马克思,从那以后逐渐重要。科学从17世纪以来一直很重要,但在19世纪呈现为各种新形式。

达尔文对19世纪而言,好比伽利略和牛顿对17世纪。达尔文理论有两部分。一是进化论,主张各种生命形式是共同祖先逐渐演化来的。这个学说如今已经被普遍接受,在当时也不是新的。拉马克[1]和达尔文的祖父伊拉斯慕都主张过,更别说阿那克西曼德。达尔文给进化论提供了巨量证据,并在理论第二部分自称发现了进化的原因。他使进化论受到空前欢迎,使之具备前所未有的科学力量,但他绝不是进化论的首创者。

达尔文理论的第二部分是生存竞争和适者生存。所有动植物繁殖太快,大自然来不及供养它们;因此每一代都有许多个体在达到生殖年龄前就死了。生存取决于什么?当然有几分纯属运气,但还有一个更重要的原因。动植物与上一代不完全相像,而是各方面都略有突出或弱化。在特定环境中,同类个体为生存而竞争,最适应环境者有最大生存机会。因此在种种偶然变异里,有利变异会在一代代成熟个体中逐渐占优。所以一代又一代,鹿越跑越快,猫追踪猎物越来越悄无声息,长颈鹿的脖子越来越长。达尔文主张,时间足够长,这个机制就能解释从

---

[1] 拉马克(1744—1829)是法国博物学家,进化论先驱。——译注

原始生命到人类的整个漫长过程。

达尔文这部分理论一直饱受争议，多数生物学家认为有许多重大缺陷。但这不是19世纪思想史的关注点，因为从历史角度看，有意思的是达尔文把哲学激进派特有的那套经济学推及全体生物。在他看来，进化的原动力是自由竞争世界里的某种生物经济。马尔萨斯人口论推及动植物界，让达尔文把生存竞争和适者生存想成进化根源。

达尔文本人是自由主义者，但他的学说有某些对传统自由主义不利的推论。人人生而平等、成人之间的差异全因教育，这与达尔文对同类个体先天差异的强调不相容。假如像拉马克主张、达尔文本人在一定限度内也愿意承认的那样，后天特质会遗传，那么与爱尔维修那种观念的对立本来会有所缓解；但好像唯有先天特质会遗传，只有一些不太重要的例外。因此，人与人的先天差异有根本重要性。

进化论还有一条推论，与达尔文说的具体机理无关。要是人和动物有共同祖先，人经历过许多不知算人还是算动物的缓慢演化阶段，问题来了：在哪个进化阶段，人或半人形祖先开始全体平等？直立猿人要是受过适当教育，会出牛顿那样好的成绩吗？要是当初有人告皮尔当人[1]偷猎，皮尔当人也能写出莎士比亚的诗篇吗？对这些问题做肯定回答的绝对平等主义者，会发现自己不得不承认猿猴和人类地位平等。为什么只跟猿猴平等？我想不出他反对生蚝投票权的理由。进化论的信徒也许应主张不仅人人平等是反生物学的，连人权说都是反生物学的，因为它把人类与动物区分得太开了。

但自由主义的另一面被进化论强力巩固，那就是进步信念。由于这种作用，再加上进化论是反对神学的新论据，所以只要世情还容许乐观主义，自由主义就欢迎进化论。马克思某些学说是达尔文时代以前的东西，他本人倒想把自己的书题献给达尔文。

生物学的威信让思想受科学影响的人把生物而非机械论范畴应用到世界上。在他们看来，万物都在演化，内在目标也更容易想象。与达尔文的初衷相反，许多人认为进化论恰恰证明宇宙有目的。有机体概念成为从科学和哲学角度解释自

---

[1] 皮尔当人是1912年在英国东南部的皮尔当发现的头盖骨，据揣测是更早期的人类，但后来证实是人的头盖骨和猿的下颚骨伪造的。——译注

然律的关键，18世纪的原子论思想过时了。这种看法最终甚至影响了理论物理学。政治上它自然导致对社会而非个人的强调。这顺应国家权力的强化，也符合民族主义，因为民族主义可以把达尔文的适者生存论适用于民族而非个人。但这属于大众懵懂地根据科学原则产生的非科学见解。

生物学妨害机械论世界观，现代经济技术却相反。直到18世纪末，与科学理论相对的科学技术对人类观念没什么重大影响。工业化兴起后，技术才开始影响人的思想。甚至很长时间以来，这种影响多少是间接的。哲学理论的创立者几乎总是与机器绝缘。浪漫主义者注意到工业化在素来优美的地方制造丑陋，注意到靠"生意"赚钱的那些人的鄙俗（在他们眼中），并憎恨这丑陋和鄙俗。他们与中产阶级对立，偶尔与无产阶级斗士似乎结成什么联盟。恩格斯夸赞卡莱尔，却没意识到卡莱尔渴求的不是解放雇佣工人，而是让他们顺服像中世纪主人那样的雇主。社会主义者欢迎工业化，却想把产业工人从雇主权势下解放出来。他们考察问题时注意到工业化，涉及问题解决方案时却忘了工业化。

机器生产对想象世界图景的最大影响是人类权能感的暴增。人类从历史初期就开始发明武器减轻对野兽的恐惧，发明农耕减轻对饥饿的恐惧，这个过程只是加速了，而最近加速迅猛，那些掌控现代科技力量的人甚至有了全新世界观。从前山川瀑布是自然事物，如今碍事的山可以铲除，省事的瀑布可以建造。从前有沙漠有沃土，如今只要人们觉得值，就能让沙漠绽放玫瑰，不够科学的乐观主义也能把沃土变沙漠。从前农民过父母和祖父母过的生活，信父母和祖父母信的东西，教会竭尽全力也无法杜绝异教，只好用本地圣徒跟它们扯关系，给它们披上基督教外衣。如今当局能指令农家子弟在学校学什么，一代就能把农民的思想改个样，这在俄国好像已经实现。

因此，那些管事的人或者跟管事的有接触的人，滋生出新的权能感：首先是与大自然搏斗的权能，另外是用科学宣传术尤其是教育控制人类信仰和志向的统治者针对民众的权能。于是确定性减弱，似乎没什么改变是办不到的。大自然是原材料，不有效参政的那部分人类亦然。某些旧概念显示人类相信人力有限，其中首要的是"上帝"和"真理"（我不是说两者有逻辑关联）。这些概念趋向消融，即使没有被明确否定，也不再重要，只是口头说说。整套观念是新的，不知人类将如何适应。它已经造成多场巨灾，将来无疑还要继续制造。创造一种哲学，既能应对掌权者对无限权能的醉心预期，又能应对无权无势者的冷漠麻木，是这个时代最迫切的任务。

许多人仍衷心信仰人类平等和民主理论，但现代人的想象力已经被19世纪根本不民主的工业体制促成的社会体制深刻影响。一方面是实业巨头，另一方面是广大工人，民主制度的内在瓦解还没被民主国家的普通公民意识到，却一直是黑格尔以来多数哲学家操心的首要问题，多数人与少数人尖锐的利益冲突已实际表现为法西斯主义。哲学家当中，尼采毫不羞耻地站在少数人一边，马克思全心全意地站在多数人一边。边沁可能是唯一想调和利益冲突的重要人物，结果招双方忌恨。

构建现代人际关系伦理，必须既承认人类对非人类环境的能力有限，并承认人类对彼此的权力要适可而止，才能圆满。

第二十二章　黑格尔

黑格尔（1770—1831）是康德引发的德国哲学运动的集大成者；虽然他常常批评康德，但没有康德就不会有黑格尔理论。黑格尔的影响尽管逐渐衰弱，但一直很强大，不仅在德国，也不主要在德国。19世纪末，一流英美学术哲学家多是黑格尔派。纯哲学领域外，许多新教神学家也采纳他的学说，他的历史哲学也对政治理论有深远影响。大家都知道，青年马克思是黑格尔信徒，成形马克思体系中有许多重要的黑格尔特色。即使黑格尔的学说几乎全错（我个人这么认为），他依然不止有历史重要性，因为他是某种没那么有理、没那么易懂的哲学的最佳范例。

他的一生波澜不惊。青年时代热衷神秘主义，后来的观点多少算是当初神秘顿悟的理智化。他一直教哲学，先是在耶拿大学当准教授（Privatdozent）——他说《精神现象学》就是在耶拿战役的前一天写完的——接着转到纽伦堡大学，后来在海德堡大学当教授（1816—1818），1818年转到柏林大学，在这里教学直到去世。晚年黑格尔是普鲁士爱国者、国家忠仆，安享公认的哲学声誉；但他年轻时鄙视普鲁士而崇拜拿破仑，甚至为法军在耶拿的胜利欢欣。

黑格尔哲学非常艰深，可以说所有大哲学家里数他最难懂。探讨细节前，一番概览也许会有助理解。

早期爱好神秘主义的他，一直认为分立性是不真实的，世界不是原子、灵魂之类的纯自立坚固个体的集合。在他看来，有限事物貌似各自存在，其实是幻觉；除了整体，任何东西都不是终极完全的真实存在。但是与巴门尼德、斯宾诺莎不同，他把整体设想为我们称之有机体的那种复合系统，而不是单纯实体。似乎构成世界的那些貌似分立的东西，也不纯粹是幻觉，多少有一定实在性，其实作为整体的方面是实在的。既然这么认为，他自然不相信时空的真实性，因为如果时空完全实在，就意味着分立和复性。这些看法最初肯定只是他心里的神秘"洞见"，书中精细阐述的理智体系准是后来形成的。

他断言现实即合理，合理即现实。但他说的"现实"不是经验主义者那种意思。他承认甚至强调经验主义者认为的事实都是不合理的，只有透过表象把事实视为整体的方面，才是合理观念。尽管如此，把现实等同于合理，难免会造成一些"存在即合理"式自满。

黑格尔把错综复杂的整体叫做"绝对"。绝对是精神性的；斯宾诺莎认为整体不仅有思维也有广延属性，黑格尔不同意。

黑格尔与类似形而上学观的人有两点区别。一是强调逻辑，黑格尔认为"实在"的本质单凭它不可自相矛盾这一点就能推演出来。另一区别（与前一点紧密关联）是叫做"辩证法"的三元运动。他最重要的著作是两部《逻辑学》，想正确理解他对其他问题的看法，这两部书不可不懂。

黑格尔理解的逻辑，据他说就是形而上学，与通常所说的逻辑颇为不同。他认为，任何普通谓项如果用来判定整体"实在"，就会自相矛盾。不妨拿巴门尼德的"一"为粗略例子：仅有的真实存在"一"是球形的。没有边界的东西不会是球形的；除非外部有什么东西（起码是空间），否则就不会有边界。因此，说宇宙整体是球形的，是自相矛盾（要是非抬出欧几里得几何学，该论证也有疑问，但可以聊作示例）。或者举个更粗浅的例子——粗浅得黑格尔绝不会使用的例子：你可以说甲先生是舅舅，这没有明显矛盾；但是，你若说宇宙是舅舅，就会陷入困局。所谓舅舅指有外甥的人，外甥是与舅舅分立的人，所以舅舅不会是"实在"整体。

这个例子也可用来说明辩证法。辩证法由正题、反题与合题组成。首先我们说,"实在是舅舅",这是正题。但有舅舅就意味着有外甥。既然"绝对"外没有任何东西,我们又要确保有外甥,就不得不总结说"绝对是外甥",这是反题。但这和"绝对"是舅舅的说法有同样缺陷,我们只好说"绝对"是包含舅舅和外甥的整体,这是合题。但这个合题仍不圆满,因为一个人必须有姐妹当外甥的母亲,才能当舅舅。因此我们只好扩大宇宙,把姐妹跟姐夫妹夫都包括进去。照这样推演,仅因逻辑的推动我们就不得不从关于"绝对"的任何谓项抵达辩证法的最终结论,即"绝对理念"。整个过程有一个基础假定:除非是关于整体"实在",其他任何东西都不可能真实确切。

这个基础假定有传统逻辑依据:所有命题都有主项和谓项。据此,任何事实都是说某事物具备某性质。所以关系不会是实在的,因为关系涉及的是两个而非一个事物。"舅舅"是关系,人可能当了舅舅而不自知,这时从经验立场看,此人没有因当上舅舅而受任何影响,没增添任何新特质,如果"特质"指描述他本身所必需的、不涉及他与其他人和物的关系的东西。主谓项逻辑要规避这个困难,就只能声称该事实不仅是舅舅或外甥一个人的特质,而是舅舅、外甥两人整体的特质。除了整体,一切都与外部事物有各种关系,那么关于单独事物不会有任何确凿说法,其实唯有整体才是真实的。这一点更直接源于这个事实:"甲和乙是两个"不是主谓项命题,那么根据传统逻辑,不会有这种命题。所以世界上没有两个事物之说,单独"整体"是唯一实在。

上述观点黑格尔没有明说,只是隐含在他和许多其他形而上学家的理论中。

黑格尔辩证法的几个实例也许有助于理解。他在逻辑论证的开头假定"绝对是纯粹存在";我们假定它只是存在,不给它设置任何性质。但没有任何性质的存在就是无,于是我们得出反题:"绝对是无。"从正题和反题转入合题,存在和不存在结为"变成",所以"绝对是变成"。这当然也不行,因为必须有东西在变。就这样,我们对"实在"的看法随着不断纠正旧错而发展,这些错误都源于不当的抽象化,把某种有终或有限的事物当整体。"有限事物的界限不仅来自外界,它的本性就是它被废除的原因,它因自身行为转化为自身对立面。"

黑格尔认为,过程是理解结果的根本。辩证法每个后面阶段都像溶液般蕴含着前面所有阶段;任何阶段都没有被完全取代,而是在整体中得到合适位置。所以不经历辩证法的所有阶段,就无法抵达真理。

认识整体有三元运动。认识始于感官知觉,仅意识到客体。然后通过对感觉的质疑批判,成为纯主观的。最后到达自认识阶段,主客体不再有别。所以自意识是认识的最高形态。当然,黑格尔的体系必须如此,因为最高认识必须由"绝对"具备,而"绝对"就是"整体",它自身之外就没有任何要认识的东西了。

在黑格尔看来,最好的思维是各种思想畅通无阻水乳交融。真和假不像通常认为的那样是截然分明的对立物;没有全假,我们的任何认识也不全真。"我们能通过谬误去认识";把绝对真理归于片面信息就会发生这种状况。"凯撒出生于何地?"这样的问题有直接答案,在某种意义上是真实的,但并非在哲学意义上。哲学上,"真理是整体",没有任何局部是全真的。

黑格尔说:"理性是对全部实在的有意确信。"这不是说独个的人是全部实在,独自状态的他不完全实在,但他也有实在之处,那就是对整体"实在"的参与。越是理性,参与度越大。

《逻辑学》结尾讲的"绝对理念"有点像亚里士多德的"神",是思考自身的思想。显然,"绝对"除自身什么也思考不了,因为除它之外什么都没有,除非我们片面而错误地理解"实在"。黑格尔说,精神是唯一的实在,其思想展现在自身意识中。德语原著的"绝对理念"定义非常晦涩,华莱士[1]把它翻译为:

"*The Absolute Idea*. The Idea, as unity of the Subjective and Objective Idea, is the notion of the Idea—a notion whose object (*Gegenstand*) is the Idea as such, and for which the objective (*Objekt*) is Idea—an Object which embraces all characteristics in its unity."(绝对理念。作为主观理念和客观理念的统一,绝对理念是理念的概念;其对象是绝对理念,对它而言客观者就是理念,是包含全部特征的统一体。)

德语原文更难懂[2]。但问题的实质没有黑格尔说得那么复杂。绝对理念是思索纯粹思想的纯粹思想。这正是上帝自古至今所做的一切,不愧是教授眼中的上帝。黑格尔接着说:"因此这统一体是绝对的全部真理,自我思索的理念。"

黑格尔哲学有一种奇妙特色,与柏拉图、普洛丁和斯宾诺莎等人明显不同。虽然终极实在没有时间性,时间只是人类看不到整体而产生的幻觉,但时间进程与纯逻辑的辩证法过程有密切关联。世界史其实是从中国(黑格尔知道有中国,

---

[1] 威廉·华莱士(1844—1897),苏格兰哲学家,以德国尤其是黑格尔哲学研究著称,是黑格尔英译的权威。——译注

[2] 德文定义是:"Der Begriff der Idee, dem die Idee als solche der Gegenstand, dem das Objekt sie ist." "*Gegenstand*"和"*Objekt*"是同义词,黑格尔的用法是例外。

此外对它一无所知)的"纯粹存在"向绝对理念范畴发展的,绝对理念在普鲁士即使没有完全实现,似乎也接近实现。根据他自己的形而上学,我想不出世界史模仿辩证转变过程的理由,但这就是他《历史哲学》的观点。这个看法很有趣,让人类事务的种种变革有了统一性和意义。像其他历史理论那样,要自圆其说,就得歪曲些事实,还要相当无知。黑格尔同后来的马克思和斯宾格勒一样,两个条件都不缺。奇怪的是,一种宇宙进程竟全部发生在我们这颗星球上,大部分还集中在地中海附近。如果"实在"没有时间性,这历程的后部也没理由比前部体现更高范畴,除非你渎神地假定宇宙在逐渐学习黑格尔哲学。

黑格尔说,时间进程在伦理和逻辑上都是从不完美到完美的进程。其实这两种意义在他看来没有真正分别,因为逻辑完美意味着紧致结合的整体,没有毛糙边缘,没有独立部分,而是像人体,或者说更像理性精神那样结成一个各部分互相依存,为单一目标共同协作的有机体,这也是伦理完美。兹引用几段原文来说明黑格尔的理论:

"就像灵魂向导赫尔墨斯[1],理念其实是各民族和世界的向导;精神,也就是这位向导的必然理性意志,是且一直是各种世界历史事件的指挥者。认识精神的指导职能,是我们当前的行动目标。

黑格尔的《历史哲学》

"哲学带给历史研究的唯一思想是理性这个单纯概念;理性是世界主宰,世界历史因而体现为理性进程。这信仰和直觉在史学上是假说,在哲学上却不是假说。哲学形而上学认识已经证明,理性是实体,也是无限力量(不考察宇宙和神明的关系,这个词就够了);它自身的无限素材是所有自然和精神生活的基础,也是推动素材的无限形式。理性是宇宙的实体。

"这'理念'或'理性'是真实、永恒、绝对有力的实质,它在世界体现自我,世界除了理性和理性的荣耀外,不体现其他任何东西——如前所述,这是哲学上已经证明的论点,在这里也视同证实。

"智慧和自觉意志不是无所顾忌的偶然,而是必然

---

[1] 希腊神话中的众神使者,也负责把死者的灵魂引到冥界。——译注

表现为自觉的理念。"

这是"恰好为我所知的结果,因为我已经仔细考察整个领域"。

以上引文摘自《历史哲学》的绪论。

精神及其发展进程是历史哲学的重要对象。精神的本质,可通过精神与物质对立面的对比来理解。物质的特性是重量,精神的特性是自由。物质在外部,精神的中心在自身内部。"精神是自足的存在。"要是还不明白,下述定义也许能帮助澄清:

"何为精神?它是永恒的同质无限,是纯粹本体;在第二阶段脱离自身,成为自身的另一极,也就是与共性相对的自有和自在。"

精神历史进程有三个主要阶段:东方阶段、希腊罗马阶段、日耳曼阶段。"世界史是对无序自然意志的训练,使之服从普遍法则,赋之主观自由。东方世界自古至今都认为唯一有自由;希腊和罗马世界认为某些有自由,日耳曼世界认为全体有自由。"你可能以为民主是适合全体自由的政体,其实不然。民主制和贵族制都属于某些自由阶段,专制属于唯一自由阶段,而君主制属于全体自由阶段。这牵涉到黑格尔对"自由"一词非常古怪的运用。对他而言无法律就无自由(这点我们也同意);但他喜欢把话反过来,说有法律就有自由。因此他所谓的"自由"无非是遵守法律的权利。

果不其然,他主张日耳曼是精神发展的最高阶段。"日耳曼精神是新世界精神,目的是实现绝对真理,那是无限自决的自由,以自身绝对形式为精髓的那种自由。"

真是绝妙的特级自由。它并不意味着你可以不进集中营,也不意味着民主、出版自由[1]或其他常见的自由标语,那都是黑格尔不屑一顾的。以我们的世俗眼光看,给人制定法律的是君主的精神,被法律制约的是臣民的精神。但是从"绝对"角度看,君主与臣民的区别像其他一切区别那样,是虚幻的,君主把自由思想的臣民关进监狱,依然是精神在自由决断。黑格尔大赞卢梭对总意志和全体意志的区分。看来君主体现总意志,而议会多数仅体现全体意志。好一套方便实用的学说。

---

[1] 黑格尔说,出版自由并不意味着你想写什么就写什么,那是粗鄙的浅薄之见。比如,不应允许报刊让政府或警察机构显得卑劣。

黑格尔把日耳曼历史分为三期：第一期到查理曼，第二期从查理曼到宗教改革，第三期从宗教改革往后。这三期分别叫圣父国、圣子国和圣灵国。有点怪的是，圣灵国竟始于镇压农民战争时令人发指的血腥暴行。但这在黑格尔自然是不值一提的琐事，不出所料他反把马基雅弗利猛夸了一番。

黑格尔对罗马帝国衰亡以来的历史的阐释，部分与德国学校的世界史教学互为因果。在意大利和法国，塔西佗和马基雅弗利等人曾对日耳曼有浪漫敬仰，但一般都把日耳曼人视为"蛮族"入侵的祸首、挑唆宗教改革的教会大敌。直到19世纪，各拉丁民族还认为日耳曼文明低自己一等。德意志的新教徒自然抱另一种看法，他们认为晚期罗马人软弱无用，日耳曼人征服西罗马帝国是走向新生的重大一步。至于中世纪皇帝与教宗的冲突，他们持皇帝党的看法：至今德国小学还引导学生无限崇拜查理曼和巴巴罗萨。他们哀叹宗教改革后德意志在政治上的软弱和分裂，欢迎逐渐崛起的普鲁士让德意志在新教而非天主教或有些软弱的奥地利的领导下强盛起来。黑格尔对历史做哲学思考时，心里想的是狄奥多里克、查理曼、巴巴罗萨、路德和腓特烈大帝之类的人物。解读黑格尔，要从这些人的事迹着眼，从当时德意志刚被拿破仑欺辱一事着眼。

德意志如此荣光，让人觉得简直就是绝对理念的终极化身，人类历史不可能超越它更进一步，但黑格尔没这么看。相反，他说美洲是未来之地，"在那里，在即将到来的时代，世界历史的主题即将展开——也许（他用独特的腔调补充道）要靠南北美之间的一场抗争"。他似乎觉得任何大事都要采取战争形式。要是有人说美国对世界史的贡献也许是建立一个没有极端贫困的社会，他肯定懒得听。相反，他说至今在美洲还没有真正的国家，因为真正的国家要有贫富阶级之分。

黑格尔说的民族好比马克思说的阶级。他说，历史进程由民族才智推动。每个时代都有某个民族肩负引领世界走过所处辩证阶段的使命。当然，如今这个民族就是德意志。不过除了民族，我们也得考虑世界史级别的个人，他们的目标体现当时要发生的辩证转变。这些人是英雄，违反普通道德律也情有可原，比如亚历山大、凯撒和拿破仑。我怀疑在黑格尔眼中军事征服者以外的人能否跻身"英雄"。

黑格尔对民族的强调，加上他奇特的"自由"观，解释了他对国家的颂扬——这是他政治哲学的重要特色，必须关注一下。他的国家哲学在《历史哲学》和《法哲学》中都有论述，大部分符合他的一般形而上学，但不是他形而上学的必然推论；然而在某些地方，比如国与国的关系上，他对民族国家推崇到违背自己整体优于部分精神的地步。

在近代，对国家的颂扬始于宗教改革。在罗马帝国，皇帝被神化，国家有神圣属性；但中世纪哲学家除少数例外都是教士，所以把教会置于国家之上。路德得到新教君主的支持，开始反着干，路德派教会大都是伊拉斯特派[1]。霍布斯在政治上是新教派，提出国家至上说，斯宾诺莎跟他所见略同。如前所述，卢梭认为国家不应容许其他政治组织。黑格尔是激进的路德派新教徒，普鲁士是伊拉斯特式专制君主国。种种迹象让人们对黑格尔推崇国家有了心理准备，但他还是达到令人瞠目结舌的地步。

《历史哲学》说"国家是现实化的道德生活"，说人类的一切精神实在都是通过国家具备的。"由于人类的精神实在性，他自己的本质亦即理性是客观呈现给他的，对人而言是客观的直接存在……因为真理是普遍主观意志的统一体，共性存在于国家、国家法律、国家的普遍合理制度中。国家是人间的上帝理念。"他还说："国家是理性自由的体现，理性自由以客观形式实现并认识自己……国家是人类意志和自由外化的精神理念。"

《法律哲学》论国家的章节更详细地阐述这个学说。"国家是道德理念的实现。作为可见的重大意志，这道德精神对自身显现，思索并认识自身，履行它自己所知的一切。"国家是自在、自享的理性。如果国家仅为个人利益存在（像自由派主张的那样），个人可能是也可能不是国家成员。但国家与个人是另一番迥异的关系：它是客观精神，个人唯有作为国家成员才具备客观性、真实性和道德性，国家的真意和目的就是这些特性的结合。黑格尔承认会有坏国家，但这种国家只是存在，并没有实在性，而理性国家本身是无限的。

看得出来，黑格尔对国家的定位颇似圣奥古斯丁及其天主教后辈对教会的定位。但基督教的定位有两点比黑格尔合理。首先，教会不是偶然的地域组织，而是靠全体成员尊崇信奉的共同信仰结合起来的团体，所以本质上是黑格尔所谓"理念"的化身。其次，天主教会只有一个，国家却很多。每个国家与其臣民的关系都可以像黑格尔说的那样绝对，国与国之间的关系却很难找到哲学原理来调节。事实上，黑格尔在这点上抛弃了自己的哲学说辞，转而依靠自然状态和霍布斯的所有人对所有人战争说。

---

[1] 此派主张国家权威高于教会。——译注

他习惯说"国家",就好像只有一个国家似的,这在没有世界国家的情况下容易造成误解。黑格尔说责任只能是个人对国家的关系,这样就没有任何原理来调节国与国的关系。这点黑格尔是承认的。他说,在对外关系上,国家相当于个人,每个国家彼此独立。"独立性是自有实在精神的寓所,是民族的首要自由、至上荣光。"他接着驳斥一切可能会限制国家独立性的国际联盟。公民的责任(就国家对外关系而言)仅在于维护本国的实质个体性和独立性,也就是主权。这意味着战争不全是邪恶的,不是应予废止的事情。国家的目的不仅是维护公民的生命财产,该事实就是战争的道德依据;不应把战争看成绝对罪恶或偶然的事件,也不应认为战争出于不该有的原因。

黑格尔不是说民族在某些情形中无法避免战争,他的意思远不止于此。他反对创立世界政府之类的组织来预防这种情形,因为他觉得时不时来场战争挺好的。他说,战争状态让我们正视世俗财物的渺小(相反观点认为,一切战争都是为财)。战争有积极道德价值:"战争有更高意义,各国人民的伦理健康通过漠视有限固定的安稳得以保全。"和平是僵化,神圣同盟和康德和平联盟都不对,因为国际家庭必定会制造敌人。国与国的冲突只能靠武力解决;国家之间处于自然状态,它们的关系不是法律或道德关系。它们有权实现自身意志,各国的利益是各国的最高法律。道德与政治不能比,因为国家不受普通道德律约束。

这就是黑格尔的国家观。如果成立,任何对内暴政和对外侵略都该理直气壮。黑格尔偏见之强烈,从他的国家理论与他的形而上学大有矛盾、容易鼓动残暴内政和国际劫掠的事实可见一斑。要是迫于逻辑不得不遗憾地推出他痛恨的结论,还有情可原;为肆意鼓吹犯罪而违背逻辑,则不可饶恕。黑格尔的逻辑让他认为整体比部分更实在或更优越(两者对他而言是同义的),整体越组织化,实在性和优越性越强。这是他喜欢国家而不是一群混乱个体的理由,但这本该同样让他喜欢世界国家而不是一群混乱的国家。在国家内部,他的普遍哲学应当让他比实际上更尊重个人,因为《逻辑学》所说的整体不像巴门尼德的"一",甚至不像斯宾诺莎的神;因为在黑格尔的整体中,个体并未消失,而是通过与大有机体的融洽关联获得更充分的实在性。个人被忽视的国家,不是微型的黑格尔式"绝对"。

黑格尔的形而上学中,也没有任何只强调国家而排斥其他社会组织的好理由。他重国家轻教会,这里我只看到新教的偏见。再说了,如果像黑格尔认为的那样,社会越有机化越好，那么在国家和教会之外还需要许多社会组织。按黑格尔的原理，对社会无害而且能通过协作促进的任何事业都应当有合适组织，每个这样的组织都应当有一定程度的独立。也许有人会反对，说终极权威必须有所归属，除了国家不能归属别处。但即便如此，终极权威专横到超越一定限度时，最好不是无法抗拒的。

这引出评价黑格尔全部哲学时的根本问题：整体比部分更实在、更有价值吗？黑格尔对两个疑问的回答都是肯定的。实在性问题是形而上学的，价值问题是伦理的。两者通常被混为一谈，但我认为它们的区分很重要。首先谈形而上学问题。

黑格尔和许多其他哲学家认为，宇宙任何部分的特征都深受它与其他部分和整体的关系的影响，所以关于任何部分，除了确定它在整体中的位置，其他任何陈述都不能为真。它在整体中的位置取决于其他所有部分，那么关于这部分在整体中位置的真陈述同时会指定所有其他部分在整体中的位置。因此，真陈述只可能有一个；除了整体真理，别无其他真理。类似地，除了整体，任何东西都不是真正实在的，因为任何部分一旦孤立就会改变特性，面貌就不再完全真实。另外，按正确做法，从部分与整体的关系来看待部分，可知部分不是自立的，除非作为唯一实在的整体的一部分，否则无法存在。这是形而上学说。

如果这形而上学说是对的，主张价值在整体而不在部分的伦理说必定也对；但如果形而上学说是错的，伦理说未必也错。而且伦理说可能对某些整体而言是对的，对其他整体而言却不对。在某种意义上，它对活的躯体而言显然是对的。眼睛离开躯体就没用了，一套断肢哪怕完整，也不具备它们曾属于的那个躯体的价值。黑格尔把公民与国家的伦理关系比作眼睛与躯体的关系：公民在自己位置上是有价值整体的一部分，孤立了就会像掉下的眼睛那样无用。这个类比有问题：某些整体的伦理重要性，并不意味着所有整体的伦理重要性。

这伦理论述有一个重大缺陷：没有考虑目的与手段的区别。活体上的眼睛是有用的，也就是说，它有手段价值；但它的内在价值并不比和身体分离后多。事物不做其他东西的手段而本身受珍视时，有内在价值。我们把眼睛当看东西的器官。看东西也许是手段，也许是目的；让我们发现食物或敌人时是手段，让我们发现美的东西时是目的。国家显然作为手段是有价值的：保护我们不遭盗窃和凶杀，提供道路和学校等等。当然，它也可能是坏手段，比如发起非正义战争。关于黑格尔我们真正要问的不是这个，而是国家是否本身会是好目的：公民为国家而存在，还是国家为公民而存在？黑格尔抱前一种看法，源于洛克的自由主义哲学抱后一种看法。显然，我们只有把国家当成像活人那样有自身生命的活物时，才能说国家有内在价值。在这点上，黑格尔的形而上学问题与价值问题有了关联。人是有单独生命的复杂整体；众人能不能像各器官构成躯体那样，构成一个具有不等于组成者生命之和的单独生命的超人？按黑格尔的看法，有这样的超人，国家可能是这样的东西，可能像躯体优于眼睛那样优于我们自己。但是，如果这超人只是形而上学怪物，那么社会的内在价值来自成员的内在价值，国家是手段而非目的。这就从伦理问题回到形而上学问题。事实上，形而上学问题本身是逻辑问题，详见后文。

这里的问题比黑格尔哲学的对错问题更广，是哲学分析的敌友区分问题。举个例子，比如我说"约翰是詹姆斯的父亲"，黑格尔和斯莫元帅[1]所谓"整体论"的所有信奉者会说："要理解你的陈述，首先得知道约翰和詹姆斯是谁。要知道约翰是谁，就得知道他的一切特征，因为脱离这些特征他就无法与旁人区分。但他的一切特征涉及别的人或事。他的特征在于他与父母妻儿的关系，他是好公民还是坏公民，他所属的国家等。你要清楚这一切，才能说你知道'约翰'指的是谁。为了明白'约翰'的意思，你得一步步考虑到整个宇宙，你的初始陈述成为关于宇宙而非约翰和詹姆斯二人的某种说法。"

说得很顺，却有个根本问题：假如上述论证成立，知识如何开始？我了解许多"A是B的父亲"这种形式的命题，但我不了解全宇宙。假如所有知识都是关于宇宙整体的知识，那么根本不会有知识。这足以让我们怀疑某个地方有误。

事实上，为正确合理地运用"约翰"一词，我用不着知道关于约翰的一切，知道足以让我识别他的情况就够了。他无疑跟宇宙万物都有或近或远的关系，但除了与主题直接相关的关系，其他关系概不考虑，也能如实谈论他。他可能不仅是詹姆斯的父亲，还是洁美玛的父亲，但我不是必须知晓这点才能明白他是不是詹姆斯的父亲。如果黑格尔是对的，不提洁美玛就无法把"约翰是詹姆斯的父亲"的意思说全，就该说"约翰，即洁美玛的父亲，是詹姆斯的父亲"。这仍不充分，我们还应当提他的父母、祖父母以至于整套家谱。这就荒谬了。黑格尔式立场就

---

〔1〕扬·克里斯典·斯莫（1870—1950），南非政治家，著有《整体论与进化》一书。——译注

是说"'约翰'这个词指对约翰为真的一切"。但这是循环定义,因为"约翰"这词出现在限定语中。实际上,假如黑格尔是对的,任何词都无法开始有含义,因为我们要知道所有其他词的含义才能陈述这个词所指的全部特性,按他的理论这全部特性就是该词的含义。

抽象地讲,我们必须区分不同种类的属性。一个事物也许有不牵涉任何其他事物的属性,这种叫特性;也许有牵涉一个其他事物的属性,比如"已婚";也许有牵涉两个其他事物的属性,比如"是姐夫"。假如事物具备其他任何事物都不具备的一组既定特性,它就能定义为"具备如此这般特性的事物"。根据它具备这些特性的事实,仅凭逻辑推不出任何关系方面的属性。黑格尔认为如果对一个事物的认识足以将它与其他所有事物区分开,那么它的一切属性都能凭逻辑推知。这是个错误,他那一整座雄伟壮观的理论大厦就建立在这个错误上。这揭示一条重要真理,即逻辑越差,得出的结论越有趣。

第二十三章　拜伦

19世纪与现代相比,显得理性、进步而满足,现代的一些与之相反的特质却出现在那自由乐观时代许多卓越人物身上。不管合不合口味,若不把人视为艺术家或发现者,而是把他们视为一股力量,视为社会结构、价值观或思想观念的变化原因,我们会发现由于最新事态进展,许多评价必须大幅调整,某些人其实没那么重要,某些人其实重要得多。比以往显得更重要的人里,拜伦是数一数二的。在欧洲大陆,这看法不会惊人,但在英语世界大家可能觉得奇怪。拜伦的影响在欧洲大陆,他的精神后裔不要在英国找。我们大都觉得他的诗歌多拙劣,他的情感多俗滥;但在国外,他的情感方式和人生观经过传播、发扬和演变,竟流行到影响重大事件。

拜伦是当时贵族叛逆者的典型,与农民起义或工人革命的领袖迥然不同。饿肚子的人用不着精致的哲学来刺激不满或者给不满找理由,那东西在他们眼里是富人闲极无聊的娱乐。他们想要的是别人现有的东西,不是无形的玄虚权益。就像那些持共产主义观念的中世纪造反者，他们可能会宣扬基督式友爱，但真实用意非常简单：有钱有势者缺乏这种友爱导致穷人受苦，同伴们怀着这种友爱造反才会赢。但斗争经验让人对爱的力量感到绝望，赤裸裸的恨成为唯一动力。这种叛逆者如果像马克思那样创造一套哲学，将会是专门证明自己党派终将得胜的哲学，不关心价值。他的价值依然很原始：吃得饱才好，其余皆空谈。恐怕挨饿的人没哪个不这么想。

贵族叛逆者不缺吃的，肯定有其他不满理由。这不包括一时失势的党派首领，只包括因哲学信仰而追求超乎个人成功的变革的人。权力欲也许是这种不满的隐秘根源，但他们显意识的思想是批判政治现实；批评若足够深入，则会呈现为无比膨胀的自以为是，或者在有点迷信的人身上呈现为撒旦崇拜。拜伦两者都有。两者主要通过拜伦的拥趸在算不上贵族的社会阶层流传。贵族叛逆哲学在成长、发展和成熟转变中激起一长串革命运动，从拿破仑倒台后的烧炭党[1]运动到1933年的希特勒政变，每个阶段都造就了知识分子和艺术家相应的思想感情方式。

很显然，一个贵族要不是性情或境遇有点奇特，不会成为叛逆者。拜伦的境遇非常奇特。他最幼时的记忆就是父母吵架；母亲是个残酷得让他害怕、庸俗得让他嫌恶的女人；保姆是邪恶与加尔文神学极端的结合体；跛足让他自惭形秽，在学校跟大家玩不到一起。在贫困中长到十岁后，他摇身一变，成为男爵，成为纽斯德府[2]的主人。他继承了伯祖父的家业。人称"恶男爵"的伯祖父三十三年前在决斗中杀人，从那以后四邻见弃。拜伦家族向来无法无天，母亲的娘家戈登家族更甚。从阿伯丁污秽的陋巷走出来，这孩子自然为爵号和府第欢喜雀跃；为报答祖辈的恩泽，他乐意传承他们的秉性。近年来他们好勇斗狠吃了苦头，但拜伦听说几百年前好斗赢得的是美名。他早期的诗作《告别纽斯德隐修院》描绘了当时的心情，那就是仰慕祖上在十字军中、在克雷西[3]和马斯顿荒原的战功。他用虔诚的决心给诗收尾：

---

[1] 意大利秘密资产阶级革命团体。——译注
[2] 拜伦出生在苏格兰东北的阿伯丁，十岁继承诺丁汉郡的纽斯德府。这座祖传大宅最初是亨利二世1163年建的隐修院，1539年因亨利八世废除隐修院而转为民宅，数易其主，仍惯称纽斯德隐修院。——译注
[3] 法国东北小镇，1346年爱德华三世率英军在此大胜法军。——译注

>你且像他那样活，像他那样死：
>待尸首腐去，愿共他化为尘泥

这不像叛逆者的心情，让人想到效仿中世纪男爵的近代贵族哈若德少爷[1]。拜伦当大学生时拿到人生第一笔自己的钱，感觉独立得好似"一个自己铸币的德国君王，或者不铸钱币而享受更宝贵的东西即'自由'的切洛基酋长[2]。我提到那女神[3]就狂喜，因为我亲爱的妈妈太过专横"。他后来写了大量赞美自由的高贵诗篇，但别忘了他赞美的是德国君王或切洛基酋长那样的自由，不是凡夫俗子能渴望的低等自由。

他有家世有爵位，却被贵族亲戚们敬而远之，觉得无法融入贵族圈子。母亲极招人嫌，他也承受着怀疑的目光。他知道她恶俗，暗中怕自己也有同样的缺陷，于是形成独特的势利与叛逆混合的性格。当不了摩登绅士，他可以像十字军先人那样当勇猛男爵，或者像保皇党头领那样更凶悍也更浪漫，在上帝和世人的诅咒中昂然踏上悲壮的末路。中世纪传奇小说和历史就是他的礼仪指南。他像霍亨斯陶芬家族那样作孽，又像十字军战士那样抗击回教而死。

羞怯和孤独让他从恋爱中寻慰藉，可他潜意识中找的是一个母亲而不是情妇，所以每个都让他失望，除了奥古斯塔[4]。1816年他曾对雪莱自称"循道宗信徒、加尔文派信徒、奥古斯丁信徒"，从未摆脱加尔文派信仰的他觉得自己活得邪恶，却又称邪恶是他血统的诅咒，是全能的神早为他注定的厄运。如果那样，既然他注定出色，就成为出色的罪人吧，敢于突破可鄙的时髦浪荡货色不敢突破的防线。他真爱奥古斯塔，因为她和他一个血统，都是拜伦家族的以实玛利[5]；更单纯的原因是她还作为姐姐体贴地照料着他的日常生活。但她献给他的不止这些。她的淳朴和温良，成全了他最甘美的自鸣得意式悔恨。他感觉自己简直是头号罪人，与

---

[1] 拜伦长诗《哈若德少爷朝圣记》中的主人公，厌倦寻欢作乐而去远方散心。——译注
[2] 切洛基人（Cherokee）是美国东南部地区的原住民族群。——译注
[3] 指自由女神。——译注
[4] 拜伦同父异母的姐姐，他读哈罗公学时才和她初次见面。——译注
[5] 以实玛利是《圣经》中亚伯拉罕和侍妾夏甲所生之子，后来被亚伯拉罕抛弃，是弃儿的代名词。——译注

曼福莱[1]和该隐[2]同一级别，几乎相当于撒旦本尊。加尔文派信仰、贵族与叛逆精神都满足了，因失去人间唯一能在他心中唤起怜爱柔情的人而心碎的浪漫情欲，同样也满足了。

拜伦觉得自己堪比撒旦，却从没放胆把自己摆在神的位置上。傲气到这一步的是尼采，他说："若有诸神，我岂能容忍自己不是神！因此没有诸神。"注意这话的潜台词：有损我傲气的，就是假的。尼采在和拜伦同样甚至更浓烈的虔诚氛围中长大，但才智高于拜伦，找了条比撒旦主义更高明的逃遁之路。不过尼采始终对拜伦非常同情，他说：

"悲剧在于，如果我们的心和脑有判断真理的严格方法，就无法信奉宗教和形而上学教条；但另一方面，人性的发展使我们对痛苦如此娇柔敏感，以致需要最高级的救赎和安慰，所以某些人有认识真理而流血至死的危险。"拜伦不朽的诗句写道：

> 知识是悲哀：知道最多的人
> 对致命真理的悲叹必然最深
> 知识之树非生命之树

有时拜伦更接近尼采的观点，虽然比较少见。但拜伦的伦理观与实际行动相反，总是谨守传统。

伟大人物对尼采而言是神一般的存在，对拜伦而言通常是与自己交战的泰坦巨人。但有时他也塑造与查拉图斯特拉别无二致的圣者——大海盗跟手下相处时：

> 用威严的手段摆布他们的灵魂
> 掌控卑劣的人心，使之胆战神昏

就是这位英雄"太憎恨人类而不觉悔恨"。拜伦用脚注断言这海盗符合真实人

---

[1] 指拜伦的诗剧《曼福莱》的主人公，与继妹发生不伦之恋后杀了她，怀着罪恶感隐居在阿尔卑斯山。——译注
[2] 该隐是《圣经》中亚当、夏娃之子，因嫉妒兄弟亚伯而杀了他。——译注

性，因为汪达尔国王盖萨里克、皇帝党暴君埃泽利诺和某个路易斯安纳海盗身上都有这种特性。

拜伦没必要非从黎凡特[1]和中世纪搜寻英雄，因为给拿破仑披一件浪漫斗篷并非难事。拿破仑对19世纪欧洲人的想象图景影响至深，他鼓舞了克劳泽伟[2]、司汤达、海涅，鼓舞了费希特和尼采的思想与意大利爱国者的行动。他的幽灵追随这个时代，是唯一强大得足以对抗工业主义和商贸的力量，对和平主义及店铺经营极尽嘲讽之能事。托尔斯泰的《战争与和平》试图驱除这幽灵，却徒劳无功，如今这鬼怪强大空前。

百日王朝[3]期间，拜伦宣称他希望拿破仑获胜；后来听到滑铁卢的消息，他说"我难过死了"。只有一次也只有一阵子他厌弃自己的英雄，那是1814年，当时（他觉得）自杀比退位体面，就从华盛顿的美德寻求安慰；但拿破仑从厄尔巴岛一回来，就没这必要了。拜伦死时，法国"许多报纸说本世纪两大伟人拿破仑和拜伦几乎同时消逝"[4]。卡莱尔当时认为拜伦是"欧洲最高贵的精神"，感觉自己好像"失去了一个兄弟"；后来他更喜欢歌德，但依然把拜伦和拿破仑相提并论：

> 你们这等的高贵头脑，以这种或那种语言创造艺术品，简直在所难免。因为这不是你们向恶魔正式开战的号角又是什么？你的拜伦用诗歌、散文和大量其他体裁谱写《乔治爵爷的悲伤》；你的波拿巴用惊世骇俗的气派上演歌剧《拿破仑的悲伤》[5]，以炮声轰鸣和震天喊杀配乐，以遍地烈火为舞台照明。他的诗韵和颂调就是战斗阵列的行军声，一座座城池的陷落声。[6]

他的确在三章后断然命令道："合上你的拜伦，打开你的歌德。"但拜伦深入他的血液，歌德只是一种兴趣。

在卡莱尔看来，歌德是拜伦的对立面；在阿弗莱·德·缪塞看来，他们是向

---

[1] 广义指地中海东岸地区从土耳其到埃及诸国。——译注
[2] 克劳泽伟（1780—1831）是普鲁士将军和军事理论家，被后世尊为西方兵圣。——译注
[3] 指1815年3月20日拿破仑从厄尔巴岛重返法国推翻刚复辟的波旁王朝而再度称帝，到6月18日滑铁卢战败波旁王朝再度复辟的期间。——译注
[4] 莫洛亚：《拜伦传》。
[5] 这两部《悲伤》都不存在，前者泛指拜伦著作，后者泛指拿破仑的事业。——译注
[6] 《衣裳哲学》卷二，第6章。

快活的高卢灵魂注入忧郁毒素的邪恶共犯。当时法国年轻人似乎只是通过《少年维特的烦恼》认识歌德，根本不了解歌德奥林匹亚天神般的超凡一面。缪塞责怪拜伦有亚得里亚海和古俏丽伯爵夫人的抚慰[1]还不知足——这错怪他了，因为结识她以后他就不再写《曼福莱》了。但《唐璜》在法国像歌德较愉快的诗歌那样鲜有人读。虽有缪塞的恶评，但法国诗人从那以后一直以拜伦式哀愁为最佳吟咏素材。

缪塞认为拜伦和歌德只是排在拿破仑后面的世纪英才。缪塞出生于1810年，是他在描述法兰西帝国盛衰荣辱的抒情诗中形容为"conçus entre deux batailles"（两次战役间孕育）的那一代人。在德国，对拿破仑的感情分裂为两种。有些人像海涅那样，认为拿破仑是威猛的自由传教者、农奴制摧毁者、旧正统之敌、让世袭小王公瑟瑟发抖的英雄；有些人则认为他是基督之敌、试图破坏高贵德意志民族的人、彻底表明条顿美德只有靠没完没了地仇恨法国才能保住的恶棍。俾斯麦做了折中：拿破仑的确是基督之敌，却是值得效仿而非一味憎恶的基督之敌。尼采接受折中，并怀着令人毛骨悚然的欣喜说古典战争时代就要来临，这是拿破仑而非法国大革命给我们的大恩。就这样，民族主义、撒旦主义和英雄崇拜等拜伦遗产成为德意志复杂情结的一部分。

拜伦并不温和，而是狂暴如雷。他说卢梭的话，也适合他自身：

> 那人用魅惑
> 鼓动狂热，用悲哀
> 萃取动人心魄的华章……
> 却很懂
> 如何美化癫狂，用绝美色调
> 涂饰罪过和荒谬思想

但两人有深刻差异。卢梭伤感，拜伦凶悍；卢梭的怯懦表露无遗，拜伦的怯懦深深藏掩；卢梭崇尚淳朴的美德，拜伦崇尚狂暴的罪恶。这尽管是反社会本能在两个反抗阶段的区别，却相当重要，显示了这场运动的发展方向。

---

[1] 亚得里亚海是地中海北部意大利半岛与巴尔干半岛之间的大海湾，古俏丽伯爵夫人是拜伦在海滨城市拉文纳的情妇。——译注

必须承认拜伦的浪漫主义是半心半意的。他偶尔会说蒲柏的诗比自己的强，但这很可能只是他一时情绪化的想法。世人一味把拜伦简单化，忽略他极致绝望和厌世鄙俗言论的故作姿态成分。像许多其他显赫人物那样，拜伦作为神话人物比真实的他更重要。作为神话，他的影响尤其在欧洲大陆不可估量。

第二十四章　叔本华

叔本华（1788—1860）在很多方面都是位独特的哲学家。他是悲观主义者，而几乎所有其他哲学家在某种意义上都是乐观主义者。他不是康德或黑格尔那样的纯学术家，也不完全在学术传统外。他厌恶基督教而更喜欢印度的宗教，印度教和佛教都喜欢。他修养广博，对艺术和伦理同样有兴趣。他异乎寻常地超脱国家主义，对英法作家就像对自己本国作家那样熟悉。他更能打动的向来不是职业哲学家，而是追寻可信哲学的艺术家和文人。19、20世纪哲学强调"意志"，这种典型特征就是从他开始；然而在他看来，意志在形而上学上重要，在伦理上却邪恶——悲观主义者才会这样矛盾。他认为自己的哲学思想有三个来源：康德、柏拉图和奥义书[1]，但我觉得柏拉图对他的影响其实没那么深。他的观念有某种希腊化时代特性，倦怠而忧心忡忡，重和平轻胜利，崇尚清净而非力图改革，改革在他看来必然徒劳无功。

叔本华出生于但泽，父母都出自当地商业望族。父亲是伏尔泰主义者，认为英国是自由理性之邦；与当时多数但泽显要市民一样，他痛恨普鲁士侵犯这座自由城市的独立，1793年但泽并入普鲁士，他一怒之下搬到汉堡，亏很多钱也在所不惜。叔本华在1793年和1797年同父亲住在汉堡，然后在巴黎待了两年；离开巴黎前，父亲欣然发现这孩子几乎忘掉了德语。1803年叔本华被送进英国一所寄宿学校，深深厌恶该校的说教和伪善。两年后，为取悦父亲他在汉堡一家商号当职员，却痛恨商业生涯，憧憬人文学者的生活。父亲之死（也许是自杀）让这成为可能，母亲支持他弃商从文，进学校和大学。本以为他会更喜欢母亲而不是父亲，

---

[1] 古代印度哲学和宗教文献集。——译注

事实恰恰相反：他讨厌母亲，深情怀念父亲。

母亲是文学爱好者，在耶拿战役两星期前定居魏玛。她在魏玛办了个文学沙龙，又是写书，又是欣然结交文人。她对儿子没什么爱意，挑他毛病倒是目光锐利。她训斥他虚张声势空洞伤感，他嫌恶她卖弄风情。成年后他继承一笔数目尚可的遗产，从此和母亲互相更加忍无可忍两相厌恶。毫无疑问，他对女性的鄙视起码部分是与母亲争吵所致。

在汉堡时，叔本华已经受到浪漫主义者特别是提克、诺瓦利斯和霍夫曼[1]的影响，他跟这些人学会了崇尚希腊而厌恶基督教中的希伯来因素。另一位浪漫主义者腓特烈·施雷格尔让他铁了心赞赏印度哲学。他成人那年（1809）进入哥廷根大学，开始仰慕康德。两年后进入柏林大学，主要钻研科学；听过费希特讲课，但瞧不起他。整场激动人心的解放战争，他一直漠不关心。1819年他当上柏林大学准教授，竟傲然把自己的课排在跟黑格尔相同的时间，结果没能把黑格尔的学生诱走，很快索性不再开课。最后他定居德累斯顿，安心做一个老单身汉。他养了条贵宾犬，名叫Atma（世界灵魂），每天散步两小时，叼一根长烟斗，读《泰晤士报》，雇人搜集他出名的证据。他反对民主，憎恨1848年德意志革命；他信招魂术和魔法，书房摆着一尊康德半身像和一尊铜佛。他一心学康德那样过日子，只是不肯早起。

他的主要著作《作为意志和表象的世界》出版于1818年年底。他觉得这书极为重要，甚至宣称某些段落是圣灵口授的。结果让他屈辱万分：这书一丝涟漪都没激起。1844年他劝出版社出了第二版，但直到若干年后才开始获得几分他渴求已久的赏识。

叔本华改编了康德理论，但他对《批判》重点的强调与费希特和黑格尔大不相同。费希特和黑格尔摒弃物自体，使知识在形而上学上至关重要。叔本华保留物自体，但把它等同意志。他主张知觉认为的身体其实是意志。这是康德理论的重大发展，虽然多数康德派不愿承认。康德曾主张，研究道德律能让我们抵达现象背后，获取知觉给不了的知识；他还认为道德律本质上涉及意志。好人跟坏人的区别，在康德看来是物自体世界里的区别，也是意欲的区别。可见康德认为意欲必定属于实在界而非现象界。与意欲对应的现象是身体运动，因此叔本华认为身体是现象而意志是它的实在。

---

[1] 这三位都是与叔本华同代而年纪稍长的德国浪漫派作家。——译注

但现象背后的意志不会是许多意欲构成的。康德认为时空只是现象，物自体没有时空属性，这一点叔本华认同。因此，我的意志从实在意义上看，既不能标注时间，也不能由分开的意志行为构成，因为复性，用叔本华喜欢的经院说法即"个别化原则"，正源于时空。所以我的意志是一个，而且没有时间性。不，不只如此，它等同于整个宇宙的意志，我的分立性是幻觉，是我主观时空知觉器官产生的。唯有一个宏大意志是真实的，显现在整个自然进程中，有生命和无生命的自然历程都一样。

看到这里，还以为叔本华要把宇宙意志说成上帝，宣扬一种与斯宾诺莎别无二致的泛神论，说美德就是服从神意呢，然而就在这关头，他的悲观主义转向了。宇宙意志是邪恶的，意志统统是邪恶的，反正就是我们无尽苦难的源头。众生皆苦，知识越多越苦。意志不具备一个达到就能满足的固定目的。尽管死亡终将了结一切，我们还是徒劳地追求目的，"好似吹一个越大越好的肥皂泡，尽管心里完全清楚它会破灭"。没有幸福这东西，因为愿望不满足让人痛苦，满足了只会腻味。本能驱使人繁衍，带来新的死亡和痛苦，这就是性行为羞耻的原因。自杀没用，轮回说哪怕字面意义上不是真的，也传达了神话式真理。

这一切很可悲，但有一条解脱之道，是在印度发现的。

神话中最美好的当属涅槃（叔本华把它解释为寂灭）。他承认这违背基督教教义，但"人类的古老智慧不会被加利利[1]的事取代"。苦难缘于意志强烈，越少运用意志，受苦越少。于是某些知识终究是有用的。一个人与另一个人的分别属于现象界，真实地看待世界，这分别就消失了。善人看摩耶（幻界）的面纱是透明的，他发现万物一体，他自己与旁人只是貌似有别。他靠爱洞察这一点，爱永远是同情，牵涉旁人的痛苦。摩耶面纱掀起时，人承担全世界的悲苦。善人认识全体，平息所有意欲；他的意志离开生命，否认他自己的本性。"认识到那世界的核心和内在本质满是悲哀，他内心对那个以他的现象性存在为表现的本质生出一种憎恶。"

于是叔本华起码在实践上与苦行神秘主义完全一致。艾哈特和安格勒·济利流[2]的作品比《新约》好。正统基督教有些好东西，尤其是圣奥古斯丁和路德为反对"庸俗的伯拉纠主义"而宣扬的原罪说；可悲的是各福音书太缺形而上学。叔本华说，佛教是至上宗教，佛教伦理是全亚洲的正统，除了"可恶的伊斯兰教

---

[1] 巴勒斯坦北部山地，基督教最早的传教地。——译注
[2] 艾哈特（1260—1327）是德意志神秘主义哲学家，道明会修士；济利流（1624—1677）是德意志基督教神秘主义诗人。——译注

义"盛行的地方。

善人将完全守贞，自甘清贫、斋戒和苦行。无论做什么，他都一心克制个人意志，但不像西方神秘主义者那样为了与神和谐，他追求的不是这种积极的善，而是完全彻底消极的善：

> 必须驱除我们像孩童怕黑般惧怕的、对所有美德和神圣背后终极目标的阴暗虚无印象，我们甚至不可像印度人那样借婆罗门教再化梵天、佛教涅槃等传说和空谈来回避它。我们宁愿坦承所有满怀意志的人在完全消除意志后剩余的必是虚无；反过来，对于那些意志已经转变并否定自身的人，我们这个如此真实的日月星辰世界，就是虚无。

这里模糊暗示圣者看得见、旁人看不到的某种积极东西，但究竟是什么，别处也毫无头绪，所以这暗示估计只是比喻。叔本华说，世界及其一切现象无非是意志的客观化。随着意志的降服，"……一切现象也将消弭；世界赖以存在的、在客观性所有阶段上无目的无休止的紧张努力，各种逐渐彼此接替的形式，意志的全部外在表现，最后连这表现的普遍形式即时空，基本形式即主体与客体，都将消弭。没有意志：没有表象，没有世界。我们面前唯有虚无。"

这话除了理解为圣者要尽可能接近非存在状态，无法做他解；不能靠自杀达到这个目的，具体理由叔本华从未解释。为什么圣人比总是醉醺醺的人好，不是很明白；也许叔本华认为清醒时刻注定多得可悲。

叔本华的听天由命态度并未贯彻，也不太真诚。他依赖的神秘主义信奉冥想；最深刻的知识要靠"至福直观"（Beatific Vision）获取，这种知识是至善。从巴门尼德以来，与虚幻的表象知识对比的是另一种知识，而不是完全不同的东西。基督教宣扬永生在于认识上帝。叔本华根本不理会这些。他承认一般所谓的知识属于摩耶领域，但我们穿透面纱见到的不是上帝而是撒旦，是邪恶的全能意志，永远忙着罗织苦难的巨网来折磨自己的创造物。圣人被这邪恶景象吓坏，大喊一声"去！"，躲进非存在界。说神秘主义者信奉这套神话，是对他们的侮辱。它意味着圣人没达到彻底非存在也能过一种有几分价值的生活，这跟叔本华的悲观主义无法调和。圣人只要存在，就是因保留邪恶意志而存在的；他可以削弱意志来减轻邪恶，但永远达不成任何积极的善。

从叔本华的生活看,他的论调也不太真诚。他总是在高级饭店享美味佳肴,他有过许多次只有肉欲没有爱情的艳事,他极爱争吵又异常贪婪。有一次,一个上年纪的女裁缝站在他公寓门外跟朋友聊天,他嫌烦,就把她从楼梯推了下去,害她永久残疾。法院判他在她活着时每季度给她一笔钱(15枚塔拉银币)。二十年后她死了,他在账本上记道:"Obit anus, abit onus."[1] 在他人生中很难找到任何美德的痕迹,除了对动物仁慈,在这点上他竟连作为科学研究的活体解剖都反对。在其他所有方面,他都完全自私。一个深信苦行主义和认命美德的人居然从不想践行自己的理念,真是不可思议。

叔本华的历史重要性有两点:悲观主义、意志高于知识说。悲观主义使人们可以拥抱哲学而不执迷于解释一切罪恶,于是成为有用的解毒剂。从科学角度看,乐观主义和悲观主义同样要不得:乐观主义假定或试图证明宇宙是为取悦我们而存在的,悲观主义说是为折磨我们。其实不管认为宇宙跟我们是前一种还是后一种关系,都没有科学证据。乐观或悲观是脾性而非理智问题,但西方哲学家中乐观者一直居多,所以一个相反派代表人物可能有助于提出本来会被忽略的问题。

比悲观主义更重要的是意志至上说。这显然与悲观主义没有必然逻辑关联,追随叔本华此说的人往往拿它当乐观主义的依据。意志至上说被许多现代哲学家以不同方式主张,特别是尼采、柏格森、詹姆斯和杜威。而它在职业哲学家以外的圈子也成为风尚。随着意志地位的上升,知识的地位呈比例下降。我觉得这是我们这个时代哲学性情最显著的变化。卢梭和康德为它做了准备,但纯粹形式最先由叔本华提出。因此,叔本华的哲学虽然前后不一,还有些浅薄,但作为历史进程的一个阶段相当重要。

第二十五章 尼采

尼采(1844—1900)自称叔本华的后辈,这没错;但他有许多方面,尤其是

---

[1] "老妇死,重负释。"

学说的连贯性、条理性胜过叔本华。叔本华的东方式克己伦理似乎与意志至上说不协调；在尼采，意志不仅是形而上学的至尊，也是伦理的至尊。尼采是教授，但与其说是学院哲学家，不如说是文艺哲学家。他没有任何本体论或认识论专业创见，他的重要性首先在伦理学，其次是作为敏锐的历史评论家。我几乎只谈他的伦理学和宗教批评，因为他在这两个领域的著作影响重大。

他的经历很简单。父亲是新教牧师，家庭氛围虔诚。在大学他的古典和语言学才华出众，1869年学位还没到手就被巴塞尔大学聘为教授。他一直健康堪忧，休了几次病假，终于在1879年无奈辞职。此后他住在瑞士和意大利，1888年精神失常，到死未愈。他热烈崇拜瓦格纳，却跟他争吵，名义上是由于《帕西法尔》[1]，他觉得这部剧基督教气息太重，充斥克己苦行。吵闹过后，他猛烈抨击瓦格纳，甚至责怪他是犹太人。但他的整体观念仍和瓦格纳的《指环》[2]非常像；尼采的超人酷似齐格飞，只是后者懂希腊语。这似乎很古怪，但错不在我。

尼采不是有意识的浪漫派，事实上他总是恶狠狠批评浪漫派。他的显意识观念是希腊式的，但撇掉了酒神元素。他赞赏苏格拉底之前的哲学家，除了毕达哥拉斯。他特别喜欢赫拉克利特。他说的"崇高者"很像亚里士多德的"宽宏者"，但总体上他认为苏格拉底以来的希腊哲学家不如其前辈。他无法接受苏格拉底的卑贱出身，称他"roturier"（平民），还责怪他用民主式道德偏见败坏雅典贵族青年。他还特别谴责柏拉图的教化意味。但他显然不是很想责怪柏拉图，似乎还想帮柏拉图找借口，说他或许不是诚心的，宣扬美德只是为了让下层人守规矩。有一次他还说柏拉图是个"了不起的加留斯托"[3]。他喜欢德谟克利特和伊壁鸠鲁，但他对后者的仰慕似乎有点说不通，除非解读为实际仰慕卢克莱修[4]。

不出所料，他把康德看得很低，说康德是"卢梭式道德狂"。

尼采批评浪漫派，自己很多观念却源于浪漫主义，是拜伦式的贵族无政府主义，他果然很欣赏拜伦。尼采想结合两种很难相容的价值：一方面他喜欢冷酷、战争和贵族式高傲，一方面他热爱哲学、文学和艺术，尤其是音乐。历史上这两种价值曾在文艺复兴时期共存；教宗儒略二世既为博洛尼亚争斗，又任用米开朗

---

[1] 瓦格纳最后一部歌剧。——译注
[2] 指瓦格纳歌剧《尼伯龙根指环》，第三部是《齐格飞》，主角齐格飞是屠龙英雄。——译注
[3] 加留斯托是意大利启蒙时期的炼金术师和江湖骗子。——译注
[4] 卢克莱修把伊壁鸠鲁哲学编成诗文，见本书卷一第二十七章。——译注

琪罗，他可能是尼采理想中的掌权者。人们自然拿尼采和马基雅弗利比，虽然两人有一些重大差别。先说差别，马基雅弗利是实务派，其观念是密切接触政治形成的，跟他的时代很合拍；他不迂腐也不成体系，他的政治哲学很难说是一套连贯整体。相反，尼采是教授，骨子里是读书人，作为哲学家他有意反对当时的支配性政治和伦理潮流。但两人的类似处更深刻。尼采的政治哲学与《君主论》（不是《论李维》）类似，虽然含义和适用范围更广。但尼采和马基雅弗利都有一种追求权力、刻意反基督教的伦理观，只是尼采在这方面更直白。尼采眼中的拿破仑，好比马基雅弗利眼中的凯撒·波吉亚：栽在毛贼手里的豪杰。

尼采对宗教和哲学的批判完全受制于伦理动机。他赞美他（也许是正确地）认为唯有少数贵族才可能具备的特定品质；依他看，多数人无权索要任何幸福或福利，其存在只是为了映衬极少数人的卓越。他习惯用"粗笨的群氓"指代普通人，认为这些人受苦如果是造就伟人必需的，就无可厚非。因此1789—1815年这段时期的所有重点都集中在拿破仑身上："大革命使拿破仑得以出现，这就是它的正当理由。假如整个人类文明混乱崩溃能换来这个报偿，我们就该渴求崩溃。拿破仑使民族主义成为可能，这就是后者的理由。"他说，本世纪几乎所有远大希望都来自拿破仑。

他喜欢使用悖谬式表达，有意让普通读者吃惊。为此，他按常规含义运用"善""恶"等字眼，然后自称要从"恶"弃"善"。他的《超越善恶》一书其实旨在转变读者的善恶观，却宣称在夸奖"恶"而贬损"善"，只有少数时候除外。比如，他说以善的胜利和恶的灭绝为己任这种英国式见解是错误的，是"蠢货约翰·斯图亚特·密尔"的典型观念。他格外恶毒地蔑视密尔，说这人：

> 恶俗得让我作呕，他说"对一个人正当的事对另一个人也正当""你不愿旁人对你做的事，就不要对旁人做"[1]，这种原则把一切人际往来都归结成相互效劳，于是每个行为都仿佛变成其他事的现金报酬。其假设卑劣到极致：想当然地认为*我的行为*与*你的行为*在价值上有某种相当。[2]

与俗德相对的真德，不是人人都有，始终是少数贵族的特征。这种美德无利

---

[1] 我似乎记得有人在密尔之前就说过这格言。
[2] 摘引尼采的话，重点都是原有的。

可图，也不求谨慎，使有德者卓尔不群；它敌视秩序，损害下等人。高等人必须对大众开战，抵御时代的民主倾向，因为四面八方的庸人正携手图谋当家做主。"一切娇纵、柔化以及把'人民'或'妇女'推上台面的事，都利于全面普选亦即'劣民'统治。"诱骗者是卢梭，他把女人说得很有趣；其次是哈丽·比彻·斯托[1]和奴隶们；然后是社会主义者及其支持的工农穷人。他们统统该加以抵制。

尼采的伦理不是任何通常意义上的自我放纵；他信奉斯巴达式纪律，为重大目标既能忍受痛苦也不惮让人痛苦。他崇尚意志甚于一切。他说："我根据意志的抵抗度、能忍受的痛苦折磨来检验其力量，并因势利导；我不埋怨生存的罪恶和痛苦，我宁愿生活在某天变得更邪恶、更痛苦不堪。"他认为同情心是应予以抵制的弱点。"要通过训练，也通过消灭千百万个粗制滥造者来获取塑造未来人物的巨大伟力，同时避免因看见由此造成的空前苦难而崩溃。"他兴奋地预言会有一个大战时代；假如他活着目睹这预言实现，不知会不会快乐。

但他不是国家崇拜者，绝对不是。他是热烈的个人主义者，信奉英雄。他说，举国之哀也不及一个伟人的苦难："所有小民的灾难不会构成一个总和，除了在强者心中。"

尼采不是国家主义者，对德国没什么过分赞誉。他希望有一个国际统治种族当全世界的主人："一个靠最严厉自我训练形成的庞大新贵族，让哲学强权人物和艺术暴君的意志打上千秋万代的烙印。"

尼采的《查拉图斯特拉如是说》40岁时完成，形式和内容都非常大胆，提出了超人的概念。查拉图斯特拉又称琐罗亚斯德，尼采借他之口提出了自己的宗教观

---

[1] 美国作家，著有《汤姆叔叔的小屋》。——译注

他也不是明确的反犹主义者,尽管他认为在德国犹太人已经饱和,不能放更多犹太人进来。他讨厌《新约》,对《旧约》却无比赞美。说句公道话,与他的伦理观有特定联系的许多现代事件,其实完全违背了他明确表达的观念,这一点应当强调。

尼采伦理观的两点运用值得注意,首先是对妇女的鄙视,其次是对基督教的无情批判。

他永不疲倦地痛骂女人。在仿预言体著作《查拉图斯特拉如是说》中,他说现在跟女人还不能谈友谊,她们仍是猫、鸟,顶多是母牛。"男人该训来打仗,女人该训来娱乐战士,其余全是胡闹。"战士的娱乐恐怕很奇特,如果尼采在这个话题上最彪悍的格言是可信的:"你去女人那里吗?别忘了拿鞭子。"

他也不总是这么恶狠狠的,虽然一直如此轻蔑。他在《权力意志》里说:"女人给我们的乐趣或许就像一种更娇美、更柔弱、更优雅的动物。跟心里只有跳舞、玩闹、漂亮衣服的动物相会是何等乐事!她们向来是每个紧张深沉的男子灵魂的欢乐。"但是,女人只有被壮汉管得服服帖帖时,身上才有这种魅力;稍有独立,她们就叫人无法忍受。"女人太多可耻之处,她们何等迂腐、浅薄,一股小学教师气,鸡毛蒜皮的猜疑、没规没矩的放纵,暗藏无数的不检点之举……其实最好的管束办法,至今都是叫她们对男人恐惧。"这是他在《超越善恶》中说的,他还补充道,我们应当像东方人那样把女人当财物。他对女人的辱骂俨然都是不证自明的真理,既没有历史依据也没有自身经验的支撑,女人方面他的经验几乎只限于自己的妹妹。

尼采反基督教是因为它宣扬他所说的"奴隶道德"。尼采的说法与法国大革命前夕启蒙思想家们形成怪异对比。这些思想家认为基督教教义是不真实的,基督教宣扬对所谓上帝意志的服从,但自尊的人不应向任何权势低头;基督教会已成为暴君的同伙,在帮助民主之敌阻碍自由,压榨穷人。尼采不关心基督教或任何其他宗教的形而上学真实性,他深信没有宗教是真理,所以他完全按社会效果来评价宗教。他同意启蒙思想家反对服从假想的上帝意志,但他用现世"艺术暴君"的意志取代上帝意志。除了超人,旁人服从是应当的,但不该服从基督教的上帝。至于基督教会是暴君同伙和民主之敌,尼采说,事实恰恰相反。在他看来,法国大革命、社会主义与基督教的精神本质相同,这些东西他都反对,理由也相同:他绝不在任何方面平等对待所有人。

他说佛教和基督教否认人与人的根本价值差别,在这个意义上都是"虚无的"宗教,只是佛教没那么严重。基督教是堕落的,充斥粪便般的腐朽东西,以粗制滥造者的反抗为动力。这反抗是犹太人挑的头,由圣保罗这种毫无信义的"神圣癫子"带进基督教。《新约》是卑劣之徒的福音。"基督教是史上最致命、最魅惑的谎言。从来没有哪个名人像基督教的理想,想想普鲁塔克《名人传》里的英雄吧。基督教应受谴责,因为它否认"傲气、保持距离的悲悯、重大责任、意气风发、光辉兽性、战争和征服本能、激情的神话、复仇、愤怒、肉欲、冒险、知识"的价值。尼采认为这一切全是好的,却都被基督教说成坏的。

他说,基督教旨在驯化人心,这不应该。野兽有某种光辉,一旦驯化就失去了。陀思妥耶夫斯基笔下的罪犯比陀氏本人好,因为他们更懂自尊。尼采嫌忏悔和救赎恶心,称这些事为"folie circulaire"(蠢事循环)。人类的忏悔和救赎念头很难摆脱,因为"我们是两千年来活剖良心和自钉十字架的继承人"。有一段关于帕斯卡的雄文值得摘引,因为它把尼采反基督教的理由讲得淋漓尽致:

> 我们反基督教什么?反它存心摧毁强者,挫他们锐气,利用他们疲惫虚弱的时刻,把他们的骄傲自信变成焦虑内疚;反它毒杀最高贵的本能,使人染病,直到他们的力量、他们的权力意志反过来针对自身,直到强者因过度自卑和自我牺牲而死灭:这种令人不寒而栗的死法,帕斯卡是最著名的实例。

尼采宁愿用他所谓的"崇高者"取代基督教圣徒。这崇高者绝非普遍类型,而是贵族统治者。崇高者能行残忍之事,偶尔也实施庸俗眼光认为的犯罪,只承认对同等人的义务。他保护艺术家、诗人和精通特定技艺的人,但把自身置于比仅懂做事者高一级的地位。他从战士那里学会为奋力捍卫事物而死,学会牺牲多人,足够严肃对待事业而不惜人命;学会毫不留情地贯彻纪律,允许自己在战争中狡诈残忍。他承认残忍对贵族优越性的意义:"几乎一切所谓'高等文化'都基于对残忍的崇高化和强化。"

如何看待尼采的学说?有多大真实性?有什么用处吗?里面有客观的东西吗,抑或仅仅是病弱者的权力幻想?

不可否认尼采有巨大影响,不是对职业哲学家,而是对文学和艺术文化者。此外,事实表明他对未来的预言至今都比自由主义者和社会主义者准确。假如他的思想只是某种疾病的症状,这病在现代世界肯定流传很广。

但他也有很多东西无非是自大狂,不必理会。他这样说斯宾诺莎:"病恹恹的隐者伪装暴露了多少怯懦和脆弱！"这话完全可以说他自己，甚至更合适，因为他毫不犹豫地攻击旁人。显然，在他的白日梦里，他不是教授而是战士，他敬仰的都是军人。他对女人的看法跟普通男人一样，是自己对女人感情的物化，显然出自惧怕。"别忘了拿鞭子"，但十有八九女人会把鞭子从他手里夺走，他心里清楚，所以就躲着女人，用刻薄话抚慰受伤的自尊。

他谴责基督式的爱，因为他觉得这爱出于恐惧：我怕邻居害我，所以向他保证我爱他。要是我强大些、勇敢些，就会公然表露我对他当然的轻蔑。尼采压根儿不觉得人可能真心地博爱，这显然由于他自己几乎对什么都心怀憎恨恐惧，他喜欢把这心态伪装成贵族式冷漠。他的"崇高者"，也就是白日梦里的自己，是个完全没有同情心的人，无情、狡诈、残忍，只关心自己的权力。李尔王快发疯时说：

> 我要做那种事
> 究竟什么事还不清楚，但一定要让
> 全世界陷入恐怖

这就是尼采哲学的缩影。

他从没想到，他赋予超人的权力欲本身就是恐惧的结果。不怕邻居，就不会觉得有必要压制人家。征服了恐惧，人就不会像尼采所谓的"艺术暴君"尼禄那样疯狂，边享受音乐边搞大屠杀，内心为势在难免的宫廷政变惶惶不安。我倒不否认，部分由于他的学说，现实世界已经很像他的梦魇，恐怖程度毫不逊色。

必须承认，尼采的指责的确适用于某些基督教伦理。帕斯卡和陀思妥耶夫斯基，尼采本人举的两个实例，品德上都有某种鄙劣之处。帕斯卡为他的上帝牺牲了自己卓越的数学才华，他病态精神痛苦的极度扩张让那上帝显得残暴。陀思妥耶夫斯基没有丝毫"真正的傲气"，他会为悔改并享受忏悔的奢侈乐趣而犯罪。我不想探讨这种罪过有几分能公正地怪到基督教头上，但我承认我和尼采有同感，觉得陀思妥耶夫斯基五体投地的姿态很可鄙。我也觉得，某种坦荡的傲气甚至自以为是，都是最佳性格的要素，源于恐惧的美德没什么好赞赏的。

圣贤有两种：天生圣贤和出于恐惧的圣贤。天生圣贤不由自主地爱人类，他行善是由于行善让他幸福。出于恐惧的圣贤则像因害怕警察而不盗窃的人，要是没有地狱烈火或邻人报复等想法约束着他就会作恶。尼采只能想象第二种圣贤，他的灵魂充斥恐惧和憎恨，似乎觉得不由自主地爱人类是不可能的。他从未设想过具有超人的大无畏和倔强自尊，却由于根本没有害人意愿而不给人施加痛苦的人。谁会觉得林肯的所作所为是由于害怕地狱？可是按尼采的观念，林肯是卑贱的，拿破仑才了不起。

尼采提出的主要伦理问题尚待探讨：我们的伦理应当是贵族式的呢，还是在某种意义上对所有人一视同仁？这问题表述得不是很清楚，所以第一步显然是把问题明确化。

首先要分清贵族伦理和贵族政治理论。信奉边沁最大多数人最大幸福原则的人，有民主式伦理观，但也许会认为贵族政体最能促进大众幸福。这不是尼采的立场。尼采认为普通民众的幸福不属于善本身。善恶本身只在于少数卓越者，其余人的遭遇无关紧要。

接下来的问题是：如何定义少数卓越者？现实中他们通常是征服者或世袭贵族，而贵族起码在理论上往往是征服者的后裔。我觉得尼采会认可这个定义。"没有好出身就不可能有道德。"尼采如是说。他还说贵族阶级最初也是蛮人，但人类的每次提升都归功于贵族。

不清楚尼采认为贵族的优越性是先天的还是教育和环境造成的。若是后者，就很难不让旁人享受特权辩护，因为照理说旁人同样有资格享受。因此我假定尼采认为贵族征服者及其后裔先天优于臣民，好比人类优于家畜，只是差距没那么大。

什么是"先天优于"？解读尼采时，这是指高等种族的个体及其后裔更可能像尼采说的那样"崇高"：更强的意志、更大的勇气、更旺的权力欲、更少同情心、更少恐惧、更不温和。

现在可以陈述尼采的伦理。我认为他的伦理可公允解读如下：

战争胜利者及其后裔通常天生优于战败者。所以让他们掌握一切权力、专为他们自身利益处理事务是可取的。

"可取"这个词也要探讨。尼采哲学中什么是"可取"的？从旁人角度看，尼采说"可取"的就是尼采想要的。照此解释，尼采的学说不妨更干脆更坦诚地总结为："真希望我生活在伯里克利时代的雅典或美第奇时代的佛罗伦萨。"但这不是哲学，而是某人的生平状况。"我想要"的不等于"可取"的；不管多含糊，可取都意味着某种普遍合理性。有神论者能说可取的就是上帝想要的，但尼采不能这么说。他可以说自己凭伦理直觉知道什么是善，但他不肯这么说，因为这听起来太康德了。尼采的"可取"就是说:"人们要是读我的书,一定百分比的人会在社会组织问题上抱着和我相同的愿望;在我哲学的力量和决心的鼓舞下,这些人能维持并复兴贵族制,由他们自己当贵族或(像我这样)贵族的奉承者。这样他们会过上比人民仆从更充实的生活。"

尼采哲学中还有一种元素,与"彻底的个人主义者"反工会的理由很相似。在所有人对所有人的战争中,胜利者往往具备尼采欣赏的某些品质,比如勇气、谋略和意志。然而,假如那些不具备贵族品质的人(他们是绝大多数)团结起来,尽管低劣却也可能取胜。这场群氓对贵族的斗争中,基督教就是意识形态前线,好比法国大革命曾是战斗前线。所以我们应反对任何弱者个体的联合,以防他们的集体力量压倒强悍个体;另一方面,我们应敦促人口中强硬雄壮的个体联合起来,第一步就是宣扬尼采式哲学。可见,保持伦理与政治的区分并非易事。

假如我想(我当然想)找反对尼采伦理和政治学说的理由,能找些什么理由呢?

某些事实有力表明,追求尼采想要的目标,其实会造成截然不同的结果。如今贵族世家已名声扫地,唯一可行的贵族体制就是法西斯或纳粹党那样的组织。这种组织惹人反对,在战争中很容易失败;但假如没有被打败,也会很快变质为警察国家,统治者生活在暗杀阴影中,英雄人物关在集中营。这种社会的信义廉耻被告密行径耗竭,那些想当超人贵族的人,却沦为战战兢兢的懦夫党。

但这是现代道理,不适用于贵族政治未受质疑的过去。埃及政府按尼采式原则运转了几千年。几乎所有大国都采取贵族政体,直到美国独立和法国大革命。所以我们要自问,喜欢民主而不喜欢有悠久成功历史的政体,有没有什么好理由;或者,既然我们谈的是哲学而不是政治,所以不如这样问:反对尼采维护的贵族制伦理,有没有客观依据?

与政治相对的伦理重在同情心。为旁人受苦而难过,这种意义上的同情心多少是人类天性,小孩子听见别的孩子哭也会不安。但这种感情在不同人身上有截然不同的发展。有些人以折磨旁人为乐;其他人,比如佛陀,感觉只要有生灵受苦就无法完全快乐。多数人在情感上把人分为敌和友,只同情友人,不同情敌人。基督教和佛教伦理的情感基础是普遍同情,尼采伦理则完全没有同情(他常常宣扬反同情的论调,估计他不难遵守自己这个信条)。问题是,假如佛陀和尼采当面对质,有没有哪方能提出打动中立者的说法?我说的不是政治辩论。我们可以想象他们在全能的上帝面前,就像《约伯记》第一章的场面,向上帝提议应创造哪一种世界。两人分别会怎么说?

佛陀会说起麻风病人、弃子和伤心人,拖着疼痛的肢体终日劳碌、食物缺得几乎难以活命的穷人,在极度痛苦中慢慢咽气的战斗伤员,被狠心监护人虐待的孤儿,甚至失意和死亡萦绕心头的功成名就者。佛陀说,必须为这一切悲苦重负寻一条救赎之道,而救赎只能靠爱。

对于尼采,唯有全能的上帝才能让他不要插嘴,一轮到他,他就嚷嚷起来:"天哪老兄,你就不能坚强点吗!何必为小人物受苦而哭哭啼啼?或者,为大人物受苦而如此?小人物受小苦,大人物受大苦,大苦没什么好叹息的,因为苦得高贵。你的理想完全是消极的,想要完全不痛苦,就得不存在。相反,我的理想是积极的:我仰慕阿西比德[1]、腓特烈二世和拿破仑。为这种人,任何苦难都值。上帝啊,求你了,作为最伟大的创造艺术家,别让这倒霉的精神病用堕落惊恐的胡扯八道抑制你的艺术冲动。"

佛陀在天庭已经知晓自己身故后的所有历史,精通科学,既为知识欣喜又为人类对科学的应用伤心;他优雅沉静地答道:"你错了,尼采教授,别以为我的理想是纯消极的。的确,它有消极因素,即没有痛苦;但里面的积极因素也不比你的少。我并不特别仰慕阿西比德和拿破仑,但我也有我的英雄:让人爱自己仇敌的耶稣,发现如何控制自然力量、较为轻松地获取食物的人,告诉大家如何减少疾病的医生,还有看见神圣至福的诗人、艺术家和音乐家。爱、知识和审美之乐不是消极的,足以让最伟大的人物度过充实人生。"

尼采答道:"那又怎样,你的世界还是无聊透顶。你该学学赫拉克利特,他的著作天国图书馆里很全。你的爱是怜悯,是痛苦引起的;如果你不是装的,你的真理令人不悦,而且只能靠痛苦认识;至于美,哪有比猛虎更美的?它的雄美源于凶残。不,如果上帝偏向你的世界,恐怕大家都要无聊死了。"

"你也许会无聊死,"佛陀答道,"因为你爱痛苦,你对生命的爱是假的。但真正爱生活的人在我的世界会享受到现世谁都无缘的那种幸福。"

我个人赞同这想象中的佛陀。但我没法用数学或科学问题的论证方式来证明他是对的。我不喜欢尼采,因为他喜欢咀嚼痛苦,因为他以自负为己任,因为他

---

[1] 阿西比德(前450—前404年)是雅典政治家、将军,伯罗奔尼撒战争的风云人物。——译注

最仰慕征服者，那些人的荣耀在于擅长害人性命。但我觉得反驳尼采哲学的根本理由，像反对任何令人不悦却又自圆其说的伦理一样，不在于事实，而在于情感。尼采鄙视博爱，而我觉得博爱是这世上一切希冀的原动力。他的追随者颇为得意，但这一切有望迅速成为过去。

第二十六章　功利主义[1]

从康德到尼采这段时期，英国职业哲学家几乎没受同代德国人的丝毫影响，唯一例外的是威廉·汉密尔顿，但他影响甚微。柯勒律治和卡莱尔的确深受康德、费希特和德国浪漫主义者影响，但不是严格意义上的哲学家。似乎有人曾向詹姆斯·密尔提起康德，密尔浏览了康德著作，说："可怜的康德，我明白他的用心。"但就连这样的认可也很罕见，大家一般提都不提德国人。边沁及其学派的整个哲学纲领来自洛克、哈特雷和爱尔维修；作为英国激进主义领导者、无意间为社会主义学说铺路的人，边沁学派的重要性在于政治而非哲学。

杰若米·边沁（1748—1832）是公认的"哲学激进派"首脑，为人却出乎大家意料，根本不像激进派头领。他生于1748年，直到1808年才成为激进者。他腼腆得要命，勉强跟陌生人一起会万分不安。他洋洋洒洒地写，却懒得发表，以他名义出版的东西都是被朋友们善意偷去的。他主要关心法学，把爱尔维修和贝卡利亚奉为最重要的前辈。通过法学理论他才对伦理和政治有了兴趣。

他的整套哲学都基于两条原理，"联系原理"和"最大幸福原理"。1749年哈特雷曾强调联系原理；在他之前，大家承认观念之间会有联系，却认为联系无非是小错的根源，比如洛克等人就这么看。继哈特雷之后，边沁把联系当作心理学基本原理。他不但认可观念与语言的联系，还认可观念之间的联系，想借此给各种精神现象做决定论说明。该学说本质上与巴甫洛夫实验基础上的现代"条件反射"论相同，唯一区别在于巴甫洛夫的条件反射属于生理学，而观念联系纯属心理学。因此，巴

---

[1] 关于这个话题以及马克思，详见我的《自由与组织》(1814—1914) 第二编。

甫洛夫的研究能得出像行为主义者那样的唯物论解释，而观念联系发展为多少独立于生理学的心理学。条件反射原理无疑在科学上有所进步。巴甫洛夫原理是：设有一个反射，即B刺激造成C反应，再设某动物多次在受B刺激的同时受A刺激，结果A刺激往往没有B刺激也能造成C反应。这种现象在什么情况下发生，是实验问题。显然，假如我们用观念替代A、B和C，巴甫洛夫原理就成为观念联系原理。

两原理无疑在某个范围内是成立的，唯一有争议的是范围的广度。边沁及其追随者夸大哈特雷原理的适用范围，正如某些行为主义者夸大巴甫洛夫原理的适用范围。

对边沁而言，心理学决定论很重要，因为他想制定一套自动让人有德的法典甚至社会制度。在这个点上，为定义"德"，边沁第二原理即最大幸福原理派上了用场。

边沁主张善就是快乐或幸福，恶就是痛苦；这里他把快乐和幸福当同义语。因此，如果一种事态下快乐超过痛苦的量大于另一事态，或者痛苦超过快乐的量小于另一事态，它就比另一事态善。所有事态中，快乐超过痛苦的量最大的，就是至善。

这种后来叫做"功利主义"的学说根本没有新意。哈奇森[1]早在1725年就提过，边沁却把它归功于普利斯雷[2]，但后者没说过这回事。其实洛克的著作含有功利主义。边沁的贡献不在这学说本身，而在于积极用它处理各种实际问题。

边沁认为善是公众的幸福，而且每个人总是追求他心目中的幸福。因此，立法者要协调公共与私人利益。我不盗窃，这利于公共利益，但除非存在有效的刑法，这不符合我的利益。因此刑法是让个人利益与社会利益一致的工具，所以是正当的。

用刑法惩治人是为了预防犯罪，不是由于仇恨罪犯。刑罚要严厉，但更要明确。当时在英国很多小罪也要判死刑，陪审团嫌量刑过重，往往不愿判人有罪。边沁主张除了罪大恶极的其他一律废除死刑，他去世前刑法在这方面已经有所缓和。

他说民法应追求四个目的：生存、富裕、安全、平等。注意，他不提自由。其实他不在意自由。他仰慕法国大革命以前的仁君——凯瑟琳大帝和弗朗西斯皇帝。他对人权说极为不屑，说人权纯属胡扯，绝对人权是踩着高跷的胡扯。他说法国革命者提出的《人权宣言》是"形而上学之作——形而上学透顶"，还说宣言

---

[1] 弗兰西斯·哈奇森（1694—1746），苏格兰哲学之父。——译注
[2] 约瑟夫·普利斯雷（1733—1804），英国科学家、政治理论家。——译注

条文共有三类：莫名其妙的、错的、既莫名其妙又错的。

边沁的理想和伊壁鸠鲁一样，是安全而非自由。"战争与风暴读起来最妙，但和平与安宁消受起来更好。"

使他逐渐激进的原因有两个，一是快乐痛苦算法推出来的平等信念，二是万事交由他认为的理性裁断的不变决心。对平等的热爱，使他早年曾反对遗嘱自由，主张人的财产应均分给子女；又使他晚年反对君主制和世袭贵族，提倡包括妇女投票权的绝对民主。没理性依据他什么都不肯信，所以他排斥宗教，包括对上帝的信仰，并尖锐批评法律的荒唐反常之处，不管其历史渊源多尊贵。他不接受任何以传统为由的辩解。他从年轻时就反对帝国主义，不管是英国、美国还是其他国家的帝国主义，认为搞殖民地是蠢事。

由于詹姆斯·密尔的影响，边沁才有了现实政治立场。詹姆斯·密尔比边沁小二十五岁，是边沁学说的热诚信徒，但也是积极的激进派。边沁给他一栋房子（曾是弥尔顿宅），还在他写印度史期间资助他。史书完成后，东印度公司给詹姆斯·密尔一个职位，后来也聘请他儿子，直到该公司因印度暴动而解散。詹姆斯·密尔非常敬仰孔多塞和爱尔维修。像当时所有激进派那样，他相信教育无所不能，并把理论应用在儿子约翰·斯图亚特·密尔身上，结果有好有坏。最糟的是约翰·斯图亚特永远摆脱不了父亲的影响，哪怕已经意识到父亲的狭隘。

詹姆斯·密尔像边沁那样认为快乐是唯一的善，痛苦是唯一的恶。但他又像伊壁鸠鲁那样崇尚适度快乐。他认为知识之乐最妙，节制是首要美德。他儿子说"激烈在他那里就意味着鄙夷责备"，还说他反对现代人对情感的强调。跟整个功利主义学派一样，他彻底反对一切形式的浪漫。他认为政治可以由理性支配，并指望人们根据证据的分量形成意见。他认为，假如争议双方用同等技巧各陈己见，多数人肯定会根据道德做出正确判断。他的观念受制于情感匮乏，但他有勤勉、公正、理性的优点。

他的儿子约翰·斯图亚特·密尔出生于1806年，继续奉行略柔化的边沁派学说，直到1873年去世。

边沁与詹姆斯·密尔共同创立的杂志《威斯敏斯特评论》（1823）

边沁派完全欠缺打动人心的力量，若把这点考虑进去，整个19世纪中期他们对英国立法和政策的影响可谓大得令人震惊。

边沁用各种说法论证整体幸福即summum bonum（至善），其中某些是对其他伦理观的尖锐抨击。他在论政治诡辩的著作里说，温情和禁欲道德符合统治阶级的利益，都是贵族政体的产物；这措辞颇似后来的马克思。边沁说，道德秩序是利益平衡的产物。统治集团假装统治者和被统治者已经利害一致，而改革者指明一致尚不存在，并努力实现它。他主张唯有功利原理能给道德和立法提供标准，奠定社会科学的基础。他支持自己原理的主要正面理由是，该原理其实早已暗含在各种看似不同的伦理体系中。但这个说法若成立，他的考察范围必定极其有限。

边沁学说有一处明显缺陷。如果人人都追求自己的快乐，如何确保立法者追求全人类的快乐？本能的善意（他的心理学理论使他注意不到这善意）让他忽视了这个问题。要是他受雇为一个国家制定法典，他会为心目中的公共利益，而不为自己或（有意地为）自己阶级的利益来拟定条款。但如果意识到这个事实，他就得修正原先的心理学原理。他似乎觉得，民主政体加充分监督应当能管住立法者，让他们只能通过促进公共利益来促进自身私利。当时材料不足，无法判断民主体制的运行状况，他的乐观也许情有可原；但在如今的幻灭时代，这乐观似乎有点幼稚。

约翰·斯图亚特·密尔在《功利主义》中提出一种错得让人纳闷他怎么会觉得成立的观点。他说，快乐是人唯一想取得的东西，因此是唯一可取的东西。他主张见到的才是可见的，听到的才是可闻的，类似地，人们想取得的才是可取的。他没注意到，能够被看见的东西是"可见的"，但应当想取得的才是可取的。因此"可取"是个有伦理前提的词，我们不能根据想取得什么来推断什么可取。

再者，假如人人都不可避免地追求自己的快乐，说他应当干别的是没用的。康德主张"你应当"意味着"你能"，反之，如果你不能，说你应当也没用。假如人人都必然总是只追求自己的快乐，伦理就沦为审慎：你增进旁人的利益，好指望他们反过来增进你的利益。类似地，政治上的一切合作都是利益交换。从功利主义者的前提推不出别的有效结论。

这里涉及两个不同问题。第一，每个人都追求自己的幸福吗？第二，全体幸福是人类行为的正当目的吗？

人人渴望自己的幸福，这话可作两解，一真一假。不管我渴求什么，愿望满足我就会获得几分快乐；在这种意义上，不管我渴望什么，它都是一种快乐，也可以粗略地说我渴望的就是快乐。这是不言而喻的真理。

然而，假如说我渴望某物，是因为它能给我带来快乐才渴望的，这通常不真。我饿了会渴望食物，只要还饿着，食物就能给我带来快乐。但饥饿作为欲望在先，快乐是欲望的后果。我不否认在某些情况下有直接追求快乐的欲望。要是你决定去剧院消遣一个夜晚，你会挑能让你最快乐的那一家。但这种由直接求乐欲望决定的行为是例外的、不重要的。任何人的主要活动都取决于盘算快乐痛苦之前的欲望。

任何事都可能成为欲望的对象，受虐狂还渴求受苦呢。受虐狂无疑从他渴求的痛苦中取乐，但这乐趣是由于渴求，而不是反过来。一个人也许会渴望除自身欲望对他个人并无影响的事，比如本国为中立国的战争中某一方的胜利。他也许会渴望增进全体幸福或减轻全体痛苦；也许会像卡莱尔那样，渴望恰与此相反的东西。随着他欲望的不同，他的快乐也不同。

人们的欲望彼此冲突，所以必须有伦理。冲突的根本原因是利己心：多数人更关心自己而非旁人的福利。但是，即使不牵涉利己心，同样可能有冲突。这个人也许希望人人是天主教徒，那个人也许希望人人是加尔文派教徒。社会冲突经常涉及这种非利己欲望。伦理有双重目的：一是找出区分欲望善恶的标准，二是通过赞扬和谴责来鼓励善欲抑制恶欲。

功利主义的伦理部分在逻辑上独立于它的心理学部分，这话指的是：事实上促进全体幸福的欲望和行为是善的。促进全体幸福无须是一件行为的动机，只须是它的结果。有没有支持或反对此说的有效理论？关于尼采我们曾面临类似问题。他的伦理与功利主义者不同，因为他主张人类只有少数成员在伦理上重要，其余人幸福或悲惨无关紧要。我个人认为这种异见没法用科学问题那样的论证方式处理。显然被尼采排除在贵族之外的人会反对，那么它就是政治而非理论问题了。功利主义伦理是民主和反浪漫主义的。民主派可能会接受它，但我觉得针对更喜欢拜伦式世界观的人，你只能在实践上反对他，没法用只讲事实不讲欲望的理由反驳他。

哲学激进派是个过渡学派，滋生了两个更重要的学说，达尔文主义和社会主义。达尔文主义是马尔萨斯人口论在全体动植物界的应用，而马尔萨斯人口论是边沁派政治经济学说的内在成分——全球自由竞争，最像成功资本家的动物获胜。达尔文本人受马尔萨斯影响，整体上赞同哲学激进派。但正统经济学家赞成的竞争与达尔文所谓进化动力的生存竞争有重大区别。正统经济学的"自由竞争"是人为概念，受法律限制。你可以贱卖货品与对手竞争，但不能杀他。你不能动用

苏格兰新拉纳克村,罗伯特·欧文的乌托邦实践(1800—1825)。詹姆斯·密尔在1831年的信中写道:"他们似乎觉得财产不该存在,财产是祸害。"新拉纳克村如今是苏格兰的五个世界文化遗产之一

国家军队帮你打压外国厂商。那些运气不好没资本的人，不能用革命来改善命运。边沁派心中的"自由竞争"绝不是自由放任的。

达尔文式竞争不存在这种限制，没什么卑劣手段是要不得的。动物不讲法律，也不禁止打斗式竞争。用国家力量夺取竞争胜利有违边沁派规则，但在达尔文式斗争中并无不可。事实上，虽然达尔文本人是自由主义者，尼采没哪次提起达尔文不带鄙夷，但真正消化达尔文"适者生存"说的人，其观念更容易贴近尼采而非边沁的哲学。但这是后来的状况，因为达尔文的《物种起源》出版于1859年，其政治意义一开始还没显现。

社会主义却萌生于边沁主义全盛期，是正统经济学的直接结果。跟边沁、马尔萨斯和詹姆斯·密尔过从甚密的李嘉图，主张商品的交换价值完全来自生产该商品耗费的劳动。1817年他发表这套理论，八年后，曾任海军军官的托马斯·郝思金出版第一部社会主义论作《劳方驳资方索求》，他像李嘉图那样主张所有价值都是劳动赋予的，所有报酬应归劳动者，眼下地主和资本家获取的份额纯属压榨。同时，罗伯特·欧文作为实际经验丰富的制造商，信了那种不久就称为社会主义的学说。（"社会主义者"一词首次使用于1827年，当时指欧文信徒。）欧文说，机器正在排挤劳动者，自由放任政策没有给工人阶级抵抗机器力量的有效手段。他提出的弊端解决办法，是现代社会主义的初始形式。

虽然欧文是边沁的朋友，边沁在欧文的企业里投了好大一笔钱，但哲学激进派不喜欢欧文的新说，其实社会主义的到来已经使他们没那么激进、没那么哲学化了。郝思金在伦敦有了一批追随者，詹姆斯·密尔大为惊恐，他写道：

> 他们的财产观相当凶险……他们似乎觉得财产不该存在，财产是祸害。我敢肯定，他们当中有恶棍……这帮蠢货，不明白他们疯狂渴求的东西对他们实属灾难，不是旁人正是他们自己亲手制造的灾难。

这封信写于1831年，标志着资本主义与社会主义漫长斗争的开端。在后来的一封信里，詹姆斯·密尔把社会主义学说归因于郝思金的"疯言乱语"，还说："这些观念要是蔓延开来，会使文明社会覆灭，比匈奴人和鞑靼人大举进犯还糟糕。"

作为政治经济学说的社会主义不在哲学史考察范围内，但是在卡尔·马克思那里，社会主义发展出一套哲学，详见下一章。

第二十七章　卡尔·马克思

马克思通常在人们心中是自称使社会主义科学化、对那场靠拉拢和排挤手段几乎支配近代欧洲史的巨大运动做出最大贡献的人。除了某些概览，他的政治经济学说不在本书范围内，我打算只谈他的哲学和他对旁人哲学的影响。哲学上，他很难归类。一方面，他像郝思金那样是哲学激进派的产物，传承了理性主义和对浪漫主义的反抗。另一方面，他复兴唯物论，赋予它新解释，使之与人类历史有了新关联。此外，他还是最后一个创立宏大体系的人，是黑格尔的继承者，像黑格尔那样信奉人类进化有理性公式。强调任何一方面而忽略其他方面，都是对他哲学的误解和扭曲。

他的生平遭遇是这种复杂性的部分原因。1818年他出生于特里尔。特里尔也是圣安布罗斯的出生地，在法国大革命和拿破仑时代深受法国人影响，思想观念远比德国其他地区驳杂。马克思祖上是犹太拉比，但父母在他幼时就成为基督徒。他娶了个非犹太贵族女子，对她一生钟情。在大学，他受的影响不仅有当时依然风行的黑格尔哲学，还有费尔巴哈反黑格尔的唯物论倾向。他试过新闻业，但编辑的《莱茵报》因激进主义被当局查禁。然后他在1843年去法国研究社会主义，在那儿结识了曼彻斯特一家工厂的经理恩格斯。他通过恩格斯了解到英国劳工状况和英国经济学。就这样，他在1848年革命前就有了格外国际化的学识。对整个西欧，他没有任何民族偏见。对东欧不是这样，因为他向来蔑视斯拉夫人。

1848年的法国革命和德国革命他都参加了，但反动势力迫使他在1849年流亡英国。除了几个短暂间隙，他余生在伦敦度过，饱受贫困、疾病和子女夭亡[1]的折磨，却不屈不挠地学习和写作。激励他努力的一直是对社会革命的希望，他希望这革命即使不发生在自己有生之年，也能发生在并不遥远的未来。

马克思像边沁和詹姆斯·密尔一样与浪漫主义绝缘，总是力求科学。他的经济学观念是英国古典经济学的产物，只是动力不同。古典经济学家有意无意地追求既跟地主又跟劳动者对立的资本家的利益；相反，马克思代表雇佣劳动者的利

---

[1] 马克思夫妇生了七个孩子，因生活窘困只有三个长大成人。——译注

益。正如1848年《共产党宣言》表现的那样，他年轻时怀着新革命运动的灼热激情，好比自由主义在弥尔顿时代那样。然而他总是渴望诉诸证据，从不信赖任何科学外的直觉。

他自称唯物主义者，但不是18世纪那种。他把自己在黑格尔影响下的唯物主义叫做"辩证"唯物主义，与传统唯物论有重大区别，更像如今说的工具主义。他说，旧的唯物论误把感觉视为被动的，因此将能动性主要归于客体。在马克思看来，所有感觉或知觉都是主客体互动，脱离主体活动的纯粹客体只是原材料，在被认识的过程中发生转变。被动感知意义上的旧认识，是不真实的抽象；实际发生的是处理事物的过程。"人的思想是否有客观真实性，这不是理论问题，而是实践问题。"他说。"思想的真实性，即现实性和力量，必须由实践检验。脱离实践的思想有没有真实性，纯属经院式问题……哲学家只是用不同方式解释世界，但真正的任务是改造世界。"[1]

我想，马克思的意思是哲学家所谓追求知识的过程，并非以前认为的那样客体不变仅由认识者进行改变的过程。相反，主客体、认识者和被认识者，都在不断的相互适应过程中。他称之为"辩证"过程，因为这过程永远不会充分完结。

为此，否认英国经验主义者构想的"感觉"的现实性，至关重要。最接近他们所谓"感觉"的，不如叫"察觉"，这意味着能动性。马克思主张，其实察觉事物只是我们与事物互动过程的一部分，任何遗漏人类行动的理论都是误导性的抽象观念。

据我所知，马克思是第一个从这种能动角度批评"真实"概念的哲学家。他的作品并未强调这种批评，所以这里我不再多谈，留待后文探讨。

马克思的历史哲学是黑格尔和英国经济学的混合。他像黑格尔那样认为世界是按照辩证公式

《资本论》（马克思，1867）和《共产党宣言》（1848，马克思、恩格斯合著）

---

[1]《关于费尔巴哈的十一条提纲》，1845年版。

发展的，但他完全不同意黑格尔对发展动力的看法。黑格尔认为有一个神秘实体叫"精神"，精神让人类历史按黑格尔逻辑讲的辩证阶段发展下去。为什么精神要经历这些阶段，不得而知。这让人不禁觉得精神在努力理解黑格尔的意思，每弄懂一点就赶紧把它客观化。马克思的辩证法完全不是这样，只是有一点必然意味。马克思认为，历史动力是物质而非精神。但这里指的是特别意义上的物质，不是原子论者的彻底非人化物质。也就是说，马克思主张历史动力其实是人对物质的关系，最重要的是人类生产方式。这样，马克思的唯物主义实际上成为经济学。

在马克思看来，人类每个历史时代的政治、宗教、哲学和艺术，都是当时生产方式的产物，在一定程度上也是分配方式的产物。我认为他不会主张这适用于一切文化细节，而是主要适用于文化概况。该学说叫做"唯物史观"，是非常重要的论题，尤其对哲学史而言。我不完全同意他的看法，但承认里面有极重要的真理成分，我意识到它已经影响了我在本书中对哲学发展的看法。首先分析一下马克思学说的哲学史。

每个哲学家主观上都认为自己在追寻某种可以叫"真理"的东西。不同哲学家对"真理"的定义也许不同，但无论如何它是某种客观东西，在某种意义上是人人都应当承认的。人要是认为所有哲学都仅仅是不理性偏见的表达，就肯定不会从事哲学研究。但所有哲学家都认为某些其他哲学家有偏见，他们的许多看法常常无意间依赖理性之外的理由。马克思和其余人一样，相信自己的学说是真理，他不认为那只是19世纪中期一个德国犹太叛逆中产阶级自然感受的表达。如何看待哲学主观看法与客观看法的这种冲突？

可以粗略地说，截至亚里士多德的希腊哲学是城邦制思想状况的体现，斯多葛派哲学适合普通专制政治，经院哲学是教会这种社会组织的学术宣传，笛卡尔或者至少是洛克以来的哲学倾向于体现中产阶级商人的偏好，马克思主义和法西斯主义是近代工业国家的哲学。我觉得这既真实又重要。但在我看来，马克思有两点错误。第一，必须考虑的社会状况不仅有经济还有政治，它们涉及权力，而财富只是权力的一种。第二，问题一旦细化、专业化，社会因果关系往往不再适用。第一点反对意见我已经在《权力》[1]一书中讲过，这里不再赘述。第二条与哲学史关系更密切，下面举例说明。

---

[1] 指罗素1938年出版的《权力：一种新的社会分析》。——译注

先以共性问题为例。最早探讨这个问题的是柏拉图,接着是亚里士多德、经院哲学家、英国经验主义者、现代逻辑学家。否认哲学家对该问题的看法受偏见的影响,是荒唐的。柏拉图受巴门尼德和酒神精神的影响,渴求一个永恒世界,无法相信现世流转的终极实在性。亚里士多德比较注重经验,对日常世界并不反感。近代彻底的经验主义者怀有与柏拉图恰恰相反的偏见,他们讨厌超感官世界这个想法,不惜大费周折地回避它。但这些彼此对立的偏见都是持久存在的,跟社会体制只有渺茫关联。有人说,热衷永恒是靠旁人劳动为生的有闲阶级的特质。我觉得未必。伊壁鸠鲁和斯宾诺莎都不是有闲绅士。相反,也可以说无所事事的天堂是只求歇息的疲惫苦工的念头。这样没完没了地争下去,得不出任何结论。

另一方面,谈到共性问题的细节,我们发现争论双方都能提出对方认可的说法。在这个问题上亚里士多德对柏拉图的某些批评几乎是举世公认。最近虽然尚无结论,但新技术已经问世,许多枝节问题已经解决。逻辑学家不久后能在这个问题上达成一致看法,也是有希望的。

再以本体论论证为例。如前所述,本体论是圣安塞莫提出的,托马斯·阿奎那否认它,笛卡尔承认它,康德驳斥它,黑格尔重申它。可以很确切地说,基于对"存在"概念的分析,现代逻辑学已经证明本体论不成立。这不是个人脾性或社会体制问题,而是纯专业问题。当然,驳倒本体论,并不意味着它的结论即上帝存在就是假的;假如这样,托马斯·阿奎那当初就不会否认它。

或者以唯物主义为例。这个词可以有很多含义,马克思从根本上改变了它的意思。对唯物主义真假的激烈争论,主要是由于缺乏定义。一旦给出定义,你会发现根据某些说得通的定义,唯物主义能被证伪;根据某些定义它可能正确,尽管没有正面理由;根据另一些定义,它倒有一些支持理由,尽管并不确凿。这一切也取决于理论考量,跟社会体制毫无关系。

问题的真相其实很简单。通常说的"哲学"包含两种大相径庭的成分。一种是科学或逻辑问题,能用公认的方法处理;另一种是很多人有热烈兴趣但说它对错都没有任何确凿证据的问题。战争爆发时,我必须支持自己的国家,否则会跟亲友和当局发生痛苦冲突。曾有很多时期,在支持还是反对官方宗教之间没有中间路线。由于种种原因,我们无法对很多不能用纯理性解决的问题保持超然怀疑。通常意义上的"哲学"是这种非理性抉择的有机统一体。在这种"哲学"意义上,马克思的主张大多是对的。但即使在这个意义上,哲学也不仅取决于经济原因,还取决于其他社会原因。战争是格外重要的历史原因，战争的胜利未必总归经济资源最多的那一方。

马克思把他的历史哲学装进黑格尔辩证法的模子，但他其实只关心一个三元组：地主代表的封建主义，工业雇主代表的资本主义，雇佣劳动者代表的社会主义。黑格尔把民族看成辩证运动的工具，马克思用阶级替代民族。他一贯否认自己支持社会主义或雇佣劳动者的所有道德或人道理由，而是声称该立场不是道德上更好，而是辩证运动的必然走向。他本来还可以说自己不是提倡社会主义，而只是预告社会主义。不过这样讲也不完全正确。他无疑相信任何辩证运动在某种非个人意义上都是进步，并认为社会主义一旦实现，会比封建主义和资本主义更好地促进人类福祉。这些信念想必支配了他的一生，但在他的作品里大多是隐而不宣的。不过有时他也会抛开冷静预言，激烈地鼓动反抗，他的所有作品都隐藏着貌似科学预言的情感基础。

马克思在纯哲学上有重大缺陷。他太讲求实际，太拘泥他那个时代的问题。他的眼界局限于我们这颗星球，在这颗星球上又局限于人类。人类在宇宙中并没有自诩的那种重要地位，这从哥白尼以来十分明显。没彻底领悟这个事实的人没资格称自己的哲学是科学的。

他不但拘泥俗务，还乐于相信进步是普遍规律，这是19世纪的特征，在马克思及其同代人身上同样存在。只是由于信奉进步的必然性，马克思才觉得不必做道德考量。如果社会主义要来，它必然是一种进步。他会坦承这对地主和资本家而言似乎不是进步，但这无非表明他们与时代的辩证运动不协调。马克思自称是无神论者，却怀抱一种有神论才撑得起的宇宙乐观精神。

大体上，马克思哲学中来自黑格尔的东西是不科学的，也就是说，没有任何理由认为这些东西是真的。

马克思给社会主义披的哲学外衣也许与他的观念基础没多大关系。他最主要的说法即使丝毫不提辩证法也能表述出来。他从恩格斯和皇家委员会报告了解到百年前英国工业体制骇人听闻的残酷，深受震撼。他认为该体制容易从自由竞争走向垄断，其不公必然造成无产阶级的反抗运动。他认为，在彻底工业化的社会中，不走私人资本主义道路，就只能实行土地和资本国有制。这些主张都跟哲学无关，我不探讨其对错。问题是，这些主张如果是对的，就足以支撑他理论体系的实际要点，那套黑格尔哲学装饰不如扔掉为妙。

马克思的声名史很奇特。他的学说在本国造就了社会民主党纲领，这个政党稳步发展壮大，在1912年的大选中获得三分之一的投票。"一战"刚结束时，该党曾一度执政，魏玛共和国首任总统也是该党成员，但这时党内已不再固守马克思主义正统。同时，狂热的马克思信徒在俄国掌握政权。在西方，没有任何大型工人运动是马克思主义的，英国劳动党偶尔似乎朝这个方向发展，却总是坚守一种经验式社会主义。然而，英美两国都有大批知识分子深受马克思影响。在德国，对他学说的任何倡导都被严厉禁止，但纳粹倒台后[1]应该会复苏。

现代欧美从而在政治和意识形态上分为三个阵营。有自由主义者，他们依然尽可能信奉洛克或边沁，但根据工业组织的需要做出不同程度的调整。有马克思主义者，在俄国掌握了政权，可能在许多其他国家越来越有影响。这两派的观念在哲学上区别不大，都是理性主义的，都有意遵循科学和经验。但两派在现实政治上界限分明。这在上一章引用詹姆斯·密尔的信里似乎已初见端倪，"他们的财产观相当凶险"。

然而必须承认，马克思的理性主义在某些方面存在局限。他认为自己对发展趋向的解释是对的，将被种种事实证明，但他明白这话只能打动（除极少数例外）阶级利益与此相符的人。他不指望劝服谁，而是把一切希望寄托于阶级斗争。因此他在实践中投身强权政治，践行统治阶级（尽管不是统治种族）论。的确，作为社会革命的结果，阶级划分有望最终消失，让位于政治经济的完全和谐。但这就像基督再临，是遥远的理想；眼下还有战争、独裁、对正统意识形态的固守。

第三种现代观念在政治上以纳粹和法西斯为代表，在哲学上与另两派的差异，比那两派之间的差异深远得多。这个阵营是反理性、反科学的，其哲学祖先是卢梭、费希特和尼采。它强调意志，尤其是权力意志；它认为权力意志主要集中在某些民族和个人身上，所以那些人有统治资格。

哲学界直到卢梭都保持的某种统一性如今消失了，但也许不会长久消失。理性主义重新征服人心，能恢复这统一；其他任何方法都不行，因为对统治权的谋求只会滋生纷争。

---

[1] 我写到这里是在1943年。

第二十八章 柏格森

昂希·柏格森是本世纪[1]一流的法国哲学家。他影响了威廉·詹姆斯和怀特海，影响了整个法国思想界。工团主义的热烈支持者、《暴力论》一书的作者索瑞尔借柏格森哲学的非理性主义支持无明确目标的革命劳工运动。但索瑞尔最后抛弃工团主义，成为保皇派。柏格森哲学的主要影响是保守方面的，顺应那场最终建立维希政权的运动[2]。但柏格森的非理性主义也打动了很多与政治无关的人物，比如萧伯纳的《千岁人》就纯属柏格森主义。且不谈政治，我们要探讨的是它的纯哲学方面。我曾经较详尽地探讨柏格森的非理性主义，它绝妙展示了始于卢梭且越来越广泛地支配世人生活和思想的反理性运动[3]。

对哲学家进行分类，通常要么按研究方法，要么按研究结论："经验主义"与"先验主义"是按方法分类，"现实主义"与"唯心主义"是按结论分类。柏格森哲学很难用这两种标准分类，因为它跨越所有公认界线。

然而还有一种没那么精确、也许对非哲学界人士更有用的分类，标准是促使哲学家做哲学思考的主要欲望。这样分出爱幸福形成的情感哲学、爱知识形成的理论哲学和爱行动形成的实践哲学。

情感哲学应包括所有基本是乐观或悲观主义的哲学，所有提出救赎方案或论证不会有救的哲学，包括多数宗教哲学。理论哲学应包括多数宏大体系，因为求知欲尽管罕见，却是大部分哲学精华的源泉。实践哲学则推崇行动至上，幸福是效果，知识不过是成功行动的手段。假如哲学家是常人，这种哲学家在西欧就很常见；但事实上直到最近他们都不多，主要代表就是实用主义者和柏格森。从这种哲学的兴起，我们可以像柏格森本人那样看出现代行动派对古希腊尤其是柏拉图权威的反抗；也可以把它和帝国主义还有汽车联系起来，席勒博士显然如此。现代世界呼吁这种哲学，所以它的成功并不出人意料。

---

[1] 指20世纪。——译注
[2] "二战"期间纳粹德国扶植的法国政权，因定都法国中部的维希镇而得名。——译注
[3] 本章其余内容主要摘自1912年发表在《一元论者》杂志上的一篇文章。

柏格森的哲学与以往多数哲学不同，是二元论的：世界分成两部分，一是生命，一是物质或曰被理智视为物质的非能动事物。整个宇宙是两种相反运动的交锋冲突：生命向上攀登，物质向下坠落。生命是创世时一举生成的伟大力量、伟大活力冲动，它遭受物质的阻碍，奋力开拓出路，逐渐学会用组织手段利用物质；它被重重阻碍分成不同方向的潮流，犹如街角的风；它部分屈从物质，被迫适应物质，却永远保持自由活力，永远奋力寻觅新出路，永远在一道道物质壁垒中谋求更大行动自由。

进化主要不是靠适应环境解释的，适应仅解释进化的迂回曲折，犹如一条穿山越岭蜿蜒通向城市的道路。但这个比喻不太恰当，进化之路的尽头没有城市，没有既定目标。机械论和目的论有相同缺陷，都认为世间没有本质上的新事物。机械论认为未来取决于过去，而目的论认为要达成的目的事先可知，所以结果中没有任何真正新事物。

柏格森偏向目的论，但对这两种看法都不赞成，他认为进化犹如艺术家的工作，其实是创造性的。事先有一股行动冲动、一个模糊欲望，但欲望满足前无法得知什么能满足它。比方说，也许无视觉的动物有某种接触物体前就知晓物体的模糊欲望，于是做出种种努力，最终创造眼睛。视觉满足了欲望，却是事先无法想象的。所以进化是无法预料的，决定论驳不倒自由意志的信奉者。

柏格森描述世间生命的实际发展过程，填充了这个框架。生命潮流最初分植物和动物，植物的目标是储存能量，动物的目标是利用能量做迅猛动作。但动物后来再次分化：本能和理智多少有些分离。两者没有彻底独自存在，但理智主要是人类的不幸，最佳本能则体现于蚂蚁、蜜蜂和柏格森。理智与本能之分是柏格森哲学的根本，大体像斯坦福和莫顿的故事[1]，本能是好孩子，理智是坏孩子。

最佳本能叫直觉。柏格森说："直觉是那种无偏见、有自我意识、能反映对象并将之无限放大的本能。"他对理智活动的描述有时不太好懂，但若要理解柏格森哲学，就得尽最大努力。

智力或理智"脱离自然的双手时，以无生命实体为主要对象"，只能对离散、静止的东西形成清晰观念；像空间中的物体一样，各观念在彼此之外，且同样稳

---

[1]《斯坦福和莫顿成长记》是英国作家托马斯·戴的作品，讲述好孩子斯坦福和坏孩子莫顿的成长故事。——译注

定。理智分离空间而固定时间,不是用来思索进化,而是用来把演变体现为一系列状态。"理智的特征是天生无法理解生命";几何和逻辑是典型的理智产物,严格适用于物件,但其他场合的推理必须由常识检验,诚如柏格森所言,常识与理智是两回事。实体似乎是精神刻意创造出来,以便对它运用理智的东西,就像创造棋盘好在上面下棋。他说,理智的起源和物质实体的起源互为关联,两者是在彼此适应过程中发展来的。"物质和理智肯定是同一过程从蕴含两者的材料中同时将它们凿出来的。"

这个物质精神同时发展的想法很绝妙,值得寻味。我觉得大意是:理智是看出事物彼此分离的能力,物质就是分离成不同事物的东西。现实中没有分离的物件,只有无尽的生成之流,无物生成,也生成不了任何物。但生成可能是向上运动也可能是向下运动:向上运动就是生命,向下运动就是理智误以为的物质。想必这宇宙呈圆锥形,顶点是"绝对",因为向上运动使事物聚拢,而向下运动使事物分散,起码貌似分散。精神的向上运动为了能在纷纷坠落的物体中穿过,就必须在这些物体之间开辟出路;于是智力形成时出现了轮廓和路径,原始的流注被切成分离的物体。理智好比切肉的人,但有个特征:把鸡想象成向来是刀切成的散片。

理智与空间相关,本能或直觉与时间相关。与多数作者不同,柏格森认为时间和空间完全相异,这是他哲学的显著特色。空间是物质的特征,是分流的幻觉产生的,实践上在特定限度内有用,但理论上纯属误导。相反,时间是生命或精神的根本特征。他说:"有生命的地方,就有个东西在某处计时。"但这里说的时间不是数学时间,不是互为外在的各同质瞬间的集合。柏格森认为,数学时间其实是空间的一种形式,作为生命本质的时间就是他所谓的绵延。绵延是柏格森哲学的基本概念,他早期的书《时间和自由意志》里已经提过,想理解他的哲学体系就必须弄懂这个概念。但这个概念很艰深,我个人并没有理解透,所以恐怕给不出应有的明白解读。

"纯粹绵延,"他告诉我们,"是自我任它本身活着,也就是不把现在状态与以前各状态割裂时,意识状态采取的形式。"它使过去和现在形成一个有机整体,彼此互相渗透,相继而无从区分。"在自我里面,有不互为外在的相继;在自我外面,纯空间中,有不相继的互为外在性。"

"主客体问题、主客体的区别与合一问题,应当从时间而非空间角度来提。"

在我们看自己行动的绵延里，有分离的因素；但在我们行动的绵延里，我们的各状态彼此相融。纯粹绵延是最远离外在性、受外在性渗透最少的，过去充塞着全新的现在。但此时我们的意志紧张到极点，必须拢住正要滑脱的过去，把它整个塞进现在。在这样的瞬间，我们真正拥有自身，但这种时刻很少有。绵延就是实在的质料，实在就是永远在生成，绝不是已生成的事物。

绵延的首要表现是记忆，因为在记忆中过去残留于现在。所以记忆理论在柏格森哲学中至关重要。《物质与记忆》一书旨在阐述精神与物质的关系，通过对记忆即"精神与物质的交点"的分析，认定两者都是实在的。

他说，有两种截然不同的东西通常都叫"记忆"，两者之间的差别十分重要。他宣称："过去以两种不同方式残存：一是运动机制，二是独立回忆。"比如说，人要是能在心里背一首诗，就可以说他记得这首诗，其实是他形成了重复以前行为的特定习惯或机制。但起码在理论上，他也许能背这首诗却记不起以前读这首诗的任何情形，因此这种记忆不含对既往事件的意识。第二种才真正称得上记忆，他记得以前每次读这首诗的情形，每次都是独特的，时间也不同。柏格森认为，这里不存在习惯，因为每件事都只发生过一次，立即留下印象。他认为，过去的一切遭遇都以某种方式被记着，但通常情况下，有用的东西才进入意识。在他看来，貌似的记忆缺失，问题其实不在于记忆的精神要素，而在于唤起记忆的运动机制。为支持这种看法，他还探讨脑生理学和健忘症，并据此主张真正的记忆不是大脑功能。过去必然由物质造就，由精神想象。记忆不是物质的发散，相反，如果物质指特定绵延内具体知觉把握的物质，说物质是记忆的发散倒更接近真实。

"原则上，记忆必定是绝对独立于物质的力量。那么，假如精神是一种实在，我们就是在这里，在记忆现象中，与精神发生实证接触。"

柏格森把纯粹知觉放在纯粹记忆的相反端，对纯粹知觉采取超实在论立场。他说："在纯粹知觉中，我们其实处于自身之外，用直接直觉触碰对象的实在。"他把知觉彻底等同于知觉对象，几乎不肯说知觉是精神的。"纯粹知觉，"他说，"是最低层的精神，无记忆的精神，其实属于我们所理解的物质。"纯粹知觉是察觉行动，其现实性在于能动性。大脑就是这样与知觉关联的，因为大脑不是行动工具。大脑的功能就是把精神生活限制在实用的事物上。要是没有大脑，估计一切都会被感知，但事实上我们仅感知自己有兴趣的事物。"躯体总是趋向行动，它具备为行动而限制精神生活的基本功能。"大脑其实是选择工具。

上文概述中,我大体上尽力只谈柏格森的观点,没有引用他支持这些观点的理由。与多数哲学家相比,这对柏格森更容易些,因为他通常不给自己的观点提供理由,只是靠观点的内在魅力和一手绝妙文笔打动人心。像打广告一样,他靠的是活灵活现变化多端的描述,以及对许多晦涩事物的明白解释。他向读者介绍自己的观点时,类推和比喻占大量篇幅。他对生命的比喻,比我所知的任何诗人都花样繁多。他说,生命像一枚炮弹,炸成无数碎片,每个碎片也是炮弹。生命又像一捆小麦。起初,它是"池子积水的倾向,尤其像绿色草木那样"。但这池子要积满喷着蒸汽的沸水,"必然一股股源源不断地喷射出来,每一股落回去,是一个世界"。又说"生命仿佛整体是个巨波,由中心向外荡开,几乎被团团围住,转化为震动:在某一点冲破障碍,自由通过"。比喻到高潮,生命被他比作骑兵冲锋。"一切地区一切时代一切有组织的生灵,从最低级到最高级,从原始生命到我们自己,都是同一股冲击力的见证,与物质运动的方向相反,本身也不可分割。所有生命联结在一起,任由同一股巨力推动。动物居植物之上,人类居动物之上,所有时空的全体人类是一支大军,在我们每个人的前后左右驰骋,以排山倒海之势冲开一切阻力,清除重重障碍,甚至连死亡都突破。"

但是,对这场人类驾驭着动物的大冲锋,一个冷静的评论家觉得自己只是旁观者,甚至对此有几分反感,可能觉得这种运动很难与冷静缜密的思考相容。你跟他说思想只是行为的手段,只是躲避战场障碍物的冲动,他会觉得这看法跟骑兵军官相称,跟哲学家不相称,毕竟哲学家的本职是思考:他会觉得在激烈运动的狂热喧嚣中根本没有柔和理性之音的余地,没有不通过骚乱而通过对宇宙之大的冷静沉思来寻觅伟大的闲暇。在这种情况下,他也许不禁要问,这躁动的世界观到底有没有让人接受的理由。要是他提出这个疑问,我觉得他将发现不管在宇宙还是在柏格森先生的书中,这观点都根本没有任何让人接受的理由。

像柏格森这样的反理性哲学有一个恶性:靠理智的错漏和混乱发展壮大。于是这种哲学宁要坏想法不要好想法,断言任何暂时困难都无法解决,认为一丁点儿愚蠢的错就意味着直觉的胜利和理性的破产。柏格森的书有许多提及数学和科学的话,粗心读者可能觉得这大大巩固了他的哲学。关于科学尤其是生物学和生理学,我没资格批判他的解释。但关于数学,他在解释中故意采用传统谬见而不用过去八十年来数学界流行的现代观点。在这个问题上,他是在效仿多数哲学家的普遍做法。在18世纪和19世纪早期，微积分尽管已经是成熟方法，却以大量谬误和混乱思维为据。黑格尔及其追随者揪住这些谬误和混乱，试图借此证明数学全都自相矛盾。于是黑格尔对这些问题的说法传入主流哲学界，在数学家早已清除哲学家所依赖的全部困难后还阴魂不散。哲学家若是硬要证明耐心细致的思考得不来任何知识，反而该打着"理性"（黑格尔主义者）或"直觉"（柏格森主义者）旗号来崇拜无知者的偏见，就会对数学家已清除黑格尔利用的谬误这个事实视而不见。

除了数的问题，柏格森涉及数学的主要观念就是否定对世界的所谓"电影式"描述。数学把变化甚至持续的变化视为由一系列状态构成，被柏格森称为"电影式"观念；与此相反，柏格森主张任何状态系列都不能代表连续的事物，变化中的事物根本不处于任何状态。他说，电影式观念对理智很自然，却极为有害。真正的变化只能解释为真正的绵延，涉及过去和现在的相互渗透，不是静止状态的数学连续，这就是他说的"动态"而非"静态"世界观。这问题很重要，虽艰深也不可避而不谈。

柏格森的绵延理论和记忆理论密切相关。他认为记住的事物残留在记忆中，从而和现在的事物互相渗透：过去和现在并不互为外在，而是在意识整体中相融。他说，是行动构成存在；数学时间却仅是被动容器，什么都不做，什么都不是。他说，过去是不再行动者，现在是正在行动者。但在这句话里，其实他对绵延的整套说法里，都下意识假定了普通数学时间；离了数学时间，他的话毫无意义。"过去本质是不再行动者"（他自己标的重点），除了指过去就是行动已经过去者，又能指什么意思？"不再"是表述过去的词，对没有普通意义上现在之外的过去概念的人而言，根本毫无意义。因此他的定义是循环的，实际上等于说"过去就是行动在过去者"，这恐怕不是什么精彩定义。现在也同理。他说，现在是"正在行动者"（他自己标的重点），但"正在"一词正引入了要定义的现在观念。现在是与曾经在行动或将要在行动相对的正在行动者。也就是说，现在是行动发生在现在而非过去或未来者。这也是循环定义。同一页前面有段话能进一步揭示这谬误。"构成纯粹知觉的，"他说，"就是察觉行为……所以知觉的现实性在于其能动性，在于延长它的动作，不在于更大强度：过去只是观念，现在是观念运动。"这段话显然表明，柏格森说的过去不是指过去，而是现在对过去的记忆。过去存在时与现在一样能动，假如柏格森的说法正确，此刻应当是全部世界史上唯一有能动性的时刻。以前有其他知觉，在当时与现在的知觉同样能动、同样现实；过去在当时绝不仅仅是观念，而是本质上与现在一样的东西。真正的过去，却被柏格森完全忘掉；他说的是关于过去的现在观念。真正的过去不与现在相混，因为它不是现在的一部分，而是另一回事。

柏格森的整套绵延和时间论始终以一个基本混淆为依据：把现在的回忆行为和被回忆的过往相混淆。我们对时间太熟悉，否则他把过去推导为不再活动者这种做法的循环缺点会一目了然。其实柏格森描述的是知觉与回忆的区别，两者都是现在的事实；他却误以为自己描述的是现在与过去的区别。意识到这个混淆，你就会明白他的时间论其实完全忽略了时间。

当然，柏格森哲学有很大一部分内容，也许就是他最有名的内容，并不依赖论证，也无法用论证反驳。他想象的世界图景，作为诗意作品，既无法证实也无法证伪。莎士比亚说生命只是个行走的踪影，雪莱说生命像多彩的玻璃穹顶，柏格森说生命是炸裂成许多炮弹的炮弹。要是你更喜欢柏格森的说法，也并无不可。

柏格森希望世界实现的善是为行动而行动。他把所有纯思索称为"做梦"，用一大串词毫不客气地斥责：静态的、柏拉图式的、数学的、逻辑的、理智的。他告诉那些渴望对行动目的有所预见的人：目的预见了也没什么新鲜的，因为欲望像回忆一样，就是对象本身。因此我们在行动上注定是本能的盲目奴隶，任由生命力从背后没完没了、连续不断地推着向前。柏格森哲学容不下超脱动物生命、在沉思中领悟把人类从禽兽营生救赎出来的伟大目标的闲暇。浑浑噩噩地活动而心满意足的人，会在柏格森的书里找到令他欢心的宇宙图景。但是，有些人觉得活动若要有价值，就必须有愿景，追求一个比日常世界少些痛苦、少些不公、少些纷争的世界，简言之，行动建立在沉思基础上的人，会在柏格森哲学里一无所获，也不为它站不住脚惋惜。

第二十九章　威廉·詹姆斯

威廉·詹姆斯（1842—1910）主要是心理学家，却创造了"彻底经验主义"

说，还是"实用主义"或曰"工具主义"的三大倡导人之一，在哲学界举足轻重。晚年的他当之无愧地成为公认的美国哲学界首领。他因医学研究而关注心理学，1890年出版的心理学巨著[1]卓越到极致。但这本书我不谈，因为它是科学而非哲学贡献。

威廉·詹姆斯的哲学兴趣有两方面，一是科学的，一是宗教的。科学方面，医学研究使他的思想有唯物论倾向，但这唯物论受宗教情感的抑制。他的宗教情感有浓烈的新教气息，很有民主精神，充满人性温情。他完全不像弟弟亨利那样苛刻地自命不凡。他说："黑暗王子据说是绅士，也许的确如此，但统御天地的神不管是什么，绝不是绅士。"这是他的典型观念。

他心地温厚，性情可亲，几乎人人爱戴。我所知唯一不喜欢他的人是桑塔亚纳，此人的博士论文被威廉·詹姆斯批评成"糟糕到极致"。两人的性情有一种无法克服的对立。桑塔亚纳也喜欢宗教，喜欢的方式却大不相同，是出于审美和历史的喜欢，不是为了道德生活，所以他自然热衷天主教远超新教。理智上他不接受任何基督教教义，却乐意让别人信奉，自己好在一旁欣赏基督教传奇。在詹姆斯看来，这态度就是不道德。他从清教徒祖辈那里传承了善良行为至上这个根深蒂固的信念，民主情感使他无法接受哲学家一套真理、俗人另一套真理的念头。新教和天主教在性情上的对立在非正统教徒中依然存在；桑塔亚纳是天主教自由思想家，威廉·詹姆斯不管多异端，毕竟是新教自由思想家。

詹姆斯的彻底经验主义最初发表于1904年一篇叫做《"意识"存在吗？》的论文中。此文主要是为了否认主客体关系的根本性。在此之前，哲学家向来认为有一种叫做"认识"的事：一个实体即认识者或曰主体，查知另一实体即被认识的事物或曰客体。认识者是精神或灵魂，被认识者可能是物质对象、永恒本质或另一精神，在自我意识中就是认识者本身。公认的哲学中，几乎一切都涉及主客体二元对立。假如不承认主体与客体的根本区别，精神与物质的区别、沉思的理性和传统"真理"概念都将彻底改观。

我个人深信詹姆斯在这个问题上有部分是正确的，单凭这一点他就是了不起的哲学家。我原先不这么认为，后来詹姆斯和赞同他的人改变了我的看法。但我们先谈他的论证。

---

[1] 指《心理学原理》。——译注

他说:"意识是一个虚构体的名称,没资格在第一原理中占据一席之地。抓着它不放的人,抓的不过是一个回响,是渐渐消失的'灵魂'留在哲学空气中的渺茫余音。"他接着说,并没有什么"与物质对象的素材和人类观念素材相对应的原初素材或属性"。他解释说,这不是否定思维在认识中的功能,该功能可称为"有意识"。他否定的大致是一个观念,即意识是"事物"。他认为"只有一种原初素材或材料",世间一切都由它构成。他把这素材叫做"纯粹经验"。他说,认识是纯粹经验两部分之间的某种特殊关系。主客体关系是派生的:"我认为经验没有这种内在双重性。"特定部分的经验在一个情境中是认识者,在另一情境中可能是被认识者。

他把"纯粹经验"定义为"为我们以后的思索提供素材的直接生命潮流"。

可见,如果把精神和物质视为詹姆斯所说的两种不同"素材",上述学说就算废除了精神与物质的区别。因此,一些认同詹姆斯的人提出所谓"中性一元论",即组成世界的材料既不是精神也不是物质,而是某种先于两者的东西。詹姆斯本人倒没这么说,相反他对"纯粹经验"一词的运用无意间流露出一种贝克莱式的唯心观。"经验"这个词常常被哲学家使用,却很少被定义。我们先探讨一下它能指什么。

常识认为,许多发生的事并未"被经验",比如月球不可见的那一面上的事。贝克莱和黑格尔出于不同理由反对该观点,主张未被经历就是没有。如今多数哲学家认为他们的说法不成立,我也这么看。假如坚持世界的"素材"是"经验",我们就不得不煞费苦心地编造各种不太可信的说法来解释月亮不可见的那面之类的东西。除非我们能从经验来推断未经历的事,否则很难有理由相信除自身之外的任何东西。詹姆斯的确否认这一点,但他的理由相当薄弱。

所谓"经验"指什么?寻找答案的最好办法是这样问:没有经历过的和经历过的事物有什么区别?看到或感觉到的雨是经历过的,落在无生命荒漠中的雨是没有经历过的。这就得出第一点:没有生命就没有经验。但经验与生命的范围不同。我身上发生的很多事,我自己没注意到;很难说我经历了这些事。显然我记得的都是经历过的,但有些事虽然不记得,却会形成持续至今的习惯。被火燎过的孩子怕火,哪怕他记不起被燎那次的具体情形。我认为造成习惯的事就可以说"被经历过"(记忆是一种习惯)。很显然,习惯只能由活物形成。火钳不管多少次被烧得通红,都不会怕火。因此,根据常识我们应当说"经验"与世界的"素材"

范围不同。在这点上脱离常识,我个人觉得没有任何正当理由。

除了这"经验"问题,我个人赞同詹姆斯的彻底经验主义。

但他的实用主义和"信仰意志"另当别论。尤其是后者,我觉得是刻意为某些宗教信条做的似是而非诡辩式辩护,是任何虔诚信徒都无法接受的。

《信仰意志》出版于1896年,《实用主义,旧思维方式的新名称》出版于1907年,后者的学说是前者的扩充。

《信仰意志》主张实践中我们往往在没有充分理论依据的情况下被迫做决定,因为什么都不做也是个决定。詹姆斯说,宗教问题就是这样,"即使纯逻辑理智未受迫使",我们也有权采取信仰态度。这本质上是卢梭笔下萨维牧师的态度,但詹姆斯换了表述。

他说,求实的道德义务包含两个同级训条:相信真理和规避谬误。怀疑主义者错在只遵守第二条,以致不相信戒心没那么重的人会相信的许多真理。假如相信真理和规避谬误同等重要,二选一时,我不如凭意志相信一种可能,这样我有一半机会相信真理;但假如我悬而不决,就没有一点机会。

当真这么做,会形成一种非常怪异的行为准则。假设我在火车上遇见一个陌生人,心里嘀咕:"他是不是名叫伊本·韦奇·史密斯?"如果自认不知道,那么我对他的名字肯定没有正确信念;然而,假如我决定相信那就是他的名字,我有可能信对了。詹姆斯说,怀疑主义害怕上当,会由于恐惧而错失重要真理;他还说:"凭什么认为因希望上当比因恐惧上当更糟糕?"这似乎意味着,假如我常年希望遇到一个名叫伊本·韦奇·史密斯的人,积极而非消极求实欲就该促使我相信遇到的每个陌生人都叫这个名字,除非有确凿的相反证据。

你也许会说:"这例子很荒谬,因为你虽然不知道那陌生人的名字,却知道的确有很小一部分人名叫伊本·韦奇·史密斯。所以你对自由选择的预设并非完全一无所知。"说来奇怪,詹姆斯通篇没有明确提起概率,但几乎所有问题上都可见某种概率上的考量。我们权且承认(虽然哪个正统信徒都不会承认)世上任何宗教都没有证据或反证。假设你是中国人,跟儒教、佛教和基督教都有接触。根据逻辑规律,你不能认为三者都是真理。再假设佛教和基督教有相等的概率是真理,那么既然两者不能都真,其中之一必定是真理,所以儒教必定不是真理。假设三者都有相等的概率,则每一个不是真理的概率大于是真理的概率。这样引入概率,詹姆斯的理论就垮了。

作为心理学大家,詹姆斯竟在这点上允许自己持一种非常粗陋的想法,实在莫名其妙。他说得似乎只有全信或全不信两种选择,忽略了各种怀疑程度的可能。比方说,我在书架找一本书,心想"也许在这一格",于是就在这儿找;但看到这本书之前我不会想"它就在这一格"。我们习惯按各种假设去行动,但不是绝对确定的假设;因为我们按假设行动时,总是留心注意证据。

我觉得求实训条不是詹姆斯想的那样,而是"任何值得考虑的假说,证据有几分确凿就相信几分"。如果这假设足够重要,就有进一步寻找佐证的责任。这是常识,也符合法庭程序,而与詹姆斯提倡的大不相同。

把詹姆斯的信仰意志孤立起来评价,对他是不公平的;这是过渡性学说,自然发展为实用主义。詹姆斯的实用主义基本上是新的"真理"定义。实用主义还有另外两位倡导者,席勒和杜威博士。杜威博士下一章谈,席勒的地位没那么重要。詹姆斯和杜威博士强调的重点不同。杜威博士的观念是科学的,他的论证主要依据科学考察,而詹姆斯主要关心宗教和道德。大体上,他乐于赞同任何让人幸福有德的学说;这样的学说,就是他所指的"真理"。

詹姆斯说,实用主义原理最初是 C. S. 皮尔斯提出的,皮尔斯认为要在思维中清楚认识对象,只需考虑这对象会产生什么实际效果。詹姆斯解释说,哲学的职能是弄清假如这个或那个世界观为真,对你我有什么影响。于是理论成了工具,不再是谜题的解答。

詹姆斯说,观念只要有助于我们获得满意经历,就是真的:"一个观念,如果信了对生活有好处,它就是'真'的。"真成为善的一种,不再是独立范畴。真发生在观念上,事件导致观念为真。按知性主义者的说法,真观念必须符合实际,但"符合"并不意味着"复制"。"最广义上的'符合'实际,意思要么直接指向实际或实际周围,要么指符合它比违背它能更好地处理实际或与实际关联的事物。"他补充说:"说'真'只是为了思考之便……当然是长远整体的方便。"也就是说,"追寻真理的义务,是做划算的事这个普遍义务的一部分"。

在实用主义和宗教那章,他收获成果:"一个假说要是对生活有用,就不能反对。""关于上帝的假说如果在最广义上令人满意,它就是真的。""我们大可根据宗教经验相信神灵存在且正按照与我们相似的心思拯救世界。"

我发现这学说有一些严重问题。它认为一个信念若效果好,就是"真理"。这个定义若要有用(若没用就会被实用主义者的检验否决),我们就必须知道

(1)什么是好的,(2)这个或那个信念的效果是什么,而且必须先弄清这两点,才能知道任何东西是不是"真的";因为我们断定信念的效果是好的,才能说它是"真的"。结果就复杂得不可思议。假设你想知道哥伦布是否在1492年横渡了大西洋,就必须先问相信这说法的效果是什么,与相信哥伦布航行于1491年或1493年的效果有何不同。这够难了,但道德角度衡量这效果更难。你可以说1492年效果最好,因为能让你考分高。但是,假如你填1491年或1493年,同学就会胜过你;他们会觉得你而不是他们得胜是可叹的。不为考试的话,除非对史学家,我想不出这个信念有任何实际效果。

但问题不止于此。你必须确保你对信念结果的估计在道德和事实上都是真的,因为若是假的,你用来支撑这信念的论证就错了。但是按詹姆斯的意思,说你对各种结果的信念是真的,就是说这信念有好结果;这一点要真,又必须有好结果,如此循环无穷。这显然不行。

此外还有个问题。假设我说有哥伦布其人,大家都会同意这是真的。但为什么是真的?是因为450年前某个有血有肉的人——简言之,是因为我信念的原因,而不是因为其效果。按詹姆斯的定义,即使A事实上不存在,"A存在"也可能是真的。我总觉得圣诞老人的传说"在最广义上令人满意",因此"圣诞老人存在"是真的,尽管圣诞老人并不存在。詹姆斯说(我重引一遍):"关于上帝的假说如果在最广义上令人满意,它就是真的。"这干脆把上帝是否真在天国的问题当无关紧要之事忽略掉了;假如上帝是有用的传说,那就够了。作为宇宙造物主的上帝被遗忘,记得的只是关于上帝的信仰及其对我们这颗小行星上的生物的影响。难怪教宗谴责对宗教的实用主义辩护。

这涉及詹姆斯与前人在宗教观上的根本区别。詹姆斯把宗教当一种人类现象来关心,却对宗教思索的对象没什么兴趣。他想让人幸福,假如信上帝使人幸福,让他们信好了。到此为止,这只是仁爱,不是哲学;说这信仰若让人幸福就是"真的",就成了哲学。对渴望崇拜对象的人而言,这还不够。他想说的不是"如果信上帝我就会幸福",而是"我信了上帝所以幸福"。他信上帝,就像信罗斯福、丘吉尔或希特勒存在一样;对他而言,上帝是真实的存在,不仅是一个有良好效果的人类观念。有良好效果的是这种真信仰,不是詹姆斯虚弱的替代品。我说"希特勒存在"时,显然不是指"相信希特勒存在的效果是好的"。对虔诚信徒而言,上帝亦然。

詹姆斯的学说试图在怀疑主义的基础上修筑信仰大厦，这种做法依赖的都是谬误。他本人的谬误是对一切超人类事实的忽略。贝克莱式唯心观与怀疑主义的结合，让他用对上帝的信仰取代上帝，佯装这样也行。但这不过是近代大多数哲学典型的主观主义狂态。

第三十章　约翰·杜威

约翰·杜威出生于1859年，是当今美国公认的顶尖哲学家[1]。这评价我完全同意。他不仅对哲学家，而且对教育学、美学和政治理论的研究者都有深刻影响。他品性卓绝，观念开明，待人慷慨和善，工作孜孜不倦。他的多数观点我几乎完全赞同。我尊重仰慕他，亲身体会过他的温良，真希望能赞同他的一切；但是很遗憾，我不得不对他最独特的哲学理论表示异议，那就是用"探究"取代"真理"，当作逻辑和认识论的基本概念。

和威廉·詹姆斯一样，杜威是新英格兰人[2]，继承了百年前伟大新英格兰人的某些后代已经抛弃的新英格兰自由主义传统。杜威向来不是所谓"纯"哲学家。他特别关注教育，对美国教育影响深远。我个人也曾试图像他那样影响教育，但比不上他。也许他和我一样，对自称遵循他教导的那些人的实际做法不完全满意，但任何新学说在实践中都难免有些张扬过度。不过，这也没某些人想的那样关系重大，因为新事物的缺陷远比旧事物容易发现。

杜威于1894年当上芝加哥大学哲学教授，开的课程包括教育学。他创立了一个进步学派，写了大量教育学评论。《学校与社会》（1899）总结了他这段时期的东西，是他最具影响力的著作。他终生都在写教育学，著述之丰几乎比肩哲学。

他还关注其他社会和政治问题。与我一样，他访问俄国和中国并深受影响，前者是负面的，后者是正面的。他对"一战"的支持并不由衷，积极参加了托洛

---

[1] 杜威已逝于1952年。——译注
[2] 美国东北部佛蒙特等六州统称新英格兰地区，杜威出生于佛蒙特州的伯灵顿。——译注

茨基[1]罪案的调查；他确信对托洛茨基的指控没有依据，但他认为假如不是斯大林而是托洛茨基接了列宁的班，苏维埃政体也未必令人满意。于是他认为通过激烈革命建立独裁统治不是缔造良好社会的办法。他在一切经济问题上都很支持改革，却从来不是马克思主义者。有次我听他说，好不容易从传统神学的枷锁中解脱出来，他不愿套上另一副枷锁。他这些观念几乎和我完全相同。

从严格的哲学角度看，杜威的重要性主要在于对传统"真理"观的批评，大部分体现在他谓之"工具主义"的理论中。多数专业哲学家设想的真理是静态定局，完美而永恒，用宗教术语说，就是上帝的思维，人类作为理性生物分享的上帝思维。真理的完美典范是九九乘法表，精准可靠，不含任何世俗渣滓。从毕达哥拉斯以来，尤其是柏拉图以来，数学一直与神学相关联，深刻影响着多数专业哲学家的认识论。杜威的兴趣在生物而非数学上，他认为思维是进化过程。传统观念当然承认人类的认识逐渐增多，但每一点知识一旦获取，就成为某种确定物。黑格尔的确不这么看待人类知识，他把人类知识设想为一个有机整体，各部分都在逐渐成长，整体完美前任何部分都不完美。黑格尔哲学虽然影响了青年杜威，但它仍有"绝对"观，有比时间进程更真实的永恒世界。这些东西在杜威思想中没有任何地位，杜威认为一切实在都有时间性，进程虽然是进化过程，却不是黑格尔说的那种永恒理念的展开。

我认同杜威的看法，而且对他的认同不止于此。但是在探讨我跟他意见相左处之前，我先说说自己对"真理"的看法。

第一个问题是：哪种东西有"真"或"假"？最简单的答案是：句子。"哥伦布在1492年横渡大洋"为真，"哥伦布在1776年横渡大洋"为假。这答案正确，但不完整。句子有真假，因为有"含义"，含义取决于所用的语言。假如你把关于哥伦布的话译成阿拉伯语，就要把"1492年"换算为回教历的年份。不同语言的句子会有相同含义，决定句子真假的不是字面，而是含义。你说一个句子，表达的是"信念"，用别的语言也能表达。不管具体是什么，这信念就是"真"或"假"或"多少有些真"的东西。

一个信念若足够简单，不用语言表达也能存在。圆周与直径的比大约是

---

[1] 俄国革命家，列宁去世后被排挤出苏共领导核心，后被斯大林派人刺杀。——译注

3.14159，凯撒决心渡过卢比孔河时决定了罗马共和政体的命运[1]，这样的信念不借助语言很难形成。但不诉诸语言的简单信念也很常见。比方说，你下楼梯时误以为已经到底，迈出适合平地的步子，扑通跌了下去，结果大为惊讶。你自然会说"还以为到底了呢"，但其实你没有想着楼梯，否则就不会出这个错了。你的肌肉调节为适合平地的状态，其实你还没下到底。出错的是你的身体而不是思想——起码这是对事情的自然描述。然而，思想与身体的区别其实是含糊的，不如说"有机体"如何如何，先不要区分各活动属于思想还是身体。这样就可以说：有机体调节为在平地上合适的状态，但实际上还不合适。失调构成错误，可以说你刚才抱着错误信念。

上述例子中真假的检验标准是惊讶。我觉得一般信念都可以这样检验。错误信念就是在适当情况下会让抱这信念的人吃惊的信念，正确信念不会出现这种效果。惊讶在适当情况下是个好标准，但并不表示"真""假"二词的含义，也不总是适当。假设你在雷雨中行走，心里念叨"我才不会被雷劈呢"，紧接着你被劈了，但你不觉得惊讶，因为你一命呜呼了。假如有一天太阳像詹姆斯·金斯爵士说的那样炸了，我们统统瞬间湮灭，所以不会惊讶；但是，除非料到这场灾祸，否则我们全错。这种例子体现了真和假的客观性：真假是有机体的状态，但有机体外部的事件有一般意义上的真假。有时真假能用实验检测，有时不能；如果不能，还有其他选择，这很重要。

我自己对真假的看法不再赘述，下面探讨杜威的学说。

杜威不求绝对"真"的判断，也不把这种判断的对立面斥为绝对"假"。他认为有一个"探究"过程，那是有机体与环境的相互调节。如果我想尽量与杜威意

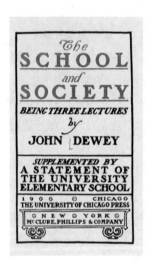

杜威不仅对哲学，而且对教育学、美学和政治理论的研究者都有深刻影响。《学校与社会》（1899）是他最具影响力的著作

---

[1] 卢比孔河是意大利北部一条小河，公元前49年凯撒冒着叛乱的禁忌率军渡过此河，进军罗马并打败庞培，罗马共和国转为帝国。——译注

见一致,就应当从分析"意思"或"含义"入手。比如说你在公园玩,听见广播喊:"有只狮子逃了。"在这个场合,你会像果真瞧见狮子似的行动,也就是说,你会尽快逃开。"有只狮子逃了"这个句子意指特定事件,因为它促使你像瞧见该事件了那样行动。大体上,如果句子S能促成事件E本来会促成的行为,S就"意指"E。如果实际上没有发生该事件,这句子就是假的。没有表述为语言的信念亦然。不妨这样说:信念是有机体的一种状态,促成事件感性呈现时将促成的行为;会促成该行为的事件,就是信念的"含义"。这说法过于简单化,但能展示我的观点。至此,我认为自己和杜威分歧不大。然而,对于他进一步的论述,我明确反对。

杜威把探究而非真理或知识当作逻辑的要素。他对探究的定义是:"探究即有控制或有指向地把不确定状况转化成构成特征及关系非常确定的状况,使原状况的要素转化成统一整体。"他还补充说"探究涉及客观对象素材的客观转换"。这定义显然不妥。譬如教官对一群新兵或泥瓦匠对一堆砖头,完全符合杜威的"探究"定义。但他显然不想把这两种情形涵盖在"探究"内,他的定义肯定漏掉了什么关键要素。这要素是什么,我后面会分析;现在先探讨照这样定义的后果。

杜威设想的"探究",显然是让世界更有机化的普遍进程的一部分。"统一整体"是探究想要的结果。杜威热爱有机的东西,部分缘于生物学,部分缘于黑格尔挥之不去的影响。除非无意间以黑格尔形而上学为基础,我想不通探究为何要产生"统一整体"。假如人家给我一副乱序的扑克牌,让我探究其顺序,假如按杜威的指示,我会先按顺序理牌,然后说这是探究产生的顺序。我理牌的时候的确有"客观对象素材的客观转换",但这是定义允许的。假如最后人家告诉我,"我们想知道牌交给你时的顺序,不是你重新理过之后的顺序",如果我是杜威信徒,就会答道:"你的观念过于静态。我是动态的人,我探究任何素材时,都会先把它变得容易探究。"这种做法的理由,只能是表象与实在的黑格尔式区分:表象可能是混乱零碎的,实在总是有序有机的。所以理牌只是揭示牌永恒的真实属性。但杜威从来没有这样明说。有机体的形而上学是杜威理论的基础,但我不清楚他对这事实有几分察觉。

现在探讨杜威的探究定义需补充什么,才能与新兵教官和泥瓦匠那样的整理活动区分开来。以前会说探究靠目的辨别,即查明某种真理。但杜威要用"探究"定义"真理",而不是用"真理"定义"探究"。他热衷引用皮尔斯的定义:"真理"是"一切研究者注定会终将同意的看法"。这让我们完全不知道研究者在干什么，因为说他们在努力查明真理，难免是循环论证。

我想杜威博士的理论也许是这意思：有机体有时对自身与环境的关系满意，有时不满。不满时，可通过相互调节改善局面。改善局面的种种变动主要由有机体一方做出（这些变化永远不完全由任一方做出）时，过程就叫"探究"。比如说，作战时你主要想改变环境，即敌军；但在作战前的侦察阶段，你主要想让己方兵力适应敌军的部署。这前期阶段就是一种"探究"。

依我看，该理论的问题是割断了信念与通常"验证"信念的事实之间的关联。继续以将军计划作战为例。侦察机向他报告敌方的某些准备，于是他做出某些对抗准备。如果敌军实际采取了报告所说的行动，按常识讲这报告就是"真"的，在这种情况下哪怕将军后来吃了败仗，这报告也是真的。杜威博士否认这种观念。他不把信念分真假，却仍把它看成两类：将军得胜就是"令人满意的"，战败就是"令人不满意的"。他不知该如何评价侦察兵的报告，直到战斗发生后。

概言之，可以说杜威博士和所有其他人一样，把信念分成两种，好的和坏的。但他主张一个信念可能此一时是好的，彼一时却是坏的；不完美的理论就是这种情形：比先前的好，比后来的坏。于是，关于过往事件的信念划分好坏时，不是根据这事件是否真的发生，而是根据这信念的未来效果。结果就很怪。假如有人问我："你今天早餐喝咖啡了吗？"我要是常人，回想一下就行。但假如我是杜威博士的信徒，我就该说："等一下，我得先掂量一番，才能告诉你。"于是我先认定自己喝了咖啡，琢磨一下可能的后果；再认定自己没喝咖啡，琢磨一下可能的后果。接下来我要比较这两组后果，看哪个更令我满意。如果有一方占优势，我就那样回答。如果两方不相上下，我就只好承认这问题答不了。

但麻烦不止于此。我如何知晓认定早餐喝了咖啡的后果？假如我说"后果是如此这般"，这也得凭它的后果判断这句话是"好"是"坏"。即使这个难题搞定了，我又如何判断哪组结果更令人满意？关于我有没有喝咖啡，一个决断可能让我满意，另一个决断可能让我继续纠结。哪个都可能是好的，但直到我断定哪个更好，否则答不了早餐有没有喝咖啡。这当然很荒谬。

杜威背离迄今人们认为的常识，是由于不肯在形而上学中承认顽固而无法操纵的"事实"。也许常识在变，也许他的观念将来就不会显得有违常识了。

杜威博士和我的主要分歧在于他根据效果判断信念，我根据涉及既往事件的原因判断信念。我认为，一个信念如果和它的原因有特定关系（有时这关系非常复杂），就是真的或接近真的。杜威博士主张，一个信念如果有特定效果，就具备"有依据的可断言性"——他用这个表述替代"真实性"。这个分歧牵涉到世界观的不同。过去不受我们所作所为的影响，因此，假如真理取决于已发生的事，就独立于现在和未来的意愿；逻辑上它代表着人类能力的限度。但是，假如真理或者"有依据的可断言性"取决于未来，那么既然我们能改变未来，就该能改变可断言的东西。这扩大了人的能力感和自由感。凯撒渡过卢比孔河了吗？我认为过去的事决定了无法更改的肯定回答。杜威博士要根据对未来事件的评估来决定做肯定还是否定回答，而没理由认为未来事件不能人为安排一下，使否定回答更令人满意。假如我觉得凯撒渡过卢比孔河这个信念非常讨厌，则不必坐以待毙，若有充分的手腕和能力，我可以布置一个社会环境，让他没有渡过卢比孔河的说法在这个环境中具备"有依据的可断言性"。

在本书中，我一直尽量把各派哲学与相关哲学家的社会环境关联起来。我一直认为，信奉人类能力而不愿承认"顽固的事实"，与机器生产和我们科学操控自然环境激发的雄心壮志有关。杜威博士的很多支持者也这么认为。于是乔治·雷蒙·盖格[1]在一篇颂文中说杜威博士的方法"意味着思想上的革命，像百年前的工业革命，是中产阶级式不动声色地进行的，却同样令人惊叹"。我觉得自己写的这段话也是这个意思："杜威博士的特色观念与工业主义和集体企业时代非常协调。他自然最能打动美国人，也自然受到中国、墨西哥等国进步分子几乎同样的赏识。"

令我惊讶又遗憾的是，这段本身毫无恶意的话惹恼了杜威博士，他答道："罗素先生总把实用主义认识论跟美国工业主义的各种可憎之处关联起来，他这个顽习……就像我把他的哲学跟英国地主贵族的利益牵扯起来那样。"

我个人早就习惯自己的观点被人（尤其是共产主义者）解读为源于我跟英国贵族的关系[2]；我很愿意承认自己的观点与旁人一样，受社会环境的影响。但谈到杜威博士，如果弄错了社会影响这一点，我深表歉意。不过我发觉犯这错的不止我一人。比如桑塔亚纳就说过："杜威的著作像当今的科学、伦理学一样，弥漫着一种准黑格尔主义倾向，把个人融入其社会功能，把一切本质和实际事物融入相对和过渡性的东西。"

---

〔1〕 杜威在哥伦比亚大学指导的最后一名博士，俄亥俄州安条克学院哲学教授。——译注
〔2〕 罗素出身贵族家庭，是第三代罗素伯爵，祖父曾两次出任英国首相。——译注

在我看来，杜威博士的世界是人类占据想象的世界，尽管也承认天文宇宙的存在，多数时候还是干脆无视它。他的哲学是权力哲学，虽然不是尼采那样的个人权力哲学；他看重的是社会权力。我觉得正是这种社会权力让工具主义哲学吸引了那些深受人类控制自然的新能力震撼、对这种控制力至今仍有的局限感触较浅的人。

人类对非人类环境的态度在不同时代相去甚远。古希腊人信奉地位比宙斯还高的必然或命运之神，唯恐失之狂妄，所以小心翼翼规避他们觉得对宇宙无礼的事情。中世纪更是恭顺无比：对上帝谦卑是基督徒的首要义务。积极性被这种态度束缚，伟大创见几乎没有可能。文艺复兴恢复人的尊严，却矫枉过正，造成混乱和灾难。文艺复兴的成就大部分被宗教改革和反改革运动销蚀。但是，现代科技尽管不是很受高傲的文艺复兴人士待见，却唤醒了人类社会的集体权能感。以前太过谦卑的人类，开始几乎把自己当神。意大利实用主义者帕皮尼[1]就极力主张用"效仿上帝"取代"效仿基督"。

这一切让我感受到一种空前的危险，一种可称为宇宙式狂妄的危险。真理取决于基本超出人类控制的事实，这个观念向来是哲学教诲人类必须谦卑的理由之一。对傲慢的这种抑制一旦撤除，人类就难免在奔向某种癫狂的路上更进一步——这癫狂就是对权力的迷醉，它已经随着费希特侵入哲学，现代人不管是不是哲学家都很容易中招。我认为这迷醉是如今最大的危险，任何哲学家对它的助长不管多么无意，都是在增加社会巨祸的危险。

第三十一章　逻辑分析哲学

从毕达哥拉斯以来，哲学界一直存在两派对立：一派主要受数学启发，比如柏拉图、托马斯·阿奎那、斯宾诺莎和康德；一派受经验科学影响更深，比如德谟克利特、亚里士多德和洛克以来的现代经验主义者。如今又兴起一个试图消除数学原理中的毕达哥拉斯色彩，把经验主义和对演绎知识的兴趣相结合的学派。

---

〔1〕帕皮尼：意大利哲学家、历史学家、小说家。——译注

他们的目标不像以前多数哲学家那么宏大，但有些成就已经像科学家那样稳固。

这派哲学源于数学家对数学领域各种谬误和粗率推理的厘清。17世纪那些大数学家太乐观，有急于求成的通病，使解析几何和微积分停留在不牢靠的基础上。莱布尼茨相信实际的无穷小，但这信念虽符合他的形而上学，却没有稳固的数学依据。19世纪中叶刚过，德国数学家魏尔斯特拉斯创立不需无穷小的微积分，终于使微积分在逻辑上稳固。接下来，吉奥·康托尔创立连续性和无限集理论。"连续性"在他给出定义前一直是个含混字眼，对于黑格尔那种想把形而上学的浑水引入数学领域的哲学家很方便。康托尔给它精准定义，并证实这才是数学家和物理学家需要的概念。这样一来，大量柏格森式神秘玄虚就过时了。

康托尔还解开了关于无穷数的古老逻辑谜题。比方说，从1开始的整数系列，有多少个数？显然没有穷尽。数到1000，有一千个；数到100万，有一百万个。不管你数到哪个具体数字，显然有比它更多的数，因为从1到这个数，整整有这么多的数，接着有更大的数。因此，有限整数的个数肯定是无限数。但怪事来了：偶数的个数肯定和全体整数的个数相同。且看这两行数字：

1，2，3，4，5，6……

2，4，6，8，10，12……

上一行的每一项，在下一行都有对应项；因此两行的项数肯定相同，虽然下一行仅由上一行各项的一半构成。莱布尼茨注意到这一点，认为这是个矛盾，于是断定虽然有无限集，却没有无限数。相反，吉奥·康托尔大胆否认这是矛盾。他是对的，这只是特例。

吉奥·康托尔把"无限"集视为子集的项数与原集项数相同的集合，据此建立了极有意思的无限数数学理论，把之前被神秘主义和混乱占领的整个区域纳入严密的逻辑领域。

下一个重要人物是弗雷格，他的首部作品发表于1879年，对"数"的定义发表于1884年；然而，尽管有多个划时代的发现，他依旧默默无闻，直到1903年我引起了大家对他的注意。不可思议的是，在弗雷格之前，"数"的一切定义都含有根本逻辑谬误，"数"通常被当成"多元"。但"数"的实例是特定值，比如3，而3的具体实例是特定的三元组。这三元组是一个多元，但一切三元组构成的类，即弗雷格说的数字3，是多元构成的多元。像3这样一般意义上的数，则是多元构成的多元构成的多元。把它和特定三元组的简单多元混为一谈，是根本性的语法错误,使弗雷格以前关于数的全部哲学成为最货真价实的一派胡言。

根据弗雷格的理论,算术和一般纯数学无非是演绎逻辑的延伸。这推翻了康德的算术命题是涉及时间的"综合"命题说。从逻辑学展开纯数学,怀特海和我合著的《数学原理》一书有详细论述。

逐渐明确的是,大量哲学理论可化为某种所谓的"句法",虽然这里指较为广义的句法。有些人,特别是卡耐普[1],曾主张一切哲学问题其实是句法问题,避开句法错误,哲学问题要么得以解决,要么证明是无解的。我觉得这有些夸张,但哲学句法无疑在传统问题上大有用处。

我简单解释一下所谓的描述论,来展示哲学句法的用途。"描述"指"美国现任总统"这样的词组,不是用名字,而是用一个人或事物特有的属性来指代这个人或物。这种短语有很多麻烦。假如我说"金山不存在"而你问"什么不存在?",那么,我如果说"是金山",就似乎在向它赋予某种属性。这话显然和"圆的正方形不存在"不是一回事。这似乎意味着金山是一种东西,圆的正方形是另一种东西,尽管两者都不存在。描述论就是用来解决这种困难的。

根据描述论,一个含有"如此这般者"式短语的陈述,正确分析时,短语"如此这般者"就消失了。比如"司各特是《威弗雷》的作者"[2]这个陈述,用描述论可解释如下:

"有且只有一个人写了《威弗雷》,那人是司各特。"或者更详尽些:

怀特海与罗素合著的《数学原理》

"有一个主体c,使x若是c,'x写了《威弗雷》'这个陈述为真,否则该陈述为假;而且c是司各特。"

这句话的前部即"而且"一词前面,意思是"《威弗雷》的作者存在(或曾经存在、将会存在)"。那么"金山不存在"意思是:

"没有主体c,使x若是c,'x是金的而且是山'为真,否则为假。"

---

[1] 鲁道夫·卡耐普(1891—1970),德裔美国哲学家,经验主义和逻辑实证主义代表人物。——译注
[2] 苏格兰文学家沃特·司各特爵士(1771—1832)著有历史小说《威弗雷》。——译注

有了这个定义,"金山不存在"指什么意思的难题就消失了。

根据该理论,"存在"只能用来断言描述。可以说"《威弗雷》的作者存在",但是说"司各特存在"不合语法,或者更确切地说,不合句法。这理清了从柏拉图《泰阿泰德篇》起,两千年来关于"存在"的糊涂账。

上述努力的结果之一是把数学赶下从毕达哥拉斯和柏拉图以来一直高居的神坛,摧毁了源于数学的反经验主义假设。数学知识的确不是从经验中归纳来的,我们相信2加2等于4,不是由于经常观察到两件东西和另外两件东西合在一起是四件。在这种意义上,数学知识仍不是经验性的。但数学也不是关于世界的先验知识。其实它只是言语上的知识。"3"的意思是"2+1","4"的意思是"3+1"。因此(虽然证明过程很长)"4"的意思和"2+2"相同。数学知识不再神秘,和一码等于三英尺这"伟大真理"性质完全相同。

物理学和纯数学领域,尤其是相对论和量子力学已经为逻辑分析哲学提供了素材。

相对论对哲学家的重要性在于以空时替代空间和时间。常识认为物理世界是许多在特定时期持续、在空间运动的"事物"构成的。哲学和物理学把"事物"概念发展为"物质实体",认为物质实体由粒子构成,每个粒子都极小,都始终持续。爱因斯坦用事件代替粒子,每个事件与其他事件有一种关系叫"间隔",可以按不同方式分解为时间因素和空间因素。各种方式的选取是任意的,理论上任一种都不比其他哪种更优越。假设不同区域有两个事件A和B,也许按一种规范两者是同时的,按另一种则A早于B,再按另一种则B早于A。没有物理事实与这些不同规范相对应。

这一切似乎意味着事件而非粒子应当是物理学的"素材"。应当把以前认为的粒子视为一系列事件。取代粒子的事件系列有特定的重要物理性质,必须加以注意;但它并不比随意挑选的其他任何事件系列更具实在性。所以"物质"不是世界的终极材料,只是把事件集合成组的便利途径。

量子理论强化该结论,但其哲学意义主要在于认为物理现象可能是不连续的。量子论主张,在如上所述的原子内,某种事态持续特定时间,忽然变成有一定差别的事态。向来假定的运动连续性似乎不过是一种偏见。然而,适合量子论的哲学还没有充分发展起来。我猜这种哲学必须比相对论要求的还更激进地背离传统时空观。

物理学一直在弱化物质的物质性，而心理学一直在弱化精神的精神性。前文曾把观念联系与条件反射对比，后者取代了前者，显然比前者更具生理学色彩（这只是一个例证，我不想夸大条件反射的范围）。因此物理学和心理学在彼此靠拢，威廉·詹姆斯对"意识"的批评中暗示的"中性一元论"更可能成立了。精神与物质的区别是从宗教进入哲学的，虽然长期以来似乎有确凿理由。我认为精神和物质都只是给事件分组的便利方式。我承认某些单独事件只属于物质组，但另一些事件同属两组，所以既是精神又是物质。这个学说大幅简化了我们的世界结构图景。

近代物理学和生理学为古老的知觉问题提供了新解释。如果有所谓的"知觉"，它肯定在某种程度上是知觉对象的效果，肯定多少与对象相似，才能形成关于对象的知识。要符合第一条，就必须存在多少独立于世界其余部分的因果链。根据物理学，因果链是存在的。光波从太阳来到地球，在这个过程中遵循它自身的定律。这只是大体正确。爱因斯坦已证明光线受重力影响。光线到达大气层时受折射，有些光线比其他光线散得更开。光线到达人眼时，发生别处不会发生的各种事情，结果就是我们说的"看见太阳"。不过，肉眼所见的太阳虽然与天文学上的太阳大不一样，却仍是关于太阳的认识来源，毕竟"看见太阳"和"看见月亮"有区别，因为天文学上的太阳和月亮有区别。然而我们对物理对象的这种认知，仅仅是某些抽象的结构特性。我们能知道太阳大概是圆的，尽管未必是肉眼所见的那种圆；但我们没理由认定太阳是明亮或温暖的，因为即使太阳不明亮温暖，也可能由于物理学原因而显得如此。所以我们关于物理世界的知识只是抽象的数学知识。

以上概述了现代分析经验主义；与洛克、贝克莱和休谟的经验主义不同，它结合数学并形成强大的逻辑技术，所以在某些问题上能得出科学而非哲学性的确定答案。与体系缔造者的各派哲学相比，它具备逐个解决问题的优势，不必一举造就关于全宇宙的整套理论。在这点上，其方法和科学方法相似。我坚信如果真有哲学知识，就该靠这种方法探求；用这种方法，许多古老问题都能妥善解决。

但仍有一大片传统上属于哲学的领域，是科学方法无法妥善解决的。这片领域包括各种终极价值问题；比方说，单靠科学没法证明施暴取乐是坏的。能够知道的东西，都可以通过科学知道；但理应属于情感的问题游离在科学辖区之外。

哲学向来由两部分不协调地混杂在一起：一方面是关于世界性质的理论，另一方面是关于最佳生活方式的伦理或政治学说。两者分得不够清楚，向来是许多混乱想法的根源。从柏拉图到威廉·詹姆斯，哲学家让自己的宇宙观受教化欲的影响，编造往往是高度诡辩性的理由，来证明他们自以为会让人有德的信念。从道德上看，除了不偏不倚地探求真理，哲学家利用自身专业能力做其他任何事都是某种失节。还没探究就认定某些信念不管真假都能促进善行，就是在限制哲学思辨，让哲学沦入庸俗；真正的哲学家愿意审查一切先入之见。有意或无意地对追寻真理施加任何限制，哲学就会被恐惧吓倒，为惩罚"危险思想"宣扬者的政府审查制度铺路——其实哲学家已经对自身的研究活动施以这种审查。

理智上，错误的道德考虑向来严重阻碍哲学进步。我个人认为哲学既不能证明也不能证伪宗教信条，但柏拉图以来的多数哲学家都以"证明"灵魂不死和上帝存在为己任，他们推翻前辈的证明——圣托马斯否定圣安塞莫，康德否定笛卡尔——却又提出自己的新证明。为了显得有理有据，他们不得不捏造逻辑，神化数学，假装那些根深蒂固的偏见是天赐直觉。

这一切都被那些主要从事逻辑分析的哲学家摒弃。他们坦承人类理智无法给许多重要问题找出确凿答案，却不信有更"高级"的认识方法能发现科学和理智找不到的真理。他们的克制有了回报，那就是发现许以前被形而上学的迷雾蒙蔽的问题，可以通过除了求知欲不沾染哲学家任何个人性情的各种客观方法做出精准解答。数是什么？空间和时间是什么？精神是什么，物质是什么？诸如此类的古老问题，我不说此时此地就能给出确定答案，但的确可以说已经发现了像科学那样能逐渐接近真理的方法，每个新阶段都是改进而非推翻前者的结果。

在各种狂热的混战中，为数不多的协调力量之一就是科学求是，惯于把信念建立在尽可能不带地域或个人性格偏见的观察推理上。坚持把这种美德引入哲学，创造一种富有成效的强大方法，是我所属的学派的主要长处。在这种哲学方法的运用过程中养成的精心求证习惯，可推广到一切人类活动领域，尽可能减弱狂热，增强同情和彼此了解的能力。蜕去部分教条化矫饰，哲学仍意味并鼓舞着一种生活方式。

译名对照表

《阿拉斯特,遁世精灵》Alastor, Or the Spirit of Solitude
《阿瑞斯泰书简》Letters of Aristeas
《爱岛的人》The Man Who Loved Islands
《安塔西达和约》Peace of Antalcidas
《奥卡姆人威廉的逻辑》The Logic of William of Occam
《奥卡姆人威廉政治论文集》Guilleimi de Ockham Opera Politica
《拜伦传》Life of Byron
《暴力论》Reflections on Violence
《毕希莫》Behemoth
《波斯人》Persae
《驳塞瑟斯》Against Celsus
《驳异大全》Summa Contra Gentiles
《忏悔录》Confessions
《超越善恶》Beyond Good and Evil
《沉思录》Meditations
《纯粹理性批判》The Critique of Pure Reason
《从泰勒斯到柏拉图》From Thales to Plato
《从宗教到哲学》From Religion to Philosophy
《大著作》Opus Majus
《第三著作》Opus Tertium
《第一欧洲》The First Europe
《蒂迈欧篇》Timaeus
《独一至圣》Unam Sanctam
《独语录》Soliloquia
《对话集》Colloquies
《法哲学》Philosophy of Law
《方法论》Discours de la method
《腓特烈二世传》The Life of Frederick II
《斐多篇》Phaedo
《弗兰肯斯坦》Frankenstein
《高尔吉亚篇》Gorgias
《告别纽斯德隐修院》On Leaving Newstead Abbey
《告德意志国民》Address to the German Nation
《哥白尼论著三篇》Three Copernican Treatises
《公民论》De Cive
《功利主义》Utilitarianism
《古代世界史》History of the Ancient World
《古水手吟》The Ancient Mariner
《关于费尔巴哈的十一条提纲》Eleven Theses on Feuerbach

《诡辩篇》Euthydemus
《忽必烈汗》Hubla Khan
《回忆录》Memorabilia
《毁灭论的毁灭》Destruction of the Destruction
《会饮篇》Symposium
《剑桥古史》Cambridge Ancient History
《剑桥中世纪史》Cambridge Medieval History
《教士独身史》A History of Sacerdotal Celibacy
《教宗权力八问》Eight Questions Concerning the Power of the Pope
《皆大欢喜》As You Like It
《精神现象学》Phenomenology of Mind
《九章集》Enneads
《酒神女信徒》Bacchae
《军中基督徒须知》Enchiridion militis christiani
《君主论》The Prince
《克里托篇》Crito
《宽容法案》The Act of Toleration
《拉什篇》Laches
《莱布尼茨哲学批判》A Critical Exposition of the Philosophy of Leibniz
《吕库古传》Life of Lycurgus
《莱西斯篇》Lysis
《莱茵报》Rheinische Zeitung
《劳方驳资方索求》Labour Defended Against the Claims of Capital
《理想国》Republic
《理智与情感》Sense and Sensibility
《历史哲学》Philosophy of History
《利维坦》Leviathan
《炼金术：希腊哲学之子》Alchemy, Child of Greek Philosophy

《列王纪》Shahnama
《灵魂论》De Anaima
《伦理学》Ethics
《论基督的血肉》De corpore et sanguine Domini
《论精神》De l'esprit
《论君主制》De Monarchia
《论宽容第一函》First Letter on Toleration
《论李维》Discourses on the First Decade of Titus Livy
《论人类不平等的起源和基础》Discourse on Inequality
《论神》On the Gods
《论神的全能》On Divine Omnipotence
《论神圣宿命》On Divine Predestination
《论生成与消亡》On Generation and Corruption
《论天》De Coelo
《论天》On the Heavens
《论自然》On Nature
《罗马帝国社会和经济史》The Social and Economic History of the Roman Empire
《罗马书》Epistle to the Romans
《罗马异教中的东方宗教》Oriental Religions in Roman Paganism
《马喀比一书》First Book of Maccabees
《美诺篇》Meno
《迷途者指南》Guide to Wanderers
《米迪亚》Medea
《米诺-迈锡尼宗教及其在希腊宗教中的延续》The Minoan-Mycenaean Religion and Its Survival in Greek Religion
《牧师规则》Book of Pastoral Rule
《南特诏令》Edict of Nantes

《尼各马可伦理学》Nicomachean Ethics
《尼西亚会议以来诸教父选集》Select Library of Nicene and Post-Nicene Fathers
《诺桑觉寺》Northanger Abbey
《胚胎的形成》De la formation du foetus
《普洛丁哲学》The Philosophy of Plotinus
《千岁人》Back to Methuselah
《前分析篇》The Prior Analytics
《情敌》Rivals
《权力：一种新的社会分析》Power: A New Social Analysis
《权力意志》Will to Power
《权利请愿书》Petition of Right
《人类理解论》An Essay Concerning Human Understanding
《人类理解研究》Inquiry into Human Understanding
《人类知识原理》The Principles of Human Knowledge
《人身保护法》Habeas corpus Act
《人性论》Treatise of Human Nature
《儒略被拒记》Julius Exclusus
《萨摩斯的阿瑞斯塔克，古代哥白尼》Aristarchus of Samos, the Ancient Copernicus
《沙米德篇》Charmides
《少年犯》The Young Delinquent
《邵莱布和罗斯托》Sohrab and Rustum
《申辩篇》Apology
《神迹论》Essay on Miracles
《神秘宗教与基督教》The Mystery Religions and Christianity
《神学政治论》Tractatus Theologico-Politicus

《神义论》Théodicée
《生命的目的》The End of Life
《失乐园》Paradise Lost
《十二长老遗训》The Testaments of the Twelve Patriarchs
《16、17世纪科学技术哲学史》A History of Science, Technology, and Philosophy in the Sixteenth and Seventeenth Centuries
《时间和自由意志》Time and Free Will
《实践理性批判》The Critique of Practical Reason
《实用主义，旧思维方式的新名称》Pragmatism, a New Name for Some Old Ways of Thinking
《视觉新论》A New Theory of Vision
《是与否》Sic et Non
《数学原理》Principia Mathematica
《斯多葛派》Die Stoa
《斯多葛派和怀疑论者》Stoics and Sceptics
《斯坦福和莫顿成长记》The History of Stanford and Merton
《泰阿泰德篇》Theaetetus
《天方夜谭》Arabian Nights
《天体运行论》De Revolutionibus Orbium Coelestium
《通灵者之梦：以形而上学梦为例》Träume eines Geistersehers erläutert durch Träume der Metaphysik
《晚期希腊宗教》Later Greek Religion
《威弗雷》Waverley
《乌铎弗秘事》Mysteries of Udolpho
《乌托邦》Utopia
《物性论》On the Nature of Things

《物质与记忆》Matter and Memory
《希伯来宗教》Hebrew Religion
《希拉斯与菲诺对录录》The Dialogues of Hylas and Philonous
《希腊古瓮颂》Ode on a Grecian Urn
《希腊化文明》Hellenistic Civilization
《希腊几何哲学家》Les Philosophes Geometres de la Grece
《希腊罗马名人传》Lives of the Noble Grecians and Romans（简称《名人传》）
《希腊史》Griechische Geschichte
《希腊史》History of Greece
《希腊数学》Greek Mathematics
《希腊远古文化》Primitive Culture in Greece
《希腊宗教的五个阶段》Five Stages of Greek Religion
《希腊宗教研究导论》Prolegomena to the Study of Greek Regilion
《先知书》Prophetic
《先祖论或曰自然君权》Patriarcha: or The Natural Power of Kings
《现代物理科学的形而上学基础》The Metaphisical Foundations of Modern Physical Science
《小著作》Opus Minus
《心理学原理》The Principles of Psochology
《辛白林》Cymbeline
《新生》Vita Nuova
《新天文学》New Astronomy
《信仰意志》The Will to Believe
《学识的进展》The Advancement of Learning
《学校与社会》School and Society
《押沙龙与阿奇弗》Absalom and Achitophel

《一元论者》The Monist
《伊丽莎白女王和埃塞克斯伯爵》Elizabeth and Essex
《衣裳哲学》Sartor Resartus
《以诺书》Book of Enoch
《以色列史》History of Israel
《异端裁判史》History of the Inquisition
《意大利文艺复兴》Renaissance in Italy
《"意识"存在吗？》Does "Consciousness" Exist?
《印度计数法》Algoritmi de numero Indorum
《英格兰史》History of England
《英文旧约之次经和伪经》The Apocrypha and Pseudepigrapha of the Old Testament in English
《永久和平论》Perpetual Peace
《愚神颂》The Praise of Folly
《宇宙论》Le Monde
《原理》Principia
《原理论》De Principiis
《远古希腊》Primitive Greece
《云》The Clouds
《早期希腊哲学》Early Greek Philosophy
《哲学的慰藉》Consolations of Philosophy
《哲学家的毁灭》Destruction of the Philosophers
《哲学信札》Lettres Philosophiques
《哲学文集》Essais Philosophiques
《哲学研究纲要》Compendium Studii Philosophiae
《哲学原理》Principia Philosophiae
《正谬篇》De Emendatione
《政府论》Treatises on Government
《政治论》Tractatus Politicus
《至尊法案》Act of Supremacy

《专制的起源》The Origin of Tyranny
《自然区分论》On the Division of Nature
《自然通史和天体论》General Natural History and Theory of the Heavens
《自然宗教对话录》Dialogue Concerning Natural Religion
《自由与组织》Freedom and Organization
《宗教与资本主义的兴起》Religion and the Rise of Capitalism
《作为意志和表象的世界》The World as Will and Idea
A.伍尔夫 A. Wolf
阿巴斯 Abbasids
阿拜拉 Abailard
阿贝克 Alberic
阿布·雅库·优苏福 Abu Yaqub Yusuf
阿布德拉 Abdera
阿布马扎 Albumazar
阿戴芒兹 Adeimantus
阿德拉 Adelard
阿尔比派 Albigenses
阿尔弗雷德大帝 Alfred the Great
阿尔诺 Arnauld
阿尔斯特 Ulster
阿法拉比 Alfarabi
阿方索大王 Alphonso the Magnanimous
阿弗莱·德·缪塞 Alfred de Musset
阿伽门农 Agamemnon
阿伽松 Agathon
阿该亚人 Achaeans
阿格皮娜 Agrippina
阿格斯波塔米 Aegospotami
阿胡拉·马兹达 Ahura Mazda
阿基索斯 Aigisthos
阿基坦 Aquitaine
阿吉鲁 Agilulph
阿加斯库 Agatharcus
阿杰农·悉尼 Algernon Sydney
阿卡迪亚 Arcadia
阿卡加 Acragas
阿克拉 Akra
阿肯那顿 Akhnaton
阿夸斯帕 Aquasparta
阿奎雷亚 Aquileia
阿奎诺 Aquino
阿拉贡 Aragon
阿拉贡的凯瑟琳 Catherine of Aragon
阿拉克王 Alaric
阿拉姆文 Aramaic
阿兰人 Alans
阿里 Ali
阿里曼 Ahriman
阿里斯托芬 Aristophanes
阿玛希 Amasis
阿米里亚 Aemilia
阿莫纽斯·萨卡斯 Ammonius Saccas
阿那克萨戈拉 Anaxagoras
阿那克西曼德 Anaximander
阿那克西米尼 Anaximenes
阿纳尼 Anagni
阿奈西德 Aenesidemus
阿涅丝 Agnes
阿奇劳斯 Aechelaus
阿奇塔 Archytas

阿然 Arrian
阿让特伊 Aegenteuil
阿瑞斯塔克 Aristarchus
阿瑞斯托德 Aristodemus
阿塞哈 Athelhard
阿瑟·斯坦利·爱丁顿 Arthur Stanley Eddington
阿斯巴萨 Aspasia
阿斯科莱普 Asclepius
阿叟尼 Athelney
阿索斯 Assos
阿塔纳修 Athanasius
阿特道夫 Altdorf
阿特米斯 Artemis
阿特瑞斯 Atreus
阿提卡 Attika
阿威罗伊 Averroes
阿维农 Avignon
阿维森纳 Avicenna
阿西比德 Alcibiades
阿西劳斯 Arcesilaus
阿西西 Assisi
阿育王 Asoka
埃庇米德 Epimenides
埃德蒙·伯克 Edmund Burke
埃德蒙·坎品 Edmund Campion
埃基伯 Ecgbert
埃昆 Alcuin
埃涅阿斯 Aeneas
埃帕福迪 Epaphroditus
埃婆罗尼 Apollonius
埃斯库罗斯 Aeschylus

埃斯特 Este
埃泽利诺 Ezzelino
艾德温·比凡 Edwyn Bevan
艾狄波特 Edilbert
艾芙黛 Aphrodite
艾哈特 Eckhard
艾伦 Aaron
艾罗格巴鲁 Elogabalus
艾默生 Emerson
艾皮如 Epirus
艾赛尼教派 Essenes
艾希施泰 Eichstadt
爱奥纳 Iona
爱奥尼亚人 Ionians
爱卑如斯 Epirus
爱比克泰德 Epictetus
爱德华·若森 Edward Rosen
爱尔维修 Helvétius
爱利亚 Elea
爱梅萨 Emesa
爱若托希 Eratosthenes
安达卢西亚 Andalusia
安东尼·派斯 Antoninus Pius
安格勒·济利流 Angelus Silesius
安格斯 Angus
安古斯 C. F. Angus
安吉伯特 Anglibert
安科纳 Ancona
安妮·宝琳 Ann Boleyn
安提丰 Antiphon
安提哥 Antigonus
安提森尼 Antisthenes

译名对照表

安条古 Antiochus
安条克 Antioch
安条克学院 Antioch College
安图斯 Anytus
昂希·柏格森 Henri Bergson
奥都瓦克 Odovaker
奥古斯都 Augustus
奥古斯塔 Augusta
奥古斯托 Augustals
奥嘉泽 Algazel
奥卡姆的威廉 William of Occam
奥利金 Origen
奥玛·海雅姆 Omar Khayyam
奥瑞提斯 Orestes
奥斯雷 Oesterley
奥托 Otto
奥维德 Ovid
奥西里斯 Osiris
奥先德 Osiander
奥兹曼迪亚斯 Ozymandias
巴达萨·寇萨 Baldassare Cossa
巴达斯 Bardas
巴格达 Baghdad
巴甫洛夫 Pavlov
巴克斯 Bacchus
巴枯宁 Bakunin
巴勒莫 Palermo
巴凌 Baring
巴门尼德 Parmenides
巴塞尔 Basel
巴斯 Barth
巴塔亚运动 Patarine

巴托洛梅·普雷涅罗 Bartolomeo Prignano
柏柏尔人 Berber
柏格迈 Bogomiles
柏拉图 Plato
柏林学院 Berlin Academy
柏桑基 Bosanquet
柏莎 Bertha
班贝格 Bamberg
薄伽丘 Boccaccio
宝拉 Paula
保加利亚 Bulgaria
保罗·萨皮 Paolo Sarpi
保萨尼亚 Pausanias
贝恩 A. W. Benn
贝尔神 Bel
贝卡利亚 Beccaria
贝克 Bec
贝克特 Becket
贝拉敏 Bellarmine
贝里 Bury
贝利奥尔 Balliol
贝伦加 Berengar
贝洛赫 Beloch
贝如索 Berosus
贝萨里翁 Bessarion
本·琼森 Ben Jonson
本丢·彼拉多 Pontius Pilate
本杰明·乔伊特 Benjamin Jowett
比萨 Pisa
彼得·达勉 Peter Damian
彼得·沃多 Waldo
彼特拉克 Petrarch

毕达哥拉斯 Pythagoras
庇西特拉图 Peisistratus
边境人 Marchman
波爱修斯 Boethius
波利比乌斯 Polybius
波罗斯 Porus
伯恩 Bern
伯尔尼 Bern
伯拉纠 Pelagius
伯里 Bury
伯里克利 Pericles
伯利恒 Bethlehem
伯利勋爵 Lord Burghley
伯灵顿 Burlington
伯特 E. A. Burtt
伯特博士 Dr. Burt
博阿兹柯伊 Boghaz-Keui
博林布鲁克 Boilingbroke
博洛尼亚 Bologna
博斯威 Boswell
博须埃 Bossuet
柏克 Burke
布狄卡 Boadicea
布哈拉 Bokhara
布哈特 Burckhardt
布坎南 Buchanan
布拉德利 F. H. Bradley
布莱克 Blake
布兰豪 Bramhall
布雷西亚 Brescia
布列塔尼 Brittany
布鲁诺 Bruno

布鲁图 Brutus
布伦维克 Brunswick
布罗缪 Bromios
布洛克农场 Brook Farm
布匿战争 Punic Wars
参孙 Samson
查尔斯·马泰尔 Charles Martel
查拉图斯特拉 Zoroaster
查理曼 Charlemagne
查士蒂娜 Justina
查士丁 Justin
查士丁尼 Justinian
柴蒂姆 Chettiim
彻伯利的赫伯特勋爵 Lord Herbert of Cherbury
楚令克斯 Geulincx
纯洁派 Cathari
达丁 Dudding
达芙尼 Daphnae
达伽马 Vasco da Gama
达玛稣 Damasus
大阿尔伯特 Albertus Magnus
大流士 Darius
大马士革 Damascus
大母神 Great Mother
大卫 David
大夏 Bactria
大主教 Archbishop
戴克里先 Diocletian
戴罗斯 Delos
戴伊 d'Ailly
丹东 Danton
但丁 Dante

译名对照表 621

但泽 Danzig
道马提亚 Dalmatia
德·维切丽夫人 Madame de Vercelli
德菲神庙 Delphi
德黑兰 Teheran
德莱顿 Dryden
德累斯顿 Dresden
德利尔·伯恩斯 Delisle Burns
德漠西德 Democedes
德维特 De Witt
德文郡 Devonshire
德西迪流 Desiderius
邓斯·司各特 Duns Scotus
狄奥 Dio
狄奥多 Theodore
狄奥多拉 Theodora
狄奥多里克 Theodoric
狄奥多西 Theodosius
狄奥铎 Diodorus
狄奥铎伯特 Theodobert
狄奥菲拉 Theophylact
狄奥金图 Diognetus
狄崔希 Dietrich
狄德琳达 Theodelinda
狄俄尼索斯 Dionysus
狄索多 Dionysodorus
迪卡乔司 Dikaiarchos
迪凯尼库 Decamnichus
迪南 Dinant
笛卡尔 Descartes
底拜德 Thebaid
底比斯人 Theban

第谷·布拉赫 Tycho Brahe
第欧根尼·拉尔修 Diogenes Laertius
第戎学院 Academy of Dijon
第五王国派 Fifth Monarchy Men
丢尼修 Dionysius
东哥特人 Ostrogoths
都灵 Turin
都主教 Metropolitan
多恩 Doorn
多利安人 Dorians
多纳徒派 Donatist
俄耳甫斯 Orpheus
厄琉息斯 Eleusis
厄瑞金纳 Erigena
厄瑞妮丝 Erinys
厄尤金纳 Eriugena
恩狄弥翁 Endymion
恩格斯 Engels
恩培多克勒 Empedocles
恩佐 Cola di Rienzi
法尔发 Farfa
法兰克人 Franks
法利赛人 Pharisees
菲迪斯 Pheidias
菲尔丁 Fielding
菲尔多西 Firdousi
菲利普二世 Philip II
菲洛 Philo
菲洛劳 Philolaus
腓力二世 Philip II
腓立皮 Philippi
腓特烈·巴巴罗萨 Frederick Barbarossa

腓特烈·施雷格尔 Friedrich Schlegel
腓特烈二世 Frederick Ⅱ
斐迪南 Ferdinand
费城 Philadelphia
费拉拉 Ferrara
费希特 Fichte
弗莱希兹 Pherecydes
弗兰德 Flanders
弗兰西斯·哈奇森 Francis Hutcheson
弗朗索瓦一世 Francis Ⅰ
弗朗西斯皇帝 Emperor Francis
弗朗西斯·培根 Francis Bacon
弗里几亚 Phrygian
弗里西亚 Frisia
弗利街 Fleet Street
弗龙堡 Frauenburg
弗洛哈 Flora
芙斯蒂娜 Faustina
浮士德 Faustus
福卡斯 Phocas
福勒达 Fulda
福西亚 Phocaea
福希约 Photius
傅科 Foucault
伽森狄 Gassendi
盖哈·泽里格 Gerhard Seeliger
盖萨里克 Genseric
甘地亚 Gandia
岗特 Gaunt
高朝克 Gottschalk
高尔吉亚 Gorgias
高卢 Gaul

哥林多 Corinth
哥伦布 Columbus
哥特人 Goths
哥廷根 Göttingen
歌革 Gog
格拉古 Gracchi
格劳孔 Glancon
格劳秀斯 Grotius
格雷善 Gratian
格利亚诺河 Garigliano
格林 T. H. Green
格罗斯泰 Grosseteste
格弥斯特·卜列东 Gemistus Pletho
葛伯特 Gerbert
葛立克 Guericke
葛龙 Gelon
葛伦 Galen
贡比涅 Compiègne
古恰迪尼 Guicciardini
谷图哈 Louis Couturat
瓜达几维河 Guadalquivir
贵格利七世 Gregory Ⅶ
贵格派 Quakers
果狄安三世 Gordian Ⅲ
哈德良 Hadrian
哈德威勋爵 Lord Hardwick
哈顿 W. H. Hutton
哈雷 Halley
哈力克那苏斯 Halicarnassus
哈瑞森 J. E. Harrison
哈斯摩尼 Hasmonean
哈斯朱保 Hasdrubal

译名对照表

哈特雷 Hartley	怀特海 Whitehead
哈维 Harvey	霍布斯 Hobbes
哈西典派 Hasidim	霍尔班 Holbein
海德堡 Heidelberg	霍夫曼 Hoffmann
海科泰 Hecataeus	霍亨斯陶芬 Hohenstaufen
海琉格巴鲁 Heliogabalus	霍拉桑 Khorassan
海涅 Heine	霍桑 Hawthorne
海若克莱 Heraclides	基柏林派 Ghibelline
海若姆 Hiram	吉·德·福乐克 Guy de Foulques
海辛格 Huizinga	吉奥·康托尔 Georg Cantor
汉堡 Hamburg	吉本 Gibbon
汉谟拉比 Hammurabi	吉布哈 Gebhard
汉萨联盟 Hanse	吉尔伯·莫瑞 Gilbert Murray
荷诺里 Honorius	吉尔伯特 Gilbert
贺瑞斯 Horace	吉伦特派 Girondins
赫曼·康拓威 Hermann Kantorowicz	吉兹 Guise
赫米亚斯 Hermias	济格瓦 Sigwart
赫默多斯 Hermodorus	加迪斯 Cadiz
赫斯 Huss	加尔文 Calvin
赫斯伯 Heytesbury	加拉太人 Galatian
赫西俄德 Hesiod	加利利 Galilee
黑格尔 Hegel	加列努 Gallienus
黑劳士 helots	加留斯托 Cagliostro
黑瑞克 Heiric	加洛林 Carolingian
亨利·阿瑞斯提普 Henry Aristippus	加斯东·米约 Gaston Milhaud
亨利·C. 利亚 Henry C. Lea	迦勒底人 Chaldeans
亨利·圣约翰 Henry St. John	迦太基 Carthage
胡斯派 Hussites	嘉肯 Gascon
华夫人 Madame de Warens	嘉礼二世 Calixtus II
华兹华斯 Wordsworth	坚贞党 Zealots
怀特·冯·德·福格韦德 Walther von der Vogelweide	简·哈瑞森 Jane Harrison
	教皇 Pope

教宗大贵格利 Gregory the Great
杰尔松 Gerson
杰若米·边沁 Jeremy Bentham
洁美玛 Jemima
金口圣若望 Saint John Chrysostom
居鲁士 Cyrus
君士坦丁 Constantine
君士坦丘 Constantius
卡尔·马克思 Karl Marx
卡莱尔 Carlyle
卡里贝 Chalyb
卡里尼克 Callinicus
卡利班 Caliban
卡利亚里 Cagliari
卡忙多利 Camaldolese
卡涅德 Carneades
卡素先修会 Carthusians
卡塔尼亚 Catania
卡西诺山 Monte Cassino
卡西乌斯 Cassius
凯里克勒 Callicles
凯撒·波吉亚 Caesar Borgia
凯瑟琳大帝 Catherine the Great
坎帕尼亚 Campania
坎特伯雷 Canterbury
康比斯 Cambyses
康布雷 Cambray
康德 Kant
康福德 F. M. Cornford
康拉德 Conrad
康茂德 Commodus
康丝坦斯 Constance

考西顿 Chalcedon
柯乐特 Colet
柯勒律治 Coleridge
柯尼斯堡 Königsberg
柯西莫·德·美第奇 Cosimo de' Medici
科尔多瓦 Cordova
科克伯爵 Earl of Cork
科隆 Cologne
科马根 Commagene
科斯 Cos
科西嘉岛 Corsica
克拉克 Clarke
克拉斯绵 Chorasmian
克莱蒙 Clement
克莱芒 Clermont
克莱普 Clesippus
克莱坦美 Klytaimnestra
克莱乌 Clairvaux
克莱佐梅尼 Clazomenae
克劳狄 Claudius
克劳因 Cloyne
克劳泽伟 Clausewitz
克雷西 Crecy
克里安西 Cleanthes
克里米亚战争 Crimean War
克里斯蒂安·沃尔夫 Christian Wolff
克里斯蒂娜 Christina
克里图马赫 Clitomachus
克娄巴特拉 Cleopatra
克伦登 Clarendon
克罗顿 Croton
克洛维 Clovis

克吕尼 Cluny
克律西普 Chrysippus
克诺索斯 Knossos
克瑞索斯 Croesus
克瑞提亚 Critias
肯迪 Kindi
孔多塞 Condorcet
寇特 Cotes
库柏 Cowper
库蒙 Cumont
夸迪人 Quadi
拉昂 Laon
拉斐尔·西洛德 Raphael Hythloday
拉弗莱史 La Flèche
拉科尼亚 Laconia
拉罗谢尔 La Rochelle
拉马克 Lamarck
拉普拉斯 Laplace
拉特兰 Lateran
拉文纳 Ravenna
拉希德 Harun al Rashid
拉希德蒙 Lacedeamon
莱昂纳多 Leonardo
莱比锡 Leipzig
莱布尼茨 Leibniz
莱顿大学 University of Leyden
莱克利夫人 Mrs Radcliff
莱肯 Lykon
莱尼亚诺 Legnano
兰弗朗 Lanfranc
兰克 Ranke
兰诺·纳克斯 Ronalk Knox

兰帕萨古 Lampsacus
兰萨克斯 Lampsacus
兰斯 Rheims
劳德 Laud
劳伦斯 D. H. Lawrence
勒内·笛卡尔 René Descartes
雷顿·斯卓奇 Lytton Strachey
雷蒙德 Raymond
雷缪斯 Remus
离希 Lethe
黎塞留 Richelieu
李嘉图 Ricardo
李珀希 Lippershey
里昂 Lyons
里格 league
理查德 Richard
利奥 Leo
利奥莎 Leontia
利古里亚 Liguria
列文虎克 Leeuwenhoek
临门 Rimmon
留基伯 Leucippus
流克卓 Leuctra
流普兰 Liutprand
卢凡 Louvain
卢坎 Lucan
卢克莱修 Lucretius
卢申 Lucian
卢梭 Rousseau
鲁道夫·卡耐普 Rudolf Carnap
鲁道夫二世 Rudolf Ⅱ
鲁芬思 Rufinus

鲁克蕾莎 Lucretia
鲁斯 H. J. Rose
鲁斯提库 Rusticus
鲁提廉努 Rutilianus
路特沃 Lutterworth
伦巴底人 Lombard
罗宾森 Robinson
罗伯特·波义尔 Robert Boyle
罗伯特·费尔默 Robert Filmer
罗伯特·欧文 Robert Owen
罗楚德 Rotrud
罗德城 Rhodes
罗杰·培根 Roger Bacon
罗拉德派 Lollards
罗兰夫人 Madame Roland
罗马法典 Codes of Roman law
罗马涅 Romagna
罗缪斯 Romulus
罗塞林 Roscellinus
罗斯特夫泽夫 Rostovtseff
罗塔 Lothar
罗耀拉 Loyola
洛可瑞 Locri
洛林 Lorraine
洛伦佐·瓦拉 Lorenzo Valla
洛什 Loches
洛泽 Lotze
吕底亚 Lydia
吕库古 Lycurgus
马丁·P. 尼尔森 Martin P. Nilsson
马杜克 Marduk
马尔伯罗 Marlborough

马尔萨斯 Malthus
马科曼尼人 Marcomanni
马可·奥勒留 Marcus Aurelius
马可·卡图 Marcus Cato
马拉松 Marathon
马勒伯朗士 Malebranche
马姆斯伯里 Malmesbury
马切斯 Malchus
马赛 Maeseilles
马斯顿 Marston
马提罗 Myrtilos
马西默 Maximus
马西翁 Marcion
马修·阿诺 Matthew Arnold
马修 Mathew
马志尼 Mazzini
玛各 Magog
玛珈斯 Magas
玛丽·贝克·艾迪 Mary Baker Eddy
玛丽·雪莱 Mary Shelley
玛洛雅 Marozia
玛尼琉 Manilius
玛土撒拉 Methuselah
玛西流 Marsiglio
玛祖丘 Masuccio
迈克尔·司各特 Michael Scott
迈蒙尼德 Maimonides
迈锡尼文明 Mycenaean
麦地那 Medina
麦基洗德 melchizedek
麦加 Mecca
麦克达夫 Macduff

译名对照表

麦肯那 Mckenna
麦默沁 Mnemosyne
曼福莱 Manfred
梅洛斯岛 Melos
梅萨琳娜 Messalina
梅萨尼 Messenia
梅塔蓬 Metapontion
梅特多罗 Metrodorus
梅维尔 Melville
美第奇之星 sidera medicea
美勒托 Meletus
美因茨 Mainz
蒙伯杜 Monboddo
蒙森 Mommsen
蒙塔古·詹姆斯 Montague James
蒙太居 Montaigu
蒙田 Montaigne
孟萨卓 Mnesaechos
米底 Mede
米海尔三世 Michael Ⅲ
米南德 Menander
米诺斯宫 palace of Minos
米诺文明 Minoan
米斯拉教 Mithras
米特林 Mitylene
缅因 Maine
明斯特城 Munster
缪萨斯 Musaeus
摩根 Morgan
摩尼教 Manichaean
摩西 Moses
莫哈马·甘地 Mahatma Gandhi

莫里斯 Maurice
莫罗亚 Maurios
莫派曲 Maupertuis
莫奇 Motiers
穆尔贝克人 Moerbeke
穆罕默德 Mahomet
穆罕默德·伊本·木萨·花剌子模 Muhammad ibn Musa al-Khwarazmi
纳皮尔 Napier
乃缦 Naaman
南特 Nantes
尼伯龙根之歌 Niebelungenlied
尼布甲尼撒 Nebuchadrezzar
尼采 Nietzsche
尼古拉·奥海斯 Nicholas Oresme
尼古拉斯·培根 Nicholas Bacon
尼古拉一世 Nicholas Ⅰ
尼科洛·马基雅弗利 Niccolò Machiavelli
尼可泼力 Nicopolis
尼尼微 Nineveh
尼西亚大公会议 Oecumenical Council of Nicaea
尼希米 Nehemiah
聂斯托利 Nestorius
涅瓦河 Neva
牛顿 Newton
牛祭 Taurobolium
纽伦堡 Nuremberg
努沙泰 Neuchatel
诺瓦利斯 Novalis
诺桑比亚 Northumbria
诺斯 North
诺昔芬 Nausiphanes

女教宗琼安 Pope Joan
欧茨 W. J. Oates
欧多克索斯 Eudoxus
欧根亲王 Prince Eugene
欧几里得 Euclid
欧里庇得斯 Euripides
欧内斯·E. 穆迪 Ernest E. Moody
欧诺茂斯 Oinomaos
欧诺皮 Oenopides
欧塞尔 Auxerre
欧绪德谟 Euthydemus
P. N. 乌瑞 P. N. Ure
帕多瓦 Padua
帕多瓦的玛西流 Marsilius von Padua
帕尔玛 Parma
帕科缪 Pachomius
帕拉丁选帝侯 Elector Palatine
帕皮尼 Papini
帕森斯 Parsons
帕斯卡 Pascal
帕特农神庙 Parthenon
帕提亚 Parthian
帕维亚 Pavia
潘恩 Paon
潘格劳 Pangloss
潘内狄 Panaetius
潘诺尼亚 Pannonias
潘神 Pan
庞图斯 Pontus
旁遮普 Punjab
佩勒普斯 Pelops
佩瑞希 perioeci

佩索克里 Pythocles
佩特利 Petelia
皮埃尔·阿贝拉 Pierre Abélard
皮埃尔·贝尔 Pierre Bayle
皮埃尔·西蒙·拉普拉斯 Pierre-Simon Laplace
皮埃蒙特 Piedmont
皮尔斯 C. S. Peirce
皮浪 Pyrrho
皮耶托·德瓦加 Pietro dera Vigna
泼弗瑞 Porphyry
泼力克瑞兹 Polycrates
泼昔东尼 Posinonius
珀瑟芬 Persephone
普拉提亚 Plataea
普莱德赫 Pfleiderer
普劳图斯 Plautus
普林尼 Pliny
普鲁塔克 Plutarch
普罗克勒 Proclus
普罗泰戈拉 Protagoras
普洛丁 Plotinus
普瓦捷的吉尔伯 Gilbert de la porrée
齐格飞 Siegfried
虔诚者路易 Louis the Pious
虔诚者威廉 William the Pious
乔丹 Jordan
乔纳森·斯威夫特 Jonathan Swift
乔维年 Jovinian
乔治·爱德华·穆尔 George Edward Moore
乔治·贝克莱 George Berkeley
乔治·雷蒙·盖格 George Raymond Geiger
乔治·瑞普利 George Ripley

切尔西 Chelsea
切克劳普 Cecrops
切拉诺 Celano
切洛基 Cherokee
切塞纳的米迦勒 Michael of Cesena
清泉修道院 Fountains Abbey
丘斯 Chios
R. H. 查尔斯 R. H. Charles
热那亚 Genoa
儒略二世 Julius Ⅱ
若德克 Roderic
若摩 Romuald
撒伯留 Sabellius
撒丁岛 Sardinia
撒都该人 Sadducees
撒拉逊人 Saracens
撒马尔罕 Samarcand
撒玛利亚 Samaria
撒母耳 Samuel
萨德省 Sarde
萨尔茨堡 Salzburg
萨拉米 Salamis
萨鲁斯特 Sallust
萨马提亚人 Sarmatians
萨摩斯 Samos
萨莫塞郡 Somersetshire
萨瑞 Surrey
萨万纳罗拉 Savonarola
萨维 Savoy
萨维牧师 Savoyard Vicar
塞艾提兹 Thyestes
塞克特·恩皮瑞克 Sextus Empiricus

塞琉古 Seleucus
塞琉西 Seleucids
塞琉西亚 Seleucia
塞梅乐 Semele
塞尼山 Mont Cenis
塞涅卡 Seneca
塞萨利 Thessaly
塞萨洛尼卡 Thessalonica
塞色利 Thessaly
塞维利亚 Seville
塞西亚 Scythia
赛门·德·蒙特福 Simon de Montfort
桑斯 Sens
桑塔亚纳 Santayana
骚塞 Southey
色吉斯 Sergius
色雷斯 Thrace
色诺芬 Xenophon
色诺芬尼 Xenophanes
沙福堡勋爵 Lord Shaftesbury
沙隆 Chalons
沙努 Chanut
山中长老 Old Man of the Mountain
闪米特人 Semites
上都 Xanadu
尚波 Champeaux
摄政运河 Renent's Canal
圣安布罗斯 St Ambrose
圣安塞莫 St Anselm
圣奥古斯丁 Saint Augustine
圣巴索 Saint Basil
圣比德 Venerable Bede

圣波拿文图 Stain Bonaventura
圣波尼法 Saint Boniface
圣伯纳 Saint Bernard
圣丹尼斯 Saint Denis
圣方济各 Saint Francis
圣高隆 Saint Columba
圣高隆邦 Saint Columban
圣吉达斯 Saint Gildas
圣加仑 Saint Gall
《圣经》拉丁通行本 Vulgate
《圣经·旧约》七十士译本 Septuagint
圣兰博 Saint Lambert
圣路易 Saint Louise
圣马丁 Saint Martin
圣母 Mother of God
圣帕垂克 Saint Patrick
圣瑞奎 St Riquier
圣索菲亚 St. Sophia
圣西默 Saint Simeon
圣雅各 Saint James
圣耶柔米 Saint Jerome
圣犹大 Saint Jude
狮心王理查 Richard Coeur de Lion
施米德 Schmeidler
属灵派 Spirituals
司垂登 Stridon
司各特·埃基纳 Scotus Erigena
司汤达 Stendhal
司万海 Swineshead
斯巴达 Sparta
斯宾格勒 Spengler
斯宾诺莎 Spinoza

斯波莱托 Spoleto
斯蒂芬·汉姆 Stephen Hamm
斯蒂芬三世 Stephen Ⅲ
斯菲若思 Sphaerus
斯福尔扎 Sforza
斯拉夫人 Slav
斯拉叙马霍 Thrasymachus
斯摩莱 Smollett
斯莫元帅 Smuts
斯泰加 Stagyra
斯泰因 Steyn
斯特林堡 Stringberg
斯维登堡 Swedenborg
斯卓弗 Strafford
苏菲派 Sufi
苏美尔人 Sumerians
苏瓦松 Soissons
苏伊格 Suidger
梭伦 Solon
梭罗 Thoreau
索邦大学 Sorbonne
索菲亚 Sophia
索福克勒斯 Sophocles
索拉特 Soracte
索瑞尔 Sorel
索兹堡的约翰 John of Salisbury
塔恩 Tarn
塔拉 Tara
塔兰多 Taranto
塔兰托 Trent
塔利 Tully
塔慕兹 Tammuz

塔特苏 Tartessus
塔西佗 Tacitus
台伯河 Tiber
太阳王 Roi Soleil
泰尔 Tyre
泰勒斯 Thales
泰利 Teles
泰奇克 Treitschke
坦特洛斯 Tantalos
汤森 Townsend
唐尼 Tawney
陶斯 Taos
忒修斯 Theseus
特尔图良 Tertullian
特海丝·勒瓦萨 Thérèse Levasseur
特里尔 Treves
特洛伊 Troy
特图良 Tertullian
提克 Tieck
提蒙 Timon
提摩太 Timothy
提图斯·李维 Titus Livy
条塔姆斯 Teutamus
同观福音 synoptic Gospels
童贞女玛利亚 Virgin Mary
图尔 Tours
图拉真 Trajan
图勒 Toul
图利 Thurii
图卢兹 Toulouse
图密善 Domitian
图斯库伦 Tusculum

托尔斯泰 Tolstoy
托莱多 Toledo
托勒密 Ptolemy
托里拆利 Torricelli
托洛茨基 Trotsky
托马斯·阿奎那 Thomas Aquinas
托马斯·阿诺 Thomas Arnold
托马斯·布朗 Thomas Browne
托马斯·戴 Thomas Day
托马斯·郝思金 Thomas Hodgskin
托马斯·莫尔爵士 Sir Thomas More
托马斯·温沃 Thomas Wentworth
托马斯·希斯 Thomas Heath
托尼 Tawney
托斯卡纳 Tuscany
瓦利斯 Wallis
瓦伦提尼安 Valentinian
瓦特·泰勒 Wat Tyler
万民法 jus gentium
汪达尔人 Vandals
威克里夫 Wycliffe
威廉·汉密尔顿 William Hamilton
威廉·华莱士 William Wallace
威廉·拉尔夫·印吉 William Ralph Inge
威廉·劳德 William Laud
威廉·塞西尔 William Cecil
威廉·威廉斯 William Williams
威廉·詹姆斯 William James
威灵顿 Wellington
威尼斯的詹姆士 James of Venice
韦奇伍德 Wedgwoods
维埃纳 Vienne

维吉尔 Vergil/Virgil
维克多·雨果 Victot Hugo
维罗纳 Verona
维萨里 Vesalius
维斯孔蒂 Visconti
伪丢尼修 pseudo Dionysius
伪教宗 antipope
魏尔斯特拉斯 Weierstrass
魏玛 Weimar
翁布利人 Umbrian
倭马亚王朝 Umayyads
沃多派 Waldenses
沃恩 Vaughan
沃尔姆斯 Worms
沃尔西 Wolsey
沃芬比特 Wolfenbüttel
沃夫 Wolf
沃特·司各特 Walter Scott
乌杜 Odo
乌尔班二世 Urban Ⅱ
乌利亚 Uriah
西奥铎斯 Theodorus
西比斯 Cebes
西顿 Sidon
西尔维斯特二世 Sylvester Ⅱ
西法勒 Cephalus
西哥特人 Visigoths
西克索 Hyksos
西里尔 Cyril
西琳达 Sieglinde
西马库斯 Symmachus
西蒙德 Siegmund

西米阿斯 Simmias
西塞罗 Cicero
西提因 Citium
锡巴里斯 Sybaris
希德布兰 Hildebrand
希吉拉 Hegira
希罗多德 Herodotus
希律 Herod
希尼·史密斯 Sydney Smith
希帕莎 Hypatia
希帕索斯 Hippasos
希斯 Heath
希泰 Hittite
希瓦 Khiva
席勒 F. C. S. Schiller
喜帕克 Hipparchus
夏特 Chartres
萧伯纳 Bernard Shaw
小西庇阿 Younger Scipio
谢里丹 Sheridan
谢林 Schelling
辛科马 Hincmar
匈奴人 Huns
修昔底德 Thucydides
叙拉古 Syracuse
薛西斯 Xerxes
学院派 Academician
押顿 Abdon
雅基莫 Iachimo
雅克 Jacques
雅克-贝尼·博须埃 Jacques-Bénigne Bossuet
雅库·阿勒·曼瑟 Yaqub Al-Mansur

雅罗 Jarrow	伊师塔 Ishtar
雅威 Yahweh	伊斯底亚 Istria
亚伯 Abel	伊斯法罕 Ispahan
亚伯拉罕 Abraham	伊苏里亚 Isaurian
亚大伯斯 Ialdabaoth	伊瓦格流 Evagrius
亚该亚 Achaia	依利斯 Elis
亚哈 Ahab	以弗所 Ephesus
亚历山大·蒲柏 Alexander Pope	以弗所的狄阿娜 Diana of the Ephesians
亚利马太 Arimathea	以拿修 Ignatius
亚流 Arius	以赛亚书 Deutero Isaiah
亚流主义 Arianism	以斯拉 Ezra
亚略巴古 Areopagite	以土买人 Idumean
亚美尼亚派 Armenian	以西结 Ezekiel
亚瑟·伊凡斯 Arthur Evans	优博维 Ueberweg
亚述班尼拔 Assurbanipal	悠纳人 Yonas
扬·克里斯典·斯莫 Jan Christiaan Smuts	尤金·奥尼尔 Eugene O'Neill
耶利米 Jeremiah	尤金努斯 Eugenius
伊阿古 Iago	尤金四世 Eugenius IV
伊阿宋 Jason	尤利斯·凯撒 Julius Caesar
伊本·鲁世德 Ibn Rushd	尤斯托楚 Eustochium
伊本·西那 Ibn Sina	犹大·马喀比 Judas Maccabees
伊代撒 Edessa	犹太王国 Judah
伊迪安·乔 Idaean Jove	余柏威 Ueberweg
伊迪斯 Aetius	雨格诺 Huguenot
伊尔顿 Hilduin	约阿欣 Joachim
伊菲吉娜 Iphigenia	约翰·奥古斯·斯特林堡 Johan August Strindberg
伊可纳顿 Ikhnaton	
伊拉斯慕 Erasmus	约翰·鲍尔 John Ball
伊拉斯特主义 Erastian	约翰·博奈 John Burnet
伊洛思 Eros	约翰·哈瑞卡 John Hyrcanus
伊曼努尔·康德 Immanuel Kant	约翰·洛克 John Locke
伊莎贝拉 Isabella	约翰·琼斯 John Jones

约翰·丘吉尔 John Churchill
约翰·斯图亚特·密尔 John Stuart Mill
约翰内斯·司各特 Johannes Scotus
约翰逊 Johnson
约拿单 Jonathan
约帕 Joppa
约瑟 Joseph
约瑟夫·普利斯雷 Joseph Priestley
约书亚·雷诺爵士 Sir Joshua Reynolds
匝何理 Zachary
再洗礼派 Anabaptists
赞提婆 Xanthippe
泽勒 Zeller
詹姆斯·博奈特 James Burnett
詹姆斯·金斯 James Jeans

詹姆斯·密尔 James Mill
詹姆斯二世 James Ⅱ
詹森派 Jansenists
征服者威廉 William the Conqueror
芝诺 Zeno
至上崇拜节 Fête de l'Être supreme
宙斯 Zeus
宙斯·莱考斯 Zeus Lykaios
朱迪亚 Judea
朱利安 Julian
朱诺 Juno
朱特人 Jutes
自然法 jus naturale
宗主教 Patriarch